Cycle 3
3e année

CW01654532

# trans math 6e

NOUVEAU PROGRAMME 2016

# Livre du professeur

Nathan

# Sommaire



 – ISBN : 978-2-09-171937-5

# Indicateurs de réussite des tâches complexes

## Chapitre 1 - Nombres entiers, nombres décimaux

### Exercice 111 page 25 – Des nombres et des lettres

| Compétences | Indicateurs | Domaines du socle |
|---|---|---|
| Chercher | L'élève a cherché le lien entre les différentes définitions du document 1 et les écritures décimales du document 2. | 2, 4 |
| Raisonner | L'élève a :<br>– choisi l'écriture décimale appropriée en fonction des possibilités ou en trouvant l'écriture décimale ;<br>– validé ou invalidé le résultat trouvé suivant les lettres trouvées. | 2, 3, 4 |
| Calculer | L'élève a :<br>– calculé $(3 \times 1\,000) + (6 \times 10) + (7 \times 1)$ ;<br>– ajouté deux fractions décimales. | 4 |
| Communiquer | L'élève a écrit le mot caché. | 1, 3 |

### Exercice 112 page 25 – La course à pied

| Compétences | Indicateurs | Domaines du socle |
|---|---|---|
| Chercher | L'élève a :<br>– lu le temps d'Ikram, de Carla et de Yannick ;<br>– distingué les informations en séparant ce qui est connu de ce qui est à établir. | 2, 4 |
| Représenter | L'élève a proposé une méthode pour trouver le classement : il a construit un schéma ou complété la demi-droite graduée à partir des informations du texte.<br>La recherche peut être non aboutie. | 1, 5 |
| Raisonner | L'élève a :<br>– établi progressivement le classement à l'aide des commentaires du document 2 et des temps qu'il a calculés ;<br>– validé ou invalidé ses choix. | 2, 3, 4 |
| Calculer | L'élève a calculé le temps d'Alice, de Brian, de Mélanie, de Chloé et de Jérémy.<br>Les résultats d'au moins deux calculs sur cinq sont justes. | 4 |
| Communiquer | L'élève a donné un classement en choisissant en première place le temps le plus court.<br>La recherche peut être non aboutie, le classement peut être faux. | 1, 3 |

# Chapitre 2 - Addition, soustraction, multiplication

## Exercice 103 page 43 – Le trajet en métro

| Compétences | Indicateurs | Domaines du socle |
|---|---|---|
| Chercher | L'élève a cherché les temps de trajet (en tenant compte des changements de lignes), ainsi que les coûts de trajet.<br>Les résultats des calculs peuvent être faux. | 2, 4 |
| Représenter | L'élève a pu schématiser les différents parcours possibles. | 1, 5 |
| Raisonner | L'élève a :<br>– tenu compte des changements de lignes pour effectuer ses calculs ;<br>– distingué le nombre de stations traversées et le nombre de trajets entre deux stations. | 2, 3, 4 |
| Calculer | L'élève a :<br>– réussi à calculer des sommes et des produits de nombres relatifs ;<br>– réussi à déterminer le prix exact ou la durée de l'un des trois trajets. | 4 |
| Communiquer | L'élève a présenté ses résultats de façon claire (tableau, schéma ou liste) en indiquant les durées et les coûts.<br>La recherche peut être non aboutie et les résultats des calculs peuvent être faux. | 1, 3 |

## Exercice 104 page 43 – Un choix de voiture

| Compétences | Indicateurs | Domaines du socle |
|---|---|---|
| Chercher | L'élève a cherché à comparer les coûts des deux véhicules.<br>Les résultats des calculs peuvent être faux. | 2, 4 |
| Raisonner | L'élève a compris le tableau des bonus-malus et su l'appliquer aux deux modèles de véhicules. | 2, 3, 4 |
| Calculer | L'élève a :<br>– réussi à calculer des sommes et des produits de nombres relatifs ;<br>– calculé le coût d'au moins l'un des deux véhicules. | 4 |
| Communiquer | L'élève a :<br>– présenté ses résultats de façon claire pour chacun des véhicules ;<br>– déduit de ses résultats le véhicule le plus économique.<br>La recherche peut être non aboutie et les résultats des calculs peuvent être faux. | 1, 3 |

# Chapitre 3 - Division

## ■ Exercice 106 page 59 – Décorer des allées avec des lauriers

| Compétences | Indicateurs | Domaines du socle |
|---|---|---|
| Chercher | L'élève a :<br>– pris en compte les contraintes du document 2 ;<br>– fait le lien avec l'opération division ;<br>– pensé à faire des conversions entre m et cm. | 2, 4 |
| Modéliser | L'élève a reconnu une situation utilisant des divisions. | 1, 2, 4 |
| Représenter | L'élève a représenté par un schéma la situation. | 1, 5 |
| Raisonner | L'élève a utilisé deux fois la division : une division décimale pour trouver le nombre de fleurs et une division euclidienne pour déterminer son reste pour les couleurs. | 2, 3, 4 |
| Calculer | L'élève a calculé le quotient de 21 950 par 50 avec la méthode de son choix. | 4 |
| Communiquer | L'élève a présenté ses calculs et une explication de chaque résultat. Il a conclu par une phrase. | 1, 3 |

## ■ Exercice 107 page 59 – Une pyramide de sucres

| Compétences | Indicateurs | Domaines du socle |
|---|---|---|
| Chercher | L'élève a :<br>– pensé à faire des conversions entre g et kg ;<br>– cherché à calculer le nombre de sucres dans la boîte en observant les sucres : nombre d'étages, de colonnes, de lignes ;<br>– reformulé le problème en cherchant combien de fois il y a 8 g dans 22,96 kg. | 2, 4 |
| Modéliser | L'élève a reconnu une situation utilisant une division. | 1, 2, 4 |
| Raisonner | L'élève a réussi à organiser ses recherches en au moins deux étapes : nombre de sucres de la pyramide et nombre de boîtes de sucres utilisées. | 2, 3, 4 |
| Calculer | L'élève a :<br>– calculé le quotient de 22,96 kg par 8 g ;<br>– calculé le nombre de sucres dans la boîte. | 4 |
| Communiquer | L'élève a présenté ses calculs et une explication de chaque résultat. Il a conclu par une phrase. | 1, 3 |

# Chapitre 4 - Fractions

## Exercice 95 page 75 – Le cocktail

| Compétences | Indicateurs | Domaines du socle |
|---|---|---|
| Chercher | L'élève a :<br>– fait le lien entre les deux documents ;<br>– utilisé la capacité du verre utilisé comme mesure ;<br>– utilisé les proportions indiquées dans le document 1. | 2, 4 |
| Modéliser | L'élève a reconnu une situation de proportionnalité en s'appuyant sur le document 1. | 1, 2, 4 |
| Calculer | L'élève a calculé les fractions de 40 cL demandées. | 4 |
| Communiquer | L'élève a :<br>– expliqué sa démarche, son raisonnement en présentant les étapes de ses calculs ;<br>– communiqué en utilisant un langage mathématique adapté. | 1, 3 |

## Exercice 95 page 75 – Le « dé des fractions »

| Compétences | Indicateurs | Domaines du socle |
|---|---|---|
| Chercher | L'élève a fait le lien entre les trois documents. | 2, 4 |
| Modéliser | L'élève a utilisé ses connaissances élémentaires sur le cube pour fabriquer le dé à partir du patron donné. | 1, 2, 4 |
| Réaliser | L'élève a construit le dé des fractions. | 1, 5 |
| Raisonner | L'élève a déplacé correctement son jeton sur le segment gradué. | 2, 3, 4 |
| Calculer | L'élève a partagé correctement le segment gradué selon les dénominateurs des fractions figurant sur les faces du dé. | 4 |
| Communiquer | L'élève a :<br>– utilisé un vocabulaire adéquat pendant la partie qu'il a disputée ;<br>– argumenté pendant la partie ;<br>– compris les explications de son adversaire au cours de la partie. | 1, 3 |

# Chapitre 5 - Proportionnalité

## Exercice 103 page 93 – Le temps de la balade

| Compétences | Indicateurs | Domaines du socle |
|---|---|---|
| Chercher | L'élève a cherché à calculer :<br>– la distance qu'il reste à parcourir ;<br>– le temps que Léonie va encore passer sur son vélo ;<br>– l'heure à laquelle Léonie sera de retour à Rochester.<br>Les résultats des calculs peuvent être faux. | 2, 4 |
| Raisonner | L'élève a :<br>– interprété correctement les indications données par les panneaux pour calculer la distance que Léonie doit encore parcourir ;<br>– utilisé le fait que Léonie roule depuis 25 min ;<br>– reconnu une situation de proportionnalité :<br>• 25 min pour faire 5 miles<br>• ? min pour faire 11 miles ;<br>– interprété correctement le décalage horaire.<br>Les résultats des calculs peuvent être faux. | 2, 3, 4 |
| Calculer | L'élève a :<br>– calculé la distance (11 miles) que Léonie doit encore parcourir ;<br>– calculé le temps que Léonie va encore passer sur son vélo (55 min) ;<br>– calculé l'heure à laquelle Léonie sera de retour à Rochester. | 4 |
| Communiquer | L'élève a :<br>– présenté ses recherches en expliquant ses calculs ;<br>– présenté sa conclusion par une phrase.<br>La recherche peut être non aboutie, les résultats des calculs peuvent être faux. | 1, 3 |

## Exercice 104 page 93 – L'infirmière

| Compétences | Indicateurs | Domaines du socle |
|---|---|---|
| Chercher | L'élève a relevé l'information utile pour :<br>– calculer les pertes de poids ;<br>– savoir quelle possibilité de traitement convient à chaque enfant. | 2, 4 |
| Raisonner | L'élève a :<br>– proposé une démarche pour déterminer quelle option choisir pour chaque enfant ;<br>– mis en relation ses résultats avec les informations du document 1 et a donné une conclusion cohérente avec ses résultats. | 2, 3, 4 |
| Calculer | L'élève a calculé :<br>– la perte de poids pour chacun des enfants ;<br>– 5 % ou 10 % du poids d'un enfant. | 4 |
| Communiquer | L'élève a présenté et expliqué ses calculs.<br>Il a présenté de façon claire ses conclusions pour chacun des enfants. | 1, 3 |

# Chapitre 6 - Organisation et gestion de données

## ■ Exercice 56 page 109 – Le voyage

| Compétences | Indicateurs | Domaines du socle |
|---|---|---|
| Chercher | L'élève a :<br>– prélevé les villes étapes du voyage à partir du document 3 ;<br>– extrait du tableau du document 4 les distances entre les villes ;<br>– prélevé la consommation d'essence et le type d'essence utilisée dans le document 2 ;<br>– prélevé le prix de l'essence sans plomb dans le document 1.<br>Certaines distances extraites du tableau du document 4 peuvent avoir été mal lues.<br>L'élève s'est engagé dans une démarche en mettant en relation les villes étapes du voyage (doc. 3) et les distances entre ces villes (doc. 4).<br>La recherche peut être non aboutie. | 2, 4 |
| Modéliser | L'élève a reconnu que :<br>– la longueur totale du voyage relève d'une situation additive ;<br>– le montant de la dépense relève d'une situation multiplicative (prix d'un litre d'essence × quantité en litres) ;<br>– la consommation est proportionnelle à la distance parcourue.<br>Les résultats obtenus peuvent être erronés. | 1, 2, 4 |
| Représenter | L'élève a représenté la situation de proportionnalité (consommation et distance parcourue) par un tableau.<br>La recherche peut être non aboutie, le résultat obtenu peut être erroné. | 1, 5 |
| Raisonner | L'élève a organisé des données multiples.<br>L'élève a construit une démarche qui combine plusieurs étapes de raisonnement :<br>– repérage des étapes du voyage ;<br>– longueur du voyage ;<br>– consommation en essence ;<br>– coût du voyage en essence ;<br>– comparaison avec l'estimation. | 2, 3, 4 |
| Calculer | L'élève a réussi à calculer, à la main ou à la calculatrice :<br>– la longueur du voyage (même si une ou plusieurs distances ont été mal lues dans le tableau du document 4) ;<br>– la consommation en essence pour effectuer le voyage, en utilisant une stratégie appropriée ;<br>– le montant de la dépense (même si la consommation est erronée). | 4 |
| Communiquer | L'élève a :<br>– présenté ses recherches en explicitant l'objectif de chaque étape du raisonnement ;<br>– comparé son résultat à l'estimation donnée dans l'énoncé en argumentant.<br>La recherche peut être non aboutie, les résultats des calculs peuvent être erronés. | 1, 3 |

## ■ Exercice 57 page 109 – Le prix littéraire

| Compétences | Indicateurs | Domaines du socle |
|---|---|---|
| Chercher | L'élève a prélevé :<br>– dans le document 2 les nombres de voix obtenues par chaque livre ;<br>– dans l'énoncé la forme de la réponse attendue ainsi que la nature des deux représentations demandées (ces représentations peuvent être erronées). | 2, 4 |
| Modéliser | L'élève a reconnu que le nombre total de voix portées sur chaque livre relevait d'une situation additive. | 1, 2, 4 |
| Représenter | L'élève a :<br>– présenté les votes CM2-6$^{e}$ dans un tableau à double entrée ;<br>– représenté ces votes par un (des) diagramme(s) en barres (ce diagramme peut être réalisé dans une même représentation graphique, comme demandé, ou être la juxtaposition de deux diagrammes en barres). | 1, 5 |
| Raisonner | L'élève a cherché à répondre à la demande établie en quatre points (rendre compte de la rencontre, réaliser un tableau à double entrée, réaliser des diagrammes en barres, commenter les votes), le tout au sein d'un article pour un blog. | 2, 3, 4 |
| Calculer | L'élève a calculé mentalement le nombre de voix obtenues par chaque livre. | 4 |
| Communiquer | L'élève a présenté ses résultats sous la forme demandée (le tableau et la représentation graphique peuvent être maladroits ou erronés). | 1, 3 |

# Chapitre 7 - Angles

## ■ Exercice 83 page 125 – Retrouver des avions sur un radar

| Compétences | Indicateurs | Domaines du socle |
|---|---|---|
| Chercher | L'élève a :<br>– repéré que les angles ont pour côté la demi-droite [OI) ;<br>– cherché les angles en utilisant un rapporteur ;<br>– tracé des demi-droites pour mesurer les angles ;<br>– utilisé l'échelle du radar pour calculer les distances. | 2, 4 |
| Modéliser | L'élève a reconnu une situation avec des demi-cercles. | 1, 2, 4 |
| Représenter | L'élève a tracé le point A. | 1, 5 |
| Raisonner | L'élève a utilisé la propriété d'équidistance des points d'un cercle à son centre pour déterminer les distances des avions à O. | 2, 3, 4 |
| Calculer | L'élève a calculé les distances des avions à O. | 4 |
| Communiquer | L'élève a effectué une construction précise pour placer le point A. Il a complété le document 1. | 1, 3 |

## Exercice 84 page 125 – Estimer la distance à un objet inaccessible

| Compétences | Indicateurs | Domaines du socle |
|---|---|---|
| Chercher | L'élève a :<br>– utilisé les instruments de géométrie appropriés ;<br>– reformulé la situation en cherchant à construire une figure réduite. | 2, 4 |
| Modéliser | L'élève a reconnu une situation de proportionnalité en proposant de construire une réduction de la figure. | 1, 2, 4 |
| Représenter | L'élève a réalisé une figure réduite d'un triangle en respectant la mesure de l'angle de 70°. | 1, 5 |
| Raisonner | L'élève a :<br>– proposé de construire une figure réduite ;<br>– signifié que la mesure obtenue était une estimation. | 2, 3, 4 |
| Calculer | L'élève a calculé les mesures des longueurs à partir d'un choix d'échelle. | 4 |
| Communiquer | L'élève a rendu un dessin à l'échelle en précisant l'échelle choisie. | 1, 3 |

# Chapitre 8 – Longueurs, aires, durées

## Exercice 100 page 143 – Sécuriser sa piscine

| Compétences | Indicateurs | Domaines du socle |
|---|---|---|
| Chercher | L'élève a tenu compte des informations : « La clôture sera installée à 1 m du bord » et « 10 m de clôture » dans chaque pack. | 2, 4 |
| Représenter | L'élève a reconnu et utilisé le codage de la figure pour trouver le rayon du demi-cercle. | 1, 5 |
| Raisonner | L'élève a :<br>– décomposé le contour de la figure représentant le grillage ;<br>– utilisé des propriétés d'égalités de longueurs (rectangle, cercle et rayon) ;<br>– calculé la longueur du demi-cercle à partir de la formule de la longueur d'un cercle ;<br>– répondu à la question en cohérence avec la longueur de grillage trouvée. | 2, 3, 4 |
| Calculer | L'élève a :<br>– utilisé correctement la touche π de la calculatrice ;<br>– calculé une valeur approchée de la longueur de grillage nécessaire. | 4 |
| Communiquer | L'élève a :<br>– présenté et expliqué ses calculs ;<br>– proposé une réponse cohérente avec la longueur trouvée. | 1, 3 |

## Exercice 101 page 143 – Le jardinier

| Compétences | Indicateurs | Domaines du socle |
| --- | --- | --- |
| Chercher | L'élève a :<br>– trouvé sur le plan du terrain les mesures utiles pour calculer l'aire de la pelouse et la longueur de la haie ;<br>– compris les informations données dans le document 2. | 2, 4 |
| Modéliser | L'élève a reconnu des situations de proportionnalité :<br>– temps de tonte / aire de la pelouse ;<br>– temps de taille / longueur de la haie ;<br>– temps de travail / montant de la facture du jardinier. | 1, 2, 4 |
| Représenter | L'élève a reconnu et utilisé le codage de la figure représentant le terrain pour calculer :<br>– l'aire de la pelouse ;<br>– la longueur de la haie. | 1, 5 |
| Raisonner | L'élève a mis en œuvre un raisonnement pour déterminer :<br>– le temps nécessaire à la tonte de la pelouse ;<br>– le temps nécessaire à la taille de la haie ;<br>– le montant de la facture du jardinier. | 2, 3, 4 |
| Calculer | L'élève a su calculer :<br>– l'aire d'une figure complexe ;<br>– le périmètre du terrain. | 4 |
| Communiquer | L'élève a :<br>– expliqué sa démarche et ses calculs ;<br>– donné un montant de facture cohérent avec ses résultats. | 1, 3 |

# Chapitre 9 – Volumes

## Exercice 102 page 159 – Le récupérateur d'eau de pluie

| Compétences | Indicateurs | Domaines du socle |
| --- | --- | --- |
| Chercher | L'élève a cherché à :<br>– établir un lien entre la vue d'ensemble de la maison (espace) et la vue de dessus des terrasses (plan) ;<br>– calculer un volume d'eau. | 2, 4 |
| Modéliser | L'élève a modélisé par un pavé droit la surface de la terrasse et la hauteur d'eau de pluie tombée par $m^2$.<br>Il a su traduire « il tombe 15 mm de pluie par mètre carré ». | 1, 2, 4 |
| Raisonner | L'élève a calculé l'aire de la terrasse puis a fait le lien avec la hauteur d'eau de 15 mm.<br>Les calculs peuvent être faux. | 2, 3, 4 |

| Compétences | Indicateurs | Domaines du socle |
|---|---|---|
| Calculer | L'élève a correctement calculé l'aire d'un rectangle. | 4 |
| Communiquer | L'élève a :<br>– présenté et expliqué un enchaînement des idées dans une des étapes de la démarche de résolution ;<br>– respecté la consigne en formulant une phrase simple d'aide au propriétaire. | 1, 3 |

## Exercice 103 page 159 – Une expérience

| Compétences | Indicateurs | Domaines du socle |
|---|---|---|
| Chercher | L'élève a cherché à déterminer le volume de la salle.<br>L'élève a compris que lors de chaque expiration, une partie de l'oxygène inspiré est remplacé par du gaz carbonique expiré.<br>L'élève a tenu compte des seuils acceptables. | 2, 4 |
| Raisonner | L'élève a déterminé le volume d'air inspiré (ou expiré) par les 21 personnes pendant une minute ou une heure.<br>L'élève a utilisé le pourcentage 4,5 % de gaz carbonique.<br>Les calculs peuvent être faux. | 2, 3, 4 |
| Calculer | L'élève a appliqué correctement un pourcentage en cohérence avec sa démarche.<br>L'élève a calculé correctement le volume de la salle. | 4 |
| Communiquer | L'élève a présenté sa démarche en plusieurs étapes et a donné sa réponse sous forme d'une durée. | 1, 3 |

# Chapitre 10 – Géométrie dans l'espace

## Exercice 83 page 177 – Un emballage

| Compétences | Indicateurs | Domaines du socle |
|---|---|---|
| Chercher | L'élève a cherché à construire le patron d'une boite même si ce dernier est incorrect. | 2, 4 |
| Modéliser | L'élève a reconnu que l'emballage a la forme d'un pavé droit ou d'un prisme. | 1, 2, 4 |
| Représenter | L'élève a représenté, même très maladroitement, deux barres de chocolat pour les disposer dans une boite. | 1, 5 |
| Raisonner | L'élève a pris en compte les dimensions données pour les reporter sur la forme de la boite. Il n'a pas, par exemple, pris le double des dimensions indiquées sur le dessin de la barre. | 2, 3, 4 |

| Compétences | Indicateurs | Domaines du socle |
|---|---|---|
| Calculer | L'élève a calculé les dimensions de la boîte. | 4 |
| Communiquer | L'élève a présenté ses recherches, par exemple :<br>– en réalisant les patrons des boîtes ;<br>– en réalisant des patrons pour deux barres de chocolat afin d'indiquer la position dans laquelle elles seront mises dans une boîte.<br>La recherche peut être non aboutie, montrer seulement qu'il y a plusieurs possibilités. | 1, 3 |

## Exercice 84 page 177 – L'huile de noisette

| Compétences | Indicateurs | Domaines du socle |
|---|---|---|
| Chercher | L'élève a cherché comment 6 boîtes peuvent être rangées dans une boîte en forme de pavé droit. | 2, 4 |
| Modéliser | L'élève peut avoir indiqué les dimensions du plus petit pavé contenant une canette afin de se ramener au rangement de 6 pavés droits dans un plus grand. | 1, 2, 4 |
| Représenter | Par des dessins à main levée, l'élève a montré comment sont rangées les boîtes dans le pavé droit. | 1, 5 |
| Raisonner | L'élève a :<br>– compris que la quantité de carton varie avec la forme de la boîte ;<br>– repéré les différentes surfaces. | 2, 3, 4 |
| Calculer | L'élève a déterminé que l'aire totale est la somme des aires des 6 faces de la boîte.<br>Les opérations sont écrites, effectuées à la main ou avec une calculatrice, ou non effectuées. | 4 |
| Communiquer | L'élève a :<br>– montré, au moins pour un rangement, un patron avec les dimensions et les calculs à effectuer ;<br>– expliqué que pour un autre rangement, les dimensions étant différentes, les résultats sont différents et qu'ainsi, on pourra choisir le projet qui demande le moins de carton. | 1, 3 |

# Chapitre 11 - Droites perpendiculaires, droites parallèles

## ■ Exercice 91 page 195 – La contrôleuse aérienne

| Compétences | Indicateurs | Domaines du socle |
|---|---|---|
| Chercher | L'élève a :<br>– repéré dans le document 1 les positions des deux avions grâce aux croix de couleurs différentes ;<br>– repéré dans le document 1 les horaires correspondant aux positions des deux avions ;<br>– prélevé l'information « à vitesse constante » dans le document 2 ;<br>– prélevé les informations « trajectoires rectilignes » et « même altitude » dans l'énoncé.<br>L'élève s'est engagé dans une démarche en mettant en relation les deux positions données d'un avion (doc. 1) et la droite passant par ces deux points.<br>La recherche peut être non aboutie. | 2, 4 |
| Modéliser | L'élève a compris :<br>– la situation et reformulé le problème en traçant les droites qui représentent les trajectoires des deux avions ;<br>– « à vitesse constante » et l'a traduit par le fait que chaque minute, chaque avion parcourt la même distance.<br>Les résultats obtenus peuvent être erronés. | 1, 2, 4 |
| Représenter | L'élève a représenté la position d'un avion à 9 h 52 en utilisant la règle graduée ou le compas.<br>La recherche peut être non aboutie, le résultat obtenu peut être erroné. | 1, 5 |
| Raisonner | L'élève a organisé plusieurs données.<br>L'élève a construit une démarche qui combine plusieurs étapes de raisonnement :<br>– tracé des trajectoires des avions ;<br>– position de chaque avion minute par minute sur sa trajectoire ;<br>– analyse de ce qui se passe autour du point d'intersection des deux droites, l'un des avions y passant quelques secondes avant 9 h 53 alors que l'autre avion est encore loin de ce point d'intersection. | 2, 3, 4 |
| Communiquer | L'élève a :<br>– donné une réponse à la question « A-t-elle raison d'être inquiète ? » sous forme d'une phrase simple ;<br>– su expliquer oralement sa conclusion. | 1, 3 |

## ■ Exercice 92 page 195 – L'agent secret

| Compétences | Indicateurs | Domaines du socle |
|---|---|---|
| Chercher | L'élève a :<br>– prélevé dans le document 1 les informations utiles pour réaliser les constructions ;<br>– mis en relation des villes et des initiales indiquées dans les documents 1 et 2.<br>L'élève s'est engagé dans une démarche où il construit des droites. | 2, 4 |
| Modéliser | L'élève a compris que le courriel (doc. 1) est un programme de construction et l'a suivi. | 1, 2, 4 |
| Représenter | L'élève a utilisé les instruments de géométrie pour construire des droites, des droites parallèles, des droites perpendiculaires, la médiatrice d'un segment. | 1, 5 |
| Raisonner | L'élève a compris qu'il devait chercher cinq villes et a recherché à chaque étape de construction si une ville appartenait à la droite tracée (validation de chaque information). | 2, 3, 4 |
| Calculer | L'élève a calculé la moitié de la longueur du segment [ZL] mentalement, à la main ou à la calculatrice. | 4 |
| Communiquer | L'élève a :<br>– répondu à la question posée par une ou plusieurs phrases simples ;<br>– su prendre en compte les explications d'un autre élève si le travail s'est fait en groupe ;<br>– su expliquer oralement comment il a trouvé une ville. | 1, 3 |

# Chapitre 12 – Figures usuelles

## ■ Exercice 101 page 213 – Le capitaine de navire

| Compétences | Indicateurs | Domaines du socle |
|---|---|---|
| Chercher | L'élève a :<br>– cherché à lire chaque écran radar en le rapprochant d'un modèle connu ;<br>– cherché à déterminer les distances AB, AC et BC dans la réalité.<br>Les résultats des calculs peuvent être faux. | 2, 4 |
| Modéliser | L'élève a :<br>– tracé des cercles concentriques pour représenter l'écran radar du bateau C ;<br>– utilisé une échelle pour représenter l'écran radar du bateau C. | 1, 2, 4 |
| Représenter | L'élève a représenté le radar à l'aide de figures géométriques. | 1, 5 |

| Compétences | Indicateurs | Domaines du socle |
|---|---|---|
| Raisonner | L'élève a :<br>– compris les différences et les ressemblances entre les écrans radars des documents 1 et 2 ;<br>– traduit les informations lues sur les écrans radars en distances entre les bateaux ;<br>– proposé une méthode pour déterminer les positions des points B et A par rapport au point C ;<br>– utilisé une échelle pour représenter l'écran radar du bateau C. | 2, 3, 4 |
| Calculer | L'élève a :<br>– calculé les distances AB, AC et BC dans la réalité ;<br>– calculé les distances, en cm, qui séparent les bateaux A et B du bateau C sur le radar construit. | 4 |
| Communiquer | L'élève a :<br>– respecté la consigne en donnant sa réponse sous forme de l'écran radar du bateau C, avec des positions indiquées pour les bateaux A et B ;<br>– indiqué une échelle sur l'écran radar du bateau C ;<br>– su expliquer l'enchaînement des idées concernant une des étapes de la démarche de résolution (distances AB et AC sur le document 1, BC et vérification de AC sur le document 2). | 1, 3 |

## ■ Exercice 102 page 213 – Le plan de la ville

| Compétences | Indicateurs | Domaines du socle |
|---|---|---|
| Chercher | L'élève a relevé l'information utile pour :<br>– tracer les avenues 3 et 4 ;<br>– construire le point P ;<br>– construire le point L ;<br>– tracer les avenues 1 et 2 ;<br>– construire les points S et O. | 2, 4 |
| Représenter | L'élève a construit le plan demandé. | 1, 5 |
| Raisonner | L'élève a :<br>– proposé une démarche pour déterminer quelle option choisir pour chaque enfant ;<br>– mis en relation ses résultats avec les informations du document 1 et donné une conclusion cohérente avec ses résultats. | 2, 3, 4 |
| Communiquer | L'élève a expliqué ses constructions.<br>Il a noté correctement les points et les droites (les avenues). | 1, 3 |

# Chapitre 13 - Symétrie axiale

## Exercice 90 page 231 – Les centrales du futur

| Compétences | Indicateurs | Domaines du socle |
|---|---|---|
| Chercher | L'élève a :<br>– fait le lien entre les deux documents ;<br>– compris le vocabulaire spécifique du document 2. | 2, 4 |
| Représenter | L'élève a :<br>– utilisé ses instruments de géométrie pour tracer les médiatrices nécessaires ;<br>– placé correctement les points cherchés. | 1, 5 |
| Raisonner | L'élève a :<br>– relié les équidistances indiquées aux médiatrices de certains segments ;<br>– proposé une conclusion cohérente avec les résultats de ses constructions. | 2, 3, 4 |
| Communiquer | L'élève a expliqué sa démarche, son raisonnement en laissant les traces de ses étapes de construction. | 1, 3 |

## Exercice 91 page 231 – Origami

| Compétences | Indicateurs | Domaines du socle |
|---|---|---|
| Chercher | L'élève a :<br>– fait le lien entre les trois documents ;<br>– identifié les deux types de plis sur le document 3. | 2, 4 |
| Modéliser | L'élève a reconnu des axes de symétrie dans la carte de plis (doc. 3). | 1, 2, 4 |
| Représenter | L'élève a :<br>– respecté les plis du document 3 ;<br>– réalisé le pliage demandé. | 1, 5 |
| Raisonner | L'élève a proposé un pliage respectant les éléments de symétrie du document 3. | 2, 3, 4 |
| Communiquer | L'élève a expliqué la démarche, le raisonnement lui permettant de réaliser le pliage. | 1, 3 |

# Chapitre 14 - Symétrie axiale et figures usuelles

## ■ Exercice 104 page 249 – Les vitraux

| Compétences | Indicateurs | Domaines du socle |
|---|---|---|
| Chercher | L'élève a compris que chaque vitrail peut être reconstitué à partir des formes données. | 2, 4 |
| Modéliser | L'élève a envisagé chaque vitrail avec au moins un axe de symétrie. | 1, 2, 4 |
| Représenter | L'élève a représenté, même à main levée, la composition de chacun des vitraux. | 1, 5 |
| Raisonner | L'élève a utilisé les propriétés de la symétrie axiale pour compléter les dessins. | 2, 3, 4 |
| Communiquer | L'élève a présenté les dessins réalisés avec les instruments de géométrie ou avec un logiciel de géométrie. | 1, 3 |

## ■ Exercice 105 page 249 – Jardin à la française

| Compétences | Indicateurs | Domaines du socle |
|---|---|---|
| Chercher | L'élève a :<br>– représenté, dans un rectangle, 3 carrés de même côté ;<br>– dessiné une figue qui possède au moins un axe de symétrie à l'intérieur de chaque carré. | 2, 4 |
| Modéliser | L'élève a utilisé les dimensions données afin d'envisager un dessin avec une échelle. | 1, 2, 4 |
| Représenter | L'élève a utilisé les propriétés de la symétrie axiale pour construire son projet. | 1, 5 |
| Raisonner | L'élève a pris en compte toutes les contraintes liées aux dimensions des allées et des différentes parties avant d'envisager la décoration des carrés. | 2, 3, 4 |
| Calculer | L'élève a :<br>– effectué tous les calculs pour déterminer les dimensions du jardin, des allées et des carrés ;<br>– appliqué correctement une échelle. | 4 |
| Communiquer | L'élève a :<br>– présenté un dessin répondant aux contraintes de symétrie axiale ;<br>– utilisé les instruments de géométrie ou un logiciel de géométrie même si les dimensions ne sont pas mises à l'échelle. | 1, 3 |

# Tâches complexes transversales

## Exercice 1 page 250 – Le code César

| Compétences | Indicateurs | Domaines du socle |
|---|---|---|
| Chercher | L'élève a :<br>– cherché à comprendre le code César ;<br>– cherché à décrypter le message d'Alex. | 2, 4 |
| Raisonner | L'élève a :<br>– compris le code César ;<br>– relevé l'information « La clé est 15 » ;<br>– proposé une méthode, pouvant s'inspirer du disque du document 1, pour déchiffrer le message codé ;<br>– su mettre en relation chaque lettre de l'alphabet avec un nombre. | 2, 3, 4 |
| Calculer | L'élève a :<br>– calculé les rangs des lettres obtenus avec la clé 15 ;<br>– décrypté le message. | 4 |
| Communiquer | L'élève a présenté ses recherches sur une feuille en expliquant la manière de déchiffrer le code. | 1, 3 |

## Exercice 2 page 251 – En SVT

| Compétences | Indicateurs | Domaines du socle |
|---|---|---|
| Chercher | L'élève a :<br>– cherché à comprendre les informations du document 1.<br>– essayé de calculer la valeur énergétique des 60 g de céréales ainsi que celle des 150 mL de lait. | 2, 4 |
| Modéliser | L'élève a reconnu une situation de proportionnalité en calculant les valeurs énergétiques des céréales et du lait. | 1, 2, 4 |
| Raisonner | L'élève a :<br>– compris l'information du document 2 ;<br>– associé ce que prend Louis pour le petit déjeuner et les étiquettes du document 1 ;<br>– comparé la valeur énergétique trouvée (349 kcal) à celle conseillée (440 kcal). | 2, 3, 4 |
| Calculer | L'élève a calculé la valeur énergétique des 60 g de céréales ainsi que celle des 150 mL de lait. | 4 |
| Communiquer | L'élève a présenté ses recherches sur une feuille en écrivant ses calculs. | 1, 3 |

## ■ Exercice 3 page 251 – Le Multi-Sudoku

| Compétences | Indicateurs | Domaines du socle |
|---|---|---|
| Chercher | L'élève a :<br>– cherché à compléter la grille ;<br>– cherché à exprimer les nombres en rouge sous la forme de produits de deux nombres entiers inférieurs à 10. | 2, 4 |
| Modéliser | L'élève a mis en place des stratégies qu'il a répétées pour compléter la grille (par exemple décompositions de nombres entiers en produits de deux nombres entiers inférieurs à 10). | 1, 2, 4 |
| Raisonner | L'élève a :<br>– compris que la réponse attendue est de compléter la grille de Multi-Sudoku entièrement avec les chiffres de 1 à 9 ;<br>– extrait du document 2 les informations utiles concernant les chiffres de 1 à 9 ;<br>– distingué les cases qu'il peut compléter en premier, à partir des nombres rouges donnés et des décompositions de ces nombres en produits de nombres entiers inférieurs à 10, de celles pour lesquelles les informations sont insuffisantes et qui nécessitent un traitement plus global à l'aide des règles énoncées dans le document 2 ;<br>– mis en œuvre une méthode pour compléter les cases liées aux nombres rouges donnés. | 2, 3, 4 |
| Calculer | L'élève a :<br>– mené à bien quelques calculs, en complétant certaines cases comme 2 – 7 – 3 – 8 en haut à gauche de la grille, 6 – 4 – 5 au centre à gauche, 1 – 9 – 8 – 2 – 5 – 4 en bas à gauche ;<br>– mené à bien des décompositions mentales de nombres entiers en produits de nombres entiers inférieurs à 10 ;<br>– complété correctement la grille. | 4 |
| Communiquer | L'élève a su expliquer le raisonnement qu'il a mis en place. | 1, 3 |

## ■ Exercice 4 page 252 – Le glacier

| Compétences | Indicateurs | Domaines du socle |
|---|---|---|
| Chercher | L'élève a cherché à calculer le bénéfice de chacun des trois emplacements. | 2, 4 |
| Raisonner | L'élève a :<br>– compris et interprété les informations du document 3 ;<br>– compris qu'il avait besoin du document 2 pour calculer le bénéfice de chacun des trois emplacements ;<br>– proposé une méthode pour calculer le bénéfice de chacun des trois emplacements. | 2, 3, 4 |
| Calculer | L'élève a :<br>– calculé le nombre de jours où « le soleil brille » ;<br>– calculé les sommes à payer pour Le Kiosque et La Brasserie ;<br>– calculé le bénéfice de chacun des trois emplacements. | 4 |
| Communiquer | L'élève a explicité son choix et détaillé ses calculs par écrit. | 1, 3 |

## Exercice 5 page 252 – La sortie à la patinoire

| Compétences | Indicateurs | Domaines du socle |
|---|---|---|
| Chercher | L'élève a :<br>– cherché à calculer le coût de l'entrée à la patinoire ;<br>– cherché à calculer le coût de la location des patins ;<br>– cherché à calculer le coût du bus ;<br>– cherché à déterminer les meilleurs horaires. | 2, 4 |
| Raisonner | L'élève a :<br>– mis en relation les documents 1 et 2 pour calculer correctement le coût de l'entrée à la patinoire et le coût de la location des patins ;<br>– déterminé correctement les horaires des bus ;<br>– compris les zones du document 3 pour calculer le coût du bus. | 2, 3, 4 |
| Calculer | L'élève a :<br>– calculé le coût de l'entrée à la patinoire ;<br>– calculé le coût de la location des patins ;<br>– calculé le coût du bus. | 4 |
| Communiquer | L'élève a :<br>– expliqué ses calculs ;<br>– présenté ses résultats à l'aide de phrases. | 1, 3 |

## Exercice 6 page 253 – Le marcheur

| Compétences | Indicateurs | Domaines du socle |
|---|---|---|
| Chercher | L'élève a :<br>– cherché à calculer la longueur du chemin tracé sur le plan ;<br>– cherché à calculer la distance qu'Hugo devra parcourir dans la réalité ;<br>– cherché à calculer la durée du parcours. | 2, 4 |
| Modéliser | L'élève a reconnu une situation de proportionnalité. | 1, 2, 4 |
| Raisonner | L'élève a comparé une situation à un modèle connu de proportionnalité :<br>• 1,2 cm correspondent à 100 m • 19,8 cm correspondent à ?<br>• 96 m en 1 min • 1 650 m en ? min | 2, 3, 4 |
| Calculer | L'élève a :<br>– effectué des calculs pour obtenir la longueur du chemin tracé sur le plan ;<br>– calculé la distance qu'Hugo devra parcourir dans la réalité ;<br>– calculé le nombre de pas qu'Hugo devra faire ou la distance qu'il parcourt en une minute. | 4 |
| Communiquer | L'élève a :<br>– présenté et expliqué un enchaînement d'idées concernant une des étapes de la démarche de résolution ;<br>– donné sa conclusion sous la forme d'une durée. | 1, 3 |

## Exercice 7 page 253 – Les roues

| Compétences | Indicateurs | Domaines du socle |
|---|---|---|
| Chercher | L'élève a :<br>– mesuré sur la photo le diamètre d'une roue et la largeur ou la hauteur de la voiture de gauche ;<br>– cherché le diamètre dans la réalité d'une roue. | 2, 4 |
| Modéliser | L'élève a reconnu une situation de proportionnalité. | 1, 2, 4 |
| Raisonner | L'élève a :<br>– compris les renseignements du document 2 ;<br>– comparé une situation à un modèle connu de proportionnalité :<br>• 1 cm correspond à 1,5 m • 3,5 cm correspondent à ? | 2, 3, 4 |
| Calculer | L'élève a effectué des calculs pour obtenir le diamètre d'une roue. | 4 |
| Communiquer | L'élève a :<br>– présenté et expliqué un enchaînement d'idées concernant une des étapes de la démarche de résolution ;<br>– donné sa conclusion sous la forme d'une phrase. | 1, 3 |

## Exercice 8 page 254 – Les tablettes

| Compétences | Indicateurs | Domaines du socle |
|---|---|---|
| Chercher | L'élève a :<br>– cherché à calculer le nombre d'élèves équipés et le nombre d'élèves non équipés dans chacun des trois collèges ;<br>– cherché à déterminer l'angle correspondant aux élèves équipés. | 2, 4 |
| Modéliser | L'élève a :<br>– appliqué un pourcentage pour calculer le nombre d'élèves équipés et le nombre d'élèves non équipés du collège Alphonse-Daudet ;<br>– reconnu une situation de proportionnalité pour calculer l'angle correspondant aux élèves équipés. | 1, 2, 4 |
| Représenter | L'élève a construit le diagramme demandé. | 1, 5 |
| Raisonner | L'élève a :<br>– compris qu'il devait calculer le nombre total d'élèves équipés et le nombre total d'élèves non équipés ;<br>– mis en œuvre une stratégie pour calculer l'angle correspondant aux élèves équipés. | 2, 3, 4 |
| Calculer | L'élève a :<br>– calculé correctement le nombre d'élèves équipés et le nombre d'élèves non équipés des collèges Marcel-Pagnol et Victor-Hugo ;<br>– calculé correctement le nombre d'élèves équipés et le nombre d'élèves non équipés du collège Alphonse-Daudet ;<br>– calculé le nombre total d'élèves équipés et le nombre total d'élèves non équipés ;<br>– calculé pour le diagramme semi-circulaire l'angle correspondant aux élèves équipés. | 4 |

| Compétences | Indicateurs | Domaines du socle |
|---|---|---|
| Communiquer | L'élève a :<br>– présenté et expliqué ses calculs ;<br>– construit le diagramme demandé et l'a complété avec une légende. | 1, 3 |

## Exercice 9 page 254 – La salle de classe

| Compétences | Indicateurs | Domaines du socle |
|---|---|---|
| Chercher | L'élève a :<br>– cherché à calculer l'aire de la surface à peindre (les calculs peuvent être faux) ;<br>– cherché à calculer le nombre de pots de peinture ;<br>– cherché à calculer le coût des travaux ;<br>– cherché à calculer la durée des travaux. | 2, 4 |
| Modéliser | L'élève a reconnu une situation de proportionnalité :<br>• 8 m$^2$ correspondent à 1 h • 146 m$^2$ correspondent à ? h | 1, 2, 4 |
| Raisonner | L'élève a :<br>– mis en œuvre une stratégie pour calculer l'aire de la surface à peindre ;<br>– compris que l'on doit acheter un quatrième pot (qui ne sera pas utilisé entièrement). | 2, 3, 4 |
| Calculer | L'élève a :<br>– calculé l'aire de la surface à peindre (les calculs peuvent être faux) ;<br>– calculé le nombre de pots de peinture ;<br>– calculé le coût des travaux ;<br>– calculé la durée des travaux. | 4 |
| Communiquer | L'élève a :<br>– présenté et expliqué ses calculs ;<br>– présenté ses réponses à l'aide de phrases. | 1, 3 |

## Exercice 10 page 255 – Le concert

| Compétences | Indicateurs | Domaines du socle |
|---|---|---|
| Chercher | L'élève a :<br>– cherché à calculer les dimensions de la place ;<br>– cherché à calculer l'aire de la place (les calculs peuvent être faux) ;<br>– cherché à calculer l'aire de la scène ;<br>– cherché à calculer le nombre de spectateurs. | 2, 4 |
| Modéliser | L'élève a remarqué une échelle et l'a utilisée. | 1, 2, 4 |
| Raisonner | L'élève a :<br>– compris quelles mesures effectuer sur la photo pour pouvoir utiliser la formule d'aire d'un triangle ;<br>– su mettre en œuvre l'échelle de la photo ;<br>– eu un esprit critique sur l'estimation donnée. | 2, 3, 4 |

| Compétences | Indicateurs | Domaines du socle |
|---|---|---|
| Calculer | L'élève a :<br>– calculé les dimensions de la place ;<br>– calculé l'aire de la place ;<br>– calculé le nombre de pots de peinture ;<br>– calculé l'aire de la scène ;<br>– calculé le nombre de spectateurs. | 4 |
| Communiquer | L'élève a exposé sa démarche par écrit. | 1, 3 |

## ■ Exercice 11 page 255 – Le wi-fi

| Compétences | Indicateurs | Domaines du socle |
|---|---|---|
| Chercher | L'élève a :<br>– cherché à calculer les portées de la box et de l'amplificateur sur le plan ;<br>– cherché à représenter la zone dans laquelle on peut placer l'amplificateur. | 2, 4 |
| Modéliser | L'élève a remarqué une échelle et l'a utilisée. | 1, 2, 4 |
| Représenter | L'élève a représenté sur le document 1 une zone qui convient pour l'amplificateur. | 1, 5 |
| Raisonner | L'élève a :<br>– établi que l'amplificateur doit se trouver à l'intérieur d'un disque de centre la box et de rayon 2,5 cm ;<br>– compris que la zone dans laquelle peut se placer l'amplificateur correspond à l'intersection de trois disques ;<br>– tenu compte de la contrainte « Le signal wi-fi ne peut pas passer à travers les murs ». | 2, 3, 4 |
| Calculer | L'élève a calculé les portées de la box et de l'amplificateur sur le plan. | 4 |
| Communiquer | L'élève a :<br>– exposé sa démarche par écrit ;<br>– délimité sur le document 1 une zone qui convient pour l'amplificateur. | 1, 3 |

## ■ Exercice 12 page 256 – L'avion

| Compétences | Indicateurs | Domaines du socle |
|---|---|---|
| Chercher | L'élève a :<br>– cherché à effectuer les tracés de la feuille de départ ;<br>– cherché à réaliser l'avion demandé. | 2, 4 |
| Représenter | L'élève a :<br>– effectué les tracés verts, bleus et rouges de la feuille de départ ;<br>– effectué tous les tracés en noir de la feuille de départ ;<br>– réalisé l'avion demandé. | 1, 5 |

| | | |
|---|---|---|
| Raisonner | L'élève a :<br>– compris comment tracer le « cadre » de la feuille de départ ;<br>– élaboré une stratégie pour construire les tracés verts, bleus et rouges de la feuille de départ ;<br>– élaboré une stratégie pour construire les tracés en noir de la feuille de départ ;<br>– compris comment effectuer les différents pliages. | 2, 3, 4 |
| Calculer | L'élève a effectué des calculs pour réaliser les tracés en noir. | 4 |
| Communiquer | L'élève a réalisé l'avion demandé. | 1, 3 |

## ■ Exercice 13 page 256 – Le pisciniste

| Compétences | Indicateurs | Domaines du socle |
|---|---|---|
| Chercher | L'élève a :<br>– cherché à calculer la quantité d'eau qui doit être changée ;<br>– cherché à calculer la durée de l'opération ;<br>– cherché à calculer la quantité de chlore qui doit être ajoutée. | 2, 4 |
| Modéliser | L'élève a reconnu une situation de proportionnalité :<br>• 6 000 L correspondent à 1 h • 42 000 L correspondent à ? h<br>• 10 $m^3$ correspondent à 100 g • 42 $m^3$ correspondent à ? g | 1, 2, 4 |
| Raisonner | L'élève a :<br>– compris qu'il devait calculer dans un premier temps le volume de la piscine puis la quantité d'eau qui doit être changée ;<br>– élaboré une stratégie pour calculer la durée de l'opération ;<br>– élaboré une stratégie pour calculer la quantité de chlore qui doit être ajoutée. | 2, 3, 4 |
| Calculer | L'élève a :<br>– calculé le volume de la piscine ;<br>– exprimé le volume de la piscine en litres ;<br>– calculé la quantité d'eau qui doit être changée ;<br>– calculé la durée de l'opération ;<br>– calculé la quantité de chlore qui doit être ajoutée. | 4 |
| Communiquer | L'élève a :<br>– présenté et expliqué ses calculs ;<br>– présenté ses réponses à l'aide de phrases. | 1, 3 |

## ■ Exercice 14 page 257 – Un moulin à vent

| Compétences | Indicateurs | Domaines du socle |
|---|---|---|
| Chercher | L'élève a :<br>– testé des programmes ;<br>– cherché à réaliser le moulin à vent. | 2, 4 |
| Raisonner | L'élève a :<br>– compris le rôle du bloc « Aile » ;<br>– compris les différentes orientations du lutin ;<br>– réalisé un programme qui permet de réaliser le moulin à vent. | 2, 3, 4 |

| Compétences | Indicateurs | Domaines du socle |
|---|---|---|
| Communiquer | L'élève a réalisé un programme qui permet de réaliser le moulin à vent. | 1, 3 |

## Exercice 15 page 257 – Des carrés

| Compétences | Indicateurs | Domaines du socle |
|---|---|---|
| Chercher | L'élève a cherché à réaliser trois programmes qui permettent de construire les figures demandées. | 2, 4 |
| Raisonner | L'élève a :<br>– compris le rôle du bloc « Carré » ;<br>– réalisé au moins deux programmes qui permettent de construire deux des figures demandées. | 2, 3, 4 |
| Communiquer | L'élève a réalisé trois programmes corrects qui permettent de réaliser les trois figures demandées. | 1, 3 |

# Documents à photocopier

## Chapitre 1 – Nombres entiers, nombres décimaux

■ **Activité 3 page 9f**

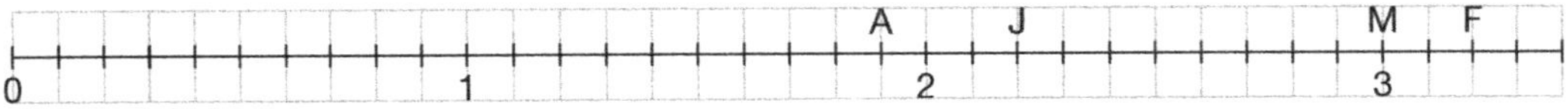


■ **Exercice 46 page 17**

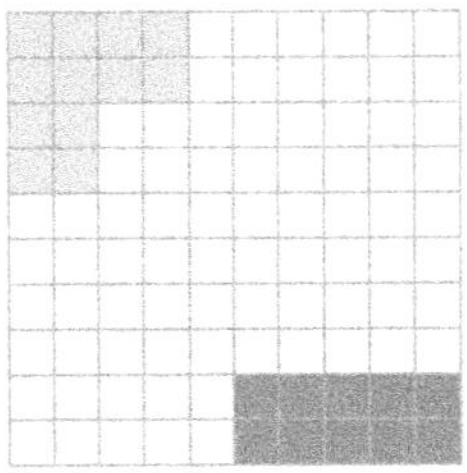

■ **Exercice 61 page 18**

**a.**

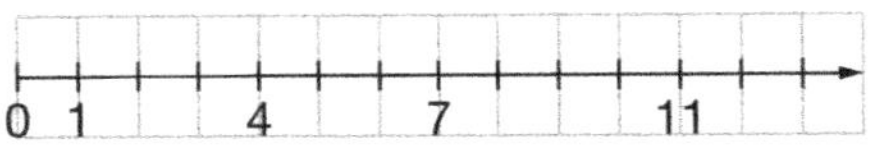


**b.**

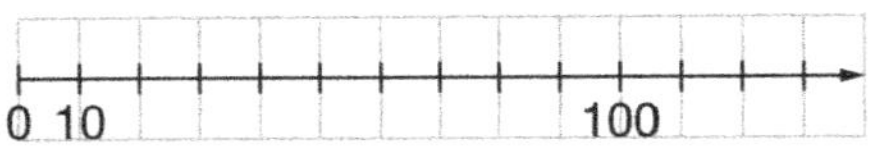


■ **Exercice 62 page 19**

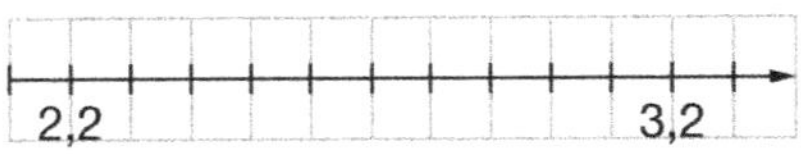


■ **Exercice 65 page 19**

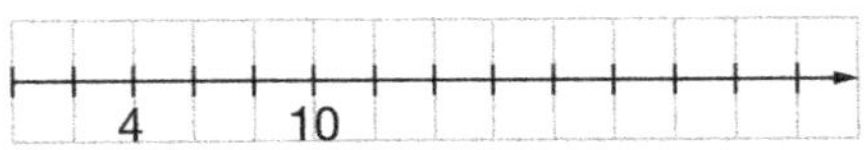


■ **Exercice 66 page 19**

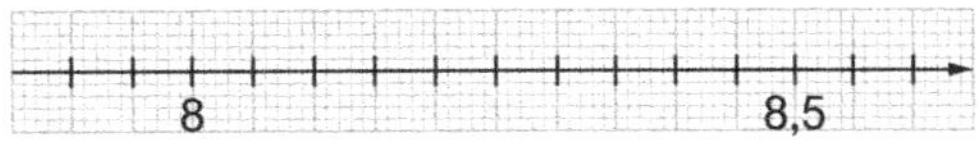


■ **Exercice 72 page 19**

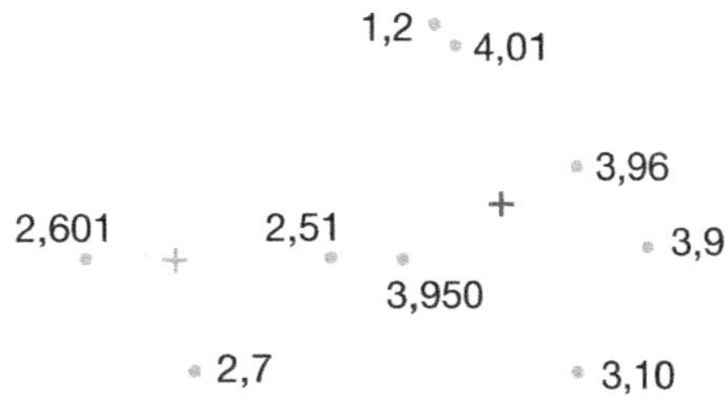


■ **Exercice 103 page 23**

| | | | | | | |
|---|---|---|---|---|---|---|
| 2 | 0 | 2 | 1 | 2 | 2 | 2 |
| 1 | 3 | 1 | 2 | 1 | 4 | 2 |
| 2 | 2 | 2 | 1 | 2 | 1 | 3 |
| 1 | 3 | 1 | 1 | 1 | 3 | 2 |
| 2 | 0 | 2 | 1 | 1 | 2 | 2 |

■ **Exercice 108 page 24**

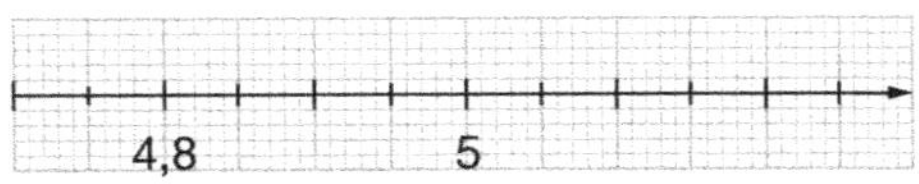


■ **Exercice 112 page 25**

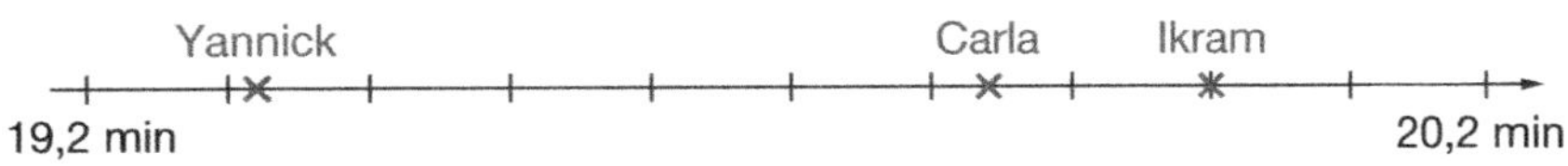


## Chapitre 2 – Addition, soustraction, multiplication

■ **Exercice 30 page 35**

| | |
|---|---|
| 14,3 + 7,8 • | • 2,8 + 5,9 |
| 25,7 − 4,3 • | • 25,6 − 3,5 |
| 50,9 + 12,4 • | • 15 − 4,7 |
| 6 + 4,3 • | • 66,4 − 3,1 |
| 13 − 4,3 • | • 11,6 + 9,8 |

## Exercice 52 page 36

**a.**

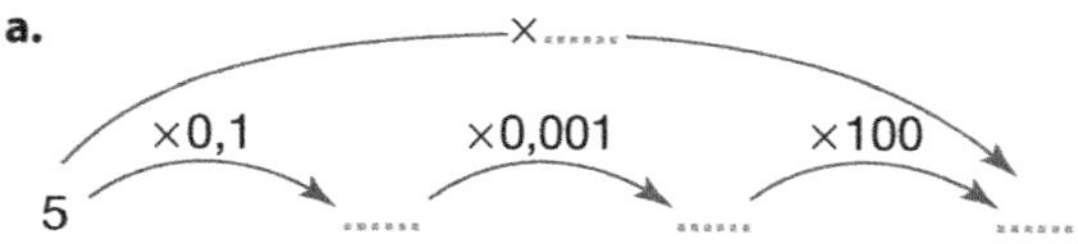


**b.**

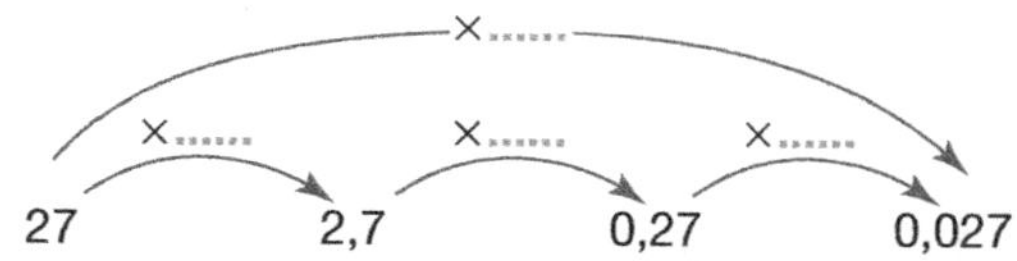


## Exercice 88 page 40

**a.**

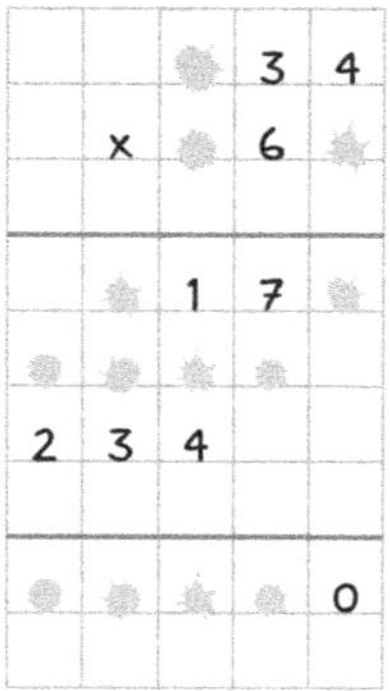


**b.**

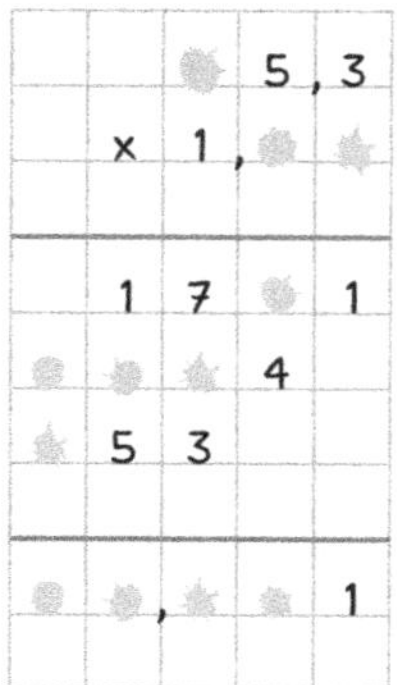


## Exercice 89 page 41

| | | | | |
|---|---|---|---|---|
| 3,4 | 5,42 | | | |
| | | 7,19 | | |
| | | | | |
| | | | | |

## Exercice 99 page 42

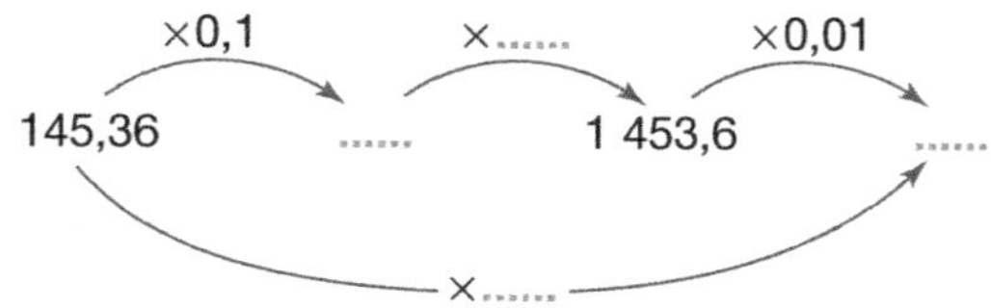


# Chapitre 3 - Division

## Activité 1 page 45

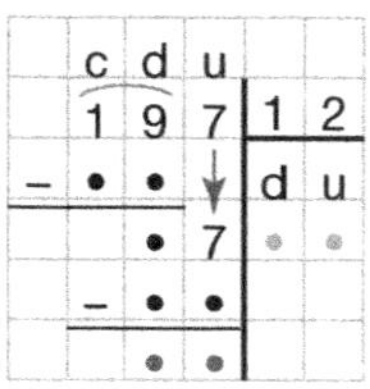


## Exercice 48 page 52

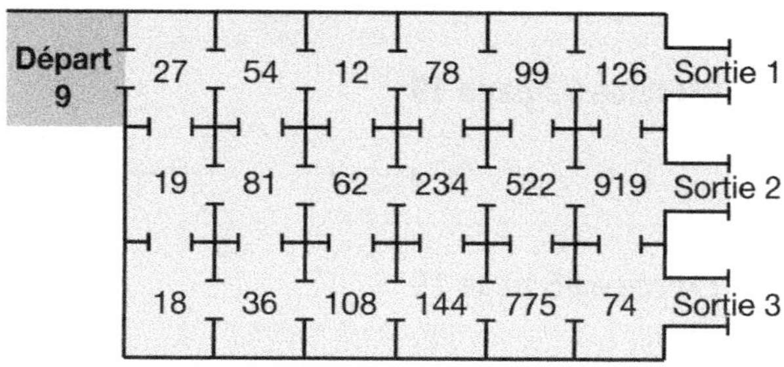


## Exercice 35 page 51

**a.**

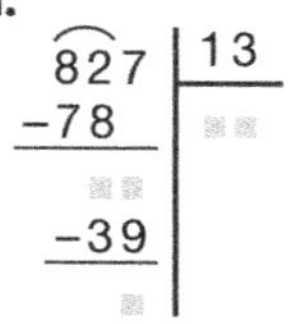


**b.**

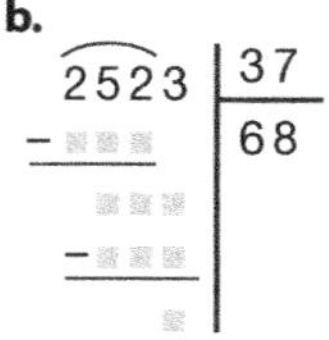


**c.**

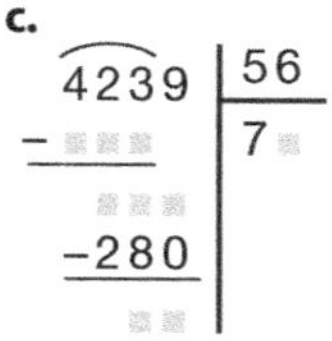


## Exercice 87 page 56

| Quantité | Nom du produit | Prix | Total |
|---|---|---|---|
| 10 unités | Savon au miel | … € l'un | 53,40 € |
| 15 bouteilles | Soupe aux orties | … € la bouteille | 180,00 € |
| 48 œufs | Œufs | 3,50 € la boîte de 6 | … € |
| 5 L | Lait | 0,95 € le litre | … € |
| … kg | Girolle | 21 € le kg | 67,20 € |
| 4 kg | Aubergine | … € le kg | … € |
| | | Total | 356,39 € |
| | | Frais | 19,59 € |
| | | Total à payer | … € |

## Exercice 38 page 51

| Dividende | Diviseur | Quotient | Reste |
|---|---|---|---|
| 34 589 | 548 | | |
| | 53 | 279 | 24 |
| 1 861 | | 48 | 37 |

## Exercice 99 page 58

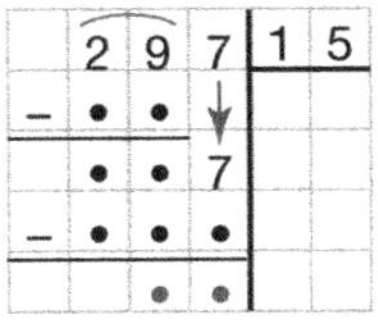


# Chapitre 4 - Fractions

## Activité 1 page 61

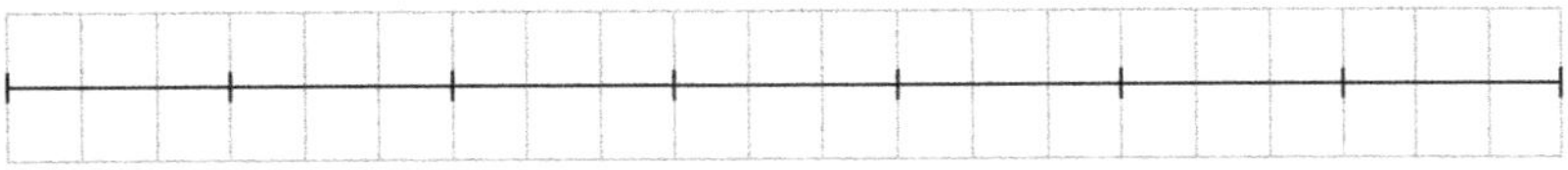

## Activité 2 page 61

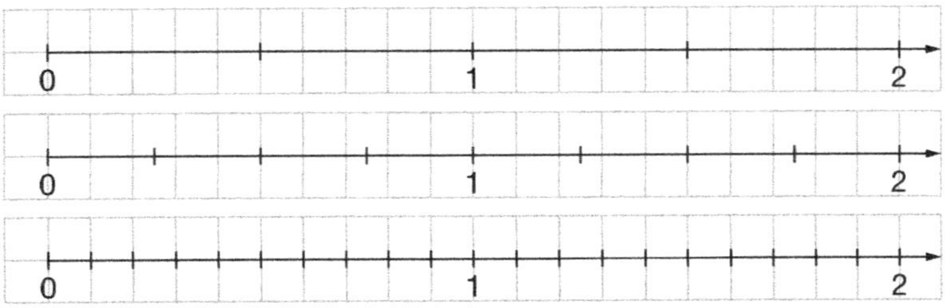


## Exercice 26 page 67

## Exercice 27 page 67

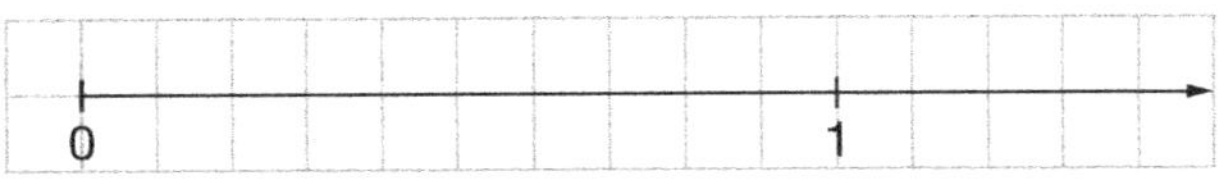


## Exercice 28 page 67

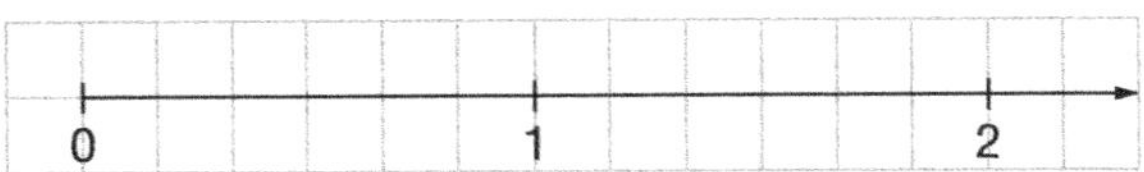


## Exercice 29 page 67

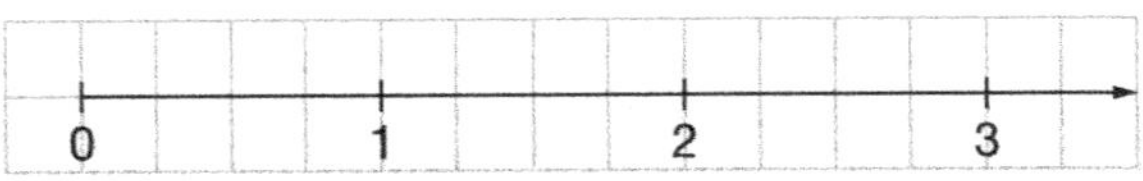


## Exercice 30 page 67

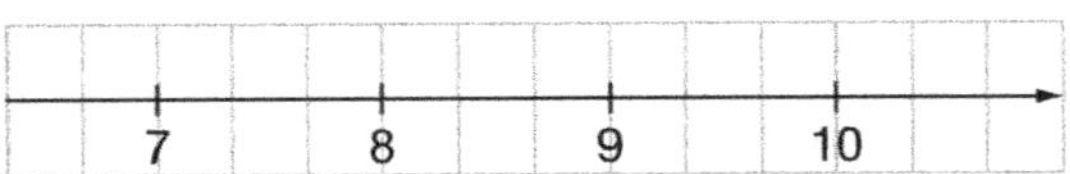


## Exercice 33 page 67

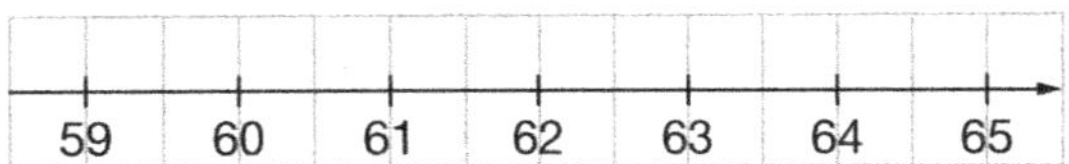


## Exercice 36 page 68

| Lecture | Écriture fractionnaire | Écriture décimale |
|---|---|---|
| Neuf vingtièmes | | |
| Quinze quarts | | |
| | $\frac{11}{8}$ | |
| | | 4,5 |
| | | 3,4 |

## Exercice 51 page 69

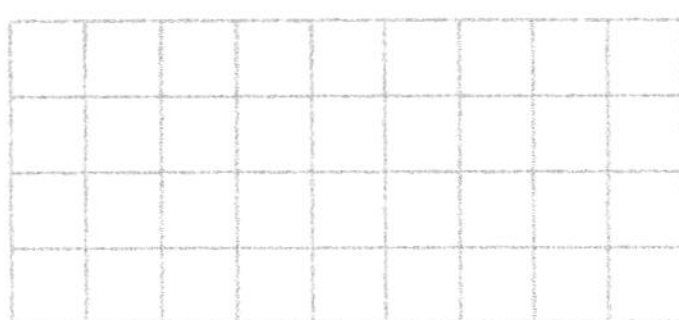

## Exercice 55 page 69

| Nombre | Double | Moitié | Tiers | Triple | Quart |
|---|---|---|---|---|---|
| 12 | | | | | |
| | 60 | | | | |
| | | 9 | | | |
| | | | 8 | | |
| | | | | 450 | |
| | | | | | 100 |

## Exercice 79 page 72

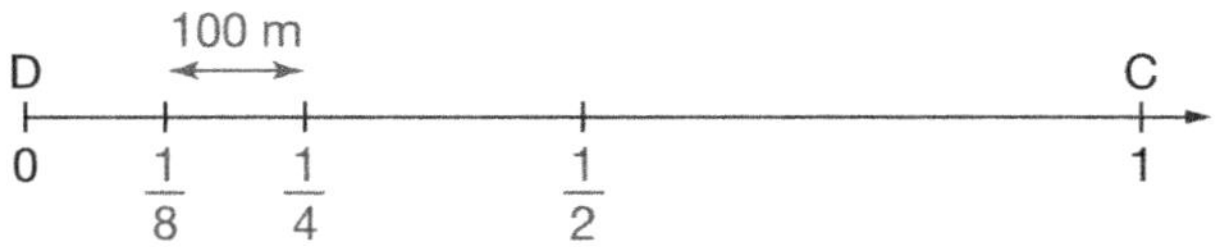


## Exercice 80 page 72

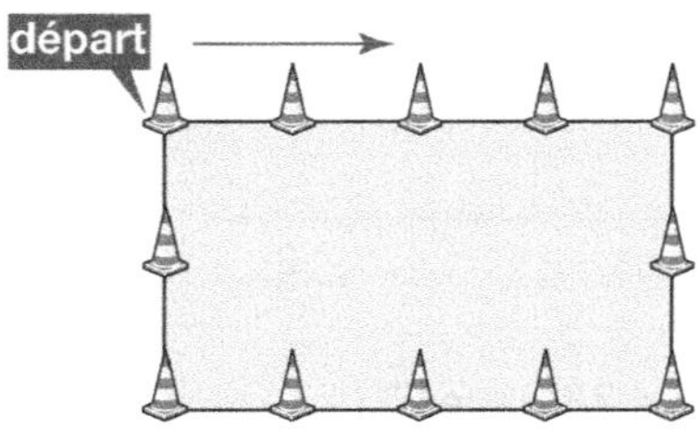


## Exercice 92 page 74

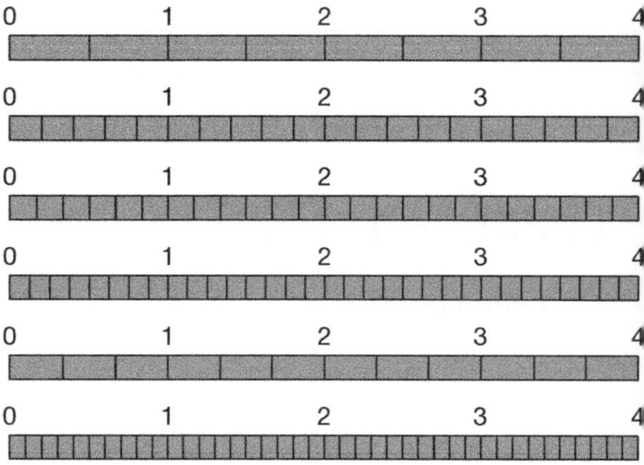


## Exercice 93 page 74

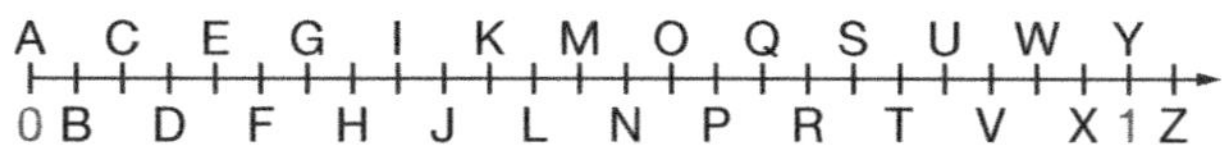


## Exercice 96 page 75

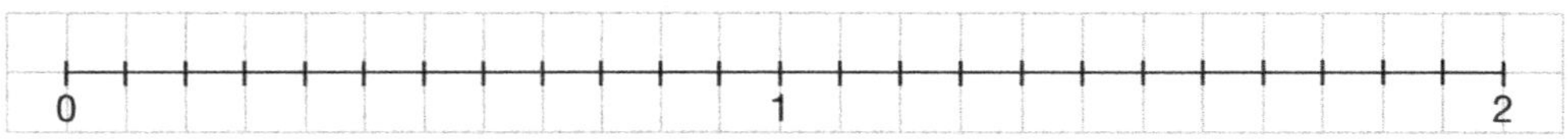


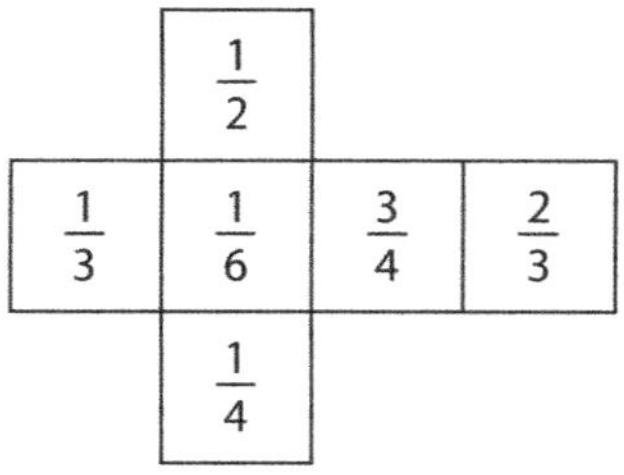


# Chapitre 5 – Proportionnalité

## Activité 1 page 77

| Nombre de personnes | 5 | 120 |
|---|---|---|
| Superficie de panneaux (en m²) | 6 | |

× …

## Activité 2 page 77

| Distance (en m) | 5 | 1 | 32 |
|---|---|---|---|
| Durée (en s) | | | |

× …

## Activité 3 page 77

| Camembert (en g) | 100 | 125 |
|---|---|---|
| Matières grasses (en g) | 40 | |

× …

## Exercice 38 page 85

| Nombre de pas | 70 | 1 | 30 |
|---|---|---|---|
| **Distance** (en m) | 56 | | |

× …

## Exercice 39 page 85

| Nombre de bouteilles | 4 | 1 | 6 | 10 |
|---|---|---|---|---|
| **Quantité d'eau** (en L) | | | | |

× …

## Exercice 47 page 86

| **Durée** (en min) | 10 | 20 | 30 | 40 |
|---|---|---|---|---|
| **Distance** (en km) | | | | |

## Exercice 51 page 86

| | |
|---|---|
| 5 % de 40 L • | • 1 L |
| 10 % de 50 L • | • 2 L |
| 20 % de 5 L • | • 2,5 L |
| 50 % de 5 L • | • 5 L |

## Exercice 80 page 90

| Effectif | | 180 | 500 | 920 |
|---|---|---|---|---|
| **Durée** (en h) | 40 | | | |

# Chapitre 6 – Organisation et gestion de données

## Exercice 11 page 100

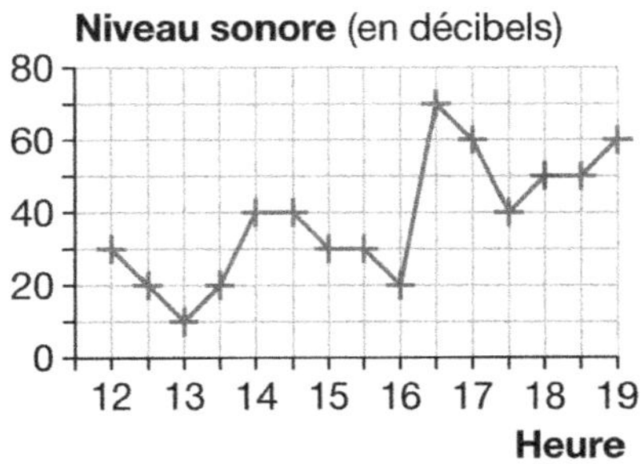


## Exercice 20 page 102

| | 6ᵉ A | 6ᵉ B | Total |
|---|---|---|---|
| **Externes** | | | |
| **DP** | | | |
| Total | | | |

## Exercice 21 page 102

| | 6ᵉ 1 | 6ᵉ 2 | 6ᵉ 3 | Total |
|---|---|---|---|---|
| **Tablette** | 5 | 7 | 8 | |
| **Livre** | | 4 | | |
| Total | | | 10 | |

## Exercice 27 page 103

| | Eaux | Terres | Total |
|---|---|---|---|
| **Pourcentage** (en %) | 71 | | |
| **Mesure de l'angle** (en °) | | | |

## Exercice 28 page 103

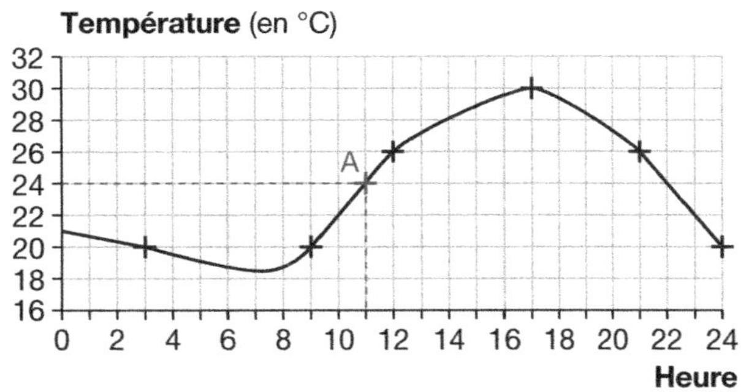


## Exercice 33 page 104

| | Salle 1 | Salle 2 | Total |
|---|---|---|---|
| **Entrées** | 86 | | 150 |

## Exercice 36 page 104

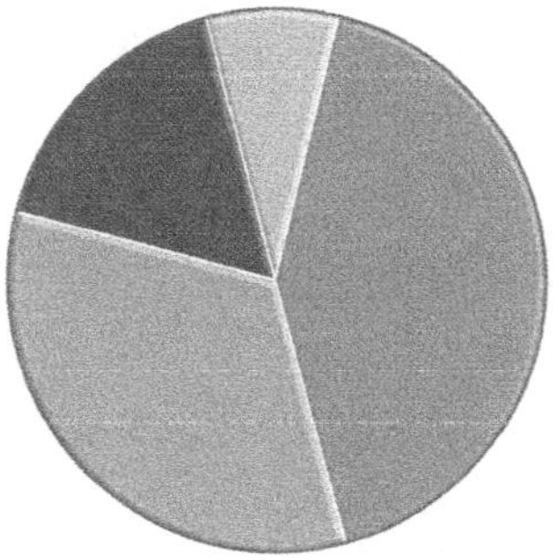

## Exercice 43 page 106

| | | Lapin | |
|---|---|---|---|
| | | Oui | Non |
| Chat | Oui | | |
| | Non | | |

## Exercice 48 page 107

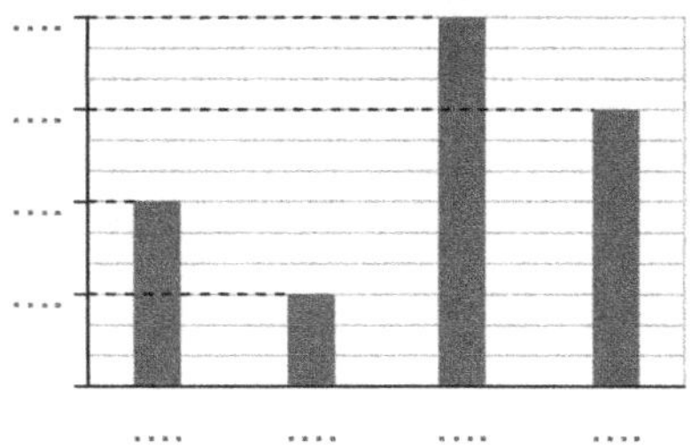


## Exercice 51 page 107

| | Zoé | Tom | Léa |
|---|---|---|---|
| Tennis | | | |
| Voile | | | |
| Judo | | | |

## Exercice 52 page 108

| | Taille | Masse | Âge |
|---|---|---|---|
| Lalie | | | |
| Octave | | | |

## Exercice 53 page 108

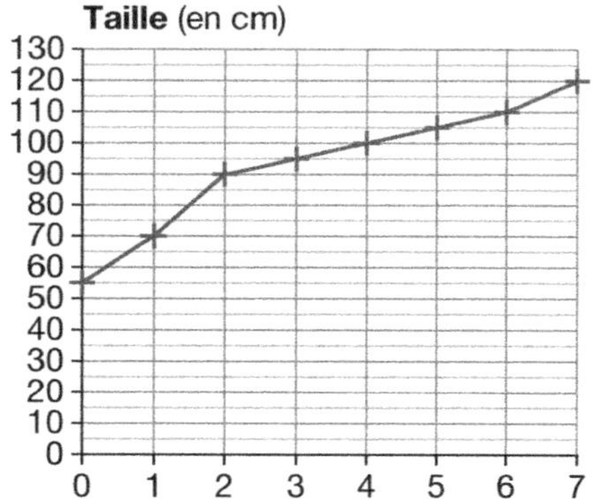


## Exercice 56 page 109

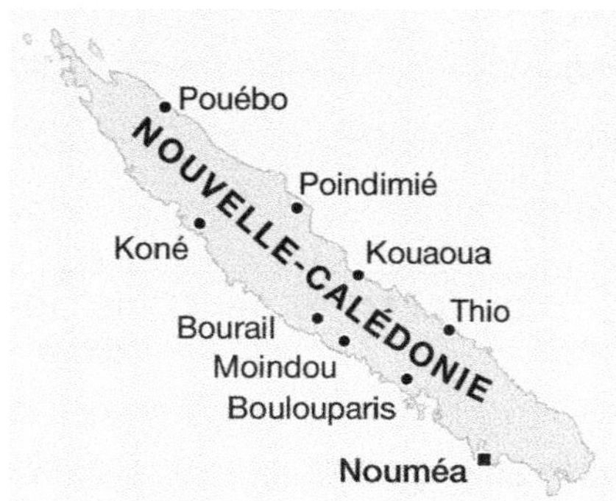


| | Bouloupari | Bourail | Koné | Kouaoua | Moindou | Nouméa | Poindimié | Pouébo |
|---|---|---|---|---|---|---|---|---|
| Bourail | 90 | | | | | | | |
| Koné | 193 | 105 | | | | | | |
| Kouaoua | 97 | 106 | 200 | | | | | |
| Moindou | 51 | 37 | 143 | 70 | | | | |
| Nouméa | 76 | 164 | 268 | 171 | 127 | | | |
| Poindimié | 223 | 135 | 78 | 117 | 170 | 297 | | |
| Pouébo | 352 | 264 | 175 | 247 | 299 | 423 | 130 | |
| Thio | 46 | 133 | 237 | 78 | 97 | 121 | 189 | 318 |

# Chapitre 7 - Angles

## ■ Activité 2 page 111

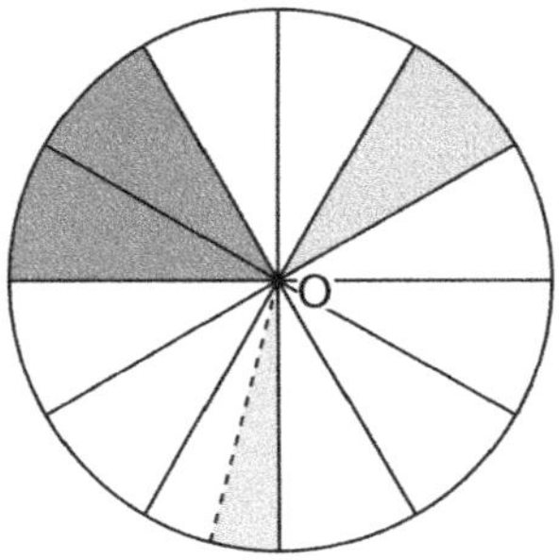


## ■ Exercice 26 page 117

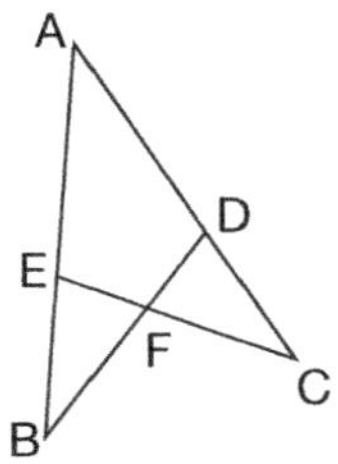


## ■ Exercice 31 page 117

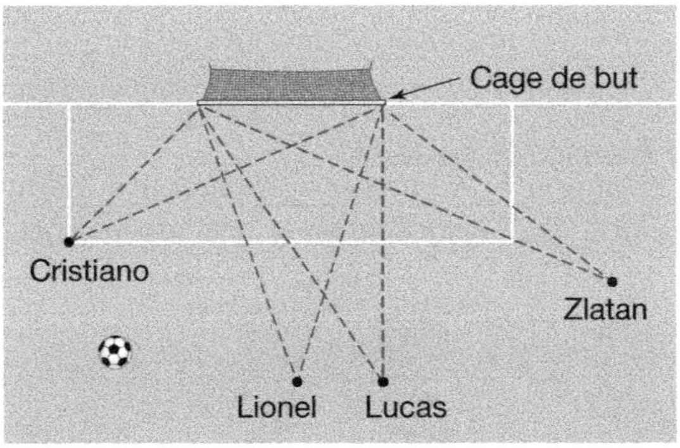


## ■ Exercice 37 page 118

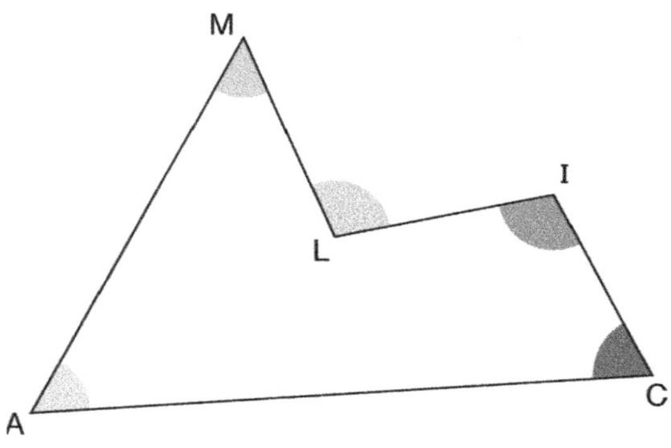


## ■ Exercice 40 page 119

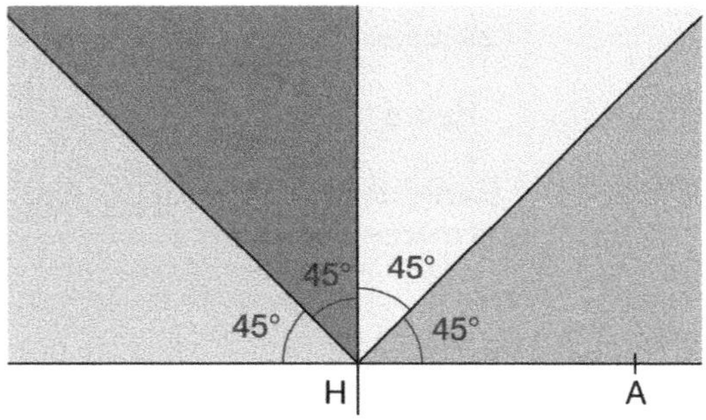


## ■ Exercice 47 page 119

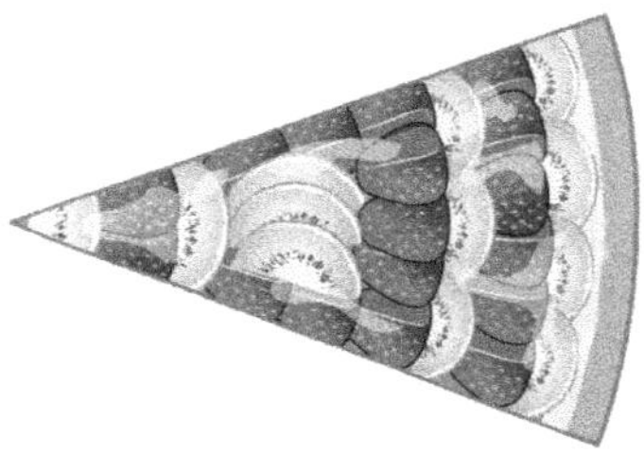

## ■ Exercice 73 page 123

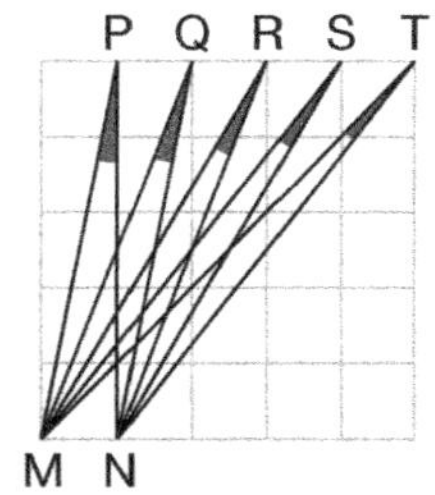


## ■ Exercice 83 page 125

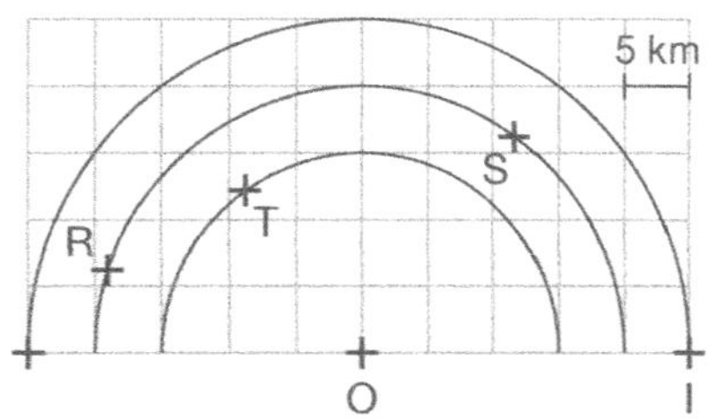

# Chapitre 8 - Longueurs, aires, durées

## ■ Activité 3 page 127

<table>
<tr><th>23 juillet</th><th colspan="4">Matin</th><th colspan="4">Après-midi</th></tr>
<tr><th rowspan="2">Heure</th><td colspan="2">Pleine mer</td><td colspan="2">Basse mer</td><td colspan="2">Pleine mer</td><td colspan="2">Basse mer</td></tr>
<tr><td colspan="2"></td><td colspan="2">9 h 51</td><td colspan="2">15 h 52</td><td colspan="2"></td></tr>
<tr><th>Durée de la marée</th><td></td><td colspan="2">6 h 17 min</td><td colspan="2"></td><td colspan="2">6 h 22 min</td><td></td></tr>
</table>

## ■ Exercice 21 page 134

| | |
|---|---|
| Une feuille A4 • | • 5 cm² |
| La France • | • 9 000 m² |
| Un timbre • | • 620 cm² |
| Un terrain de football • | • 180 mm² |
| Une carte SIM • | • 1 000 000 ha |
| La forêt des Landes • | • 675 000 km² |

## ■ Exercice 29 page 135

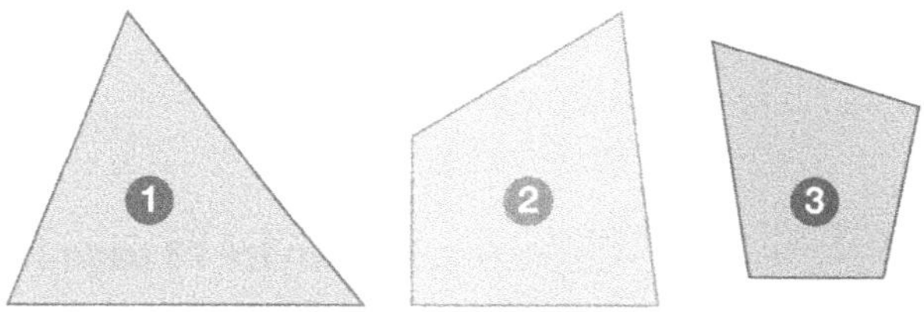


## ■ Exercice 82 page 140

| Nom du rectangle | Longueur | Largeur | Périmètre | Aire |
|---|---|---|---|---|
| ABCD | 11 cm | 6 cm | | |
| EFGH | | 10 m | | 400 m² |
| JKLM | | 8 mm | 40 mm | |
| RSTU | 7 cm | | | 35 cm² |

## ■ Exercice 89 page 141

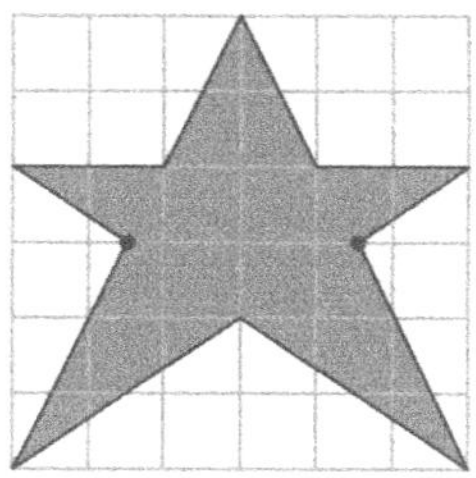

# Chapitre 9 - Volumes

## ■ Exercice 49 page 153

| | |
|---|---|
| 1,5 dm³ • | • Un sac à dos |
| 125 mm³ • | • Un appartement |
| 250 m³ • | • Une boîte de céréales |
| 25 L • | • Un grain de maïs |

# Chapitre 10 - Géométrie dans l'espace

## Activité 2 page 161

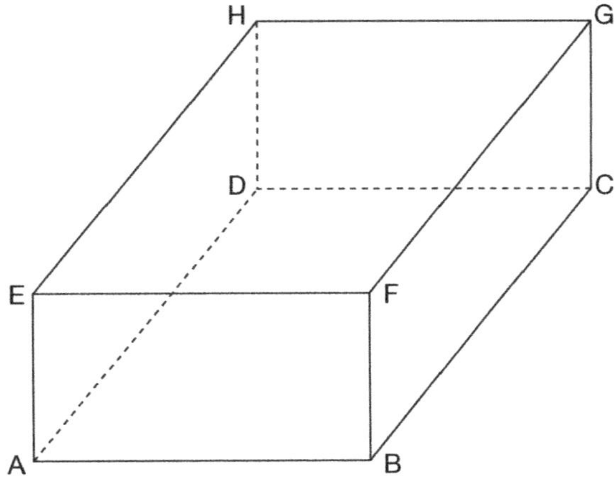


## Exercice 19 page 169

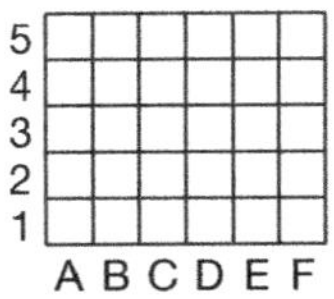


## Exercice 20 page 169

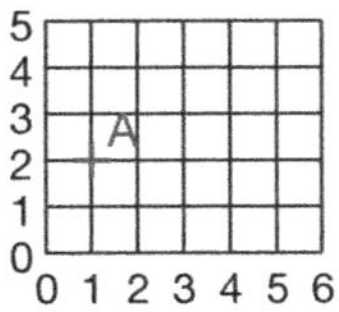


## Exercice 22 page 169

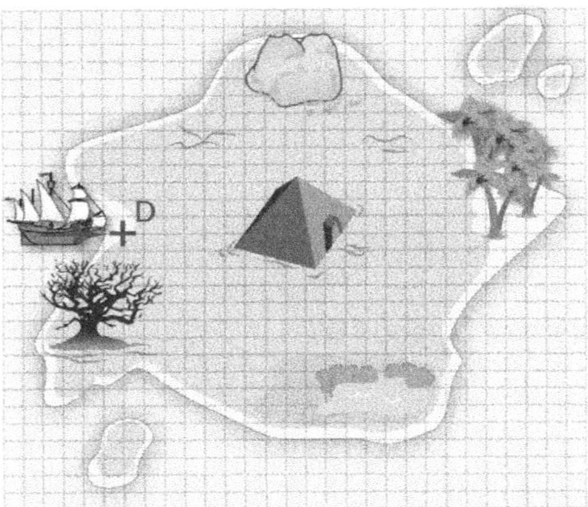


## Exercice 33 page 170

a.

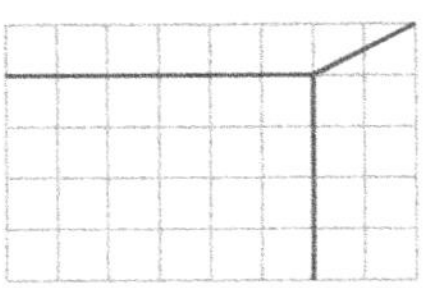

b.

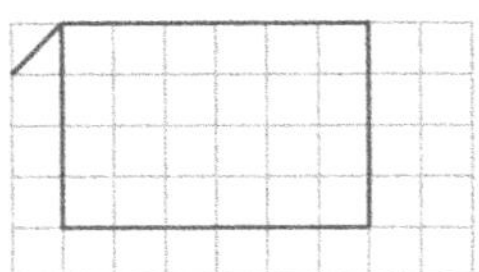

## Exercice 34 page 170

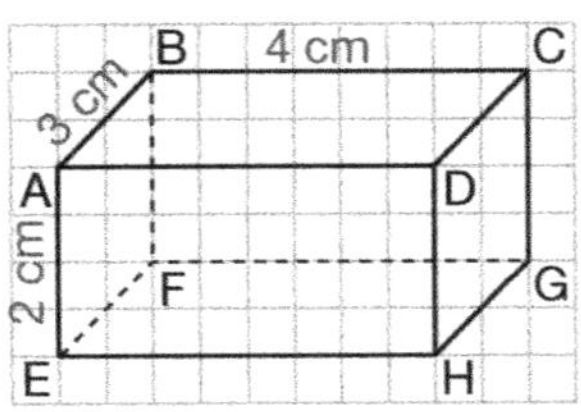


## Exercice 38 page 171

| | Nom | Nombre de faces | Forme des faces latérales | Nombre de sommets | Nombre d'arêtes |
|---|---|---|---|---|---|
| ❶ | | | | | |
| ❷ | | | | | |
| ❸ | | | | | |

## Exercice 60 page 174

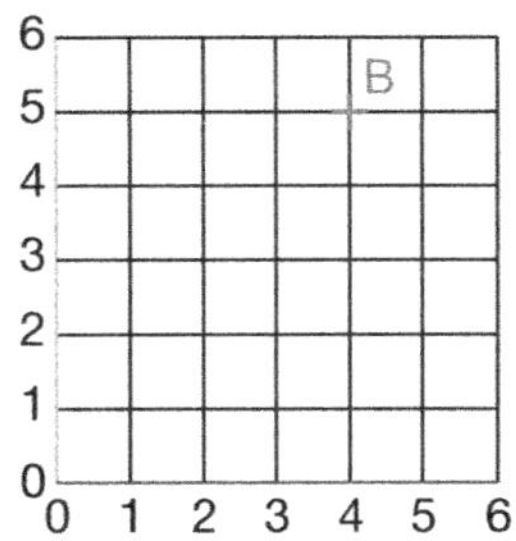


## Exercice 61 page 174

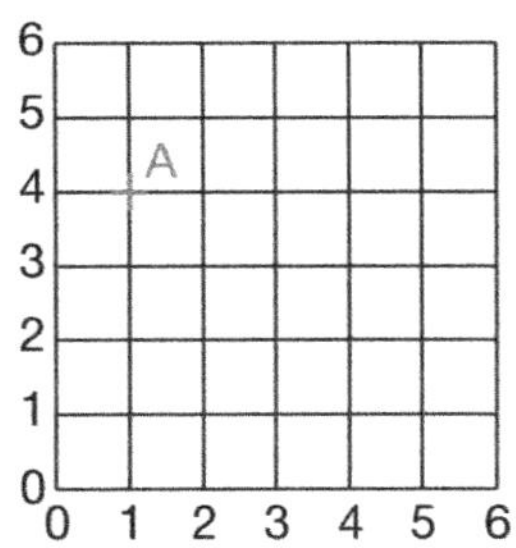


## Exercice 62 page 174

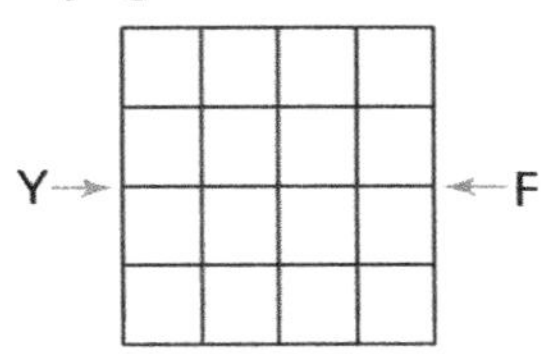

# Chapitre 11 - Droites perpendiculaires, droites parallèles

## Activité 1 page 179

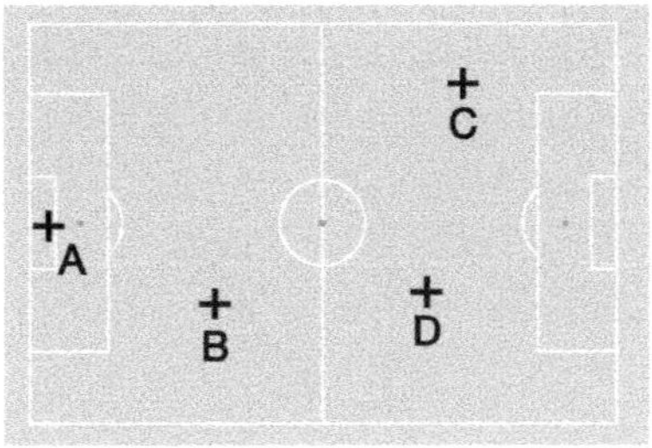


## Activité 2 page 179

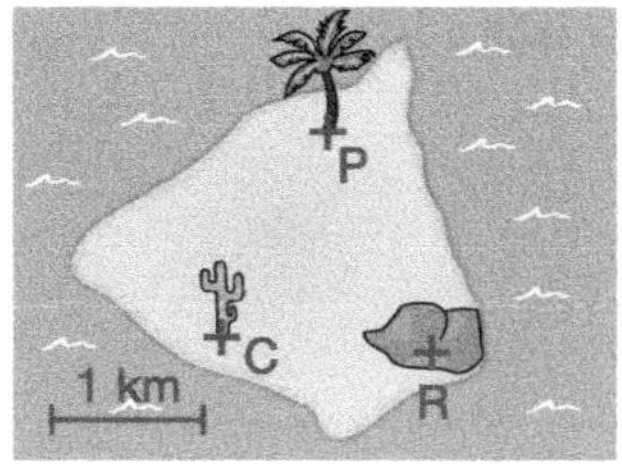


## Exercice 2 page 181

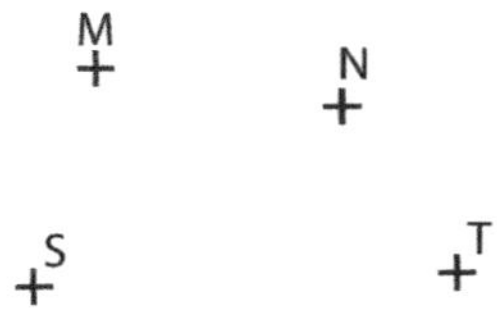


## Exercice 4 page 181

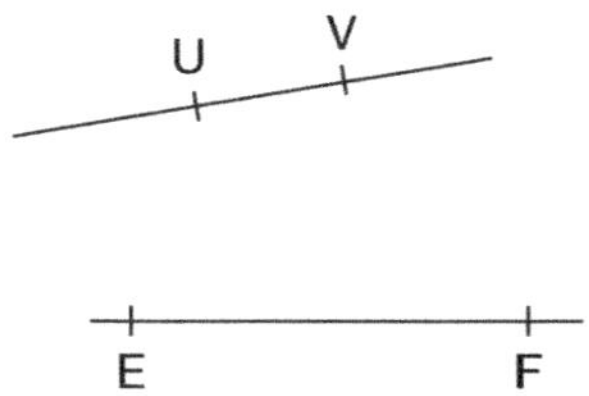


## Exercice 7 page 183

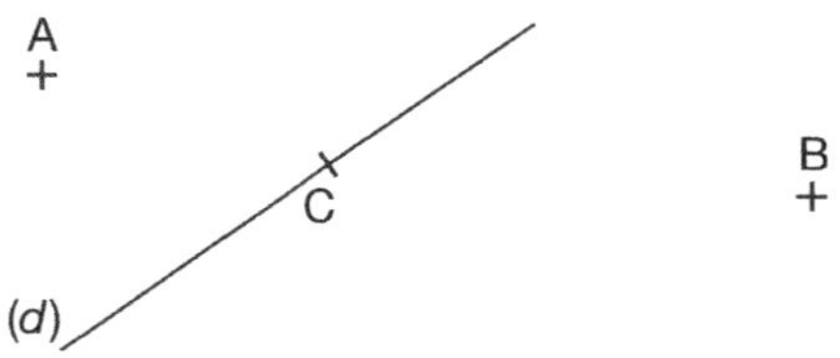


## Exercice 8 page 183

**a.**

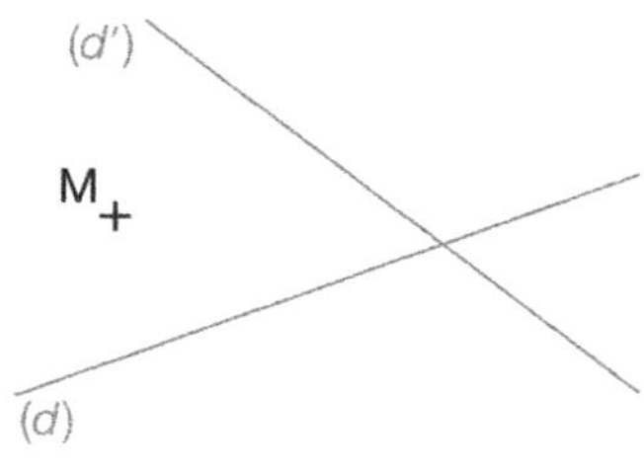


**b.**

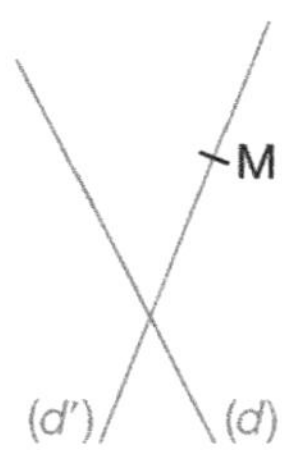

## Exercice 9 page 183

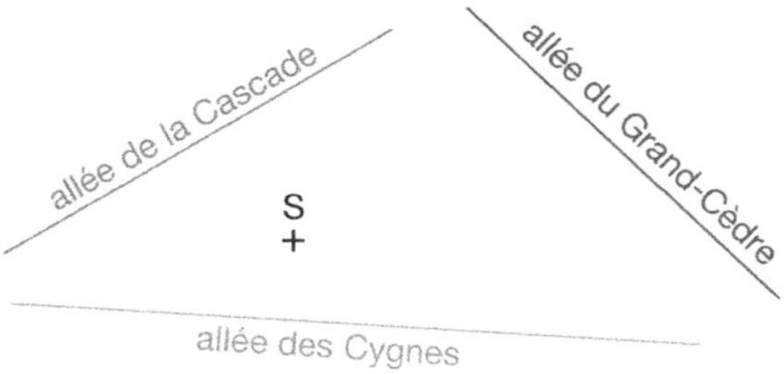


## Exercice 10 page 183

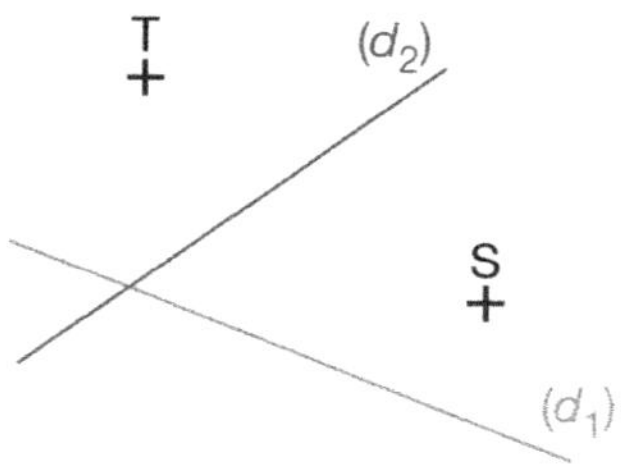


## Exercice 12 page 185

**a.**

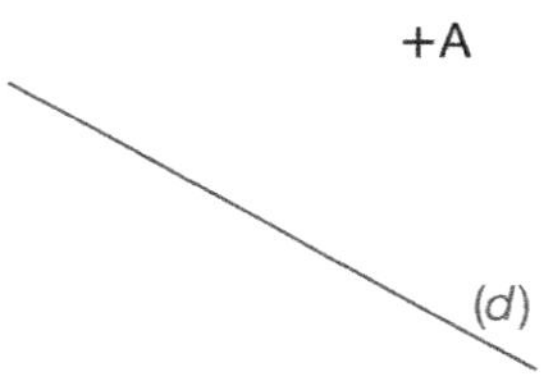


**b.**

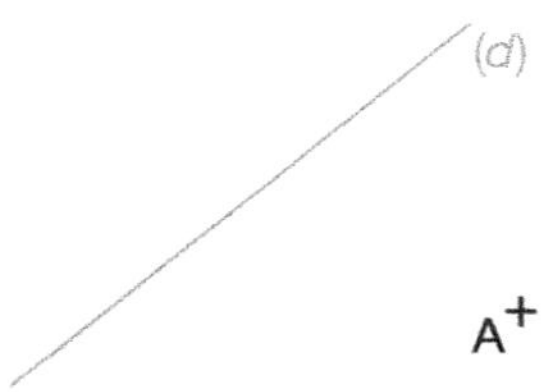


## Exercice 13 page 185

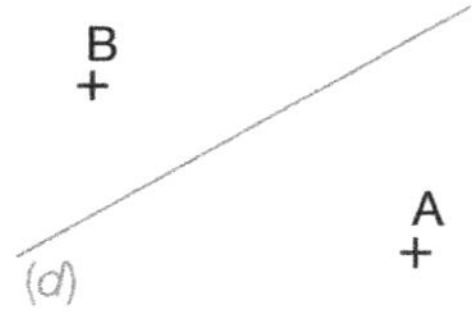


## Exercice 14 page 185

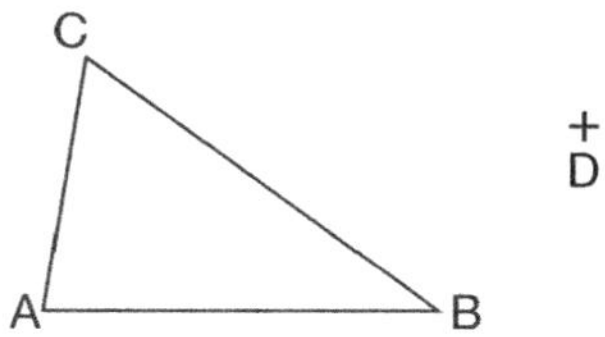


## Exercice 15 page 185

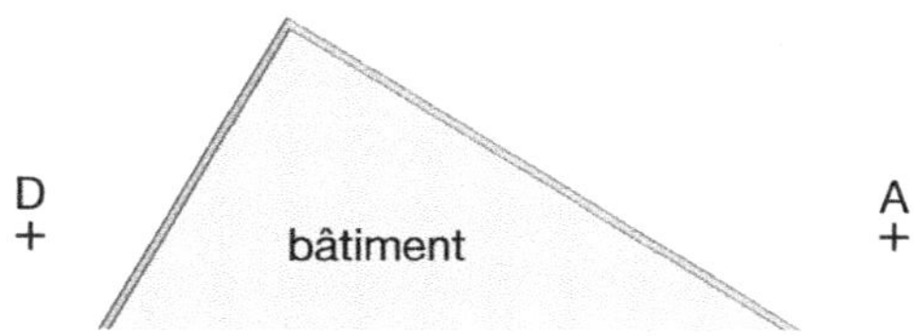


## Exercice 32 page 187

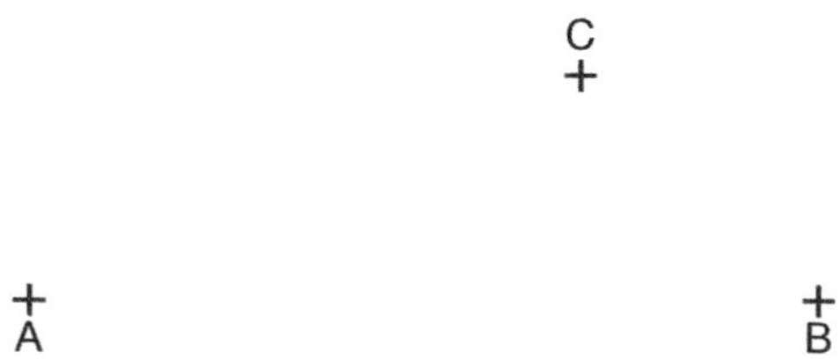


## Exercice 33 page 187

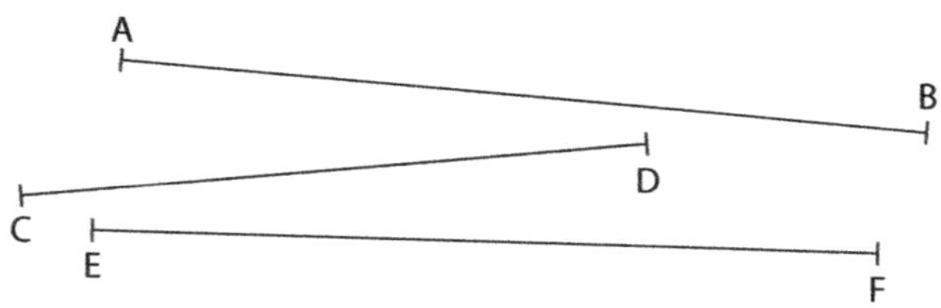

## Exercice 34 page 188

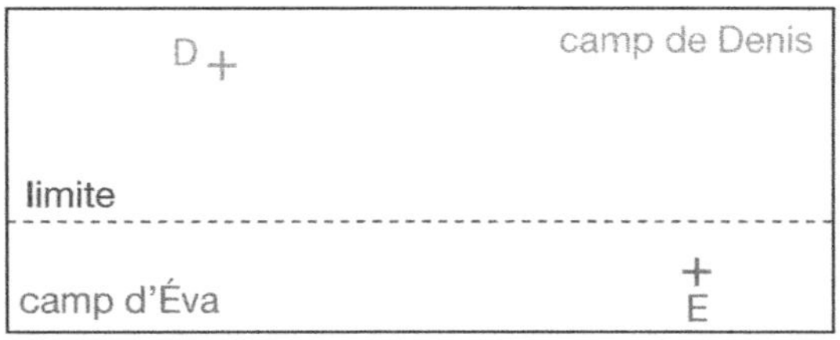


## Exercice 36 page 188

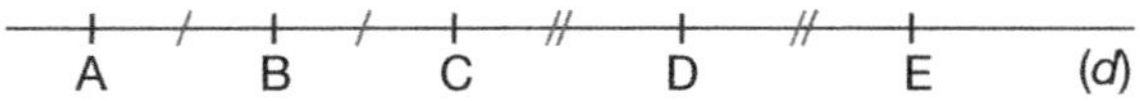


## Exercice 40 page 188

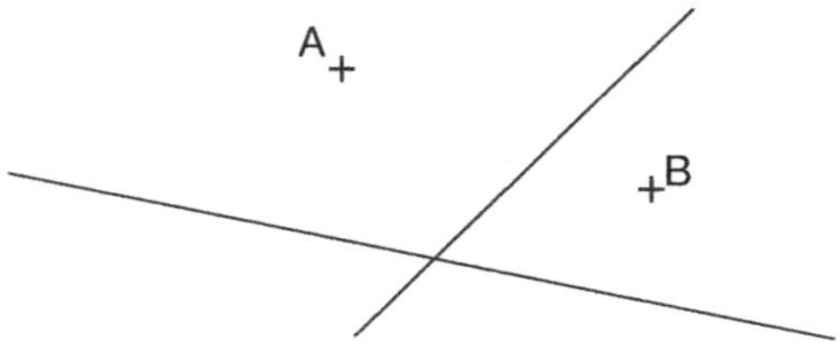


## Exercice 47 page 189

## Exercice 48 page 189

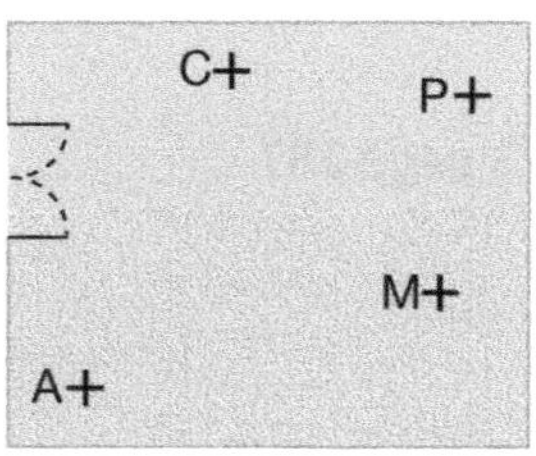


## Exercice 50 page 189

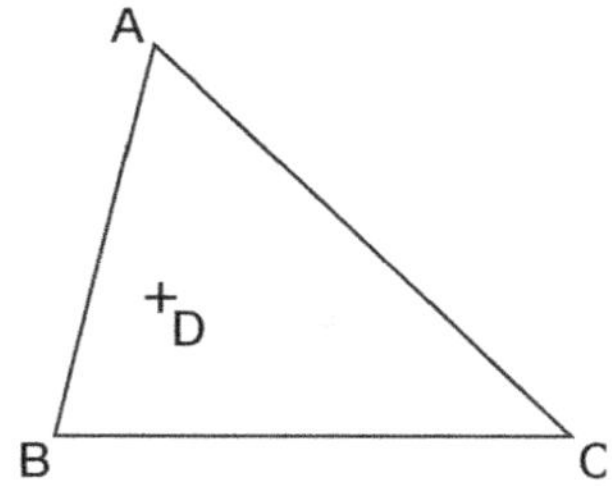


## Exercice 52 page 189

**a.**

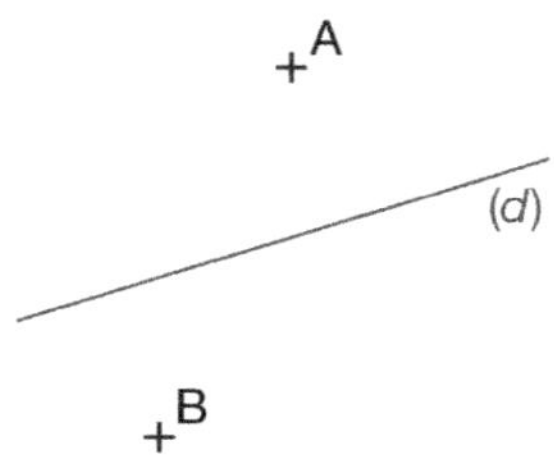


**b.**

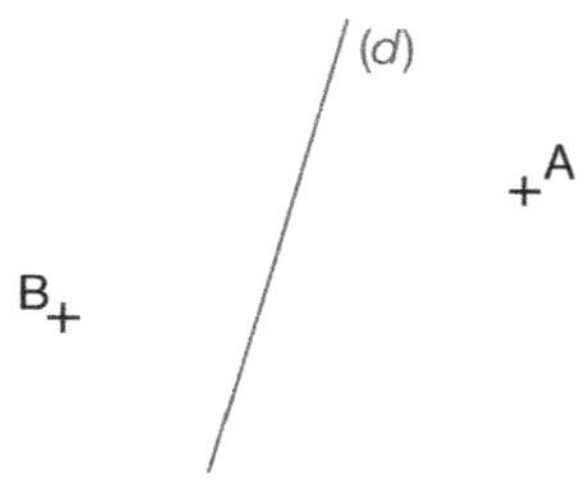


## Exercice 72 page 192

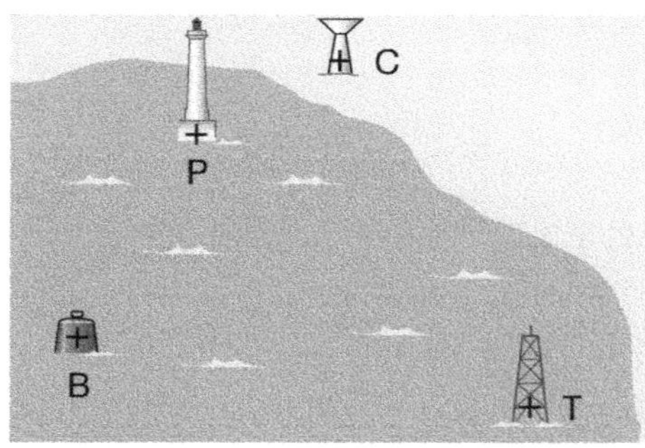

## Exercice 73 page 192

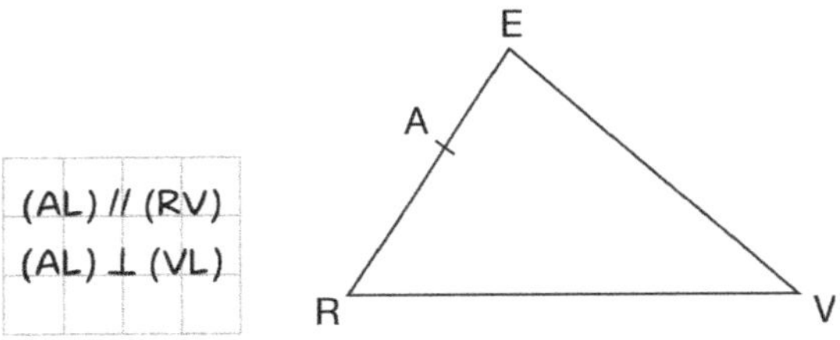


## Exercice 83 page 193

## Exercice 86 page 194

## Exercice 76 page 192

❶ Placer un point C de la droite (*d*) tel que AC = 6 cm.

❷ Tracer la médiatrice (*d'*) du segment [BC].

❸ Tracer la perpendiculaire (*d*) en A à la droite (AB).

❹ Tracer un segment [AB] de longueur 8 cm.

❺ Elle coupe la droite (AB) en D et la droite (*d*) en E.

❻ Tracer le segment [BC].

## Exercice 85 page 194

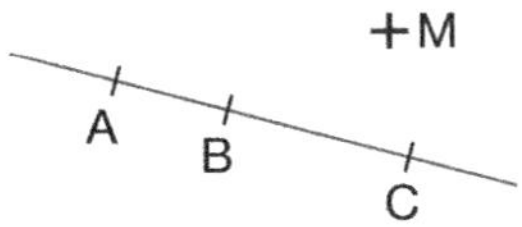


## Exercice 77 page 193

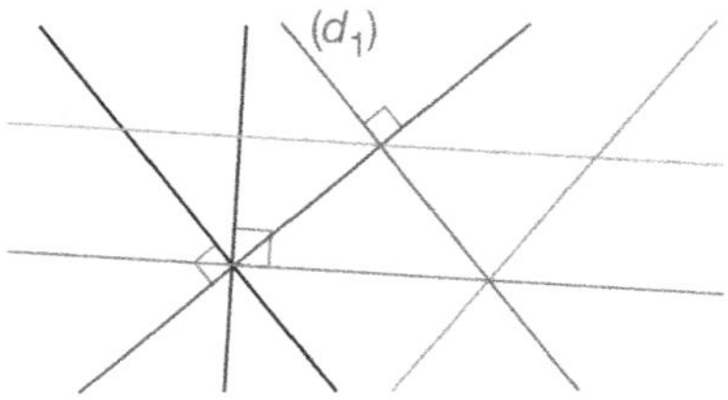


## Exercice 89 page 194

## Exercice 79 page 193

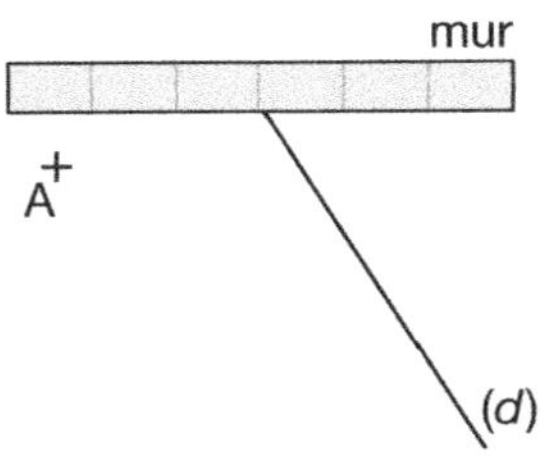


## Exercice 91 page 195

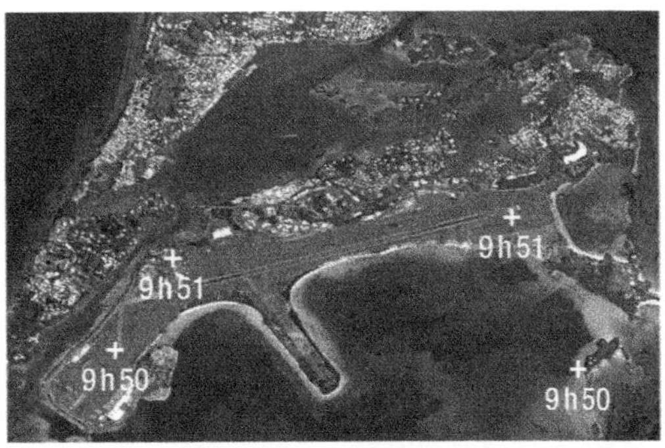


## Exercice 81 page 193

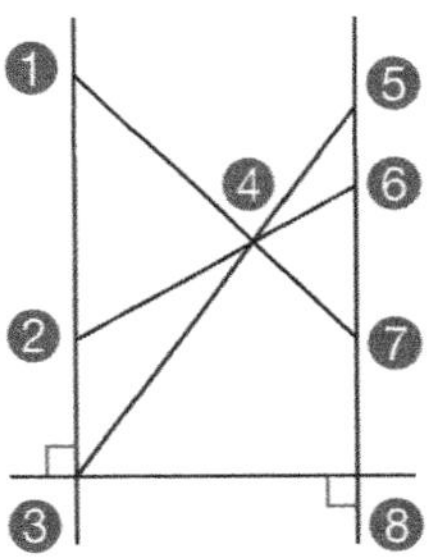

## Exercice 92 page 195

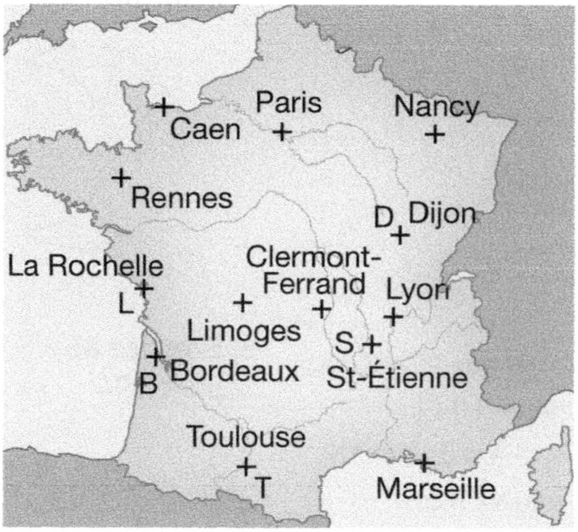


# Chapitre 12 - Figures usuelles

## Exercice 22 page 203

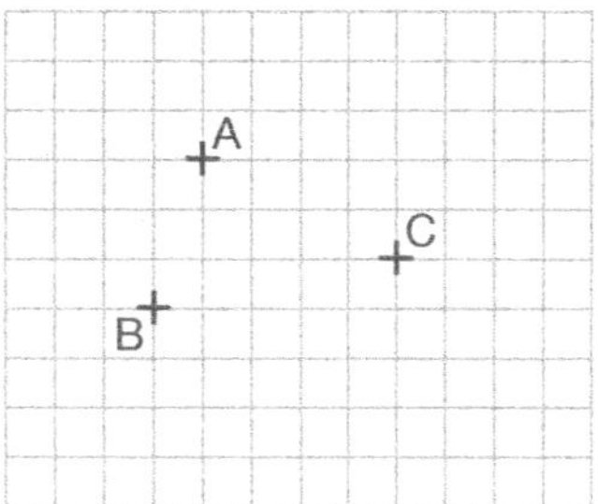


## Exercice 36 page 205

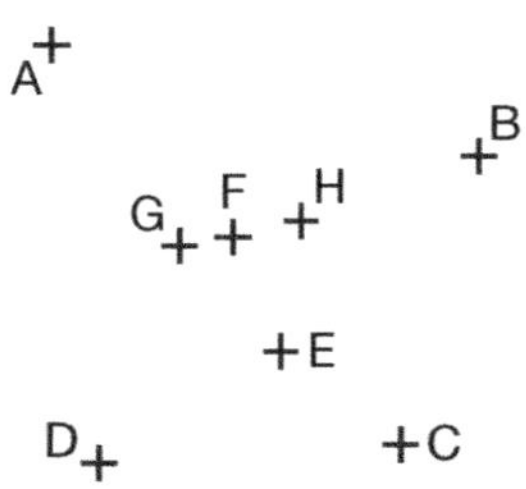


## Exercice 39 page 205

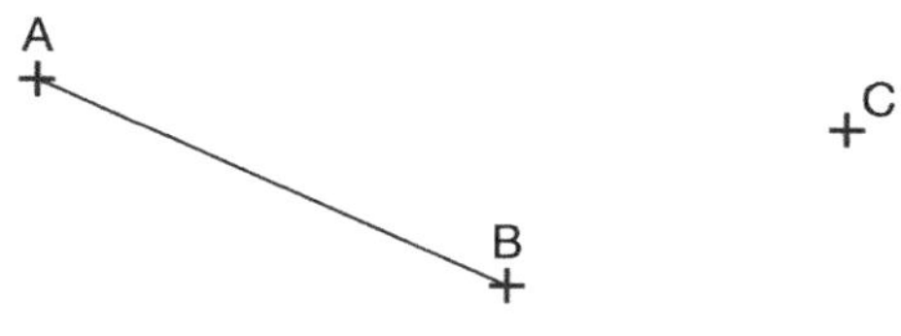

## Exercice 42 page 205

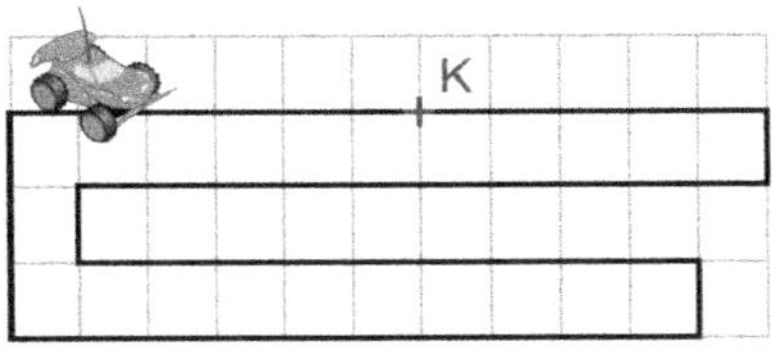


## Exercice 89 page 211

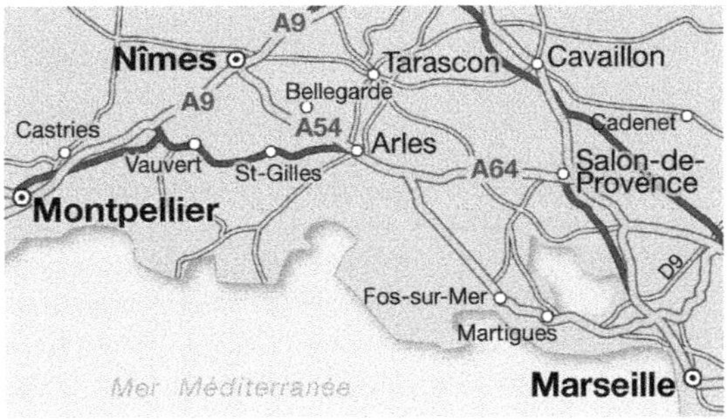


## Exercice 44 page 205

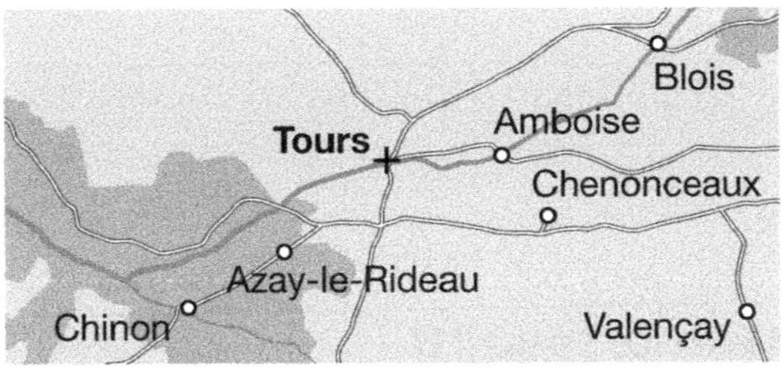


## Exercice 98 page 212

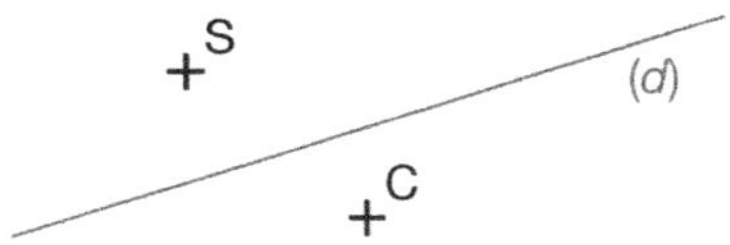


## Exercice 51 page 206

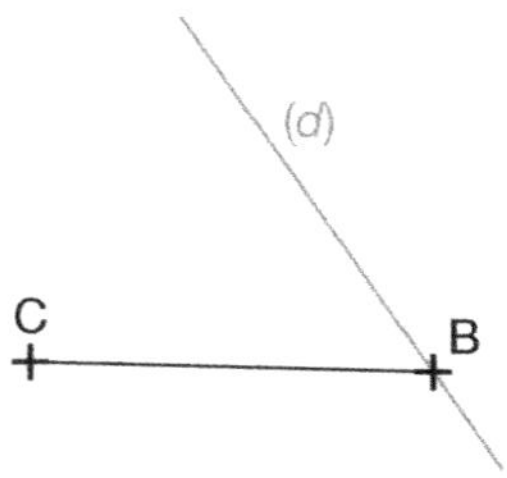


## Exercice 102 page 213

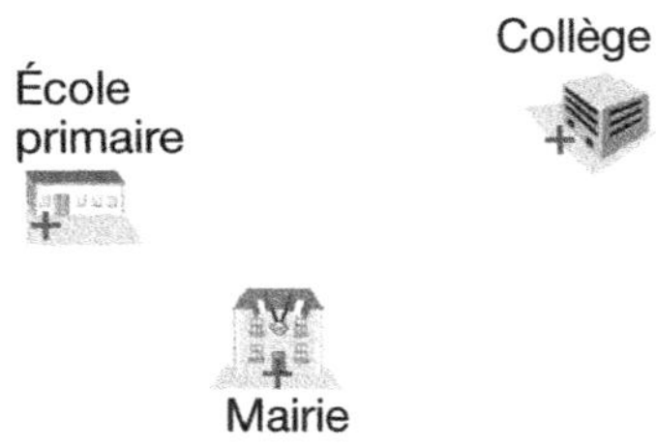

# Chapitre 13 - Symétrie axiale

## Activité 1 page 215

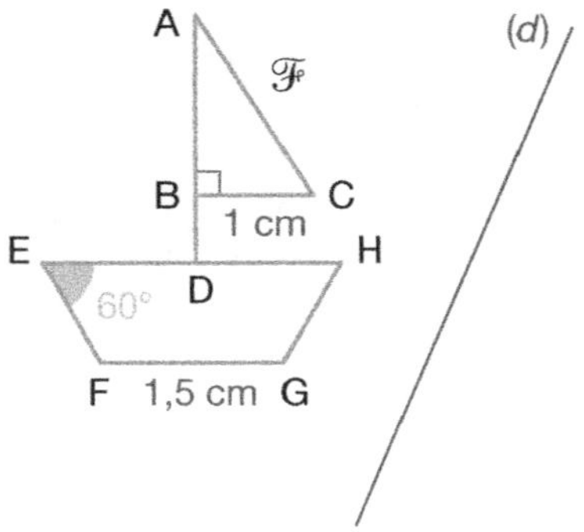


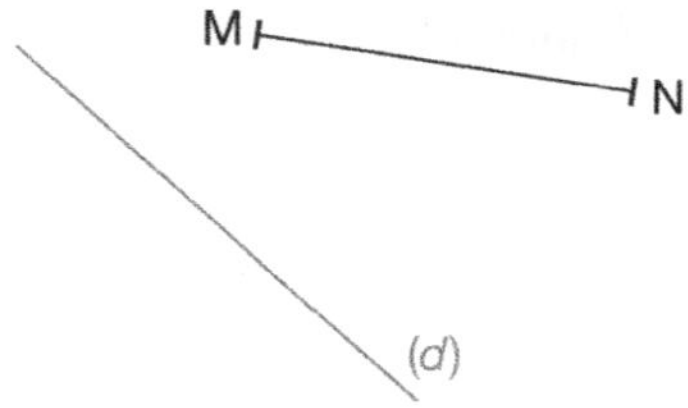


## Exercice 2 page 217

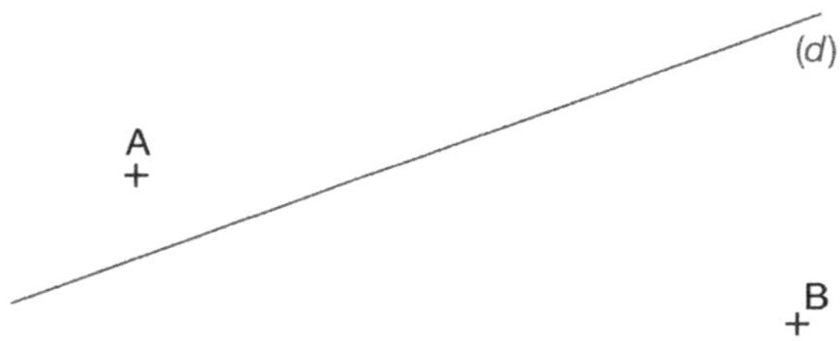


## Activité 2 page 215

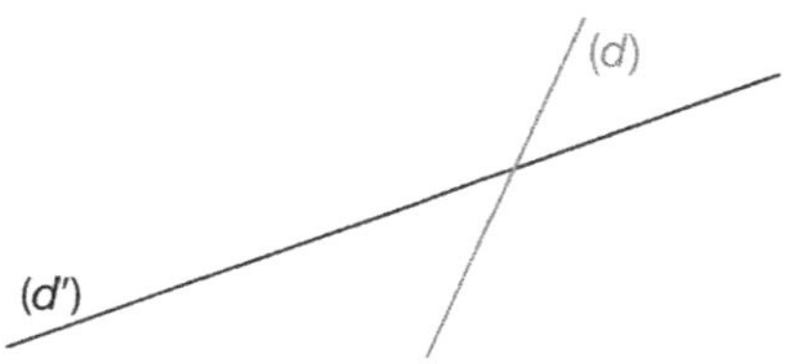


## Exercice 3 page 217

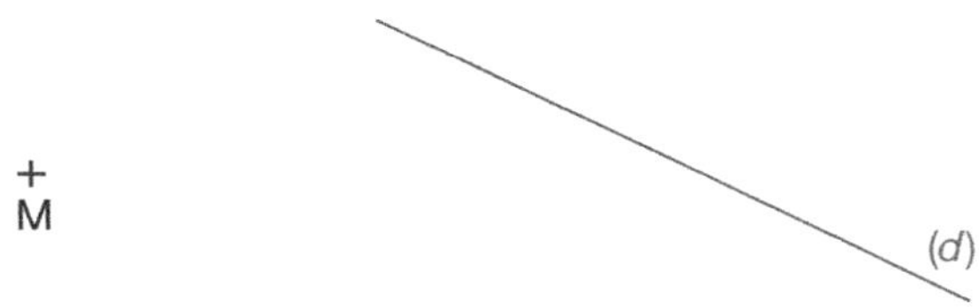


## Exercice 4 page 217

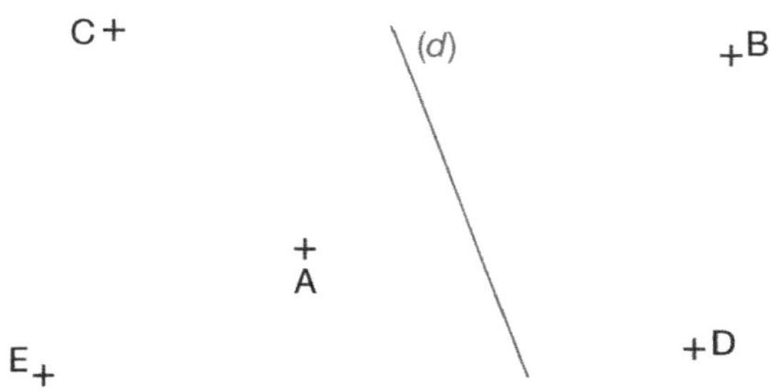

## Exercice 5 page 217

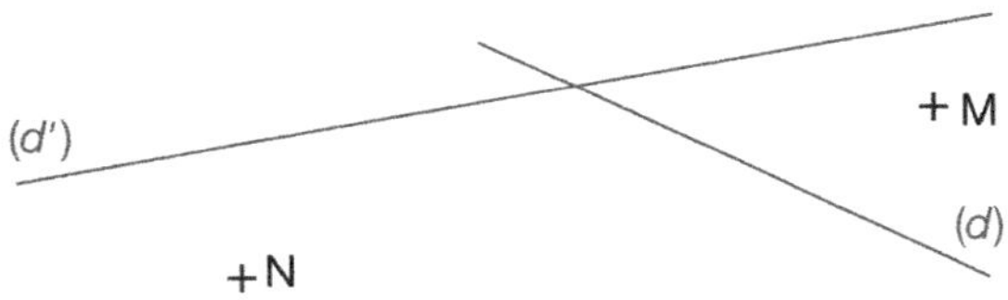


## Exercice 7 page 219

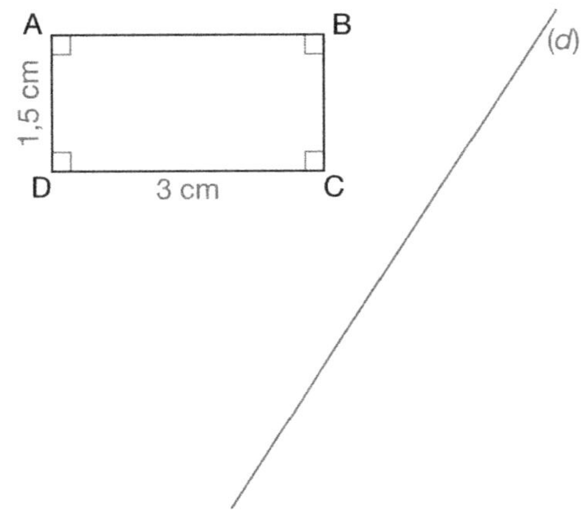


## Exercice 8 page 219

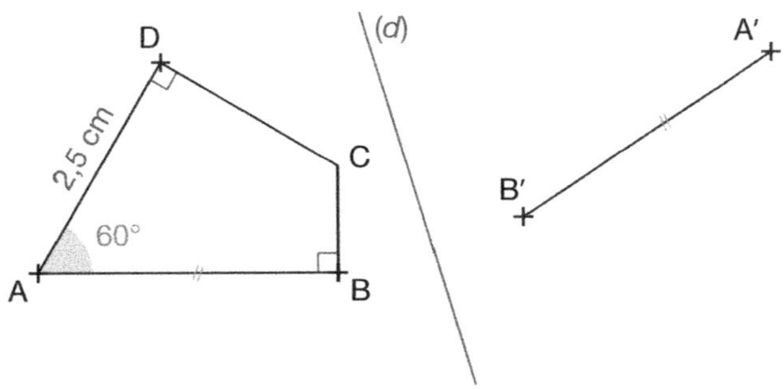


## Exercice 24 page 223

**a.**

**b.**

## Exercice 25 page 223

a.

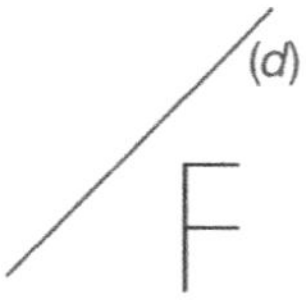


b.

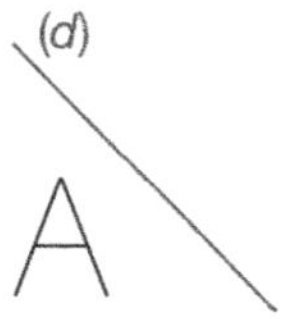


## Exercice 26 page 223

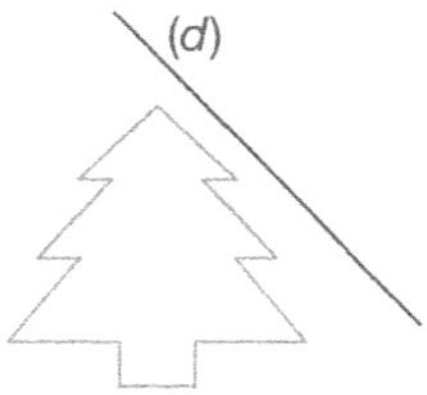


## Exercice 29 page 223

a.

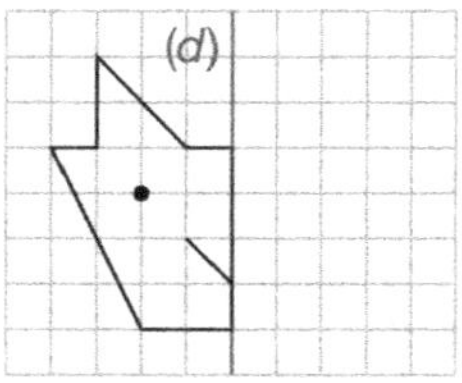


b.

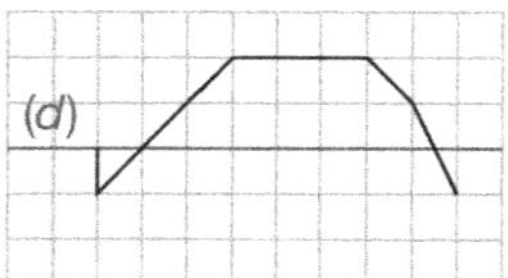


## Exercice 30 page 223

a.

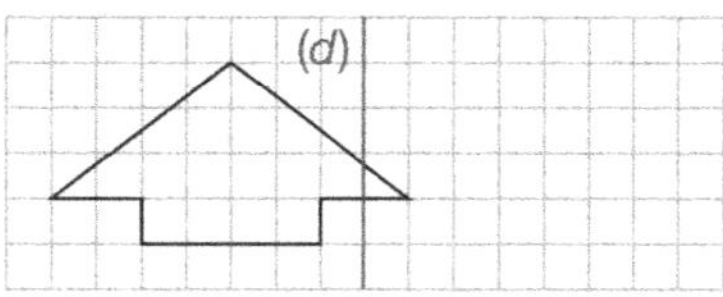


b.

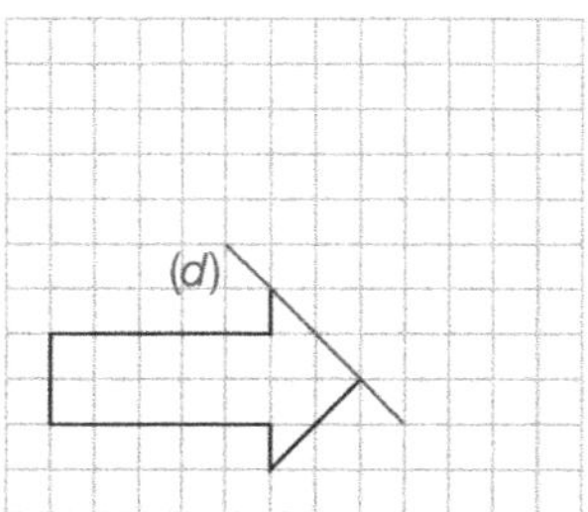


## Exercice 31 page 223

a.

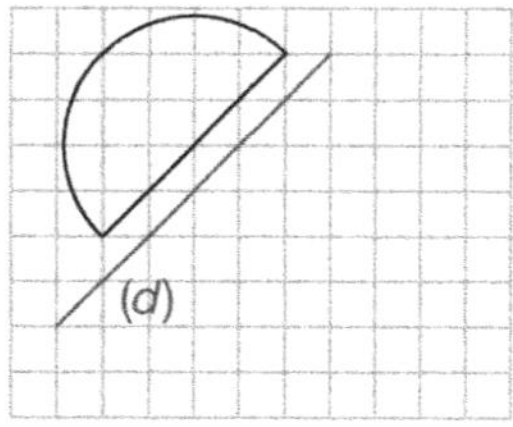


b.

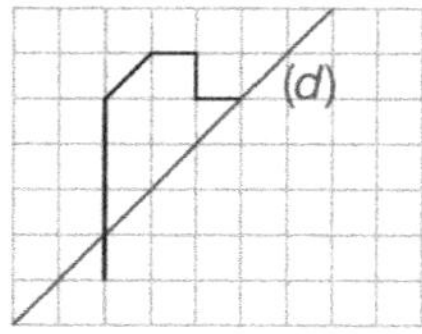


## Exercice 32 page 223

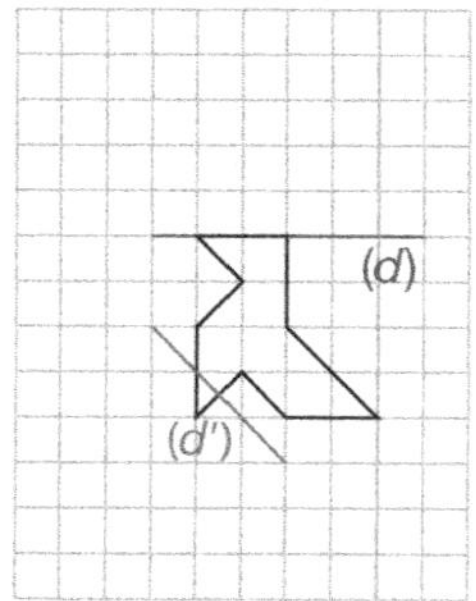


## Exercice 35 page 224

| | | | |
|---|---|---|---|
| pas d'axe de symétrie | 1 axe de symétrie | 2 axes de symétrie | 3 axes de symétrie |

## Exercice 37 page 224

a.

b.

c.

d.

## Exercice 38 page 224

**a.**

**b.**

**c.**

**d.**

## Exercice 39 page 224

**a.**

**b.**

**c.**

**d.**

## Exercice 40 page 224

**a.**

| Aucun axe de symétrie | 1 axe de symétrie | 2 axes de symétrie |
|---|---|---|
| | | |

**b.**

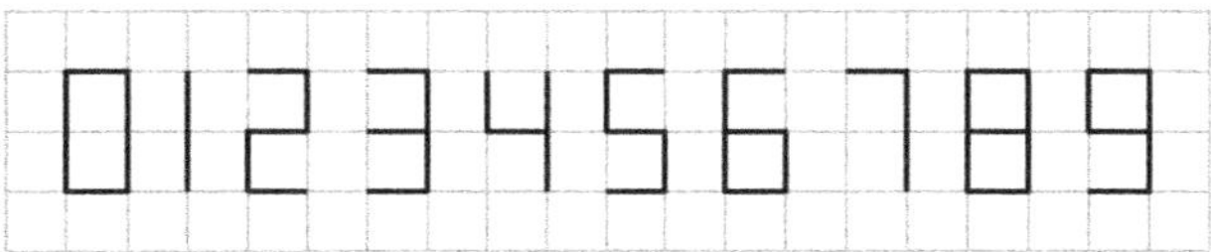


## Exercice 41 page 224

**a.**

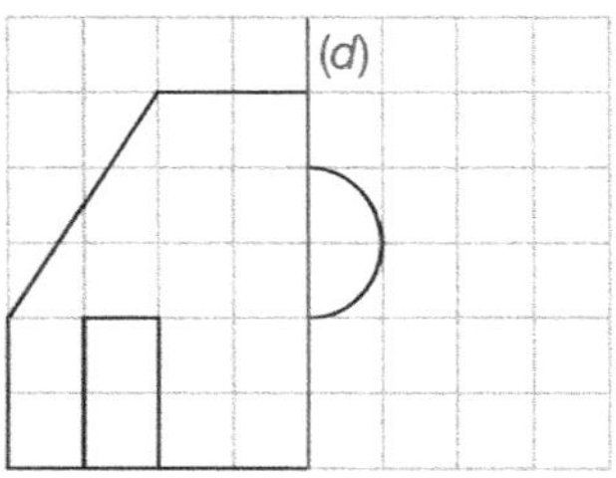


**b.**

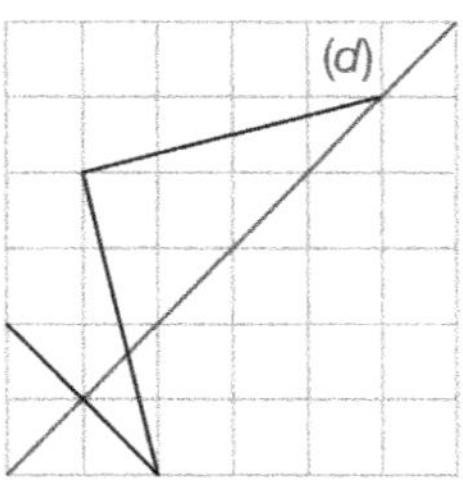


## Exercice 42 page 224

**a.**

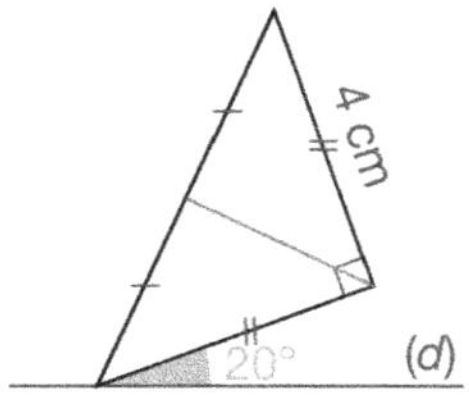


**b.**

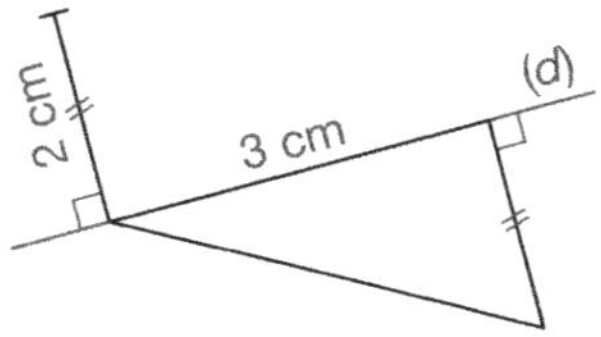


## Exercice 43 page 224

**a.**

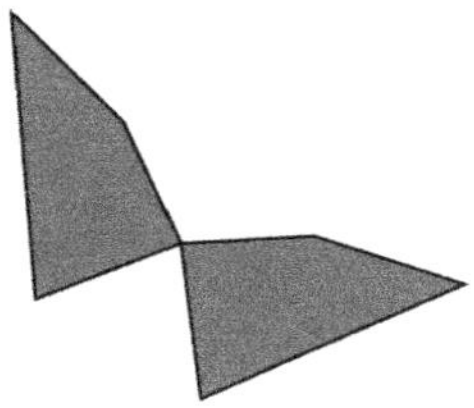

**b.**

## Exercice 50 page 225

**a.**

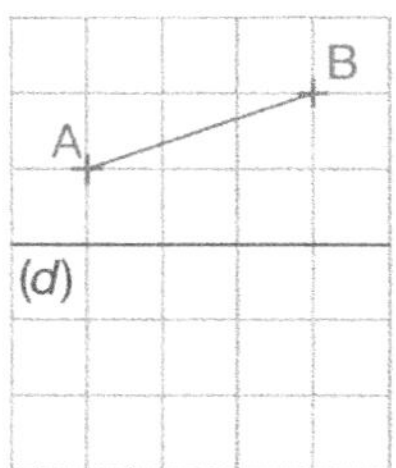


**b.**

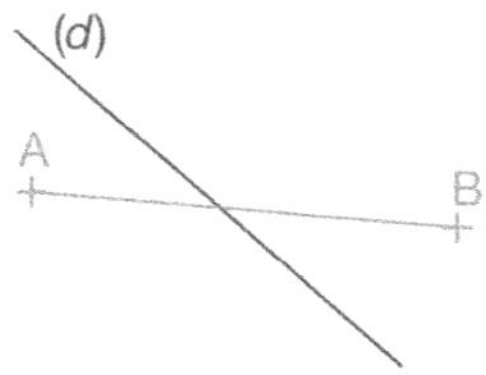

## Exercice 51 page 225

**a.**

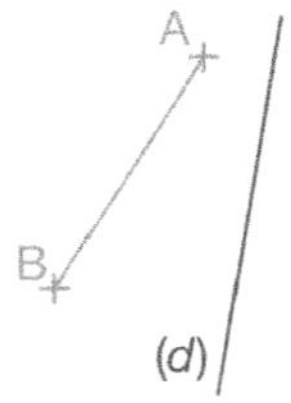


**b.**

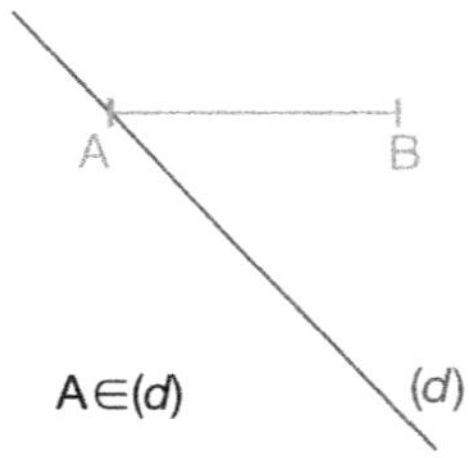


## Exercice 52 page 225

**a.**

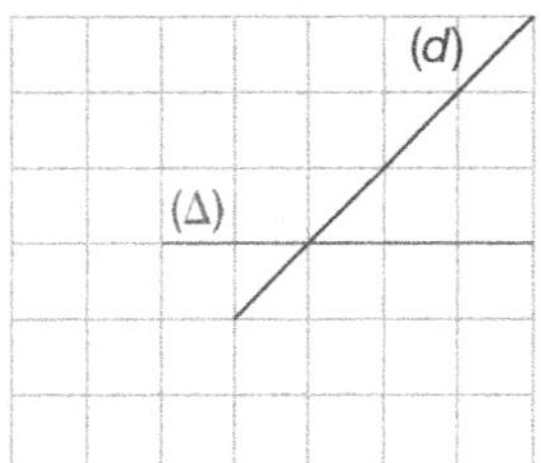


**b.**

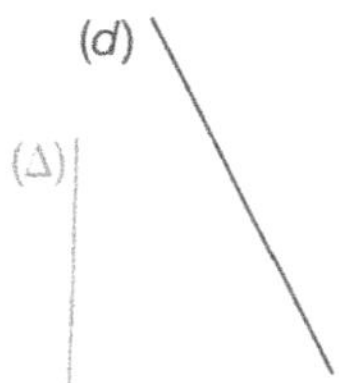


## Exercice 53 page 225

**a.**

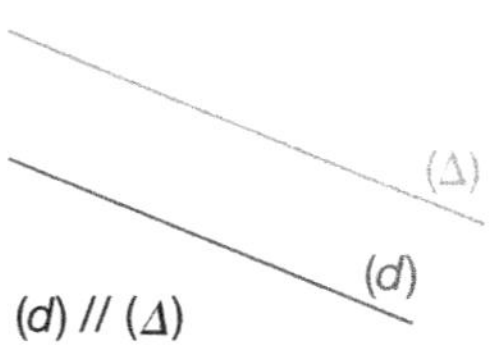


**b.**

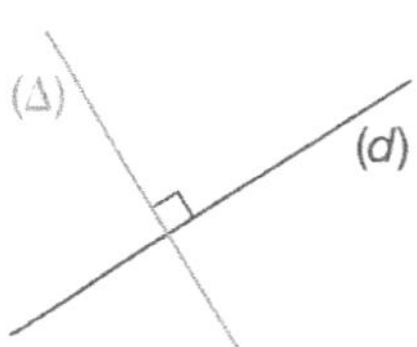


## Exercice 54 page 225

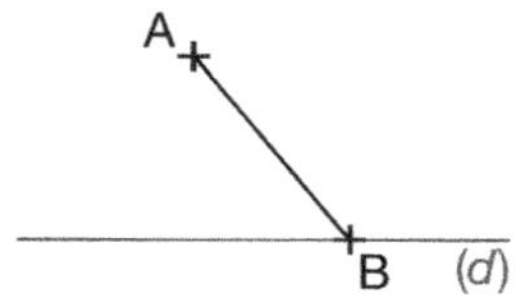


## Exercice 55 page 225

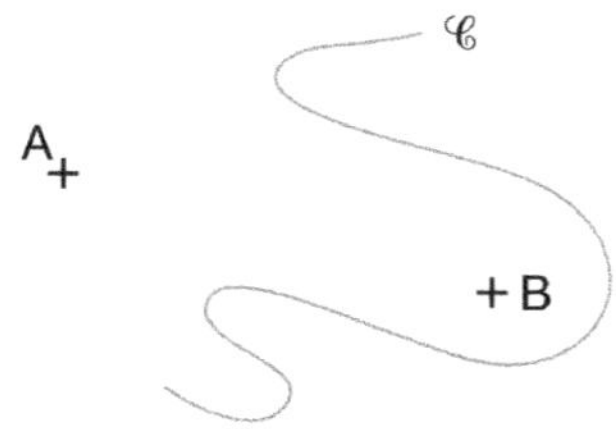


## Exercice 68 page 228

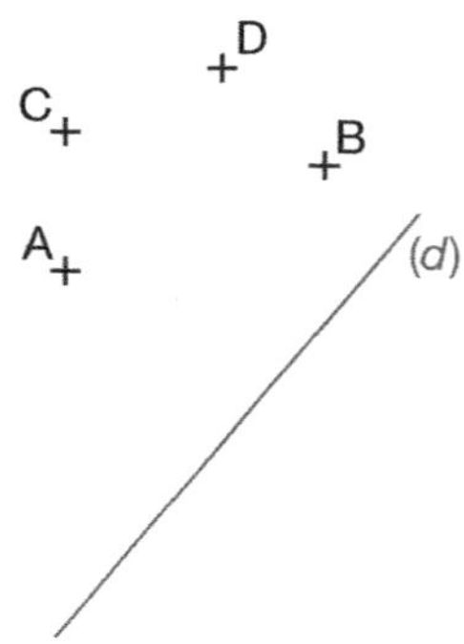


## Exercice 69 page 228

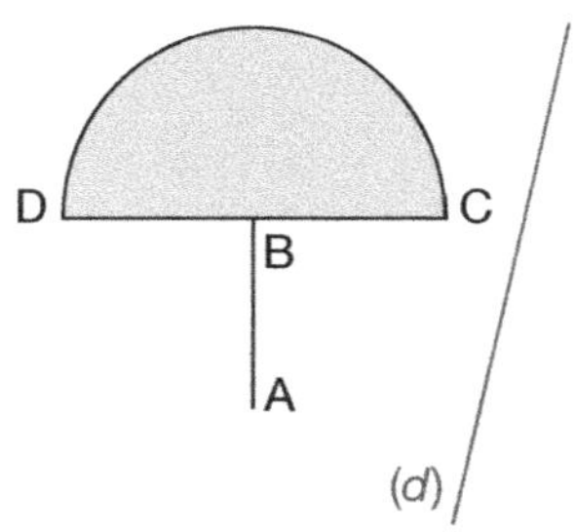

## Exercice 70 page 228

## Exercice 77 page 229

## Exercice 79 page 229

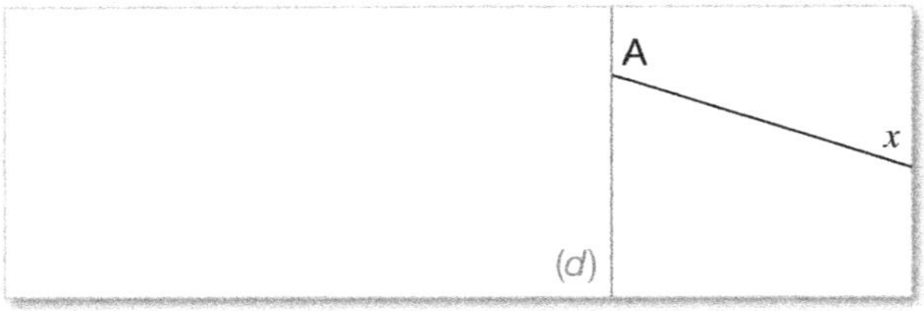


## Exercice 82 page 229

## Exercice 85 page 230

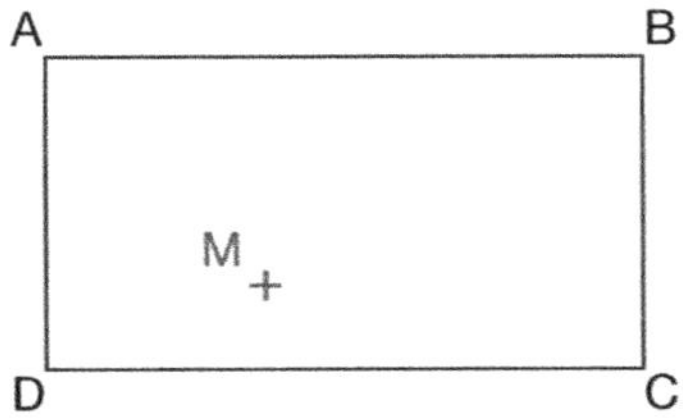


## Exercice 90 page 231

# Chapitre 14 - Symétrie axiale et figures usuelles

## ■ Activité 1 page 233

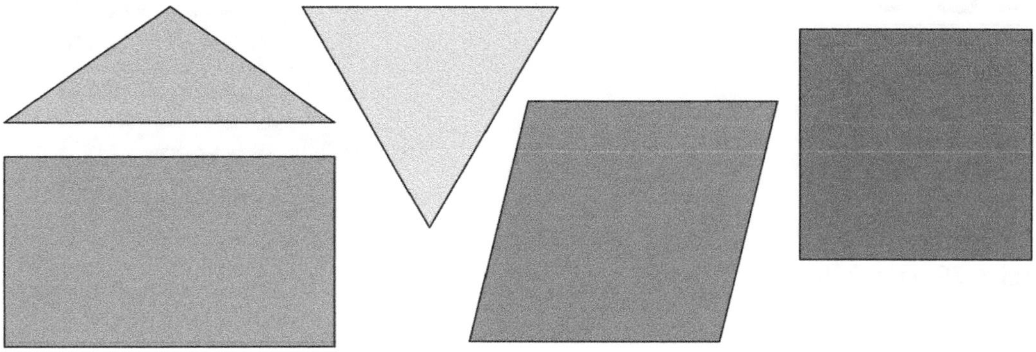

## ■ Exercice 3 page 235

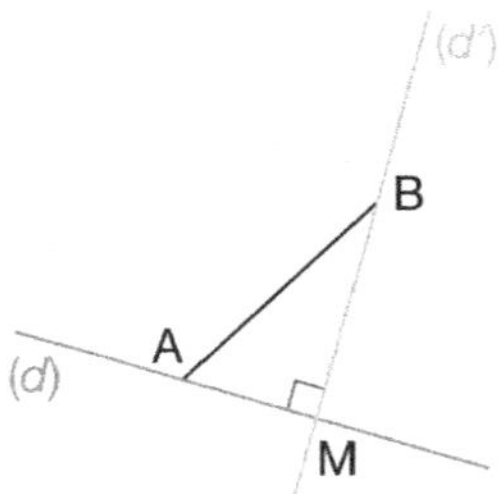


## ■ Exercice 38 page 241

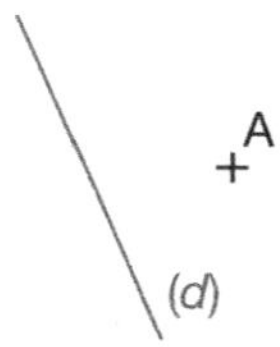


## ■ Exercice 39 page 241

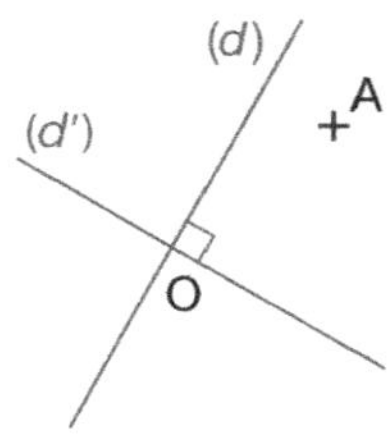


## ■ Exercice 4 page 235

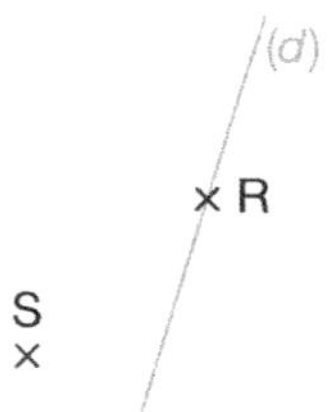


## ■ Exercice 5 page 235

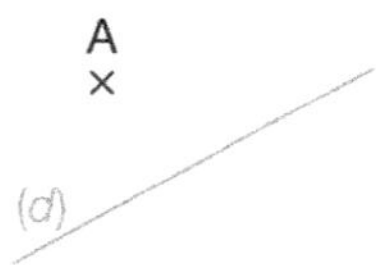


## ■ Exercice 37 page 241

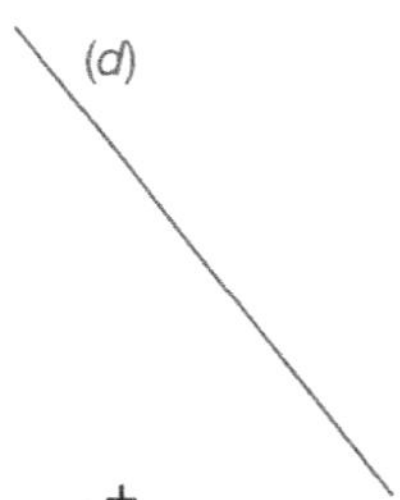


## ■ Exercice 40 page 241

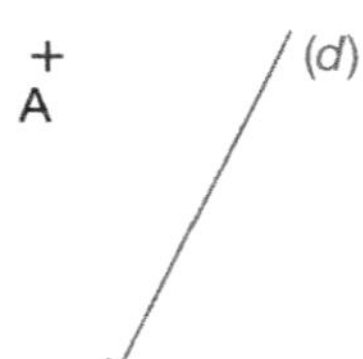

## Exercice 41 page 241

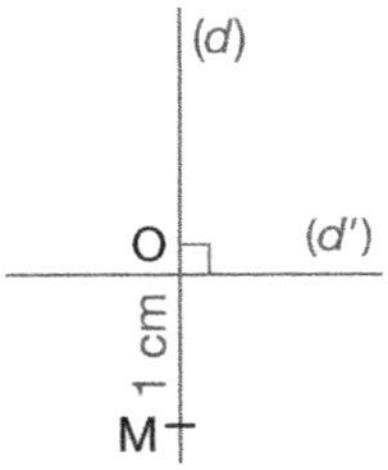


## Exercice 42 page 241

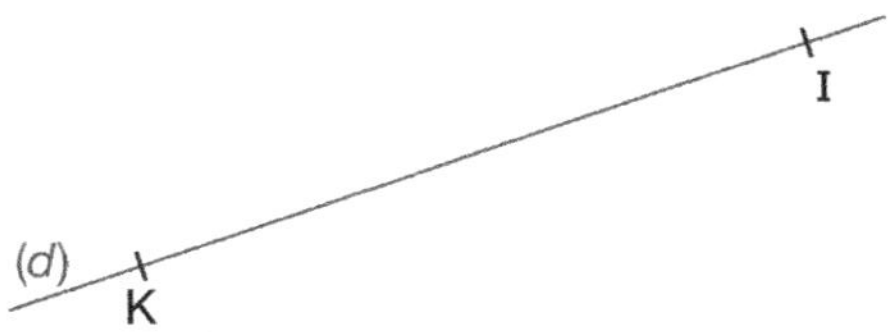


## Exercice 43 page 242

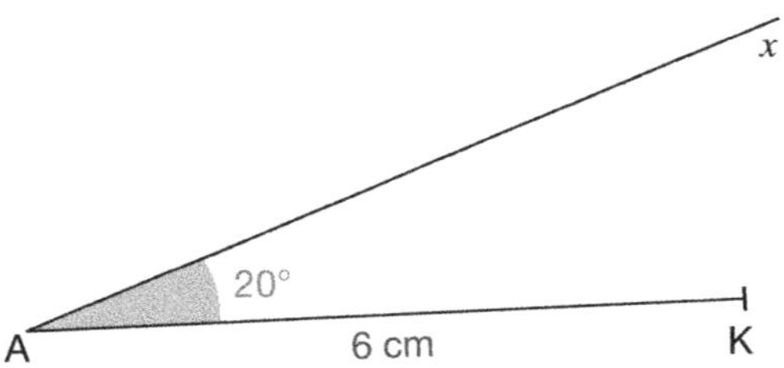


## Exercice 44 page 242

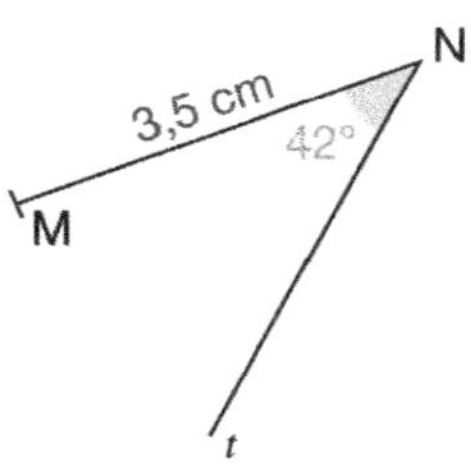


## Exercice 46 page 242

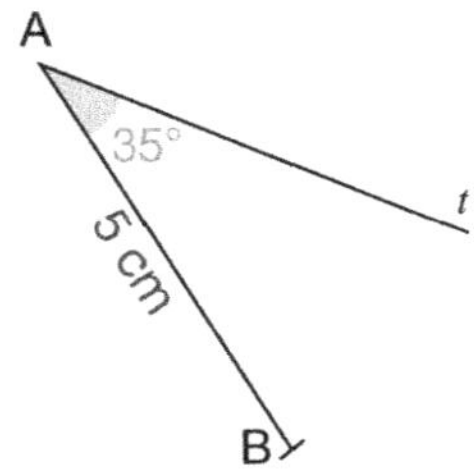


## Exercice 89 page 246

1

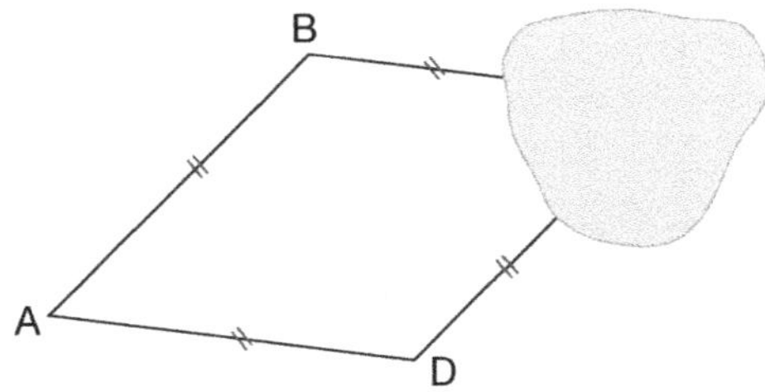


2

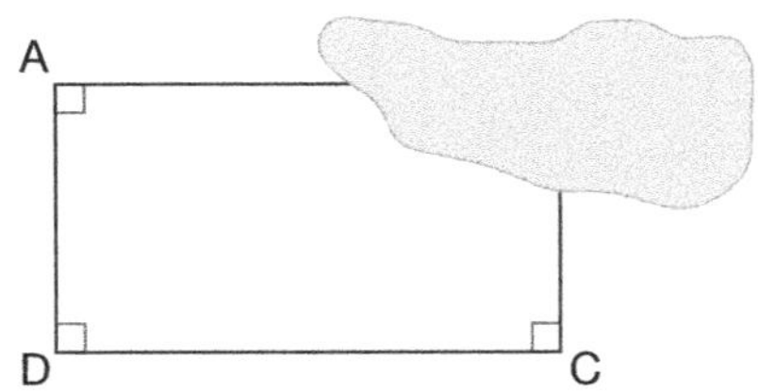


## Exercice 94 page 247

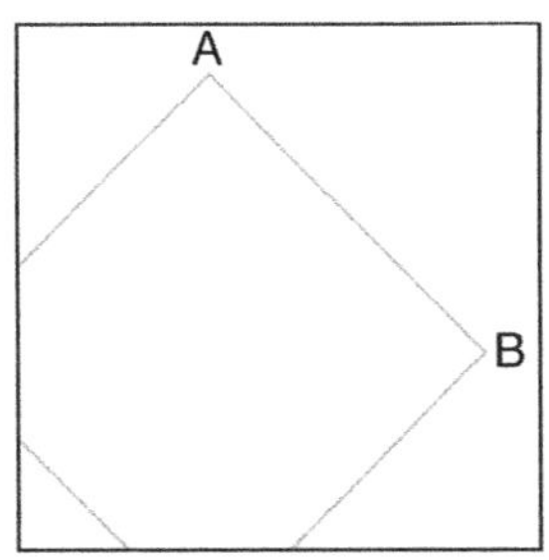


## Exercice 95 page 247

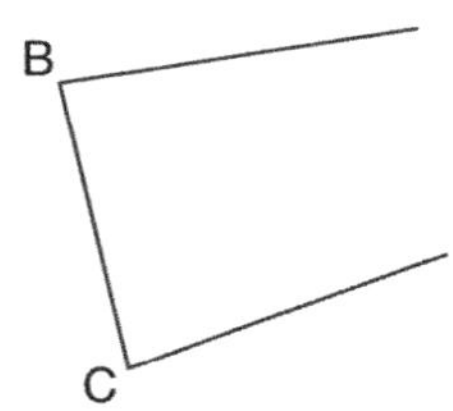

# Tâches complexes transversales

## ■ TCT 3, doc. 1 page 251

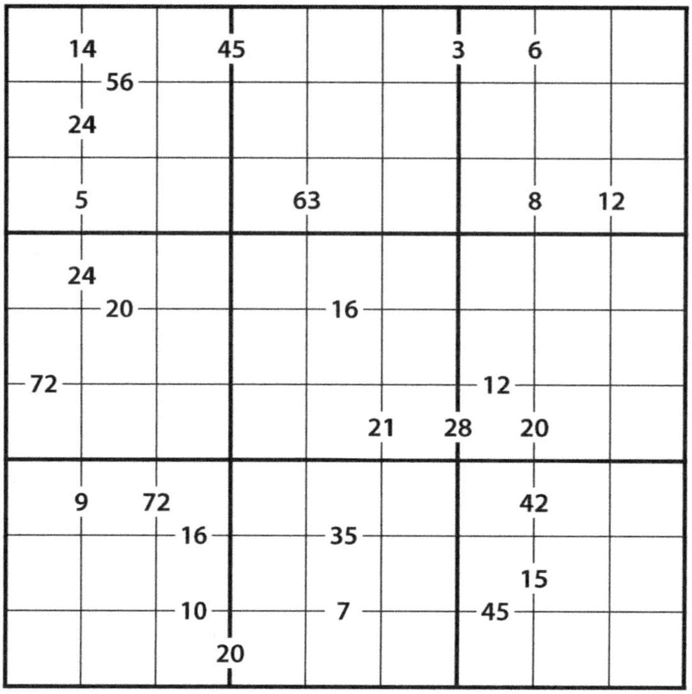


## ■ TCT 11, doc. 1 page 255

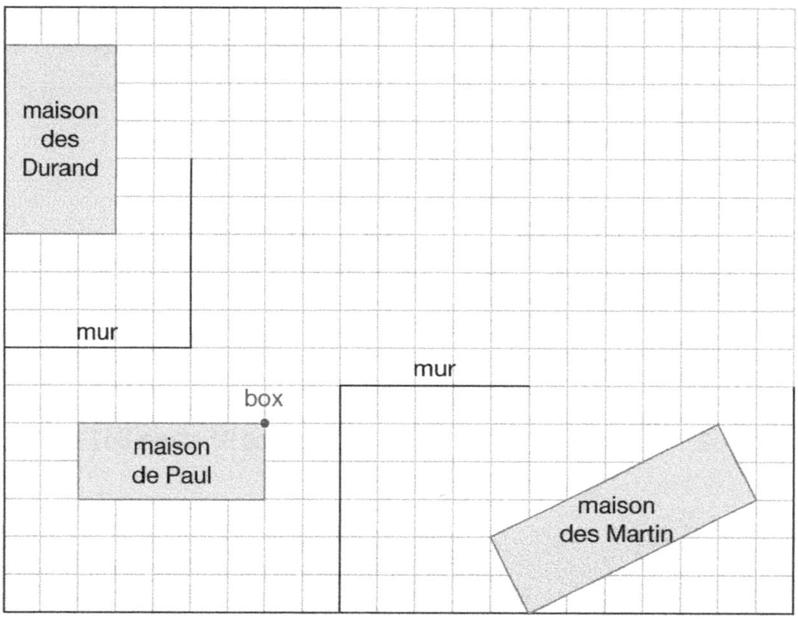

# Nombres entiers, nombres décimaux

CHAPITRE 1

## INTENTIONS PÉDAGOGIQUES

### 1 Le point sur le cycle 3

• Au début du cycle 3, les nombres sont abordés jusqu'à 1 000 000, puis progressivement jusqu'au milliard.
Les fractions sont à la fois objet d'étude et support pour l'introduction et l'apprentissage des nombres décimaux.
On commence dès le CM1 l'étude des fractions simples (comme $\frac{1}{2}$, $\frac{1}{4}$, $\frac{5}{2}$) et des fractions décimales.

Pour les nombres décimaux, les activités se limitent aux centièmes en début de cycle.

• Aux CM1 et CM2 :
– on compose et décompose les grands nombres entiers, en utilisant des regroupements par milliers ;
– on compare, range, encadre des grands nombres entiers ; on les repère et on les place sur une demi-droite graduée adaptée ;
– on utilise des nombres décimaux pour rendre compte de partage de grandeurs ou de mesure de grandeurs dans des cas simples ;
– on associe diverses désignations d'un nombre décimal (fractions décimales, écriture à virgule et décompositions) ;
– on utilise les relations entre unités de numération, les valeurs des chiffres en fonction de leur rang dans l'écriture à virgule d'un nombre décimal ;
– on repère et on place des nombres décimaux sur une demi-droite graduée adaptée ;
– on compare, range, encadre par deux nombres entiers consécutifs des nombres décimaux.

### 2 Je découvre

**Activité 1**

L'objectif de cette activité est de revoir les règles d'écriture en chiffres des grands nombres, en utilisant des regroupements par milliers.

**Activité 2**

L'objectif de cette activité est, conformément au programme, « de faire le lien entre les unités de numération et les unités de mesure ».
À la question 1, il s'agit d'exprimer la longueur du pont de l'île de Ré en km, puis en dam. Pour cela, on utilise les « valeurs des chiffres en fonction de leur rang dans l'écriture à virgule d'un nombre décimal ».
À la question 2, il s'agit d'appliquer le même type de raisonnement pour convertir des masses puis des contenances.

**Activité 3**

L'objectif de cette activité est de réinvestir les notions de demi-droite graduée et de comparaison des nombres décimaux.
On introduit alors la notion d'abscisse d'un point.

### 3 J'apprends et j'applique le cours

**J'apprends le cours**

• Suite à l'activité 1, on peut étudier le cours 1. Nombres entiers, B. Écriture d'un nombre en chiffres.
• Suite à l'activité 2, on peut étudier le cours 2. Nombres décimaux, D. Lien avec les unités de mesure.
• Suite à l'activité 3, on peut étudier le cours 3. Repérage et comparaison.

**Exercice résolu 1**

On décompose des nombres entiers dans le but de mettre en valeur le nombre de dizaines, le nombre de centaines, etc., et de répondre aux problèmes posés.

**Exercice résolu 8**

Conformément au programme, l'objectif est d'« associer diverses désignations d'un nombre décimal ».
À la question 1, on passe d'une écriture décimale à une autre en supprimant les zéros inutiles afin de simplifier l'écriture du nombre.
À la question 2, on passe d'un nombre décimal à une fraction décimale afin de mettre en évidence le nombre de dixièmes.
Cet exercice est l'occasion de faire le lien entre le système de numération et le système monétaire.

**Exercice résolu 16**

Conformément au programme, l'objectif est de ranger une liste de nombres.
Cet exercice permet aux élèves d'acquérir une méthode structurée en comparant d'abord les parties entières, puis les chiffres des dixièmes, puis ceux des centièmes, et ainsi de suite.

### 4 Compléments

**Chiffres et nombres entiers**

L'exercice 21 de la rubrique À l'oral et les exercices 40 à 43 de la rubrique Je m'entraîne permettent de consolider la lecture et l'écriture des grands nombres, vues au début du cycle 3.
Les exercices 37, 38 et 41 sont consacrés à la décomposition des nombres selon le rang de chaque chiffre.
L'exercice 39 permet de poursuivre le travail fait dans l'exercice résolu 1 en mettant en évidence le nombre de centaines dans chaque nombre.

## Fractions décimales

L'exercice 22 de la rubrique À l'oral et les exercices 44 et 45 de la rubrique Je m'entraîne permettent de réactiver le lien entre un nombre entier et une fraction décimale, ou entre deux fractions décimales. Ce lien est réinvesti dans les exercices 46 à 48 pour passer d'une écriture d'un nombre à une autre (fraction décimale, somme de fractions décimales, somme d'un entier et d'une fraction décimale).

## Nombres décimaux

Les exercices 23 et 24 de la rubrique À l'oral et les exercices 55 et 56 de la rubrique Je m'entraîne permettent d'étudier les valeurs des chiffres en fonction de leur rang dans l'écriture à virgule d'un nombre décimal.

Les exercices 25 et 26 de la rubrique À l'oral permettent de consolider le sens de l'écriture à virgule d'un nombre décimal.

Les exercices 49 à 54 et l'exercice 58 de la rubrique Je m'entraîne permettent de travailler sur les diverses désignations d'un nombre décimal (fractions décimales, écriture à virgule, décompositions, écriture en lettres).

Les exercices 57 et 60 permettent de mettre en évidence le nombre de dixièmes ou le nombre de centièmes d'un nombre décimal.

L'exercice 27 de la rubrique À l'oral et l'exercice 59 de la rubrique Je m'entraîne permettent de faire le lien entre les unités de numération et les unités de mesure afin de donner du sens lors des changements d'unités.

## Demi-droite graduée

Les exercices 61 et 62 invitent les élèves à analyser l'unité de graduation de chaque droite, puis à compléter les graduations. Ce travail sera alors réinvesti lorsque l'élève devra lire l'abscisse d'un point ou placer un point sur une demi-droite graduée dans les exercices suivants.

Les exercices 28 et 29 de la rubrique À l'oral et les exercices 63 et 64 de la rubrique Je m'entraîne sont consacrés à la lecture des abscisses des points placés sur des demi-droites graduées.

À l'inverse, les exercices 65, 66 et 68 invitent l'élève à reproduire une droite graduée pour y placer les points d'abscisses données.

## Comparaison

Les exercices 30 et 31 de la rubrique À l'oral et les exercices 69 à 71 sont consacrés à la comparaison de deux nombres décimaux. Cette notion est ensuite réinvestie dans l'exercice 72 qui consiste à ranger les nombres dans l'ordre croissant.

L'exercice 73 est consacré à l'encadrement de nombres avec une amplitude donnée. Par suite, on aborde la notion de valeur approchée (sans préciser par excès ou par défaut) dans l'exercice 74.

L'exercice 32 de la rubrique À l'oral et les exercices 75 et 76 de la rubrique Je m'entraîne consistent à intercaler un nombre (ou plusieurs) entre deux autres nombres donnés.

## Tâches complexes

L'exercice 111 met l'accent sur différentes désignations d'un même nombre, et cela de façon ludique, puisqu'il s'agit de découvrir un mot caché.

L'exercice 112 relie la demi-droite graduée et le rangement de nombres décimaux, avec la détermination par l'élève d'une échelle.

# CORRIGÉS

### Vu au cycle 3

**1.b. 2.a.**, **b.** et **c. 3.b.** et **c. 4.c. 5.a.** et **b.**

### Je découvre

## Activité 1

**1** • 144,8 millions = 144 800 000
• 163 milliards = 163 000 000 000

**2** • Cinq cent un millions six cent vingt-deux mille sept cent trente et un = 501 622 731
• Cinq cents millions = 500 000 000

## Activité 2

**1** **a.** Le pont de l'île de Ré mesure 2,927 km.

**b.**

| km | hm | dam | m | dm | cm | mm |
|---|---|---|---|---|---|---|
| 2 | 9 | 2 | 7 | | | |
| | | **unités** | **dixièmes** | **centièmes** | **millièmes** | |

Le pont de l'île de Ré mesure 292,7 dam.

**2** **a.**

| t | q | | kg | hg | dag | g |
|---|---|---|---|---|---|---|
| 1 | 7 | 5 | 0 | | | |
| **unités** | **dixièmes** | **centièmes** | **millièmes** | | | |

L'hippopotame pèse 1,75 t.

**b.**

| L | dL | cL | mL |
|---|---|---|---|
| | 2 | 5 | |
| | | **unités** | **dixièmes** |

Le bol de Laurie contient 25 cL.

| L | dL | cL | mL |
|---|---|---|---|
| 0 | 2 | 5 | |
| **unités** | **dixièmes** | **centièmes** | **millièmes** |

Le bol de Laurie contient 0,25 L.

## Activité 3

**a.** La longueur associée au point J est 2,2 m.
La longueur associée au point F est 3,2 m.
La longueur associée au point M est 3 m.
La longueur associée au point A est 1,9 m.

**b.**

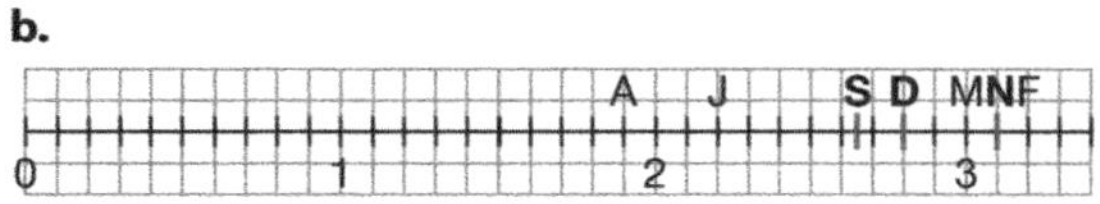

**c.** Il faudrait partager chaque dixième en 10 parties égales pour obtenir des centièmes.
**d.** $1{,}9 < 2{,}18 < 2{,}2 < 2{,}65 < 2{,}8 < 3 < 3{,}1 < 3{,}2$

## J'applique le cours

**2** $2\,187 = (21 \times 100) + 87$
Gary doit prévoir 22 étagères.

**3** $327 = (32 \times 10) + 7$
Marc aura besoin de 33 pages.

**4** $5\,750 = (57 \times 100) + 50$
57 boîtes sont remplies chaque jour.

**5** $125\,000 = 1\,250 \times 100$
Cela fait 1 250 siècles.

**6** **a.** $5\,201 = (520 \times \mathbf{10}) + 1$
520 est le nombre de **dizaines** du nombre 5 201.
**b.** $53\,783 = (53 \times \mathbf{1\,000}) + \mathbf{783}$
53 est le nombre de **milliers** du nombre 53 783.
**c.** $1\,543\,750 = (\mathbf{1\,543} \times 1\,000) + \mathbf{750}$
**1 543** est le nombre de milliers du nombre 1 543 750.

**7** $7\,349\,472\,000 = (734 \times 10\,000\,000) + 9\,472\,000$
Jack devra dessiner 734 fois 

**9** **1. a.** 27,8 **b.** 4,05 **c.** 80,020 2
**2. a.** $1 \text{ m} = \frac{1}{1000} \text{ km}$ **b.** $2{,}862 \text{ km} = 2\,862 \text{ m}$
Le pont de l'île d'Oléron mesure 2 862 m.

**10** **a.** 17,04~~0~~ **b.** ~~0~~7,004 **c.** 450,08
**d.** ~~00~~0,702 **e.** ~~0~~61,070 5~~0~~ **f.** ~~0~~0,005 ~~0~~

**11** **a.** $6{,}9 = 6{,}900$ **b.** $16{,}305 \neq 16{,}350$
**c.** $08{,}07 = 8{,}070$ **d.** $90{,}001 \neq 9{,}10$

**12** **a.** $75{,}525 = (\mathbf{755} \times \frac{\mathbf{1}}{10}) + \frac{\mathbf{2}}{100} + \frac{\mathbf{5}}{1\,000}$
**b.** Le chiffre des dixièmes est 5. Le nombre de dixièmes est 755.

**13** **a.** $2{,}754 = (\mathbf{27} \times \frac{1}{10}) + \frac{\mathbf{54}}{1\,000}$
$2{,}754 = (\mathbf{275} \times \frac{1}{100}) + \frac{\mathbf{4}}{1\,000}$
**b.** Le nombre de dixièmes est 27. Le nombre de centièmes est 275.

**14** **a.** Le chiffre des centaines est 2.
**b.** Le nombre de centaines est 52.
**c.** Le chiffre des centièmes est 1.
**d.** Le nombre de centièmes est 524 591.

**15** Le chiffre des centièmes est 6.
Le nombre de dizaines est 12 et $1 + 2 = 3$.
6 est bien le double de 3. Anaïs a raison.

**17** **a.** Musée du Louvre – Tour Eiffel – Cité des sciences – Arc de Triomphe – Tour Montparnasse
**b.** Ces sites sont rangés dans l'ordre décroissant du nombre de visiteurs.

**18** $2{,}75 < 2{,}914 < 4{,}082 < 4{,}82 < 5{,}2 < 5{,}23 < 5{,}238 < 5{,}25 < 7{,}5$

**19** $54{,}3 > 54{,}03 > 5{,}43 > 5{,}304 > 4{,}5 > 4{,}053$

**20** Everest – K2 – Kangchenjunga – Lhotse – Makalu – Cho Oyu – Dhaulagiri I – Manaslu – Annapurna I

## À l'oral

**21** **a.** Soixante-cinq mille trois cent dix-huit.
**b.** Quatre-vingt-dix-neuf mille neuf cent quatre-vingt-dix-neuf.
**c.** Trois cent trente-sept mille deux.
**d.** Quatre-vingt-dix-huit milliards sept cent soixante-cinq millions quatre cent trente-deux mille cent.
**e.** Cinq millions cent cinquante et un mille cinq cent quinze.
**f.** Quatre-vingt millions soixante-quinze.

**22** **a.** $1 = \frac{\mathbf{10}}{10}$ **b.** $6 = \frac{\mathbf{600}}{100}$ **c.** $5 = \frac{\mathbf{50}}{10}$
**d.** $\frac{2}{10} = \frac{\mathbf{20}}{100}$ **e.** $1 = \frac{\mathbf{100}}{100}$ **f.** $\frac{300}{1\,000} = \frac{\mathbf{3}}{10}$

**23** Dans le nombre 573,47, le chiffre des dizaines est 7 et le chiffre des dixièmes est 4.
L'affirmation d'Enzo est fausse.

**24** **a.** centièmes **b.** centaines **c.** dix-millièmes
**d.** dizaines **e.** dixièmes **f.** milliers

**25** 5,3 € peut s'écrire 5,30 € et donc :
5,30 € = 5 € + 0,30 €
Ainsi 5,3 € c'est 5 euros et 30 centimes.
L'affirmation de Karim est fausse.

**26** $12 = 12{,}0$ 12 est un nombre décimal.
L'affirmation d'Hélia est fausse.

**27** **a.** $1 \text{ cm} = \frac{1}{\mathbf{100}} \text{ m} = \mathbf{0{,}01} \text{ m}$
**b.** $3 \text{ kg} = 3 \times \mathbf{1\,000} \text{ g} = \mathbf{3\,000} \text{ g}$

**28** L'abscisse du point A est 8.
L'abscisse du point B est 12.
L'abscisse du point C est 17.

**29** L'abscisse du point A est 1,13.
L'abscisse du point B est 1,21.
L'abscisse du point C est 1,18.

**30** **a.** 26,28 **b.** 15,9 **c.** 0,82
**d.** 4,8 **e.** 715,85 **f.** 17,634

**31** A et B.

**32** Léana et Cléa ont raison.

## Calcul mental

**33**

| | Partie entière | Partie décimale |
|---|---|---|
| **a.** 235,8 | 235 | 0,8 |
| **b.** 16 | 16 | 0,0 |
| **c.** 9,06 | 9 | 0,06 |
| **d.** 0,47 | 0 | 0,47 |

**34** **a.** 3,9 ; 4 ; 4,1 ; 4,2 ; 4,3 ; 4,4 ; 4,5 ; 4,6 ; 4,7 ; 4,8 ; 4,9 ; 5 ; 5,1 ; 5,2 ; 5,3 ; 5,4 ; 5,5 ; 5,6

**b.** 1,95 ; 1,96 ; 1,97 ; 1,98 ; 1,99 ; 2 ; 2,01 ; 2,02 ; 2,03 ; 2,04 ; 2,05 ; 2,06 ; 2,07 ; 2,08 ; 2,09 ; 2,1

**c.** 1,99 ; 1,991 ; 1,992 ; 1,993 ; 1,994 ; 1,995 ; 1,996 ; 1,997 ; 1,998 ; 1,999 ; 2

**35** **a.** **2** < 2,6 < **3** **b.** **14** < 14,7 < **15**

**c.** **0** < 0,75 < **1** **d.** **199** < 199,2 < **200**

**e.** **999 550** < 999 550,9 < **999 551**

**f.** **1** < 1,595 < **2**

**36** *D'autres réponses sont possibles.*

**a.** 3 < **3,2** < 4 **b.** 9,7 < **9,71** < 9,8

**c.** 0,153 < **0,153 8** < 0,154

**d.** 18,3 < **18,304** < 18,31

## Je m'entraîne

**37** **a.** 5 720 = 5 **milliers** 7 **centaines** 2 **dizaines**

**b.** 3 007 083 = 3 **millions** 7 **milliers** 8 **dizaines** 3 **unités**

**c.** 5 007 000 203 = 5 **milliards** 7 **millions** 2 **centaines** 3 **unités**

**38** **a.** 7 654 = (7 × 1 000) + (6 × 100) + (5 × 10) + 4

**b.** 804 201 = (8 × 100 000) + (4 × 1 000) + (2 × 100) + 1

**c.** 90 900 900 900 = (9 × 10 000 000 000) + (9 × 100 000 000) + (9 × 100 000) + (9 × 100)

**39**
- 1 023 485 — 10 234 centaines
- 1 203 485 — 12 034 centaines
- 1 230 485 — 12 304 centaines
- 1 234 085 — 12 340 centaines
- 1 234 805 — 12 348 centaines
- 1 234 850 — 12 348 centaines

**40** **a.** 867 **b.** 9 095

**c.** 5 005 **d.** 4 000 780

**41**
- 4 570 000 000 = (4 × 1 000 000 000) + (5 × 100 000 000) + (7 × 10 000 000)
- 149 600 000 = (1 × 100 000 000) + (4 × 10 000 000) + (9 × 1 000 000) + (6 × 100 000)
- 1 391 000 = (1 × 1 000 000) + (3 × 100 000) + (9 × 10 000) + (1 × 1 000)
- 109 = (1 × 100) + 9

**42** **a.** Huit cent quarante-trois.

**b.** Six mille cinq cents.

**c.** Trente et un millions huit cent quatre-vingt mille dix-sept.

**43** **a.** Cinquante-sept millions six cent mille.

**b.** Sept cent onze milliards cinq cent quatre-vingt-trois millions.

**44** **a.** Une unité c'est **10** dixièmes : $1 = \frac{\mathbf{10}}{10}$

**b.** Un dixième c'est **10** centièmes : $\frac{\mathbf{1}}{\mathbf{10}} = \frac{\mathbf{10}}{\mathbf{100}}$

**c.** Une unité c'est **100** centièmes : $1 = \frac{\mathbf{100}}{\mathbf{100}}$

**d.** Un dixième c'est **100** millièmes : $\frac{\mathbf{1}}{\mathbf{10}} = \frac{\mathbf{100}}{\mathbf{1000}}$

**45** **a.** $\frac{4}{100} = \frac{\mathbf{40}}{1\,000}$ **b.** $\frac{32}{10} = \frac{\mathbf{3\,200}}{1\,000}$

**c.** $\frac{8\,100}{1\,000} = \frac{\mathbf{81}}{10}$ **d.** $\frac{400}{100} = \mathbf{4}$

**e.** $\frac{20}{100} = \frac{2}{\mathbf{10}}$ **f.** $\frac{52}{100} = \frac{52\,000}{\mathbf{100\,000}}$

**46** **a.** $\frac{12}{100}$ **b.** $\frac{10}{100} = \frac{1}{10}$

**c.** $\frac{2}{10} + \frac{1}{100} = \frac{21}{100}$

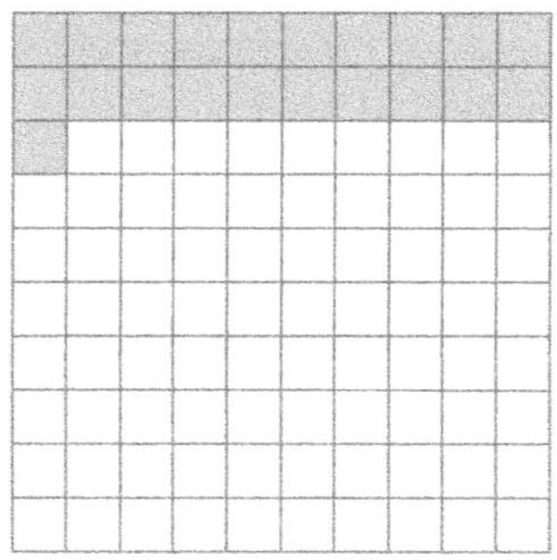

**47** **a.** $\frac{634}{100}$ **b.** $\frac{8\,059}{1\,000}$ **c.** $\frac{321}{1\,000}$ **d.** $\frac{6\,807}{10\,000}$

**48** **a.** $3 + \frac{6}{10}$ **b.** $5 + \frac{12}{100}$

**c.** $4 + \frac{54}{1\,000}$ **d.** $2 + \frac{7\,320}{10\,000}$

**49** **a.** $6,42 = 6 + \frac{4}{10} + \frac{2}{100}$

**b.** $\frac{8}{10} + \frac{3}{1\,000}$ **c.** $24 + \frac{9}{1\,000} + \frac{1}{10\,000}$

**50** **a.**
- $15,4 = \frac{\mathbf{154}}{10}$
- $15,40 = \frac{\mathbf{1\,540}}{100}$
- $15,400 = \frac{\mathbf{15\,400}}{1\,000}$

**b.** $3,7 = \frac{\mathbf{37}}{10} = \frac{\mathbf{370}}{100} = \frac{\mathbf{3\,700}}{1\,000}$

**c.** $58,92 = \frac{\mathbf{5\,892}}{100} = \frac{\mathbf{58\,920}}{1\,000}$

**51** **a.** $\frac{57}{10}$ **b.** $\frac{3\,504}{100}$ **c.** $\frac{86\,015}{10\,000}$ **d.** $\frac{180}{10}$

**52**

27 dixièmes $= 2 + \frac{7}{10} = \frac{270}{100} = 2{,}7$

27 centièmes $= \frac{2}{10} + \frac{7}{100} = \frac{270}{1\,000} = 0{,}27$

27 millièmes $= \frac{2}{100} + \frac{7}{1\,000} = \frac{2}{100} + \frac{7}{1\,000} = 0{,}27$

**53** **a.** 520,49 **b.** 0,600 5 **c.** 70 300,104 7

**54** **a.** 82,5 **b.** 3,51 **c.** 0,009 1 **d.** 750

**55** **a.** 232,16 ; 84 435,147

**b.** 232,16 ; 683,16 ; 84 435,147 ; 3 809,18

**c.** 683,16 ; 84 435,147 ; 3 809,18

**56** **a.** 6,43 **b.** 54,13 **c.** 0,038 7

**57** $3{,}8 = \frac{38}{10} = \frac{380}{100}$ $19{,}7 = \frac{197}{10} = \frac{1\,970}{100}$

$6 + \frac{4}{100} = \frac{60}{10} + \frac{4}{100} = \frac{604}{100}$ $\frac{191}{100} = \frac{19}{10} + \frac{1}{100}$

**a.** C'est 19,7 qui a le plus grand nombre de dixièmes.

**b.** C'est $\frac{191}{100}$ qui a le plus petit nombre de centièmes.

**58** **a.** 24,43 **b.** 0,038 0

**59** **a.** 1 L est **10** fois plus grand que 1 dL, donc 1 L = **10** dL.

**b.** 1 km est **1 000** fois plus grand que 1 m, donc 1 km = **1 000** m.

**2. a.** 5,2 L = **52** dL **b.** 48,3 km = **48 300** m

**c.** 329 cL = **3,29** L **d.** 610 g = **61** dag

**60** **a.** $35{,}14 = \frac{3\,514}{100}$

Dans 35,14, il y a 3 514 centièmes.

**b.** 35,14 = 3 514 centièmes

Donc 35,14 € = 3 514 centimes d'euros.

Teddy a récolté 3 514 pièces de 1 centime.

**61** **a.**

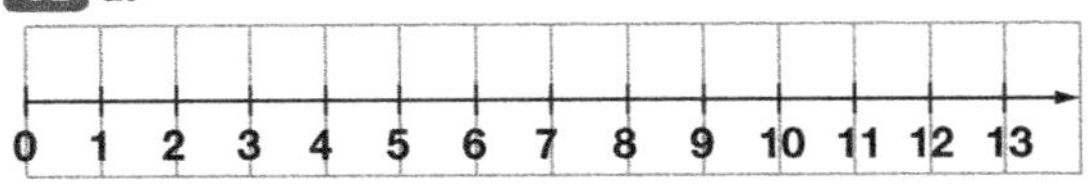


**b.**

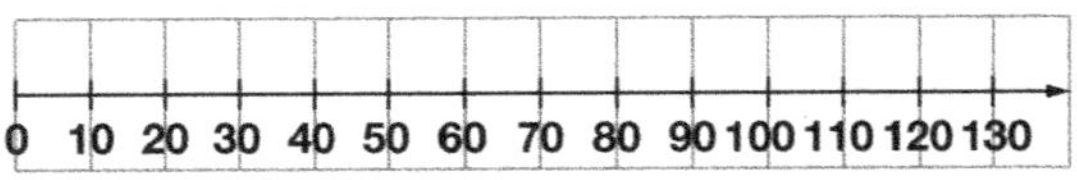


**62**

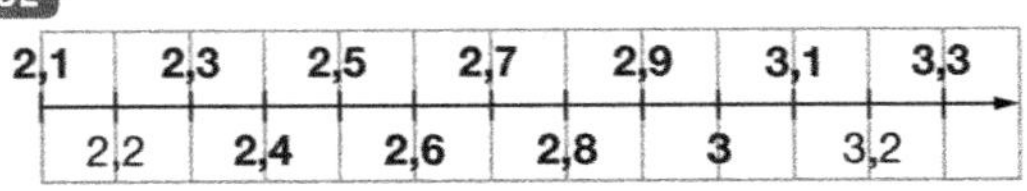


**63** **a.** L'abscisse du point A est 3.

L'abscisse du point B est 7.

L'abscisse du point C est 11.

**b.** L'abscisse du point D est 20.

L'abscisse du point E est 60.

L'abscisse du point F est 130.

**64** L'abscisse du point I est 0,2.

L'abscisse du point J est 0,45.

L'abscisse du point K est 0,7.

**65**

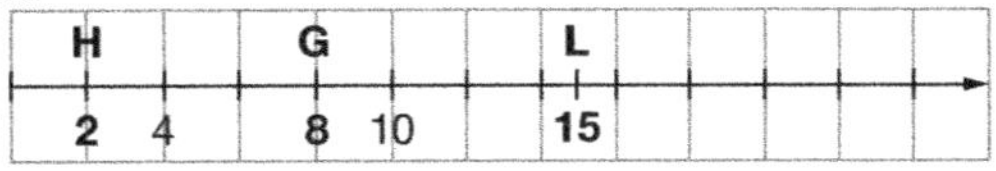


**66**

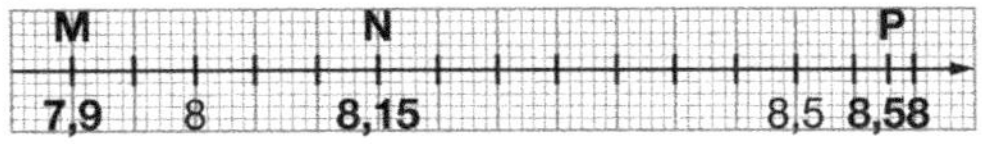


**67** **1. a.** 1,6 cL **b.** 3,4 cL **c.** 1,75 cL

**2. a.** 0,016 L **b.** 0,034 L **c.** 0,017 5 L

**68**

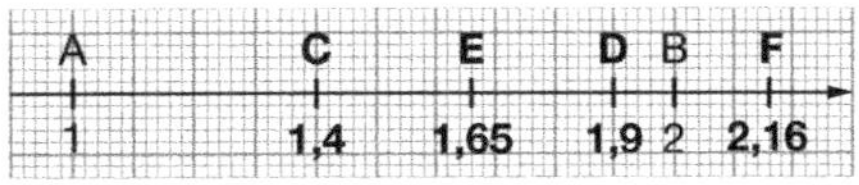


*La droite n'est pas à l'échelle.*

**69** **a.** 56 > 54,18 **b.** 3,217 < 3,25

**c.** 24,9 > 24,26 **d.** 7,6 > 7,064

**70** **a.** 9,25 > 9,14 **b.** 17,04 < 17,4

**c.** 84,51 < 84,7 **d.** 0,08 > 0,078

**e.** 20,3 = 20,300 **f.** 55,98 > 55,908

**71** **a.** 27,006 < 27,6 **b.** $\frac{325}{10} = \frac{3\,250}{100} > \frac{3\,225}{100}$

**c.** 625 centièmes $= \frac{625}{100} <$ 63 dixièmes $= \frac{630}{100}$

**72** **a.**

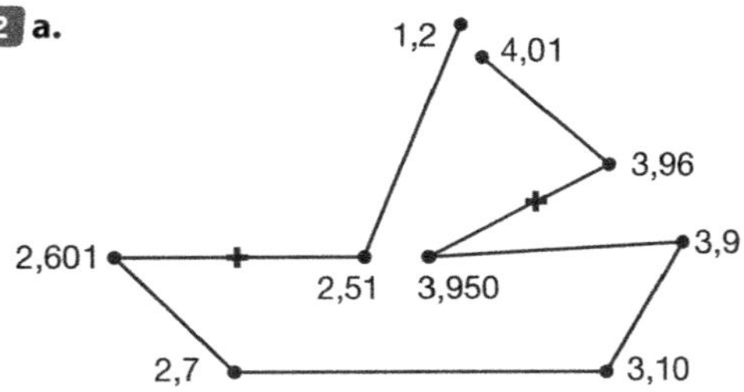


**b.** Un nombre compris entre 2,51 et 2,601 comme, par exemple, 2,55 et un nombre compris entre 3,950 et 3,96 comme, par exemple, 3,956.

**73** **1. a.** **5** < 5,38 < **6** **b.** **19** < 19,99 < **20**

**c.** **65** < 65,08 < **66** **d.** **0** < 0,09 < **1**

**2. a.** **1,7** < 1,75 < **1,8** **b.** **7,5** < 7,51 < **7,6**

**c.** **25,3** < 25,39 < **25,4**

**74** **a.** 2,4 **b.** 33,7 **c.** 99,9

**75** *Il existe d'autres solutions.*

**a.** 9,4 < **9,42** < 9,5 **b.** 0,21 < **0,215** < 0,22

**c.** 38,6 < **38,61** < 38,67 **d.** 4,894 < **4,898** < 4,9

**76** **a.** 25,3 < **25,32** < **25,39** < 25,4

**b.** 0,2 < **0,21** < **0,24** < 0,25

**c.** 12,68 < **12,69** < **12,7** < 12,72
**d.** 8,4 < **8,400 2** < **8,400 5** < 8,401

**77** **a.** 5 792 **b.** 5 702

**78** **a.** 299, 931 **b.** 300,03

**79** 5 millièmes.

**80** 10,51 ; 10,52 ; 10,53 ; 10,54 ; 10,55 ; 10,56 ; 10,57 ; 10,58 ; 10,59 ; 10,60 ; 10,61 ; 10,62 ; 10,63 ; 10,64 ; 10,65 ; 10,66 ; 10,67 ; 10,68 ; 10,69 ; 10,70 ; 10,71
On peut intercaler 21 nombres entre 10,5 et 10,72.

## Je m'évalue à mi-parcours

**81** **b.** **82** **a.** **83** **c.** **84** **b.** **85** **b.**
**86** **c.** **87** **b.** **88** **a.** **89** **b.**

## Avec un logiciel

**90**

| | A | B | C | D |
|---|---|---|---|---|
| 1 | 1 | 0 | 74 | 10 |
| 2 | 2 | 0,1 | 75 | 10,01 |
| 3 | 3 | 0,2 | 76 | 10,02 |
| 4 | 4 | 0,3 | 77 | 10,03 |
| 5 | 5 | 0,4 | 78 | 10,04 |
| 6 | 6 | 0,5 | 79 | 10,05 |
| 7 | 7 | 0,6 | 80 | 10,06 |
| 8 | 8 | 0,7 | 81 | 10,07 |
| 9 | 9 | 0,8 | 82 | 10,08 |
| 10 | 10 | 0,9 | 83 | 10,09 |
| 11 | 11 | 1 | 84 | 10,1 |
| 12 | 12 | 1,1 | 85 | 10,11 |
| 13 | 13 | 1,2 | 86 | 10,12 |
| 14 | 14 | 1,3 | 87 | 10,13 |
| 15 | 15 | 1,4 | 88 | 10,14 |
| 16 | 16 | 1,5 | 89 | 10,15 |
| 17 | 17 | 1,6 | 90 | 10,16 |
| 18 | 18 | 1,7 | 91 | 10,17 |
| 19 | 19 | 1,8 | 92 | 10,18 |
| 20 | 20 | 1,9 | 93 | 10,19 |
| 21 | 21 | 2 | 94 | 10,2 |
| 22 | 22 | 2,1 | 95 | 10,21 |
| 23 | 23 | 2,2 | 96 | 10,22 |
| 24 | 24 | 2,3 | 97 | 10,23 |
| 25 | 25 | 2,4 | 98 | 10,24 |

**91** **1. 2. a. b. c.**

| | A | B |
|---|---|---|
| 1 | **Aire urbaine** | **Population** |
| 2 | Tokyo (Japon) | 37,833 |
| 3 | Delhi (Inde) | 24,953 |
| 4 | Shanghai (Chine) | 22,991 |
| 5 | Mexico (Mexique) | 20,843 |
| 6 | São Paulo (Brésil) | 20,831 |
| 7 | Bombay (Inde) | 20,741 |
| 8 | Osaka (Japon) | 20,123 |
| 9 | Pékin (Chine) | 19,52 |
| 10 | New York (États-Unis) | 18,591 |
| 11 | Le Caire (Égypte) | 18,419 |
| 12 | Dhaka (Bangladesh) | 16,982 |
| 13 | Karachi (Pakistan) | 16,126 |
| 14 | Buenos Aires (Argentine) | 15,024 |

On observe que les aires urbaines sont rangées de celle qui est la plus peuplée à celle qui l'est le moins. Les populations sont rangées dans l'ordre décroissant.

**3.**

| | A | B |
|---|---|---|
| 1 | **Aire urbaine** | **Population** |
| 2 | Bombay (Inde) | 20,741 |
| 3 | Buenos Aires (Argentine) | 15,024 |
| 4 | Delhi (Inde) | 24,953 |
| 5 | Dhaka (Bangladesh) | 16,982 |
| 6 | Karachi (Pakistan) | 16,126 |
| 7 | Le Caire (Égypte) | 18,419 |
| 8 | Mexico (Mexique) | 20,843 |
| 9 | New York (États-Unis) | 18,591 |
| 10 | Osaka (Japon) | 20,123 |
| 11 | Pékin (Chine) | 19,52 |
| 12 | São Paulo (Brésil) | 20,831 |
| 13 | Shanghai (Chine) | 22,991 |
| 14 | Tokyo (Japon) | 37,833 |

On sélectionne la plage A2:B14, puis on clique sur **Données** puis sur **Trier**. Dans la boîte de dialogue qui s'ouvre, on sélectionne dans **Clé de tri 1** : colonne A et croissant. On clique sur **OK**.
On obtient ainsi les villes rangées dans l'ordre alphabétique croissant.

## J'utilise mes compétences

**92**

**1. a.** • 44 • 52

**b.** • 17 s'écrit

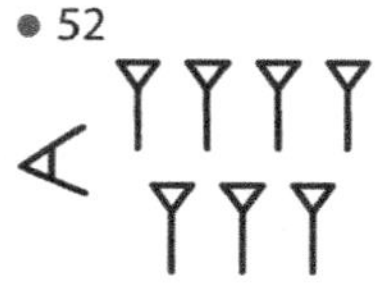

• 39 s'écrit

**2. a.** • (11 × 60) + 22 = 682
• (22 × 60) + 35 = 1 355

**b.** • (1 × 3 600) + (17 × 60) + 31

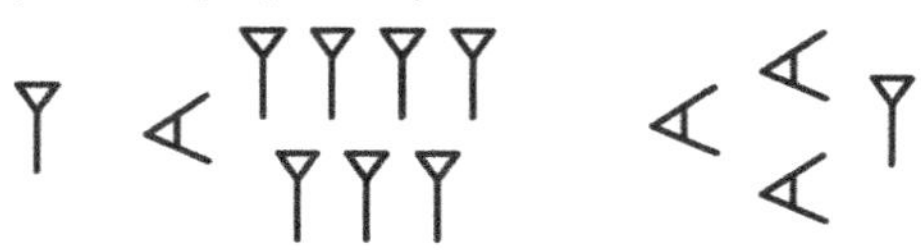

• 187 = (3 × 60) + 7

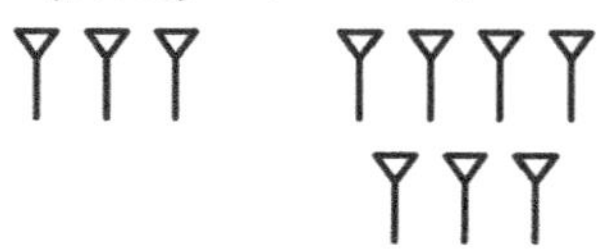

**93** **a.** Un millier car 10 × 100 = 1 000
**b.** Un millier car 100 × 10 = 1 000
**c.** Une unité car 10 × 0,1 = 1
**d.** Une centaine car 1 000 × 0,1 = 100
**e.** Un centième car 0,001 × 10 = 0,01
**f.** Un centième car 0,000 1 × 100 = 0,01

**94** 2 – 3 – 5 ;
23 – 25 – 32 – 35 – 52 – 53 ;
235 – 253 – 325 – 352 – 523 – 532 ;
2,3 – 2,5 – 3,2 – 3,5 – 5,2 – 5,3 ;
2,35 – 2,53 – 3,25 – 3,52 – 5,23 – 5,32 ;
23,5 – 32,5 – 35,2 – 53,2 – 25,3 – 52,3.

**95** **1. a.** 1 To = 1 000 000 000 000 o
**b.** 512 Mo = 512 000 000 o
**c.** 3 ko = 3 000 o
**2. a.** 291 000 o = 291 ko
**b.** 32 300 000 o = 32,3 Mo

**96** **a.** $6{,}35 < 6{,}55 < 6{,}67 < 6{,}72 < 6{,}76 < 6{,}77 < 6{,}88 < 6{,}89 < 7{,}07 < 7{,}12$
**b.**

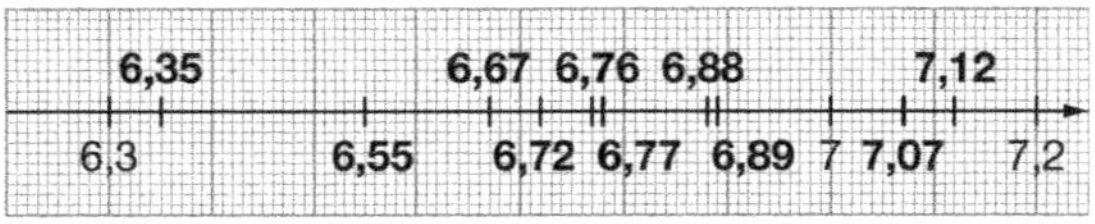


**97** **Traduction :**
*Nelly a oublié la combinaison de son cadenas. Elle se souvient qu'il est composé de 6 ; 8 et 3.*
***1.** Écrire toutes les combinaisons possibles.*
***2.** Écrire toutes ces combinaisons en lettres.*

**Réponse :**
**1.** 683 – 638 – 368 – 386 – 836 – 863
**2.** Six cent quatre-vingt-trois.
Six cent trente-huit.
Trois cent soixante-huit.
Trois cent quatre-vingt-six.
Huit cent trente-six.
Huit cent soixante-trois.

**98** 0,65 – 0,01 = 0,64
0,64 : 2 = 0,32
Chaque graduation correspond à 0,32.
Le point A est entre deux graduations.
0,32 : 2 = 0,16
0,65 + 0,32 + 0,16 = 1,13

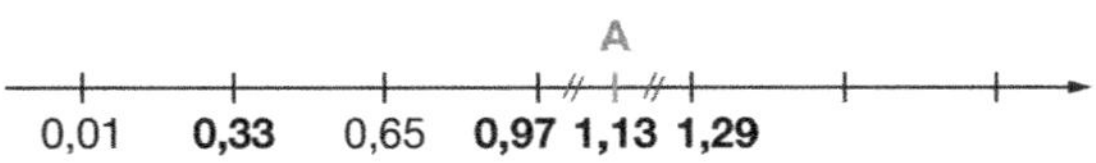


L'abscisse du point A est 1,13.

**99** **a.**

| **Planète** | **Distance moyenne au Soleil** (en km) |
|---|---|
| Mercure | 58 000 000 |
| Vénus | 108 000 000 |
| Terre | 149 600 000 |
| Mars | 228 000 000 |
| Jupiter | 740 000 000 |
| Saturne | 1 429 000 000 |
| Uranus | 2 875 000 000 |
| Neptune | 4 504 000 000 |

**b.** La première lettre de chaque mot de cette phrase correspond à la première lettre de chacune des planètes rangées dans l'ordre croissant.
Cette phrase permet donc de retenir facilement l'ordre des planètes par rapport au Soleil.

**100** Ce nombre est de la forme 3,1●● ● car il possède cinq chiffres et est compris entre 3,1 et 3,2.
Son chiffre des centièmes est la somme de ses chiffres des unités et des dixièmes donc : 3,14● ●.
Ses chiffres des dixièmes et des millièmes sont égaux donc : 3,141 ●.
Son chiffre des dix-millièmes est le double de sa partie entière, ce nombre est donc : **3,141 6**.

**101** **a.** 5,8■ ■ > 5, 75 **b.** ■,5 < 17,2
**c.** 9,06 < 9,1■ **d.** ■,8 … 3,9
**e.** 3,■28 > 3,0 **f.** 15,1 > 15,0■

**102** On note le nombre cherché ▼ ■ ◆ ●
On sait que : ◆ ≠ 0 et que : ▼ + ■ + ◆ + ● = 11
Comme ◆ = 2 × ▼ et ■ = 3 × ●, on obtient
(3 × ▼) + (4 × ●) = 11.
On procède par essais et la seule possibilité est de remplacer ▼ par 1 et ● par 2.
Le nombre cherché est donc 1 622.

**103** Carreaux bleus en gris sur le dessin ; carreaux jaunes en blanc.

| | | | | | | |
|---|---|---|---|---|---|---|
| 2 | 0 | 2 | 1 | 2 | 2 | 2 |
| 1 | 3 | 1 | 2 | 1 | 4 | 2 |
| 2 | 2 | 2 | 1 | 2 | 1 | 3 |
| 1 | 3 | 1 | 1 | 1 | 3 | 2 |
| 2 | 0 | 2 | 1 | 1 | 2 | 2 |

**104** On commence par chercher l'année.
2011 à 2016 → impossible car le numéro du jour s'écrit forcément avec 0 ; 1 ou 2.
2000 à 2010 → impossible car il y a deux 0.
1990 à 1999 → impossible car il y a deux 9.
1989 → impossible car il y a deux 9.
1988 → impossible car il y a deux 8.
1987 est possible.
On cherche maintenant le mois le plus avancé ne contenant pas 1 ; 9 ; 8 ; 7. Il s'agit du mois de juin : 06.
Le numéro du jour peut être composé uniquement à l'aide des chiffres 2 ; 3 ; 4 ou 5. Le plus grand est 25.
La dernière date à s'écrire avec huit chiffres différents est : 25/06/1987.

## Accompagnement personnalisé

**105** **1. a.** 4 809 **b.** 66 000 000
**2. a.** Trois mille six cents.
Quatre-vingt-six mille quatre cents.
**b.** Quatre milliards six cent millions.

**106** **a.** $\frac{104}{10}$ **b.** 0,07

**107** Margot s'est trompée en copiant le chiffre des dizaines.
Lila s'est trompée en copiant le chiffre des dixièmes.
Dylan s'est trompé en copiant le chiffre des millièmes.

**108** **a.**

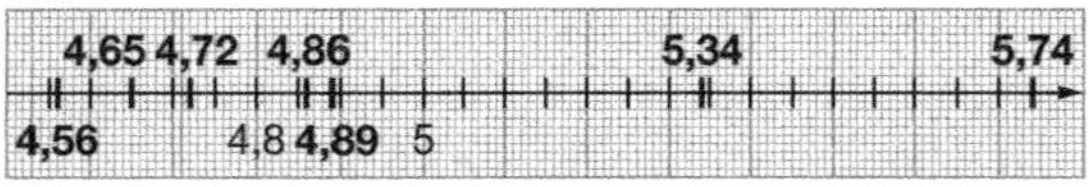


**b.** 4,56 < 4,65 < 4,72 < 4,86 < 4,89 < 5,34 < 5,74

**109** • On raye d'abord ceux dont la partie entière est paire :

| | | | | |
|---|---|---|---|---|
| 5,23 | ~~0,532~~ | ~~6,887~~ | ~~8,569~~ | 53,67 |
| ~~6,048~~ | 5,306 | ~~8,484~~ | 5,65 | ~~34,347~~ |
| ~~94,98~~ | 7,043 | ~~16,065~~ | ~~0,341~~ | 7,604 |

• Ensuite, ceux qui ont un zéro après la virgule :

| | | | | |
|---|---|---|---|---|
| 5,23 | ~~0,532~~ | ~~6,887~~ | ~~8,569~~ | 53,67 |
| ~~6,048~~ | ~~5,306~~ | ~~8,484~~ | 5,65 | ~~34,347~~ |
| ~~94,98~~ | ~~7,043~~ | ~~16,065~~ | ~~0,341~~ | ~~7,604~~ |

• Et enfin, ceux dont le chiffre des dixièmes n'est pas supérieur au chiffre des centièmes :

| | | | | |
|---|---|---|---|---|
| ~~5,23~~ | ~~0,532~~ | ~~6,887~~ | ~~8,569~~ | ~~53,67~~ |
| ~~6,048~~ | ~~5,306~~ | ~~8,484~~ | 5,65 | ~~34,347~~ |
| ~~94,98~~ | ~~7,043~~ | ~~16,065~~ | ~~0,341~~ | ~~7,604~~ |

Il reste 5,65.
Il s'agit donc du nombre 5,65.

**110** **a.** C'est en novembre que les précipitations sont les plus fortes et en juillet qu'elles sont les plus faibles.
**b.** Juillet – août – juin – mai et février – avril – janvier, mars et septembre – décembre – octobre – novembre
**c.** 20 < 25 < 30 < 60 < 65 < 75 < 110 < 125 < 140

## Tâches complexes

**111**

| 1 | 2 | 3 | 4 | 5 | 6 | 7 | 8 |
|---|---|---|---|---|---|---|---|
| 760 | 76,3 | 0,763 | 3 067 | 7 063 | 0,763 | 0,763 | 7,63 |
| A | B | S | C | I | S | S | E |

Le mot caché est : ABSCISSE.

**112** • Ikram a mis 20 min. Comme Alice l'a devancé de 0,1 min, elle a mis 19,9 min.
• Carla a mis 19,84 min.
• Yannick a mis 19,32 min. Comme Brian a fini à 0,12 min de Yannick, il a mis 19,44 min.
• Mélanie a mis 0,87 min de plus que Yannick, elle a donc mis 20,19 min.
• Chloé a mis 0,38 min de plus que Mélanie, donc 20,57 min.
• Jérémy a mis 0,5 min de plus que Mélanie, donc 20,69 min.
Le classement par ordre croissant de temps à cette course est :

Yannick – Brian – Carla – Alice – Ikram – Mélanie – Chloé – Jérémy.

# Addition, soustraction, multiplication

CHAPITRE 2

## INTENTIONS PÉDAGOGIQUES

### ① Le point sur le cycle 3

On commence dès le CM1 les opérations usuelles (addition, soustraction, multiplication) sur les nombres entiers naturels.
Aux CM1 et CM2, on apprend à multiplier mentalement par 10, 100, 1 000 ; à effectuer un calcul posé pour additionner ou soustraire deux nombres décimaux.

### ② Je découvre

**Activité 1**

L'objectif de cette activité est de comprendre une situation issue de la vie courante, de la formaliser par un calcul à effectuer, de réinvestir le calcul posé et, enfin, de revenir à la situation concrète pour interpréter la réponse.

**Activité 2**

L'objectif de cette activité est, dans un premier temps, de comprendre l'incidence de la multiplication d'un nombre décimal par 1 dixième, 1 centième… Et de savoir formuler une propriété.
En utilisant les connaissances acquises en début de cycle 3 sur la multiplication posée, on applique alors les propriétés précédentes pour poser une multiplication entre deux nombres décimaux.

**Activité 3**

L'objectif de cette activité est de mettre en évidence les règles de priorité dans les calculs comportant des parenthèses, et dans les calculs comportant des multiplications et des additions ou des soustractions. On utilise ensuite la calculatrice pour vérifier.

### ③ J'apprends et j'applique le cours

**J'apprends le cours**

Suite à l'activité 1, on peut, dans les paragraphes A et B du cours 1, voir les notions de terme, de différence et de somme et rappeler les techniques opératoires d'addition et de soustraction posées.
Suite à l'activité 2, on peut, dans les paragraphes A et C du cours 2, voir les notions de facteur et de produit et rappeler les techniques opératoires de la multiplication posée entre un nombre entier et un nombre décimal ; puis, dans les paragraphes A et B du cours 3, entre deux nombres décimaux.
Suite à l'activité 3, on peut indiquer les règles de priorités opératoires.

**Exercice résolu 1**

Les élèves doivent savoir résoudre des problèmes mettant en jeu des structures additives. Cet objectif du programme est abordé lors de cet exercice résolu. Par le biais de situations concrètes, on amène l'élève à réfléchir à l'utilisation de la bonne opération (soustraction, addition). C'est aussi l'occasion de formaliser une situation, puis de fournir à l'écrit des réponses concrètes en cohérence avec le contexte donné.

**Exercice résolu 2**

Les élèves doivent savoir résoudre des problèmes mettant en jeu des structures multiplicatives. Cet objectif du programme est abordé lors de cet exercice résolu. Par le biais d'une situation concrète, on amène l'élève à réfléchir sur le sens de la multiplication par 10, 100, 1 000… et à effectuer ses calculs de manière judicieuse grâce aux propriétés du cours.

**Exercice résolu 3**

Les élèves doivent savoir résoudre des problèmes mettant en jeu des structures multiplicatives. Cet objectif du programme est abordé lors de cet exercice résolu. Par le biais d'une situation concrète, on amène l'élève, d'une part, à évaluer le résultat d'un calcul avec les ordres de grandeurs, puis à maîtriser les techniques de la multiplication posée entre deux nombres décimaux, et, enfin, à valider la cohérence d'un résultat.

### ④ Compléments

**Addition et soustraction**

Les exercices 34 à 36 permettent de réactiver les techniques opératoires des additions et des soustractions posées, vues aux CM1 et CM2.

**Multiplication d'un décimal par un entier**

Les exercices 39 à 41 permettent de comprendre comment multiplier judicieusement deux ou trois facteurs ; les exercices 42 et 43 permettent de réactiver les techniques opératoires de la multiplication posée entre un nombre entier et un nombre décimal, vues aux CM1 et CM2.

**Multiplication de deux décimaux**

Les exercices 28, 50 et 52 permettent de comprendre comment multiplier par 0,1 ; 0,01… ; les exercices 53 à 55 permettent de travailler les techniques opératoires de la multiplication posée entre deux nombres décimaux.

**Priorités opératoires**

Les exercices 60 à 65 permettent d'appliquer les règles opératoires données dans le cours ; les exercices 66 à 69, d'utiliser ces règles opératoires dans la résolution de problèmes concrets.

# CORRIGÉS

## Vu au cycle 3

**1.a.** et **b.** **2.a.** et **b.** **3.a.** et **c.** **4.b.** **5.a.** et **c.**

## Je découvre

### Activité 1

**Problème 1 :**

$$\begin{array}{rrrrr} & {}^{1}1 & {}^{1}8 & ,\ {}^{1}7 & 3 \\ + & & 5 & ,\ 6 & 8 \\ \hline & 2 & 4 & ,\ 4 & 1 \end{array}$$

Yana a dépensé 24,41 €.

**Problème 2 :**

$$\begin{array}{rrrrr} & {}^{1}1 & {}^{1}9 & ,\ {}^{1}6 & 5 \\ + & & 7 & ,\ 5 & 8 \\ \hline & 2 & 7 & ,\ 2 & 3 \end{array}$$

Paul a lancé son javelot à 27,23 m.

**Problème 3 :**

$$\begin{array}{rrrrr} & 1 & 3 & ,\ {}_{1}6 & 5 \\ - & {}_{1} & {}_{1}7 & ,\ 8 & 0 \\ \hline & 0 & 5 & ,\ 8 & 5 \end{array}$$

Théo a payé ses fruits 5,85 €.

### Activité 2

**1** **a.** • 75,2 × 0,1 c'est 75,2 dixièmes, donc 75,2 × 0,1 = 7,52.

• 75,2 × 0,01 c'est 75,2 centièmes, donc 75,2 × 0,01 = 0,752.

• 75,2 × 0,001 c'est 75,2 millièmes, donc 75,2 × 0,001 = 0,0752.

**b.** • Quand on multiplie un nombre par 0,1, le chiffre des unités devient le chiffre des **dixièmes**.

• Quand on multiplie un nombre par 0,01, le chiffre des unités devient le chiffre des **centièmes**.

• Quand on multiplie un nombre par 0,001, le chiffre des unités devient le chiffre des **millièmes**.

**2** **a.** 3,4 = 34 × **0,1** et 1,8 = 18 × **0,1**

Donc 3,4 × 1,8 = 34 × **0,1** × 18 × **0,1**
= 34 × 18 × **0,1** × **0,1**
= 34 × 18 × **0,01**

**b.** 3,4 × 1,8 = 612 × 0,01 = 6,12

**c.**

| |
|---|
| 3,4 × 1,8 |
| 6,12 |

### Activité 3

**1** **a. Amélie et Sally**

Donc Amélie a raison.

| |
|---|
| 2,5 × 7 + 3 |
| 20,5 |

**b. Tao et Habib**

Donc Habib a raison.

| |
|---|
| 4 × (8 + 3,5) |
| 46 |

**2** **a.** 75 − 5 × 4,8
75 − 24
51

**b.** 84,3 − (20,5 − 7,7)
84,3 − 12,8
71,5

**c.** (7,5 + 4) × (10 − 1,5)
11,5 × 8,5
97,75

Vérifications :

| |
|---|
| 75 - 5 × 4,8 |
| 51 |
| 84,3 - (20,5 - 7,7) |
| 71,5 |
| (7,5 + 4) × (10 - 1,5) |
| 97,75 |

## J'applique le cours

**2** 3,025 − 2,06 = 0,965
965 millions d'internautes n'étaient pas inscrits sur les réseaux sociaux début 2016.

**3** **a.** 720 − 250 = 470
Kévin a utilisé 470 g de sucre. Il a donc également utilisé 470 g de farine.
**b.** 830 − 470 = 360
Il lui reste 360 g de farine. Il peut donc préparer des crêpes.

**4** 19,95 + 8,15 = 28,10 et 19,95 + 28,10 = 48,05
Jérémy a donc payé 48,05 €.

**5** **a.** 2,01 − 1,435 = 0,575
Durant le mois de février, 575 mille personnes ont été vaccinées.
**b.** 2,01 + 0,87 = 2,88
Fin mars, 2,88 millions de personnes étaient vaccinées.

**7** 117 000 000 × 4,3 = 503 100 000
La superficie totale des lacs sur Terre est 503 100 000 ha.

**8** 5,43 × 100 = 543
Mara possède 543 pence.

**9** • Fourmi : 0,015 × 60 = 0,9 g
• Scarabée rhinocéros : 0,25 × 850 = 212,5 g
La fourmi peut donc déplacer 0,9 g et le scarabée rhinocéros 212,5 g.

**10** Naomi : 20 × 2,5 km = 50 km
Mickaël : 30 × 1,8 km = 54 km
54 km − 50 km = 4 km. L'écart entre les distances parcourues par Mickaël et Naomi est de 4 km.

**12** **a.** 13,5 × 3,78 L = 51,03 L
Dris a acheté 51,03 L d'essence.
**b.** 13,5 est proche de 13 et 3,78 est proche de 4.
Donc 13,5 × 3,78 est proche de 13 × 4, c'est-à-dire 52.
51,03 est proche de 52, donc le résultat trouvé au **a.** est cohérent.

**13** 51,8 × 8,45 = 437,71
La paysagiste doit prévoir un budget de 437,71 €.

**14** 4,5 × 1,86 km = 8,37 km
Lucie a parcouru 8,37 km.

**15** **a.** 0,8 × 6,45 € = 5,16 €
La boîte de cacao coûte 5,16 €.
Donc David ne peut pas payer avec un billet de 5 €.
**b.** 0,7 × 7,50 € = 5,25 €
Scott a payé 5,25 €.

## À l'oral

**16** **a.** Ajouter 3,7 et 6,3 c'est effectuer la **somme** 3,7 + 6,3.
**b.** Soustraire 2,1 à 7,5 c'est effectuer la **différence** 7,5 – 2,1.

**17** **a.** 14 + 59 est une **somme**.
14 et 59 en sont les **termes**.
**b.** 85 et 15 sont les **termes** de la **différence** 85 – 15.

**18** **a.** Le produit de 2,5 par 16.
**b.** La somme de 2,5 et 16.
**c.** La différence de 16 et 2,5.

**19** **a.** 7,3 + 12,5 est **la somme** des **termes** 7,3 et 12,5.
**b.** 5,4 × 3 est **le produit** des **facteurs** 5,4 et 3.

**20** • Lot 1 : 10 € + 80 € + 50 € = 140 €
Le gagnant est le **joueur 3**.
• Lot 2 : 500 € + 1 000 € + 200 € + 100 € = 1 800 €
Le gagnant est le **joueur 2**.

**21** **a.** Un ordre de grandeur de cette différence est : 800 – 600 = 200.
Or le résultat 2 362,75 est trop éloigné de 200.
**b.** Un ordre de grandeur de cette somme est :
100 + 10 + 10 = 120.
Or le résultat 1 021,21 est trop éloigné de 120.

**22** **a.** 148,9324 **b.** 1,489324
**c.** 14,89324 **d.** 14,89324

**23** A = F ; B = C = D.

**24** **a.** 147,28 **b.** 39,288
**c.** 8,575 **d.** 1,674

**25** **a.** 20 × 50 = 1 000 **b.** 1 × 30 = 30
**c.** 500 × 0,1 = 50

### Calcul mental

**26** **a.** 10,15 + 0,2 = 10,35 **b.** 421,51 + 0,03 = 421,54
**c.** 100,22 – 2 = 98,22 **d.** 1 000 – 10 = 990

**27** À la fin de l'année 2016, les réponses sont les suivantes :
**a.** 2016 – 1981 = 35 Louise a 35 ans.
**b.** 35 + 5 = 40 Nana a 40 ans.
**c.** 2016 – 20 = 1996 Juliette est née en 1996.

**28** **a.** 235,427 × 0,01 = 2,354 27
**b.** 127,8 × 100 = 12 780
**c.** 0,143 × 1 000 = 143
**d.** 43,152 × 0,1 = 4,315 2
**e.** 524,9 × 0,0001 = 0,052 49
**f.** 0,954 × 10 000 = 9 540

**29** **a.** Le calcul entre parenthèses est prioritaire.
12 – (3 + 5) = 12 – 8 = 4
**b.** La multiplication est prioritaire.
14 – 3 × 2 = 14 – 6 = 8
**c.** La multiplication est prioritaire.
7 × 4 – 10 = 28 – 10 = 18
**d.** Le calcul entre parenthèses est prioritaire.
(14 + 7) – 8 = 21 – 8 = 13
**e.** La multiplication est prioritaire.
28 + 4 × 5 = 28 + 20 = 48
**f.** Le calcul entre parenthèses est prioritaire.
25 – (3,2 + 1,8) = 25 – 5 = 20

## Je m'entraîne

**30**

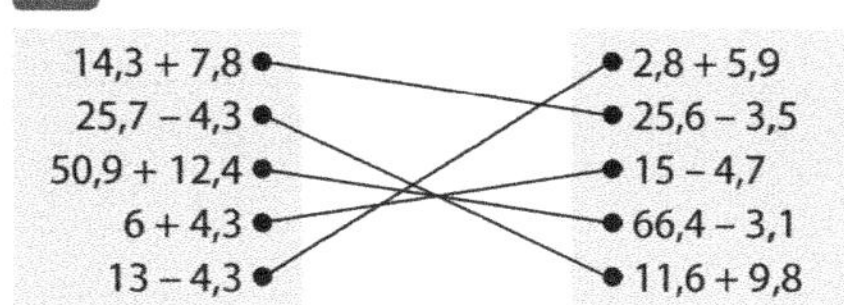


**31** • Distance Valence-Nîmes : 118 + 55 = 173 km.
• Distance Béziers-Nîmes : 69 + 51 = 120 km.
• Distance Valence-Béziers : 173 + 120 = 293 km.

**32** 9 325 – 4 661 = 4 664
L'avion a déjà parcouru 4 664 km.

**33** **a.** 25 + 128 + 175 + 22 =
25 + 175 + 128 + 22 = 200 + 150 = 350
**b.** 357 + 149 + 43 + 51 =
357 + 43 + 149 + 51 = 400 + 200 = 600
**c.** 2,45 + 3,8 + 1,55 + 14,2 =
2,45 + 1,55 + 3,8 + 14,2 = 4 + 18 = 22
**d.** 7,48 + 1,03 + 4,52 + 3,47 =
7,48 + 4,52 + 1,03 + 3,47 = 12 + 4,5 = 16,5

**34** **a.** **Évariste**

```
   1
   4  7 , 3  0
+        5 , 4  8
-----------------
   5  2 , 7  8
```

Évariste n'avait pas mis les virgules l'une en face de l'autre.

**b.** **Allan**

```
   1  1
      7 , 9  0
+  6  3 , 4  8
--------------
   7  1 , 3  8
```

Allan avait oublié une retenue.

**35** a.

```
    1  1
    1  4 , 5  7
 +     8 , 6  0
 --------------
    2  3 , 1  7
```

14,57 + 8,6
23,17

b.

```
      1     1
 2  1  4 , 1  2
 +     7 , 4  8
 --------------
 2  2  1 , 6  0
```

214,12 + 7,48
221,6

c.

```
   1  1  1
   3  5 , 5  8
 + 2  8 , 7  3
 -------------
   6  4 , 3  1
```

35,58 + 28,73
64,31

d.

```
   1     1
   2  9 , 1  7  0
 +    3 , 5  5  4
 ----------------
   3  2 , 7  2  4
```

29,17 + 3,554
32,724

**36** a.

```
    1  6 , (1)2  6
 −    (1)4 ,  3  5
 -----------------
    1  1 ,  9  1
```

16,26 - 4,35
11,91

b.

```
   1     8   (1)2 , (1)4  (1)0
 −    (1)2   (1)5 , (1)6     3
 -----------------------------
   1     5      6 ,    7     7
```

182,4 - 25,63
156,77

c.

```
      2  (1)8 , (1)5  3
 − (1)1  (1)9 ,    6  0
 ----------------------
      0     8 ,    9  3
```

28,53 - 19,6
8,93

d.

```
      2  (1)1     4 , (1)5  3
 − (1)       2 (1)3 ,    8  2
 ----------------------------
      1     9     0 ,    7  1
```

214,53 - 23,82
190,71

**37** 40,97 + 16,89 = 57,86

Cinq mois auparavant, le baril de pétrole coûtait 57,86 $.

**38** **a.** Ordre de grandeur de 267 = 270, ordre de grandeur de 29,83 = 30 ; donc un ordre de grandeur de la différence 267 – 29,83 est 270 – 30, soit 240 m.

**b.** 267 – 29,83 = 237,17

La partie immergée de cet iceberg est haute de 237,17 m.

**39** **a.** 12,753 × 100 = 1 275,3

**b.** 0,435 × 1 000 = 435

**c.** 2,714 3 × 10 × 100 = 2 714,3

**d.** 14,203 71 × 100 × 100 = 142 037,1

**40** **a.** 0,02 × 5 = 0,1 **b.** 0,8 × 125 = 100

**c.** 0,4 × 25 = 10 **d.** 8 × 1,25 = 10

**e.** 4 × 0,025 = 0,1 **f.** 2 × 0,5 = 1

**g.** 40 × 25 = 1 000 **h.** 8 × 12 500 = 100 000

**i.** 200 × 50 = 10 000

**41** **a.** 2 × 12,3 × 50 = 2 × 50 × 12,3 = 100 × 12,3 = 1 230

**b.** 25 × 3,7 × 4 = 25 × 4 × 3,7 = 100 × 3,7 = 370

**c.** 12 × 2,5 × 5 × 4 = 2,5 × 4 × 5 × 12 = 10 × 60 = 600

**d.** 500 × 25 × 0,4 × 2 = 500 × 2 × 25 × 0,4 = 1 000 × 10 = 10 000

**42** a.

```
          2  4
 ×        4  7
 -------------
       1  6  8
 +     9  6  0
 -------------
    1  1  2  8
```

24 × 47
1 128

b.

```
       1  2
 ×     3  5
 ----------
       6  0
 +  3  6  0
 ----------
    4  2  0
```

12 × 35
420

c.

```
          4  8
 ×        3  2
 -------------
          9  6
 +  1  4  4  0
 -------------
    1  5  3  6
```

48 × 32
1 536

d.

```
       1  2  4
 ×        6  3
 -------------
       3  7  2
 +  7  4  4  0
 -------------
    7  8  1  2
```

124 × 63
7 812

**43** a.

```
             5  4
 ×      1 ,  3  5
 ----------------
          2  7  0
 +     1  6  2  0
 +     5  4  0  0
 ----------------
       7  2 , 9  0
```

54 × 1,35
72,9

b.

```
             4  7
 ×        1  2 , 8
 -----------------
          3  7  6
 +        9  4  0
 +     4  7  0  0
 ----------------
       6  0  1 , 6
```

47 × 12,8
601,6

c.

```
       3  6 , 4
 ×        1   2
 --------------
       7  2   8
 +  3  6  4   0
 --------------
    4  3  6 , 8
```

36,4 × 12
436,8

d.

```
             5  7 , 8  5
 ×                  2  5
 -----------------------
          2  8  9  2  5
 +     1  1  5  7  0  0
 -----------------------
       1  4  4  6 , 2  5
```

57,85 × 25
1 446,25

**44** **a.** 10 × 23,2 = 232

En 10 min, 232 hectares sont gagnés par le désert.

**b.** 60 × 23,2 = 1 392

En 1 h, 1 392 hectares sont gagnés par le désert.

**45** **a.** 60 × 2,2 = 132

En 1 min, 132 arbres sont plantés.

**b.** 60 × 60 × 2,2 = 7 920

En 1 h, 7 920 arbres sont plantés.

**46** **a.** 15 × 1,852 = 27,78
La distance entre les deux voiliers est de 27,78 km.

**b.** 18 × 1,609 = 28,962
La distance entre les deux voitures est de 28,962 km.

**47** Léo a ainsi téléchargé :
12 × 8,81 + 7 × 9,3 + 15 × 8,35 + 9 × 7,94 =
105,75 + 65,1 + 125,25 + 71,46 = 367,53 Mo

**48** 10 × 10 × 1,3 t = 130 t
Les voitures pèsent au total 130 t.
10 × 19,2 t = 192 t. Les wagons pèsent 192 t.
192 t + 130 t = 322 t. Le train pèse 322 t au total.

**49** **a.** 1 254 × 0,01 = 12,54 **b.** 8 960 × 0,001 = 8,96
**c.** 253 × 0,001 = 0,253 **d.** 7 540 × 0,001 = 7,54
**e.** 37,8 × 10 = 378 **f.** 0,05 × 1 000 = 50

**50** **a.** 234,56 × 0,1 = 23,456 **b.** 1 213,12 × 0,01 = 12,131 2
**c.** 4,35 × 0,001 = 0,004 35 **d.** 0,95 × 0,01 = 0,009 5

**51**

| | | | | |
|---|---|---|---|---|
| | | 2 | 4 | 7 |
| × | | | 3 | 5 |
| | 1 | 2 | 3 | 5 |
| + | 7 | 4 | 1 | 0 |
| | 8 | 6 | 4 | 5 |

**a.** 0,35 × 2,47 = 35 × 247 × 0,01 × 0,01 = 0,864 5
**b.** 35 × 0,024 7 = 35 × 247 × 0,000 1 = 0,864 5
**c.** 3,5 × 0,247 = 35 × 247 × 0,1 × 0,001 = 0,864 5
**d.** 0,003 5 × 247 = 35 × 247 × 0,000 1 = 0,864 5
**e.** 35 × 0,247 = 35 × 247 × 0,001 = 8,645
**f.** 0,035 × 24,7 = 35 × 247 × 0,001 × 0,1 = 0,864 5

**52** **a.**

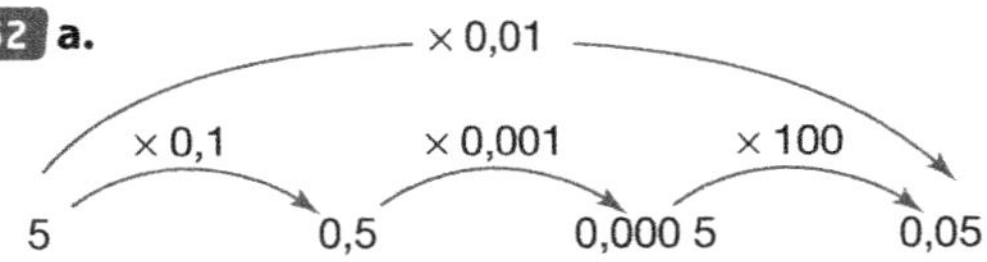


**b.**

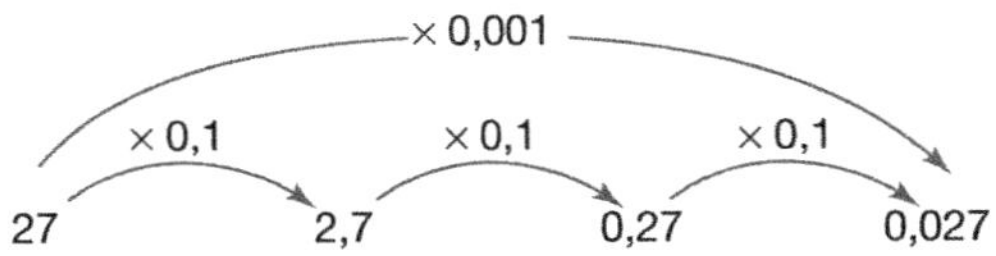


**53** **a.** Myriam n'a pas « descendu le zéro » lors de la multiplication de 2,87 par 1.
Paul a mal placé la virgule dans le résultat.

**b.**

| | | Myriam | | |
|---|---|---|---|---|
| | 2, | | 8 | 7 |
| × | | 1, | | 4 |
| | 1 | 1 | 4 | 8 |
| + | 2 | 8 | 7 | 0 |
| | 4, | 0 | 1 | 8 |

2,87 × 1,4
4,018

| | | | Paul | | | |
|---|---|---|---|---|---|---|
| | | 3 | 4, | | 3 | 1 |
| | × | | | 5, | | 4 |
| | | 1 | 3 | 7 | 2 | 4 |
| + | 1 | 7 | 1 | 5 | 5 | 0 |
| | 1 | 8 | 5, | 2 | 7 | 4 |

34,31 × 5,4
185,274

**54** **a.**

| | | | | |
|---|---|---|---|---|
| | | 2, | 4 | 3 |
| × | | | 1, | 6 |
| | 1 | 4 | 5 | 8 |
| + | 2 | 4 | 3 | 0 |
| | 3, | 8 | 8 | 8 |

2,43 × 1,6
3,888

**b.**

| | | | | | | |
|---|---|---|---|---|---|---|
| | | | 1 | 4, | 1 | 8 |
| × | | | | 3 | 9, | 4 |
| | | | 5 | 6 | 7 | 2 |
| + | 1 | 2 | 7 | 6 | 2 | 0 |
| + | 4 | 2 | 5 | 4 | 0 | 0 |
| | 5 | 5 | 8, | 6 | 9 | 2 |

14,18 × 39,4
558,692

**c.**

| | | | | | |
|---|---|---|---|---|---|
| | | | 2 | 4, | 7 |
| × | | | 2, | 5 | 2 |
| | | | 4 | 9 | 4 |
| + | 1 | 2 | 3 | 5 | 0 |
| + | 4 | 9 | 4 | 0 | 0 |
| | 6 | 2, | 2 | 4 | 4 |

24,7 × 2,52
62,244

**d.**

| | | | | |
|---|---|---|---|---|
| | | 3, | 1 | 4 |
| × | | | 2, | 5 |
| | 1 | 5 | 7 | 0 |
| + | 6 | 2 | 8 | 0 |
| | 7, | 8 | 5 | 0 |

3,14 × 2,5
7,85

**55** **a.**

| | | | | | | | |
|---|---|---|---|---|---|---|---|
| | | | | 3 | 5, | 4 | 8 |
| × | | | | | 4, | 6 | 4 |
| | | | 1 | 4 | 1 | 9 | 2 |
| + | | 2 | 1 | 2 | 8 | 8 | 0 |
| + | 1 | 4 | 1 | 9 | 2 | 0 | 0 |
| | 1 | 6 | 4, | 6 | 2 | 7 | 2 |

35,48 × 4,64
164,6272

**b.**

| | | | | | | |
|---|---|---|---|---|---|---|
| | | 2 | 3, | 9 | 0 | 3 |
| × | | | | | 2, | 7 |
| | 1 | 6 | 7 | 3 | 2 | 1 |
| + | 4 | 7 | 8 | 0 | 6 | 0 |
| | 6 | 4, | 5 | 3 | 8 | 1 |

23,903 × 2,7
64,5381

**c.**

| | | | | | | |
|---|---|---|---|---|---|---|
| | | | 4 | 7, | 0 | 5 |
| × | | | | | 3, | 2 |
| | | | 9 | 4 | 1 | 0 |
| + | 1 | 4 | 1 | 1 | 5 | 0 |
| | 1 | 5 | 0, | 5 | 6 | 0 |

47,05 × 3,2
150,56

**d.**

| | | | | | |
|---|---|---|---|---|---|
| | | 1 | 8, | 2 | 5 |
| × | | | 0, | 4 | 2 |
| | | 3 | 6 | 5 | 0 |
| + | 7 | 3 | 0 | 0 | 0 |
| | 7, | 6 | 6 | 5 | 0 |

18,25 × 0,42
7,665

**56** **a.** 198,07 × 24,87 ≃ 200 × 25 ≃ 5 000
198,07 × 24,87 = 4 926,000 9
**b.** 1 302,8 × 19,87 ≃ 1 300 × 20 ≃ 26 000
1 302,8 × 19,87 = 25 886,636
**c.** 349,22 × 4,03 ≃ 350 × 4 ≃ 1 400
349,22 × 4,03 = 1 407,356 6

**d.** $2\,509{,}43 \times 40{,}3 \simeq 2\,500 \times 40 \simeq 100\,000$
$2\,509{,}43 \times 40{,}3 = 101\,130{,}029$

**57** **a.** $11{,}376 \times 0{,}5 = 5{,}688$
En une demi-heure, 5,688 milliards de litres d'eau tombent des chutes du Niagara.
**b.** $11{,}376 \times 0{,}25 = 2{,}844$
En un quart d'heure, 2,844 milliards de litres d'eau tombent des chutes du Niagara.

**58** **Fraises :** $7{,}40 \times 0{,}25 = 1{,}85$ €
**Pommes :** $2{,}45 \times 1{,}6 = 3{,}92$ €
**Clémentines :** $1{,}80 \times 2{,}8 = 5{,}04$ €
**Bananes :** $3{,}15 \times 0{,}8 = 2{,}52$ €

**59** $15 + 10 + 35 + 45 + 20 = 125$ £
$125 \times 1{,}25 = 156{,}25$ €
Louise doit donc changer 156,25 €.

**60** **a.** $31 \times 7 + 5{,}2 \times 4$
**217** **20,8**
**237,8**

**b.** $10 - 1{,}5 \times 3$
**4,5**
**5,5**

**61** **a.** $(4{,}7 + 3{,}5) - 8{,}1$
**8,2**
**0,1**

**b.** $11{,}3 + (5 - 2{,}17)$
**2,83**
**14,13**

**62** **a.** $20 \times 0{,}5 + 2{,}5 = 10 + 2{,}5 = 12{,}5$
**b.** $14 - 3 \times 1{,}2 = 14 - 3{,}6 = 10{,}4$
**c.** $143 + 5 \times 2{,}8 = 143 + 14 = 157$
**d.** $1{,}4 \times 8 - 5 = 11{,}2 - 5 = 6{,}2$

**63** **a.** $25 - (3 + 17) = 25 - 20 = 5$
**b.** $24{,}3 - (7{,}2 + 1{,}5) = 24{,}3 - 8{,}7 = 15{,}6$
**c.** $14{,}72 - (53{,}5 - 40{,}9) = 14{,}72 - 12{,}6 = 2{,}12$
**d.** $140 - (24{,}85 - 4{,}15) = 140 - 20{,}7 = 119{,}3$

**64** **a.** $(2{,}3 + 1{,}7) \times 5{,}2 = 4 \times 5{,}2 = 20{,}8$
**b.** $4 \times 0{,}1 + 5 \times 0{,}01 = 0{,}4 + 0{,}05 = 0{,}45$
**c.** $12{,}54 \times (7{,}25 - 5{,}25) = 12{,}54 \times 2 = 25{,}08$
**d.** $19 \times 0{,}1 - 70 \times 0{,}01 = 1{,}9 - 0{,}7 = 1{,}2$

**65** $A = (14 + 7) \times 13 - 10$
$A = 21 \times 13 - 10$
$A = 273 - 10$
$A = 263$

(14 + 7) × 13 - 10
263

$B = 2{,}4 \times (31 - 2{,}4 \times 6)$
$B = 2{,}4 \times (31 - 14{,}4)$
$B = 2{,}4 \times 16{,}6$
$B = 39{,}84$

2,4 × (31 - 2,4 × 6)
39,84

$C = 14 + 7 \times (13 - 10)$
$C = 14 + 7 \times 3$
$C = 14 + 21$
$C = 35$

14 + 7 × (13 - 10)
35

$D = (2{,}4 \times 31 - 2{,}4) \times 6$
$D = (74{,}4 - 2{,}4) \times 6$
$D = 72 \times 6$
$D = 432$

(2,4 × 3,1 - 2,4) × 6
432

**66** **a.** L'expression C.
**b.** $C = 20 - (4{,}25 + 1{,}90)$
$C = 20 - 6{,}15$
$C = 13{,}85$
Le vendeur lui a rendu 13,85 €.

**67** **a.** L'expression D.
**b.** $D = 15{,}85 - 4 \times 3{,}12$
$D = 15{,}85 - 12{,}48$
$D = 3{,}37$
Le rez-de-chaussée mesure 3,37 m.

**68** On note D la distance, en km, qu'il lui reste à parcourir.
$D = 748 - 1{,}5 \times 250$
$D = 748 - 375$
$D = 373$
Il lui reste à parcourir 373 km.

**69** **a.** $M = 9 \times (0{,}7 + 15 \times 0{,}6)$
**b.** $M = 9 \times (0{,}7 + 9)$
$M = 9 \times 9{,}7$
$M = 87{,}3$
La masse totale est de 87,3 kg.

**70** **a.** $2{,}4 + 1{,}9 = 4{,}3$ **b.** $3{,}5 + 2{,}9 = 6{,}4$
**c.** $4{,}7 + 3{,}9 = 8{,}6$ **d.** $8{,}52 + 7{,}9 = 16{,}42$
**e.** $14{,}21 + 11{,}9 = 26{,}11$ **f.** $53{,}43 + 5{,}9 = 59{,}33$

**71** **a.** $53{,}71 + 9{,}99 = 63{,}7$
**b.** $53{,}17 + 99{,}9 = 153{,}07$
**c.** $53{,}701 + 0{,}999 = 54{,}7$
**d.** $53{,}71 - 9{,}99 = 43{,}72$
**e.** $99{,}9 - 53{,}17 = 46{,}73$
**f.** $53{,}701 - 0{,}999 = 52{,}702$

**72** **a.** $12 \times 5 = 60$ **b.** $8 \times 5 = 40$
**c.** $84 \times 5 = 420$ **d.** $14 \times 0{,}5 = 7$
**e.** $28 \times 0{,}5 = 14$ **f.** $124 \times 0{,}5 = 62$

**73** Un ordre de grandeur de 30,8 est 30 ; un ordre de grandeur de 1,48 est 1,5. Or $30 \times 1{,}5 = 45 < 50$.
Donc on peut payer avec un billet de 50 €.

**74** **a.** $52 \times 1{,}1 = 52 + 5{,}2 = 57{,}2$
**b.** $7{,}2 \times 1{,}01 = 7{,}2 + 0{,}072 = 7{,}272$
**c.** $1{,}001 \times 9{,}3 = 9{,}3 + 0{,}0093 = 9{,}3093$
**d.** $5{,}2 \times 2{,}1 = 10{,}4 + 0{,}52 = 10{,}92$
**e.** $2{,}5 \times 4{,}1 = 10 + 0{,}25 = 10{,}25$
**f.** $3{,}5 \times 4{,}01 = 14 + 0{,}035 = 14{,}035$

## Je m'évalue à mi-parcours

**75** **b.** **76** **a.** **77** **b.** **78** **c.** **79** **b.**
**80** **a.** **81** **b.**

## Avec un logiciel

**82** **1.** et **3.**

| | A | B | C | D | E | F | G | H | I |
|---|---|---|---|---|---|---|---|---|---|
| 1 | | États-Unis d'Amérique | République populaire de Chine | Grande-Bretagne | Fédération de Russie | République de Corée | Allemagne | France | TOTAL |
| 2 | or | 46 | 38 | 29 | 24 | 13 | 11 | 11 | 172 |
| 3 | argent | 29 | 27 | 17 | 26 | 8 | 19 | 11 | 137 |
| 4 | bronze | 29 | 23 | 19 | 32 | 7 | 14 | 12 | 136 |
| 5 | TOTAL | 104 | 88 | 65 | 82 | 28 | 44 | 34 | [redacted] |

**2. a.** Le nombre de médailles d'or obtenues par la France (11) se lit dans la cellule H2.
**b.** On peut lire le nombre de médailles de bronze obtenues par les États-Unis (29) dans la cellule B4.

## J'utilise mes compétences

**83** • **Sur 100 m :** 9,63 – 9,58 = 0,05 s
• **Sur 200 m :** 19,30 – 19,19 = 0,11 s
• **Sur 400 m :** 43,49 – 43,18 = 0,31 s

**84** A = 4 ; B = 4 ; C = 2 ; D = 7 et E = 2

**85** **a.** 5,5 × 82,5 = 453,75. L'affirmation est donc fausse.
**b.** 444,9 – 82,5 = 362,4. L'affirmation est donc fausse.
**c.** 99,1 + 436,9 = 536. L'affirmation est donc vraie.
**d.** 3,5 × 153,3 = 536,55. L'affirmation est donc vraie.

**86** **a.** Ordre de grandeur :
1,5 × 8 + 1 × 2 + 1 × 1 + 0,5 × 2 = 12 + 2 + 1 + 1 = 16
Cette recette coûte environ 16 €.
**b.** 1,6 × 7,8 + 1,1 × 2,2 + 0,9 × 1,1 + 0,4 × 1,90
= 12,48 + 2,42 + 0,99 + 0,76 = 16,65
Cette recette coûte 16,65 €.

**87** • 2,5 × 2,4 = 6 m
Le mât du voilier de Lilou mesure 6 m.
• 6 – 1 = 5 m
Le mât du voilier de Laurie mesure 5 m.
• 5 + 1,5 = 6,5 m
Le mât du voilier de Marc mesure 6,5 m.
• 1,5 × 6 = 9 m
Le mât du voilier d'Adrien mesure 9 m.

**88** **a.**

```
      2 3 4
  ×   1 6 5
  ---------
    1 1 7 0
  1 4 0 4
  2 3 4
  ---------
  3 8 6 1 0
```

**b.**

```
        2 5 , 3
  ×     1 , 8 7
  -------------
      1 7 7 1
    2 0 2 4
    2 5 3
  -------------
    4 7 , 3 1 1
```

**89** **Traduction :**
*Pour passer d'une case à celle de droite, on ajoute toujours le même nombre.*
*Pour passer d'une case à celle d'en dessous, on soustrait toujours le même nombre.*
*Recopier et compléter le tableau.*

**Réponse :**

| | | | | |
|---|---|---|---|---|
| 3,4 | 5,42 | **7,44** | **9,46** | **11,48** |
| **3,15** | **5,17** | 7,19 | **9,21** | **11,23** |
| **2,9** | **4,92** | **6,94** | **8,96** | **10,98** |
| **2,65** | **4,67** | **6,69** | **8,71** | **10,73** |

**90** Le rez-de-chaussée compte comme un étage.
• **Dylan :** 103 × 4,94 = 508,82 m
• **Karim :** 99 × 5,12 = 506,88 m
• **Maria :** 98 × 5,2 = 509,6 m
C'est donc Maria qui se trouve le plus haut.

**91** On note $\ell$ la longueur du rectangle et L sa longueur, en cm. Ainsi, L = $\ell$ + 2,5 cm. Or, on sait que L + $\ell$ = 13,3 cm, donc $\ell$ + 2,5 + $\ell$ = 13,3 cm donc 2 × $\ell$ = 10,8 cm. Ainsi, $\ell$ = 5,4 cm donc L = 5,4 + 2,5 = 7,9 cm.

*Échelle :* $\frac{1}{2}$

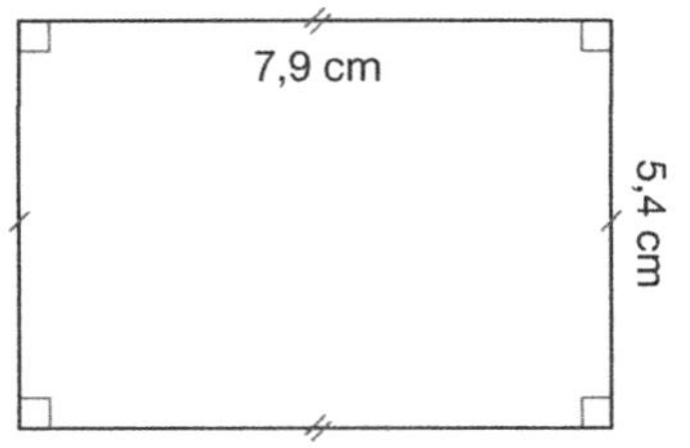


**92** **a.** On envisage d'abord un cas plus simple :

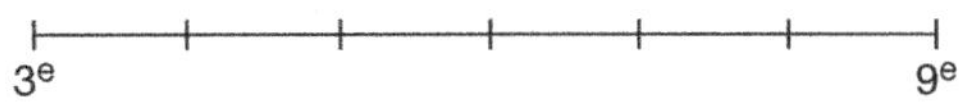


Entre la 3e et la 9e personne, il y a 5 personnes. On remarque que 5 = 9 – 3 + 1.
On calcule alors 21 – 4 + 1 = 18.
On peut vérifier sur un dessin qu'il y a bien 18 personnes entre Mathieu et Quentin.
**b.** 124 – 75 = 49 Marie a avancé de 49 places.
254 – 49 = 205 Anne est alors en 205e position.

**93** On déduit la longueur des arêtes de chacun des carrés en suivant les étapes ① à ⑫.

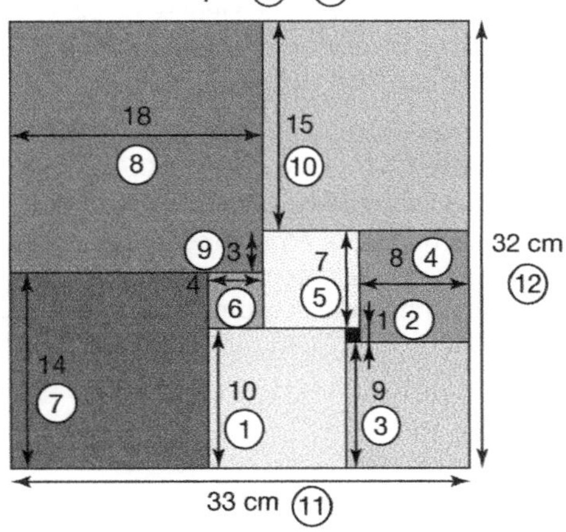

Ce rectangle n'est donc pas un carré.

**94** En 10 jours, les 5 poules qui pondent un œuf par jour pondent 50 œufs, tandis que les 5 poules qui pondent un œuf un jour sur deux en pondent 25. Au total, elles auront pondu 75 œufs.

**95** Alice possède 7 pièces de chaque sorte. En effet :
$7 \times 0{,}05 + 7 \times 0{,}1 + 7 \times 0{,}2 + 7 \times 0{,}5 =$
$7 \times (0{,}05 + 0{,}1 + 0{,}2 + 0{,}5) = 7 \times 0{,}85 = 5{,}95$ €

## Accompagnement personnalisé

**96** **a.**

```
    1 1  1
    2 4  1 , 7 0
+     5  8 , 4 5
-----------------
    3 0  0 , 1 5

  3 1 9 , 8 3
- 1 0 7 , 5 0
-------------
  2 1 2 , 3 3

      2 7 , 3 4
×         5 , 6
---------------
    1 1
    1 6 4 0 4
+ 1 3 6 7 0 0
-------------
  1 5 3 , 1 0 4
```

**b.**

241,7 + 58,45
300,15

319,83 - 107,5
212,33

27,34 × 5,6
153,104

**97** • $1\,234{,}72 \times 1{,}97 = 2\,432{,}398\,4$
• $347{,}8 - 150{,}775 = 197{,}025$
• $230{,}1 + 798{,}936 = 1\,029{,}036$

**98** • Ordre de grandeur du périmètre :
$2 \times 15 + 2 \times 30 = 30 + 60 = 90$ m
• Ordre de grandeur de l'aire :
$15 \times 30 = 450$ m$^2$

**99**

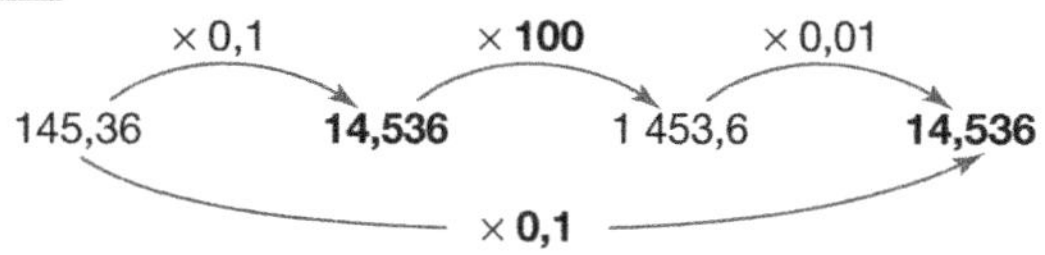


**100** **a.** $4 \times (10 - 2{,}5) = 4 \times 7{,}5 = 30$
**b.** « En période de soldes, Annabel a repéré un tee-shirt marqué **10** € sur lequel il y a une remise de **2,5** €. Satisfaite, elle se décide à acheter **4** de ces tee-shirts. À la caisse, elle paie **30** € au total. »

**101** **a. Par le train :** $8{,}85 + 17{,}80 = 26{,}65$ €
**Avec sa voiture :** $(4{,}3 + 10{,}5) \times 1{,}25 + 10{,}70 = 29{,}20$ €
L'option la plus économique est celle du train.
**b.** Sur chaque trajet, elle économise 29,20 – 26,65, soit 2,55 €.
Donc, sur une année, elle économise : $5 \times 45 \times 2 \times 2{,}55$, soit 1 147,50 €.

**102** **1. a.** • $(3 \times 3) + 2 = 9 + 2 = 11$
• $(33 \times 33) + 22 = 1\,089 + 22 = 1\,111$
**b.** • $(333 \times 333) + 222 = 111\,111$
• $(3\,333 \times 3\,333) + 2\,222 = 11\,111\,111$
**c.** 1 111 111 111.
**2. a.** 111 111 111 111.
**b.**

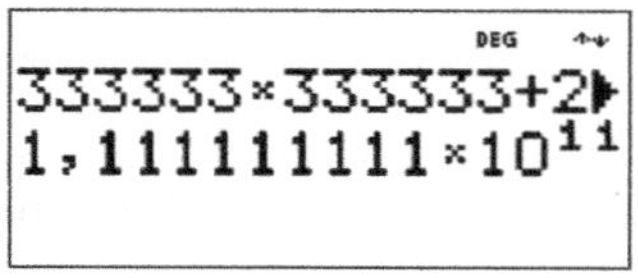


Cet affichage signifie 111 111 111 100 (vu en 4$^e$).
**c.**

```
                    3 3 3 3 3 3
×                   3 3 3 3 3 3
-------------------------------
                    9 9 9 9 9 9
                  9 9 9 9 9 9 0
                9 9 9 9 9 9 0 0
              9 9 9 9 9 9 0 0 0
            9 9 9 9 9 9 0 0 0 0
          9 9 9 9 9 9 0 0 0 0 0
-------------------------------
        1 1 1 1 1 0 8 8 8 8 8 9
+                   2 2 2 2 2 2
-------------------------------
        1 1 1 1 1 1 1 1 1 1 1 1
```

La prévision effectuée était exacte.

## Tâches complexes

**103**

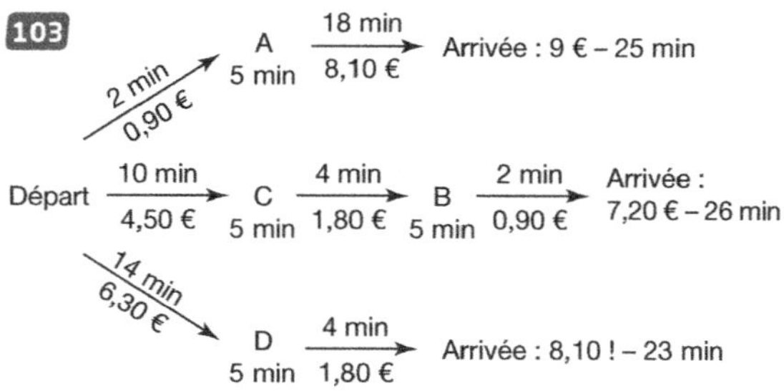


Le trajet le moins onéreux est :
« Départ – C – B – Arrivée ».
Le trajet le plus rapide est : « Départ – D – Arrivée ».
Il semble que ce dernier trajet soit un bon compromis entre le coût et la durée.

**104** • **Voiture « Electricita »**
$E = 20\,100 - 6\,300 + 3 \times 15\,000 \times 0{,}02$
$E = 13\,800 + 900$
$E = 14\,700$ €
• **Voiture « Classiqua »**
$C = 12\,800 + 150 + 3 \times 15\,000 \times 0{,}045 \times 1{,}25$
$C = 12\,950 + 2\,531{,}25$
$C = 15\,481{,}25$ €
• Le véhicule le plus économique pour Adriana après 3 ans d'utilisation sera « Electricita ».

# Division

## INTENTIONS PÉDAGOGIQUES

### ❶ Le point sur le cycle 3

La division euclidienne est introduite dès le début du cycle.
La division de deux nombres entiers avec quotient décimal et la division d'un nombre décimal par un nombre entier sont vues à partir du CM2.
Dès le début du cycle, les problèmes proposés relèvent des quatre opérations, l'objectif est d'automatiser la reconnaissance de l'opération en fin de cycle 3.
La pratique du calcul mental s'étend progressivement des nombres entiers aux nombres décimaux. Pour la division décimale, on pourra s'appuyer sur la division par 10, 100, 1 000.

### ❷ Je découvre

**Activité 1**

L'objectif de cette activité est de mettre en place une technique de la division euclidienne.
On pourra au passage mettre en place :

$$\text{dividende} = \text{quotient} \times \text{diviseur} + \text{reste}$$
$$\text{et reste} < \text{diviseur.}$$

La question 1 permet de trouver un encadrement du quotient et de faire le lien entre multiplication à trou et recherche d'un quotient.
On donne une manière de poser correctement la division euclidienne en lien avec la numération.
À la question 2, le calcul instrumenté est introduit.
Cela fait partie des capacités attendues du programme.
On pourra faire le point avec les élèves sur les calculatrices dans la question 3.

**Activité 2**

L'objectif est de réinvestir les connaissances des élèves sur les critères de divisibilité par 2, par 5 et par 10. Cette réactivation des savoirs est faite à partir d'une liste de nombres.
Les questions suivantes permettent de chercher un critère de divisibilité par 4, par 3 ainsi que par 9. Ce travail est assez guidé et demande à l'élève d'utiliser la calculatrice. Il sera intéressant de vérifier l'utilisation de la calculatrice pour une division euclidienne ou décimale.
On pourra définir « multiple » et « divisible par ».

**Activité 3**

L'objectif de cette activité est double : distinguer la division décimale de la division euclidienne et mettre en place une technique de la division décimale.
Cela est de nouveau entrepris à travers un problème familier des élèves.
Albertine ayant fait une division euclidienne, le reste doit être partagé. On différencie les deux divisions.
Dans la première question, le reste est donné, et l'élève doit trouver mentalement la part de chacun dans la question 2, c. Cette progression permet de donner du sens à la division posée.

### ❸ J'apprends et j'applique le cours

**J'apprends le cours**

Suite à l'activité 1, on peut étudier le cours 1, A. Division euclidienne.
Suite à l'activité 2, on peut étudier les paragraphes B. Multiples, diviseurs et C. Critères de divisibilité par 2, 3, 4, 5, 9, 10 du cours 1.
Suite à l'activité 3, on peut étudier le cours 2, Division décimale.

**Exercice résolu 1**

L'objectif est double : travailler le sens de la division euclidienne mais aussi sa technique opératoire avec un diviseur à deux chiffres. On pourra demander aux élèves le nombre de chiffres du quotient grâce au conseil :

$$15 \times 10 = 150 \quad \leftarrow \boxed{187}$$
$$15 \times 100 = 1\,500$$

Ainsi, le quotient a deux chiffres.
On n'interdira pas le calcul mental qui peut donner un ordre de grandeur du quotient. On pourra faire remarquer aux élèves qu'ils peuvent calculer les multiples de 15.
L'élève doit comprendre à quoi correspond chaque nombre dans la division euclidienne posée. Ici, il doit en donner le quotient et le reste, compte tenu des questions posées.

**Exercice résolu 6**

Ici aussi, l'objectif est double : donner à l'élève un exemple simple d'utilisation de la division décimale et expliciter en détail la technique opératoire. Dans un premier temps, on essaie d'insister sur « pourquoi fait-on ici une division ? ».
Ensuite, on a pris le parti de montrer pas à pas la réalisation de cette division décimale. En effet, cette technique a été introduite au CM2, mais elle n'est certainement pas encore assimilée par les élèves. Il est important de faire le lien entre la technique opératoire et la numération, en insistant sur les chiffres des dixièmes et des centièmes.
L'élève peut écrire les abréviations :
u, $\frac{1}{10}$, $\frac{1}{100}$ pour bien placer les chiffres.
On peut commencer par remarquer qu'ici le quotient est plus petit que 1. En effet, il en est toujours ainsi lorsqu'on divise un nombre par un nombre plus grand.
Par conséquent, le quotient commence par « 0, ».

## 4 Compléments

Nous avons fait le choix de proposer des exercices avec des formes de calcul variées : calcul mental, calcul posé et calcul instrumenté. Plusieurs exercices privilégient une forme de calcul puis invitent l'élève à vérifier par une autre forme de calcul.

### Sens et technique de la division

Pour un entraînement efficace sur ces deux aspects, on a pris le parti de proposer diverses situations afin que l'élève puisse asseoir petit à petit le sens de la division, et également de nombreux exercices techniques de divisions posées, tout en restant raisonnable sur la taille des nombres qui interviennent.

L'exercice 39 met en évidence le fait qu'une même opération peut permettre de répondre à plusieurs problèmes. Les exercices sont équilibrés entre « division partage » et « division regroupement » qui aideront l'élève à conceptualiser la division.

L'exercice 40 permet de proposer comme procédure experte la division euclidienne en s'intéressant à la longueur d'un cycle.

### Critères de divisibilité

La connaissance des critères de divisibilité est utilisée pour apprendre à raisonner dans les exercices 46, 93 et 97. Elle permet également de mieux comprendre la composition des nombres entiers.

### TICE

La page 55 est consacrée à l'usage du tableur et de la calculatrice. Aux exercices 79 et 80, on indique la notation « / » de la division dans un tableur et on poursuit l'initiation à l'utilisation de formules. On a pris le parti de suivre le devenir d'une formule lors d'une recopie. À cette occasion, on indique l'usage du $ afin de ne pas modifier le nom d'une cellule par recopie.

### Tâches complexes

La tâche complexe 106 mélange deux usages de la division : s'intéresser au reste d'une division euclidienne connaissant la longueur d'un cycle et chercher combien de fois une longueur est comprise dans une autre.

La tâche complexe 107 pourrait être proposée sous forme de projet de classe. Elle permet de travailler la division décimale et de manipuler différentes grandeurs.

## CORRIGÉS

### Vu au cycle 3

**1. a.** et **c.** **2. b.** et **c.** **3. b.** **4. b.** **5. a.** **6. b.**

### Je découvre

### Activité 1

**1** Il y a 12 pirates. Il faut partager 197 pièces entre les 12 pirates équitablement.

Si chaque pirate prend 10 pièces, cela fait 120 pièces.

Si chaque pirate prend 20 pièces, cela fait 240 pièces.

Or, il y a 197 pièces.

Donc chaque pirate aura entre 10 et 20 pièces.

**2** **a.**

```
  1 9 7 | 1 2
- 1 2   |-----
  -----  | 1 6
    7 7 |
  - 7 2 |
  ----- |
      5 |
```

**b.** On donne 16 pièces à chaque pirate et il en reste 5. Le chef peut alors ajouter 5 pièces à sa fortune, ce qui lui fera 21 pièces.

**3** 2 335 [⊢] 12 [EXE] ou 2 335 [2nde] [:] 12 [entrer]

On obtient un quotient de 194 et un reste de 7.

Chaque pirate recevra 194 pièces. Il restera 7 pièces.

### Activité 2

**1** Les nombres qui sont divisibles à la fois par 2 et par 5 sont les nombres qui ont le chiffre pair 0 comme chiffre des unités.

Ce sont les nombres 60 et 17 340.

**2** **a.** Avec la calculatrice, on trouve que 60, 132, 724, 1 836 et 17 340 sont divisibles par 4.

**b.** Les nombres formés par les deux derniers chiffres sont respectivement : 14, 18, 60, 32, 24, 13, 36, 66, 97, 40.

Parmi ces nombres, seuls sont divisibles par 4 les nombres : 60, 32, 24, 36 et 40.

**c.** On remarque que dans cette liste, les nombres divisibles par 4 sont ceux dont les deux derniers chiffres forment un nombre divisible par 4.

On admettra cette propriété dans le cas général.

**3** **a.** Avec la calculatrice, on trouve que :

- 18 ; 60 ; 132 ; 1 836 ; 4 566 ; 5 697 et 17 340 sont divisibles par 3.

On trouve que :

- 18 ; 1 836 ; 5 697 sont divisibles par 9.

**b.** • **Par 3**

Les nombres de la liste dont la somme des chiffres est divisible par 3 sont :

18 (1 + 8 = 9) ; 60 (6 + 0 = 6) ; 132 (1 + 3 + 2 = 6) ;
1 836 (1 + 8 + 3 + 6 = 18) ;
4 566 (4 + 5 + 6 + 6 = 21) ;
5 697 (5 + 6 + 9 + 7 = 27) ;
17 340 (1 + 7 + 3 + 4 + 0 = 15).

• **Par 9**

Les nombres de la liste dont la somme des chiffres est divisible par 9 sont : 18, 1 836 et 5 697.

**c.** On remarque que dans la liste :

- les nombres divisibles par 3 sont les mêmes que ceux dont la somme des chiffres est divisible par 3 ;
- les nombres divisibles par 9 sont les mêmes que ceux dont la somme des chiffres est divisible par 9.

On admettra ces propriétés dans le cas général.

### Activité 3

**1** Si Albertine fait des caisses de 12 kg chacune, il restera 4 kg de pommes.

**2** **a.** 4 kg = 40 dixièmes de kg
**b.** 40 dixièmes de kg : 5 = 8 dixièmes de kg

| | |
|---|---|
| 6 4 , **0** | 5 |
| − 5 | 1 2 , **8** |
| 1 4 | |
| − 1 0 | |
| 4 **0** | |
| **− 4 0** | |
| **0** | |

**c.** Chaque caisse contiendra 12,8 kg de pommes.

## J'applique le cours

**2** **a.** On effectue la division euclidienne de 224 par 11.
Il y aura 20 équipes.
20 est un nombre pair donc on organisera 10 matchs.

| | |
|---|---|
| 2 2 4 | 1 1 |
| − 2 2 | 2 0 |
| 0 4 | |
| − 0 | |
| 4 | |

**b.** Le reste est 4, donc il y aura 4 arbitres. Il n'y aura pas assez d'arbitres pour chaque rencontre.
Il en manque 6.

**3** On effectue la division de 14 875 par 35.
14 875 = 425 × 35
425 adultes ont skié dans cette station ce jour-là.

**4** **a.** On effectue la division de 358 par 18.
358 = 19 × 18 + 16
Marc a planté 20 rangées de poiriers.
**b.** Il manque 2 poiriers sur la rangée incomplète.

**5** 266 = 38 × 7
Chaque pilier contient 38 blocs de glace.

**7** Un litre de lait coûte 0,95 €.

**8** **a.** On effectue la division de 15 par 120.
L'épaisseur d'une feuille est 0,125 mm.
**b.** On effectue la division de 4,5 par 120.
La masse d'une feuille est 0,037 5 g.

**9** Il lui manque 2 €. 8 places de cinéma coûtent 52 €.
On effectue la division de 52 par 8.
Une place de cinéma coûte 6,50 €.

**10** Julie fait deux fois l'aller-retour entre sa maison et le collège, soit 4 fois la distance entre sa maison et le collège.
On effectue la division de 5,6 par 4.
5,6 : 4 = 1,4
La distance entre la maison de Julie et le collège est 1,4 km.

**11**

| | |
|---|---|
| 2 , 4 5 | 7 |
| − 2 1 | 0 , 3 5 |
| 3 5 | |
| − 3 5 | |
| 0 | |

Un cheveu s'allonge de 0,35 mm en un jour.

**12** La capacité d'un flacon est de 56,25 mL.

## À l'oral

**13** « Dans cette division euclidienne, 23 est **le dividende**, 5 est le **diviseur,** 4 est le **quotient** et 3 est le **reste**. »

**14** On calcule 10 × 11 + 5 = 110 + 5 = 115.
Le dividende est 115.

**15** **a.** Le quotient de la division euclidienne de 1 457 par 24 est 60 et le reste est 17.
**b.** On peut écrire 1 457 = 60 × 24 + 17.
**c.** D'après l'égalité du **b.**, le quotient de la division euclidienne de 1 457 par 60 est 24 et le reste est 17.

**16** **a.** Un nombre divisible par 2 et par 5 entre 35 et 55 est 40. Le nombre 50 convient également.
**b.** Le seul nombre divisible par 4 et par 5 entre 75 et 95 est 80.

**17** **a.** Un nombre divisible par 2 et par 3 entre 50 et 65 est 54. 60 convient également.
**b.** Le seul nombre divisible par 3 et par 4 entre 50 et 65 est 60.

**18** Cette affirmation d'Inès est fausse.
Le nombre 13 n'est pas divisible par 3 alors que son chiffre des unités est 3.

**19** **a.** Elle doit encore partager 2 €.
**b.** 2 : 4 = 0,5
La part exacte de chaque personne est 43,50 €.

**20** 25 : 10 = 2,5 alors que 10 : 25 = 0,4.
Arthur n'a pas raison.

## Calcul mental

**21** **a.** Quotient : 4. Reste : 4.
**b.** Quotient : 3. Reste : 6.
**c.** Quotient : 4. Reste : 5.

**22** 9 × 5 + 3 = 48. Il pourra réaliser 9 bouquets.

**23** On obtient l'égalité 119 = 14 × 8 + 7.
Le quotient dans la division euclidienne de 119 par 8 est 14 et le reste est 7.

**24** **a.** 15 528 est divisible par 2, son chiffre des unités est pair.
**b.** 15 528 n'est pas divisible par 5, son chiffre des unités n'est ni 0 ni 5.
**c.** 15 528 est divisible par 3, la somme de ses chiffres est divisible par 3 (1 + 5 + 5 + 2 + 8 = 21).
**d.** 15 528 est divisible par 4, le nombre composé du chiffre des unités et des dizaines est 28 et 28 est divisible par 4 puisque 28 : 4 = 7.
**e.** 15 528 n'est pas divisible par 9, la somme de ses chiffres n'est pas divisible par 9 (1 + 5 + 5 + 2 + 8 = 21).
**f.** 15 528 n'est pas divisible par 10, son chiffre des unités n'est pas 0.

**25** 6,80 : 10 = 0,68

0,68 + 0,02 = 0,7
Un timbre Marianne vert coûte 0,70 € en 2016.

**26** **a.** 3 : 2 = 1,5 **b.** 12 : 5 = 2,4
**c.** 15 : 4 = 3,75 **d.** 34 : 8 = 4,25

**27** **a.** 0,5 : 10 = 0,05 **b.** 56 : 100 = 0,56
**c.** 12,8 : 10 = 1,28 **d.** 4,1 : 100 = 0,041

**28** On remarque que 1 000 : 250 = 4.
Donc 3 000 : 250 = 12.
On peut remplir 12 pots de confiture de framboise.

## Je m'entraîne

**29**

```
   3 6 0 | 2 5
 - 2 5   | 1 4
   1 1 0 |
 - 1 0 0 |
     1 0 |
```

Il faut prévoir 15 étagères.

**30**

```
   7 5 0 | 3 0
 - 6 0   | 2 5
   1 5 0 |
 - 1 5 0 |
       0 |
```

Il faut 25 ballotins pour emballer 750 chocolats.
25 − 17 = 8
Il faut acheter 8 ballotins supplémentaires.

**31**

```
   5 0 0 | 8
 - 4 8   | 6 2
     2 0 |
   - 1 6 |
       4 |
```

Elle pourra remplir 62 arrosoirs.

**32** **a.** 8 × 70 = 560. Le nombre manquant est 70.
C'est le diviseur.
**b.** 15 × 6 + 4 = 94. Le nombre manquant est 94.
C'est le dividende.
**c.** 98 − 3 = 95 et 95 : 19 = 5
Le nombre manquant est 5. C'est le diviseur.

**33** **1. a.**

```
   4 7 3 | 6
 - 4 2   | 7 8
     5 3 |
   - 4 8 |
       5 |
```

**b.**

```
   7 8 4 | 1 5
 - 7 5   | 5 2
     3 4 |
   - 3 0 |
       4 |
```

**c.**

```
   5 7 8 | 2 5
 - 5 0   | 2 3
     7 8 |
   - 7 5 |
       3 |
```

**2.** En utilisant la calculatrice, on obtient les mêmes réponses.

**34** **a.**

```
   2 6 4 8 | 3 7
 - 2 5 9   | 7 1
       5 8 |
     - 3 7 |
       2 1 |
```

**b.**

```
   1 8 5 4 | 3 7
 - 1 8 5   | 5 0
       0 4 |
```

**c.**

```
   3 0 0 0 2 | 3 7
 - 2 9 6     | 8 1 0
       4 0   |
     - 3 7   |
         3 2 |
```

**35** **a.**

```
   8 2 7 | 1 3
 - 7 8   | 6 3
     4 7 |
   - 3 9 |
       8 |
```

**b.**

```
   2 5 2 3 | 3 7
 - 2 2 2   | 6 8
     3 0 3 |
   - 2 9 6 |
         7 |
```

**c.**

```
   4 2 3 9 | 5 6
 - 3 9 2   | 7 5
     3 1 9 |
   - 2 8 0 |
       3 9 |
```

**36** **a.** 10 × 26 = 260
100 × 26 = 2 600
Or, 2 782 > 2 600.
Le quotient est supérieur à 100, celui trouvé par Steven n'est pas correct.

**b.**

```
   2 7 8 2 | 2 6
 - 2 6     | 1 0 7
     1 8 2 |
   - 1 8 2 |
         0 |
```

**37** 2 524 − 28 = 2 496

```
   2 4 9 6 | 6 4
 - 1 9 2   | 3 9
     5 7 6 |
   - 5 7 6 |
         0 |
```

Ce nombre mystérieux est 39.

**38**

| Dividende | Diviseur | Quotient | Reste |
|---|---|---|---|
| 34 589 | 548 | **63** | **65** |
| **14 811** | 53 | 279 | 24 |
| 1 861 | **38** | 48 | 37 |

**39** **1.**

```
   7 8 | 9
 - 7 2 | 8
     6 |
```

**2. a.** Il faut 9 paquets de porte-clefs.
**b.** Il restera 6 roses.
**c.** 78 − 9 = 69

Anna a 69 ans.

**d.** On peut acheter 8 DVD.

**e.** $78 \times 9 = 702$

On distribue 702 cahiers.

**40** **a.** Nathan répète toujours le même motif jaune, rouge, bleu et vert. Il y a 4 couleurs. Comme $16 = 4 \times 4$, en continuant le coloriage par groupes de 4, on voit que le 16ᵉ carreau sera vert.

**b.** On peut écrire l'égalité : $102 = 25 \times 4 + 2$.

Nathan a répété 25 fois les 4 couleurs et il reste 2 carreaux à colorier. Le 102ᵉ carreau sera rouge.

**41** **a.** Les nombres multiples de 2 sont : 42, 1 000, 36 et 1 548.

**b.** Les nombres divisibles par 5 sont : 5, 85 et 1 000.

**c.** Les diviseurs de 135 sont : 3, 5 et 9.

**d.** Les multiples de 3 sont : 3, 42, 36, 1 548, 63, 9 et 100 101.

**42** 2 548 est divisible par 4.

En effet, $48 : 4 = 12$.

Le reste dans la division euclidienne de 2 548 par 4 est donc 0 et non 1.

**43** **a.** 54 est divisible par 9 et par 2.

**b.** 45 est multiple de 5 et divisible par 9.

**c.** 150 est multiple de 3 et 10.

**d.** 105 est divisible par 5 mais ni par 10 ni par 9.

**44** Prenons le nombre 4. Ce nombre est divisible par 2 et par 4. Mais il n'est pas divisible par 8.

L'affirmation de Zoé est fausse.

**45** Le nombre du ticket est un multiple de 4 et de 9. C'est un nombre dont la somme des chiffres est divisible par 9 et le nombre formé de ses deux derniers chiffres est dans la table de 4.

Le ticket gagnant est le numéro 9 756.

**46** C'est un multiple de 5.

Les nombres possibles sont :

5 ; 10 ; 20 ; 25 ; 30 ; 35 ; 40 ; 45 ; 50 ; 55 ; 60 ; 65 ; 70 ; 75 ; 80 ; 85 ; 90 ; 95.

Ceux qui sont divisibles par 4 sont :

20 ; 40 ; 60 et 80.

Le seul divisible par 3 est 60.

Le nombre mystérieux est 60.

**47** **a.** 2 m = 200 cm.

200 est divisible par 5 et non par 3, donc c'est la première sauterelle qui arrivera exactement à l'extrémité de la planche.

**b.** $200 : 5 = 40$

La première sauterelle fera 40 sauts.

```
  2 0 0 | 3
- 1 8   |-----
  ----- | 6 6
    2 0 |
  - 1 8 |
  ----- |
      2 |
```

La deuxième sauterelle fera au moins 67 sauts.

**48**

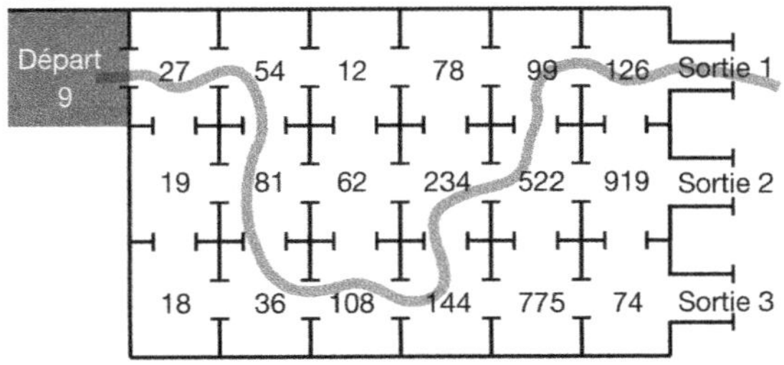


**49** **a.** $23 : 4 = 5{,}75$. Le prix d'un kg est 5,75 €.

**b.** $6{,}80 : 8 = 0{,}85$. Le poids acheté est 0,85 kg.

**50** **a.** $21 : 4 = 5{,}25$

La longueur d'un côté du carré ABCD est 5,25 cm.

**b.** $28{,}2 : 4 = 7{,}05$

La longueur d'un côté du carré EFGH est 7,05 cm.

**51** $8{,}4 : 7 = 1{,}2$. La hauteur d'un dé est 1,2 cm.

**52** 4 kg pour 29 €. On pose la division décimale : 1 kg de ces cerises coûte 7,25 €.

```
  2 9 , 0 0 | 4
- 2 8       |--------
  ----      | 7 , 2 5
    1 0     |
  -   8     |
  -----     |
      2 0   |
    - 2 0   |
    -----   |
        0   |
```

```
  3 6 , 0 | 5
- 3 5     |------
  -----   | 7 , 2
    1 0   |
  - 1 0   |
  -----   |
      0   |
```

La semaine précédente, le prix d'un kg était de 7,20 €.

7,25 € – 7,20 € = 0,05 €

Le prix a augmenté de 0,05 €.

**53** **a.**

```
  1 7 4 , 0 0 | 8
- 1 6         |------------
  ----        | 2 1 , 7 5
    1 4       |
  -   8       |
  -----       |
      6 0     |
    - 5 6     |
    -----     |
        4 0   |
      - 4 0   |
      -----   |
          0   |
```

**b.** On effectue le calcul $21{,}75 \times 8$.

$21{,}75 \times 8 = 174$

**54** **a.** ■ = 1 674 : 124 = 13,5

**b.** ■ = 244,8 : 24 = 10,2

**c.** Il n'existe pas de tel nombre car tout nombre multiplié par 0 donne 0.

**d.** ■ = 0.

**55** Il y a 15 espaces identiques entre les 16 éoliennes.

Ces 15 espaces ont une longueur de 4,62 km.

$15 \times 300$ m = 4 500 m

En prenant 300 m entre chaque éolienne, on obtient 4,5 km, ce qui est plus petit que 4,62 km.

L'espace entre deux éoliennes doit être plus grand que 300 m, il est donc respecté.

**56** **a.**

```
  2 5,6 | 8
- 2 4   | 3,2
    1 6 |
  - 1 6 |
      0 |
```

**b.**

```
  4 2 1,6 | 1 7
- 3 4     | 2 4,8
    8 1   |
  - 6 8   |
    1 3 6 |
  - 1 3 6 |
        0 |
```

**c.**

```
  1,9 2 | 3 2
- 1 9 2 | 0,0 6
      0 |
```

**57** **a.**

```
  6 5,0 0 0 | 1 2
- 6 0       | 5,4 1 6
    5 0     |
  - 4 8     |
      2 0   |
    - 1 2   |
        8 0 |
      - 7 2 |
          8 |
```

**b.** Cette division ne semble pas se terminer.
Le reste 8 se répète indéfiniment.

**c.** Il n'est pas possible de trouver une mesure exacte de la longueur de chaque partie en mètres. Il n'est donc pas possible de partager cette corde en mesurant.

**58**

```
  4 2,1 9 5 | 5
- 4 0       | 8,4 3 9
    2 1     |
  - 2 0     |
      1 9   |
    - 1 5   |
        4 5 |
      - 4 5 |
          0 |
```

En courant chaque jour 8,439 km, Marina obtiendra la distance du marathon.

**59** **a.**

```
  3,6 0 | 2 4
- 2 4   | 0,1 5
  1 2 0 |
- 1 2 0 |
      0 |
```

```
  5,7 6 | 2 4
- 4 8   | 0,2 4
    9 6 |
  - 9 6 |
      0 |
```

Un biscuit de la première boîte coûte 0,15 € alors qu'un biscuit de la seconde boîte coûte 0,24 €.
Ces biscuits sont moins chers en vrac.

**b.**

```
  0,6 0 0 | 2 4
- 4 8     | 0,0 2 5
    1 2 0 |
  - 1 2 0 |
        0 |
```

La masse d'un biscuit pour chaque boîte est 0,025 kg soit 25 g.

**60** **a.**

```
  5 2,8 | 8
- 4 8   | 6,6
    4 8 |
  - 4 8 |
      0 |
```

Il faudra 7 tuyaux.

**b.** $6 \times 8 = 48$
$52,8 - 48 = 4,8$
Il faudra couper le dernier tuyau à 4,8 m.

**61** **a.** $2 \times 4 = 8$, il y a 8 rangées de chocolats.
$8 \times 6 = 48$, il y a 48 chocolats dans une boîte.

```
  1 8,0 0 | 6 0 0
- 1 8 0 0 | 0,0 3
        0 |
```

Un gramme de chocolat coûte 0,03 €.

**b.** 48 chocolats pèsent 600 grammes.

```
  6 0 0,0 0 | 4 8
- 4 8       | 1 2,5
  1 2 0     |
  - 9 6     |
    2 4 0   |
  - 2 4 0   |
        0   |
```

Un chocolat pèse 12,5 g.

**62** La planche mesure 42 cm.
Pour la couper en 5 morceaux identiques, il faut 4 coupes avec la scie d'épaisseur 2 mm.
42 cm – 8 mm = 41,2 cm.

```
  4 1,2 0 | 5
- 4 0     | 8,2 4
    1 2   |
  - 1 0   |
      2 0 |
    - 2 0 |
        0 |
```

La longueur de chaque morceau de planche est 8,24 cm.

**63** **a.** $10 \times 2,4 = 24$. Un tour a une longueur de 2,4 km.
**b.** $10 \times 0,65 = 6,5$. Chaque ficelle mesure 0,65 m.
**c.** $100 \times 0,54 = 54$. Une boîte pèse 0,54 kg ou 540 g.
**d.** $1\,000 \times 0,9 = 900$. Un stylo coûte 0,90 €.

**64** **a.** 504 : **10** = 50,4 **b.** 1,25 : 100 = **0,012 5**
**c.** **0,6** : 10 = 0,06 **d.** 200 : **10 000** = 0,02
**e.** 12,05 × **100** = 1 205 **f.** **4 080** : 1 000 = 4,08

**65** **a.** 100 yards = 1 000 yards : 10
914,4 : 10 = 91,44
100 yards mesurent 91,44 m.
Guillaume a parcouru 91,44 m.
**b.** 91,44 : 100 = 0,914 4

1 yard mesure 0,914 4 m.
Donc 1 yard mesure 91,44 cm.

**66** 10 × 1,20 € = 12 €
Les 10 croissants ont coûté 12 €.
152 € – 12 € = 140 €
Les 100 pains au chocolat ont coûté 140 €.
140 € : 100 = 1,40 €
Un pain au chocolat a coûté 1,40 €.

**67** **a.** Elle sonne toutes les 15 min. Elle sonne 4 fois par heure (4 × 15 = 60).
De 12 h à 17 h, la durée est de 5 h.
5 × 4 = 20
Elle a déjà sonné à 12 h.
Donc, elle aura de nouveau sonné 19 fois.
**b.** Elle sonne toutes les 20 min. Elle sonne 3 fois par heure (3 × 20 = 60).
De 12 h à 17 h, la durée est de 5 h.
5 × 3 = 15
Elle a déjà sonné à 12 h.
Donc, elle aura de nouveau sonné 14 fois.

**68** **1.** 25, 50, 75, 100, 125, 150, 175, 200, 225, 250.
**2. a.** Oui (25 + 4 = 29).
**b.** Oui (150 + 4 = 154).
**c.** Non, le reste sera 21 (225 + 21 = 246).
**d.** Oui (275 + 4 = 279).

**69** **a.** 128 : 40 = 3,2 **b.** 12,8 : 4 = 3,2
**c.** 1 280 : 400 = 3,2 **d.** 1,28 : 40 = 0,032

**70** 100 g × 10 = 1 kg
14 € au kg pour la première boîte.
27 : 2 = 13,5. 13,50 € au kg pour la deuxième boîte.
14 € > 13,50 €
Le même café est plus cher en capsules.

**71** **a.** 28 : 10 = 2,8 et 2,8 × 2 = 5,6 donc 28 : 5 = 5,6.
**b.** 3,4 : 10 = 0,34 et 0,34 × 2 = 0,68 donc 3,4 : 5 = 0,68.
**c.** 50,2 : 10 = 5,02 et 5,02 × 2 = 10,04
donc 50,2 : 5 = 10,04.
**d.** 243 : 10 = 24,3 et 24,3 × 2 = 48,6 donc 243 : 5 = 48,6.

## Je m'évalue à mi-parcours

**72** b. **73** c. **74** b. **75** c. **76** b.
**77** a. **78** c.

## Avec un logiciel

**79** **1. a. b. c. d.**

| | A | B | C | D | E | F |
|---|---|---|---|---|---|---|
| 1 | Nombre d'enfants | 144 | 144 | 144 | 144 | 144 |
| 2 | Nombre d'enfants par moniteur | 8 | 9 | 10 | 11 | 12 |
| 3 | | | | | | |
| 4 | Quotient | 18 | 16 | 14,4 | 13,09 | 12 |
| 5 | Nombre de moniteurs | 18 | 16 | 15 | 14 | 12 |

**2. a.** Au maximum, on doit prévoir 18 moniteurs et au minimum 12 moniteurs.
**b.** On peut faire 18 groupes de 8 enfants chacun au maximum ou 12 groupes de 12 enfants chacun au minimum.

**80** **1. a. b.**

| | A | B | C | D | E | F | G | H | I | J | K | L | M |
|---|---|---|---|---|---|---|---|---|---|---|---|---|---|
| 1 | Nombre choisi | 126 | | | | | | | | | | | |
| 2 | Diviseurs | 1 | 2 | 3 | 4 | 5 | 6 | 7 | 8 | 9 | 10 | 11 | 12 |
| 3 | Quotient décimal | 126 | 0 | 0 | 0 | 0 | 0 | 0 | 0 | 0 | 0 | 0 | 0 |

Les quotients sont 0 ce qui n'est pas correct.
La formule dans la cellule C3 est C1/C2.
Le tableur donne le quotient de C1 par C2 alors qu'on doit obtenir le quotient de B1 par C2.
**c.**

| | A | B | C | D | E | F | G | H | I | J | K | L | M |
|---|---|---|---|---|---|---|---|---|---|---|---|---|---|
| 1 | Nombre choisi | 126 | | | | | | | | | | | |
| 2 | Diviseurs | 1 | 2 | 3 | 4 | 5 | 6 | 7 | 8 | 9 | 10 | 11 | 12 |
| 3 | Quotient décimal | 126 | 63 | 42 | 31,5 | 25,2 | 21 | 18 | 15,75 | 14 | 12,6 | 11,45 | 10,5 |

On remarque que les diviseurs de 1 à 12 de 126 sont 1, 2, 3, 6, 7 et 9.
**2.** En remplaçant dans la cellule B1, 126 par 1 695, on obtient que les diviseurs de 1 à 12 de 1 695 sont 1, 3 et 5.
Les diviseurs de 1 à 12 de 4 587 sont 1, 3 et 11.
Les diviseurs de 1 à 12 de 33 600 sont 1, 2, 3, 4, 5, 6, 7, 8, 10 et 12.

**81** **a.** Le quotient est 14.
**b.** 859 = **14** × **60** + ■
**c.** 14 × 60 = 840 et 859 – 840 = 19 donc ■ = 19
**d.** Le reste est 19 et le quotient est 14.

## J'utilise mes compétences

**82** 8,4 : 3 = 2,8
Le côté d'un carré mesure 2,8 cm.
2,8 × 2 = 5,6
10 – 5,6 = 4,4
La longueur de chaque rectangle est 4,4 cm.

**83** 6 fois la longueur d'un rectangle mesure 4,8 cm.
4,8 cm : 6 = 0,8 cm
La longueur d'un rectangle est 0,8 cm soit 8 mm.
(2 fois la largeur) plus (4 fois la longueur 0,8 cm) mesure 4,4 cm.
4,4 cm – 3,2 cm = 1,2 cm
Ainsi, 2 fois la largeur d'un rectangle mesure 1,2 cm.
1,2 : 2 = 0,6
La largeur d'un rectangle mesure 0,6 cm soit 6 mm.

**84** 32 × 6 = 192
Le schéma permet de dire que 4 fois le nombre de photos de Karim correspond à 192 photos.
192 : 4 = 48
Karim a 48 photos.
48 × 3 = 144
Amel a 144 photos.

**85**

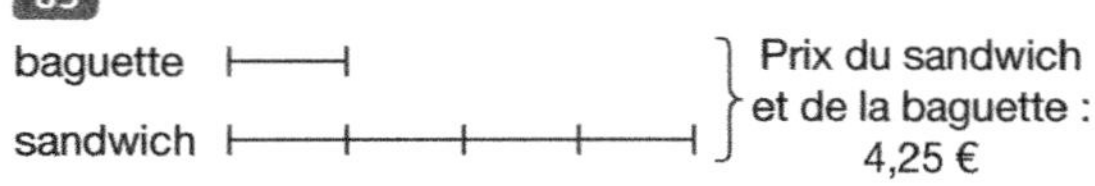

Le schéma permet de dire que 5 fois le prix d'une baguette correspond à 4,25 €.
4,25 : 5 = 0,85
Une baguette coûte 0,85 €.
0,85 × 4 = 3,4
Le sandwich de Jules coûte 3,40 €.

**86** Il faut trouver la hauteur d'une marche ainsi que le giron.
• Calcul de la hauteur d'une marche :
l'escalier a une hauteur de 2,52 m et correspond à 14 hauteurs de marches identiques.

| | |
|---|---|
| 2,5 2 | 1 4 |
| − 1 4 | 0,1 8 |
| 1 1 2 | |
| − 1 1 2 | |
| 0 | |

La hauteur d'une marche est 18 cm.
• Calcul du giron :
on remarque que 13 fois le giron mesure 3,77 m.

| | |
|---|---|
| 3,7 7 | 1 3 |
| − 2 6 | 0,2 9 |
| 1 1 7 | |
| − 1 1 7 | |
| 0 | |

Cette division décimale permet de dire que le giron mesure 29 cm.
On vérifie la formule de Blondel :
29 cm + (2 × 18 cm) = 65 cm et 65 cm > 64 cm.
Cet escalier n'est pas construit de manière sécurisée et pratique.

**87**

| Quantité | Nom du produit | Prix | Total |
|---|---|---|---|
| 10 unités | Savon miel | **5,34** € l'un | 53,40 € |
| 15 bouteilles | Soupe à orties | **12** € la bouteille | 180,00 € |
| 48 œufs | Œufs | 3,50 € la boîte de 6 | **28** € |
| 5 L | Lait | 0,95 € le litre | **4,75** € |
| **3,2** kg | Girolle | 21 € le kg | 67,20 € |
| 4 kg | Aubergine | **5,76** € le kg | **23,04** € |
| | | Total | 356,39 € |
| | | Frais | 19,59 € |
| | | Total à payer | **375,98** € |

**88** **a.**

| | |
|---|---|
| 2 2 3,0 0 0 | 7 1 |
| − 2 1 3 | 3,1 4 0 |
| 1 0 0 | |
| − 7 1 | |
| 2 9 0 | |
| − 2 8 4 | |
| 6 0 | |

| | |
|---|---|
| 2 2,0 0 0 | 7 |
| − 2 1 | 3,1 4 2 |
| 1 0 | |
| − 7 | |
| 3 0 | |
| − 2 8 | |
| 2 0 | |
| − 1 4 | |
| 6 | |

**b.** Le nombre pi, noté $\pi$, est compris entre 3,14 et 3,142.

**89** **Traduction :**
*Steven : « J'ai oublié le nombre entier que j'ai divisé par 4. Mais je suis sûr que le quotient est 14 et que le reste est plus petit que 2. »*
*Est-il possible de trouver le nombre que Steven a divisé ?*
**Réponse :**
14 × 4 = 56
Le reste est plus petit que 2, c'est 0 ou 1.
56 + 1 = 57
Ce qui donne deux possibilités, les deux dividendes : 56 ou 57.

**90** On peut faire un schéma pour organiser l'information.

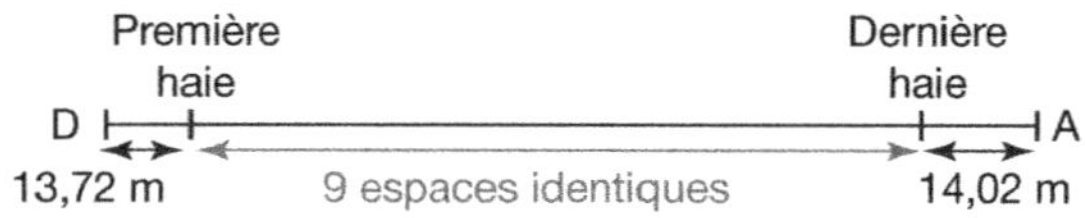


13,72 m + 14,02 m = 27,74 m
110 m − 27,74 m = 82,26 m
Les 10 haies sont régulièrement espacées sur une longueur de 82,26 m. Attention, il y a 9 espaces identiques espaçant les 10 haies.

| | |
|---|---|
| 8 2,2 6 | 9 |
| − 8 1 | 9,1 4 |
| 1 2 | |
| − 9 | |
| 3 6 | |
| − 3 6 | |
| 0 | |

La distance entre deux haies est 9,14 m.

**91** 14 × 8 = 112
L'hébergement revient à 112 € pour les 8 jours.
112 + 3 800 = 3 912
Les frais du voyage sont de 3 912 €.
3 912 − 840 = 3 072

| | |
|---|---|
| 3 0 7 2,0 | 1 2 0 |
| − 2 4 0 | 2 5,6 |
| 6 7 2 | |
| − 6 0 0 | |
| 7 2 0 | |
| − 7 2 0 | |
| 0 | |

26 élèves suffisent pour ne pas dépasser 120 € à débourser pour ce voyage.

**92** On cherche la longueur du terrain.

```
  7 4 0,0 0 | 1 6
- 6 4       |---------
  1 0 0     | 4 6,2 5
  - 9 6     |
      4 0   |
    - 3 2   |
        8 0 |
      - 8 0 |
          0 |
```

La longueur est 46,25 m.
Le terrain est assimilé à un rectangle de longueur 46,25 m et de largeur 16 m.
$(46{,}25 \times 2) + (16 \times 2) = 124{,}5$
Le terrain a un périmètre de 124,5 m.
Il y a trois choix de rouleaux pour le grillage.
$124{,}5 : 30 = 4{,}15$
$124{,}5 : 25 = 4{,}98$
$124{,}5 : 20 = 6{,}225$
Il faut 5 rouleaux pour le Top : 200 €.
$5 \times 40 = 200$
Il faut 5 rouleaux pour le Gris : 190 €.
$5 \times 38 = 190$
Il faut 7 rouleaux pour le Vert : 231 €.
$7 \times 33 = 231$
Alain a intérêt à choisir le grillage Gris.

**93** On cherche un nombre entier de quatre chiffres.

**Étape 1 :** Comme c'est un multiple de 5, son chiffre des unités est 0 ou 5.
Or tous ses chiffres sont impairs.
On en déduit que le chiffre des unités est 5.
●●●5

**Étape 2 :** tous les chiffres sont différents et impairs.
Les chiffres possibles restants sont 1, 3, 7 ou 9.

**Étape 3 :** Comme ce nombre est divisible par 9, la somme de ses chiffres est dans la table de 9.

Or, $5 + 1 + 3 + 7 = 16$ pas possible
$5 + 1 + 3 + 9 = 18$ possible
$5 + 1 + 7 + 9 = 22$ pas possible
$5 + 3 + 7 + 9 = 24$ pas possible

La seule possibilité est d'utiliser les chiffres 1, 3 et 9.
Ce nombre peut être 1 395 ou 1 935 ou 3 195 ou 3 915 ou 9 135 ou 9 315.

**Étape 4 :** 7 est un diviseur de ce nombre.
Avec la calculatrice, on peut tester quel est le nombre parmi la liste précédente qui est divisible par 7. Le seul nombre est 9 135.
$9\,135 : 7 = 1\,305$
Le nombre choisi par Pauline est 9 135.

**94** On pose la division euclidienne de 100 par 7 :

```
1 0 0,0 0 0 0 0 0 0 | 7
- 7                 |-----------------
  3 0               | 1 4,2 8 5 7 1 4
- 2 8               |
    2 0             |
  - 1 4             |
      6 0           |
    - 5 6           |
        4 0         |
      - 3 5         |
          5 0       |
        - 4 9       |
            1 0     |
            - 7     |
              3 0   |
            - 2 8   |
                2   |
```

Cette division ne s'arrête pas.
On examine les restes : 3, 2, 6, 4, 5, 1, 3…
Le reste 3 se répète. La division continuera en répétant la série de chiffres 285714 pour le quotient.
Cette série est composée de 6 chiffres.
La partie décimale est 0,285714 285714 285714…
$8 \times 6 = 48$. Cette série va se répéter 8 fois.
Le 48e chiffre après la virgule est 4.
Le 50e chiffre après la virgule est 8.

**95** Utilisons un tableur :
La formule MOD($A2;6) permet de calculer le reste de la division euclidienne du nombre en A2 par 6.

| | A | B | C | D | E | F |
|---|---|---|---|---|---|---|
| 1 | Nombre de figurines | Par 6 | Par 5 | Par 4 | Par 3 | Par 2 |
| 2 | 1 | 1 | 1 | 1 | 1 | 1 |
| 3 | 2 | 2 | 2 | 2 | 2 | 0 |
| 4 | 3 | 3 | 3 | 3 | 0 | 1 |
| 5 | 4 | 4 | 4 | 0 | 1 | 0 |
| 6 | 5 | 5 | 0 | 1 | 2 | 1 |
| 7 | 6 | 0 | 1 | 2 | 0 | 0 |
| 8 | 7 | 1 | 2 | 3 | 1 | 1 |
| 9 | 8 | 2 | 3 | 0 | 2 | 0 |
| 10 | 9 | 3 | 4 | 1 | 0 | 1 |
| 11 | 10 | 4 | 0 | 2 | 1 | 0 |

En prolongeant les formules jusqu'à la ligne 60 pour le nombre 59, on remarque que les restes sont 5,4,3,2 et 1.
Le nombre de figurines de Léna est donc 59.

**96** On peut établir une correspondance entre les doigts et les nombres entiers.
Pouce : 1, index : 2, majeur : 3, annulaire : 4, auriculaire : 5, annulaire : 6, majeur : 7, index : 8, pouce : 9, et on recommence ce cycle.

● On répète plusieurs fois ce cycle de 9 avant d'arriver à 152.

```
1 5 2 | 9
- 9   |-----
  6 2 | 1 6
- 5 4 |
    8 |
```

On répète ce cycle 16 fois. Il reste 8.
On tombe alors sur l'index.

• Avec le même raisonnement,

$$\begin{array}{rrrr|l} 3 & 2 & 5 & 1 & 9 \\ \hline -2 & 7 & & & 3\ 6\ 1 \\ & 5 & 5 & & \\ - & 5 & 4 & & \\ & & 1 & 1 & \\ & & - & 9 & \\ & & & 2 & \end{array}$$

Le reste est 2. On tombe sur l'index.

**97** Les nombres 387, 396, 402 et 408 sont divisibles par 3.
Julien les mange par 3 à chaque fois, donc il ne restera plus de ces bonbons.
Par contre, le reste de 407 par 3 est 2.
La couleur est donc vert.

## Accompagnement personnalisé

**98** **a.** Chaque ami doit payer 12 €.
$12 \times 4 = 48$
**b.** $8 \times 4 = 32$
$48 - 32 = 16$
Pierre a encore 16 billes.
**c.** $48 : 12 = 4$. Il y aura 4 lignes.
**d.** $48 \times 4 = 192$.

**99** **a.** $10 \times 15 = 150$
$100 \times 15 = 1\,500$
297 est compris entre 150 et 1 500, donc le quotient a 2 chiffres.
**b.** $1 \times 15 = 15$, $2 \times 15 = 30$, $3 \times 15 = 45$,
$4 \times 15 = 60$, $5 \times 15 = 75$, $6 \times 15 = 90$,
$7 \times 15 = 105$, $8 \times 15 = 120$, $9 \times 15 = 135$.

**c.**

$$\begin{array}{rrr|l} 2 & 9 & 7 & 1\ 5 \\ \hline -1 & 5 & & \mathbf{1\ 9} \\ 1 & 4 & 7 & \\ -1 & 3 & 5 & \\ & 1 & 2 & \end{array}$$

**d.** On tape $19 \times 15 + 12$ et la calculatrice affiche 297.

**100** **a.** On effectue la division de 975 par 80.

$$\begin{array}{rrr|l} 9 & 7 & 5 & 8\ 0 \\ \hline -8 & 0 & & 1\ 2 \\ 1 & 7 & 5 & \\ -1 & 6 & 0 & \\ & 1 & 5 & \end{array}$$

Il obtient 12 portions.
**b.** Il reste 15 g de purée.
$80 - 15 = 65$
Il manque 65 g de purée pour une portion supplémentaire.

**101** Chercher le quotient de 8 569 : 100 revient à trouver le nombre de centaines de 8 569.
8 569 = 85 centaines + 69
Il faut commander 86 paquets.

**102** Le nombre doit être divisible par 5, donc le chiffre des unités est 0 ou 5.
Pour être divisible par 3, la somme de ses chiffres doit être divisible par 3.
$1 + 0 + 3 + 6 = 10$
On peut choisir comme chiffre 2, 5 ou 8 pour avoir une somme divisible par 3.
On choisit 8 car il est plus grand que tous les autres nombres et sera le chiffre des dix milliers.
Le 0 doit être le chiffre des unités.
Ainsi, le nombre le plus grand possible est 86 310.

**103**

$$\begin{array}{rrr|l} 7 & 9 & 3 & 5\ 9 \\ \hline -5 & 9 & & 1\ 3 \\ 2 & 0 & 3 & \\ -1 & 7 & 7 & \\ & 2 & 6 & \end{array}$$

Au maximum, on complète 13 cars.
Il reste 26 personnes à transporter.
$4 \times 6 = 24$
On doit prévoir 5 voitures et $5 < 25$.
Ce qui donne la possibilité d'utiliser 13 cars et 5 voitures.
Les autres possibilités sont :
12 cars ($793 - 12 \times 59 = 85$)
Il reste 85 personnes à transporter.
$85 : 5 = 17$
On doit prévoir 17 voitures et $17 < 25$.
Ce qui donne la possibilité d'utiliser 12 cars et 17 voitures.
Il n'y a pas d'autre possibilité car en supprimant un car de plus, il y aurait 144 personnes à transporter en voiture, ce qui imposerait 29 voitures, et $29 > 25$.

**104** **1.**

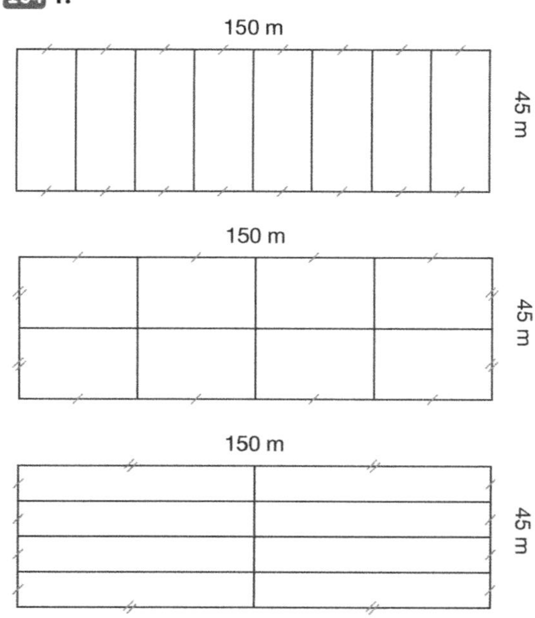

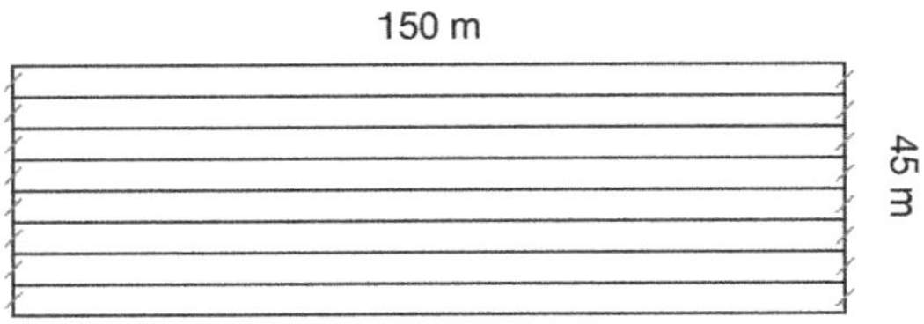


**2. a.** • 8 par 1 : 150 : 8 = 18,75
Chaque parcelle a pour dimensions 18,75 m par 45 m.

• 4 par 2 : 150 : 4 = 37,5 et 45 : 2 = 22,5
Chaque parcelle a pour dimensions 37,5 m par 22,5 m.

• 2 par 4 : 150 : 2 = 75 et 45 : 4 = 11,25
Chaque parcelle a pour dimensions 75 m par 11,25 m.

• 1 par 8 : 45 : 8 = 5,625
Chaque parcelle a pour dimensions 5,625 m par 150 m.

**b.** Chaque parcelle a une aire de 843,75 m² puisqu'elle correspond à $\frac{1}{8}$ de l'aire du terrain.
$30 \times 843{,}75 = 25\,312{,}5$
Le prix de vente d'une parcelle est 25 312,50 €.

**105** Choix A : le prix est divisé en 3 versements identiques.
459,90 € : 3 = 153,30 €
Le montant d'un versement pour le choix A est 153,30 €.
Choix B : 459,90 € + 44,40 € = 504,30 €
Le prix à payer est de 504,30 €.
504,30 € : 6 = 84,05 €
Le montant d'un versement pour le choix B est 84,05 €.

## Tâches complexes

**106** 220 − 0,5 = 219,5
On convertit 219,5 m en cm : 219,5 m = 21 950 cm.
21 950 : 50 = 439
On peut planter 440 lauriers.
On plante un laurier rose puis deux lauriers blancs.

```
 4 4 0 | 3
-3     |------
 1 4   | 1 4 6
-1 2   |
   2 0 |
 - 1 8 |
     2 |
```

On peut recommencer 146 fois ce cycle 1 rose 2 blancs, il restera 1 rose et 1 blanc à planter pour terminer la rangée.
$2 \times 146 + 1 = 293$
Par rangée, on plante 147 lauriers roses et 293 lauriers blancs.
Martin devra planter 294 lauriers roses et 586 lauriers blancs.

**107** À partir de la photo de la boîte de sucres, on peut calculer le nombre de sucres dans une boîte.
Une ligne contient 15 sucres. Il y a 4 lignes par étage.
$4 \times 15 = 60$
Un étage a 60 sucres. Il y a 3 étages.
$3 \times 60 = 180$
Une boîte contient 180 sucres.
Comme la pyramide pèse 22,96 kg soit 22 960 g, on peut trouver le nombre de sucres à l'aide de la division suivante :

```
 2 2 9 6 0 | 8
-1 6       |--------
   6 9     | 2 8 7 0
 - 6 4     |
     5 6   |
   - 5 6   |
       0 0 |
```

Cette pyramide est constituée de 2 870 sucres.
2 870 : 180 ≃ 15,94
Il faudra 16 boîtes de sucre pour ranger tous les sucres de la pyramide.

CHAPITRE 4

# Fractions

## INTENTIONS PÉDAGOGIQUES

### ① Le point sur le cycle 3

Les fractions sont introduites au cycle 3 pour donner du sens aux nombres décimaux. Les fractions et les nombres décimaux doivent d'abord apparaître comme des nouveaux nombres utilisés pour traiter des problèmes que les nombres entiers ne permettent pas de résoudre de façon satisfaisante.

Au début du cycle 3, on nomme les fractions simples et décimales en utilisant : demi, tiers, quart, dixième, centième. Ces fractions sont utilisées dans des situations de partage ou de mesures de grandeurs.

Au milieu du cycle 3, on est amené de plus à encadrer une fraction simple par deux entiers consécutifs et à écrire une fraction comme somme d'un entier et d'une fraction inférieure à 1. Ces objectifs seront retravaillés en fin de cycle.

### ② Je découvre

**Activité 1**

L'objectif de cette activité est d'interpréter $\frac{a}{b}$ comme le quotient de $a$ par $b$, c'est-à-dire comme le nombre qui, multiplié par $b$, donne $a$. Il s'agit donc de donner le statut de nombre à $\frac{a}{b}$. C'est la première fois que les élèves de fin de cycle 3 rencontrent ce type de nombre ; pour eux, il est difficile de donner un statut de nombre à une écriture qui n'a pas la forme usuelle d'une suite de chiffres.
À la question 2) a, les élèves doivent partager 7 unités en 3. Pour leur faciliter le travail, on a choisi une unité de 3 carreaux. Ainsi, en pratique, chaque segment cherché aura une longueur de 7 carreaux.

En autonomie, des élèves peuvent procéder différemment. Ils peuvent :
– partager chaque unité en 3 et dire que la longueur cherchée est « 7 fois un tiers d'unité » ;
– partager 6 unités en 3 puis 1 unité en 3. On aboutit alors à un ensemble d'écritures :

$7\times\frac{1}{3}=\frac{7}{3}$ ou $\frac{1}{3}\times7=\frac{7}{3}$ ou $3\times\frac{7}{3}=7$ ou $\frac{7}{3}=2+\frac{1}{3}$.

**Activité 2**

L'objectif de cette activité est de reconnaître dans des cas simples que deux écritures fractionnaires sont celles d'un même nombre. On a fait le choix de s'appuyer sur des demi-droites graduées.

La démonstration de la propriété « un quotient ne change pas quand on multiplie ou divise son numérateur et son dénominateur par un même nombre non nul » ne sera vue qu'au cycle 4.

**Activité 3**

L'objectif de cette activité est de prendre une fraction d'une quantité dans des cas simples, en s'appuyant sur les situations de partage déjà vues au début du cycle 3.

### ③ J'apprends et j'applique le cours

**J'apprends le cours**

- Suite à l'activité 1, on peut étudier le cours 1. Fractions et quotients.
- Suite à l'activité 2, on peut étudier les deux premiers paragraphes du cours 2. Propriétés des fractions.
- L'activité 3 permet d'introduire le paragraphe C. Prendre une fraction d'une quantité.

**Exercice résolu 1**

L'objectif est d'insister sur la distinction entre la valeur exacte d'un quotient et une valeur approchée. Dans un premier temps, on explique pourquoi il s'agit d'une situation de division.
Ensuite, poser la division montre qu'elle ne se termine pas. Il est important de faire comprendre que dans cette situation, pour rendre compte de la valeur exacte du quotient, il faut utiliser une écriture fractionnaire.
On s'approche de plus en plus du quotient lorsque l'on « pousse de plus en plus loin » le calcul. On peut aussi utiliser la calculatrice pour vérifier les calculs.

**Exercice résolu 6**

L'objectif est de travailler sur des situations de partage amenant à prendre une fraction d'une quantité. Cet exercice permet également de travailler la lecture de graduation.

### ④ Compléments

**Avec la calculatrice**

On consacre la page 71 à l'utilisation, pour la première fois, de la touche  d'une calculatrice.
Bien sûr, l'utilisation de cette touche n'est pas indispensable. En effet, avec les réglages indiqués, il suffit d'utiliser la touche « division » pour obtenir à l'écran l'affichage fractionnaire. Néanmoins, il nous a semblé utile d'amorcer la familiarisation des élèves avec cette touche.
L'exercice 74 montre comment prendre une fraction d'une quantité.
L'exercice 75 permet de revenir sur la notion de valeur approchée d'un quotient.

**Narration de recherche**

L'exercice 87 est l'occasion de montrer que schématiser la situation à l'aide d'un arbre peut favoriser la compréhension du problème.

## Accompagnement personnalisé

Les exercices proposés dans la rubrique Renforcement de la page Accompagnement personnalisé sont consacrés, de manière variée, à l'exploitation d'un segment gradué en lien avec la notion de fractions égales.
En approfondissement, on propose de travailler la compétence « Communiquer sa démarche » en partant de deux productions d'élèves.

## Tâches complexes

- L'exercice 95 propose une situation-problème où l'élève est amené à prendre plusieurs fractions d'une quantité. Les démarches mises en œuvre pourront être confrontées au sein de la classe. Certains détermineront les quantités pour une personne puis, en exploitant une situation de proportionnalité, en déduiront les quantités pour 6 personnes. D'autres exploiteront la situation de proportionnalité à partir du document 1, puis travailleront avec les fractions obtenues.
- L'exercice 96 propose aux élèves une situation ludique : en binôme, les élèves disputent une partie du jeu « le dé des fractions ». Le professeur est en retrait pendant que les élèves jouent et veille au respect des règles présentées dans le document 1. On pourra proposer aux élèves des variantes de ce jeu en modifiant le segment gradué du document 2 et les valeurs des faces du dé utilisé.

# CORRIGÉS

## Vu au Cycle 3

**1. a.** et **c.** **2. a.**, **b.** et **c.** **3. a.** et **c.** **4. c.**

## Je découvre

### Activité 1

**1 a.** La longueur du segment est $\frac{1}{3}$ d'unité.

**b.**

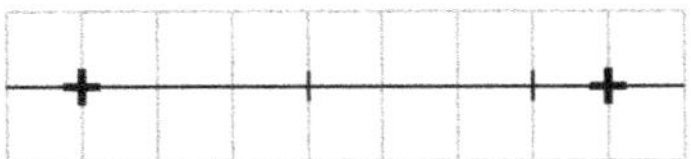

La longueur de ce segment est $\frac{7}{3}$ d'unité.

**2 a.**

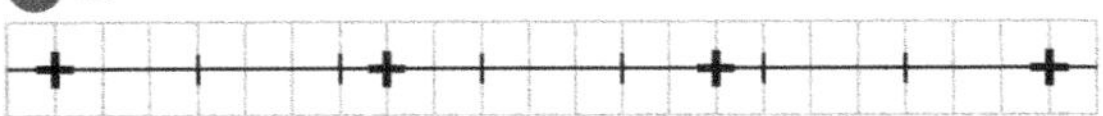

**b.** La longueur de chacun des 3 segments obtenus est égale à celle du segment obtenu à la question **1 b.**

**c.** $\frac{1}{3} \times 7 = \frac{7}{3}$ $\quad 3 \times \frac{7}{3} = 7$

**d.** $\frac{7}{3} \approx 2{,}33$

### Activité 2

**a.** On place le point correspondant à la fraction $\frac{1}{2}$ sur la première demi-droite graduée.

On place le point correspondant à la fraction $\frac{2}{4}$ sur la deuxième demi-droite graduée.

On place le point correspondant à la fraction $\frac{5}{10}$ sur la troisième demi-droite graduée.

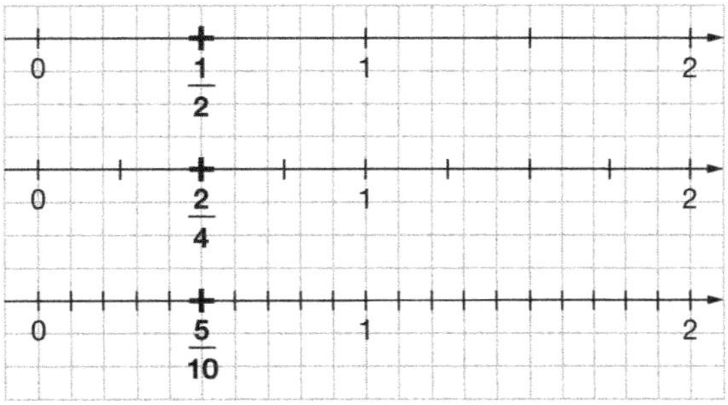


En superposant les trois demi-droites, on constate que les 3 points sont situés sur la même graduation et correspondent donc à trois fractions égales. Emma a donc raison.

**b.** En procédant de même, on peut écrire les égalités suivantes :

$\frac{2}{2} = \frac{4}{4} = \frac{10}{10}$

$\frac{3}{2} = \frac{6}{4} = \frac{15}{10}$

$\frac{4}{2} = \frac{8}{4} = \frac{20}{10}$

**c.** On place la fraction $\frac{3}{4}$ sur la deuxième demi-droite graduée et la fraction $\frac{6}{10}$ sur la troisième.

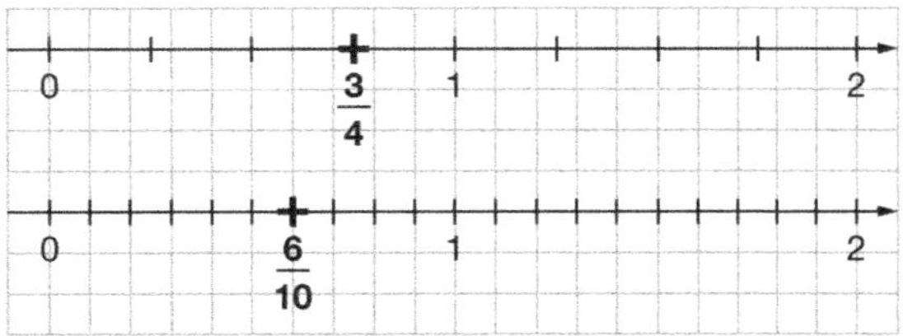


Les points correspondant ne sont pas situés sur la même graduation, donc les fractions ne sont pas égales. Gaspard n'a pas raison.

### Activité 3

**1** 5 kg : 4 = 1,25 kg
3 × (5 kg : 4) = 3 × 1,25 kg = 3,75 kg

**2 a.** Le quart de 20 L c'est 20 L : 4.
20 L : 4 = 5 L
Alors les trois quarts de 20 L correspondent à 3 × (20 L : 4) = 3 × 5 L = 15 L.
**b.** Le tiers de 12 m c'est 12 m : 3.
12 m : 3 = 4 m
Alors les deux tiers de 12 m correspondent à 2 × (12 m : 3) = 2 × 4 m = 8 m.

## J'applique le cours

**2 a.** La longueur exacte d'un morceau est $\frac{6}{13}$ m.
**b.** Une valeur approchée au centième près de cette longueur est 0,46 m.

**3** **a.** Le prix exact d'une rose est $\frac{8}{3}$ €.

**b.** Une valeur approchée au centime près du prix d'une rose est 2,66 €.

**4** **a.** La longueur de son côté est $\frac{6}{7}$ cm.

**b.** Une valeur approchée au dixième près de cette longueur est 0,8 cm.

**5** **a.** Chaque personne aura $\frac{125}{8}$ €.

**b.** $125 : 8 = 15{,}625$

Une valeur approchée au centime près de la part de chacun est donc 15,62 €.

$8 \times 15{,}62 = 124{,}96$ $125 - 124{,}96 = 0{,}04$

Il restera 0,04 € non partagé.

**7** **a.** Le récipient est rempli au quart.

$\frac{1}{4} \times 50\text{ L} = 50\text{ L} : 4 = 12{,}5\text{ L}$

Le récipient contient 12,5 L d'eau.

**b.** Le récipient est rempli aux cinq sixièmes.

$\frac{1}{6} \times 60\text{ L} = 60\text{ L} : 6 = 10\text{ L}$

donc $\frac{5}{6} \times 60\text{ L} = 5 \times 10\text{ L} = 50\text{ L}$

Le récipient contient 50 L d'eau.

**c.** Le récipient est rempli aux cinq huitièmes.

$\frac{1}{8} \times 40\text{ L} = 40\text{ L} : 8 = 5\text{ L}$

donc $\frac{5}{8} \times 40\text{ L} = 5 \times 5\text{ L} = 25\text{ L}$

Le récipient contient 25 L d'eau.

**8** $\frac{1}{4} \times 28 = 28 : 4 = 7$

donc $\frac{3}{4} \times 28 = 3 \times 7 = 21$

Dans cette classe, 21 élèves pratiquent une activité sportive dans un club.

**9** • Pour Léo :

$\frac{1}{3} \times 300\text{ m}^2 = 300\text{ m}^2 : 3 = 100\text{ m}^2$

donc

$\frac{2}{3} \times 300\text{ m}^2 = 2 \times 100\text{ m}^2 = 200\text{ m}^2$

• Pour Inès :

$\frac{1}{4} \times 240\text{ m}^2 = 240\text{ m}^2 : 4 = 60\text{ m}^2$

donc

$\frac{3}{4} \times 240\text{ m}^2 = 3 \times 60\text{ m}^2 = 180\text{ m}^2$

$200\text{ m}^2 > 180\text{ m}^2$ donc Léo a tondu la plus grande superficie de pelouse.

**10** $\frac{1}{8} \times 20\text{ €} = 20\text{ €} : 8 = 2{,}5\text{ €}$

donc $\frac{3}{8} \times 20\text{ €} = 3 \times 2{,}5\text{ €} = 7{,}5\text{ €}$

$7{,}5\text{ €} > 7\text{ €}$ donc Louise a raison, elle pourra bien acheter un manga à 7 €.

## À l'oral

**11** **a.** $\frac{5}{12}$ **b.** $\frac{1}{4}$ **c.** $\frac{3}{8}$ **d.** $\frac{5}{6}$

**12** A : $\frac{1}{3}$ ; B : $\frac{5}{3}$ ; C : $\frac{13}{3}$

**13** A : $\frac{1}{4}$ ; B : $\frac{3}{4}$ ; C : $\frac{9}{4}$

**14** **a.** A : $1 + \frac{1}{2}$ ; A : $\frac{3}{2}$

B : $2 + \frac{1}{4}$ ; B : $\frac{9}{4}$

**b.** A : $1 + \frac{2}{3}$ ; A : $\frac{5}{3}$

B : $3 + \frac{1}{3}$ ; B : $\frac{10}{3}$

**15** **a.** $\frac{50}{3}$ cm **b.** $\frac{50}{10}$ cm c'est-à-dire 5 cm.

**c.** $\frac{50}{4}$ cm c'est-à-dire 12,5 cm.

**16** **a.** 7 est le **dénominateur** et 6 est le **numérateur** de la **fraction** $\frac{6}{7}$.

**b.** La **fraction** $\frac{5}{8}$ est une autre écriture du **quotient** 5 : 8.

**d.** 3,5 est l'**écriture décimale** de la **fraction** $\frac{7}{2}$.

**17** **a.** A : $\frac{4}{10}$ et A : $\frac{2}{5}$ **b.** B : $\frac{5}{10}$ et B : $\frac{1}{2}$

**c.** C : $\frac{12}{10}$ et C : $\frac{6}{5}$

**18** **a.** Calculer $3 \times (14\text{ L} : 7)$ c'est prendre les $\frac{3}{7}$ de 14 L.

**b.** Calculer $5 \times (20\text{ L} : 4)$ c'est prendre les $\frac{5}{4}$ de 20 L.

**c.** Calculer $6 \times (30\text{ L} : 10)$ c'est prendre les $\frac{6}{10}$ de 30 L.

## Calcul mental

**19** **a.** 0,5 **b.** 4 **c.** 7 **d.** 0,25 **e.** 0,09 **f.** 60

**20** **a.** $3 < \frac{10}{3} < 4$ **b.** $5 < \frac{23}{4} < 6$

**c.** $2 < \frac{19}{7} < 3$ **d.** $8 < \frac{53}{6} < 9$

**21** **a.** $\frac{7}{2} = \frac{6}{2} + \frac{1}{2} = 3 + \frac{1}{2}$ **b.** $\frac{9}{4} = \frac{8}{4} + \frac{1}{4} = 2 + \frac{1}{4}$

**c.** $\frac{13}{10} = \frac{10}{10} + \frac{3}{10} = 1 + \frac{3}{10}$ **d.** $\frac{16}{3} = \frac{15}{3} + \frac{1}{3} = 5 + \frac{1}{3}$

**22** **a.** 10 km : 2 = 5 km

donc $7 \times 5$ km = 35 km

**b.** 12 € : 6 = 2 €

**c.** 8 kg : 2 = 4 kg

donc $5 \times 4$ kg = 20 kg

## Je m'entraîne

**23** **a.** On n'a pas coloré les $\frac{3}{4}$ du disque car le disque n'est pas régulièrement partagé.

**b.** Oui.

**c.** Non, on a coloré ici les $\frac{3}{7}$ de la figure.

**24** **a.** $1+\frac{3}{4}=\frac{4}{4}+\frac{3}{4}=\frac{7}{4}$

**b.** $\frac{2}{3}+\frac{1}{3}=\frac{3}{3}=1$

**25** **a.** $\frac{3}{2}$ **b.** $\frac{5}{3}$ **c.** $\frac{5}{4}$ **d.** $\frac{12}{10}$ **e.** $\frac{30}{100}$

**26** **1. a.** L'unité est partagée en 12 carreaux.

**b.** Un carreau représente $\frac{1}{12}$ d'unité.

**c.**, **2.** et **3.**

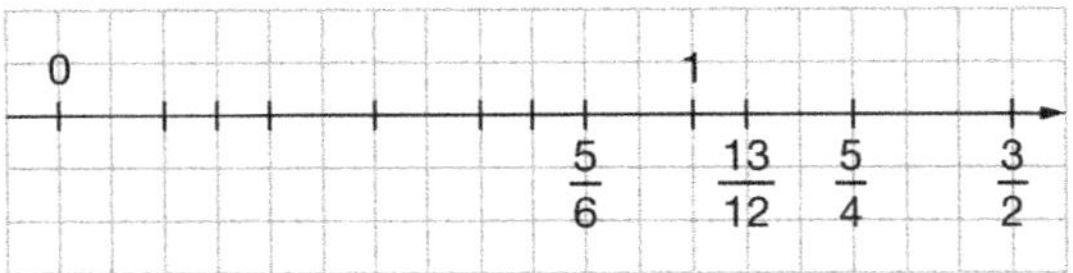


**27**

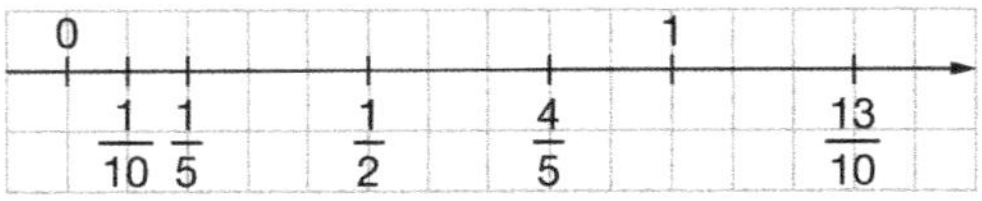


**28**

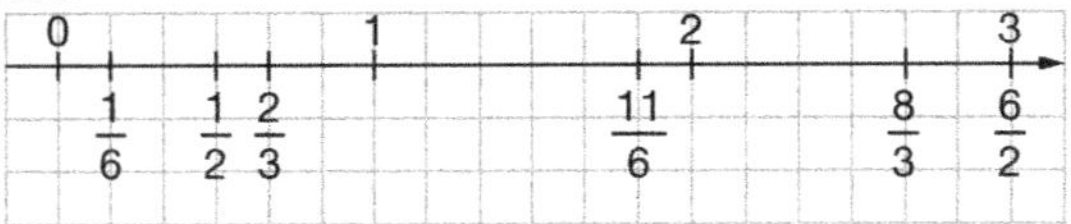


**29**

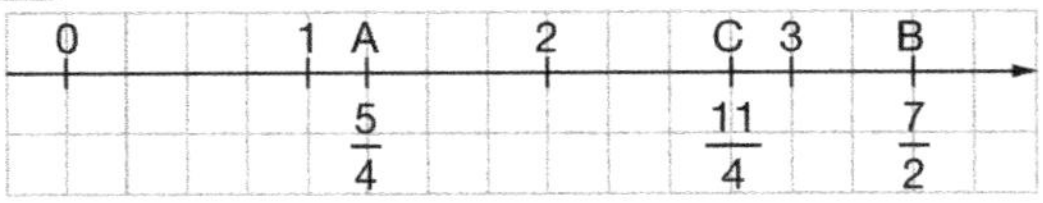


**30**

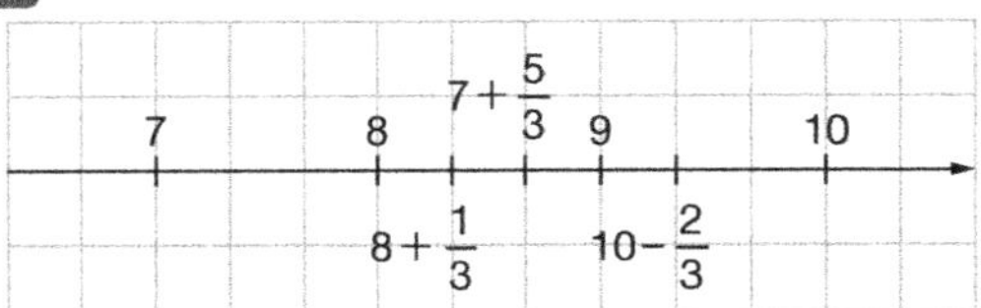


**31** **a.** $\frac{15}{4}=\frac{12}{4}+\frac{3}{4}=3+\frac{3}{4}$ **b.** $\frac{7}{2}=\frac{6}{2}+\frac{1}{2}=3+\frac{1}{2}$

**c.** $\frac{4}{3}=\frac{3}{3}+\frac{1}{3}=1+\frac{1}{3}$ **d.** $\frac{10}{7}=\frac{7}{7}+\frac{3}{7}=1+\frac{3}{7}$

**32** **a.** $\frac{21}{2}=\frac{20}{2}+\frac{1}{2}=10+\frac{1}{2}$ **b.** $\frac{50}{3}=\frac{48}{3}+\frac{2}{3}=16+\frac{2}{3}$

**c.** $\frac{43}{5}=\frac{40}{5}+\frac{3}{5}=8+\frac{3}{5}$ **d.** $\frac{81}{10}=\frac{80}{10}+\frac{1}{10}=8+\frac{1}{10}$

**33**

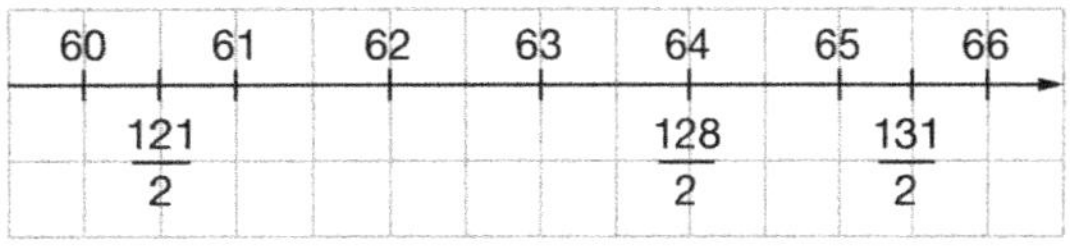


**34**

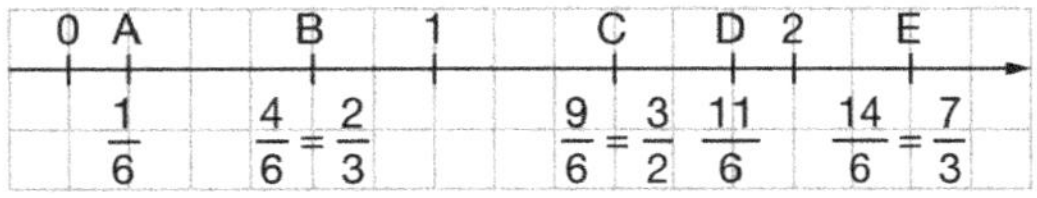


**35** **a.** et **b.**

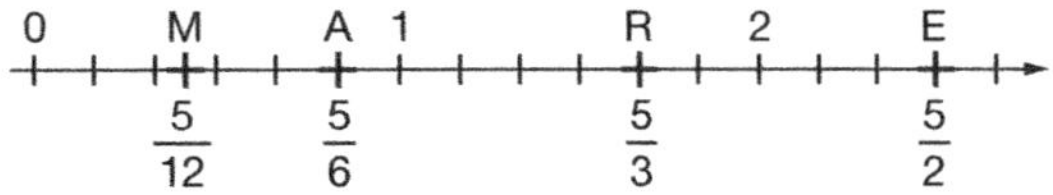


**c.** On peut lire MARE.

**36**

| Lecture | Écriture fractionnaire | Écriture décimale |
|---|---|---|
| Neuf vingtièmes | $\frac{9}{20}$ | **0,45** |
| Quinze quarts | $\frac{15}{4}$ | **3,75** |
| **Onze huitièmes** | $\frac{11}{8}$ | **1,375** |
| **Quarante-cinq dixièmes (ou neuf demis)** | $\frac{45}{10}=\frac{9}{2}$ | 4,5 |
| **Trente-quatre dixièmes** | $\frac{34}{10}$ | 3,4 |

**37** **a.** $\frac{27}{100}=0{,}27$ **b.** $\frac{12}{4}=3$ **c.** $\frac{23}{10}=2{,}3$

**d.** $\frac{17}{17}=1$ **e.** $\frac{3}{4}=0{,}75$

**38** **a.** $\frac{32}{8}=4$ **b.** $\frac{13}{13}=1$ **c.** $\frac{17}{2}=8{,}5$

**d.** $\frac{6}{100}=0{,}06$ **e.** $\frac{57}{1\,000}=0{,}057$

**39** **a.** La largeur de ce jardin est égale à $\frac{30}{7}$ m.

**b.** $4<\frac{30}{7}<5$

**40** **1. a.**

**b.**

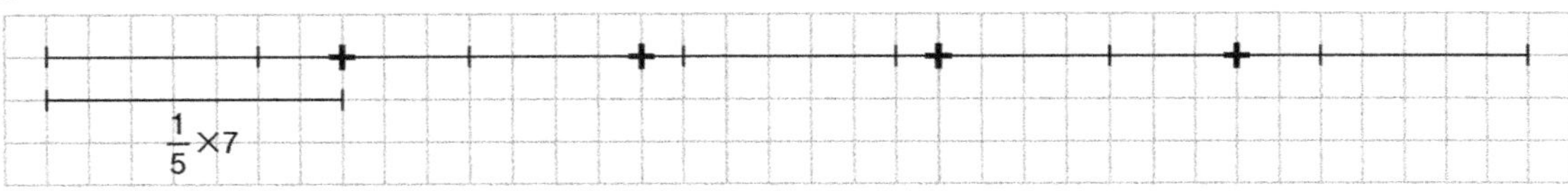


**2.** La longueur de chacun de ces segments est $\frac{7}{5}$.

**41** **1. a.** $\frac{5}{8}$ **b.** $\frac{13}{8}$

**2. a.** $5 \times \frac{\mathbf{1}}{\mathbf{8}} = \frac{5}{8}$ **b.** $13 \times \frac{1}{8} = \frac{13}{8}$

**42** **a.** $50 \text{ cm} = \frac{1}{2} \text{ m} = \frac{50}{100} \text{ m}$

**b.** $2 \text{ dm} = \frac{2}{10} \text{ m}$

**c.** $10 \text{ mm} = \frac{10}{1\,000} \text{ m}$ **d.** $14 \text{ dm} = \frac{14}{10} \text{ m}$

**43** **a.** $250 \text{ g} = \frac{1}{4} \text{ kg} = \frac{250}{1\,000} \text{ kg}$

**b.** $20 \text{ dg} = \frac{20}{10} \text{ g} = 2 \text{ g} = \frac{2}{1000} \text{ kg}$

**c.** $35 \text{ hg} = \frac{35}{10} \text{ kg}$ **d.** $1 \text{ mg} = \frac{1}{1\,000\,000} \text{ kg}$

**44** **a.** Une part représente les $\frac{3}{4}$ d'une pizza et $4 \times \frac{3}{4} = 3$. Donc il y avait 3 pizzas.

**b.** Une part représente les $\frac{7}{6}$ d'une pizza et $6 \times \frac{7}{6} = 7$. Donc il y avait 7 pizzas.

**45** **a.** $9 : 5 = \frac{9}{5}$ **b.** $\frac{1}{3} \times 8 = \frac{8}{3}$ **c.** $6 \times \frac{1}{5} = \frac{6}{5}$

**46** **a.** $5 = \frac{\mathbf{15}}{3}$ **b.** $8{,}3 = \frac{\mathbf{83}}{10}$ **c.** $7{,}42 = \frac{\mathbf{742}}{100}$

**47** **a.** $4 < \frac{14}{3} < 5$ **b.** $\frac{14}{3} \approx 4{,}6$

$2 < \frac{17}{6} < 3$ $\frac{17}{6} \approx 2{,}8$

$3 < \frac{24}{7} < 4$ $\frac{24}{7} \approx 3{,}4$

$0 < \frac{5}{9} < 1$ $\frac{5}{9} \approx 0{,}5$

**48** **a.** $\frac{1}{4}$ **b.** $\frac{3}{6}$ et $\frac{1}{2}$ **c.** $\frac{2}{6}$ et $\frac{1}{3}$ **d.** $\frac{4}{8}$ et $\frac{1}{2}$

**49** Le gâteau de Zoé est partagé en 3 fois plus de parts que celui de Gabriel et Zoé mange 3 fois plus de parts, donc :

$\frac{2}{5} = \frac{2 \times \mathbf{3}}{5 \times \mathbf{3}} = \frac{6}{15}$

Gabriel et Zoé ont mangé la même quantité de gâteau.

**50** **a.** $\frac{6}{8} = 6 : 8 = 0{,}75$

$\frac{9}{12} = 9 : 12 = 0{,}75$

Les deux fractions ont la même écriture décimale donc elles sont égales.

**b.** Cyril a partagé l'unité en 12 parts égales puis a placé le point correspondant à la fraction $\frac{9}{12}$.

Il a ensuite partagé l'unité en 8 parts égales et a placé le point correspondant à la fraction $\frac{6}{8}$.

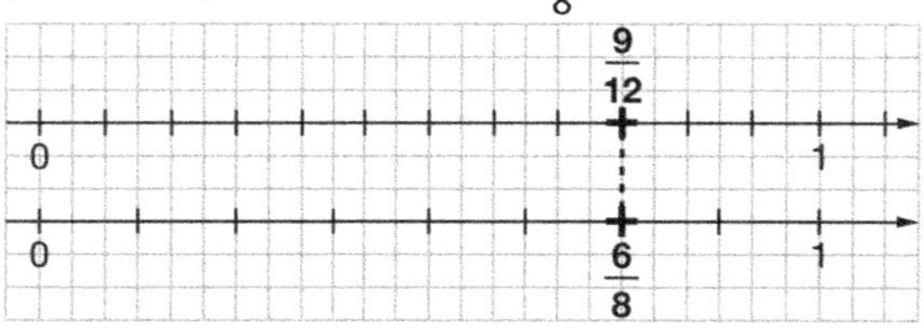


Il peut alors conclure que les deux fractions sont égales.

**51** **a.** On hachure les $\frac{2}{3}$ du rectangle.

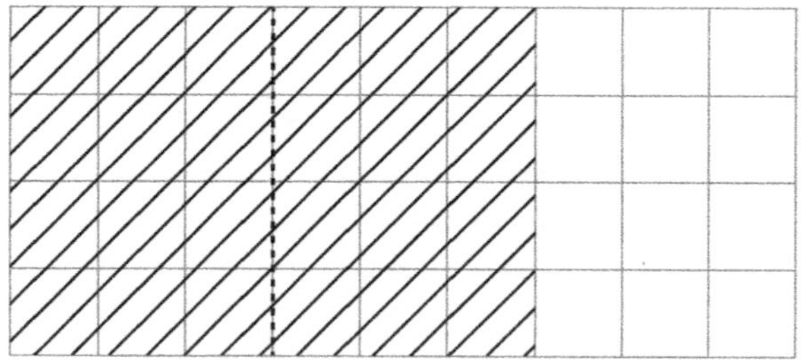

Sur les 36 petits carrés du rectangle, 24 sont hachurés. Donc on a hachuré $\frac{24}{36}$ du rectangle. Les fractions $\frac{2}{3}$ et $\frac{24}{36}$ sont donc égales.

**b.** On hachure les $\frac{3}{4}$ du rectangle.

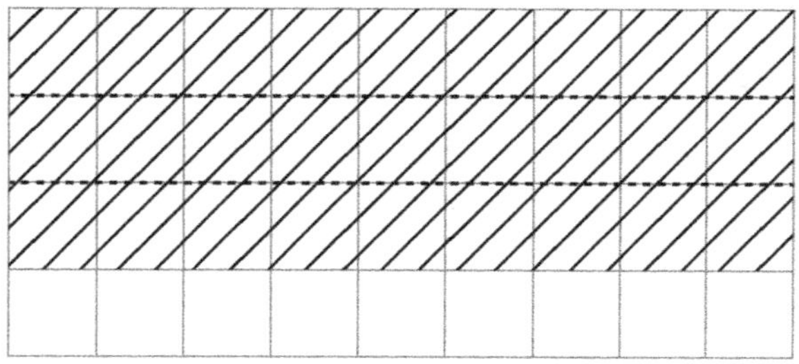

Sur les 36 petits carrés du rectangle, 27 sont hachurés. Donc on a hachuré $\frac{27}{36}$ du rectangle. Les fractions $\frac{3}{4}$ et $\frac{27}{36}$ sont donc égales.

**c.** On hachure les $\frac{4}{9}$ du rectangle.

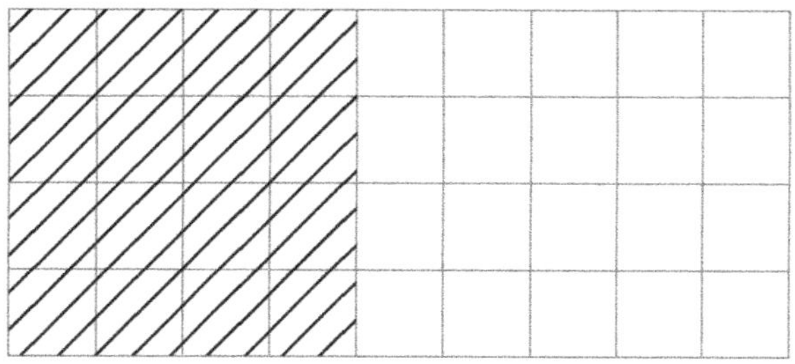

Sur les 36 petits carrés du rectangle, 16 sont hachurés. Quand on partage le rectangle en 18 parts égales, chaque part contient 2 petits carrés. En hachurant 10 parts, on hachure donc 20 petits carrés.

Les fractions $\frac{4}{9}$ et $\frac{10}{18}$ ne sont donc pas égales.

**52** $\frac{12}{15} = \frac{4}{5} = 0{,}8 = \frac{8}{10}$ et $0{,}75 = \frac{3}{4} = \frac{15}{20}$

**53** **a.** $\frac{5}{4} > 1$ et $\frac{3}{7} < 1$ donc $\frac{3}{7} < \frac{5}{4}$.

**b.** $\frac{9}{10} < 1$ et $\frac{8}{3} > 1$ donc $\frac{9}{10} < \frac{8}{3}$.

**c.** $\frac{4}{4} = 1$ et $\frac{5}{6} < 1$ donc $\frac{5}{6} < \frac{4}{4}$.

**54** **a.** $\frac{31}{20} = 31 : 20 = 1{,}55$

$\frac{39}{25} = 39 : 25 = 1{,}56$

donc $\frac{31}{20} < \frac{39}{25}$.

**b.** $\frac{238}{100} = 2{,}38$

$\frac{2\ 038}{1\ 000} = 2{,}038$

donc $\frac{238}{100} > \frac{2\ 038}{1\ 000}$.

**c.** $\frac{11}{3} = 11 : 3 \approx 3{,}6$

$\frac{7}{2} = 7 : 2 = 3{,}5$

donc $\frac{11}{3} > \frac{7}{2}$.

**d.** $\frac{5}{6} = 5 : 6 \approx 0{,}8$

$\frac{2}{3} = 2 : 3 \approx 0{,}6$

donc $\frac{5}{6} > \frac{2}{3}$.

**55**

| Nombre | Double | Moitié | Tiers | Triple | Quart |
|---|---|---|---|---|---|
| 12 | **24** | **6** | **4** | **36** | **3** |
| **30** | 60 | **15** | **10** | **90** | **7,5** |
| **18** | **36** | 9 | **6** | **54** | **4,5** |
| **24** | **48** | **12** | 8 | **72** | **6** |
| **150** | **300** | **75** | **50** | 450 | **37,5** |
| **400** | **800** | **200** | $\mathbf{\frac{400}{3}}$ | **1 200** | 100 |

**56** **a.** $\frac{3}{5} = 3 : 5 = 0{,}6$

$0{,}6 > 0{,}5$ donc Nina a lu plus de la moitié de son manga.

**b.** $\frac{1}{5} \times 200 = 200 : 5 = 40$

donc $\frac{3}{5} \times 200 = 3 \times 40 = 120$.

Nina a lu 120 pages.

**57** $\frac{1}{6} \times 300 = 300 : 6 = 50$

donc $\frac{5}{6} \times 300 = 5 \times 50 = 250$.

Victor a chargé 250 fichiers audio sur son lecteur.

**58** $\frac{1}{6} \times 10 \text{ kg} = 10 \text{ kg} : 6 \approx 1{,}666 \text{ kg}$

Une valeur approchée au millième près de la masse en kg de ciment nécessaire est 1,666.

$\frac{1}{3} \times 10 \text{ kg} = 10 \text{ kg} : 3 \approx 3{,}333 \text{ kg}$

Une valeur approchée au millième près de la masse en kg de sable nécessaire est 3,333.

**59** **a.** $5 - 3 = 2$ donc les $\frac{2}{5}$ du corps humain ne sont pas constitués d'eau.

**b. Première méthode**

$\frac{2}{5} \times 45 \text{ kg} = 2 \times \frac{45 \text{ kg}}{5} = 2 \times 9 \text{ kg} = 18 \text{ kg}$.

Donc la partie de son corps qui n'est pas constituée d'eau pèse 18 kg.

**Deuxième méthode**

$\frac{3}{5} \times 45 \text{ kg} = 3 \times \frac{45 \text{ kg}}{5} = 3 \times 9 \text{ kg} = 27 \text{ kg}$.

Le corps de Noah contient 27 kg d'eau.

45 kg – 27 kg = 18 kg.

Donc la partie de son corps qui n'est pas constituée d'eau pèse 18 kg.

**60** $\frac{2}{5} \times 15 \text{ L} = 2 \times \frac{15 \text{ L}}{5} = 2 \times 3 \text{ L} = 6 \text{ L}$ et

$8 \times \frac{3}{4} \text{ L} = 3 \times \frac{8}{4} \text{ L} = 3 \times 2 \text{ L} = 6 \text{ L}$.

L'affirmation de Selma est donc vraie.

**61** **a.** 7 min **b.** 18 min **c.** 80 min **d.** 50 min **e.** 27 min

**62** **a.** 4 L **b.** 50 kg **c.** 28 m

**63** **a.** 4,5 **b.** 8,25 **c.** 3,75 **d.** 1,5

**64** **a.** 15 **b.** 18 **c.** 21 **d.** 2

**65** Immeuble B : $6 \times 3 \text{ m} = 18 \text{ m}$.

Immeuble C : $3 \times 3 \text{ m} = 9 \text{ m}$.

Immeuble D : $5 \times 3 \text{ m} = 15 \text{ m}$.

**66** **a.** Le réservoir est rempli aux cinq huitièmes.

$\frac{1}{8} \times 80 \text{ L} = 80 \text{ L} : 8 = 10 \text{ L}$

donc $\frac{5}{8} \times 80 \text{ L} = 5 \times 10 \text{ L} = 50 \text{ L}$

Le réservoir contient 50 L.

**b.** Le réservoir est rempli aux trois quarts.

$\frac{1}{4} \times 60 \text{ L} = 60 \text{ L} : 4 = 15 \text{ L}$

donc $\frac{3}{4} \times 60 \text{ L} = 3 \times 15 \text{ L} = 45 \text{ L}$

Le réservoir contient 45 L.

## Je m'évalue à mi-parcours

**67** **b.** **68** **a.** **69** **c.** **70** **c.** **71** **c.**

**72** **b.** **73** **a.**

## Avec une calculatrice

**74** **a.** Une valeur approchée au centième près de $\frac{5}{6}$ de 25 L est 20,83 L.

**b.** Une valeur approchée au centième près de $\frac{4}{3}$ de 50 m est 66,66 m.

**c.** Une valeur approchée au centième près de $\frac{5}{7}$ de 30 kg est 21,42 kg.

**d.** Une valeur approchée au centième près de $\frac{8}{11}$ de 100 € est 72,72 €.

**75** **a.** $\frac{27}{74} \approx 0{,}36$ et $\frac{1}{3} \approx 0{,}33$

donc $\frac{27}{74} > \frac{1}{3}$. Les forêts occupent plus du tiers de la superficie de la France. Mathias se trompe.

**b.** Avec la calculatrice, on obtient :

$\frac{27}{74} \times 670\ 922 \approx 245\ 000$

Une valeur approchée au millier de km² près de la superficie des forêts en France est 245 000 km².

**c.** Avec la calculatrice, on obtient :

$\frac{2}{3} \times 245\ 000 \approx 163\ 000$

Une valeur approchée au millier de km² près de la superficie occupée par les feuillus est 163 000 km².

Les résineux occupent le tiers des forêts françaises.

$\frac{1}{3} \times 245\ 000 \approx 82\ 000$

Une valeur approchée au millier de km² près de la superficie occupée par les résineux est 82 000 km².

## J'utilise mes compétences

**76** **a.** 23 cm + 1 cm = 24 cm

$\frac{3}{2} \times 24 = 3 \times (24 : 2) = 3 \times 12 = 36$

Donc la pointure d'Orlane est bien 36.

**b.** On cherche la pointure d'une personne dont la longueur du pied est 40 cm.

40 cm + 1 cm = 41 cm

$\frac{3}{2} \times 41 = 3 \times (41 : 2) = 3 \times 20{,}5 = 61{,}5$

Une personne dont la longueur du pied est 40 cm chausse du 61,5.

JaVale McGee chausse du 59, donc la longueur de son pied est inférieure à 40 cm. Anaïs se trompe.

**77** 1. ❶ $\frac{1}{2}$ cm² ❷ $\frac{5}{4}$ cm² ❸ $\frac{3}{8}$ cm²

**2. a.** $\frac{9}{4} \times 4 = 9$ donc l'aire du carré est 9 carreaux et le côté du carré mesure 3 côtés de carreaux (ou 1,5 cm).

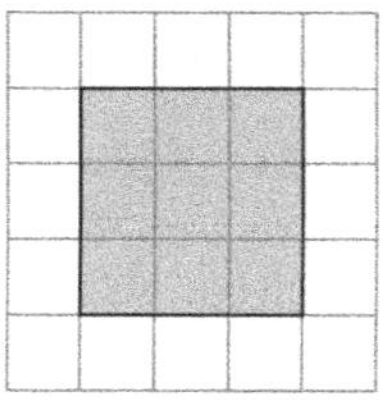

**b.** $\frac{11}{8} \times 4 = 5{,}5$ donc l'aire du triangle rectangle est 5,5 carreaux.

Le triangle rectangle ci-dessous, dont les longueurs des côtés de l'angle droit sont 11 côtés de carreaux et 1 côté de carreau, convient.

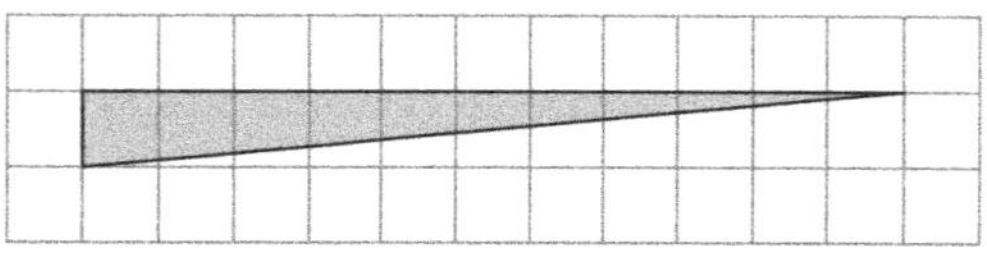

**78** **1. a.** $\frac{1}{3}$ h + $\frac{1}{2}$ h = 20 min + 30 min = 50 min

**b.** $\frac{1}{6}$ h + $\frac{5}{12}$ h = 10 min + 25 min = 35 min

**c.** $\frac{7}{20}$ h + $\frac{2}{3}$ h = 21 min + 40 min = 61 min

**79** $\frac{1}{4} = \frac{1 \times 2}{4 \times 2} = \frac{2}{8}$

Il y a donc 100 m entre les graduations correspondant à $\frac{1}{8}$ et $\frac{2}{8}$. Donc un huitième de l'unité correspond à une distance de 100 m. L'unité est donc égale à 8 × 100 m. Il y a 800 m entre David et Cécile.

**80** **a.** • $\frac{23}{6} = \frac{18}{6} + \frac{5}{6} = 3 + \frac{5}{6}$ donc Amélie a parcouru 3 tours entiers et $\frac{5}{6}$ d'un tour.

• Baptiste a parcouru 3 tours entiers et $\frac{1}{2}$ tour.

• $\frac{15}{4} = \frac{12}{4} + \frac{3}{4} = 3 + \frac{3}{4}$ donc Indir a parcouru 3 tours entiers et $\frac{3}{4}$ d'un tour.

• $\frac{35}{12} = \frac{24}{12} + \frac{11}{12} = 2 + \frac{11}{12}$ donc Dilan a parcouru 2 tours entiers et $\frac{11}{12}$ d'un tour.

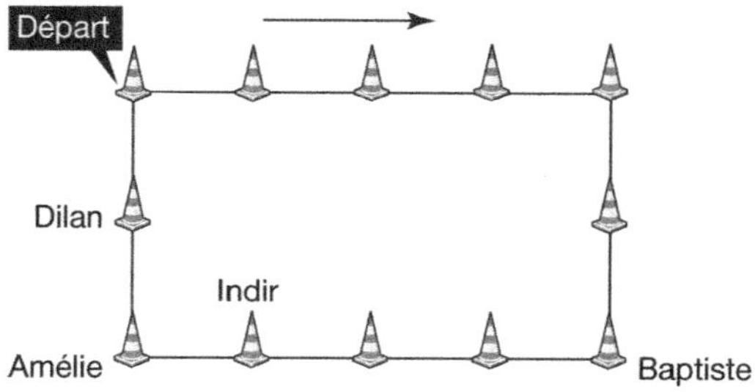


**b.** Amélie a parcouru la plus grande distance (Dilan n'a fait que 2 tours entiers).

**c.** 12 × 40 m = 480 m

Donc un tour fait 480 m.

• $\frac{23}{6} \times 480$ m = 1 840 m

Donc Amélie a parcouru 1 840 m soit 1,84 km.

1,84 × 8 = 14,72

Donc la note d'Amélie est 14,72.

• 3,5 × 480 m = 1 680 m

Donc Baptiste a parcouru 1 680 m soit 1,68 km.

1,68 × 8 = 13,44

Donc la note de Baptiste est 13,44.

• $\frac{15}{4} \times 480$ m = 1 800 m

Donc Indir a parcouru 1 800 m soit 1,8 km.

1,8 × 8 = 14,4

Donc la note d'Indir est 14,4.

• $\frac{35}{12} \times 480$ m = 1 400 m

Donc Dilan a parcouru 1 400 m soit 1,4 km.

1,4 × 8 = 11,2

Donc la note de Dilan est 11,2.

**81** **a.** • Sur le schéma, la part des billets vendus le matin représente les $\frac{10}{15}$ des billets.

De plus, $\frac{2}{3} = \frac{2 \times 5}{3 \times 5} = \frac{10}{15}$ donc la part des billets vendus le matin est correcte.

• $\frac{2}{3} \times 450 = 2 \times \frac{450}{3} = 2 \times 150 = 300$
Donc on a vendu 300 billets le matin.

**b.**

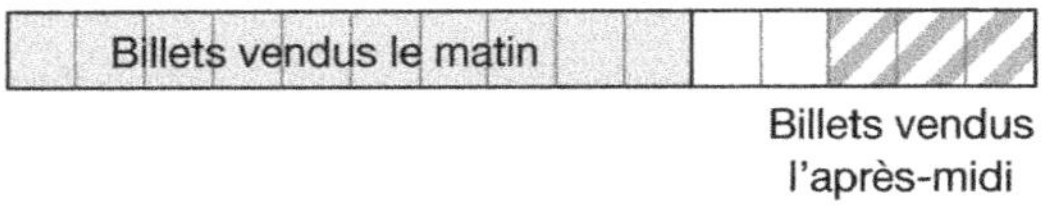


Les billets vendus l'après-midi représentent les $\frac{3}{5}$ des billets restants, c'est-à-dire les $\frac{3}{15}$ de tous les billets.

$\frac{3}{15} \times 450 = 3 \times \frac{450}{15} = 3 \times 30 = 90$

Donc on a vendu 90 billets l'après-midi.

**82** **a.** 3 flèches dans la zone rouge :
$3 \times 1$ point $= 3$ points

**b.** 2 flèches dans la zone rouge et 2 flèches dans la zone jaune :

$2 \times 1$ point $+ 2 \times \frac{1}{2}$ point $= 2$ points $+ 1$ point $= 3$ points

**c.** 12 flèches dans la zone bleue :

$12 \times \frac{1}{4}$ point $= 12$ points $: 4 = 3$ points

**83** **Traduction :**

*Un match de hockey est divisé en trois périodes de 20 minutes de jeu effectif entrecoupées de deux pauses d'un quart d'heure chacune pour refaire la glace.*
*Un match de hockey débute à 18 h 30 min et se termine à 21 h.*
*Exprimer sous forme d'une fraction de la durée totale du match :*
***a.** le temps de jeu effectif ;*
***b.** les pauses.*

**Réponse :**

**a.** La durée totale du match est 2 h 30 min soit 150 min.
Sur ces 150 min, 60 min correspondent à du jeu effectif.
Le temps de jeu effectif représente donc $\frac{60}{150}$ de la durée totale du match.

• Variante :
La durée totale du match est de 5 demi-heures. Sur ces 5 demi-heures, 2 demi-heures correspondent à du jeu effectif. Le temps de jeu effectif représente donc $\frac{2}{5}$ de la durée totale du match.

**b.** La durée totale des deux pauses est de 30 min.
Les pauses représentent donc $\frac{30}{150}$ de la durée totale du match.

• Variante :
La durée totale du match est de 5 demi-heures. Sur ces 5 demi-heures, 1 demi-heure correspond aux pauses pour refaire la glace. Les pauses représentent donc $\frac{1}{5}$ de la durée totale du match.

Il reste $\frac{2}{5}$ de la durée totale du match. Cette durée correspond aux arrêts de jeu dûs aux interventions de l'arbitre et à la récupération des joueurs.

**84** **a.** $\frac{2}{3} \times 24 = 2 \times \frac{24}{3} = 2 \times 8 = 16$
Donc 16 élèves ont un animal de compagnie.

**b.** $\frac{3}{4} \times 16 = \frac{16}{4} \times 3 = 4 \times 3 = 12$
Donc 12 élèves ont un chien.

**85** $\frac{3}{5} \times 30 \text{ jours} = 3 \times \frac{30 \text{ jours}}{5} = 3 \times 6 \text{ jours} = 18 \text{ jours}.$

Les $\frac{3}{5}$ de 30 jours font 18 jours
et 30 jours – 18 jours = 12 jours.
Si la météo était une science exacte, Arthur aurait raison. Il se trompe car on ne peut pas prédire la météo de cette manière, surtout au mois d'avril en France.
La fraction énoncée par Enzo est le résultat de mesures effectuées sur des dizaines d'années et sur tous les jours de l'année. Enzo peut très bien avoir 20 jours de mauvais temps, ou seulement 5 jours de mauvais temps…

**86** **a.** Vasarely arrive à produire un effet de perspective.
**b.** L'hexagone est constitué de 108 losanges identiques dont 22 sont rouges.

$\frac{22}{108} = \frac{11 \times 2}{54 \times 2} = \frac{11}{54}$

Les $\frac{11}{54}$ de l'hexagone sont colorés en rouge.

**87** • $66 - 36 = 30$
Maria a fait 30 fautes aux premiers services et elle a donc effectué 30 seconds services.
• $30 + 66 = 96$
Maria a effectué au total 96 services.

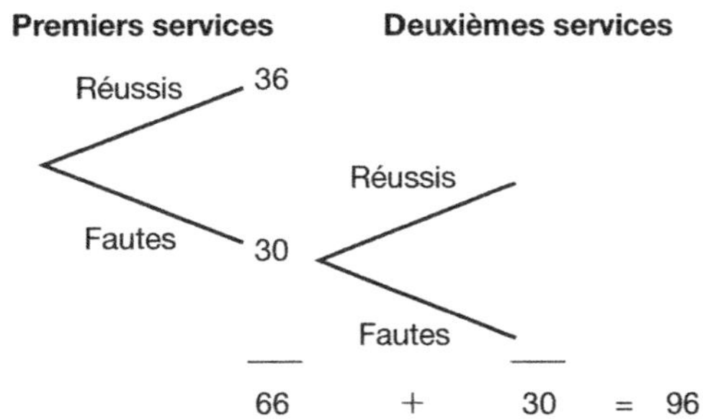


• $\frac{5}{8} \times 96 = 60$ donc Maria a réussi au total 60 services et elle a fait au total 36 fautes ($96 - 60 = 36$).

• $36 - 30 = 6$
Maria a fait 6 fautes aux seconds services et elle a donc fait 6 doubles fautes.

**88** $\frac{2}{3} = \frac{2 \times 5}{3 \times 5} = \frac{10}{15}$

$\frac{2}{3} = \frac{2 \times 6}{3 \times 6} = \frac{12}{18}$

Le jeton 5 reste inutilisé.
Remarque : on peut évidemment partir de la fraction $\frac{3}{2}$ qui est égale aux fractions $\frac{15}{10}$ et $\frac{18}{12}$.

**89** Le disque a pour valeur $\frac{2}{3}$. Le triangle a pour valeur $\frac{4}{3}$. Le carré a pour valeur 1.
La valeur du dernier lot est alors :
$\frac{2}{3}+\frac{4}{3}+1=\frac{6}{3}+1=2+1=3$

**90** Les deux triangles sont le « négatif » l'un de l'autre. En effet, si l'on coupe le carré suivant la diagonale tracée et que l'on tourne l'un des triangles d'un demi-tour, on constate qu'il est identique à l'autre triangle, à l'exception des couleurs qui sont inversées. La superficie colorée en noir est donc la même que la superficie blanche. La fraction du carré colorée en noir est $\frac{1}{2}$.

## Accompagnement personnalisé

**91** **a.** L'abscisse du point A est $\frac{12}{8}$, c'est-à-dire $\frac{3}{2}$.

**b.** L'abscisse du point B est $\frac{7}{8}$.

**c.** L'abscisse du point C est $\frac{18}{8}$, c'est-à-dire $\frac{9}{4}$.

**92** **a.**

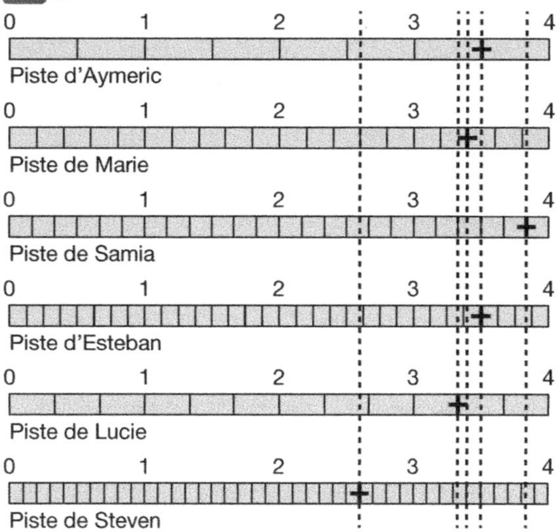


**b.** Par ordre croissant de distance parcourue, on obtient : Steven ; Lucie ; Marie ; Aymeric et Esteban ; Samia.

**93** $\frac{2}{3}=\frac{2\times 8}{3\times 8}=\frac{16}{24}$ donc la lettre Q ;

$\frac{5}{6}=\frac{5\times 4}{6\times 4}=\frac{20}{24}$ donc la lettre U ;

$\frac{7}{12}=\frac{7\times 2}{12\times 2}=\frac{14}{24}$ donc la lettre O ;

$\frac{19}{24}$ donc la lettre T ;

$\frac{1}{3}=\frac{1\times 8}{3\times 8}=\frac{8}{24}$ donc la lettre I ;

$\frac{1}{6}=\frac{1\times 4}{6\times 4}=\frac{4}{24}$ donc la lettre E ;

$\frac{13}{24}$ donc la lettre N ;

$\frac{19}{24}$ donc la lettre T.

On obtient le mot « QUOTIENT ».

**94** **Sandra**

- Je calcule la distance parcourue à vélo, c'est-à-dire les $\frac{7}{9}$ de 36 km.

$\frac{1}{9}\times 36\text{ km}=36\text{ km}:9=4\text{ km}$

donc $\frac{7}{9}\times 36\text{ km}=7\times 4\text{ km}=28\text{ km}$

Donc Clara a parcouru 28 km à vélo.

- Je calcule la distance parcourue à pied.

$36\text{ km}-(28\text{ km}+2\text{ km})=6\text{ km}$

Donc Clara a parcouru 6 km à pied.

**Nader**

- $9-7=2$ donc la distance parcourue à pied et à la nage représente les $\frac{2}{9}$ de la distance du triathlon.
- Je calcule les $\frac{2}{9}$ de 36 km. Ce calcul permet d'obtenir la distance parcourue à pied et à la nage.

$\frac{2}{9}\times 36\text{ km}=(36\text{ km}:9)\times 2=4\text{ km}\times 2=8\text{ km}$

Donc Clara a parcouru 8 km à pied et à la nage.

- $8\text{ km}-2\text{ km}=6\text{ km}$

Donc Clara a fait 6 km à pied.

## Tâches complexes

**95** $6\times\frac{1}{2}=\frac{6}{2}=3$

Il faut 3 mesures de jus d'orange.
$3\times 40\text{ cL}=120\text{ cL}=1{,}2\text{ L}$
Olyna doit utiliser 1,2 L de jus d'orange.
$6\times\frac{1}{4}=\frac{6}{4}=1{,}5$
Il faut 1,5 mesure de lait frais.
$1{,}5\times 40\text{ cL}=60\text{ cL}$
Olyna doit utiliser 60 cL de lait frais.
$6\times\frac{1}{8}=\frac{6}{8}=0{,}75$
Il faut 0,75 mesure de sirop de framboise.
$0{,}75\times 40\text{ cL}=30\text{ cL}$
Olyna doit utiliser 30 cL de sirop de framboise.
Remarque : on peut aussi utiliser le fait que la quantité de lait frais est la moitié de celle de jus d'orange et que la quantité de sirop de framboise est la moitié de celle de lait frais.
Il faut également 6 tranches d'orange pour décorer les verres.

**96** Une fois le dé fabriqué, la partie peut commencer.

- Voici quelques indications pour se déplacer sur le segment gradué.

La fraction $\frac{1}{2}$ correspond à 6 petits carreaux.

La fraction $\frac{1}{4}$ correspond à 3 petits carreaux.

La fraction $\frac{3}{4}$ correspond à 9 petits carreaux.

La fraction $\frac{1}{3}$ correspond à 4 petits carreaux.

La fraction $\frac{2}{3}$ correspond à 8 petits carreaux.

La fraction $\frac{1}{6}$ correspond à 2 petits carreaux.

• Voici un exemple de déplacement où le joueur est obligé de reculer.
Position du jeton avant de jouer :

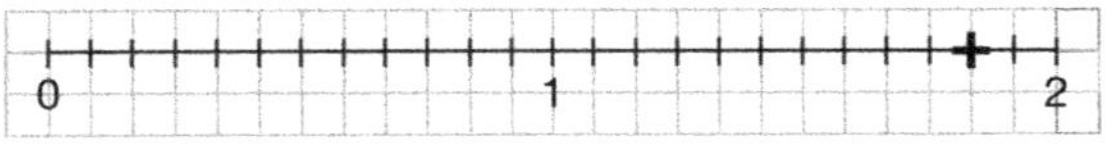


Résultat du lancer du dé : $\frac{2}{3}$

Le joueur doit donc avancer son jeton de 8 graduations. Mais il ne reste que deux graduations avant l'extrémité du segment. Le joueur avance donc son jeton jusqu'à la graduation 2 puis recule de 6 graduations pour un déplacement total de 2 + 6 = 8 graduations.
Position du jeton après avoir joué :

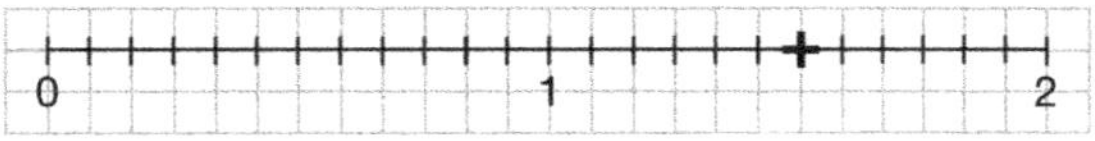

# CHAPITRE 5 Proportionnalité

## INTENTIONS PÉDAGOGIQUES

### 1 Le point sur le cycle 3

- La proportionnalité doit être traitée dans le cadre de chacun des trois domaines « nombres et calculs », « grandeurs et mesures » et « espace et géométrie ».
- En CM1, le recours aux propriétés de linéarité (additive et multiplicative) est privilégié dans des problèmes mettant en jeu des nombres entiers. Ces propriétés doivent être explicitées ; elles peuvent être institutionnalisées de façon non formelle à l'aide d'exemples (« si j'ai deux fois, trois fois... plus d'invités, il me faudra deux fois, trois fois... plus d'ingrédients » ; « si 6 stylos coûtent 10 euros et 3 stylos coûtent 5 euros, alors 9 stylos coûtent 15 euros »).
- Les procédures du type passage par l'unité ou calcul du coefficient de proportionnalité sont mobilisées progressivement sur des problèmes le nécessitant, en fonction des nombres (entiers ou décimaux) choisis dans l'énoncé ou intervenant dans les calculs.

À partir du CM2, des situations impliquant des échelles ou des vitesses constantes peuvent être rencontrées.

- Le sens de l'expression « ...% de » apparaît en milieu de cycle. Il s'agit de savoir l'utiliser dans des cas simples (50 %, 25 %, 75 %, 10 %) où aucune technique n'est nécessaire, en lien avec les fractions d'une quantité. En fin de cycle, l'application d'un taux de pourcentage est un attendu.
- En fin de cycle, l'élève doit pouvoir :

– identifier une situation de proportionnalité entre deux grandeurs, notamment dans le cadre de graphiques représentant des variations entre deux grandeurs ;

– comparer distance parcourue et temps écoulé, quantité d'essence consommée et distance parcourue, quantité de liquide écoulée et temps écoulé, etc.

### 2 Je découvre

**Activité 1**

L'objectif de cette activité est de réactiver les propriétés de la proportionnalité.

La question 1 fait appel au rapport de linéarité, c'est-à-dire à la multiplication d'une quantité par un nombre.

La question 2 utilise un coefficient de proportionnalité.

**Activité 2**

L'objectif de cette activité est, conformément au programme, de mettre en place la procédure du passage par l'unité.

À la question 1, ce passage se fait en deux étapes indépendantes, et à la question 2, il se fait à l'aide d'un tableau de proportionnalité.

Cette question 2 sera aussi l'occasion de mettre en évidence le fait que le coefficient de proportionnalité est aussi la valeur de l'unité.

**Activité 3**

L'objectif de cette activité est de relier les notions de pourcentage et de proportionnalité.

À la question a, on applique un taux de pourcentage en construisant un tableau de proportionnalité.

À la question b, on applique ce taux à une quantité en multipliant la quantité par le taux.

### 3 J'apprends et j'applique le cours

**J'apprends le cours**

- Suite à l'activité 1, on peut étudier le cours 1. Tableaux de proportionnalité.
- Suite à l'activité 2, on peut étudier le paragraphe 2) A. Passage par l'unité.
- Suite à l'activité 3, on peut étudier le paragraphe 2) B. Appliquer un taux de pourcentage.
- Lors d'autres séances, on peut s'appuyer sur les exemples proposés au cours 3 pour introduire les notions d'échelles, d'agrandissement ou réduction d'une figure et de vitesse constante.

**Exercice résolu 1**

L'objectif est de montrer que l'on peut généralement traiter de plusieurs façons une situation de proportionnalité.

On a estimé utile de visualiser sur un tableau de proportionnalité les 2e et 3e méthodes afin de favoriser la compréhension des techniques utilisées. En effet, si l'on s'en tient au vocabulaire (coefficient de proportionnalité, multiplication d'une quantité par un nombre), les élèves risquent de ne pas mettre d'image mentale efficace derrière ces techniques.

**Exercice résolu 2**

L'objectif est d'appliquer un taux de pourcentage.

On en profite aussi, à la question b, pour insister sur le fait que si $t$ % d'objets ont une propriété, alors 100 % – $t$ % de ces objets n'ont pas cette propriété.

Il y a donc deux façons de répondre à cette question b.

Même si l'une des méthodes est bien sûr plus rapide que l'autre, on estime important que l'élève soit sensibilisé aux deux méthodes.

**Exercice résolu 3**

L'objectif est d'utiliser une échelle pour calculer une distance dans la réalité ou sur une carte.

## 4 Compléments

### Proportionnalité et graphique

Comme le programme le demande, les exercices 47 à 49 p. 86 et l'exercice 89 p. 91 proposent d'étudier des graphiques représentant des variations entre deux grandeurs.
L'élève doit déterminer s'il y a ou non proportionnalité entre les deux grandeurs.

### Autres applications

- Comme le programme le demande, les exercices 56 à 62 p. 87 proposent d'étudier des situations qui mettent en jeu un agrandissement ou une réduction avec ou sans l'utilisation d'une échelle.
- Les exercices 63 et 64 p. 87, 70 p. 88 et 103 p. 93 proposent de mettre en relation la distance parcourue et le temps écoulé.

### TICE

On consacre la page 89 à la fois à la calculatrice et au tableur.
Jusqu'à présent, les calculs faisant intervenir des pourcentages ont été menés soit mentalement, soit à la main, soit en effectuant une succession d'opérations avec la calculatrice.
Il nous a semblé utile de faire connaître aux élèves la touche % de leur calculatrice.
C'est l'objet de l'exercice 77.
Il est important pour la suite que les élèves aient connaissance de toutes les possibilités qu'offrent leurs calculatrices.
L'exercice 78, quant à lui, présente la gestion d'une augmentation en pourcentage (la TVA) avec un tableur.

### Tâches complexes

- L'exercice 103 s'appuie sur une situation assez fréquente d'échange scolaire avec l'Angleterre. L'élève est alors confronté au décalage horaire et à des unités de distances différentes de celles de notre système métrique.
- L'exercice 104 s'appuie sur une situation d'épidémie.
L'élève va devoir gérer des pourcentages différents pour prendre des décisions quant à l'hospitalisation ou non de patients.

# CORRIGÉS

## Vu au Cycle 3

**1. a.** et **b.** **2. c.** **3. b.** et **c.** **4. a.**, **b.** et **c.** **5. a.** et **b.**

## Je découvre

### Activité 1

**1 a.** • $18\ m^2 = 3 \times 6\ m^2$ et $3 \times 5$ personnes $= 15$ personnes.
Donc avec $18\ m^2$ on peut approvisionner 15 personnes.
• $60\ m^2 = 10 \times 6\ m^2$ et $10 \times 5$ personnes $= 50$ personnes.
Donc avec $60\ m^2$ on peut approvisionner 50 personnes.
• $78\ m^2 = 18\ m^2 + 60\ m^2$ et
15 personnes + 50 personnes = 65 personnes.
Donc avec $78\ m^2$ on peut approvisionner 65 personnes.
**b.** 20 personnes $= 4 \times 5$ personnes et $4 \times 6\ m^2 = 24\ m^2$.
Donc il faut $24\ m^2$ de ces panneaux pour approvisionner 20 personnes.

**2 a.** Le nombre ■ tel que $5 \times ■ = 6$ est $6 : 5$ c'est-à-dire 1,2.
**b.** $120 \times 1{,}2 = 144$.
Donc le nombre qui convient dans la case jaune est 144.
Ce nombre signifie qu'il faut $144\ m^2$ de ces panneaux pour approvisionner 120 personnes.

### Activité 2

**1 a.** $6\ m : 4 = 1{,}5\ m$.
Donc Anaïs parcourt 1,5 m en 1 s.
**b.** $25 \times 1{,}5\ m = 37{,}5\ m$.
Donc Anaïs parcourt 37,5 m en 25 s.

**2 a.** $3\ m : 5 = 0{,}6\ m$.
Donc Léa parcourt 0,6 m en 1 s.

| | | | |
|---|---|---|---|
| **Distance** (en m) | 5 | 1 | 32 |
| **Durée** (en s) | **3** | **0,6** | **19,2** |

$\times$ **0,6**

Léa parcourt 32 m en 19,2 s.

### Activité 3

**a.** $40 : 100 = 0{,}4$.

| | | |
|---|---|---|
| **Camembert** (en g) | 100 | 125 |
| **Matières grasses** (en g) | 40 | **50** |

$\times$ **0,4**

Il y a 50 g de matières grasses dans 125 g de camembert.
**b.** $\frac{40}{100} \times 30\ g = \mathbf{0{,}4} \times 30\ g = \mathbf{12}\ g$.
Il y a 12 g de matières grasses dans 30 g de camembert.

## J'applique le cours

**2 a.** $18\ km = 2 \times 9\ km$ et $2 \times 15\ min = 30\ min$.
Donc il mettra 30 min pour parcourir 18 km.
**b.** $4{,}5\ km = 9\ km : 2$ et $15\ min : 2 = 7{,}5\ min$.
Donc il mettra 7,5 min ou 7 min 30 s pour parcourir 4,5 km.
**c.** $22{,}5\ km = 18\ km + 4{,}5\ km$
et $30\ min + 7{,}5\ min = 37{,}5\ min$.
Donc il mettra 37,5 min ou 37 min 30 s pour parcourir 22,5 km.

**3 a.** • $10 : 4 = 2{,}5$.
Donc $10\ Go = 2{,}5 \times 4\ Go$ et $2{,}5 \times 6\ h = 15\ h$.
Donc on peut stocker 15 h de vidéo sur une clé USB de 10 Go.
• $30\ Go = 3 \times 10\ Go$ et $3 \times 15\ h = 45\ h$.
Donc on peut stocker 45 h de vidéo sur une clé USB de 30 Go.
**b.** $3\ h = 6\ h : 2$ et $4\ Go : 2 = 2\ Go$.
$9\ h = 6\ h + 3\ h$ et $4\ Go + 2\ Go = 6\ Go$.
Donc il faut une clé de 6 Go pour stocker 9 h de vidéo.

**4** **a.** • 3 carreaux = 6 carreaux : 2 et 210 pts : 2 = 105 pts.
Donc le score de Manoé est 105 points.
• 210 pts : 6 = 35 pts.
Donc un carreau rapporte 35 points.
$15 \times 35$ points = 525 points.
Donc le score d'Ève est 525 points.
**b.** 280 : 35 = 8.
Donc 8 carreaux sont colorés sur l'écran de Nelson.

**6** **a.** $\frac{45}{100} \times 6\,500 = 0{,}45 \times 6\,500 = 2\,925$.
Le candidat A a obtenu 2 925 voix.
**b.** • Première méthode : 6 500 – 2 925 = 3 575.
• Deuxième méthode : 100 % – 45 % = 55 %.
$\frac{55}{100} \times 6\,500 = 0{,}55 \times 6\,500 = 3\,575$.
Donc le candidat B a obtenu 3 575 voix.

**7** $\frac{80}{100} \times 25 = 0{,}8 \times 25 = 20$.
Donc 20 élèves possèdent un téléphone portable.

**8** $\frac{19{,}85}{100} \times 66\,318\,000 = 13\,164\,123$.
Donc ils étaient 13 164 123 jeunes de moins de 20 ans.

**9** **a.** 55 % + 40 % + 2 % = 97 %.
97 % < 100 % donc il y a d'autres ingrédients que ceux indiqués sur l'étiquette.
**b.** • $\frac{55}{100} \times 1{,}5 = 0{,}55 \times 1{,}5 = 0{,}825$.
Donc il y a 0,825 L d'orange.
• $\frac{40}{100} \times 1{,}5 = 0{,}4 \times 1{,}5 = 0{,}6$. Donc il y a 0,6 L d'eau.
• $\frac{2}{100} \times 1{,}5 = 0{,}02 \times 1{,}5 = 0{,}03$. Donc il y a 0,03 L de sucre.
• $1{,}5 - (0{,}825 + 0{,}6 + 0{,}03) = 1{,}5 - 1{,}455 = 0{,}045$.
Donc les autres ingrédients représentent 0,045 L.
Autre méthode possible :
100 % – 97 % = 3 % et $\frac{3}{100} \times 1{,}5$ L = 0,045 L.

**10** **a.** $\frac{85}{100} \times 20 = 0{,}85 \times 20 = 17$.
Donc Anne a réussi 17 lancers.
**b.** 20 – 17 = 3. Donc Anne a manqué 3 lancers.
**c.** 100 % – 85 % = 15 %.
Donc Anne a manqué 15 % de ses lancers.

**11** 100 % – 94 % = 6 % et $\frac{6}{100} \times 300$ g $= 6 \times 3$ g = 18 g.
Donc après déshydratation, il reste 18 g.

**13** **a.** • Voici les mesures sur la carte.
Tours-Bourges : 2,2 cm ; Tours-Dijon : 5,4 cm ; Bourges-Dijon : 3,3 cm
• La carte est à l'échelle $\frac{1}{6\,000\,000}$ donc 1 cm sur la carte représente 6 000 000 cm soit 60 km dans la réalité.
• $2{,}2 \times 60$ km = 132 km.
Donc la distance entre Tours et Bourges est 132 km.
$5{,}4 \times 60$ km = 324 km.
Donc la distance entre Tours et Dijon est 324 km.
$3{,}3 \times 60$ km = 198 km.
Donc la distance entre Bourges et Dijon est 198 km.

**14** • Le plan est à l'échelle $\frac{1}{800}$ donc 1 cm sur le plan représente 800 cm soit 8 m dans la réalité.
• 4 cm + 3 cm = 7 cm et 1,25 cm + 1 cm = 2,25 cm.
Donc les dimensions de la propriété sur le plan sont 7 cm et 2,25 cm.
$7 \times 8$ m = 56 m et $2{,}25 \times 8$ m = 18 m.
Donc les dimensions de la propriété dans la réalité sont 56 m et 18 m.
• $3 \times 8$ m = 24 m et $1{,}25 \times 8$ m = 10 m.
Donc les dimensions de la maison dans la réalité sont 24 m et 10 m.

**15** • Sur la carte il y a 3,1 cm entre Le Saint-Esprit et Les Trois-Îlets.
• La carte est à l'échelle $\frac{1}{400\,000}$ donc 1 cm sur la carte représente 400 000 cm soit 4 km dans la réalité.
• $3{,}1 \times 4$ km = 12,4 km.
Donc, dans la réalité, la distance à vol d'oiseau entre Le Saint-Esprit et Les Trois-Îlets est 12,4 km.

**16** • La carte est à l'échelle $\frac{1}{3\,000\,000}$ donc 1 cm sur la carte représente 3 000 000 cm soit 30 km dans la réalité.
• $5{,}6 \times 30$ km = 168 km et $4{,}1 \times 30$ km = 123 km.
Donc, à vol d'oiseau, la distance entre Blois et Auxerre est 168 km et la distance entre Orléans et Auxerre est 123 km.

## À l'oral

**17** $5 \times 2$ € = 10 € et 10 € ≠ 8 € donc le prix n'est pas proportionnel au nombre de tickets achetés.

**18** **a.** Il ne faut pas deux fois plus de temps mais le même temps pour cuire deux œufs.
Donc il faut 3 min pour cuire deux œufs.
**b.** Le nombre d'œufs et la durée de cuisson ne sont pas proportionnels.

**19** **a.** Non, il ne peut pas connaître sa pointure à 30 ans.
**b.** La pointure et l'âge d'une personne ne sont pas proportionnels.

**20** 3 enveloppes = 12 enveloppes : 4 et 240 g : 4 = 60 g.
Donc 3 enveloppes pèsent 60 g.
27 enveloppes = $9 \times 3$ enveloppes et $9 \times 60$ g = 540 g.
Donc 27 enveloppes pèsent 540 g.

**21** Raphaël se trompe : il y a 15 balles donc le prix d'une balle vaut 15 fois moins que le prix de 15 balles.
Pour calculer le prix d'une balle, on effectue 12 divisé par 15.
12 € : 15 = 0,80 €.
Donc le prix d'une balle est 0,80 €.

**22** **a.** Calculer la quantité de boisson contenue dans une de ces canettes.
**b.** Calculer la quantité de boisson contenue dans 13 de ces canettes.

**23** 4,50 € : 5 = 0,90 €.
Donc 1 croissant coûte 0,90 €.
3 × 0,90 € = 2,70 €.
Donc 3 croissants coûtent 2,70 €.

**24** **a.** Cette inscription signifie que dans 100 g de crème, il y a 62 g de lait.
**b.** • 50 g = 100 g : 2 et 62 g : 2 = 31 g.
Donc dans 50 g de crème, il y a 31 g de lait.
• 300 g = 3 × 100 g et 3 × 62 g = 186 g.
Donc dans 300 g de crème, il y a 186 g de lait.

**25** **a.** 1 cm sur ce plan correspond à 2 000 cm soit 20 m dans la réalité.
**b.** 3 × 20 m = 60 m et 5,5 × 20 m = 110 m.
Les dimensions de ce stade dans la réalité sont 60 m et 110 m.
**c.** 400 : 20 = 20.
Donc il y a 20 cm sur le plan entre la mairie et l'école.

**26** **a.** 12 km **b.** 1,5 km
**c.** 13,5 km (12 km + 1,5 km = 13,5 km)

## Calcul mental

**27** **a.** 7,5 € **b.** 30 €
**c.** 22,50 € (15 € + 7,50 € = 22,50 € ou 30 € – 7,50 € = 22,50 €)

**28** **a.** 1,5 kg = 1 kg + 1 kg : 2 et 20 L + 20 L : 2 = 30 L.
Donc il faut 30 L de lait.
**b.** • 100 L = 5 × 20 L donc avec 100 L de lait, on obtient 5 L de beurre.
• 240 L = 12 × 20 L donc avec 240 L de lait, on obtient 12 L de beurre.

**29** **a.** 7,5 g **b.** 20 m **c.** 19 L
**d.** 6 kg **e.** 30 € **f.** 0,50 €

**30** **a.** 2 km **b.** 12 km **c.** 14 km (2 km + 12 km = 14 km)

## Je m'entraîne

**31** **a.** 30 maillons = 2 × 15 maillons et 90 cm = 2 × 45 cm.
Quand on multiplie le nombre de maillons par 2, la longueur est multipliée par 2, donc la longueur d'une chaîne est proportionnelle au nombre de maillons.
**b.** 30 maillons = 2 × 15 maillons, 2 × 9 € = 18 € et 18 € ≠ 16 €.
Quand on multiplie le nombre de maillons par 2, le prix n'est pas multiplié par 2, donc le prix n'est pas proportionnel au nombre de maillons.

**32** **a.** 3 × 2,90 € = 8,70 €.
Donc on va payer 8,70 € pour 3 kg.
**b.** 4,3 × 2,90 € = 12,47 €.
Donc on va payer 12,47 € pour 4,3 kg.

**33** **a.** 1,5 kg = 1 500 g = 5 × 300 g donc Manu peut nourrir son chat pendant 5 × 7 jours, c'est-à-dire pendant 35 jours, avec un sac de 1,5 kg.
**b.** 4 × 7 jours + 35 jours = 63 jours donc Manu peut nourrir son chat pendant 63 jours avec 4 boîtes et un sac.

**34** • 24 crêpes = 16 crêpes + 8 crêpes.
Donc 24 crêpes = 16 crêpes + 16 crêpes : 2.
• 50 g + 50 g : 2 = 50 g + 25 g = 75 g.
Donc il faut 75 g de beurre.
• 4 œufs + 4 : 2 œufs = 4 œufs + 2 œufs = 6 œufs.
Donc il faut 6 œufs.
• 250 g + 250 g : 2 = 250 g + 125 g = 375 g.
Donc il faut 375 g de farine.
• 0,5 L + 0,5 L : 2 = 0,5 L + 0,25 L = 0,75 L.
Donc il faut 0,75 L de lait.

**35** **a.** 8 tours = 3 tours + 5 tours et
2 580 m + 4 300 m = 6 880 m.
Donc en 8 tours, on parcourt 6 880 m.
**b.** 2 tours = 5 tours – 3 tours et
4 300 m – 2 580 m = 1 720 m.
Donc en 2 tours, on parcourt 1 720 m.
**c.** 7 tours = 5 tours + 2 tours et
4 300 m + 1 720 m = 6 020 m.
Donc en 7 tours, on parcourt 6 020 m.
**d.** 10 tours = 7 tours + 3 tours et
6 020 m + 2 580 m = 8 600 m.
Donc en 10 tours, on parcourt 8 600 m.
**e.** 1 tour = 8 tours – 7 tours et
6 880 m – 6 020 m = 860 m.
Donc en 1 tour, on parcourt 860 m.

**36** **1. a.** 2 tours = 4 tours : 2 et 14 m : 2 = 7 m.
Donc en 2 tours, elle parcourt 7 m.
**b.** 50 tours = 25 × 2 tours et 25 × 7 m = 175 m.
Donc en 50 tours, elle parcourt 175 m.
**c.** 52 tours = 50 tours + 2 tours et 175 m + 7 m = 182 m.
Donc en 52 tours, elle parcourt 182 m.
**d.** 48 tours = 50 tours – 2 tours et 175 m – 7 m = 168 m.
Donc en 48 tours, elle parcourt 168 m.
**2.** $\frac{280}{14} = 20$.
Donc 280 m = 20 × 14 m et 20 × 4 tours = 80 tours.
Donc elle doit effectuer 80 tours de pédalier pour parcourir 280 m.

**37** **1.** 1 min = 4 × 15 s et 4 × 17 = 68.
Donc en 1 minute, le cœur de Ludo effectue 68 battements. Ludo est donc en bonne santé.
**2. a.** 1 min 30 s = 1 min + 2 × 15 s et
68 + 2 × 17 = 68 + 34 = 102.
Donc en 1 min 30 s, son cœur effectue 102 battements.
**b.** 2 min 15 s = 2 × 1 min + 15 s et
2 × 68 + 17 = 136 + 17 = 153.
Donc en 2 min 15 s, son cœur effectue 153 battements.

**38** 56 : 70 = 0,8.

| **Nombre de pas** | 70 | 1 | 30 |
|---|---|---|---|
| **Distance** (en m) | 56 | **0,8** | **24** |

× **0,8**

**39** 6 : 4 = 1,5.

| Nombre de bouteilles | 4 | 1 | 6 | 10 |
|---|---|---|---|---|
| **Quantité d'eau** (en L) | **6** | **1,5** | **9** | **15** |

× 1,5

**40** • 84 Mo : 24 = 3,5 Mo.
Donc une photo occupe 3,5 Mo.

• 73 × 3,5 Mo = 255,5 Mo.
Donc 73 photos occupent 255,5 Mo.

**41** Sur le plan, l'aire de la chambre A fait 16 carreaux et celle de la chambre B fait 14 carreaux.

**a.** 12 m$^2$ : 16 = 0,75 m$^2$.
Donc l'aire représentée par un carreau est 0,75 m$^2$.

**b.** 14 × 0,75 m$^2$ = 10,5 m$^2$.
Donc l'aire de la chambre B est 10,5 m$^2$.

**42** **1. a.** 24 h : 6 = 4 h.
Donc il fait 1 tour en 4 h.

**b.** 13 × 4 h = 52 h.
Donc il fait 13 tours en 52 h.

**2. a.** 6 tours : 24 = 0,25 tour.
Donc il fait 0,25 tour en 1 h.

**b.** 9 × 0,25 tour = 2,25 tours.
Donc il fait 2,25 tours en 9 h.

**43** **1. a.** 180 tours : 15 = 12 tours.
Donc en 1 minute, les pales feront 12 tours.

**b.** 25 × 12 tours = 300 tours.
Donc en 25 min, les pales feront 300 tours.

**2. a.** 0,45 kW : 15 = 0,03 kW.
Donc en 1 minute, l'éolienne produira 0,03 kW.

**b.** 25 × 0,03 kW = 0,75 kW.
Donc en 25 min, l'éolienne produira 0,75 kW.

**44** **a.** • 45 $ : 40 = 1,125 $.
Donc Sarah a obtenu 1,125 $ pour 1 €.

• 250 × 1,125 $ = 281,25 $.
Donc Sarah a obtenu 281,25 $ pour 250 €.

**b.** 27 : 1,125 = 24.
Donc Sarah a obtenu 24 € pour 27 $.

**45** 405 m : 9 = 45 m et 4 × 45 m = 180 m.
Donc on a utilisé 180 m pour le terrain B.

**46** 240 g : 3 = 80 g.
Donc avec 1 €, on a 80 g de fromage.

• 2,5 × 80 g = 200 g.
Donc le premier morceau pèse 200 g.

• 540 : 80 = 6,75.
Donc le troisième morceau coûte 6,75 €.

**47** **a.**

| **Durée** (en h) | 10 | 20 | 30 | 40 |
|---|---|---|---|---|
| **Distance** (en km) | **15** | **30** | **45** | **60** |

**b.** 15 : 10 = 1,5 ; 30 : 20 = 1,5 ; 45 : 30 = 1,5 et 60 : 40 = 1,5.
Donc la distance parcourue est proportionnelle à la durée.

**48** **a.** 5 : 100 = 0,05 ; 10 : 200 = 0,05 ; 15 : 300 = 0,05 ; 20 : 400 = 0,05 et 25 : 500 = 0,05.
Donc la consommation est proportionnelle à la distance parcourue et cette voiture consomme 0,05 L pour 1 km.

**b.** 60 L = 6 × 10 L et 6 × 200 km = 1 200 km.
Donc cette voiture peut parcourir 1 200 km avec 60 L.

**49** **1. a** Le prix à payer pour 2 h est 4 €.

**b.** Le prix à payer pour 4 h est 7 €.

**2.** 4 h = 2 × 2 h mais 7 € ≠ 2 × 4 € donc le prix n'est pas proportionnel à la durée de stationnement.

**50** $\frac{7}{100}$ × 140 L = 0,07 × 140 L = 9,8 L.
Cela fait donc 9,8 L.

**51**

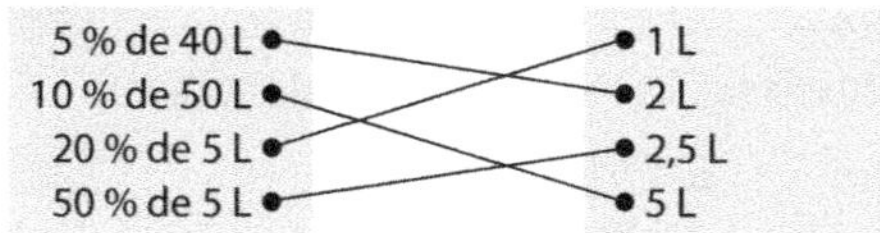


**52** **a.** $\frac{0,5}{100}$ × 10 950 000 km$^2$ = 0,005 × 10 950 000 km$^2$
= 54 750 km$^2$

Donc la superficie totale des parcs nationaux est 54 750 km$^2$.

**b.** $\frac{62}{100}$ × 54 750 km$^2$ = 0,62 × 54 750 km$^2$
= 33 945 km$^2$

Donc la superficie du parc amazonien de Guyane est 33 945 km$^2$.

**53** • $\frac{13}{100}$ × 60 = 0,13 × 60 = 7,8.
Donc il y a 7,8 millions de chiens.

• $\frac{18}{100}$ × 60 = 0,18 × 60 = 10,8.
Donc il y a 10,8 millions de chats.

• $\frac{53}{100}$ × 60 = 0,53 × 60 = 31,8.
Donc il y a 31,8 millions de poissons.

• $\frac{10}{100}$ × 60 = 6.
Donc il y a 6 millions d'oiseaux.

• 60 – (7,8 + 10,8 + 31,8 + 6) = 60 – 56,4 = 3,6.
Donc il y a 3,6 millions de rongeurs.

**54** **a.** $\frac{40}{100}$ × 60 € = 0,4 × 60 € = 24 €.
Le montant de la réduction est 24 €.

**b.** 60 € – 24 € = 36 €.
Le prix soldé est 36 €.

**55** **a.** $\frac{12,5}{100}$ × 12 h = 0,125 × 12 h = 1,5 h.
La durée du jour a augmenté de 1,5 h soit 1 h 30 min.

**b.** 12 h + 1 h 30 min = 13 h 30 min.
La durée du jour le 11 avril était de 13 h 30 min.

**56** 4 × 20 m = 80 m et 6 × 20 m = 120 m.
Donc les dimensions de cette place sont 80 m et 120 m.

**57** 1 cm sur le plan représente 30 000 cm soit 300 m dans la réalité.

**a.** Sur le plan, on mesure 4 cm entre l'Arc de Triomphe et la station de métro Franklin D. Roosevelt.

$4 \times 300$ m = 1 200 m.

Donc, il y a dans la réalité 1 200 m soit 1,2 km entre l'Arc de Triomphe et la station de métro Franklin D. Roosevelt.

**b.** 3,45 km = 3 450 m et 3 450 : 300 = 11,5.

Donc 11,5 cm séparent ces deux lieux sur le plan.

**58** • 200 km sont représentés par 10 cm donc 1 km est représenté par 10 : 200 cm c'est-à-dire par 0,05 cm.

• On peut construire ce tableau de proportionnalité.

| **Distance réelle** (en km) | 200 | 240 | 140 |
|---|---|---|---|
| **Distance sur la feuille** (en cm) | 10 | 12 | 7 |

$\times 0{,}05$

Donc les dimensions du triangle sont 10 cm, 12 cm et 7 cm.

• *Échelle* : $\frac{1}{2}$

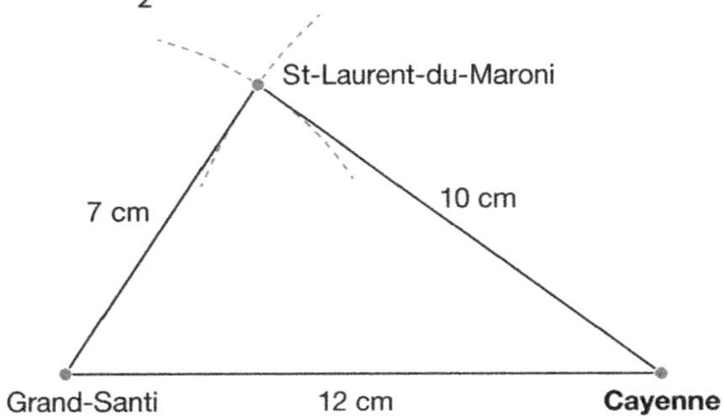


**59** • 1 cm sur le plan représente 50 000 cm soit 500 m dans la réalité.

1 m est donc représenté par 1 : 500 cm c'est-à-dire par 0,002 cm.

• 2,6 km = 2 600 m et 2 km = 2 000 m.

• On peut construire ce tableau de proportionnalité.

| **Distance réelle** (en m) | 400 | 1 400 | 2 000 | 2 600 |
|---|---|---|---|---|
| **Distance sur la feuille** (en cm) | 0,8 | 2,8 | 4 | 5,2 |

$\times 0{,}002$

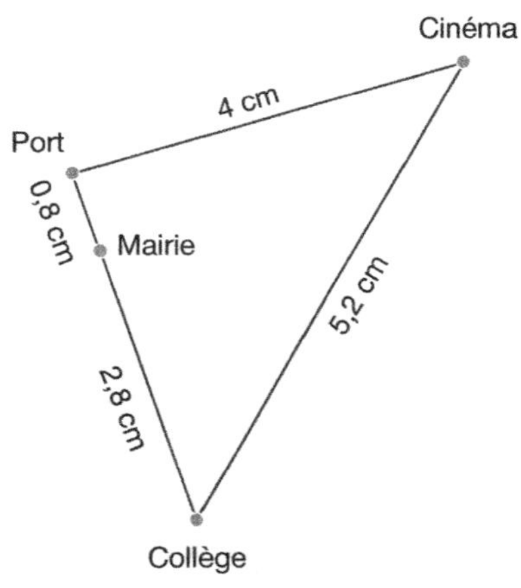


**60** 3 : 2 = 1,5.

Donc les longueurs sont multipliées par 1,5.

On peut construire ce tableau de proportionnalité.

| **Longueurs initiales** (en cm) | 2 | 3 | 5 | 4 |
|---|---|---|---|---|
| **Longueurs sur l'agrandissement** (en cm) | 3 | 4,5 | 7,5 | 6 |

$\times 1{,}5$

*Échelle* : $\frac{1}{2}$

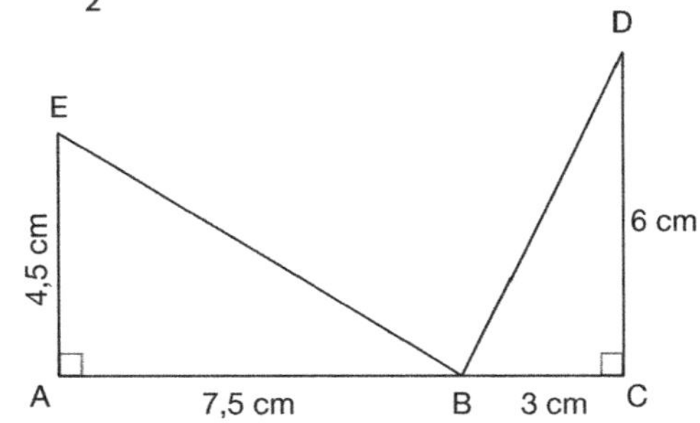


**61** 10 : 25 = 0,4.

Donc les longueurs sont multipliées par 0,4.

$0{,}4 \times 15$ cm = 6 cm.

Donc sur la réduction, les dimensions de l'écran sont 10 cm et 6 cm.

*Échelle* : $\frac{1}{2}$

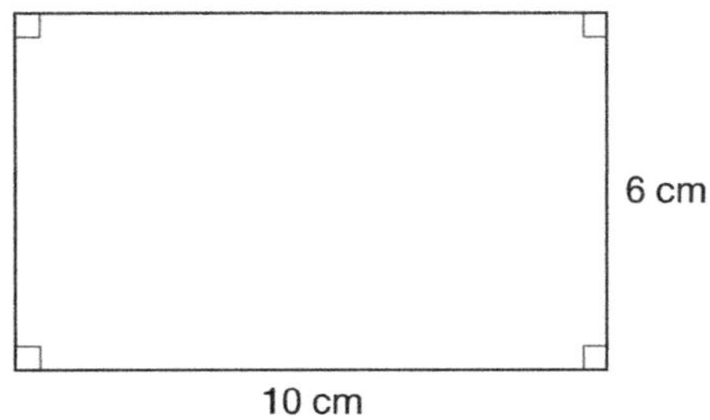


**62** 9 : 12 = 0,75.

Donc les longueurs sont multipliées par 0,75.

On peut construire ce tableau de proportionnalité.

| **Longueurs initiales** (en cm) | 12 | 14 | 10 |
|---|---|---|---|
| **Longueurs sur la réduction** (en cm) | 9 | 10,5 | 7,5 |

$\times 0{,}75$

*Échelle* : $\frac{1}{2}$

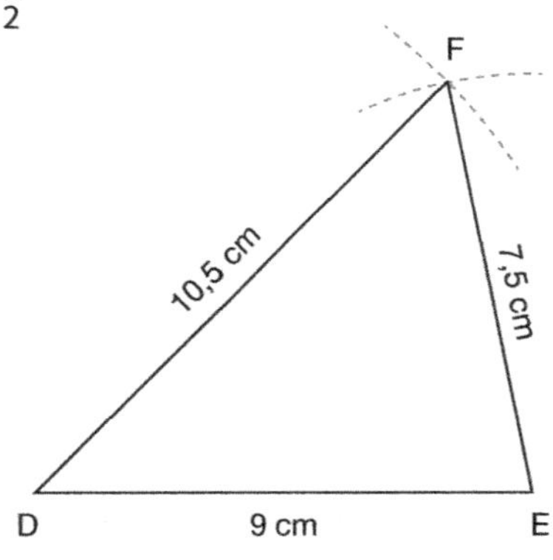

**63** 15 : 6 = 2,5 donc 15 km = 2,5 × 6 km.
2,5 × 20 min = 50 min.
Donc il faudra 50 min à la voiture pour parcourir les 15 km restants.

**64** • 500 m : 4 = 125 m.
Donc en 1 minute, Sonia parcourt 125 m.
• 30 × 125 m = 3 750 m.
Donc en 30 minutes, elle parcourt 3 750 m soit 3,75 km.

**65** • 30 points : 5 = 6 points donc un jeton vaut 6 points.
• 4 × 6 points = 24 points donc la pile B vaut 24 points.
• 7 × 6 points = 42 points donc la pile C vaut 42 points.
• 3 × 6 points = 18 points donc la pile D vaut 18 points.

**66** **a.** 9 bouteilles : 3 = 3 bouteilles et 12 L : 3 = 4 L.
3 bouteilles contiennent 4 L.
6 bouteilles = 2 × 3 bouteilles et 2 × 4 L = 8 L.
Donc 6 bouteilles contiennent 8 L.
**b.** 15 bouteilles = 9 bouteilles + 6 bouteilles et
12 L + 8 L = 20 L.
Donc 15 bouteilles contiennent 20 L.

**67** 9 € : 6 = 1,50 € donc un stylo coûte 1,50 €.
5 stylos coûtent 7,50 € et 11 stylos coûtent 16,50 €.

**68** • 60 mL + 30 mL + 10 mL = 100 mL.
Donc la recette donne les quantités pour 100 mL de vinaigrette.
• 150 mL = 100 mL + 100 mL : 2.
• 60 mL + 60 mL : 2 = 60 mL + 30 mL = 90 mL.
Donc il faut 90 mL d'huile.
• Il faut 2 fois moins de vinaigre que d'huile.
90 mL : 2 = 45 mL.
Donc il faut 45 mL de vinaigre.
• Il faut 3 fois moins de sauce soja que de vinaigre.
45 mL : 3 = 15 mL.
Donc il faut 15 mL de sauce soja.

**69** 100 % – 75 % = 25 %.
Donc 25 % soit un quart des élèves ont moins de 12 ans.
$\frac{25}{100} \times 80$ élèves $= \frac{1}{4} \times 80$ élèves $= \frac{80}{4}$ élèves = 20 élèves.
Donc 20 élèves ont moins de 12 ans.

**70** **a.** 1 h 30 min = 1 h + $\frac{1}{2}$ h et
600 km + $\frac{600}{2}$ km = 600 km + 300 km = 900 km.
Ce train parcourt 900 km en 1 h 30 min.
**b.** 1 h = 60 min et $\frac{600}{60}$ km = 10 km.
Donc ce train parcourt 10 km en 1 minute.
7 × 10 km = 70 km.
Ce train parcourt 70 km en 7 minutes.
**c.** 1 h 37 min = 1 h 30 min + 7 min et
900 km + 70 km = 970 km.
Donc ce train parcourt 970 km en 1 h 37 min.

## Je m'évalue à mi-parcours

**71** b. **72** c. **73** b. **74** b. **75** b. **76** a.

## Avec un logiciel ou une calculatrice

**77** **a.** 5,499 milliards de m³.
**b.** • 85 appareils défectueux dans l'usine A.
• 162 appareils défectueux dans l'usine B.
• 162 + 85 = 247.
Donc 247 appareils défectueux sont fabriqués dans la semaine dans les deux usines.

**78** **1.**

| | A | B | C |
|---|---|---|---|
| 1 | Prix initial | TVA | Prix TTC |
| 2 | 1 | 0,1 | 1,1 |
| 3 | 2 | 0,2 | 2,2 |
| 4 | 3 | 0,3 | 3,3 |
| 5 | 4 | 0,4 | 4,4 |
| 6 | 5 | 0,5 | 5,5 |
| 7 | 6 | 0,6 | 6,6 |
| 8 | 7 | 0,7 | 7,7 |
| 9 | 8 | 0,8 | 8,8 |
| 10 | 9 | 0,9 | 9,9 |
| 11 | 10 | 1 | 11 |
| 12 | 11 | 1,1 | 12,1 |
| 13 | 12 | 1,2 | 13,2 |
| 14 | 13 | 1,3 | 14,3 |
| 15 | 14 | 1,4 | 15,4 |
| 16 | 15 | 1,5 | 16,5 |
| 17 | 16 | 1,6 | 17,6 |
| 18 | 17 | 1,7 | 18,7 |
| 19 | 18 | 1,8 | 19,8 |
| 20 | 19 | 1,9 | 20,9 |
| 21 | 20 | 2 | 22 |
| 22 | 21 | 2,1 | 23,1 |
| 23 | 22 | 2,2 | 24,2 |
| 24 | 23 | 2,3 | 25,3 |
| 25 | 24 | 2,4 | 26,4 |
| 26 | 25 | 2,5 | 27,5 |
| 27 | 26 | 2,6 | 28,6 |
| 28 | 27 | 2,7 | 29,7 |
| 29 | 28 | 2,8 | 30,8 |
| 30 | 29 | 2,9 | 31,9 |
| 31 | 30 | 3 | 33 |

**2. a.** 0,40 € **b.** 13,20 € **c.** 12,10 €
**d.** En saisissant 7,5 dans la cellule A2 puis en validant, on lit que le prix TTC de cette salade est 8,25 €

| | A | B | C |
|---|---|---|---|
| 1 | Prix initial | TVA | Prix TTC |
| 2 | 7,5 | 0,75 | 8,25 |

## J'utilise mes compétences

**79** • $23\ € : 5 = 4{,}60\ €$.
Donc une perle « Marin » coûte 4,60 €.
• $35\ € : 7 = 5\ €$.
Donc une perle « Nature » coûte 5 €.
• $4 \times 4{,}60\ € + 5 \times 5\ € = 18{,}40\ € + 25\ € = 43{,}40\ €$.
Donc le prix du collier mixte devrait être 43,40 €.

**80** **a.** $180 + 500 + 920 = 1\ 600$.
Donc 1 600 élèves doivent utiliser ce gymnase.
**b.** $40 : 1\ 600 = 0{,}025$.
Donc 1 élève donne droit à 0,025 h d'occupation.

| **Effectif** | **1 600** | 180 | 500 | 920 |
|---|---|---|---|---|
| **Durée** (en h) | 40 | **4,5** | **12,5** | **23** |

$\times$ **0,025**

**81** • $13 \times 6 = 78$.
Donc l'aire du terrain est 78 m².
• $\frac{78}{4} \times 3 = 19{,}5 \times 3 = 58{,}5$.
Donc il faudra verser 58,5 brouettes (58 brouettes entières et une moitié de brouette).
• $58{,}5 \times 50\ \text{kg} = 2\ 925\ \text{kg}$.
Donc il faudra commander 2 925 kg de sable.

**82** • Jeff a peint 9 faces en 60 min, il met donc $\frac{60}{9}$ min soit $\frac{20}{3}$ min pour peindre une face.
• Il y a 15 faces à peindre sur le deuxième solide.
• $15 \times \frac{20}{3}\ \text{min} = \frac{15}{3} \times 20\ \text{min} = 5 \times 20\ \text{min} = 100\ \text{min}$.
Donc Jeff mettra 100 minutes soit 1 h 40 min pour peindre le second solide.
**b.** • $2{,}7\ \text{L} : 9 = 0{,}3\ \text{L}$.
Donc Jeff utilise 0,3 L pour peindre une face.
• $15 \times 0{,}3\ \text{L} = 4{,}5\ \text{L}$.
Donc Jeff va utiliser 4,5 L de peinture pour le deuxième solide.

**83** • Une cabine effectue un tour en 24 minutes donc elle tourne de 360° en 24 minutes.
• $360° : 24 = 15°$.
Donc en 1 minute, la cabine tourne de 15°.
• $10 \times 15° = 150°$.
Donc en 10 minutes, la cabine tourne de 150°.
*Échelle* : $\frac{1}{2}$

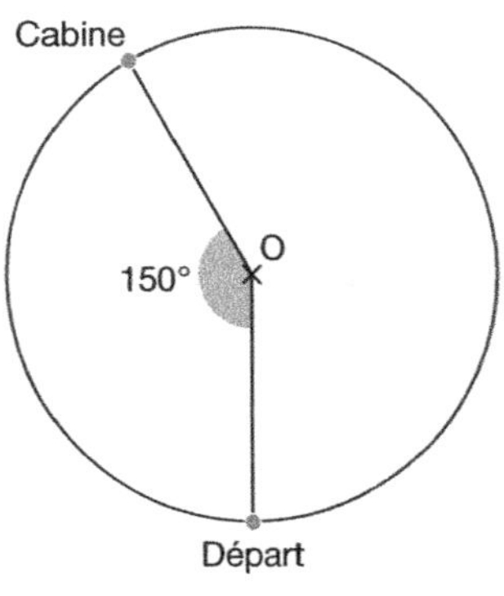


**84** La grande aiguille tourne de 360° en 60 minutes.
**a.** $\frac{70}{100} \times 360° = 0{,}7 \times 360° = 252°$.
Donc l'aiguille a tourné de 252°.
**b.** $\frac{70}{100} \times 60\ \text{min} = 0{,}7 \times 60\ \text{min} = 42\ \text{min}$.
L'aiguille a mis 42 minutes pour effectuer ce parcours.

**85** $\frac{8}{100} \times 5\ \text{L} = 0{,}08 \times 5\ \text{L} = 0{,}4\ \text{L}$.
$5\ \text{L} + 0{,}4\ \text{L} = 5{,}4\ \text{L}$.
Donc avec la climatisation, la voiture de Sophie consomme 5,4 L et non 5,8 L.
L'affirmation est fausse.

**86** • $\frac{15}{100} \times 7\ \text{L} = 0{,}15 \times 7\ \text{L} = 1{,}05\ \text{L}$.
Quand Fabio roule plus lentement, sa voiture consomme 1,05 L de moins pour 100 km.
• $7\ \text{L} - 1{,}05\ \text{L} = 5{,}95\ \text{L}$.
Donc quand Fabio roule plus lentement, sa voiture consomme 5,95 L pour 100 km.

**87** • $\frac{51{,}6}{100} \times 66{,}3 = 34{,}210\ 8$ et
$66{,}3 - 34{,}210\ 8 = 32{,}089\ 2$.
Donc il y avait 34,210 8 millions de femmes et 32,089 2 millions d'hommes.
• $34{,}210\ 8 - 32{,}089\ 2 = 2{,}121\ 6$.
Donc il y avait 2,121 6 millions de femmes de plus que d'hommes.

**88** **Traduction :**
**a.** *Tracer un rectangle de 7 cm sur 5 cm.*
**b.** *Colorer en vert 40 % de l'aire de ce rectangle.*
**c.** *Construire un carré dont le périmètre représente 150 % du périmètre de ce rectangle.*

**Réponse :**
**a.** et **b.**
• $5 \times 7 = 35$.
Donc l'aire du rectangle est 35 cm².
• $\frac{40}{100} \times 35\ \text{cm}^2 = 0{,}4 \times 35\ \text{cm}^2 = 14\ \text{cm}^2$.
Donc il faut colorer 14 cm², ce qui correspond par exemple à l'aire d'un rectangle de 7 cm sur 2 cm.
*Échelle* : $\frac{1}{2}$

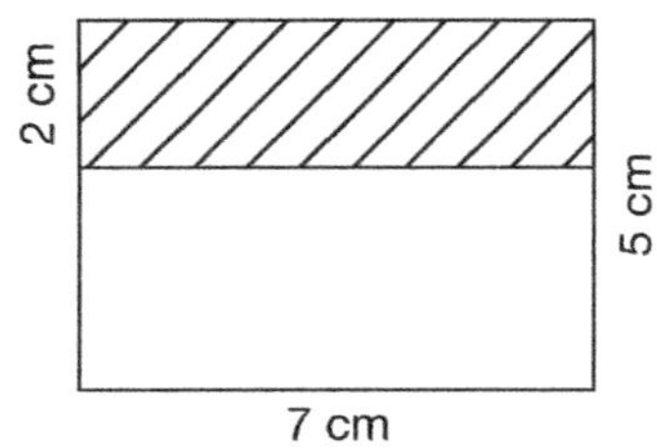


**c.** • $2 \times 7\ \text{cm} + 2 \times 5\ \text{cm} = 24\ \text{cm}$.
Donc le périmètre du rectangle est de 24 cm.
• $\frac{150}{100} \times 24\ \text{cm} = 1{,}5 \times 24\ \text{cm} = 36\ \text{cm}$.
Donc le périmètre du carré est de 36 cm.
• $36\ \text{cm} : 4 = 9\ \text{cm}$.
Donc un côté du carré mesure 9 cm.

*Échelle* : $\frac{1}{2}$

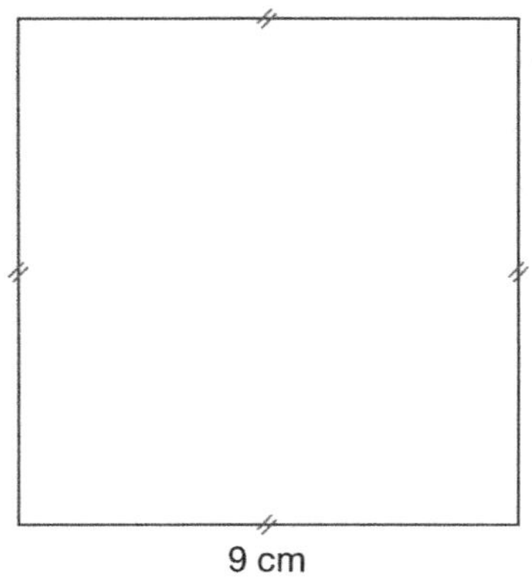


**89** **a.** 2,5 dL : 1 = 2,5 dL ; 5 dL : 2 = 2,5 dL ;
7,5 dL : 3 = 2,5 dL ; 10 dL : 4 = 2,5 dL ;
12,5 dL : 5 = 2,5 dL et 15 dL : 6 = 2,5 dL.
Donc la quantité d'eau qui s'écoule est proportionnelle à la durée, et chaque heure il s'écoule 2,5 dL.

**b.** 25 L = 250 dL = 100 × 2,5 dL.
Donc 1 seau de 25 L sera rempli en 100 h.

**90** • 3 L + 7 L = 10 L.
Donc pour préparer 10 L de cocktail, Manon mélange 3 L de jus d'ananas et 7 L de jus d'orange.

• 3 L : 10 = 0,3 L et 7 L : 10 = 0,7 L.
Donc pour préparer 1 L de cocktail, Manon mélange 0,3 L de jus d'ananas et 0,7 L de jus d'orange.

• 4 × 0,3 L = 1,2 L et 4 × 0,7 L = 2,8 L.
Donc pour préparer 4 L de cocktail, Manon doit mélanger 1,2 L de jus d'ananas et 2,8 L de jus d'orange.

**91** **1.** 2 400 € – 1 920 € = 480 €.
Donc l'écart de salaire entre un homme et une femme est de 480 €.

**2. a.** • $\frac{20}{100}$ × 2 400 € = 0,2 × 2 400 € = 480 €.
Donc l'affirmation de *Mon hebdomadaire* est vraie.

• $\frac{25}{100}$ × 1 920 € = $\frac{1920 €}{4}$ = 480 €.
Donc l'affirmation de *Mon quotidien* est vraie.

**b.** C'est *Mon quotidien* qui met le plus en évidence l'inégalité de salaire femme-homme (25 % semble plus important que 20 %).

**92** 1 cm sur la carte représente 8 km.
Le trajet d'Adam mesure 4,5 cm sur la carte.
4,5 × 8 km = 36 km.
Donc Adam doit parcourir 36 km.
36 : 5 = 7,2.
Donc la balade va durer 7,2 h.
7,2 h = 7 h + 0,2 h = 7 h + 0,2 × 60 min = 7 h 12 min.
Donc la balade va durer 7 h 12 min.

Adam doit partir au plus tard à 11 h 48.

**93** 13 € peut être le prix de 5 ou 6 macarons.

• Si c'est 5 : un macaron coûte 2,60 €, 6 coûtent 15,60 €, 8 coûtent 20,80 € et 9 coûtent 23,40 €.

• Si c'est 6 : 8 macarons coûteraient environ 17,33 € et non 20,80 €. Donc ce n'est pas possible.

• Le prix à inscrire sur la quatrième étiquette est 15,60 €.

**94** 15 × 12 = 180.
Donc un ouvrier seul construit ce mur en 180 jours.
180 : 10 = 18.
Donc 10 ouvriers construisent ce mur en 18 jours.

**95** • L'aire de la parcelle A fait 7 carreaux ; l'aire de la parcelle B fait 3 carreaux et l'aire de la parcelle C fait 5 carreaux.

• Supposons que l'aire de la parcelle B soit 210 m$^2$.
210 m$^2$ : 3 = 70 m$^2$.
Donc l'aire d'un carreau est 70 m$^2$.
7 × 70 m$^2$ = 490 m$^2$ et 5 × 70 m$^2$ = 350 m$^2$.
Donc l'aire de la parcelle A est 490 m$^2$ et l'aire de la parcelle C est 350 m$^2$.
Aucune des trois parcelles n'a pour aire 294 m$^2$ donc l'aire de la parcelle B n'est pas 210 m$^2$.
C'est donc la parcelle C qui a pour aire 210 m$^2$.

• 210 m$^2$ : 5 = 42 m$^2$
Donc l'aire d'un carreau est 42 m$^2$.
7 × 42 m$^2$ = 294 m$^2$ et 3 × 42 m$^2$ = 126 m$^2$.
Donc l'aire de la parcelle A est 294 m$^2$ et l'aire de la parcelle B est 126 m$^2$.

• 294 m$^2$ + 210 m$^2$ + 126 m$^2$ = 630 m$^2$.
Donc l'aire du champ est 630 m$^2$.

## Accompagnement personnalisé

**96** **1. a.** 3 boîtes = 6 boîtes : 2 et 15 kg : 2 = 7,5 kg.
Donc 3 boîtes pèsent 7,5 kg.

**b.** 2 boîtes = 6 boîtes : 3 et 15 kg : 3 = 5 kg.
Donc 2 boîtes pèsent 5 kg.

**c.** 5 boîtes = 3 boîtes + 2 boîtes et 7,5 kg + 5 kg = 12,5 kg.
Donc 5 boîtes pèsent 12,5 kg.

**2.** 25 kg = 2 × 12,5 kg et 2 × 5 boîtes = 10 boîtes.
Donc Léo a 10 boîtes dans son chariot.

**97** **1. a.** 4 × 8 € = 32 €.
Donc 4 L coûtent 32 €.

**b.** 1,6 × 8 € = 12,80 €.
Donc 1,6 L coûte 12,80 €.

**c.** 5,6 L = 4 L + 1,6 L et 32 € + 12,80 € = 44,80 €.
Donc 5,6 L coûtent 44,80 €.

**2.** 30 : 8 = 3,5.
Donc avec 30 € on a 3,5 L.

**98** • 17 € : 10 = 1,70 €.
Donc avec la première offre, 1 savon coûte 1,70 €.

• 32 € : 25 = 1,28 €.
Donc avec la deuxième offre, 1 savon coûte 1,28 €.

• La deuxième offre est la plus intéressante.

**99** 6 kg : 48 = 0,125 kg.
Donc un pot nécessite 0,125 kg d'abricots.
120 × 0,125 kg = 15 kg.
Donc 120 pots nécessitent 15 kg d'abricots.

**100** • 1 cm sur la carte représente 5 km.
Sur la carte, il reste 2,8 cm à parcourir.
2,8 × 5 km = 14 km donc ils doivent encore parcourir 14 km.
• 1,2 × 5 km = 6 km.
Donc Alex et Chloé ont parcouru 6 km en 15 minutes.
15 min : 6 = 2,5 min.
Donc ils effectuent 1 km en 2,5 min.
14 × 2,5 min = 35 min.
Donc ils seront à Port-Cros 35 minutes après être passés au large de Porquerolles, c'est-à-dire à 10 h 35.

**101** • $\frac{70,7}{100} \times 510 = 360,57$.
Donc les océans occupent une superficie de 360,57 millions de km$^2$.
• 100 % – 5 % = 95 % donc 95 % des fonds sont inexplorés.
$\frac{95}{100} \times 360,57 = 342,541\,5$.
Donc les fonds des océans inexplorés occupent une superficie de 342,541 5 millions de km$^2$.
• 552 000 km$^2$ = 0,552 millions de km$^2$.
600 × 0,552 = 331,2.
Donc 600 fois la superficie de la France métropolitaine correspond à une superficie de 331,2 millions de km$^2$.
• 342,541 5 > 331,2 donc les fonds des océans inexplorés représentent bien plus de 600 fois la superficie de la France métropolitaine.

**102** $\frac{25}{100} \times 1\,100$ mL = 275 mL et
1 100 mL + 275 mL = 1 375 mL = 1,375 L.
Le flacon contient 1,375 L.
$\frac{4,4\ €}{1,375} = 3,20$ €.
Donc le prix d'un litre est 3,20 €.

## Tâches complexes

**103** • En 25 min, Léonie a parcouru 5 miles.
25 minutes : 5 = 5 minutes.
Donc Léonie parcourt 1 mile en 5 minutes.
• 3 + 3 + 5 = 11.
Donc Léonie doit encore parcourir 11 miles avant d'être de retour.
• 11 × 5 minutes = 55 minutes.
Donc Léonie sera de retour dans 55 min.

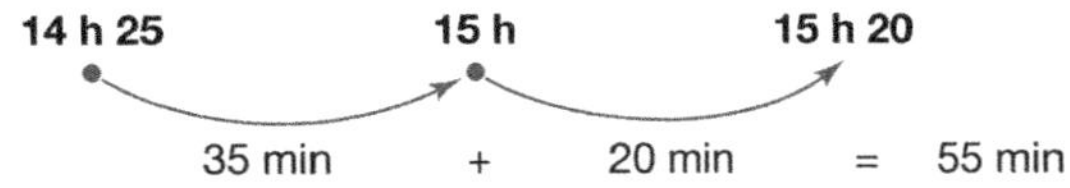


Donc Léonie sera de retour à 15 h 20 (heure anglaise).
• Quand il est 16 h 30 en France, il est 15 h 30 en Angleterre.
Léonie doit donc être rentrée avant 15 h 30 (heure anglaise), ce qui sera normalement le cas (elle aura même 10 min pour se connecter).

**104** Dans le tableau ci-dessous, les poids sont en kg.

| | Apolline | Robin | Indira | Diego |
|---|---|---|---|---|
| **Âge** | 4 ans | 6 ans | 9 ans | 8 ans |
| **Poids habituel** | 16,5 | 20 | 29 | 25 |
| **Poids à l'hôpital** | 15,8 | 17,5 | 27,8 | 23 |
| **Perte de poids de 5 %** | 0,825 | 1 | 1,45 | 1,25 |
| **Poids après une perte de 5 %** | 15,675 | 19 | 27,55 | 23,75 |
| **Perte de poids de 10 %** | 1,650 | 2 | 2,9 | 2,5 |
| **Poids après une perte de 10 %** | 14,85 | 18 | 26,1 | 22,5 |

Apolline peut retourner chez elle sans surveillance particulière.
Robin doit être hospitalisé.
Indira peut retourner chez elle sans surveillance particulière.
Diego peut retourner chez lui, mais un traitement va être prescrit et il devra être surveillé par ses parents.

CHAPITRE 6

# Organisation et gestion de données

## INTENTIONS PÉDAGOGIQUES

### 1 Le point sur le cycle 3

Les élèves ont été familiarisés avec les tableaux, les diagrammes et les graphiques depuis plusieurs années déjà.

- En CM1 et en CM2 :

– les élèves ont été habitués à prélever des informations dans des tableaux, dans des représentations graphiques, à partir d'un support unique (texte, tableau ou représentation graphique) en CM1, à partir de deux supports complémentaires en CM2 ;
– ils ont complété ou produit des tableaux, des diagrammes ou des graphiques organisant des données numériques ;
– ils ont appris à lire les coordonnées d'un nœud de quadrillage, d'une case d'échiquier.

- En 6e, on réinvestit toutes ces compétences, on les consolide et on les enrichit.

On pourra aller vers des tâches plus complexes, comme la prise d'informations à partir de supports variés.
On organise et on traite des données issues de résultats de mesures, extraites d'articles de journaux, issues d'autres enseignements (sciences et technologie, EPS, histoire et géographie…).
Pour cela, on utilise les représentations usuelles :
– réalisation de tableaux à plusieurs colonnes, de tableaux à double entrée ;
– réalisation de diagrammes en bâtons, de diagrammes circulaires ou semi-circulaires (liée pour ces derniers à l'utilisation du rapporteur) ;
– réalisation de graphiques cartésiens.

### 2 Je découvre

**Activité 1**

L'objectif de cette activité est de se familiariser avec la présentation de données dans un tableau.
Cette activité met en évidence trois présentations possibles des données :
– tableau à deux lignes présentant les sports favoris des élèves d'une classe de 6e et le nombre d'élèves par sport ;
– tableau à deux colonnes présentant le nombre de filles et le nombre de garçons de cette classe ;
– tableau à double entrée présentant la répartition des filles et des garçons de cette classe selon leur sport favori.

On pourra faire observer la perte d'informations entre les données brutes et les informations présentées dans les deux premiers tableaux, mais aussi l'intérêt d'avoir une vision d'ensemble.
On pourra expliquer l'intérêt de mettre un titre à chaque ligne (ou à chaque colonne) d'un tableau.
On pourra faire ajouter une ligne « Total » et une colonne « Total » au tableau à double entrée et permettre de retrouver ainsi les nombres obtenus dans les deux premiers tableaux.
On a choisi de ne pas compléter la case en haut à gauche du tableau à double entrée pour ne pas compliquer davantage.
La question 2. b. peut conduire à un débat dans la classe avant qu'une synthèse ne soit faite.

**Activité 2**

L'objectif de cette activité est de se familiariser avec la représentation de données par un diagramme en bâtons.
On commence par faire réaliser un nouveau tableau (à deux lignes ou deux colonnes au choix de l'élève) à partir des données de l'activité 1.
On pourra attirer l'attention des élèves sur le fait d'indiquer l'unité dans le titre d'une ligne ou d'une colonne, si le cas se présente comme ici. On passe ainsi d'un tableau tel que celui présenté dans le QCM « Vu au Cycle 3 » où l'unité « ans » est écrite dans chaque case de la première ligne du tableau à un tableau où le titre d'une ligne (ou d'une colonne) est « Âge (en ans) » avec des nombres dans les cases de la ligne. Ce passage ne se fait pas naturellement, il sera pertinent d'y travailler.
Ensuite, on représente ces données par un diagramme en bâtons. Le diagramme a été commencé pour aider les élèves ; il est à reproduire et à compléter.
Une remarque sur le dessin des bâtons : on a fait le choix de mieux visualiser l'extrémité supérieure de chaque bâton par un petit trait horizontal, ceci pour faciliter la lecture des élèves. En effet, comme le dit Bernard Parzysz, « les bâtons ne sont utiles que par leur extrémité supérieure, et ne servent en fait qu'à *faire voir* cette extrémité ».
On a choisi de faire réaliser un diagramme en bâtons dans cette activité pour que ce chapitre puisse être traité tôt dans l'année, sans attendre que les élèves aient appris à utiliser le rapporteur nécessaire dans la réalisation d'un diagramme circulaire ou semi-circulaire.
Une dernière remarque : vous noterez que l'on a réalisé de véritables diagrammes en bâtons. On insiste sur ce point car trop souvent on voit des diagrammes en barres que l'on intitule à tort diagrammes en bâtons. Or un diagramme en barres est adapté à la représentation d'une variable qualitative alors qu'un diagramme en bâtons est adapté à la représentation d'une variable quantitative discrète.

### Activité 3

L'objectif de cette activité est de « prélever des informations à partir de supports variés », conformément au programme.

Dans ce cas, il y a trois supports :

– le texte de l'activité, où l'on retiendra que tous les élèves de la classe participent au cross ;

– l'affiche, où les élèves devront extraire les distances parcourues par les élèves, en fonction de leur sexe et de leur âge ;

– des données brutes de l'activité 1.

On utilise encore ici des données de la première activité.

## 3 J'apprends et j'applique le cours

### J'apprends le cours

- Lors du QCM « Vu au cycle 3 », on peut étudier le cours 1. Tableaux (paragraphe A).
- Suite à l'activité 1, on peut étudier le cours 1. Tableaux (paragraphes B et C).
- Suite à l'activité 2, on peut étudier le cours 2. Représentations graphiques (paragraphe A).
- Lors d'une autre séance, on peut s'appuyer sur les exemples proposés au cours 2 (paragraphe B et C) pour réactualiser les compétences sur les diagrammes circulaires et semi-circulaires ainsi que sur les graphiques cartésiens, essentiellement en ce qui concerne la lecture de ces représentations graphiques.
- On pourra faire le lien entre diagramme circulaire (ou semi-circulaire) et pourcentages.
- Avec l'exemple du graphique cartésien, on prendra soin d'attirer l'attention des élèves sur un aspect primordial : lire en premier lieu les légendes indiquées sur les axes.

Une remarque sur l'absence de flèche au bout des axes : d'une part, on a fait le choix d'uniformiser les représentations avec celles proposées par un tableur ; d'autre part, lorsque les modalités d'une variable qualitative sont à porter horizontalement, il ne saurait y avoir d'axe (horizontal). Pour ces raisons, on a fait le choix de ne pas rentrer dans ce type de distinction en 6^e^ et donc de ne pas mettre de flèche au bout des axes d'un graphique.

### Exercice résolu 1

« Exploiter et communiquer des résultats de mesures ». Cet objectif du programme est abordé lors de cet exercice résolu.

On communique les résultats des mesures faites par un cultivateur en réalisant un tableau à double entrée.

On commence par sensibiliser les élèves aux données qui seront écrites dans les lignes et dans les colonnes de ce tableau. On prépare ainsi le tableau avec les titres dans la première ligne et la première colonne ; puis on écrit dans ce tableau les données de l'énoncé.

L'ajout d'une colonne « Total » et d'une ligne « Total » permet d'une part d'exploiter toutes les données de l'énoncé, d'autre part de pouvoir compléter toutes les cases du tableau par calcul. En effet, on attire l'attention des élèves sur le fait qu'on peut compléter une case lorsqu'elle est la seule non remplie dans une ligne ou dans une colonne.

On signale aussi aux élèves que l'on peut compléter les cases non remplies de plusieurs façons.

### Exercice résolu 4

Dans cet exercice, l'objectif est de « représenter des données par un diagramme circulaire », conformément au programme.

Cet exercice, les exercices 5 et 6 sur le même modèle, ainsi que les exercices 26 et 27 ne pourront être abordés que lorsque les élèves auront appris à utiliser le rapporteur. Il sera pertinent de montrer aux élèves que cet instrument est utile dans un autre domaine que la géométrie.

Le lien sera fait à cette occasion avec un tableau de proportionnalité, donnant du sens au fait que les mesures des angles sont proportionnelles aux nombres ou aux pourcentages qu'ils représentent.

On veillera à ce que les élèves fassent de tels diagrammes avec soin (coloriage, légendes). Il s'agit de communiquer des données : tout diagramme doit pouvoir être compris sans explication complémentaire.

## 4 Compléments

### Tableaux

Les exercices 7 à 9 de la rubrique À l'oral et l'exercice 14 de Je m'entraîne permettent de réactiver les compétences en lecture de tableaux.

Les exercices 15 à 18 conduisent les élèves à produire des tableaux à deux lignes ou deux colonnes. On notera que les supports proposés sont variés (décomptes que connaissent bien certains sportifs, diagramme en barres horizontales, diagramme en toile).

À partir de l'exercice 19 et jusqu'à l'exercice 22, il s'agit de travailler avec des tableaux à double entrée. Une progressivité étudiée permet aux élèves de devenir peu à peu autonomes dans la réalisation d'un tel tableau. Ces exercices seront utilement complétés par les exercices 2 et 3.

### Représentations graphiques

Les exercices 10, 11 et 13 de la rubrique À l'oral permettent de réactiver les compétences en lecture de diagrammes et de graphiques cartésiens.

Dans les exercices 23 et 24 de Je m'entraîne, les élèves sont amenés à réaliser des diagrammes en bâtons.

Dans l'exercice 26, comme dans les exercices 5 et 6, les élèves réalisent des diagrammes circulaires, tandis que dans l'exercice 27, ils réalisent des diagrammes semi-circulaires.

Les exercices 28 à 30 concernent des graphiques cartésiens, lecture et interprétation d'abord, réalisation ensuite.

## Avec un logiciel

• Dans l'exercice 38, l'élève doit commencer par saisir de nombreuses données dans un tableau.

Toutes les étapes sont détaillées, les formules sont indiquées. L'élève est ainsi guidé pour présenter les données.

Une fois le tableau réalisé, on demande à l'élève d'interpréter les résultats obtenus puis on fait effectuer deux tris. Ainsi, l'élève peut observer que la région qui possède le plus de sites photovoltaïques n'est pas la région qui a la plus grande puissance raccordée.

• Dans l'exercice 39, l'élève représente les données de l'exercice précédent par un diagramme en barres. Là aussi, il est très guidé.

L'utilisation d'un tableur-grapheur dans ces pages permet d'accéder à une situation qui n'aurait pas pu être traitée sans tableur.

## J'utilise mes compétences

Les exercices de ces pages portent sur la lecture et sur la réalisation de tableaux, sur la lecture et la réalisation de diagrammes divers. Tous prennent appui sur des situations concrètes (par exemple, lire un horaire de bus, lire les résultats d'une enquête sur un diagramme circulaire, réaliser un tableau à double entrée sur des médailles sportives, réaliser un diagramme en bâtons à partir des meilleures performances annuelles au 100 m masculin).

## Tâches complexes

• L'exercice 56, si on le souhaite, peut être envisagé en travail de groupe.

Pour répondre à la question posée, les élèves doivent collecter des informations qui sont soit dans l'énoncé, soit dans les quatre documents proposés. Lecture de carte, lecture de tableau (une forme différente des tableaux habituels) sont des compétences de cette tâche complexe.

Le travail de groupe peut permettre aux élèves d'échanger, de s'aider dans la compréhension du problème, dans la compréhension de ses différentes étapes…

• L'exercice 57, si on le souhaite, peut aussi être envisagé en travail de groupe.

Il s'agit de réaliser un article pour le blog du collège.

Les réalisations prévues sont multiples :

- rendre compte de la rencontre littéraire ;
- réaliser un tableau à double entrée ;
- réaliser un diagramme en barres ;
- commenter les votes.

Le travail de groupe peut permettre aux élèves d'échanger, de se mettre d'accord pour réaliser chaque élément de cette tâche.

Cette tâche peut être traitée dans le cadre d'un travail interdisciplinaire accompagné par les professeurs de mathématiques et de français.

# CORRIGÉS

## Vu au cycle 3

**1.b. 2.a.** et **c. 3.c. 4.b.** et **c. 5.b.** et **c.**

## Je découvre

### Activité 1

**1 a.**

| **Sport favori** | Tennis | Football | Basket | Rugby | Natation |
|---|---|---|---|---|---|
| **Nombre d'élèves** | 5 | 6 | 5 | 4 | 4 |

**b.**

| **Nombre de filles** | **Nombre de garçons** |
|---|---|
| 11 | 13 |

**2 a.**

| | **Tennis** | **Football** | **Basket** | **Rugby** | **Natation** |
|---|---|---|---|---|---|
| **Nombre de filles** | 2 | 3 | 4 | 0 | 2 |
| **Nombre de garçons** | 3 | 3 | 1 | 4 | 2 |

**b. Les avantages** : on voit bien en même temps le nombre de filles, le nombre de garçons et le sport favori (par exemple, 4 filles ont le basket comme sport favori).

On a la possibilité de vérifier :

$2 + 3 = 5 ; 3 + 3 = 6 ; 4 + 1 = 5 ; 0 + 4 = 4 ; 2 + 2 = 4$

On retrouve ainsi la ligne « Nombre d'élèves » du premier tableau.

$2 + 3 + 4 + 0 + 2 = 11 ; 3 + 3 + 1 + 4 + 2 = 13$

On retrouve ainsi les nombres de la deuxième ligne du deuxième tableau.

**Les inconvénients** : ce tableau est plus long à réaliser que les deux tableaux précédents. Sa lecture est moins facile, il faut faire attention aux titres des lignes et des colonnes.

### Activité 2

**a.**

| **Âge** (en ans) | 10 | 11 | 12 | 13 |
|---|---|---|---|---|
| **Nombre d'élèves** | 4 | 8 | 10 | 2 |

**b.**

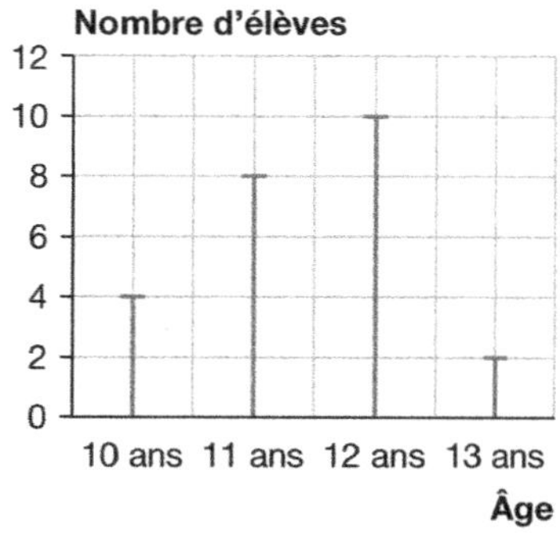

**Activité 3**

On recueille les données dans l'activité 1.

- Nombre de benjamines de 10 ou 11 ans : 6
- Nombre de benjamins de 10 ou 11 ans : 6

Nombre de benjamins F et G de 12 ans : 10

Nombre de minimes F de 13 ans : 0

$6 + 10 + 0 = 16$

- Nombre de minimes G de 13 ans : 2

6 élèves font 2 100 m, 16 élèves 2 450 m et 2 élèves 3 100 m.

$2\,100 \text{ m} \times 6 = 12\,600 \text{ m}$

$2\,450 \text{ m} \times 16 = 39\,200 \text{ m}$

$3\,100 \text{ m} \times 2 = 6\,200 \text{ m}$

$12\,600 \text{ m} + 39\,200 \text{ m} + 6\,200 \text{ m} = 58\,000 \text{ m}$

$58\,000 \text{ m} = 58 \text{ km}$

Les élèves de cette classe ont parcouru une distance totale de 58 000 m, soit 58 km.

## J'applique le cours

**2 a.**

| | Dériveur | Planche | Catamaran | Total |
|---|---|---|---|---|
| **Juillet** | 120 | 24 | | 240 |
| **Août** | 180 | 92 | | |
| Total | | | 188 | |

**b.** Exemple de démarche :

$120 + 180 = 300$ ❶

$24 + 92 = 116$ ❷

$240 - (120 + 24) = 240 - 144 = 96$ ❸

$188 - 96 = 92$ ❹

$180 + 92 + 92 = 364$ ❺

$364 + 240 = 604$ ❻

Voici le tableau complété.

| | Dériveur | Planche | Catamaran | Total |
|---|---|---|---|---|
| **Juillet** | 120 | 24 | **96 ❸** | 240 |
| **Août** | 180 | 92 | **92 ❹** | **364 ❺** |
| Total | **300 ❶** | **116 ❷** | 188 | **604 ❻** |

**3 1re étape**

| | Nice | Grenoble | Lille | Total |
|---|---|---|---|---|
| **Nombre d'alarmes en bon état** | | | | 7 900 |
| **Nombre d'alarmes défectueuses** | 160 | | 154 | 380 |
| Total | 3 360 | 1 266 | | |

**2e étape**

Exemple de démarche :

- $3\,360 - 160 = 3\,200$ ❶
- $7\,900 + 380 = 8\,280$ ❷
- $380 - (160 + 154) = 380 - 314 = 66$ ❸
- $1\,266 - 66 = 1\,200$ ❹
- $7\,900 - (3\,200 + 1\,200) = 7\,900 - 4\,400 = 3\,500$ ❺
- $3\,500 + 154 = 3\,654$ ❻

Voici le tableau complété.

| | Nice | Grenoble | Lille | Total |
|---|---|---|---|---|
| **Nombre d'alarmes en bon état** | **3 200 ❶** | **1 200 ❹** | **3 500 ❺** | 7 900 |
| **Nombre d'alarmes défectueuses** | 160 | **66 ❸** | 154 | 380 |
| Total | 3 360 | 1 266 | **3 654 ❻** | **8 280 ❷** |

**5 a.** Le tableau ci-dessous est un tableau de proportionnalité.

$360 = 120 \times 3$

Ainsi, le coefficient de proportionnalité est 3.

$32 \times 3 = 96$

L'angle pour la catégorie « Benjamin » mesure bien 96°.

| | Microbe | Poussin | Benjamin | Minime | Total |
|---|---|---|---|---|---|
| **Nombre de membres** | 12 | 28 | 32 | 48 | 120 |
| **Mesure de l'angle** (en °) | 36 | 84 | 96 | 144 | 360 |

× 3

**b.** Voici le diagramme circulaire.

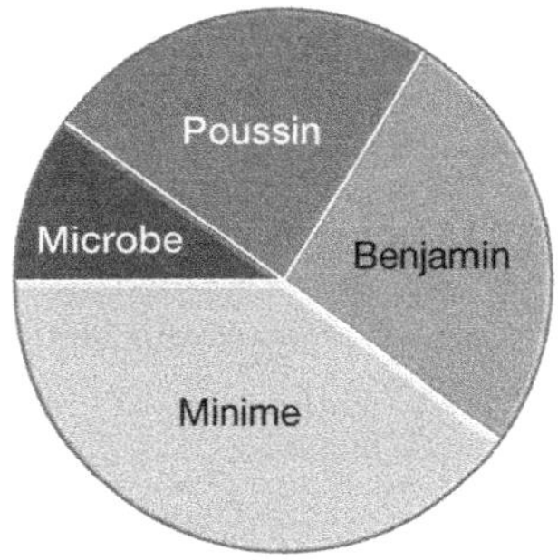


**6 a.** $10 + 18 + 21 + 8 + 3 = 60$

60 enfants ont été interrogés.

**b.** Le tableau ci-dessous est un tableau de proportionnalité.

$360 = 60 \times 6$

Ainsi, le coefficient de proportionnalité est 6.

$10 \times 6 = 60$ donc l'angle pour la couleur Rouge mesure 60°.

On fait de même pour déterminer les mesures des autres angles.

| | Nombre d'enfants | Mesure de l'angle (en °) |
|---|---|---|
| **Rouge** | 10 | 60 |
| **Bleu** | 18 | 108 |
| **Jaune** | 21 | 126 |
| **Vert** | 8 | 48 |
| **Violet** | 3 | 18 |
| Total | 60 | 360 |

× 6

**c.** Voici le diagramme circulaire.

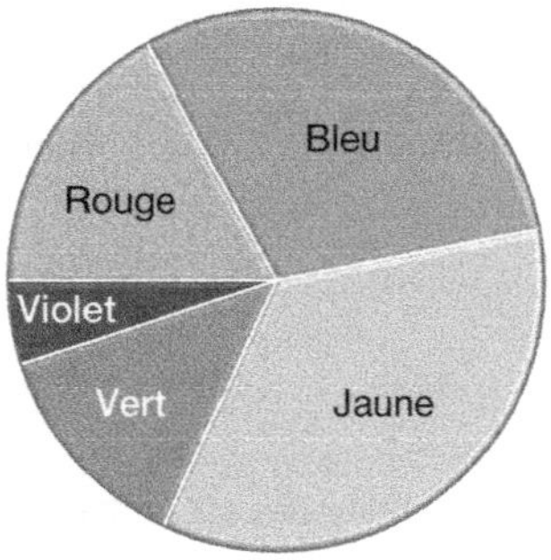


## À l'oral

**7** **a.** • Dans la première colonne, on lit les noms des insectes observés par Arthur.

• Dans la deuxième colonne, on lit le nombre d'insectes observés de chaque espèce.

**b.** Dans la dernière ligne, on lit qu'Arthur a observé 5 fourmis.

**c.** L'insecte le plus observé est la sauterelle.

**d.** $2 + 4 + 7 + 5 = 18$
Arthur a observé 18 insectes.

**8** **a.** On lit quatre températures de l'incubateur.

**b.** Si la température de l'incubateur est de 36°, les œufs éclosent au bout de 42 jours.

**9** **a.** Il y a 6 filles aux yeux bruns, 2 garçons aux yeux verts.
$3 + 4 = 7$ donc il y a 7 élèves aux yeux bleus.

**b.** $3 + 4 + 6 + 7 + 5 + 2 = 27$
Il y a 27 élèves dans la classe.

**10** **1.** Le bâton orange indique que 3 des personnes interrogées ont répondu qu'elles possédaient 2 objets connectés.

**2.** On lit les hauteurs des bâtons et on ajoute ces nombres.
$4 + 5 + 3 + 7 + 6 = 25$
25 personnes ont été interrogées.

**3. a.** $4 + 5 = 9$
9 des personnes interrogées possèdent moins de 2 objets connectés.

**b.** $3 + 7 + 6 = 16$
16 des personnes interrogées possèdent au moins 2 objets connectés.

**11** **1.** Le point rouge indique qu'à 18 h, le niveau sonore sur la place est de 50 décibels.

**2. a.** Le niveau sonore a été de 20 décibels à 12 h 30, à 13 h 30 et à 16 h.

**b.** Le niveau sonore a été de 40 décibels de 14 h à 14 h 30, vers 16 h 10 et à 17 h 30.

**3.** Le niveau sonore minimal a été de 10 décibels (à 13 h).
Le niveau sonore maximal a été de 70 décibels (à 16 h 30).

## Calcul mental

**12** **a.** Ophélie et Félix ont obtenu moins de 5 voix.
Sarah et Victor ont obtenu plus de 5 voix.

**b.** $5 + 7 + 4 + 9 + 3 = 28$
La moitié de 28 est 14, donc pour être élu au premier tour, il faut obtenir plus de 14 voix.
$9 < 14$ donc aucun des candidats n'est élu au premier tour.

**13** **a.** On lit sur le diagramme semi-circulaire que l'angle pour la catégorie « Fosse » est droit, donc la moitié des places sont des places dans la fosse.
On lit dans l'énoncé qu'il y a 2 000 places dans la fosse, donc le nombre total de places est le double, c'est-à-dire 4 000.

**b.** On lit dans l'énoncé que 10 % des places sont en gradins A.
$\frac{10}{100} \times 4\,000 = 0{,}1 \times 4\,000 = 400$
Il y a donc 400 places en gradins A.

**c.** On lit dans l'énoncé que les places restantes sont à parts égales en gradins B et en gradins C.
$4\,000 - (2\,000 + 400) = 4\,000 - 2\,400 = 1\,600$
$1\,600 : 2 = 800$
Il y a donc 800 places en gradins B.

## Je m'entraîne

**14** **a.** Le samedi, Olympe peut aller à la médiathèque de 10 h à 13 h ou de 14 h à 19 h.

**b.** Le mardi, Olympe ne peut pas se rendre dès 15 h à la médiathèque, elle doit attendre 16 h pour y aller.

**c.** Olympe peut être à la médiathèque entre midi et 14 h seulement le mercredi.
En effet, le lundi, le mardi, le jeudi et le vendredi, la médiathèque n'ouvre qu'à 14 h ou 16 h et le samedi elle est ouverte de midi à 13 h mais fermée de 13 h à 14 h.

**d.** Olympe peut passer tout l'après-midi à la médiathèque le lundi, le mercredi ou le samedi.

**15** **a.**

| Mois de naissance | J | F | M | A | M | J | Jt | A | S | O | N | D |
|---|---|---|---|---|---|---|---|---|---|---|---|---|
| Nombre d'élèves | 3 | 2 | 2 | 1 | 2 | 3 | 4 | 0 | 5 | 2 | 1 | 4 |

**b.** $3 + 2 + 2 + 1 + 2 + 3 + 4 + 5 + 2 + 1 + 4 = 29$
Il y a 29 élèves dans cette classe.

**16** Exemple de réponse :

| Matière | Durée (en h) |
|---|---|
| Anglais | 4 |
| Arts plastiques | 1 |
| EPS | 4 |
| Éducation musicale | 1 |
| Français | 4,5 |
| Histoire-Géographie EMC | 3 |
| Mathématiques | 4,5 |
| Physique-Chimie | 2 |
| SVT | 2 |

**17** **a.** L'animal le plus courant correspond à la barre la plus longue : il s'agit des poissons.

**b.** Il y a 8 chiens.

**c.**

| Animal | Nombre |
|---|---|
| Chats | 15 |
| Chiens | 8 |
| Hamsters | 3 |
| Oiseaux | 6 |
| Poissons | 25 |

**18** **a.** Gustave a reçu le plus de prospectus le jeudi.

**b.** Le mardi, il a eu 3 prospectus.

**c.**

| Jour | Nombre de prospectus |
|---|---|
| Lundi | 8 |
| Mardi | 3 |
| Mercredi | 6 |
| Jeudi | 9 |
| Vendredi | 3 |
| Samedi | 5 |
| Dimanche | 2 |

**d.** $8 + 3 + 6 + 9 + 3 + 5 + 2 = 36$
Gustave a reçu 36 prospectus au cours de la semaine.

**19** **1. a.** et **b.**

| | 6$^e$ | 5$^e$ | 4$^e$ | 3$^e$ | Total |
|---|---|---|---|---|---|
| **Jardinage** | 7 | 9 | 7 | 5 | 28 |
| **Théâtre** | 2 | 4 | 3 | 3 | 12 |
| **Lecture** | 8 | 3 | 9 | 6 | 26 |
| Total | 17 | 16 | 19 | 14 | 66 |

**2. a.** C'est le club Jardinage qui a le plus de succès (28 membres).

**b.** Ce sont les élèves de 4$^e$ qui sont les plus nombreux (19 élèves).

**20** **a.**

| | 6$^e$A | 6$^e$B | Total |
|---|---|---|---|
| **Externes** | 6 | 8 | |
| **DP** | | 19 | 41 |
| Total | | | |

Exemple de démarche pour compléter le tableau :
- $6 + 8 = 14$ ❶
- $41 - 19 = 22$ ❷
- $6 + 22 = 28$ ❸
- $8 + 19 = 27$ ❹
- $14 + 41 = 55$ ❺

Voici le tableau complété.

| | 6$^e$A | 6$^e$B | Total |
|---|---|---|---|
| **Externes** | 6 | 8 | **❶ 14** |
| **DP** | **❷ 22** | 19 | 41 |
| Total | **❸ 28** | **❹ 27** | **❺ 55** |

**b.** Il y a 28 élèves en 6$^e$A.

**21** **1.**

| | 6$^e$1 | 6$^e$2 | 6$^e$3 | Total |
|---|---|---|---|---|
| **Tablette** | 5 | 7 | 8 | **20 ❸** |
| **Livre** | **4 ❺** | 4 | **2 ❷** | **10 ❹** |
| Total | **9 ❻** | **11 ❶** | 10 | **30** |

Exemple de démarche pour compléter ce tableau :
- $7 + 4 = 11$ ❶
- $10 - 8 = 2$ ❷
- $5 + 7 + 8 = 20$ ❸
- $30 - 20 = 10$ ❹
- $10 - (4 + 2) = 10 - 6 = 4$ ❺
- $5 + 4 = 9$ ❻

**2. a.** $\frac{25}{100} \times 30 = 0{,}25 \times 30 = 7{,}5$
$9 > 7{,}5$ donc l'affirmation est fausse.

**b.** La proportion « 2 élèves sur 3 » peut se traduire par « les $\frac{2}{3}$ des élèves ».

$\frac{2}{3} \times 30 = 2 \times \frac{30}{3} = 2 \times 10 = 20$

20 élèves travaillent bien sur tablette, donc l'affirmation est vraie.

Remarque : les fractions $\frac{2}{3}$ et $\frac{20}{30}$ sont égales :
$\frac{2}{3} = \frac{2 \times 10}{3 \times 10} = \frac{20}{30}$. Ainsi, la proportion « 2 élèves sur 3 » et la proportion « 20 élèves sur 30 » sont la même proportion.

**c.** $\frac{20}{100} \times 10 = 0{,}2 \times 10 = 2$
Il y a bien 2 élèves qui lisent un livre en 6$^e$3, donc l'affirmation est vraie.

**22** **1. a.** Les filles sont les plus nombreuses en équitation.

**b.** 8 garçons font de l'escalade.

**c.** 5 filles ont choisi le bi-cross.

**2. a.**

| | Équitation | Bi-cross | Escalade |
|---|---|---|---|
| **Fille** | 15 | 5 | 6 |
| **Garçon** | 4 | 12 | 8 |

**b.** $15 + 4 + 5 + 12 + 6 + 8 = 50$
Il y a 50 enfants au centre de loisirs ce mercredi.

**23**

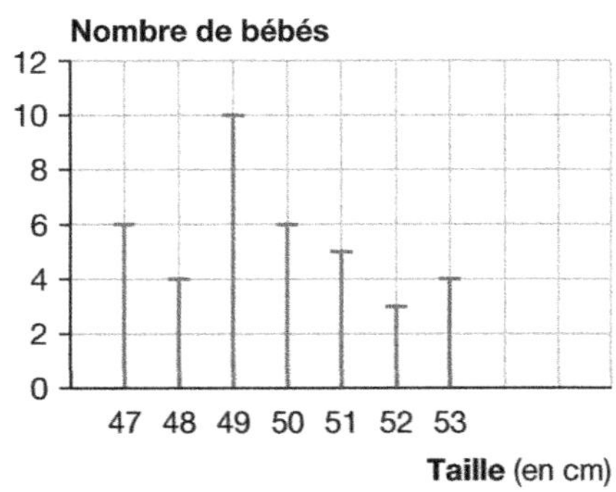

**24** **a.**

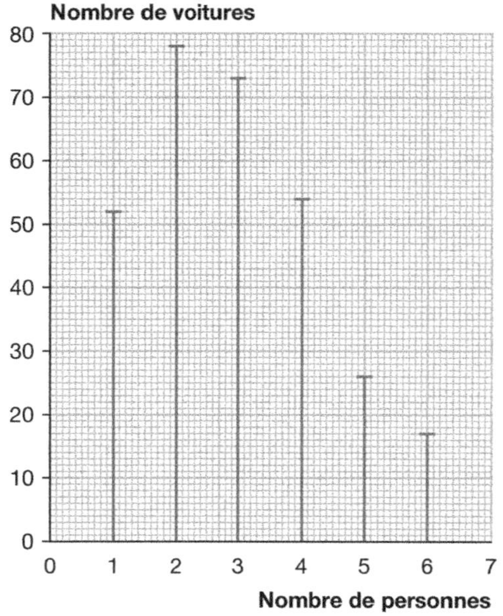


**b.** $52 + 78 + 73 + 54 = 257$

257 voitures ont moins de 5 personnes à bord.

$\frac{3}{4} \times 300 = 3 \times \frac{300}{4} = 3 \times 75 = 225$

$257 > 225$ donc l'affirmation de Léa est exacte.

**25** **1.** Les sols boisés représentent 31 % du sol, soit un peu moins que les sols cultivés qui représentent 36 % du sol.

**2.** La superficie totale correspond à 100 %.
36 % + 15 % + 31 % + 5 % + 4 % = 91 %
100 % – 91 % = 9 %
Les sols bâtis représentent 9 % du sol.

**3.** 36 % + 15 % = 51 %
La moitié du sol, c'est aussi 50 % du sol,
51 % > 50 % donc Sacha a raison.

**4. a.** $\frac{31}{100} \times 55 = 0{,}31 \times 55 = 17{,}05$

La superficie des sols boisés est environ 17 millions d'hectares.

**b.** $\frac{36}{100} \times 55 = 0{,}36 \times 55 = 19{,}8$

La superficie des sols cultivés est environ 20 millions d'hectares.

**c.** $\frac{9}{100} \times 55 = 0{,}09 \times 55 = 4{,}95$

La superficie des sols bâtis est environ 5 millions d'hectares.

**d.** $\frac{15}{100} \times 55 = 0{,}15 \times 55 = 8{,}25$

La superficie des sols en herbe est environ 8 millions d'hectares.

**26** **1.**

| | **Taux** (en %) |
|---|---|
| **Boisson** | 1 |
| **Cuisine** | 6 |
| **Jardin** | 6 |
| **Divers** | 6 |

| | **Taux** (en %) |
|---|---|
| **Vaisselle** | 10 |
| **Linge** | 12 |
| **WC** | 20 |
| **SdB** | 39 |

Remarque : pour des raisons de place, le tableau est disposé en deux colonnes au lieu de deux lignes.

**2. a.** Voir **2. c.**

**b.** Le tableau ci-dessous est un tableau de proportionnalité.
$360 = 100 \times 3{,}6$
Ainsi, le coefficient de proportionnalité est 3,6.
$10 \times 3{,}6 = 36$ donc l'angle pour l'usage « Vaisselle » mesure bien 36°.

**c.** De même, $1 \times 3{,}6 = 3{,}6$ ; $6 \times 3{,}6 = 21{,}6$ ; $12 \times 3{,}6 = 43{,}2$ ; $20 \times 3{,}6 = 72$ ; $39 \times 3{,}6 = 140{,}4$.

| | **Taux** (en %) | **Mesure de l'angle** (en °) |
|---|---|---|
| **Boisson** | 1 | 3,6 |
| **Cuisine** | 6 | 21,6 |
| **Jardin** | 6 | 21,6 |
| **Divers** | 6 | 21,6 |
| **Vaisselle** | 10 | 36 |
| **Linge** | 12 | 43,2 |
| **WC** | 20 | 72 |
| **SdB** | 39 | 140,4 |
| Total | 100 | 360 |

× **3,6**

**d.**

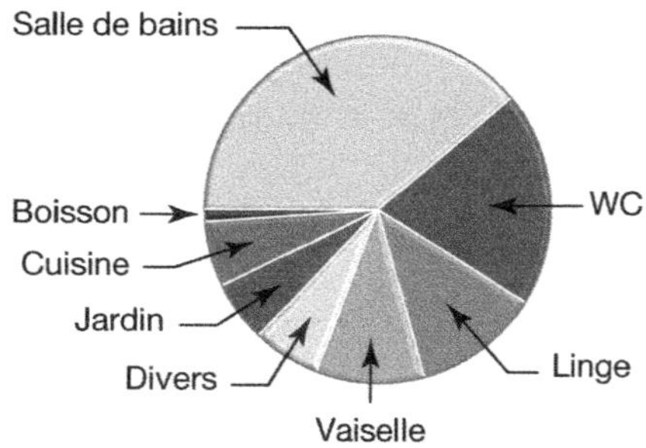


**27** **1. a.** La totalité de la surface correspond à 100 %.
100 % – 71 % = 29 %
Ce tableau est un tableau de proportionnalité.
$180 = 100 \times 1{,}8$
Ainsi, le coefficient de proportionnalité est 1,8.
$71 \times 1{,}8 = 127{,}8$ et $29 \times 1{,}8 = 52{,}2$

| | **Eaux** | **Terres** | Total |
|---|---|---|---|
| **Pourcentage** (en %) | 71 | 29 | 100 |
| **Mesure de l'angle** (en °) | 127,8 | 52,2 | 180 |

× **1,8**

**b.**

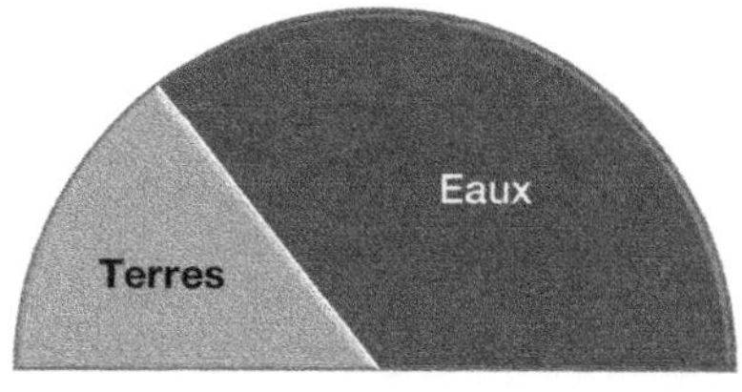

**2. a.** La totalité de l'eau correspond à 100 %.
100 % – 97 % = 3 %
Le tableau ci-dessous est un tableau de proportionnalité.
180 = 100 × 1,8
Ainsi, le coefficient de proportionnalité est 1,8.
97 × 1,8 = 174,6 et 3 × 1,8 = 5,4

| | Eau salée | Eau douce | Total |
|---|---|---|---|
| **Pourcentage** (en %) | 97 | 3 | 100 |
| **Mesure de l'angle** (en °) | 174,6 | 5,4 | 180 |

× **1,8**

**b.**

**28** **a.** À 11 h, la température était de 24 °C.
**b.** La température a été de 20 °C à 3 h, à 9 h et à minuit.
**c.** La température a été maximale à 17 h. Elle était de 30 °C.
**d.** La température a été supérieure à 26 °C de 12 h à 21 h, c'est-à-dire pendant 9 h.
**e.** Entre 0 h et 7 h, la température a baissé de 21 °C à 18 °C environ, puis elle a augmenté jusqu'à 17 h, atteignant alors la température maximale de 30 °C. De 17 h à minuit, la température a baissé de 30 °C à 20 °C.

**29** On écrit le temps (en jours) sur l'axe horizontal et la taille des plantules (en cm) sur l'axe vertical.

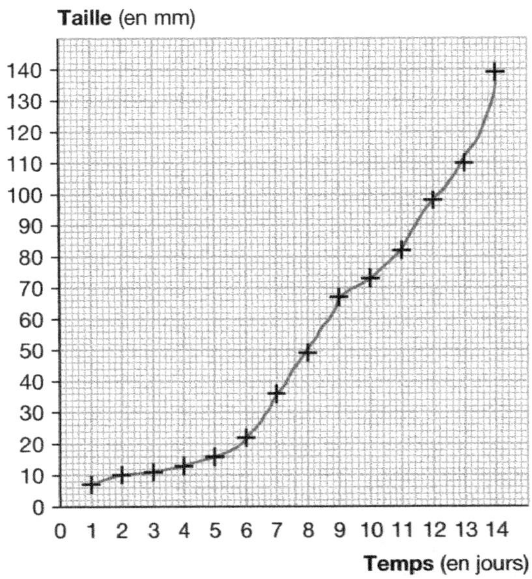


Remarque : on réalise ce graphique sur papier millimétré.

**30** On écrit le temps (en semaines) sur l'axe horizontal et la masse de la gerbille (en g) sur l'axe vertical.

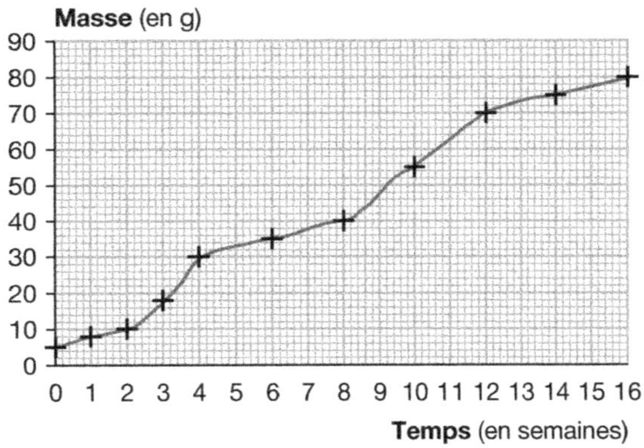


**31** **1. a.** 3 + 4 + 2 + 1 = 10
10 matchs ont été disputés.
**b.** « Deux buts au moins » signifie ici « 2 buts » ou « 3 buts » ou « 4 buts ».
4 + 2 + 1 = 7
Deux buts au moins ont été inscrits dans 7 matchs.
**2.** On multiplie le nombre de buts par le nombre de matchs et on ajoute les produits.
• 3 × 0 = 0 • 0 × 1 = 0 • 4 × 2 = 8 • 2 × 3 = 6 • 1 × 4 = 4
8 + 6 + 4 = 18
18 buts ont été inscrits.

**32** **a.** On lit sur le diagramme circulaire que l'angle pour la catégorie « Moins de 20 ans » est droit, donc un quart des Français ont moins de 20 ans.
67 : 4 = (67 : 2) : 2 = 33,5 : 2 = 16,75
Donc 16,75 millions de Français ont moins de 20 ans, c'est-à-dire 16 750 000 Français.
**b.** Un quart des Français, soit 25 % des Français, ont moins de 20 ans, et 57 % ont entre 20 et 64 ans.
La totalité des Français correspond à 100 %.
100 % – 25 % – 57 % = 75 % – 57 % = 18 %
Ainsi, 18 % des Français ont 65 ans ou plus.

## Je m'évalue à mi-parcours

**33** **b.** **34** **b.** **35** **c.** **36** **b.** **37** **a.**

## Avec un logiciel

**38** **1. a.** et **b.** voir **2. a.**
**2. a.** En cellule C16, on saisit la formule =SOMME(C2:C15)

| | A | B | C |
|---|---|---|---|
| 1 | Région | Puissance raccordée (en Mwc) | Nombre de sites |
| 2 | Nord-Pas-de-Calais – Picardie | 123 | 18 042 |
| 3 | Alsace – Champagne-Ardenne – Lorraine | 434 | 29 625 |
| 4 | Normandie | 114 | 12 347 |
| 5 | Bretagne | 175 | 18 426 |
| 6 | Ile-de-France | 76 | 12 958 |
| 7 | Pays de la Loire | 376 | 39 454 |
| 8 | Centre – Val de Loire | 199 | 11 972 |
| 9 | Bourgogne – Franche-Comté | 185 | 17 207 |
| 10 | Auvergne – Rhône-Alpes | 639 | 57 195 |
| 11 | Aquitaine – Limousin – Poitou-Charentes | 1577 | 49 593 |
| 12 | Languedoc-Roussillon – Midi-Pyrénées | 1240 | 53 029 |
| 13 | PACA | 850 | 32 623 |
| 14 | Corse | 110 | 1 683 |
| 15 | DOM | 361 | 6 408 |
| 16 | Total | 6459 | 360 562 |

**b.** En cellule B16, on lit que la puissance totale en France était de 6 459 mégawatts-crêtes. Cette puissance est supérieure à 6 000 mégawatts-crêtes.
En cellule C16, on lit que le nombre total de sites photovoltaïques en France était de 360 562. Ce nombre est proche de 350 000.
Donc Solenne a raison.

**3. a.** Le tableau est réorganisé ; les régions sont désormais rangées dans l'ordre croissant selon leur nombre de sites photovoltaïques.
On peut observer que la colonne B (puissance raccordée) n'est pas rangée en ordre croissant. Ce n'est pas parce qu'il y a davantage de sites dans une région que la puissance raccordée est plus grande. Ceci est dû en particulier au fait que les puissances des sites sont très différentes : elles dépendent du nombre de panneaux installés et de la puissance de chaque panneau.

| | A | B | C |
|---|---|---|---|
| 1 | Région | Puissance raccordée (en Mwc) | Nombre de sites |
| 2 | Corse | 110 | 1 683 |
| 3 | DOM | 361 | 6 408 |
| 4 | Centre - Val de Loire | 199 | 11 972 |
| 5 | Normandie | 114 | 12 347 |
| 6 | Île-de-France | 76 | 12 958 |
| 7 | Bourgogne – Franche-Comté | 185 | 17 207 |
| 8 | Nord-Pas-de-Calais – Picardie | 123 | 18 042 |
| 9 | Bretagne | 175 | 18 426 |
| 10 | Alsace – Champagne-Ardenne – Lorraine | 434 | 29 625 |
| 11 | PACA | 850 | 32 623 |
| 12 | Pays de la Loire | 376 | 39 454 |
| 13 | Aquitaine – Limousin – Poitou-Charentes | 1577 | 49 593 |
| 14 | Languedoc-Roussillon – Midi-Pyrénées | 1240 | 53 029 |
| 15 | Auvergne – Rhône-Alpes | 639 | 57 195 |
| 16 | Total | 6459 | 360 562 |

**b.** On sélectionne la plage A2:C15. On fait un nouveau tri. Cette fois, pour la clé de tri 1, on sélectionne : colonne B et décroissant. Voici le nouveau tableau.

| | A | B | C |
|---|---|---|---|
| 1 | Région | Puissance raccordée (en Mwc) | Nombre de sites |
| 2 | Aquitaine – Limousin – Poitou-Charentes | 1577 | 49 593 |
| 3 | Languedoc-Roussillon – Midi-Pyrénées | 1240 | 53 029 |
| 4 | PACA | 850 | 32 623 |
| 5 | Auvergne – Rhône-Alpes | 639 | 57 195 |
| 6 | Alsace – Champagne-Ardenne – Lorraine | 434 | 29 625 |
| 7 | Pays de la Loire | 376 | 39 454 |
| 8 | DOM | 361 | 6 408 |
| 9 | Centre – Val de Loire | 199 | 11 972 |
| 10 | Bourgogne – Franche-Comté | 185 | 17 207 |
| 11 | Bretagne | 175 | 18 426 |
| 12 | Nord-Pas-de-Calais – Picardie | 123 | 18 042 |
| 13 | Normandie | 114 | 12 347 |
| 14 | Corse | 110 | 1 683 |
| 15 | Île-de-France | 76 | 12 958 |
| 16 | Total | 6459 | 360 562 |

**39** **a.**

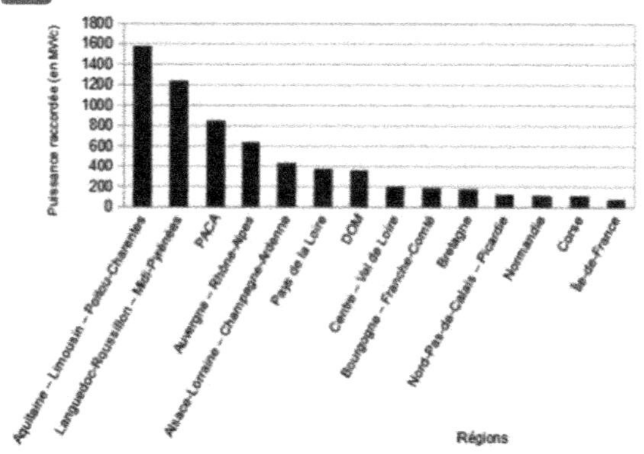


**b.** Cinq régions ont des installations qui produisent plus de 400 MWc : Aquitaine – Limousin – Poitou-Charentes ; Languedoc-Roussillon – Midi-Pyrénées ; PACA ; Auvergne – Rhône-Alpes ; Alsace – Champagne-Ardenne – Lorraine.

## J'utilise mes compétences

**40** **1.** Anna ne peut pas prendre ce bus car elle arriverait à l'arrêt « Mairie » à 8 h 01.

**2.** 8 h – 10 min – 5 min = 7 h 45
Pour être au collège environ 10 min avant 8 h, Anna doit prendre un bus qui arrive à 7 h 45 environ à l'arrêt « Mairie ».

**a.** Anna peut prendre le bus de 7 h 33 à l'arrêt « René Bouhier ».

**b.** Anna arrive à l'arrêt « Mairie » à 7 h 41.
7 h 41 + 5 min = 7 h 46
Anna arrive au collège à 7 h 46.

**3. a.** Pour être dans le même bus qu'Anna, Martin doit prendre le bus de 7 h 52 à l'arrêt « Cathédrale ».

**b.** Ils arrivent à l'arrêt « Mairie » à 8 h 12.
8 h 12 + 5 min = 8 h 17
Ils arrivent au collège à 8 h 17, donc avant la sonnerie de 8 h 30.

**41** • On utilise la 1re information : « Dans la classe de Katia, il y a moins d'externes que de demi-pensionnaires. »
On calcule le nombre d'externes et de demi-pensionnaires de chaque classe :
$8 + 9 = 17$ et $2 + 6 = 8$
En 6e A, il y a 17 externes et 8 demi-pensionnaires.
$3 + 5 = 8$ et $6 + 10 = 16$
En 6e B, il y a 8 externes et 16 demi-pensionnaires.
$8 + 4 = 12$ et $6 + 7 = 13$
En 6e C, il y a 12 externes et 13 demi-pensionnaires.
Donc Katia peut être en 6e B ou en 6e C, mais pas en 6e A.

• On utilise la 2e information : « Dans la classe de Basile, il y a plus de garçons que de filles, et en tout plus d'élèves que dans celle de Katia. »
On calcule le nombre de filles et de garçons dans chaque classe, ainsi que le nombre total d'élèves :
$8 + 2 = 10$ $9 + 6 = 15$ $10 + 15 = 25$
En 6e A, il y a 10 filles et 15 garçons, donc 25 élèves.
$3 + 6 = 9$ $5 + 10 = 15$ $9 + 15 = 24$
En 6e B, il y a 9 filles et 15 garçons, donc 24 élèves.
$8 + 6 = 14$ $4 + 7 = 11$ $14 + 11 = 25$
En 6e C, il y a 14 filles et 11 garçons, donc 25 élèves.
Donc Basile peut être en 6e A ou en 6e B, où il y a plus de garçons que de filles.
Comme il y a plus d'élèves dans la classe de Basile que dans celle de Katia, on peut donc savoir que Basile est en 6e A (25 élèves) et Katia en 6e B (24 élèves).

**42** • **Famille Martin**

On lit dans le tableau que la part du budget consacrée au logement est de 25 %, soit le quart du budget.
Or dans le diagramme semi-circulaire ❷, on remarque l'angle droit et les codages des deux autres angles de même mesure. Donc la part du budget consacrée au logement est la moitié de la moitié du budget, soit le quart du budget.
On peut donc associer la famille Martin au diagramme ❷.

• **Famille Dupont**

On lit dans le tableau que la part du budget consacrée au logement est de 20 %, soit $\frac{1}{5}$ du budget (20 % × 5 = 100 %).
Or dans le diagramme semi-circulaire ❸, on remarque les codages des cinq angles de même mesure. Donc la part du budget consacrée au logement est $\frac{1}{5}$ du budget.
On peut donc associer la famille Dupont au diagramme ❸.

• **Famille Lebrun**

On lit dans le tableau que la part du budget consacrée au logement est de 30 %.
Donc dans le diagramme semi-circulaire, l'angle correspondant à la part « Logement » mesure 30 % de 180°.

$\frac{30}{100} \times 180° = 0{,}3 \times 180° = 54°$

Or on voit sur le diagramme ❶ que l'angle correspondant à la part « Logement » mesure 54°.
On peut donc associer la famille Lebrun au diagramme ❶.

**43** **a.** • 9 enfants ont un chat et un lapin, donc on écrit 9 dans la case Chat oui/Lapin oui.

• 6 enfants n'ont pas de chat mais ont un lapin, donc on écrit 6 dans la case Chat non/Lapin oui.

• 12 enfants n'ont ni chat ni lapin, donc on écrit 12 dans la case Chat non/Lapin non.

• 4 enfants ont un chat mais pas de lapin, donc on écrit 4 dans la case Chat oui/Lapin non.

Voici le tableau complété.

| | | **Lapin** | |
|---|---|---|---|
| | | **oui** | **non** |
| **Chat** | **oui** | 9 | 4 |
| | **non** | 6 | 12 |

**b.** On lit la ligne « Chat oui ».
9 + 4 = 13 donc 13 de ces enfants ont un chat.

**44** En lisant l'article de presse, on note qu'il est question de médailles (or, argent, bronze) obtenues par 4 pays (France, Chine, États-Unis, Russie).
On peut donc réaliser un tableau à double entrée de ce type.

| | **Or** | **Argent** | **Bronze** |
|---|---|---|---|
| **Chine** | | | |
| **États-Unis** | | | |
| **Russie** | | | |
| **France** | | | |

On ajoute une colonne intitulée « Total ».
On le complète avec les données de l'article.

| | **Or** | **Argent** | **Bronze** | Total |
|---|---|---|---|---|
| **Chine** | 38 | 13 | 14 | |
| **États-Unis** | 10 | 5 | | 22 |
| **Russie** | | 19 | 11 | 57 |
| **France** | 8 | 3 | 9 | 20 |

Exemple de démarche pour compléter ce tableau :

• 38 + 13 + 14 = 65 ❶
• 22 – (10 + 5) = 22 – 15 = 7 ❷
• 57 – (19 + 11) = 57 – 30 = 27 ❸

Voici le tableau complété, avec les pays classés du 1er au 4e.

| | **Or** | **Argent** | **Bronze** | Total |
|---|---|---|---|---|
| **Chine** | 38 | 13 | 14 | **65 ❶** |
| **Russie** | **27 ❸** | 19 | 11 | 57 |
| **États-Unis** | 10 | 5 | **7 ❷** | 22 |
| **France** | 8 | 3 | 9 | 20 |

**45**

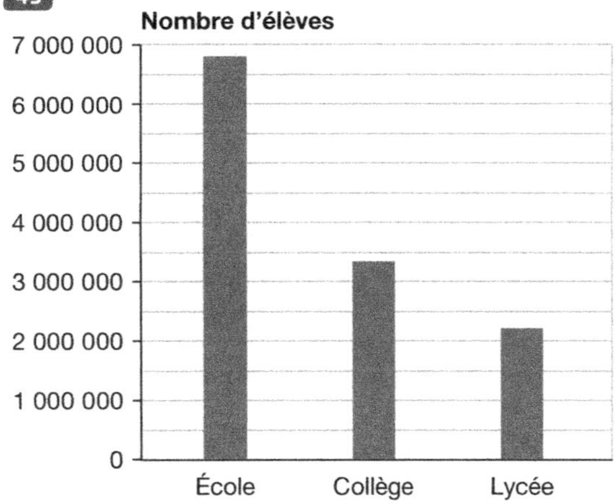


**46** **Traduction :**

*Voici les meilleures performances mondiales en athlétisme au 100 m masculin, chaque année de 2006 à 2015.*

***a.*** *Représenter ces données par un diagramme en barres. Faire commencer l'axe vertical à 9,5 s. Choisir 1 cm pour 0,1 s.*

***b.*** *En quelle année le record du monde a-t-il été établi ? Quel est le temps de ce record ?*

**Réponse :**

**a.**

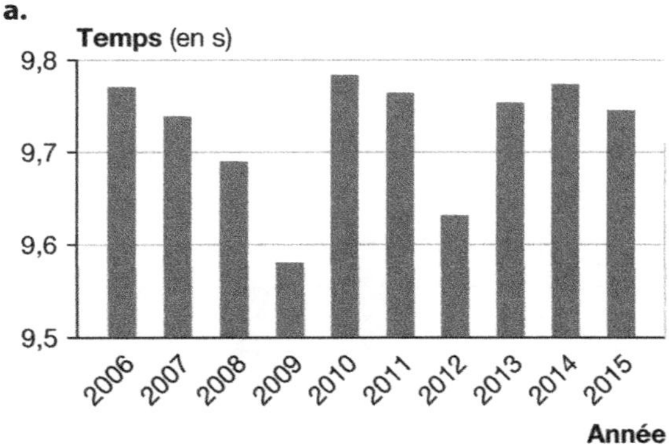


**b.** Le record du monde correspond au temps minimal. Il a été établi en 2009. Il est de 9,58 s.

**47** On remarque que la part des jeux en solo de Joseph est plus grande que celle de Célia, donc on pourrait penser, si on s'arrêtait à cette observation, que Joseph a davantage de jeux en solo que Célia.
Mais est-ce le cas ? On peut en douter, car il s'agit de pourcentages et pas de nombres de jeux en solo.
On peut faire des essais et calculer le nombre de jeux en solo de Joseph et de Célia.

• Si Joseph et Célia ont le même nombre de jeux en tout, par exemple 80 :
$\frac{55}{100} \times 80 = 0{,}55 \times 80 = 44$ et $\frac{40}{100} \times 80 = 0{,}4 \times 80 = 32$
Joseph aurait 44 jeux en solo et Célia en aurait 32.

• Si Joseph et Célia n'ont pas le même nombre de jeux en tout, par exemple 80 pour Joseph et 50 pour Célia :
$\frac{55}{100} \times 80 = 0{,}55 \times 80 = 44$ et $\frac{40}{100} \times 50 = 0{,}4 \times 50 = 20$
Joseph aurait 44 jeux en solo et Célia en aurait 20.
Autre exemple : Joseph a 40 jeux en tout et Célia en a 60.
$\frac{55}{100} \times 40 = 0{,}55 \times 40 = 22$ et $\frac{40}{100} \times 60 = 0{,}4 \times 60 = 24$
Joseph aurait 22 jeux en solo et Célia en aurait 24.
On se rend compte que parfois, c'est Joseph qui a le plus de jeux en solo, et parfois c'est Célia. Cela dépend du nombre total de jeux qu'ils ont.

Conclusion : on ne peut pas savoir, avec seulement les deux diagrammes, qui, de Joseph ou de Célia, a le plus de jeux en solo.

**48** • Dans l'énoncé, on lit : « Il y a moins de visiteurs dans la salle Braque que dans la salle Dali, mais plus que dans la salle Arditi. C'est dans la salle Cézanne qu'il y a le moins de visiteurs. »
On peut ainsi classer les salles dans l'ordre croissant du nombre de visiteurs :

Salle Cézanne ; salle Arditi ; salle Braque ; salle Dali.

Par conséquent, la barre la moins haute (la 2e) est celle de la salle Cézanne, la plus haute (la 3e) celle de la salle Dali, la 1re barre est celle de la salle Arditi et la 4e celle de la salle Braque.
On peut ainsi compléter la légende sur l'axe horizontal.

• Dans l'énoncé, on lit : « Il y a 36 visiteurs dans la salle Braque », donc la hauteur de la 4e barre est 36.
On observe les graduations sur l'axe vertical : 3 marques noires pour un nombre de 36.
36 : 3 = 12
Comme il y a proportionnalité, on en déduit que la 1re ligne noire correspond à 12, la 2e à 24 et la 4e à 48.
On peut alors compléter la légende sur l'axe vertical.

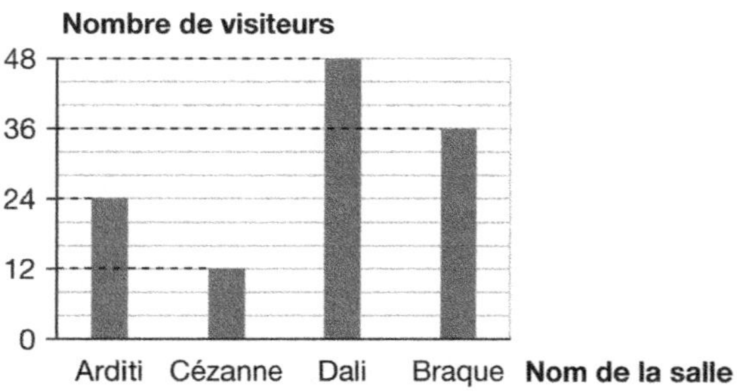


**49** 90° est la moitié de 180°, donc dans un diagramme semi-circulaire, si l'angle d'un secteur mesure 90°, cela signifie que le nombre associé à ce secteur est la moitié du nombre total.
$97 < 235$ donc 97 ne peut pas être le nombre associé à ce secteur.
Il y a donc deux possibilités : soit 235 est le nombre associé au secteur mesurant 90°, soit c'est le nombre de romans *Merlin* qui est associé à ce secteur.

• Si 235 ventes représentent la moitié des ventes :
235 – 97 = 138
138 romans *Merlin* ont été vendus dans ce cas.

• Si le nombre de romans *Merlin* représente la moitié des ventes :
235 + 97 = 332
332 romans *Merlin* ont été vendus dans ce cas.
Conclusion : il y a deux réponses possibles. 138 ou 332 romans *Merlin* ont été vendus.

**50** 11 % + 7 % + 16 % + 20 % + 8 % = 62 %
La totalité des réponses correspond à 100 %.
100 % – 62 % = 38 %
Ainsi, 38 % des réponses sont « Être avec les copains ».
570 adolescents ont donné cette réponse.
Donc le pourcentage 38 % correspond à 570 adolescents. Alors le pourcentage 1 % correspond à 38 fois moins.
570 : 38 = 15 donc le pourcentage 1 % correspond à 15 adolescents.
La totalité des adolescents interrogés correspond à 100 fois plus.
15 × 100 = 1 500
Donc 1 500 adolescents ont été interrogés.

**51** On peut compléter le tableau en mettant une croix si l'enfant pratique ce sport et un rond sinon.
On complète le tableau (remarque : l'information « Zoé ne sait pas nager » permet de comprendre que Zoé ne fait pas de voile).

| | **Zoé** | **Tom** | **Léa** |
|---|---|---|---|
| **Tennis** | o | | |
| **Voile** | o | o | |
| **Judo** | | | o |

Il ne peut y avoir qu'une seule croix par ligne ou par colonne, donc on complète le tableau ainsi.

| | **Zoé** | **Tom** | **Léa** |
|---|---|---|---|
| **Tennis** | o | x | o |
| **Voile** | o | o | x |
| **Judo** | x | o | o |

Conclusion : Zoé pratique le judo, Tom joue au tennis et Léa fait de la voile.

## Accompagnement personnalisé

**52**

| | Taille | Masse | Âge |
|---|---|---|---|
| **Lalie** | 1,15 m | 13 kg | 4 ans |
| **Octave** | 60 cm | 6,5 kg | 4 mois |

**53** **1. a.** Sur l'axe vertical, ce n'est pas le poids de Léo qui est indiqué, mais sa taille.
Donc l'affirmation est fausse.

**b.** Sur l'axe vertical, on lit la taille de Léo, et sur l'axe horizontal, on lit l'âge de Léo de 0 à 7 ans.
Donc l'affirmation est vraie.

**c.** Sur l'axe horizontal, une graduation correspond à 1 an.
Donc l'affirmation est vraie.

**d.** Sur l'axe vertical, une graduation noire correspond bien à 10 cm, mais une graduation bleue correspond à 5 cm.
Donc l'affirmation est fausse.

**2. a.** Pour lire la taille de Léo à l'âge de 3 ans, on lit **3** sur l'axe **horizontal**, puis on trouve le **point** du graphique qui correspond et on lit **95** sur l'axe **vertical**.

**b.** À 4 ans, Léo mesurait 100 cm, c'est-à-dire 1 m.

**3.** Léo mesurait 70 cm à 1 an.
Il mesurait 110 cm à 6 ans.

**54** **a.** 10 % + 14 % + 40 % + 30 % + 6 % = 100 %
On trouve 100 %.

**b.** Bus – Voiture – Tramway – Vélo - Marche

**c.** On lit sur le diagramme que 6 % des élèves viennent en bus et que 30 % des élèves viennent à vélo.
On lit dans l'énoncé que l'enquête concerne 50 collégiens.

$\frac{6}{100} \times 50 = 0,06 \times 50 = 3$

Donc 3 élèves viennent au collège en bus.

$\frac{30}{100} \times 50 = 0,3 \times 50 = 15$

Donc 15 élèves viennent au collège à vélo.

**55** **a. Exemples de réponses**

- Sur papier à petits carreaux :

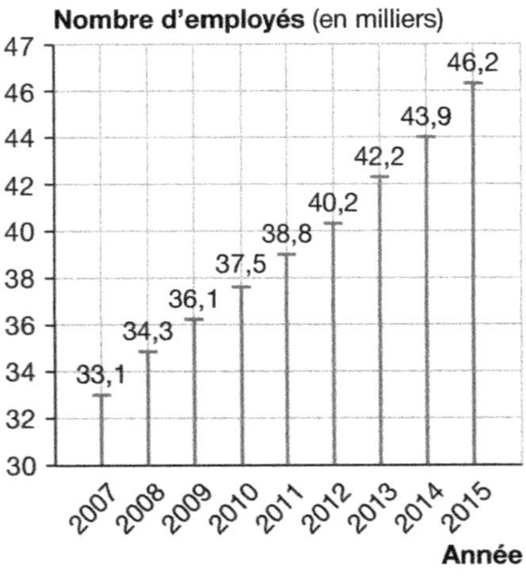


- Sur papier millimétré :

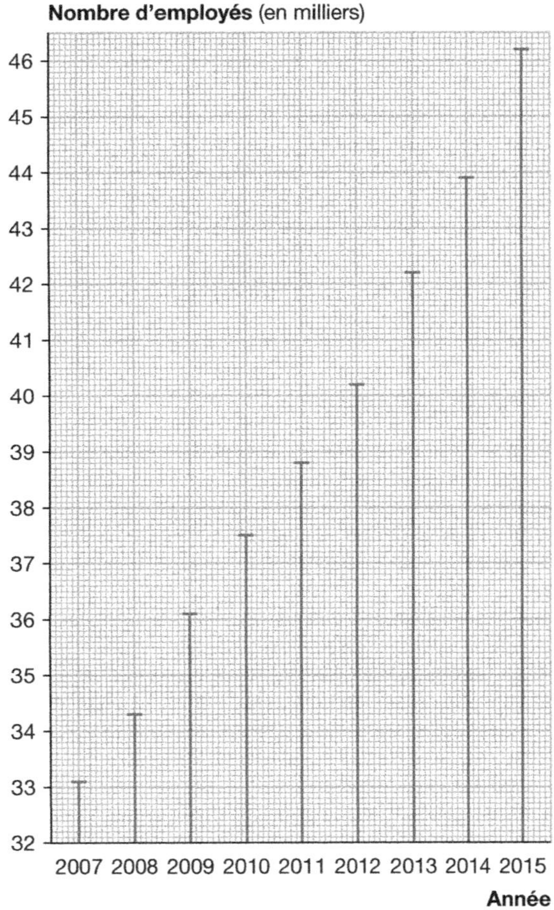


**b.** On complète ce tableau de proportionnalité.

| | **Taux** (en %) | **Mesure de l'angle** (en °) |
|---|---|---|
| **Moins de 5 ans** | 25 | 90 |
| **De 5 à 9 ans** | 13 | 46,8 |
| **De 10 à 14 ans** | 11 | 39,6 |
| **De 15 à 19 ans** | 5 | 18 |
| **De 20 à 24 ans** | 19 | 68,4 |
| **25 ans ou plus** | 27 | 97,2 |
| Total | 100 | 360 |

× **3,6**

360 = 100 × 3,6 donc le coefficient de proportionnalité est 3,6.
On calcule la mesure de l'angle pour chaque catégorie.

25 × 3,6 = 90    13 × 3,6 = 46,8    11 × 3,6 = 39,6
5 × 3,6 = 18    19 × 3,6 = 68,4    27 × 3,6 = 97,2

Exemple de réponse :

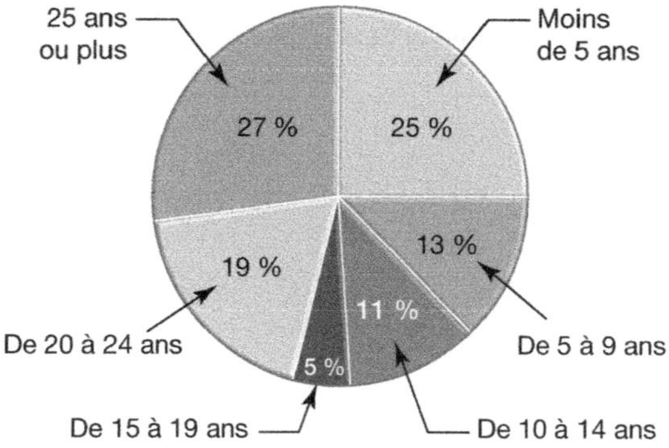


## Tâches complexes

**56** • On lit les étapes du voyage dans le document 3, puis on lit les distances entre les villes dans le document 4.

Nouméa → Moindou : 127 km
Moindou → Koné : 143 km
Koné → Pouébo : 175 km
Pouébo → Kouaoua : 247 km
Kouaoua → Thio : 78 km
Thio → Boulouparis : 46 km
Boulouparis → Nouméa : 76 km

On additionne toutes ces distances.

$127 + 143 + 175 + 247 + 78 + 46 + 76 = 892$

Tom a parcouru 892 km.

• On calcule la quantité d'essence consommée.
On utilise alors le document 2.
La situation est une situation de proportionnalité.
On peut réaliser ce tableau.

| **Distance** (en km) | 100 | 892 |
|---|---|---|
| **Consommation** (en L) | 6,2 | ? |

$892 = 100 \times 8{,}92$ donc $6{,}2 \times 8{,}92 = 55{,}304$

Tom consommera 55,304 L d'essence pour son voyage, soit environ 55,3 L.

• On calcule le montant de la dépense pour l'essence.
D'après le document 2, on sait que Tom utilise de l'essence sans plomb.
D'après les prix affichés dans le document 1, on sait que 1 litre d'essence sans plomb coûte 146,3 FCFP.

$146{,}3 \times 55{,}3 = 8\,090{,}39$

Tom dépensera environ 8 090 FCFP, ce qui est proche mais supérieur à l'ordre de grandeur 8 000 FCFP qu'il avait estimé.
Tom n'a pas tort, mais il aurait pu estimer le montant de sa dépense à 8 100 FCFP.

**57** Exemple de réponse :

Vendredi 5 juin après-midi, nous avons accueilli les élèves du CM2 A de l'école Jacques Prévert.
M. Martin, notre professeur de français, et Mme Lenoir, leur professeure, étaient là, bien sûr. Ce sont eux et le documentaliste qui ont organisé la rencontre et qui nous ont fait lire 8 livres depuis le début de l'année. Vendredi, c'était le jour du vote pour désigner notre livre préféré.
On a commencé par nous demander de nous mettre par groupes de 4 (2 de 6e et 2 de CM2) et d'éliminer 4 livres qui ne nous plaisaient pas. Ensuite, il a fallu expliquer nos choix aux autres groupes ; cela n'a pas été facile !
Finalement, on a réussi à se mettre d'accord : nos livres préférés étaient : *Au-bonheur-des-monstres* ; *Enzo, 11 ans, sixième 11* ; *Les Trois coups de minuit* et *Ma famille normale contre les yétis*.
Ensuite, on a voté ; les CM2 avaient des bulletins bleus et nous des bulletins verts. Voici les résultats du vote.

| | CM2 A | 6e 5 | Total |
|---|---|---|---|
| Au-bonheur-des-monstres | 7 | 5 | 12 |
| Enzo, 11 ans, sixième 11 | 4 | 7 | 11 |
| Les Trois coups de minuit | 8 | 5 | 13 |
| Ma famille normale contre les yétis | 7 | 11 | 18 |
| Total | 26 | 28 | 54 |

Et le gagnant est *Ma famille normale contre les yétis* !
Nos professeurs nous ont demandé de regarder si nos votes se ressemblaient ou bien s'ils étaient différents. Alors nous avons eu l'idée de représenter les votes par ce diagramme.

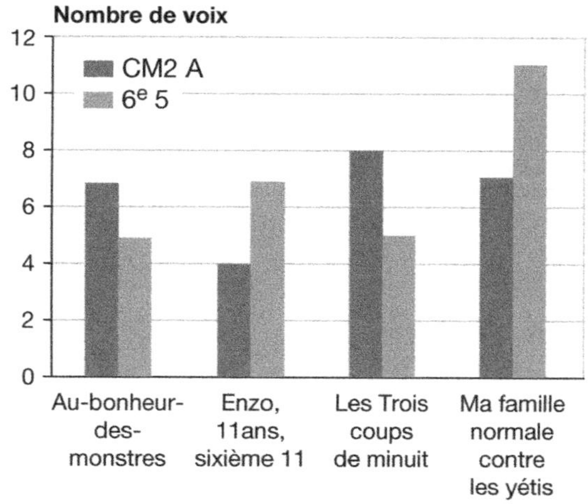


Nos votes ne se ressemblent pas. En CM2, les votes se sont répartis entre trois livres à peu près équitablement (7 ou 8 voix pour chacun d'eux) avec un livre moins aimé (4 voix). Les nôtres se sont portés surtout sur *Ma famille normale contre les yétis* (11 voix), un peu moins (7 voix) sur celui délaissé par les CM2 et 5 voix à égalité pour les deux autres.
Ensuite, nous avons fait des affiches pour dire que le prix littéraire était attribué à *Ma famille normale contre les yétis* et nous les avons affichées au CDI, sous le préau, dans la salle des professeurs, dans notre salle et même sur le panneau d'affichage à l'entrée du collège. Les élèves de CM2 en ont emporté pour leur école.
Nous étions bien fatigués quand l'heure du goûter est arrivée ! Mais les parents nous avaient préparé de si délicieux gâteaux qu'il ne restait plus que des miettes dans les assiettes quand les CM2 sont repartis.

# Angles

## INTENTIONS PÉDAGOGIQUES

### 1 Le point sur le cycle 3

En primaire, il s'agit d'estimer et de vérifier, en utilisant l'équerre si nécessaire, qu'un angle est droit, aigu, obtus, ou plat, de comparer les angles d'une figure puis de reproduire un angle, en utilisant un gabarit. L'angle droit est une référence.
La classe de 6e est le moment où l'on introduira une unité de mesure des angles et l'utilisation d'un instrument de mesure (le rapporteur).

### 2 Je découvre

**Activité 1**

L'objectif de cette activité est double : poursuivre la comparaison des angles à l'aide d'un gabarit de papier calque, comme à l'école élémentaire (et conformément aux souhaits du programme), mais aussi introduire le vocabulaire et les notations des angles. La question 1 permet de réactiver les connaissances du CM2. L'équerre est utilisée comme instrument permettant de comparer à l'angle droit. La question 2 introduit du vocabulaire et poursuit le travail de comparaison des angles en suggérant l'utilisation du papier calque, l'équerre n'étant plus suffisante.

**Activité 2**

Cette activité a deux objectifs : introduire pour la première fois l'unité de mesure d'un angle utilisée au collège, le degré, et construire un rapporteur simplifié pour tracer des angles de mesure donnée.
Il est nécessaire pour les élèves de comprendre comment est fabriqué un rapporteur avant de l'utiliser, ce qui est toujours délicat.
On s'appuie sur l'idée familière aux élèves de tour complet sur soi-même, idée très présente dans des sports tels que la gymnastique, le ski acrobatique, le patinage, le VTT…
On en vient rapidement à l'angle droit, angle de référence pour les élèves entrant en 6e ; il mesure un quart de tour soit 90°.
À la question 1, l'élève peut alors trouver les mesures d'autres angles (30°, 60°, 15°) qui seront d'autres références.
Au passage, on pourra faire remarquer que le rayon du disque utilisé ne change pas la mesure d'un angle.
À la question 2, après avoir trouvé les mesures des angles colorés, l'élève peut utiliser ce rapporteur papier pour mesurer deux angles, un angle aigu et un angle obtus, puis tracer des angles d'autres mesures. On fera remarquer qu'un angle de 105° est la somme d'un angle de 15° et de 90°. Certains élèves écriront 105° = 3 angles verts + 1 angle jaune.
L'élève est alors sensibilisé pour la première fois à l'utilisation d'un rapporteur ; il commence à s'approprier cet instrument et passera plus facilement au rapporteur du commerce en comprenant les avantages de ce dernier.

### 3 J'apprends et j'applique le cours

**J'apprends le cours**

Suite à l'activité 1, on peut étudier le cours 1. Angles, paragraphes A, B et C.
Suite à l'activité 2, on peut étudier le cours 2. Mesure d'un angle, paragraphes A et B.

**Exercice résolu 1**

Cet exercice permet de réactiver un savoir-faire du CM2 : comparer des angles à l'aide d'un gabarit. C'est un exercice fondamental avant l'introduction de la mesure en degrés d'un angle.

**Exercice résolu 6**

Cet exercice permet de reprendre les étapes pour construire un angle de mesure donnée avec le rapporteur. Il nous a semblé qu'à travers les activités, le cours et les exercices qui vont avec, les élèves ont eu l'occasion de se familiariser avec la mesure d'un angle au rapporteur.
C'est la raison pour laquelle on n'y revient pas en exercices résolus.
Ce « film image par image » nous paraît d'autant plus important qu'une erreur fréquente chez les élèves consiste à placer le rapporteur avant de tracer un des côtés de l'angle, ce qui génère le plus souvent des angles avec une erreur de mesure.

### 4 Compléments

Dans les programmes, il est proposé des exemples de situations, d'activités et de ressources pour l'élève.

- « Comparer des angles sans avoir recours à leur mesure (par superposition, avec un calque). »

Les exercices 3 à 5 et 29 à 31 travaillent cette capacité.

- « Estimer la mesure d'un angle, par exemple à 10° près, et vérifier à l'aide du rapporteur. »

L'exercice 32, premier de la rubrique Mesure d'un angle, utilise cette situation. Nous avons fait le choix de donner un angle obtus puisque les erreurs sont plus fréquentes avec des angles obtus.
L'exercice 34 a pour but de convaincre l'élève de l'utilité du rapporteur comme instrument donnant une meilleure précision.

Le jeu de l'exercice 74 peut être régulièrement proposé en classe. Il aide les élèves à être de plus en plus précis dans leurs estimations, et la vérification par un pair permet une discussion sur la façon de mesurer un angle avec le rapporteur.

- Le mot « bissectrice » n'est pas cité dans les programmes, mais il peut être introduit au cours d'un exercice comme le 47 ou avec un logiciel de géométrie dynamique, comme à l'exercice 60.
- L'exercice 72 propose aux élèves une autre conception de l'angle ; en effet, on introduit ici, sans le dire, un angle de rotation.

À partir d'instructions simples, l'élève doit dessiner une figure respectant des consignes. C'est aussi l'occasion de confronter les élèves à un algorithme simple. Pour ceux qui ont envie de travailler davantage avec de tels algorithmes, on pourra utiliser le logiciel libre GéoTortue.

### Tâches complexes

La tâche complexe 83 mélange longueur et angle.
Elle permet de vérifier si les élèves distinguent ces deux grandeurs.
Il est souvent délicat pour les élèves de prendre en compte l'échelle et de trouver les distances qui nécessitent de connaître la propriété d'équidistance des points sur un arc par rapport au centre.
La tâche complexe 84 trouve son origine dans l'histoire des mathématiques. Elle met en évidence l'importance de la notion d'angle et son utilisation pour déterminer une distance. L'élève n'a été que très peu sensibilisé à ce genre de problème.
Faire un dessin à l'échelle est indispensable pour l'apprentissage d'un élève en classe de 6e. Cela est même nécessaire pour appréhender la trigonométrie dans les années futures.
On pourra à cette occasion discuter de la validité de la distance trouvée et parler d'estimation.

## CORRIGÉS

### Vu au cycle 3

**1.c. 2.b.** et **c. 3.b.** et **c. 4.c.**

### Je découvre

#### Activité 1

**1** L'angle $\widehat{GDH}$ est un angle droit.
Les angles $\widehat{OAP}$, $\widehat{TCS}$ et $\widehat{VEU}$ sont des angles aigus.
Les angles $\widehat{QBR}$ et $\widehat{MFN}$ sont des angles obtus.
Aucun angle n'est plat.

**2** **a.** L'affirmation « Il y a trois angles superposables et aigus » est **vraie**. Ce sont les angles $\widehat{OAP}$, $\widehat{TCS}$ et $\widehat{VEU}$. À l'aide d'un calque, on peut faire coïncider les sommets ainsi que les côtés de ces angles.

**b.** L'affirmation « Il y a deux angles superposables et obtus » est **fausse**. On décalque l'angle $\widehat{QBR}$. Lorsque l'on fait coïncider les sommets ainsi que le côté [BQ) sur [FM), le côté [FN) est à l'intérieur de l'angle décalqué $\widehat{QBR}$. L'angle $\widehat{QBR}$ est plus grand que l'angle $\widehat{MFN}$.

**c.** L'affirmation « L'angle $\widehat{MFN}$ est trois fois plus grand que l'angle $\widehat{OAP}$ » est **vraie**.

#### Activité 2

**1** **a.** Le disque est partagé en douze angles superposables, donc l'angle vert mesure 30°.
En effet, $12 \times 30° = 360°$.
L'angle rose vaut deux angles verts collés.
$2 \times 30° = 60°$. L'angle rose mesure 60°.

**b.** L'angle marqué en jaune mesure la moitié de celui en vert. Il mesure donc 15°.

**2** **a.** L'angle $\widehat{LJK}$ mesure un angle vert plus un angle jaune : $30° + 15° = 45°$.
L'angle $\widehat{HGI}$ mesure deux angles roses. $60° + 60° = 120°$.

**b.** La photo ci-dessous explique le procédé.

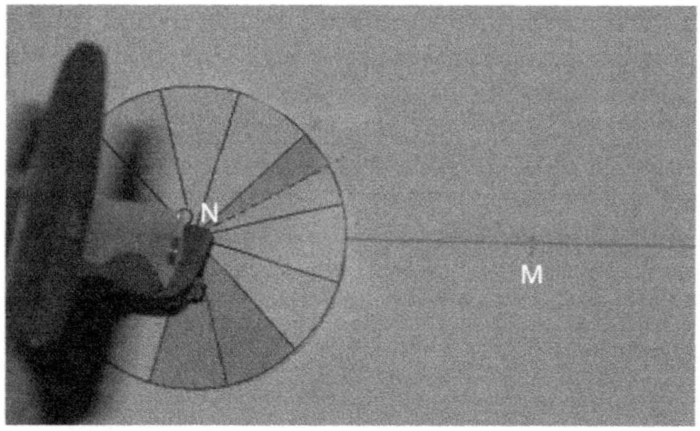


On trace une demi-droite [NM).
On place le rapporteur papier en piquant avec la pointe du compas le point N (sous le point O du rapporteur).
On fait coïncider un rayon du disque avec [NM).
Or, $105° = 90° + 15°$
Pour notre rapporteur papier, 105° correspond à 1 angle rose + 1 angle vert + 1 angle jaune.

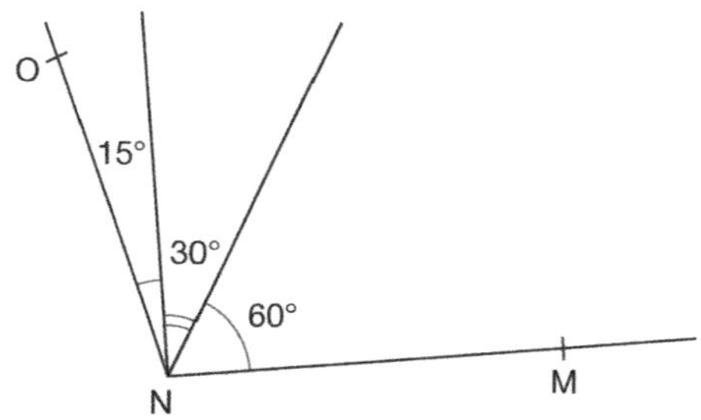

## J'applique le cours

**2**

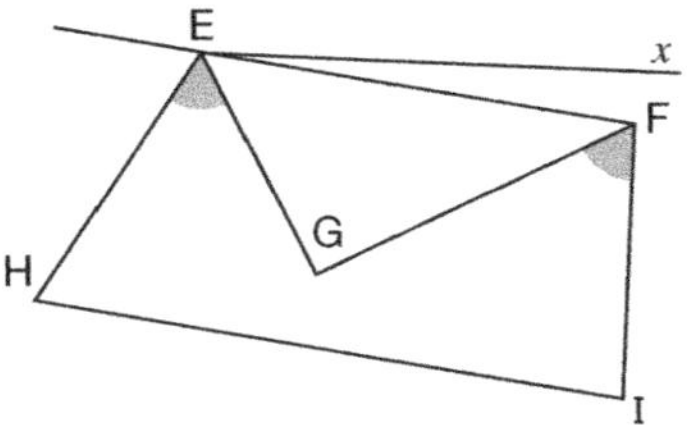


**a.** $\widehat{HEG}$ et $\widehat{GFI}$ sont superposables.

**b.** $\widehat{HEG} = \widehat{GEx}$ donc $\widehat{HEG}$ est plus grand que l'angle $\widehat{GEF}$.

**3** À l'aide d'un papier calque, on peut faire coïncider les sommets ainsi que les côtés de ces angles. On peut dire qu'Ilyes a raison. Les angles $\widehat{BCD}$ et $\widehat{EAB}$ sont superposables.

**4** Le deuxième éventail semble avoir un angle de plus grande ouverture. Or, ils sont tous les deux composés de 11 angles superposables. Ils ont la même ouverture.
On pourrait aussi utiliser un papier calque.

**5** L'angle $\widehat{JHL}$ peut se superposer à l'angle coloré de la pièce n° 1.

**7**

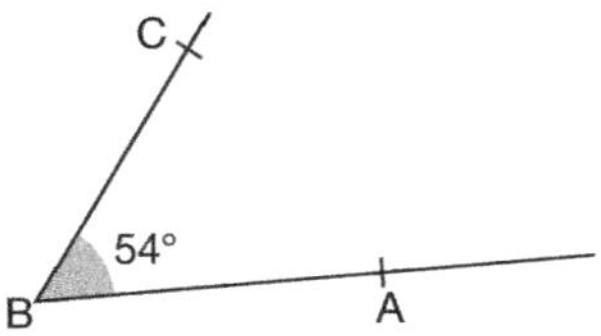


**8** **a.**

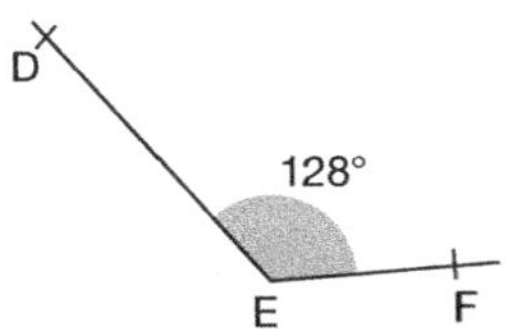


**b.**

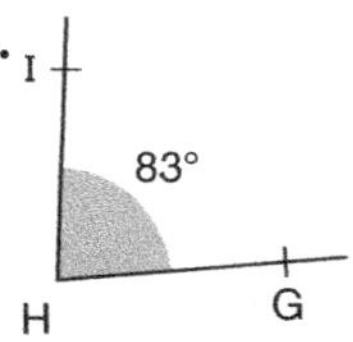


**c.**

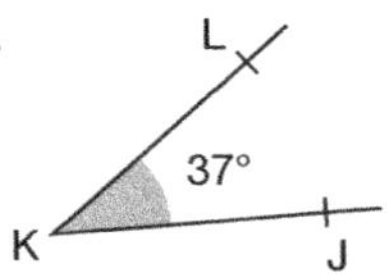


**d.**

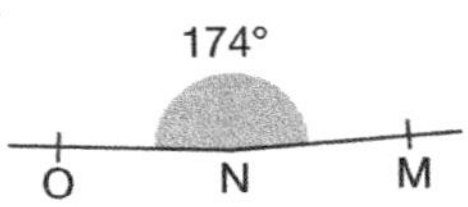


**9** **a. b. c.**

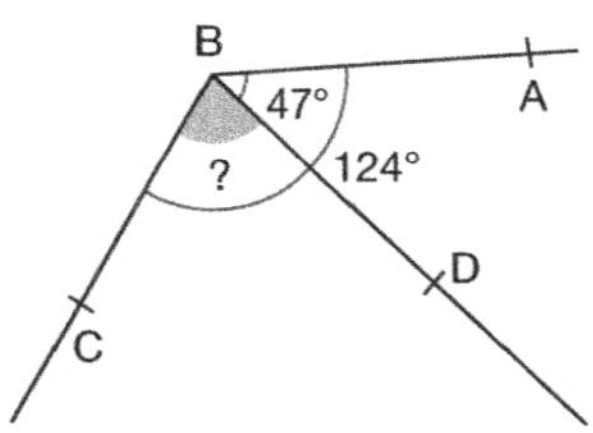


**d.** 124° – 47° = 77°
L'angle $\widehat{DBC}$ mesure 77°.

**10**

**a.**

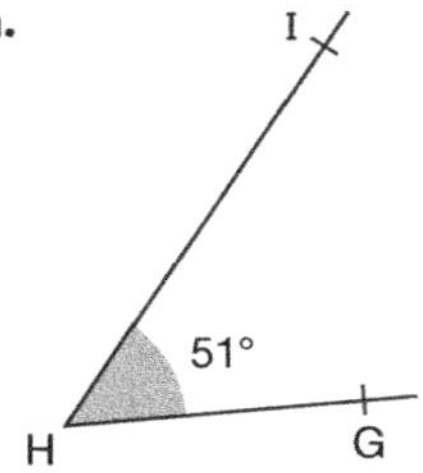


**b.**

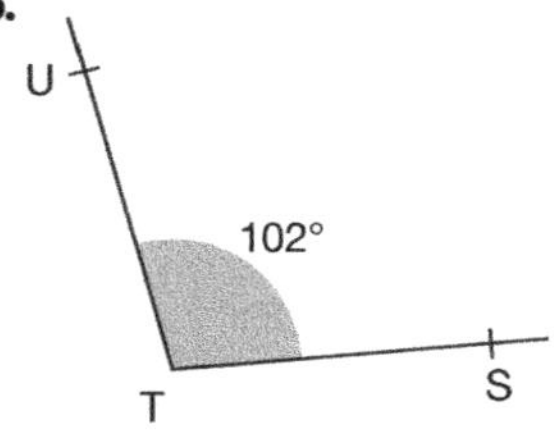


**c.** L'affirmation d'Arthur est fausse.
Un angle de 50° est un angle aigu et il mesure le double d'un angle de 25°.

**11** **a.** C'est un angle obtus. À vue d'œil, on peut penser 120°, 130°, 140°.
**b. c.** Avec le rapporteur, on obtient 121°.

**12** **a.** C'est un angle aigu. À vue d'œil, on peut penser 20°, 30°, 40°.
**b. c.** Avec le rapporteur, on obtient 26°.

## À l'oral

**13** **1. a.** Ses côtés sont [EF) et [EG).
**b.** Son sommet est le point E.
**2.** On peut nommer cet angle $\widehat{FEG}$ ou $\widehat{GEF}$.

**14** **a.** L'angle marqué en bleu peut se nommer $\widehat{CUB}$ ou $\widehat{CUT}$ ou $\widehat{BUC}$ ou $\widehat{TUC}$.
**b.** L'angle marqué en orange peut se nommer $\widehat{TUS}$ ou $\widehat{BUS}$ ou $\widehat{SUT}$ ou $\widehat{SUB}$.
**c.** L'angle marqué en vert peut se nommer $\widehat{TBU}$ ou $\widehat{UBT}$.

**15** Ce que Hamza a noté n'est pas faux. On peut nommer cet angle $\widehat{AOB}$ ou $\widehat{AOC}$. C'est le même angle de sommet O et de côtés [OA) et [OC).

**16** L'angle vert peut se nommer $\widehat{AEO}$ ou $\widehat{AEC}$ ou $\widehat{CEA}$ ou $\widehat{OEA}$.
L'angle orange peut se nommer $\widehat{ABC}$ ou $\widehat{ABF}$ ou $\widehat{EBC}$ ou $\widehat{FBA}$ ou $\widehat{CBA}$ ou $\widehat{CBE}$.
L'angle bleu peut se nommer $\widehat{BCO}$ ou $\widehat{BCE}$ ou $\widehat{FCO}$ ou $\widehat{FCE}$ ou $\widehat{OCB}$ ou $\widehat{ECB}$ ou $\widehat{OCF}$ ou $\widehat{ECF}$.

**17** **a.** L'angle $\widehat{CDE}$ est un angle droit.
**b.** L'angle $\widehat{ABC}$ est un angle obtus.
**c.** Les angles $\widehat{AED}$ et $\widehat{DCB}$ sont aigus et superposables.

**18** **a.** Angle aigu de mesure 40°.
**b.** Angle obtus de mesure 120°.
**c.** Angle aigu de mesure 70°.
**d.** Angle obtus de mesure 150°.

**19** L'affirmation de Jade est fausse. L'angle est bien un angle obtus, mais elle doit lire le rapporteur en partant de la marque 0°. L'angle $\widehat{xOy}$ mesure 115°.

## Calcul mental

**20** **a.** 95° : angle obtus **b.** 60° : angle aigu
**c.** 140° : angle obtus **d.** 180° : angle plat
**e.** 90° : angle droit **f.** 76° : angle aigu

**21** L'angle $\widehat{ABD}$ est un angle plat.
180° – 47° = 133°
L'angle $\widehat{ABC}$ mesure 133°.

**22** **a.** 90° : 2 = 45°
**b.** 90° : 3 = 30° et 30° × 2 = 60°
**c.** 180° : 4 = 45°

**23** Le tiers d'un angle plat mesure 60° (180° : 3 = 60°).
90° + 60° = 150°
L'angle $\widehat{ABC}$ mesure 150°.

## Je m'entraîne

**24** Sur la figure ci-contre, on a tracé l'angle $\widehat{\textbf{PAS}}$. A est le **sommet** de l'angle.
Les demi-droites [AP) et [AS) sont les **côtés** de l'angle.

**25** **a.** L'angle $\widehat{MAR}$ a pour sommet **A** et pour côtés **[AM)** et **[AR)**.

**b.** L'angle $\widehat{\textbf{AMR}}$ a pour sommet M et pour côtés [MR) et [MA).

**c.** Le troisième angle de ce triangle est $\widehat{\textbf{MRA}}$ ; son sommet est **R** et ses côtés sont **[RM)** et **[RA)**.

**26** **1.**

**a.** Marqué 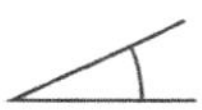

**b.** Marqué 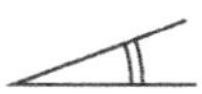

**c.** Marqué 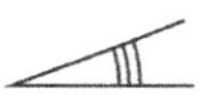

**d.** Marqué 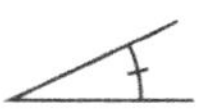

**e.** Marqué 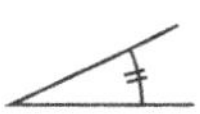

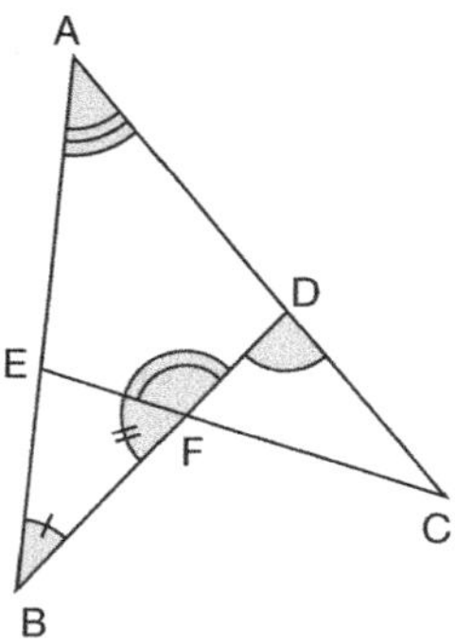


**2. a.** $\widehat{AEC}$ peut se nommer aussi $\widehat{AEF}$.
**b.** $\widehat{ABD}$ peut se nommer aussi $\widehat{ABF}$ ou $\widehat{EBD}$ ou $\widehat{EBF}$.
**c.** $\widehat{DCF}$ peut se nommer aussi $\widehat{ACF}$ ou $\widehat{ACE}$ ou $\widehat{DCE}$.

**27** L'information « $\widehat{BOC}$ est un angle aigu » donne deux possibilités.
L'information « $\widehat{COA}$ est un angle droit » ne permet pas de choisir.
En revanche, l'information « $\widehat{DOC}$ est un angle plat » veut dire que les points D, O, C sont alignés.
On peut placer C, vu que $\widehat{BOC}$ est un angle aigu et D, O, C sont alignés.

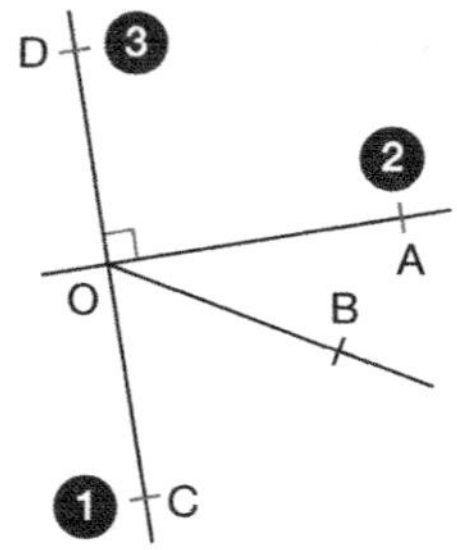


**28** **a.** $\widehat{EDF}$ et $\widehat{EBF}$ sont superposables.
$\widehat{ACB}$ et $\widehat{BCD}$ sont superposables.
$\widehat{CDF}$ et $\widehat{CBA}$ sont superposables.
$\widehat{BFD}$, $\widehat{DFC}$ et $\widehat{BAC}$ sont superposables : ce sont des angles droits.
**b.** Par exemple, $\widehat{BED}$ est un angle obtus.
**c.** Les points B, F et C sont alignés. En effet, $\widehat{BFC}$ = 180°.

**29** L'angle $\widehat{ABC}$ semble être plus grand que l'angle $\widehat{DEF}$. Mais cela est faux. Avec un gabarit, on peut remarquer que ces deux angles sont superposables.
L'angle $\widehat{DEF}$ est à l'intérieur de $\widehat{ABC}$ mais en faisant coïncider les sommets de ces deux angles, les côtés des angles vont se superposer.

**30** **a.** $\widehat{xAB}$, $\widehat{ABC}$ et $\widehat{ACB}$ sont trois angles aigus superposables. On peut donc choisir deux de ces trois angles ou on peut choisir les deux angles $\widehat{AMC}$ et $\widehat{xMB}$ qui sont aussi des angles aigus superposables.
**b.** Les deux angles obtus $\widehat{BMA}$ et $\widehat{CMx}$ sont superposables.

**31** C'est Lionel qui voit le but sous l'angle le plus grand.

**32** **a.** Gabriel a pu voir que l'angle $\widehat{AOB}$ est un angle obtus, dont la mesure est supérieure à 90°.
**b.** Avec le rapporteur, l'angle $\widehat{AOB}$ mesure 120°.
**c.** Sacha semble avoir lu dans le mauvais sens sur son rapporteur.

**33** **a.** L'angle $\widehat{RUE}$ est obtus. Il mesure 106°.
**b.** L'angle $\widehat{VIZ}$ est obtus. Il mesure 150°.
**c.** L'angle $\widehat{MBN}$ est aigu. Il mesure 47°.
**d.** L'angle $\widehat{UOP}$ est droit. Il mesure 90°.

**34** L'angle $\widehat{BAC}$ mesure 38° et l'angle $\widehat{DFE}$ mesure 34°.
L'angle $\widehat{BAC}$ est plus grand que $\widehat{DFE}$. C'est Léa qui a raison.

**35** $\widehat{TRU}$ = 66°, $\widehat{SVT}$ = 34°, $\widehat{UTV}$ = 22° et $\widehat{TSU}$ = 79°.

**36** **a.** On vérifie avec le rapporteur.
L'angle $\widehat{BAC}$ mesure 20°.
**b.** Les angles $\widehat{AHE}$ et $\widehat{BAC}$ mesurent tous les deux 20°.
**c.** L'angle $\widehat{ACE}$ mesure 160°.

**37**

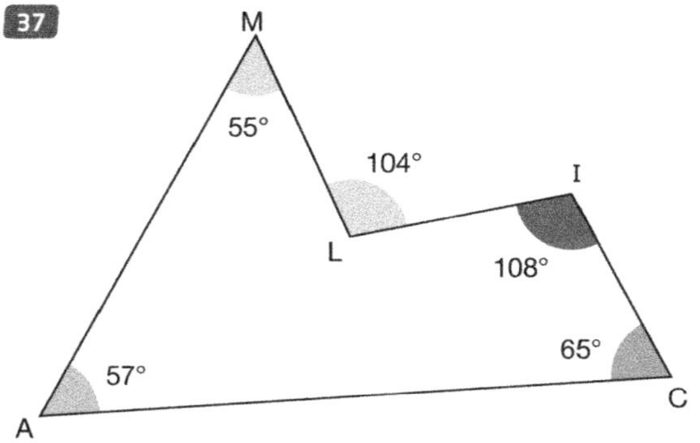


**38** **a.** $\widehat{xOy} = 17°$, $\widehat{uOv} = 25°$, $\widehat{yOw} = 102°$, $\widehat{vOw} = 78°$.

**b.** $\widehat{uOw} = \widehat{vOw} - \widehat{vOu} = 78° - 25° = 53°$

Donc $\widehat{uOw} = 53°$.

$\widehat{xOy} + \widehat{uOv} = 25° + 17° = 42°$

Donc $\widehat{xOu} = 180° - 42° = 138°$.

**39** L'angle de vision binoculaire de l'homme est de 118°. L'angle de vision binoculaire du chien est de 101°.

**40** **a.** Le point P se trouve dans la zone bleue.
En effet, $\widehat{AHP} = 36°$ et 36° est plus petit que 45°.
**b.** Le point C se trouve dans la zone rose.
En effet, 108° est compris entre 90° et 135°.
**c.** Comme $\widehat{AHK} = 135°$, il suffit de placer un point K sur la demi-droite séparant la zone rose et la zone orange.

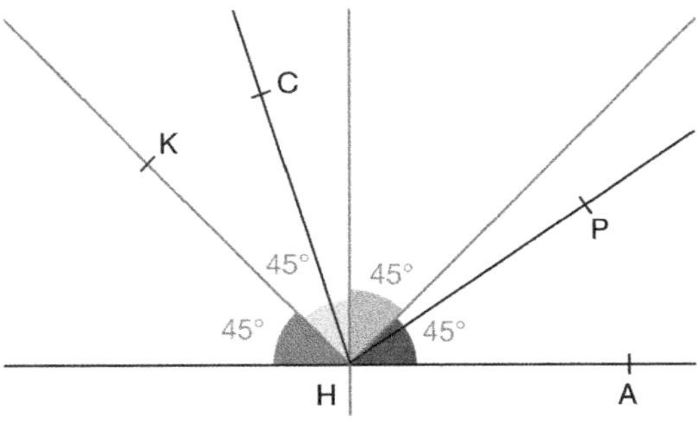


**2.** Louise a raison.
Tous les angles dans la zone rose ont une mesure comprise entre 90° et 135°.

**41** **a. b. c.**

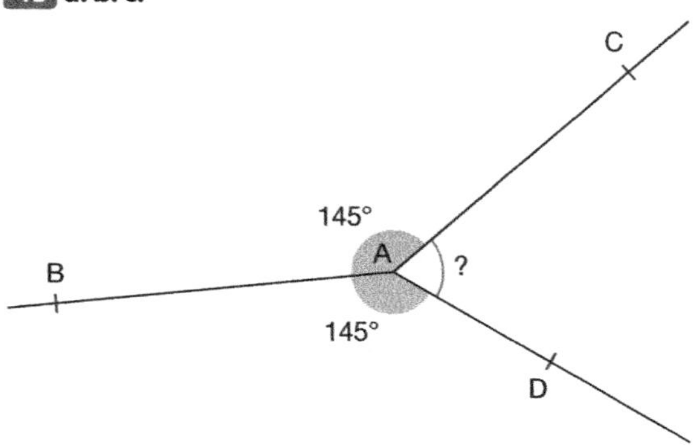


**d.** 145° + 145° = 290° et 360° – 290° = 70°.
L'angle $\widehat{CAD}$ mesure 70°.
On peut vérifier avec le rapporteur.

**42** **a. b.** Ces deux élèves ont raison.
Voici une figure possible qui reprend les propositions de Zoé et Enzo.
Il y a deux possibilités pour tracer un angle $\widehat{GFH}$ qui mesure 40°.

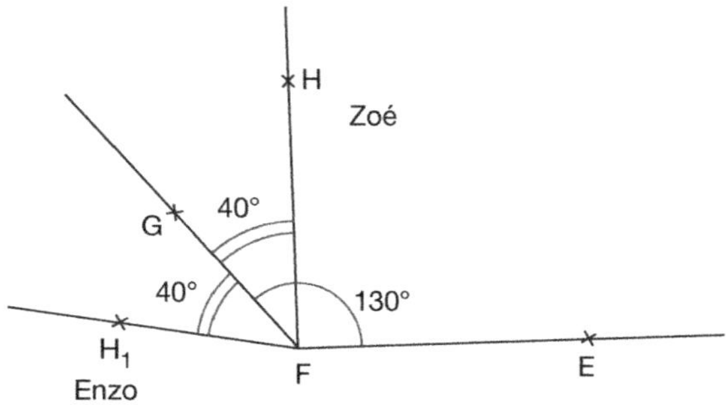


Pour Zoé, l'angle $\widehat{EFH}$ mesure 90°.
En effet, 130°– 40° = 90°.
Pour Enzo, l'angle $\widehat{EFH}$ mesure 170°.
En effet, 130°+ 40° = 170°.

**43** **a.** *Échelle* : $\frac{1}{2}$

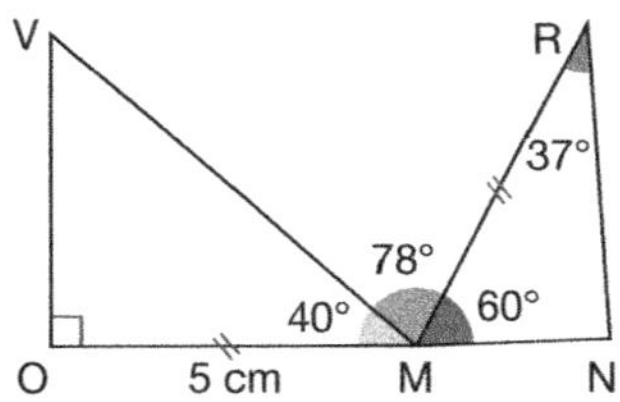


**b.** 40° + 78° + 60° = 178°
L'angle $\widehat{OMN}$ mesure 178°. Ce n'est pas un angle plat. Donc les points O, M et N ne sont pas alignés.

**44**

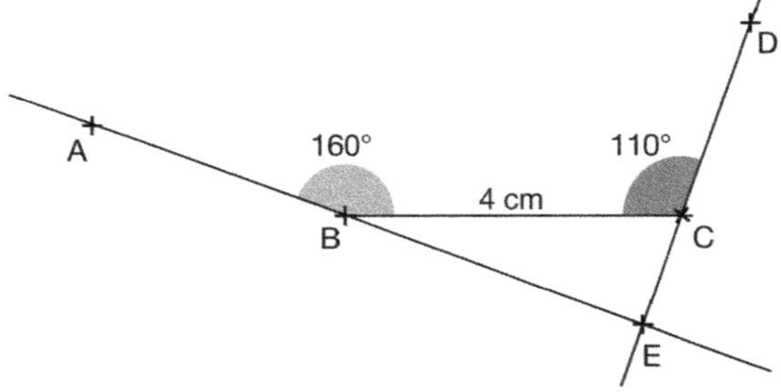


**b.** On peut contrôler avec l'équerre que l'angle $\widehat{BEC}$ est un angle droit.

**45**

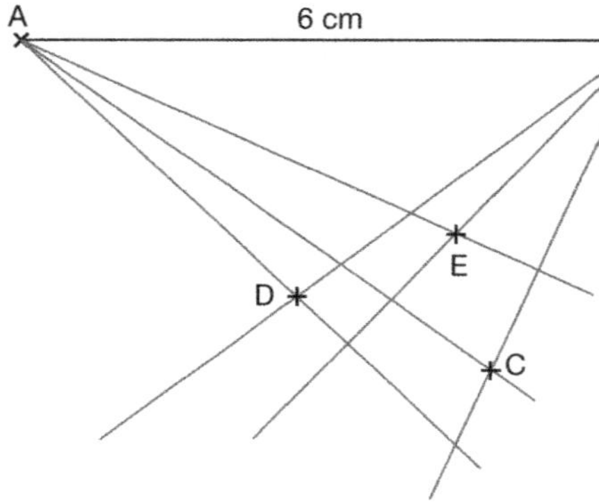


**c.** Le voilier E est en tête de la course.

**46** **a. b.** 140° : 2 = 70°

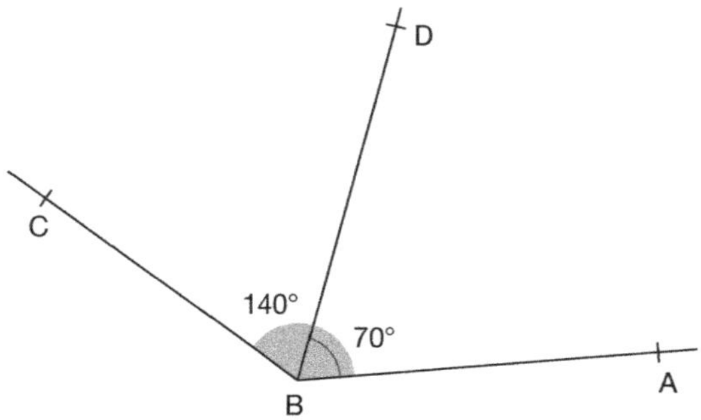


**47**

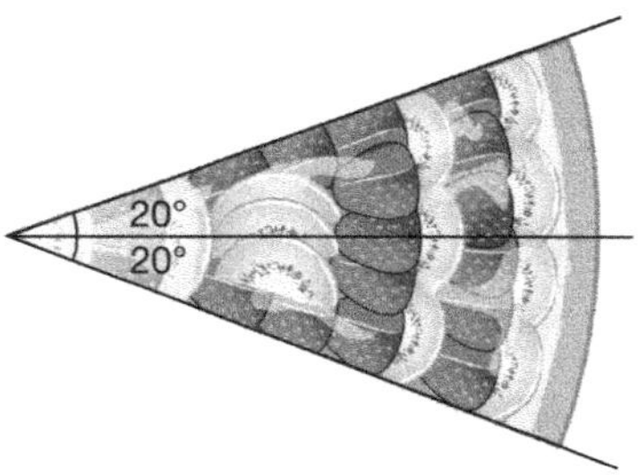


Pour partager cette part de tarte aux fruits en deux parts superposables, on trace la bissectrice de l'angle déterminé par la part de tarte.
L'angle mesurant 40°, il faut le partager en deux angles de 20°.

**48** **a.** L'angle $\widehat{BAE}$ mesure 90°. C'est un angle droit. En effet, les codages permettent de dire que les angles $\widehat{BAC}$, $\widehat{CAD}$ et $\widehat{DAE}$ mesurent chacun 30°. 3 × 30° = 90°.

**b.** • L'angle $\widehat{DAx}$ est un angle plat.
180° – 60° = 120°
L'angle $\widehat{BAx}$ mesure 120°.

• L'angle $\widehat{DAx}$ est un angle plat.
180° – 30° = 150°
L'angle $\widehat{EAx}$ mesure 150°.

**49** **a.** 158° : 2 = 79°
L'angle $\widehat{BAx}$ mesure 79°.
**b.** 89° × 2 = 178°
L'angle $\widehat{BAC}$ mesure 178°.

**50** **a.** 180°– 38° = 142°
L'angle $\widehat{xOy}$ mesure 142°.
**b.** 90°– 28° = 62°
L'angle $\widehat{xOy}$ mesure 62°.
**c.** 132°– 90° = 42°
L'angle $\widehat{xOy}$ mesure 42°.
**d.** 52° × 2 = 104°
180° – 104° = 76°
L'angle $\widehat{xOy}$ mesure 76°.

**51** L'horloge est partagée en 12 angles superposables.
360° : 12 = 30°
**a.** Les aiguilles forment un angle de 90°.
**b.** Les aiguilles forment un angle de 30°.
**c.** Les aiguilles forment un angle de 120°.

## Je m'évalue à mi-parcours

**52** **c.** **53** **b.** **54** **c.** **55** **a.** **56** **a.** **57** **a.**

## Avec un logiciel

**58** **c. d.**

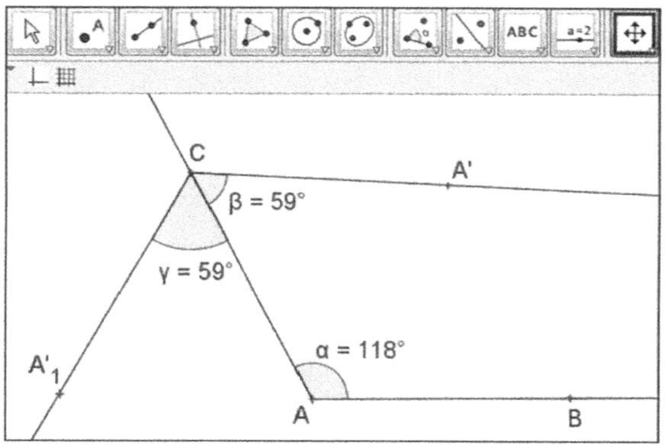


**59** **e.** On observe, en déplaçant le point D, que :
• si D est à l'intérieur du cercle, la mesure de l'angle $\widehat{ADB}$ est plus grande que 90° ;
• si D appartient au cercle, la mesure de l'angle $\widehat{ADB}$ est 90° ;
• si D est à l'extérieur du cercle, la mesure de l'angle $\widehat{ADB}$ est plus petite que 90°.

**f.** Il semble que l'angle $\widehat{ADB}$ soit :
• aigu lorsque D est **à l'extérieur du cercle** ;
• droit lorsque D est **sur le cercle** ;
• obtus lorsque D est **à l'intérieur du cercle**.

**60** **a. b. c. d. e.**

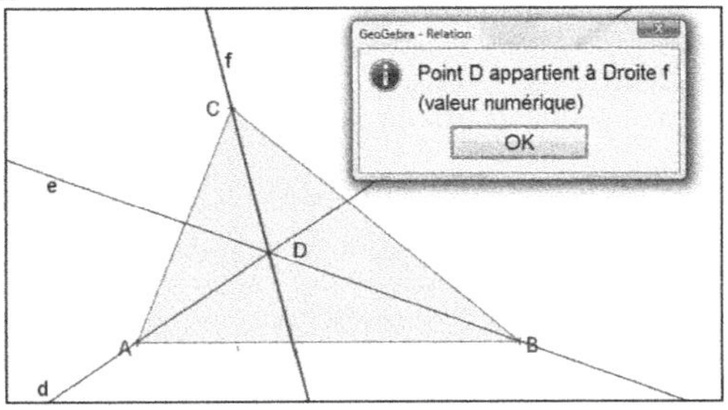


**f.** On teste si le point D appartient à la bissectrice de l'angle $\widehat{ACB}$ avec le logiciel.
La réponse donnée est « Point D appartient à Droite *f* ».
Donc, on peut conjecturer que le point D appartient aux trois bissectrices du triangle.

## J'utilise mes compétences

**61**

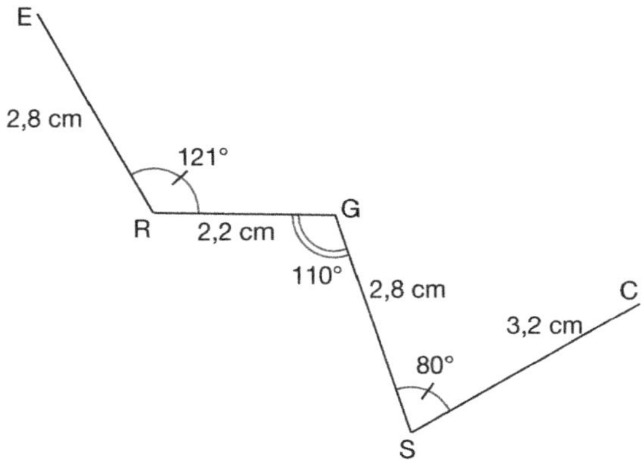


**62** **a.** et **b.** On commence par tracer la demi-droite [IA), bissectrice de l'angle $\widehat{uOv}$.
$124° : 2 = 62°$
On trace ensuite [IB) et [IC), bissectrices respectives des angles $\widehat{uIA}$ et $\widehat{AIv}$.
$62° : 2 = 31°$

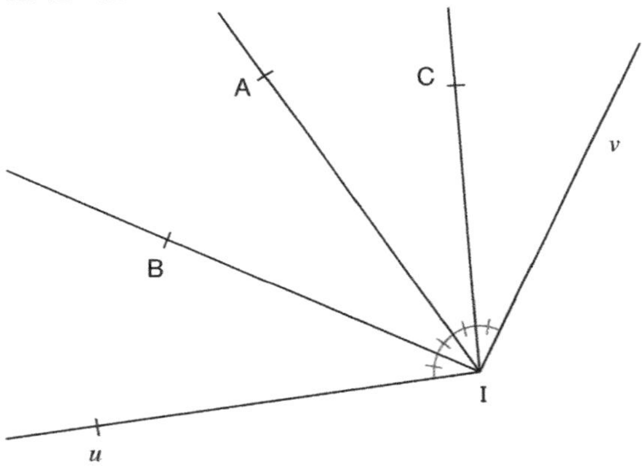


L'angle $\widehat{uOv}$ est alors partagé en 4 angles superposables de mesure 31°.

**63** **a.** et **b.**

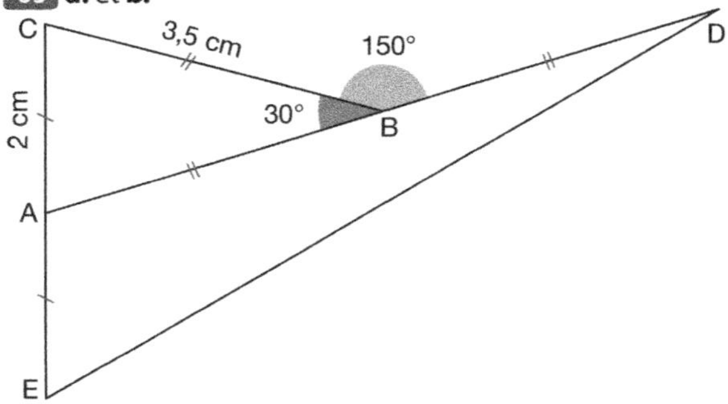


L'angle $\widehat{ABC}$ mesure 30°. On peut placer le sommet B.
Il y a deux possibilités pour A et C.
L'information « $\widehat{EAD}$ est un angle obtus » permet de placer A.
« La mesure de l'angle $\widehat{ADE}$ est inférieure à celle de $\widehat{AED}$ » impose de placer E et D comme sur la figure ci-dessus.

**64** **1.**

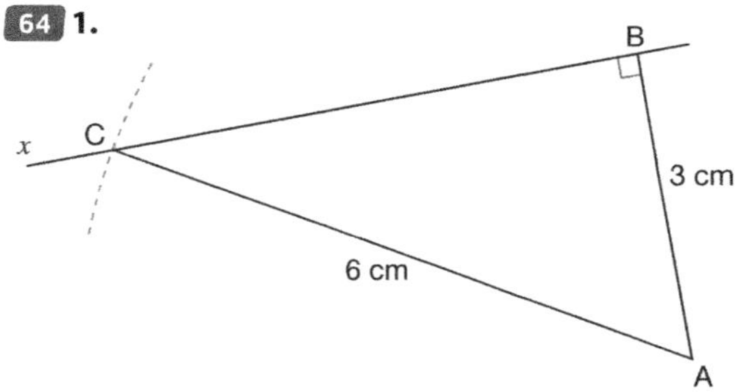


Pour construire ce triangle, il faut tracer une demi-droite [Bx) perpendiculaire à (AB) puis avec le compas tracer un arc de cercle de rayon 6 cm et de centre A qui coupe (Bx).
On note C le point d'intersection de cet arc avec [Bx).
L'angle $\widehat{BAC}$ mesure 60° et l'angle $\widehat{ACB}$ mesure 30°.
Pour ce deuxième triangle, les deux angles aigus sont superposables et mesurent 45° chacun.

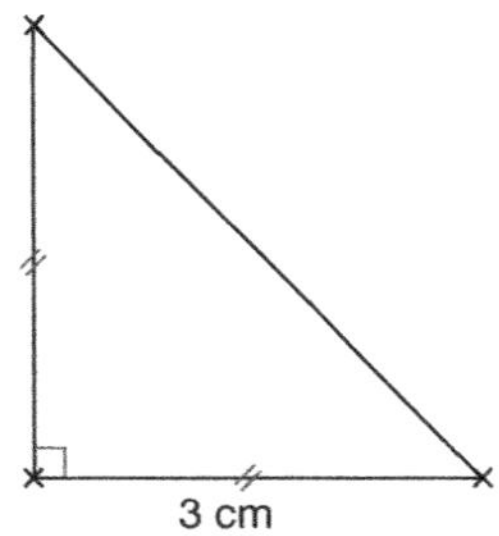


**2.** En découpant ces deux triangles, on peut obtenir des angles de mesures :
180° : on colle les deux angles droits.
$150° : 90° + 60°$
$120° : 90° + 30°$
$135° : 90° + 45°$
105° : on colle l'angle de 60° avec un angle de 45°.
$75° : 45° + 30°$

**65** **a.** Yacine peut écrire :
« Placer trois points A, O et B alignés. Placer un point C tel que l'angle $\widehat{BOC}$ mesure 65°.
Placer un point D du même côté que C par rapport à (AB), tel que l'angle $\widehat{COD}$ soit un angle droit. »
**b.** Le professeur pourrait demander : « Quelle est la mesure de l'angle $\widehat{AOD}$ ? »
$90° + 65° = 155°$ et $180° - 155° = 25°$
$\widehat{AOD} = 25°$

**66** **a.**

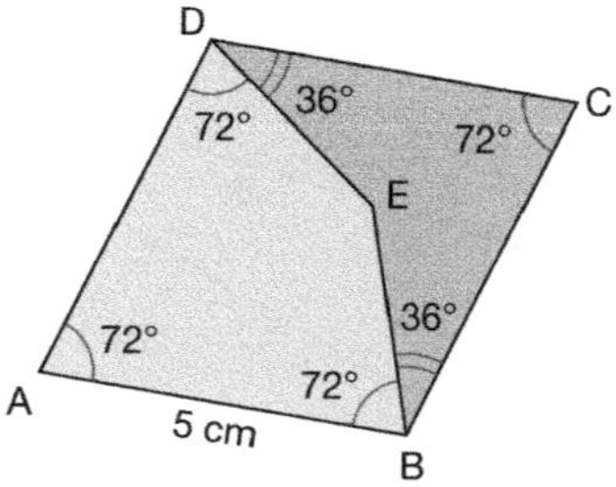


**b.**

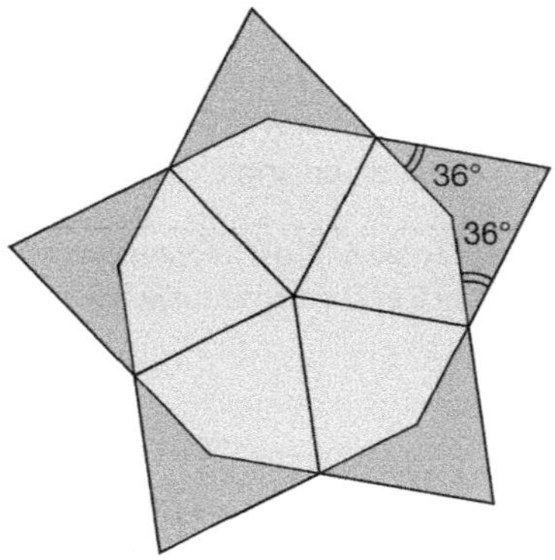


**c.** Un site à regarder :
http://www.univrouen.fr/LMRS/Vulgarisation/Penrose/penrose.html

**67** **Traduction :**

***a.*** *Découper deux angles tels que :*

$$\widehat{xOy} = 30° \quad et \quad \widehat{uIv} = 70°$$

***b.*** *Expliquer comment construire sans rapporteur un angle qui mesure :*

- *100°* • *40°* • *30°*

**Réponse :**

**a.**

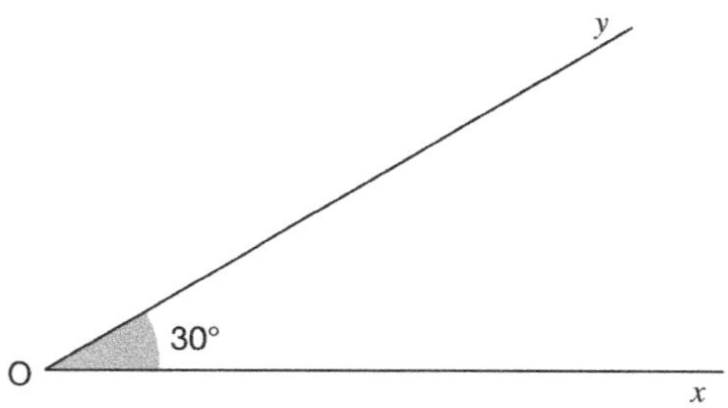

**b.** • Un angle de 100° :

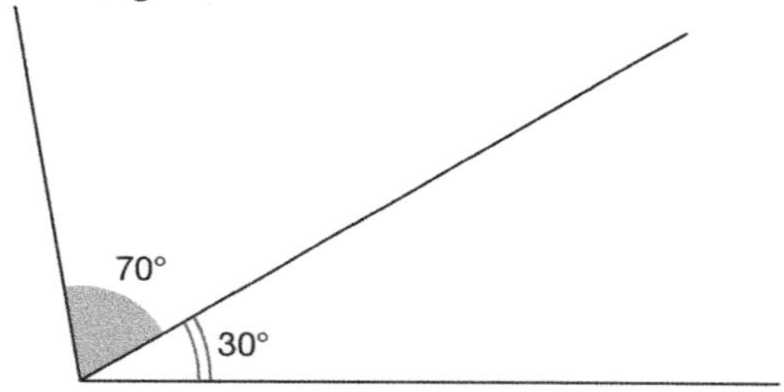


• Un angle de 40° : on remarque que 70° – 30° = 40°.
L'angle $\widehat{ACB}$ mesure 40°.

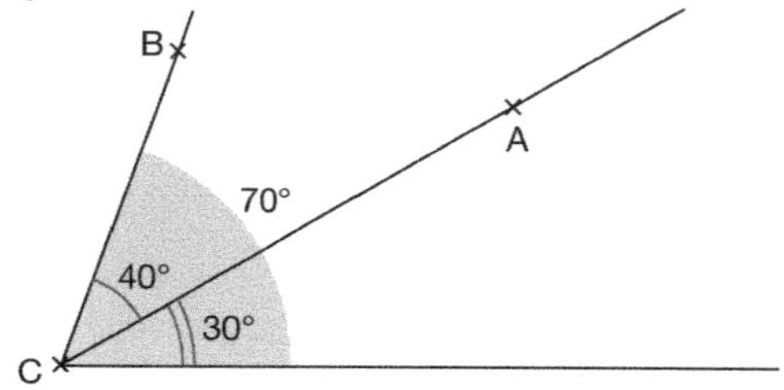


• Un angle de 130° : on remarque que
130° = 70° + 30° + 30° (ou 100° + 30°).

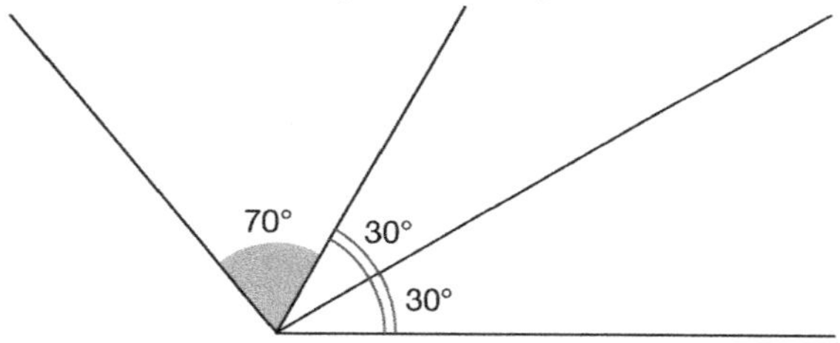


**68** On peut tracer deux triangles ABC.

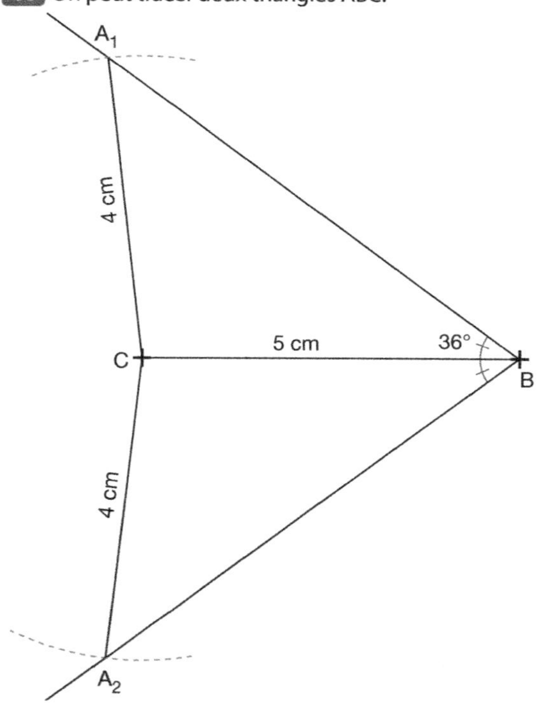

**69** **1. a. b. c.**

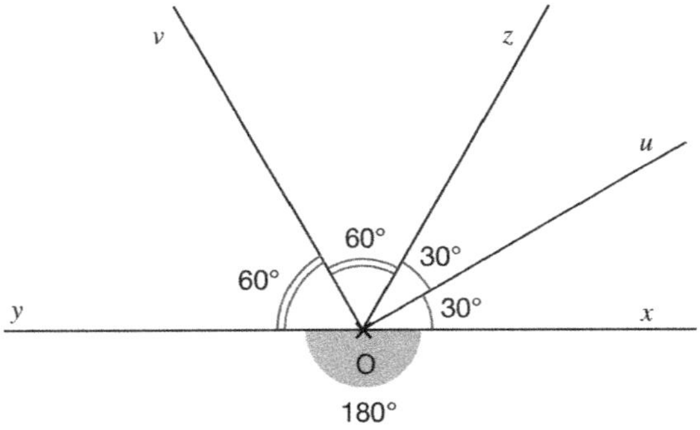


**2. a.** L'angle $\widehat{uOv}$ mesure 90°.

**b.** Il semble que l'angle $\widehat{uOv}$ **est un angle droit**.

**3. a.** [O$u$) est la bissectrice de $\widehat{xOz}$ donc :
$\widehat{uOz} = 60° : 2 = 30°$

**b.** $\widehat{zOy} = 180° - \widehat{xOz} = 180° - 60° = 120°$
[O$v$) est la bissectrice de $\widehat{zOy}$ donc :
$\widehat{zOv} = 120° : 2 = 60°$

**c.** $\widehat{uOv} = \widehat{uOz} + \widehat{zOv}$
$30° + 60° = 90°$
Donc $\widehat{uOv} = 90°$.
On conclut que la conjecture émise à la question **2. b.** est vraie.

**70** On trace un carré de côté 6 cm.
On trace ses diagonales pour trouver le centre du carré, on le nomme O.
On peut ensuite placer les mesures 0°, 90°, 180°, 270°.
On trace les bissectrices pour obtenir 45°, 135°, 225° et 315°.
On utilise son rapporteur pour avoir un angle de 1°. On peut continuer ainsi pour avoir le plus de mesures possibles.

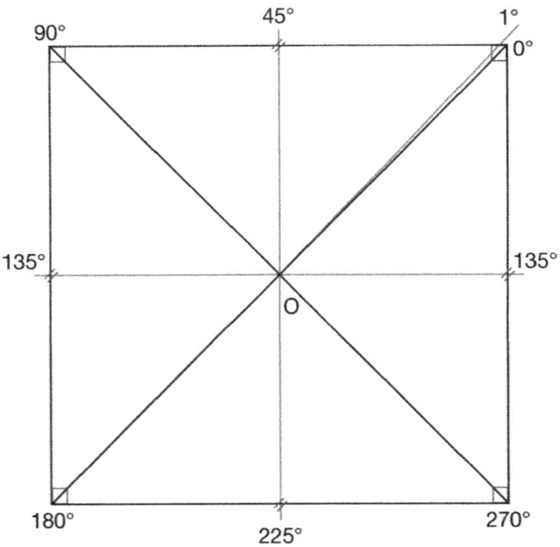


**71** On trace un cercle de centre O.
On place un point A sur ce cercle.
On trace l'angle $\widehat{AOB}$ de 72°.
En effet, 360° : 5 = 72°.
On reporte avec le compas la longueur AB, puis on place C. On recommence pour D et E.
On obtient ainsi un pentagone régulier.

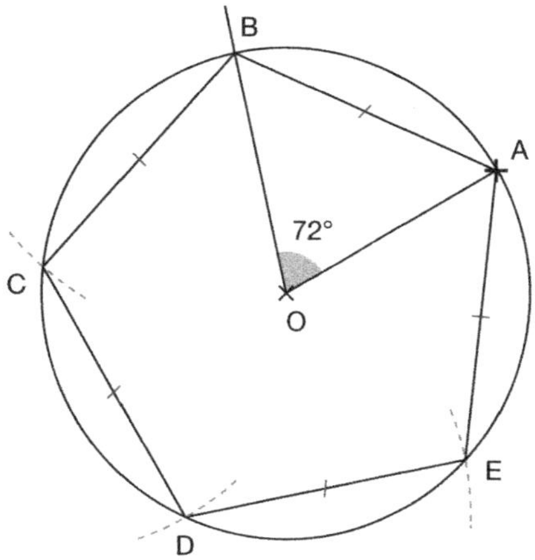


**72** **1.**

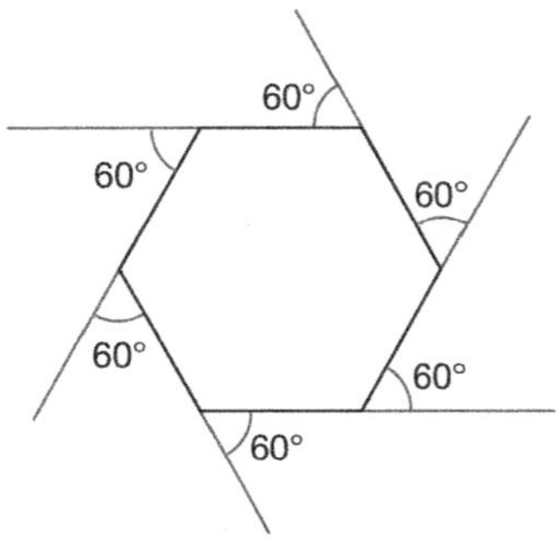


**2. a.** Avance de 5 cm, avance de 2 cm, tourne à gauche de 90°, avance de 2 cm, tourne à gauche de 90°, avance de 2 cm, tourne à gauche de 90°, avance de 2 cm.

**b.** Avance de 5 cm, tourne à droite de 45°, avance de 2 cm, tourne à gauche de 90°, avance de 2 cm, tourne à gauche de 90°, avance de 2 cm, tourne à gauche de 90°, avance de 2 cm.

**73** La somme des cinq angles est 45°.

En effet, l'angle $\widehat{MPN}$ est superposable à l'angle tracé $\widehat{ITO}$.

De même, l'angle $\widehat{MQN}$ est superposable à l'angle tracé $\widehat{HTI}$ et ainsi de suite.

Les cinq angles collés les uns contre les autres sont superposables à l'angle $\widehat{MTO}$ qui est la moitié d'un angle droit, il mesure donc 45°.

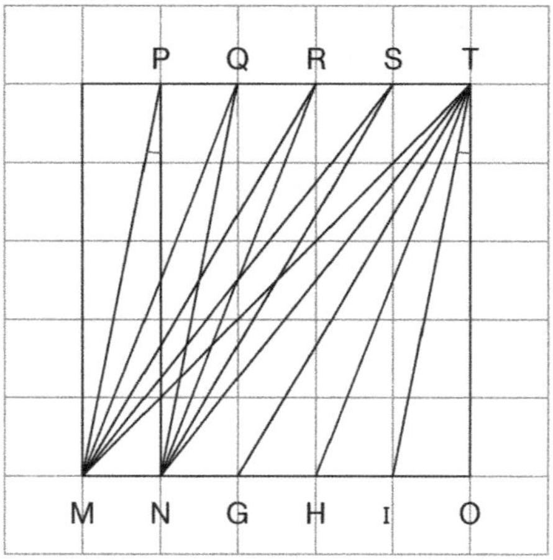


**74** Les réponses dépendent des angles tracés par le joueur 1.

**75** 3 h 18 : la petite aiguille est sur le 3 et la grande sur 18. De 0 à 15 min, l'angle est droit.
$360° : 12 = 30°$
$30° : 5 = 6°$ donc 1 min correspond à un angle de 6°.
3 min correspondent à un angle de 18°.
L'angle formé par les deux aiguilles lorsqu'il est 3 h 18 est de 108°. ($90° + 18° = 108°$)

## Accompagnement personnalisé

**76** **a.** L'angle $\widehat{ABC}$ est aigu. À vue d'œil, on peut estimer sa mesure à 30°, 40°.

L'angle $\widehat{JGH}$ est obtus. À vue d'œil, on peut estimer sa mesure à 130°, 140°, 150°.

**b.** L'angle $\widehat{ABC}$ mesure 38°.
L'angle $\widehat{JGH}$ mesure 145°.

**77** **a. b. c.**

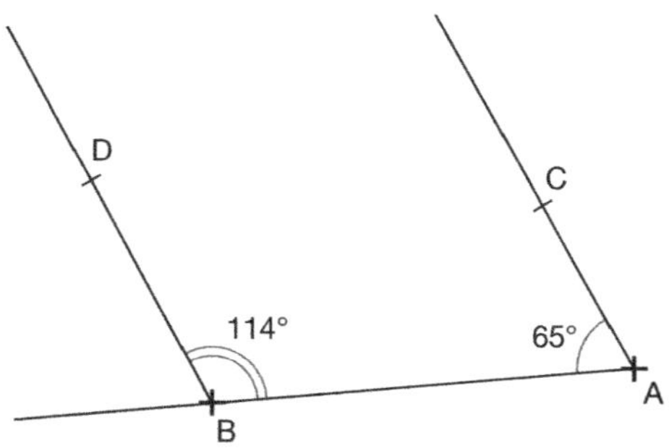


**78** ABCD est un rectangle, donc l'angle $\widehat{BAC}$ est un angle droit.
$90° - 62° = 28°$
L'angle $\widehat{CAD}$ mesure 28°.

**79** *Échelle* : $\frac{1}{2}$

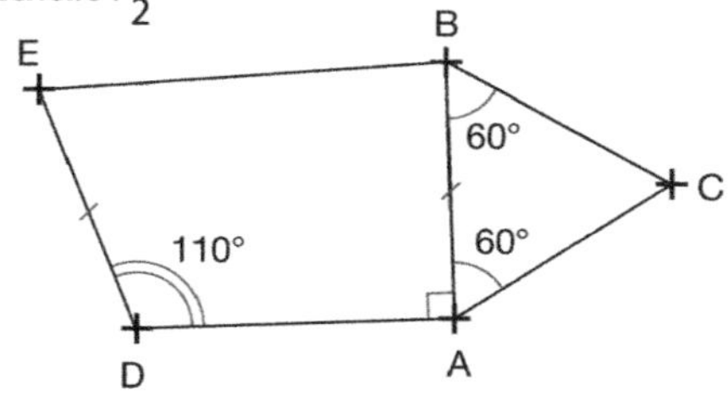


**80** $\widehat{xAt} = 57° : 2 = 28,5°$ et $\widehat{tAy} = 90° - 28,5° = 61,5°$
Sofiane a correctement mesuré avec son rapporteur, il n'est pas possible de pouvoir donner une mesure au dixième de degré.
Malgré tout, la mesure exacte de cet angle est 61,5°, elle ne peut être obtenue que par le calcul.

**81** [RT) est la bissectrice de l'angle $\widehat{ARx}$ et $\widehat{ART} = 45°$.
Ainsi, l'angle $\widehat{TRx}$ a la même mesure que l'angle $\widehat{ART}$.
$45° + 45° = 90°$
Donc $\widehat{ARx} = 90°$.
La droite (R$x$) est perpendiculaire à la droite (RA) et la droite (AT) est perpendiculaire à la droite (RA).
D'après la propriété : « Si deux droites sont perpendiculaires à une même droite, alors elles sont parallèles entre elles », les droites (AT) et (R$x$) sont parallèles.

**82** Pour tracer un angle de 43°, il faut remarquer que $68° - 25° = 43°$.
Il suffit donc de superposer le gabarit bleu sur le gabarit orange pour obtenir un angle de 43°.
Pour tracer un angle de 18°, il faut remarquer que $68° - 2 \times 25° = 18°$.
Il suffit donc de superposer deux fois le gabarit bleu sur le gabarit orange pour obtenir un angle de 18°.
Pour tracer un angle de 7°, il faut remarquer que $7° = 50° - 43°$.

## Tâches complexes

**83**

Avion R
Angle : $\widehat{IOR}$ = **162°** Distance à O : **20 km**
Avion T
Angle : $\widehat{IOT}$ = **126°** Distance à O : **15 km**
Avion S
Angle : $\widehat{IOS}$ = **55°** Distance à O : **20 km**

Pour trouver la distance, il faut calculer le rayon de chaque demi-cercle en utilisant l'échelle.

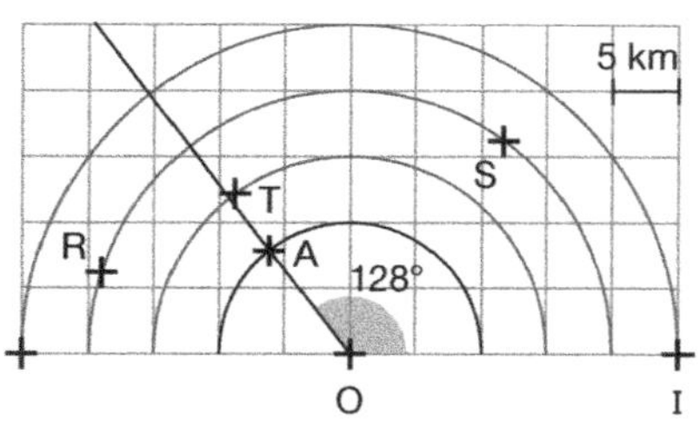

**84** L'idée est de dessiner une réduction du triangle GAT.

On peut choisir GA = 7,5 cm et GT = 6 cm. Ici, pour des raisons de place, le schéma est à l'échelle $\frac{1}{2}$.

L'angle $\widehat{AGT}$ mesure 70° et n'est pas modifié dans une réduction.

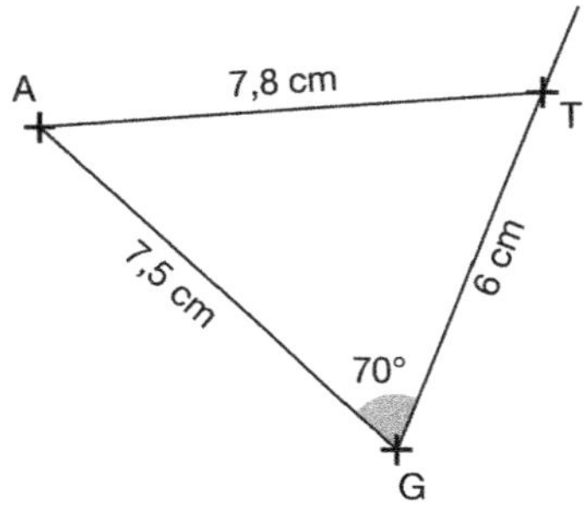


On mesure avec une règle la longueur de [AT].
[AT] mesure 7,8 cm.

1 cm sur le dessin correspond à 20 m dans la réalité.
(Échelle : $\frac{1}{2\,000}$)

$7{,}8 \times 20 = 156$

On peut estimer que la longueur AT est de 156 m.

CHAPITRE 8

# Longueurs, aires, durées

## INTENTIONS PÉDAGOGIQUES

### 1 Le point sur le cycle 3

• En CM1 et en CM2, les élèves sont amenés à comparer des périmètres avec ou sans recours à la mesure. Ils utilisent les formules du périmètre du carré et du rectangle. En 6e, on utilise la formule donnant la longueur d'un cercle.

• Dès le CM1, les élèves comparent et classent des surfaces selon leur aire, dans un premier temps sans avoir recours à la mesure. Ils déterminent ensuite la mesure de l'aire d'une surface à partir d'un pavage simple à l'aide d'une surface de référence ou d'un réseau quadrillé. En CM1 et en CM2, les élèves utilisent les unités usuelles d'aire ainsi que les formules donnant l'aire d'un carré et d'un rectangle. En 6e, on construit et on utilise les formules de l'aire d'un triangle rectangle, d'un triangle quelconque dont une hauteur est connue et d'un disque.

• En CM1 et en CM2, les élèves utilisent les unités de mesure des durées et connaissent leurs relations. Ils calculent des durées et déterminent des instants. En 6e, on consolide la maîtrise des connaissances et compétences associées.

### 2 Je découvre

**Activité 1**

L'objectif de cette activité est double :
– utiliser la formule donnant la longueur d'un cercle ;
– réinvestir la notion de périmètre.

À la question **a.**, l'utilisation de la calculatrice devra être guidée. Il est en effet probable que les élèves n'aient jamais utilisé la touche $\pi$ de la calculatrice. Son utilisation est détaillée à l'exercice résolu 1 de la page 129. La question **b.** donne l'occasion de rappeler la formule du périmètre du rectangle.

**Activité 2**

L'objectif de cette activité est, conformément au programme, de calculer des aires en mobilisant des formules.
À la question 1, le tracé du rectangle ABDC aide à construire la formule donnant l'aire d'un triangle rectangle.
À la question 2, on remarquera que l'aire d'un triangle quelconque est aussi la moitié de celle d'un rectangle. Au **b.**, on utilise la formule donnant l'aire d'un triangle quelconque dont une hauteur est connue.
À la question 3, on amène les élèves à utiliser la formule donnant l'aire d'un disque. Ce sera l'occasion de présenter la notation $R^2$ pour $R \times R$. On pourra alors proposer d'utiliser la touche $x^2$ de la calculatrice.
Dans tous les calculs, on peut demander aux élèves d'indiquer l'unité de longueur (ici le m). Ceci permet de comprendre que l'on obtient des $m^2$ en multipliant entre elles deux longueurs exprimées en m.

**Activité 3**

L'objectif de cette activité est, conformément au programme, de « calculer la durée écoulée entre deux instants donnés » et de « déterminer un instant à partir de la connaissance d'un instant et d'une durée ». Les élèves sont amenés à utiliser les unités de mesure des durées et leurs relations en exploitant un tableau d'horaires de marées.
À la question **a.**, on calcule une durée à partir des données de l'instant initial et de l'instant final.
À la question **b.**, on détermine l'instant initial à partir des données de l'instant final et de la durée. À la question **c.**, on détermine l'instant final à partir des données de l'instant initial et de la durée.
Pour toutes ces questions, l'utilisation de schémas peut aider à une meilleure compréhension du problème posé.

### 3 J'apprends et j'applique le cours

**J'apprends le cours**

• Suite à l'activité 1, on peut étudier le cours 1. Longueurs et périmètres.
• Suite à l'activité 2, on peut étudier le cours 2. Aires.
• Suite à l'activité 3, on peut étudier le cours 3. Durées.

**Exercice résolu 1**

Cet exercice présente le calcul d'une valeur approchée de la circonférence d'une roue.
On applique la formule donnant la longueur d'un cercle et on détaille l'utilisation de la touche $\pi$ de la calculatrice.

**Exercice résolu 7**

Dans cet exercice, on calcule des aires en utilisant les formules donnant l'aire d'un triangle au **a.** et l'aire d'un disque au **b.**
Dans la solution, on a fait apparaître les unités de longueur dans les calculs pour aider à la compréhension du sens des unités d'aire.
À la question **b.**, on retrouve l'utilisation de la touche $\pi$ de la calculatrice. Dans nos conseils, on présente aussi l'utilisation de la touche $x^2$ de la calculatrice.

**Exercice résolu 13**

Cet exercice présente le calcul d'une durée entre deux instants donnés. L'exemple proposé permet d'utiliser les unités de mesure : mois, jour, heure, minute et seconde.

Dans la solution, on utilise des lignes schématisant le temps pour aider à la résolution du problème.

## ❹ Compléments

### Périmètres

L'exercice 17 de la rubrique À l'oral et l'exercice 29 de Je m'entraîne proposent des exemples de comparaisons de périmètres sans recours à la mesure.

Les exercices 25, 26 et 30 à 33 sont consacrés aux calculs de périmètres de polygones.

Les élèves sont amenés à utiliser la formule donnant la longueur d'un cercle dans les exercices 2 à 6 de la rubrique J'applique le cours et dans les exercices 34 à 37 de Je m'entraîne. Dans ces exercices, on demande uniquement des valeurs approchées car l'écriture littérale des valeurs exactes n'est pas un attendu de fin de cycle 3.

### Aires

Les exercices proposés permettent de travailler progressivement les différentes compétences inscrites dans le programme :

- comparer des surfaces selon leurs aires : exercices 19, 39 et 40 ;
- différencier aire et périmètre d'une surface : exercices 19, 22, 38, 39 et 77 ;
- déterminer la mesure de l'aire d'une surface à partir d'un pavage simple : exercices 18, 38 ;
- utiliser les unités usuelles d'aire : exercices 20, 41 à 44 ;
- utiliser les formules de l'aire d'un carré, d'un rectangle, d'un triangle : exercices 22, 27, 45 à 48 ;
- utiliser la formule de l'aire d'un disque : exercices 49 à 51. Dans ces exercices, on ne demande que des valeurs approchées.

### Durées et instants

Conformément au programme, des exercices progressifs permettent d'« utiliser les unités de mesure des durées et leurs relations ».

Les exercices 23 et 24 de la rubrique À l'oral et les exercices 52 à 56 de Je m'entraîne sont consacrés aux relations entre différentes unités de mesure.

Les élèves sont amenés à :

- calculer des durées entre deux instants donnés dans les exercices de la page 133 et dans les exercices 57 et 58 de Je m'entraîne ;
- déterminer un instant à partir de la connaissance d'un instant et d'une durée dans les exercices 59 à 65.

En CM1 et en CM2, les élèves ont calculé des durées et des instants à partir de données en heure, minute, seconde. En 6$^{e}$, on propose des problèmes dans lesquels les données peuvent être en année, semaine, jour, heure, minute, seconde, dixième ou centième de seconde.

### Accompagnement personnalisé

Les exercices de la page Accompagnement personnalisé s'adressent à tous les profils d'élèves, y compris ceux qui n'ont pas de difficultés.

Les exercices de la rubrique Renforcement permettent de faire le point sur les attendus de fin de cycle 3 : calculer des périmètres, utiliser la formule donnant la longueur d'un cercle, calculer des aires en mobilisant des formules, calculer une durée, déterminer un instant. Ceux de la rubrique Approfondissement peuvent être proposés aux élèves ayant traité les précédents sans problème particulier.

### Tâches complexes

- L'exercice 100 peut être proposé dès la fin de l'étude du cours 1. Longueurs et périmètres. La notion d'aire et le calcul de durées n'interviennent pas ici.
- L'exercice 101 fait appel aux trois notions étudiées dans ce chapitre : périmètres, aires et durées. Les élèves devront réinvestir leurs acquis et utiliser également des connaissances sur les situations de proportionnalité.

## CORRIGÉS

### Vu au cycle 3

**1.b. 2.a., b.** et **c. 3.b.** et **c. 4.b.** et **c. 5.b.**

### Je découvre

#### Activité 1

**a.** $318{,}3 \times \pi \approx 999{,}96$

La longueur d'un tour de roue est environ égale à 999,96 mm soit 1 m à 0,1 mm près.

Les indications portées sur la fiche sont bien exactes.

**b.** $2 \times 105 + 2 \times 68 = 210 + 136 = 346$

Lorsqu'il aura tracé le rectangle, le compteur affichera 346 m.

#### Activité 2

❶ $(6{,}3 \times 3{,}6) : 2 = 22{,}68 : 2 = 11{,}34$

L'aire du parterre ❶ est égale à 11,34 m$^2$.

❷ **a.** L'aire du parterre ❷ est égale à la moitié de l'aire du rectangle IJFG.

$(6{,}3 \times 3{,}6) : 2 = 11{,}34$

L'aire du parterre ❷ est égale à 11,34 m$^2$.

**b.** EH = IJ = 3,6 m

$(IG \times EH) : 2 = (6{,}3 \times 3{,}6) : 2 = 11{,}34$

On retrouve bien l'aire du parterre ❷.

❸ $\pi \times 1{,}9 \times 1{,}9 \approx 11{,}34$

Les parterres 1 et 3 ont à peu près la même aire. L'affirmation de Jade est exacte.

#### Activité 3

**a.** Sur ces schémas, l'échelle n'est pas respectée.

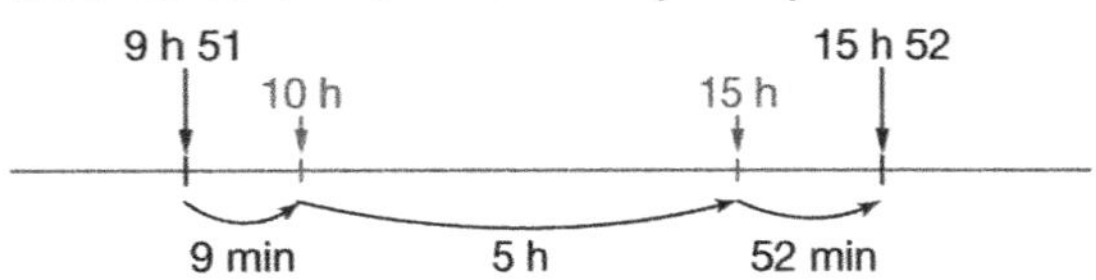


9 min + 52 min = 61 min = 1 h 01 min

5 h + 1 h 01 min = 6 h 01 min
Entre la basse mer du matin et la pleine mer de l'après-midi, il s'écoule 6 h 01 min.

**b.**

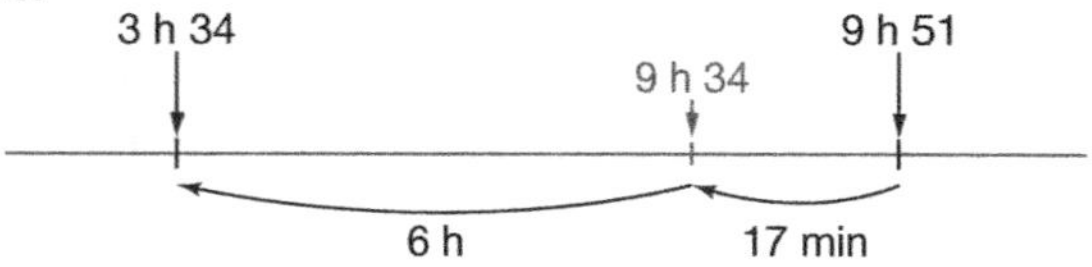


ou 9 h 51 min – 17 min = 9 h 34 min
9 h 34 min – 6 h = 3 h 34 min
La première pleine mer est à 3 h 34.

**c.**

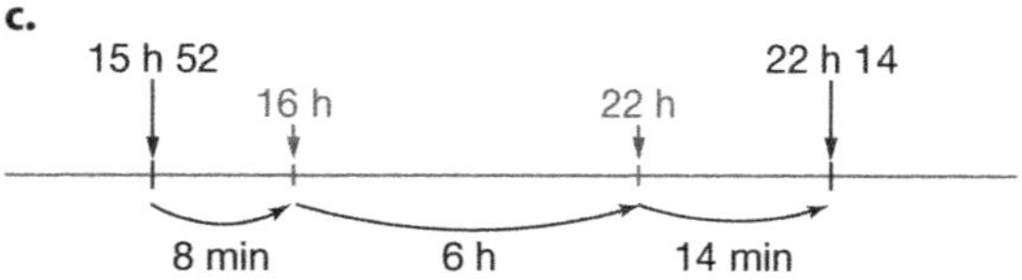


ou 15 h 52 min + 22 min = 15 h 74 min
= 16 h 14 min
16 h 14 min + 6 h = 22 h 14 min
La basse mer du soir est à 22 h 14.

## J'applique le cours

**2** 1,30 m = 1 300 mm
$\pi \times 700 \approx 2\,199$
La roue de bicyclette a une circonférence d'environ 2 199 mm.
$\pi \times 1\,300 \approx 4\,084$
La roue de grand-bi a une circonférence d'environ 4 084 mm.

**3** $\pi \times 14 \approx 43{,}9$
Ce cercle a une longueur L d'environ 44 cm.

**4** $\pi \times 7 \approx 21{,}9$
Ce cercle a une longueur L d'environ 22 cm.

**5** **a.** $\pi \times 2{,}8 \approx 8{,}79$
Ce cercle a une longueur d'environ 8,8 cm.
**b.** $\pi \times 36 \approx 113{,}09$
Ce cercle a une longueur d'environ 11,3 cm.

**6** $\pi \times 18{,}3 \approx 57{,}49$
Le rond central a une circonférence d'environ 57,5 m.

**8** **a.** 70 cm = 0,7 m
0,7 m × 0,7 m = 0,49 m$^2$
L'aire de ce panneau est 0,49 m$^2$.
**b.** 1,6 m × 2,4 m = 3,84 m$^2$
L'aire de ce panneau est 3,84 m$^2$.

**9** (2,5 cm × 1,5 cm) : 2 = 1,875 cm$^2$
L'aire du triangle est égale à 1,875 cm$^2$.

**10** (1,8 cm × 3 cm) : 2 = 2,7 cm$^2$
L'aire du triangle est égale à 2,7 cm$^2$.

**11** Le côté du triangle mesure 1 cm + 2,5 cm soit 3,5 cm.
(3,5 cm × 1,4 cm) : 2 = 2,45 cm$^2$
L'aire du triangle est égale à 2,45 cm$^2$.

**12** L'aire de ce disque est $\pi \times 0{,}9$ cm × 0,9 cm soit $\pi \times 0{,}81$ cm$^2$.
Avec la calculatrice, on trouve $\pi \times 0{,}81 \approx 2{,}54$.
Ce disque a une aire d'environ 2,54 cm$^2$.

**14**

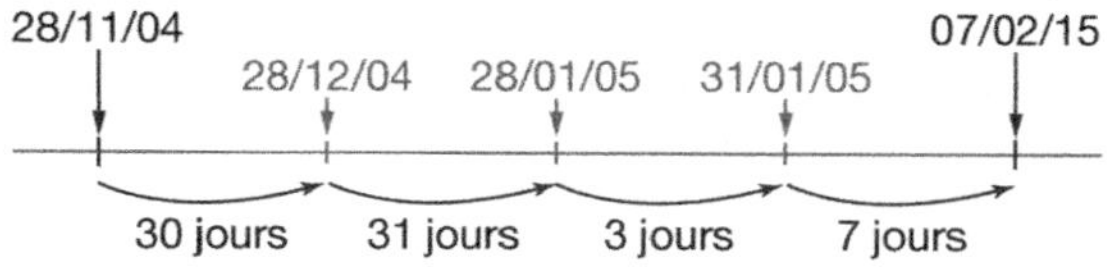


30 + 31 + 3 + 7 = 71
Du 28 novembre 2004, 8 h 10 min 44 s au 7 février 2005, 8 h 10 min 44 s, il y a 71 jours.

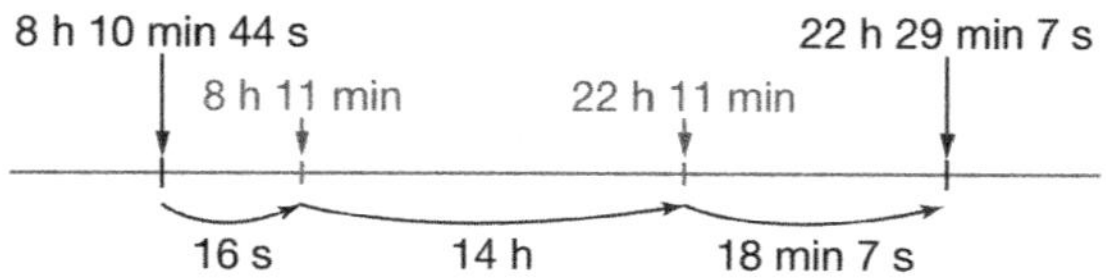


16 s + 14 h + 18 min + 7 s = 14 h 18 min 23 s
Le 7 février, de 8 h 10 min 44 s à 22 h 29 min 7 s, il y a 14 h 18 min 23 s.
Le tour du monde d'Ellen MacArthur a duré 71 jours 14 h 18 min 23 s.

**15**

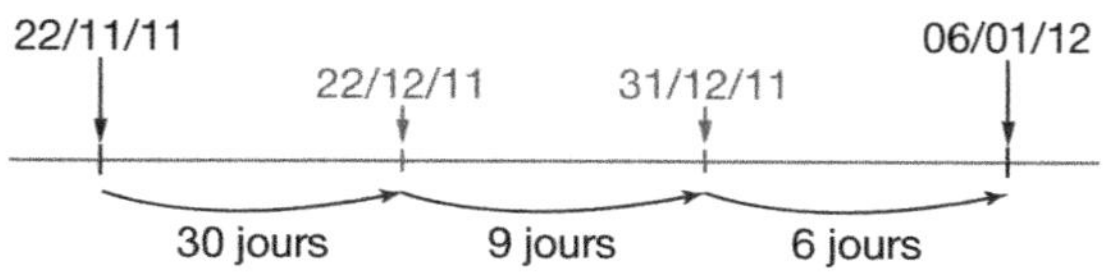


30 + 9 + 6 = 45
Du 22 novembre 2011, 9 h 31 au 6 janvier 2012, 9 h 31, il y a 45 jours.

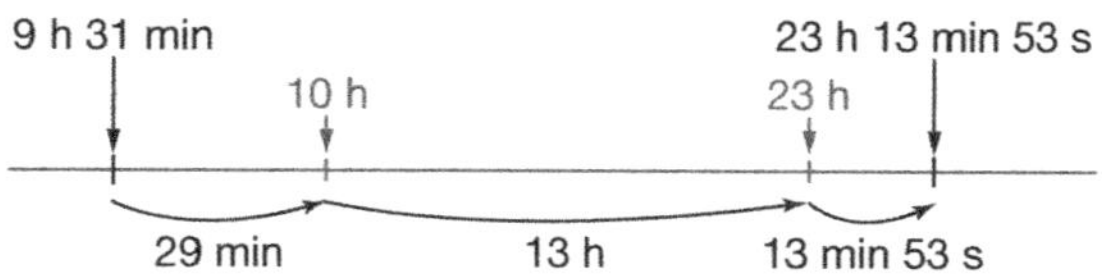


29 min + 13 h + 13 min 53 s = 13 h 42 min 53 s
Le 6 janvier, de 9 h 31 min à 23 h 13 min 53 s, il y a 13 h 42 min 53 s.
Cette équipe a réalisé un temps de 45 jours 13 h 42 min 53 s.

**16** **a.**

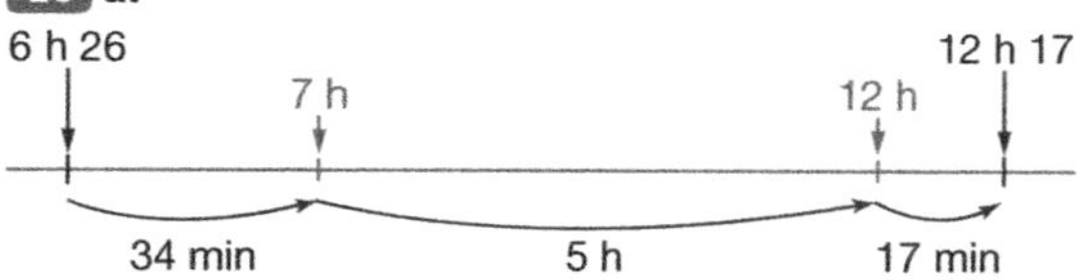


34 min + 5 h + 17 min = 5 h 51 min
Entre Clermont-Ferrand et Bandol, le trajet dure 5 h 51 min.

**b.**

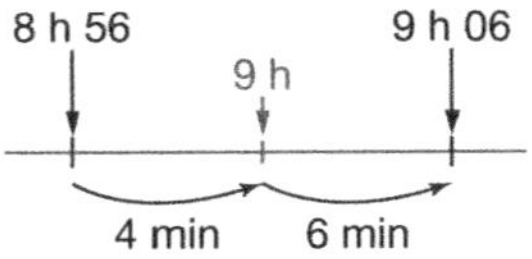


4 min + 6 min = 10 min
Antoine a 10 min pour changer de train à Lyon.

**c.**

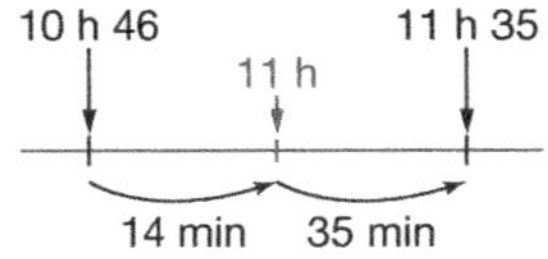


14 min + 35 min = 49 min
Antoine a 49 min pour changer de train à Marseille.

## À l'oral

**17** **a.** Les deux figures vertes ont le même périmètre. En effet, leurs côtés ont deux à deux la même longueur.
**b.** Le périmètre de la figure ❶ est supérieur au périmètre de la figure ❷.
En effet, à chaque côté du rectangle ❷ correspond une partie plus longue du contour du polygone ❶.

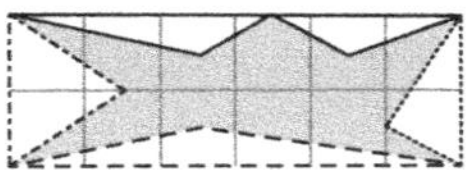

**18** **a.** L'aire de la surface orange est égale à 8 carrés verts.
**b.** L'aire de la surface orange est égale à 16 triangles bleus.

**19** C'est la figure ❶ qui a la plus grande aire car sa surface contient la surface ❷.

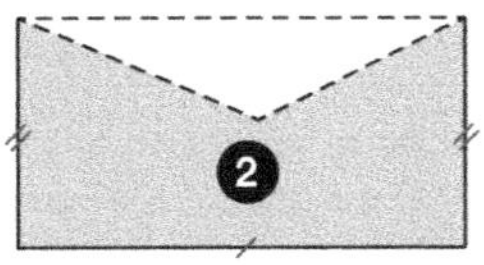


C'est la figure ❷ qui a le plus grand périmètre car la ligne formée par les deux côtés en pointillés est plus longue que le côté en tirets du rectangle.

**20** **a.** $5\ m^2 = \mathbf{500}\ dm^2$ **b.** $3{,}2\ m^2 = \mathbf{320}\ dm^2$
**c.** $7\ m^2 = \mathbf{70\ 000}\ cm^2$ **d.** $5{,}42\ m^2 = \mathbf{54\ 200}\ cm^2$
**e.** $18\ km^2 = \mathbf{18\ 000\ 000}\ m^2$ **f.** $3{,}54\ km^2 = \mathbf{3\ 540\ 000}\ m^2$

**21**

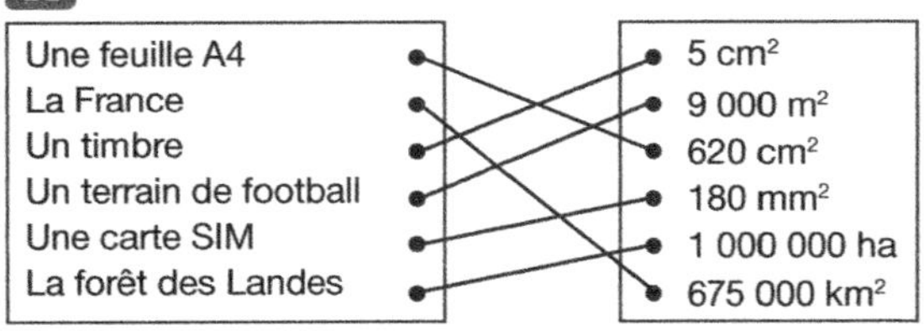


**22** **a.** Le périmètre du triangle ABC est égal à AB + AC + BC.
On l'obtient en calculant 6 + 8 + 10.
Le périmètre du triangle ABC est égal à 24 cm.
**b.** L'aire du triangle ABC est égale à :
- $(10\ cm \times 4{,}8\ cm) : 2 = 24\ cm^2$
- $(6\ cm \times 8\ cm) : 2 = 24\ cm^2$

**23** **a.** Un siècle dure 100 ans.
**b.** Un mois peut durer 720 h (30 × 24 h).
**c.** Un jour dure 1 440 min (24 × 60 min).

**24** **a.** 50 jours = **7** semaines + **1** jour
**b.** 140 minutes = **2** heures + **20** minutes

## Calcul mental

**25** **a.** 2 × 1,7 m + 3 m = 3,4 m + 3 m = 6,4 m
Le périmètre du triangle ABC est égal à 6,4 m.
**b.** 3 m + 4 m + 5 m = 12 m
Le périmètre du triangle DEF est égal à 12 m.

**26** **a.** 4 × 7,2 cm = 28,8 cm
Un carré de côté 7,2 cm a un périmètre de 28,8 cm.
**b.** 2 × (24 cm + 6 cm) = 2 × 30 cm = 60 cm
Un rectangle de dimensions 24 cm et 6 cm a un périmètre de 60 cm.
**c.** 3 × 31 mm = 93 mm
Un triangle équilatéral de côté 31 mm a un périmètre de 93 mm.

**27** **a.** $(5\ cm \times 3\ cm) : 2 = 7{,}5\ cm^2$
Le triangle ABC a une aire de $7{,}5\ cm^2$.
**b.** $(8\ cm \times 4\ cm) : 2 = 16\ cm^2$
Le triangle DEF a une aire de $16\ cm^2$.

**28** Trois quarts d'heure, c'est 45 minutes.

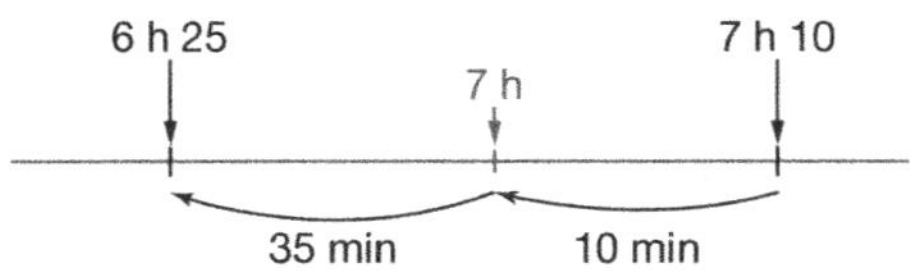


Aurélie s'est levée à 6 h 25.

## Je m'entraîne

**29** **a.**

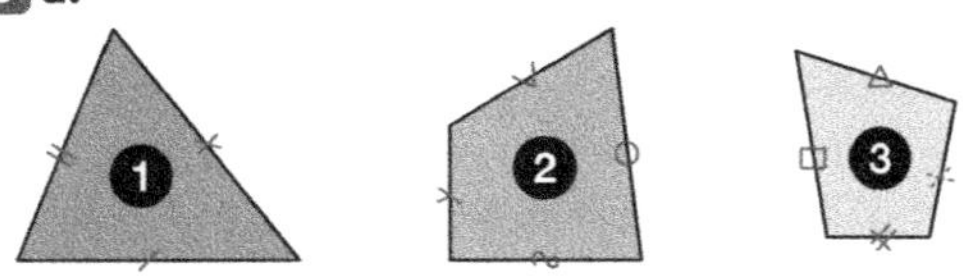


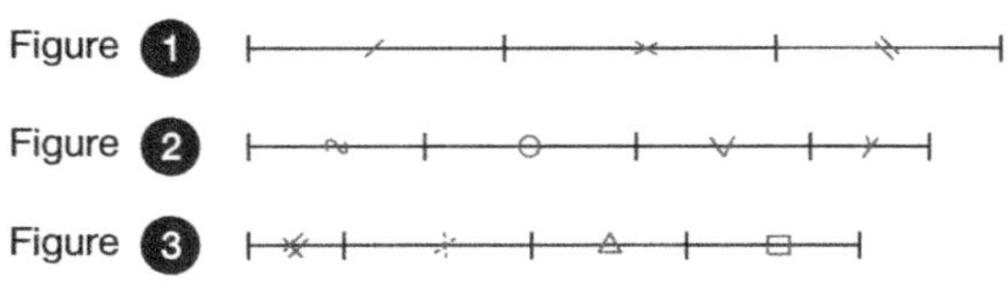


**b.** Figure 3 – Figure 2 – Figure 1

**30** **a.** 2,5 cm + 1,5 cm + 2 cm + 1,2 cm = 7,2 cm
Le périmètre du polygone ABCD est égal à 7,2 cm.
**b.** 35 m + 22 m + 18 m + 28 m = 103 m
Le périmètre du polygone EFGH est égal à 103 m.

**31** **a.** P = 2 × 3 cm + 2 × 1,9 cm + 3,4 cm
P = 6 cm + 3,8 cm + 3,4 cm

P = 13,2 cm
Le périmètre du polygone ABCDE est égal à 13,2 cm.

**b.** P = 4 × 1,9 cm + 3,6 cm
P = 7,6 cm + 3,6 cm = 11,2 cm
Le périmètre du polygone FGHIJ est égal à 11,2 cm.

**32** **a.** P = 2 × 3,8 cm + 2,5 cm = 10,1 cm
Le périmètre du triangle ABC est égal à 10,1 cm.

**b.** P = 3 × 37 mm = 111 mm
Le périmètre du triangle DEF est égal à 111 mm.

**c.** 14 mm = 1,4 cm
P = 2 × (1,4 cm + 3,1 cm) = 2 × 4,5 cm = 9 cm
Le périmètre du rectangle GHIJ est égal à 9 cm.

**d.** P = 4 × 23 mm = 92 mm
Le périmètre du carré KLMN est égal à 92 mm.

**33** 4 × 4 × 4,3 m = 68,8 m
La longueur totale des cordes autour de ce ring est égale à 68,8 m.

**34** Le tour du cadran de la montre est égal à $\pi \times 2{,}3$ cm. Avec la calculatrice, on trouve $\pi \times 2{,}3 \approx 7{,}2$.
Le tour du cadran de cette montre est d'environ 7,2 cm.

**35** La circonférence du miroir est $\pi \times 95$ cm. Avec la calculatrice, on trouve $\pi \times 95 \approx 298{,}4$.
La guirlande doit avoir une longueur d'au moins 299 cm.

**36** Le cercle intérieur a une longueur égale à $\pi \times 64$ m.
Avec la calculatrice, on trouve $\pi \times 64 \approx 201{,}06$.
Le cercle intérieur a une longueur d'environ 201,06 m.
Le cercle extérieur a une longueur égale à $2 \times \pi \times 66$ m soit $\pi \times 132$.
Avec la calculatrice, on trouve $\pi \times 132 \approx 414{,}69$.
Le cercle extérieur a une longueur d'environ 414,69 m.

**37** **1. a.** Le contour de la figure se compose d'un demi-cercle de diamètre 4 cm et d'un segment de longueur 4 cm. Le demi-cercle a pour longueur ($\pi \times 4$ cm) : 2 soit $\pi \times 2$ cm.
La figure a pour périmètre $\pi \times 2$ cm + 4 cm.
Avec la calculatrice, on trouve environ 10,3 cm.

**b.** Le contour de la figure se compose d'un quart de cercle de rayon 2 cm et de deux segments de longueur 2 cm chacun.
Le quart de cercle a pour longueur ($2 \times \pi \times 2$ cm) : 4 soit $\pi$ cm.
La figure a pour périmètre $\pi$ cm + 2 × 2 cm.
Avec la calculatrice, on trouve environ 7,1 cm.

**2.** C'est faux. 10,3 : 2 ≠ 7,1.
La longueur du quart de cercle est bien égale à la moitié de celle du demi-cercle, mais dans les deux cas, la longueur des segments à ajouter est la même.

**38** Le périmètre de la figure ❶ est égal à 10 côtés de carreaux et l'aire de la figure ❷ est égale à 6 carreaux.

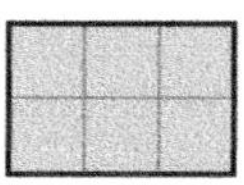

**39** **a.** Le périmètre du domaine coloré en bleu est supérieur à celui du domaine hachuré.

**b.** L'aire du domaine coloré en bleu est égale à celle du domaine hachuré.

**40**

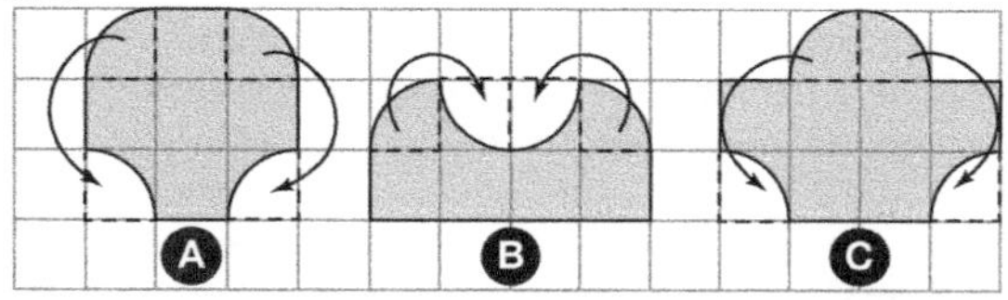


Surface Ⓒ (8 carreaux) – Surface Ⓐ (7 carreaux) – Surface Ⓑ (6 carreaux).

**41** **a.** La superficie de la Corse est 8 700 km².
**b.** L'aire d'une salle de classe est 50 m².
**c.** L'aire d'une pièce de 1 € est 4,25 cm².

**42** **a.** 54 dm² = 0,54 m²
**b.** 75 cm² = 0,0075 m²
**c.** 250 dam² = 25 000 m²
**d.** 0,25 km² = 250 000 m²
**e.** 7 hm² = 70 000 m²
**f.** 2 750 mm² = 0,00275 m²

**43** 0,60 m² = 60 dm²
3 800 cm² = 38 dm²
0,005 dam² = 50 dm²
25 < 38 < 50 < 60 donc
25 dm² < 3 800 cm² < 0,005 dam² < 0,60 m².

**44** 1 ha = 1 hm² = 10 000 m²
10 000 m² – 4 500 m² = 5 500 m²
Le terrain de la sœur d'Éloi a une superficie de 5 500 m².

**45** **a.** 1,9 cm × 1,9 cm = 3,61 cm²
L'aire du carré ABCD est égale à 3,61 cm².
**b.** 2,5 cm × 1,9 cm = 4,75 cm²
L'aire du rectangle EFGH est égale à 4,75 cm².
**c.** (1,3 cm × 2,2 cm) : 2 = 1,43 cm²
L'aire du triangle rectangle IJK est égale à 1,43 cm².
**d.** (2,9 cm × 1,6 cm) : 2 = 2,32 cm²
L'aire du triangle LMN est égale à 2,32 cm².

**46** **1re méthode**
On peut calculer l'aire du triangle MNP en ajoutant les aires des triangles MHN et MHP.
Aire de MHN = (6 m × 26 m) : 2 = 78 m²
Aire de MHP = (17 m × 26 m) : 2 = 221 m²
78 m² + 221 m² = 299 m²

**2e méthode**
On peut calculer l'aire du triangle MNP en appliquant la formule (NP × MH) : 2.
NP = 6 m + 17 m = 23 m
(23 m × 26 m) : 2 = 299 m²
L'aire du triangle MNP est égale à 299 m².

**47** **a.** On peut décomposer la surface bleue en un rectangle de 3 cm sur 2 cm et un triangle rectangle dont les côtés de l'angle droit mesurent 3 cm et 6 cm – 2 cm soit 4 cm.

Aire du rectangle = 3 cm × 2 cm = 6 cm$^2$
Aire du triangle rectangle = (3 cm × 4 cm) : 2
= 6 cm$^2$
6 cm$^2$ + 6 cm$^2$ = 12 cm$^2$
L'aire de la surface bleue est égale à 12 cm$^2$.

**b.** On peut décomposer la surface verte en un rectangle de 5 cm sur 2 cm et un triangle rectangle dont les côtés de l'angle droit mesurent 3 cm et 4 cm.
Aire du rectangle = 5 cm × 2 cm = 10 cm$^2$
Aire du triangle rectangle = (3 cm × 4 cm) : 2
= 6 cm$^2$
10 cm$^2$ + 6 cm$^2$ = 16 cm$^2$
L'aire de la surface verte est égale à 16 cm$^2$.

**48**

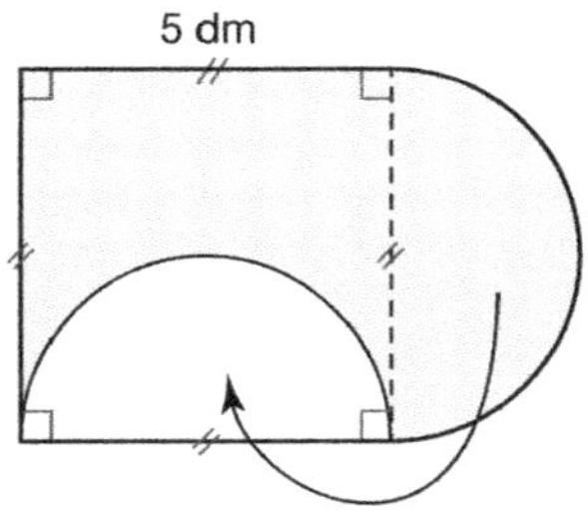


L'aire de la surface colorée est égale à celle d'un carré de côté 5 dm.
5 dm × 5 dm = 25 dm$^2$
L'aire de la surface colorée est égale à 25 dm$^2$.

**49** **a.** L'aire A d'un disque de rayon 7 cm est :
$A = \pi \times 7 \text{ cm} \times 7 \text{ cm} = \pi \times 49 \text{ cm}^2$
Avec la calculatrice, on trouve $A \approx 154$ cm$^2$.

**b.** Le diamètre est égal à 8 cm donc le rayon est égal à 4 cm.
L'aire A d'un disque de rayon 4 cm est :
$A = \pi \times 4 \text{ cm} \times 4 \text{ cm} = \pi \times 16 \text{ cm}^2$
Avec la calculatrice, on trouve $A \approx 50$ cm$^2$.

**50** Le diamètre est égal à 3,05 m donc le rayon est égal à 3,05 m : 2 soit 1,525 m.
L'aire A de la surface que la piscine occupe au sol est :
$A = \pi \times 1{,}525 \text{ cm} \times 1{,}525 \text{ cm}$
Avec la calculatrice, on trouve $A \approx 7{,}31$ m$^2$.

**51** Le diamètre est égal à 6 cm donc le rayon est égal à 3 cm.
L'aire de la surface représentée est celle d'un demi-disque de rayon 3 cm.
Son aire est :
$A = (\pi \times 3 \text{ cm} \times 3 \text{ cm}) : 2 = \pi \times 4{,}5 \text{ cm}^2$
Avec la calculatrice, on trouve $A \approx 14{,}14$ cm$^2$.

**52** **a.** Dans 5 min, il y a **300** s.
**b.** Dans 3 h, il y a **180** min.
**c.** Dans 2 jours, il y a **48** h.
**d.** Au mois de mars, il y a **31** jours.
**e.** Dans un siècle, il y a **1 200** mois.

**53** **1. a.** 2 h 16 min = 120 min + 16 min = 136 min
**b.** 3 h 10 min = 180 min + 10 min = 190 min
**c.** 5 h 4 min = 300 min + 4 min = 304 min
**2. a.** 6 min 14 s = 360 s + 14 s = 374 s
**b.** 1 h 30 min = 3 600 s + 1 800 s = 5 400 s
**c.** 2 h 10 min 15 s = 7 200 s + 600 s + 15 s = 7 815 s

**54** 2 min 47 s + 3 min 58 s = 5 min 105 s
105 s = 1 min 45 s
La durée totale de ces deux morceaux est 6 min 45 s.

**55** 1 min 15 s + 1 min 18 s = 2 min 33 s
7 dixièmes de seconde + 5 dixièmes de seconde =
12 dixièmes de seconde = 1 s 2
Ce skieur a réalisé un temps total de
2 min 34 s 2 dixièmes de seconde.

**56** **a.** 4 min 1 s 77 – 4 min 1 s 45 = 0,77s – 0,45 s
= 0,32 s
Entre la Française et l'Américaine, il y a un écart de 32 centièmes de seconde.
**b.** 4 min 3 s 1 – 4 min 1 s 45 = 3,1 s – 1,45 s
= 1,65 s
Entre la Française et la Britannique, il y a un écart de 1,65 s.

**57** Entre le 21 juin à 16 h 37 et le 21 septembre à 16 h 37, il s'est écoulé 3 mois.
Entre le 21 septembre à 16 h 37 et le 22 septembre à 16 h 37, il s'est écoulé 1 jour.

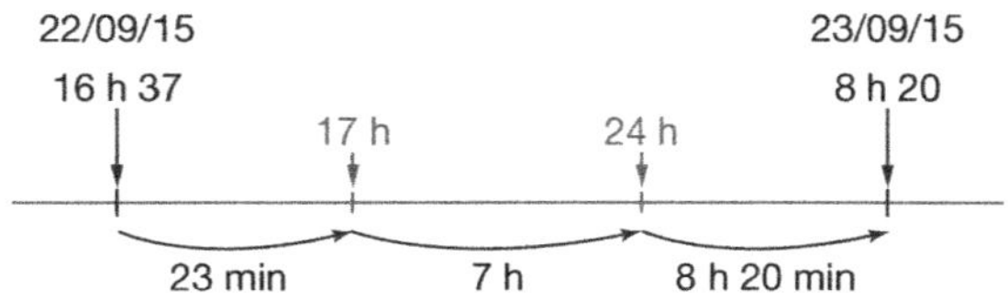


23 min + 7 h + 8 h 20 min = 15 h 43 min
Entre le 22 septembre à 16 h 37 et le 23 septembre à 8 h 20, il s'est écoulé 15 h 43 min.
L'été 2015 a duré 3 mois 1 jour 15 h 43 min.

**58**

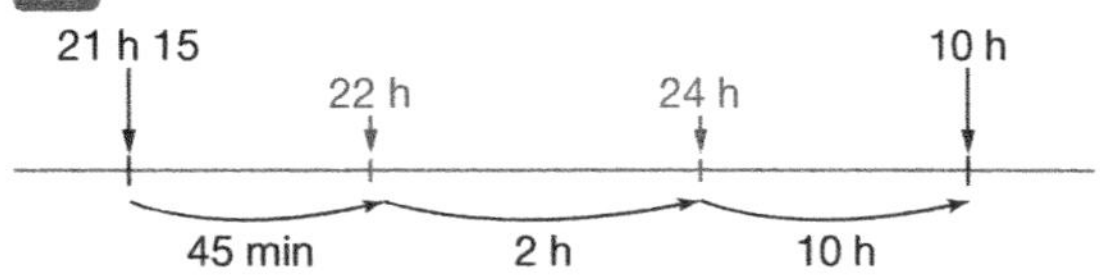


La traversée a duré 12 h 45 min.
Une demi-journée, c'est 12 h. Emma a tort, la traversée a duré plus d'une demi-journée.

**59** De 18 h 50 à 19 h, il y a 10 min.
45 min = 10 min + 35 min
L'émission se terminera à 19 h 35.

**60** 6 h + 15 h = 21 h
12 min + 57 min = 69 min = 1 h 09 min
21 h + 1 h 09 min = 22 h 09 min
Le soleil s'est couché à 22 h 09.

**61** 48 s + 17 s = 65 s = 1 min 5 s
26 min + 45 min = 71 min = 1 h 11 min
9 h + 1 h 11 min + 1 min 5 s = 10 h 12 min 5 s
Le vainqueur est arrivé à 10 h 12 min 5 s.

**62** **a.** Le mois d'avril a 30 jours, le mois de mai a 31 jours et le mois de juin a 30 jours.
30 + 31 + 30 = 91
Le 10 juillet 2008, Sophia avait 91 jours.
100 = 91 + 9
Sophia a fêté son 100ᵉ jour le 19 juillet 2008.
**b.** $100 = 12 \times 8 + 4$
100 mois = 8 ans + 4 mois
Sophia a fêté son 100ᵉ mois le 10 août 2016.

**63** $40 = 12 \times 3 + 4$
40 mois = 3 ans + 4 mois
La dernière mensualité sera retirée le 4 décembre 2019.

**64**

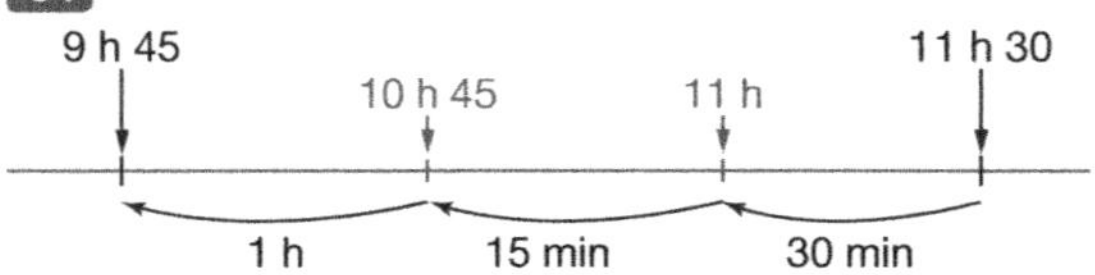


Pour arriver chez leurs cousins à 11 h 30, les parents d'Antoine doivent partir de chez eux à 9 h 45.

**65** Un quart d'heure, c'est 15 min.
5 min + 15 min + 2 min = 22 min
Le trajet de Kahina dure 22 min.
8 h – 22 min = 7 h 38 min
Pour ne pas être en retard au collège, Kahina doit partir de chez elle avant 7 h 38.

**66** $2 \times 8$ cm + 3,6 cm = 19,6 cm
Le périmètre du triangle ABC est égal à 19,6 cm.

**67** 36 cm : 4 = 9 cm
Le carré a pour côté 9 cm.
9 cm × 9 cm = 81 cm$^2$
L'aire du carré est égale à 81 cm$^2$.

**68** Aire des deux quarts de disque :
$2 \times (\pi \times 1 \times 1 \text{ dm}^2) : 4 = \pi : 2 \text{ dm}^2$
3,14 : 2 = 1,57
Aire du carré :
$1 \times 1 \text{ dm}^2 = 1 \text{ dm}^2$
1,57 dm$^2$ + 1 dm$^2$ = 2,57 dm$^2$
L'aire de la surface verte est environ égale à 2,57 dm$^2$.

**69** L'aire du mur est égale à 5 m × 7 m soit 35 m$^2$.
6 L = 2 × 3 L
Mathias pourra peindre le mur si l'aire d'un disque de rayon 2 m est supérieure à la moitié de 35 m$^2$ soit 17,5 m$^2$.
L'aire A d'un disque de rayon 2 m est :
$A = \pi \times 2 \text{ m} \times 2 \text{ m} = \pi \times 4 \text{ m}^2$
$\pi < 3{,}5$ donc $A < 14$ m$^2$.
14 < 17,5 donc Mathias n'aura pas assez de peinture pour peindre le mur.

**70** **a.** De 15 h 10 à 16 h 10, il y a 1 h et de 16 h 10 à 16 h 20, il y a 10 min.
Le coureur a couru pendant 1 h 10 min.
**b.** De 12 h 50 à 13 h, il y a 10 min et de 13 h à 13 h 30, il y a 30 min.
10 min + 30 min = 40 min.
Le repas a duré 40 min.

## Je m'évalue à mi-parcours

**71** a. **72** b. **73** b. **74** b. **75** c. **76** a.

## Avec un logiciel

**77** **1. a. b. c.**

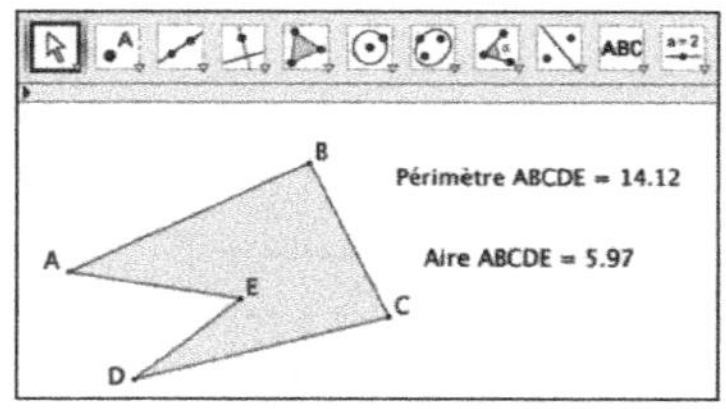


**d.** Le périmètre est exprimé en cm et l'aire en cm$^2$.

**2. a.**

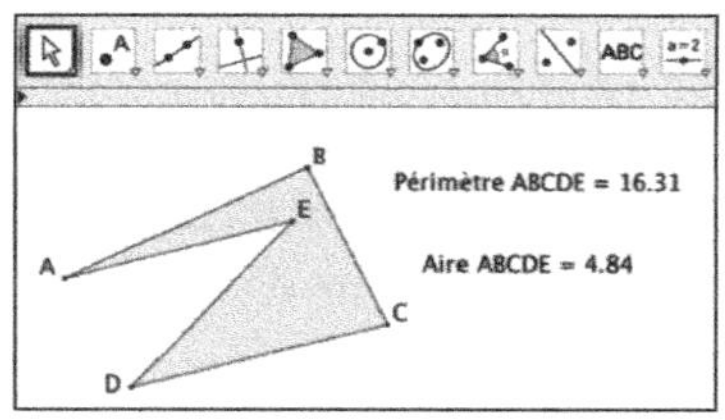


**b.**

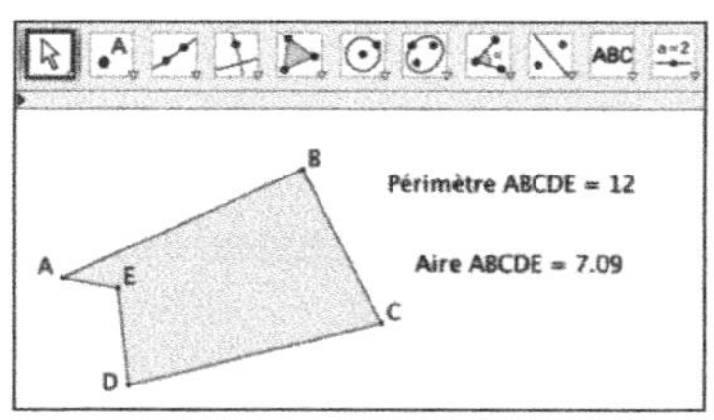


**78** **1. a. b. c. d. e. f.**

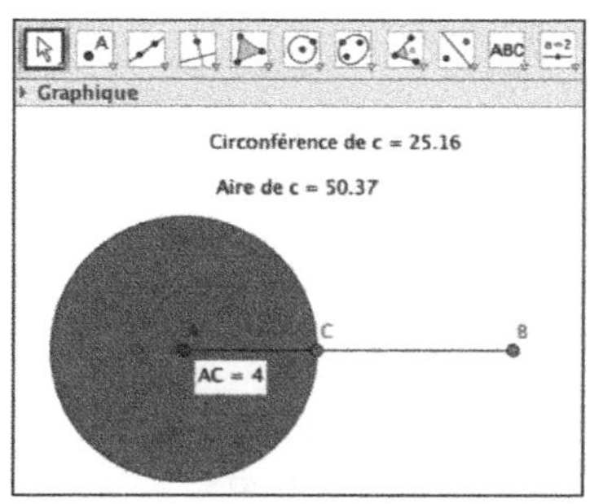

**2. a. b. c.**

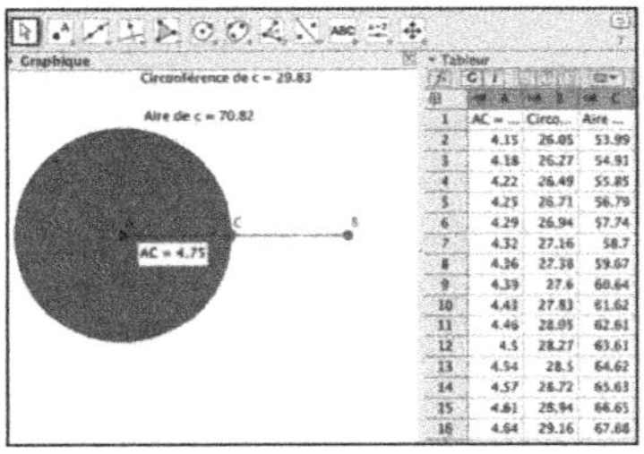


**d.** L'aire du disque n'est pas proportionnelle à son rayon car pour passer du rayon AC à l'aire du disque, on ne le multiplie pas toujours par le même nombre.
Par exemple, lorsque AC = 5, l'aire du disque est environ 78,54 et lorsque AC = 10, l'aire du disque est environ 314,16.
Or $314{,}16 \neq 2 \times 78{,}54$.

**e.** La circonférence d'un disque s'obtient en multipliant son diamètre par le nombre $\pi$.
Pour passer du rayon AC du disque à sa circonférence, on multiplie donc par $2 \times \pi$.
Le coefficient de proportionnalité est $2 \times \pi$.

## J'utilise mes compétences

**79** LE + FG + HI = LM et EF + GH + IJ = MJ
Les deux parcours ont donc la même longueur.

**80** **a.** La longueur de la ligne rouge correspond à 4 fois celle des $\frac{3}{4}$ d'un cercle plus 4 fois celle de $\frac{1}{2}$ cercle.
4 fois $\frac{3}{4}$ d'un cercle correspond à 3 cercles et 4 fois $\frac{1}{2}$ cercle correspond à 2 cercles.
La longueur de la ligne rouge est donc égale à 5 fois la longueur d'un cercle de rayon 1 cm.
**b.** La longueur L de la ligne rouge est :
$L = 5 \times (\pi \times 2 \times 1 \text{ cm}) = 10 \times \pi$ cm
Avec la calculatrice, on trouve $L \approx 31{,}4$ cm.

**81** **a.** En une minute, l'extrémité d'une pale parcourt 15 fois la longueur d'un cercle de rayon 40 m.
40 m = 0,04 km
$15 \times (\pi \times 2 \times 0{,}04 \text{ km}) = \pi \times 1{,}2$ km
En une minute, la distance parcourue par l'extrémité d'une pale est environ égale à 3,770 km.
**b.** En une heure, l'extrémité de la pale parcourt 60 fois la distance qu'elle parcourt en une minute.
$60 \times \pi \times 1{,}2 \text{ km} = \pi \times 72$ km
En une heure, la distance parcourue par l'extrémité d'une pale est environ égale à 226 km.

**82**

| Nom du rectangle | Longueur | Largeur | Périmètre | Aire |
|---|---|---|---|---|
| ABCD | 11 cm | 6 cm | **34 cm** | **66 cm²** |
| EFGH | **40 m** | 10 m | **100 m** | 400 m² |
| JKLM | **12 mm** | 8 mm | 40 mm | **96 mm²** |
| RSTU | 7 cm | **5 cm** | **24 cm** | 35 cm² |

**83** **1. a. b. c.**

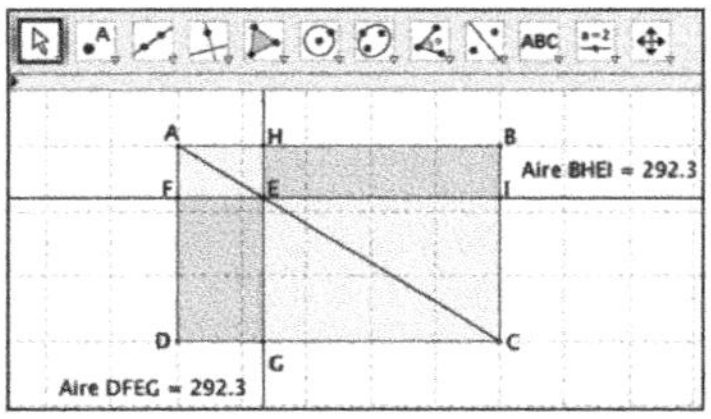


**d.** En déplaçant le point E, on constate que les aires des rectangles DFEG et BHEI restent égales.
**2.** Les aires des triangles ABC et ADC sont égales. L'aire du triangle ABC est égale à la somme des aires des triangles AHE et EIC et de celle du rectangle BHEI.
L'aire du triangle ADC est égale à la somme des aires des triangles AFE et EGC et de celle du rectangle DFEG.
Les aires des triangles AHE et AFE sont égales, de même que celles des triangles EIC et EGC.
Donc les aires des rectangles DFEG et BHEI sont égales.

**84** • Pour Paris :

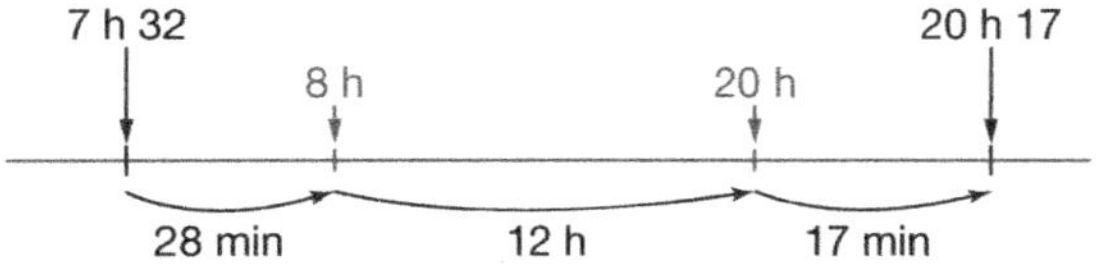


28 min + 12 h + 17 min = 12 h 45 min
La journée du 1er avril a duré 12 h 45 min.

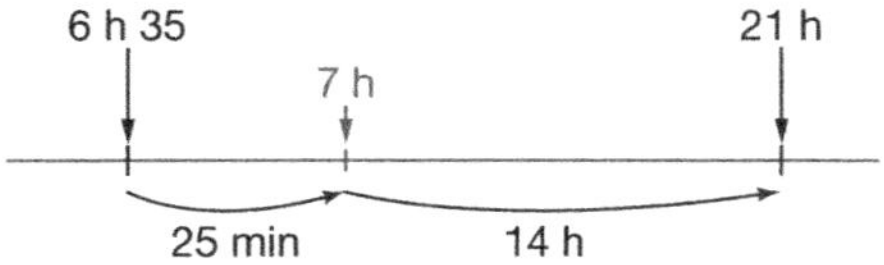


La journée du 1er mai a duré 14 h 25 min.

• Pour Sydney :

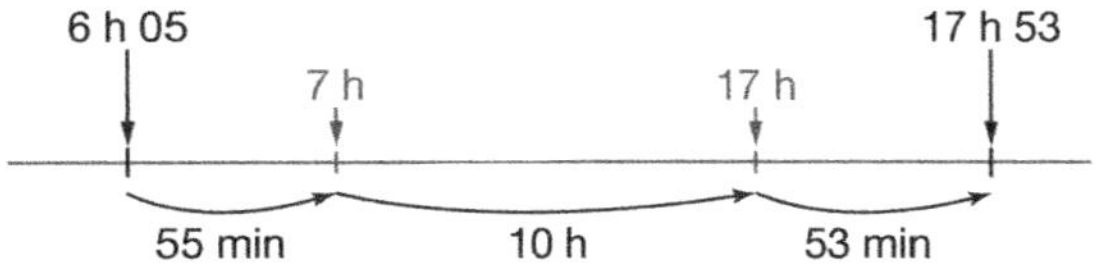


55 min + 10 h + 53 min = 10 h + 108 min
donc 11 h 48 min.
La journée du 1er avril a duré 11 h 48 min.

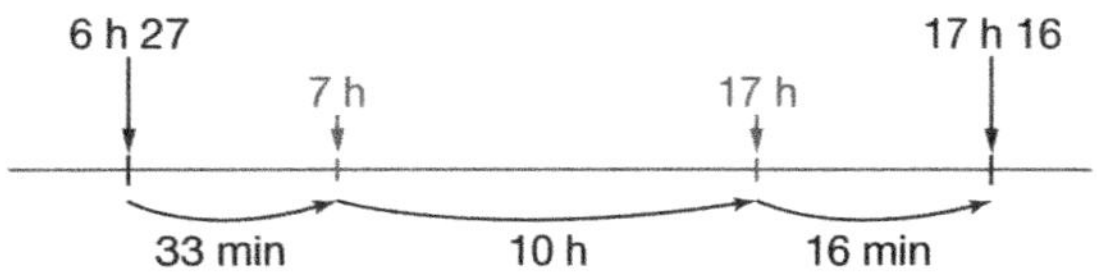


33 min + 10 h + 16 min = 10 h 49 min
La journée du 1er mai a duré 10 h 49 min.

**85** Pour Jan Smeekens :
34,59 s + 34,72 s = 69,31 s
Pour Michel Mulder :
34,63 s + 34,67 s = 69,3 s

Pour Ronald Mulder :
34,97 s + 34,49 s = 69,46 s
69,3 < 69,31 < 69,46
L'ordre du podium a été :
Or : Michel Mulder
Argent : Jan Smeekens
Bronze : Ronald Mulder.

**86** **Traduction :**

***a.*** *Construire en vraie grandeur le triangle ABC représenté ci-contre.*

***b.*** *Calculer les aires des triangles AHB et AHC.*

***c.*** *En déduire l'aire $\mathcal{A}$ du triangle ABC.*
*Vérifier que $\mathcal{A} = (AH \times BC) : 2$.*

**Réponse :**

**a.**

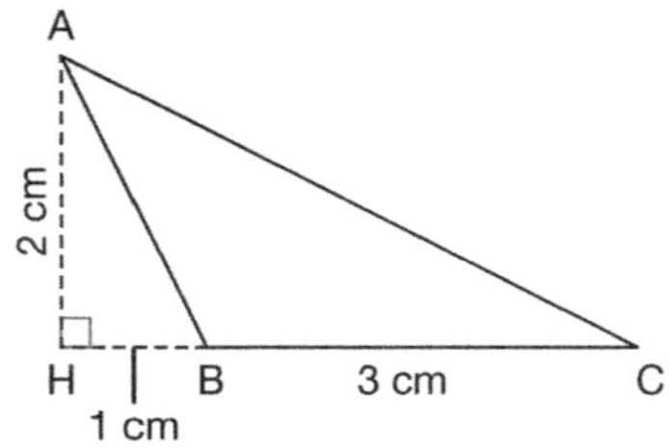


**b.** Aire de AHB = (1 cm × 2 cm) : 2 = 1 $cm^2$
Aire de AHC = (4 cm × 2 cm) : 2 = 4 $cm^2$

**c.** $\mathcal{A}$ = 4 $cm^2$ – 1 $cm^2$ = 3 $cm^2$
(AH × BC) : 2 = (2 cm × 3  m) : 2 = 3 $cm^2$
Donc $\mathcal{A}$ = (AH × BC) : 2.

**87** **a. b. c.**

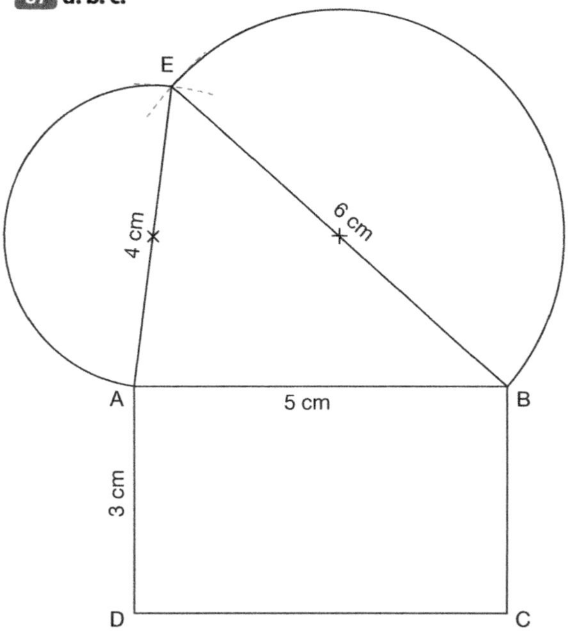


**d.** Le contour de la figure se compose de :
– deux segments de 3 cm et un segment de 5 cm ;
– un demi-cercle de diamètre 6 cm ;
– un demi-cercle de diamètre 4 cm.

Longueur des segments : 2 × 3 cm + 5 cm = 11 cm
Longueur du demi-cercle de diamètre [EB] :
($\pi$ × 6 cm) : 2 = $\pi$ × 3 cm
Longueur du demi-cercle de diamètre [AE] :
($\pi$ × 4 cm) : 2 = $\pi$ × 2 cm
Périmètre de la figure : P = 11 + $\pi$ × 3 + $\pi$ × 2 cm
Avec la calculatrice, on trouve P ≈ 26,7 cm.

**88** Sans rallonge, la table de Martin a un périmètre égal à $\pi$ × 1,10 m soit environ 3,45 m, c'est-à-dire 345 cm.
En installant une rallonge, il augmente le périmètre de 2 × 40 cm soit 80 cm.
Pour que 10 personnes puissent s'asseoir autour de cette table, le périmètre doit être au moins égal à 10 × 60 cm soit 600 cm.
600 cm – 345 cm = 255 cm
255 cm : 80 cm ≈ 3,2
Martin doit installer au moins 4 rallonges.

**89** L'unité d'aire est l'aire d'un petit carré.

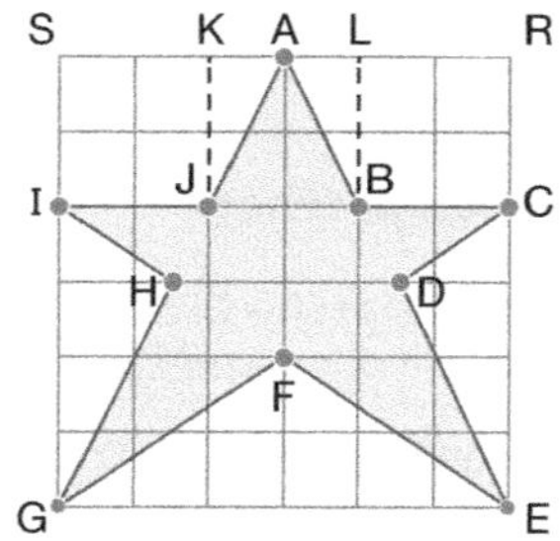


- Aire du triangle IGH et du triangle CDE : (4 × 1,5) : 2 = 3
- Aire du triangle EFG : (6 × 2) : 2 = 6
- Aire du carré SKJI et du carré BCRL : 2 × 2 = 4
- Aire du triangle AKJ et du triangle ALB : (1 × 2) : 2 = 1

L'aire A de l'étoile violette est égale à l'aire du carré SREG moins la somme des aires des figures citées précédemment :
A = 6 × 6 – (3 + 3 + 6 + 4 + 4 + 1 + 1)
A = 36 – 22 = 14
A est égale à 14 fois l'aire d'un petit carré.
L'aire d'un petit carré est égale à :
5 mm × 5 mm = 25 $mm^2$
A = 14 × 25 $mm^2$ = 350 $mm^2$.

**90** L'aire $\mathcal{A}$ du triangle ABC est égale à (BC × AH) : 2.
$\mathcal{A}$ = (6 cm × 4 cm) : 2 = 12 $cm^2$
L'aire $\mathcal{A}$ du triangle ABC est aussi égale à (AB × CK) : 2.
Donc (5 × CK) : 2 = 12
5 × CK est donc égal à 2 × 12 soit 24.
Par conséquent, CK = 24 : 5 = 4,8 cm.

**91** Aire du demi-disque de diamètre 10 cm :
($\pi$ × 5 cm × 5 cm) : 2 = $\pi$ × 12,5$cm^2$
L'aire des deux demi-disques de diamètre 5 cm est égale à l'aire d'un disque de rayon 2,5 cm :
$\pi$ × 2,5 cm × 2,5 cm = $\pi$ × 6,25 $cm^2$
L'aire du chapeau du champignon est :
$\pi$ × 12,5 + $\pi$ × 6,25 $cm^2$

L'aire du rectangle de 10 cm sur 5 cm est :
$10\ \text{cm} \times 5\ \text{cm} = 50\ \text{cm}^2$
L'aire des deux quarts de disque de rayon 5 cm est égale à l'aire d'un demi-disque de rayon 5 cm :
$(\pi \times 5\ \text{cm} \times 5\ \text{cm}) : 2 = \pi \times 12{,}5\ \text{cm}^2$
L'aire du pied du champignon est :
$50 - \pi \times 12{,}5\ \text{cm}^2$
L'aire, en cm², du champignon est égale à :
$\pi \times 12{,}5 + \pi \times 6{,}25 + 50 - \pi \times 12{,}5$
Soit $\pi \times 6{,}25 + 50$.
L'aire du champignon est donc égale à environ 69,63 cm².

**92** $2\,100\ \text{m}^2 : 30\ \text{m} = 70\ \text{m}$
Le champ Ⓑ a une longueur de 70 m donc le champ carré Ⓐ a un côté de 70 m.
Le périmètre P du nouveau champ est :
$P = 4 \times 70\ \text{m} + 2 \times 30\ \text{m}$
$P = 280\ \text{m} + 60\ \text{m}$
$P = 340\ \text{m}$
Madeleine doit prévoir 340 m de clôture pour entourer son nouveau champ.

**93** La prochaine date de ce type sera le 09/09/2025.
Entre le 27/09/2016 et le 27/09/2025, il se sera écoulé 9 ans dont deux années bissextiles : 2020 et 2024.
$9 \times 365$ jours + 2 jours = 3 287 jours
Du 09/09/2025 au 27/09/2025, il y a 18 jours.
3 287 jours – 18 jours = 3 269 jours
Entre ces deux dates, 3 269 jours se seront écoulés.

## Accompagnement personnalisé

**94** **a.** $8 \times 1{,}80\ \text{m} = 14{,}4\ \text{m}$
Le périmètre de la figure est égal à 14,4 m.
**b.** 2,80 cm = 28 mm
$28\ \text{mm} + 2 \times 17{,}4\ \text{mm} + 2 \times 11{,}7\ \text{mm}$
$= 28\ \text{mm} + 34{,}8\ \text{mm} + 23{,}4\ \text{mm}$
$= 86{,}2\ \text{mm}$
Le périmètre de la figure est égal à 86,2 mm.

**95** Le tour de cette piste se compose de deux segments de 85 m et de deux demi-cercles de diamètre 73,2 m.
Longueur des deux segments : $2 \times 85\ \text{m} = 170\ \text{m}$
La longueur des deux demi-cercles est égale à celle d'un cercle de diamètre 73,2 m :
$\pi \times 73{,}2\ \text{m}$
La longueur L d'un tour de piste est :
$L = 170\ \text{m} + \pi \times 73{,}2\ \text{m}$
Avec la calculatrice, on trouve $L \approx 400$ m.

**96** Le terrain se compose d'un triangle, d'un rectangle et d'un demi-disque.
Aire du triangle : $(6\ \text{m} \times 4{,}5\ \text{m}) : 2 = 13{,}5\ \text{m}^2$
Aire du rectangle : $9\ \text{m} \times 6\ \text{m} = 54\ \text{m}^2$
Aire du demi-disque : $(\pi \times 4\ \text{m} \times 4\ \text{m}) : 2 = \pi \times 8\ \text{m}^2$
L'aire $\mathscr{A}$ du terrain de jeux est :
$\mathscr{A} = 13{,}5\ \text{m}^2 + 54\ \text{m}^2 + \pi \times 8\ \text{m}^2$
$\mathscr{A} = 67{,}5\ \text{m}^2 + \pi \times 8\ \text{m}^2$
Avec la calculatrice, on trouve $\mathscr{A} \approx 92{,}63\ \text{m}^2$.

**97** **a.**

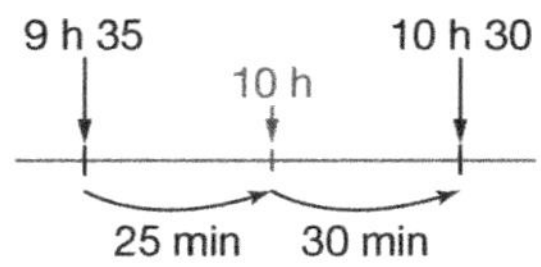


25 min + 30 min = 55 min.
Le vol a duré 55 min.
**b.**

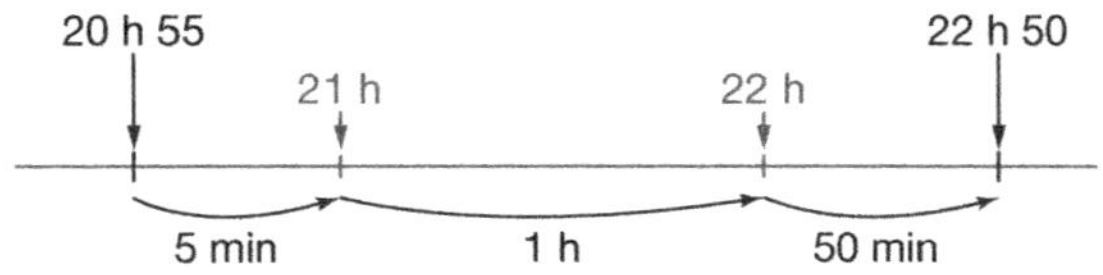


Le magazine se termine à 22 h 50.
**c.**

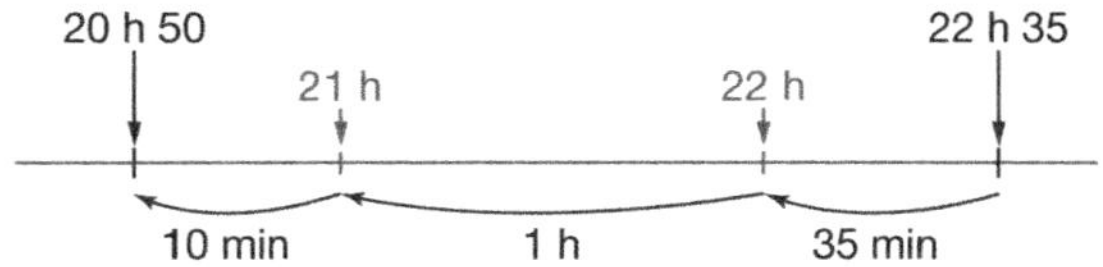


Le feuilleton commence à 20 h 50.

**98** **a.** *Échelle* : $\frac{1}{2}$

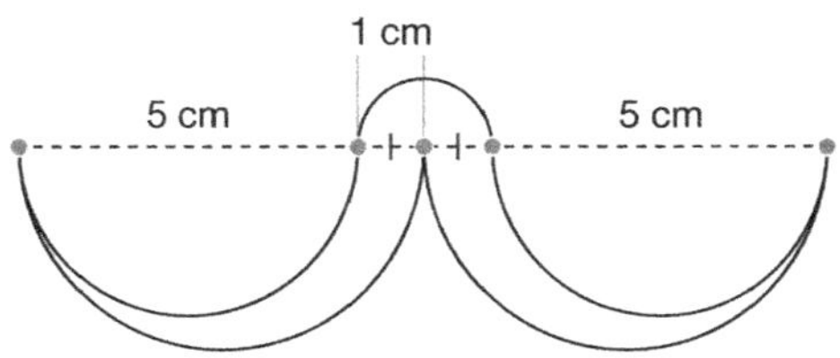


**b.** Le contour de la figure se compose de :
– deux demi-cercles de diamètre 5 cm ;
– deux demi-cercles de diamètre 6 cm ;
– un demi-cercle de diamètre 2 cm.
Le périmètre P, en cm, de la figure est :
$P = \pi \times 5 + \pi \times 6 + (\pi \times 2) : 2$
Avec la calculatrice, on trouve $P \approx 37{,}7$ cm.
**c.** À l'aire d'un disque de diamètre 6 cm, on enlève l'aire d'un disque de diamètre 5 cm et on ajoute l'aire d'un demi-disque de rayon 1 cm.
L'aire A, en cm², de la figure est :
$A = \pi \times 3 \times 3 - \pi \times 2{,}5 \times 2{,}5 + (\pi \times 1 \times 1) : 2$
$A = \pi \times 9 - \pi \times 6{,}25 + (\pi : 2)$
Avec la calculatrice, on trouve $A \approx 10{,}21\ \text{cm}^2$.

**99** **a.** $2 \times (\pi \times 2 \times 600\ \text{m}) = \pi \times 2\,400\ \text{m}$
Théo va parcourir environ 7 540 m.
**b.** $7\,540 : 100 = 75{,}4$
$75{,}4 \times 50\ \text{s} = 3\,770\ \text{s}$
$3\,770 : 60 \approx 63$
Son jogging durera environ 1 h 3 min.
**c.** 9 h 30 + 1 h 3 = 10 h 33
Il finira à 10 h 33.

## Tâches complexes

**100**

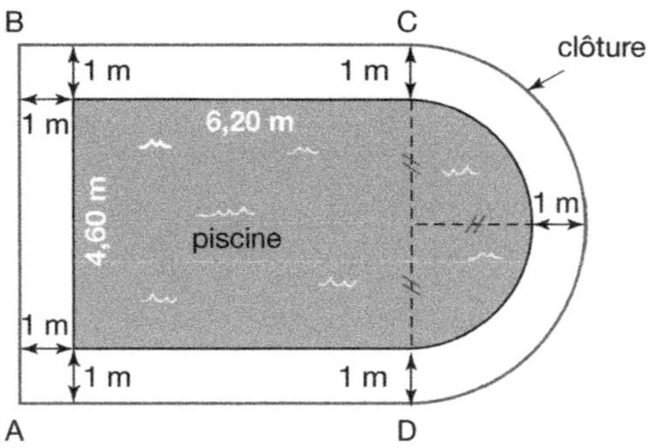


AB = 4,60 m + 1 m + 1 m = 6,60 m

BC = AD = 6,20 m + 1 m = 7,20 m

Le diamètre du demi-cercle est 6,60 m.

La longueur du demi-cercle est donc $(\pi \times 6{,}60 \text{ m}) : 2$ soit $\pi \times 3{,}30$ m.

La longueur L, en m, de la clôture est :

$L = 6{,}60 + 2 \times 7{,}20 + \pi \times 3{,}30$

$L = 21 + \pi \times 3{,}30$

Avec la calculatrice, on trouve $L \approx 31{,}4$ m.

Chaque pack contient 10 m de clôture donc il faut acheter 4 packs clôture.

**101** • La surface du terrain est :

$(6{,}4 \text{ m} \times 25{,}2 \text{ m}) : 2 + 29 \text{ m} \times 25{,}2 \text{ m} = 811{,}44 \text{ m}^2$

• Maison, terrasse, garage et allée :

$11{,}3 \text{ m} \times 7{,}1 \text{ m} + (\pi \times 3{,}55 \text{ m} \times 3{,}55 \text{ m}) : 2 + 10{,}6 \text{ m} \times 5 \text{ m}$
$\approx 153{,}03 \text{ m}^2$

• Surface à tondre : $811{,}44 - 153{,}03 = 658{,}41 \text{ m}^2$ soit environ 660 m$^2$.

10 min pour 100 m$^2$ donc $6 \times 10$ min pour 600 m$^2$ c'est-à-dire 1 h.

1 min pour 10 m$^2$ donc $6 \times 1$ min pour 60 m$^2$ c'est-à-dire 6 min.

Le jardinier peut évaluer à 1 h 6 min le temps qu'il passera à tondre la pelouse.

• Longueur de la haie :

25,2 m + 29 m + 26 m + 6,4 m + 29 m − 5 m = 110,6 m

110,6 m : 7 m = 15,8

Pour tailler 110,6 m, il lui faudra $15{,}8 \times 30$ min c'est-à-dire 474 min.

474 min = 420 min + 54 min = 7 h + 54 min

Le jardinier peut évaluer à 7 h 54 min le temps qu'il passera à tailler la haie.

1 h 6 min + 7 h 54 min = 8 h 60 min = 9 h

Le jardinier peut évaluer à 9 h le temps total nécessaire pour effectuer ce travail.

$9 \times 30$ € = 270 €

Il peut établir une facture de 270 €.

# Volumes

## INTENTIONS PÉDAGOGIQUES

### 1 Le point sur le cycle 3

En cycle 2, la notion de volume est d'abord vue comme une contenance. On mesure des contenances avec des instruments adaptés. Cette approche se poursuit et s'enrichit au cycle 3.
En CM1 et en CM2 :
– on compare des contenances sans les mesurer ;
– on mesure la contenance d'un récipient par un dénombrement d'unités : on utilise en particulier les unités usuelles (L, dL, cL, mL) et leurs relations.

En 6e, on poursuit ce travail en déterminant le volume d'un pavé droit par dénombrement ou à l'aide d'une formule. On relie alors les unités de volume et de contenance (1 L = 1 $dm^3$ ; 1 000 L = 1 $m^3$).

### 2 Je découvre

**Activité 1**

L'objectif de cette activité est de déterminer le volume d'un pavé droit par dénombrement d'unités puis d'établir une formule de calcul.
À la question 1, après avoir introduit le centimètre cube, on remplit une boîte avec des cubes d'arête 1 cm.
À la question 2, on établit une relation entre les dimensions du pavé droit et son volume afin d'établir une formule de calcul.

**Activité 2**

L'objectif de cette activité est d'établir le fait qu'une unité de volume est 1 000 fois plus grande que l'unité de rang inférieur.
Dans un premier temps, on met en place une image mentale d'un cube de 1 $dm^3$ rempli par mille petits cubes de 1 $cm^3$, puis on étend de la même façon aux $cm^3$ et $mm^3$, aux $m^3$ et $dm^3$.

**Activité 3**

L'objectif de cette activité est de mettre en évidence la correspondance entre les unités de contenance et les unités de volume.
Pour cela, à la question 1, on s'appuie sur la situation réelle d'une brique de lait d'un litre. On constate que le volume de ce pavé droit est de 1 $dm^3$.
Le professeur peut avoir éventuellement une boîte de volume 1 $dm^3$ dans laquelle il verse 1 L d'eau. Il peut auparavant demander à ses élèves laquelle des trois possibilités va se réaliser :
– l'eau déborde, la boîte est trop petite ;
– l'eau ne remplit pas la boîte ;
– l'eau remplit exactement la boîte.

La question 2 permet d'utiliser la formule de calcul d'un pavé droit étudiée à l'activité 1 puis d'exprimer ce résultat en litres.

### 3 J'apprends et j'applique le cours

**J'apprends le cours**

• Suite à l'activité 1, on peut étudier le cours 1. Volume d'un pavé droit.
On commence par définir les unités usuelles de volume ($cm^3$, $dm^3$, $m^3$ et également $mm^3$). On détermine ensuite le volume d'un pavé droit en utilisant un dénombrement de cubes de 1 cm d'arête.
La formule du volume d'un pavé droit est présentée, ainsi que celle du cas particulier du cube.

• Suite à l'activité 2, on peut se reporter au cours 2. Unités de volume et de contenance, paragraphe A. Relations entre les unités de volume.
Le paragraphe B. Liens avec les unités de contenance, peut être étudié à la suite de l'activité 3.

**Exercice résolu 1**

Au collège, en cycle 3, les élèves déterminent « le volume d'un pavé droit en se rapportant à un dénombrement d'unités ou en utilisant une formule ». Cet objectif du programme est abordé dans cet exercice résolu.

**Exercice résolu 6**

Cet exercice aborde les relations entre les unités de volume et de contenance.
Les deux exemples mettent en jeu des volumes d'ordre de grandeur différents ($m^3$ et $cm^3$) pour faciliter les représentations mentales des unités de volume et de contenance usuelles.
Pour donner du sens à ces différentes unités, on a également fait le choix :
– de relier les changements d'unités aux multiplications par 10 ; 100 ; 1 000 ; 0,1 ; 0,01 ; 0,001 ;
– d'utiliser un tableau de conversion pour préciser et visualiser la position du chiffre des unités.

### 4 Compléments

**Volume d'un pavé droit**

• Les exercices 26 à 30 permettent de déterminer le volume d'un pavé ou d'un cube à l'aide d'un dénombrement d'unités.

• Dans l'exercice 26, ainsi que dans l'exercice 13 de la rubrique « À l'oral », deux unités différentes sont proposées.

- Dans les exercices 31 à 33, l'élève est amené à utiliser la formule du volume d'un pavé droit dont les dimensions sont exprimées dans une même unité.
- Dans les exercices 34 à 36, il s'agit de dénombrer les cubes ou pavés identiques contenus dans un pavé ou un cube donné.
- Les exercices 37 et 38 proposent des situations où l'élève est amené à ajouter le volume de plusieurs pavés pour obtenir le volume d'un solide. Dans les exercices 39 et 40, il s'agit de déterminer le volume d'un solide par soustraction des volumes de deux pavés droits.

**Unités de volume et de contenance**

- Les exercices 41 à 48 sont consacrés :
– aux relations entre les unités de volume ;
– aux relations entre les unités de contenance ;
– à la correspondance entre les unités de contenance et les unités de volume.
- Les exercices 49 et 50 ainsi que l'exercice 22 de la rubrique « À l'oral » mettent en jeu l'ordre de grandeur du volume de différents objets.
- Les exercices 52 à 55 proposent des situations de comparaison où l'élève est amené à exprimer des volumes ou contenances dans une même unité.
- Dans les exercices 56 à 61, l'élève est amené à utiliser la formule du volume d'un pavé droit dont les dimensions sont exprimées dans des unités différentes.

**Tâches complexes**

- L'exercice 102 utilise la notion d'aire. Il nécessite de modéliser par un pavé droit le solide représenté par la terrasse et les 15 mm de pluie tombés par m$^2$.
- L'exercice 103 doit permettre une adhésion rapide des élèves à l'étude de cette situation. Il leur permet aussi de comprendre l'utilité d'aérer les pièces.

# CORRIGÉS

## Vu au cycle 3

**1.c. 2.b.** et **c. 3.a., b.** et **c. 4.b. 5.a.**

## Je découvre

**Activité 1**

**1** **a.** 15 cubes.
**b.** 4 couches.
**c.** $15 \times 4 = 60$
Il faut 60 cubes pour remplir la boîte.
Le volume de la boîte est 60 cm$^3$.

**2** **a.** Dylan a pu écrire :
$3 \times 5 \times 4 = 60$ ou $5 \times 3 \times 4 = 60$ ou $4 \times 3 \times 5 = 60$, etc.
**b.** On multiplie les trois longueurs entre elles, soit :
$\ell \times L \times h$.

**Activité 2**

**a.** 1 000 cubes de 1 cm d'arête.
**b.** 1 dm$^3$ = **1 000** cm$^3$
**c.** 1 000 cubes de 1 mm d'arête.
**d.** 1 cm$^3$ = **1 000** mm$^3$
1 dm$^3$ = **1 000 000** mm$^3$
**e.** 1 000 cubes de 1 dm d'arête.
1 m$^3$ = **1 000** dm$^3$

**Activité 3**

**1** **a.** 10 cm × 5 cm × 20 cm = 1 000 cm$^3$ = 1 dm$^3$
Cette brique de lait a pour volume 1 dm$^3$.
**b.** 1 L = **1** dm$^3$

**2** **a.** 35 cm × 60 cm × 40 cm = 84 000 cm$^3$
**b.** 84 000 cm$^3$ = 84 dm$^3$ = 84 L
Cet aquarium a pour contenance 84 L.

## J'applique le cours

**2** **1. a.** $4 \times 8 = 32$
On peut disposer 32 cubes d'arête 1 cm sur le fond.
**b.** $32 \times 2{,}5 = 80$
En tout, on peut mettre 80 cubes dans ce pavé droit.
**c.** Le volume de ce pavé droit est 80 cm$^3$.
**2.** 8 cm × 4 cm × 2,5 cm = 80 cm$^3$

**3** **a.** Les dimensions de ce pavé droit sont :
3 cm, 3 cm et 4 cm.
**b.** V = 3 cm × 3 cm × 4 cm = 36 cm$^3$
Le volume de ce pavé droit est 36 cm$^3$.

**4** **a.** $2 \times 4 = 8$
On peut disposer 8 cubes d'arête 1 m sur le fond de ce pavé droit.
$8 \times 5{,}5 = 44$
En tout, on peut mettre 44 cubes dans ce pavé droit.
Le volume de ce pavé droit est 44 m$^3$.
**b.** V = 2 m × 4 m × 5,5 m = 44 m$^3$
Le volume de ce pavé droit est 44 m$^3$.

**5** **a.** Les dimensions de ce carton sont :
8 dm, 6 dm et 5 dm.
**b.** V = 8 dm × 6 dm × 5 dm = 240 dm$^3$
Le volume de ce carton est 240 dm$^3$.

**7** **a.** 3,8 m$^3$ = 3,8 × 1 000 L = 3 800 L
**b.** 250 mL = 250 cm$^3$
250 cm$^3$ = 250 × 0,001 dm$^3$ = 0,250 dm$^3$

**8** **a.** 12,4 cm$^3$ = 12,4 × 1 000 mm$^3$ = 12 400 mm$^3$
**b.** 0,6 dm$^3$ = 0,6 × 1 000 cm$^3$ = 600 cm$^3$
**c.** 2,85 m$^3$ = 2,85 × 1 000 000 cm$^3$ = 2 850 000 cm$^3$
**d.** 50 dm$^3$ = 50 × 1 000 000 mm$^3$ = 50 000 000 mm$^3$

**9** **a.** 8 cm$^3$ = 8 × 0,001 dm$^3$ = 0,008 dm$^3$
**b.** 75 mm$^3$ = 75 × 0,001 cm$^3$ = 0,075 cm$^3$
**c.** 4,5 dm$^3$ = 4,5 × 0,001 m$^3$ = 0,004 5 m$^3$
**d.** 920 mm$^3$ = 920 × 0,000 001 mm$^3$ = 0,000 92 dm$^3$

**10** a. $1{,}7\ m^3 = 1\ 700\ dm^3 = 1\ 700$ L
b. $42\ cm^3 = 0{,}042\ dm^3 = 0{,}042$ L
c. $350\ mm^3 = 0{,}000\ 35\ dm^3 = 0{,}000\ 35$ L

**11** • $58\ 000\ cm^3 = 58\ dm^3 = 58$ L
• $0{,}015\ m^3 = 15\ dm^3 = 15$ L
• $20\ 000\ 000\ mm^3 = 20\ dm^3 = 20$ L

**12** a. On lit 6 mL et 6 mL = 6 $cm^3$
b. On lit 1,2 dL et 1,2 dL = 120 mL = 120 $cm^3$
c. On lit 2,5 L et 2,5 L = 2 500 mL = 2 500 $cm^3$

## À l'oral

**13** a. 24 cubes. b. 12 pavés.

**14** 40 mm = 4 cm
Le volume de ce pavé est :
$4 \times 5 \times 3 = 60\ cm^3$
Or $3 \times 4 \times 5 = 4 \times 5 \times 3 = 20 \times 3 = 60\ cm^3$
Louise, Cyril et Valentin ont raison.

**15** L'affirmation est fausse, Gabriel doit effectuer :
$5\ cm \times 5\ cm \times 5\ cm = 125\ cm^3$

**16** a. $5\ dm^3 =$ **5000** $cm^3$
b. $5\ m^3 =$ **5 000 000** $cm^3$
c. $5\ mm^3 =$ **0,005** $cm^3$
d. $5\ dam^3 =$ **5 000 000** $dm^3$

**17** a. 5 dL = **50** cL
b. 5 L = **500** cL
c. 5 mL = **0,5** cL
d. 5 hL = **500** L

**18** a. $0{,}025\ m^3 = 25$ **$dm^3$**
b. $25\ 000\ cm^3 = 25$ **$dm^3$**
c. $3\ 700\ mm^3 = 3{,}7$ **$cm^3$**
d. $0{,}003\ 7\ dm^3 = 3{,}7$ **$cm^3$**

**19** a. $12\ m^3 =$ **12 000** $dm^3$ ou L
b. $500\ mm^3 =$ **0,5** $cm^3$ ou mL
c. 7 000 L ou $dm^3 =$ **7** $m^3$
d. $45\ 000\ cm^3 =$ **45** $dm^3$ ou L

**20** $1\ L = 1\ dm^3 = 1\ 000\ cm^3$
Les deux gourdes contiennent la même quantité d'eau.

**21** $50 \times 20\ L = 1\ 000\ L = 1\ 000\ dm^3 = 1\ m^3$
Jade a raison.

**22** a. Une baignoire : 150 L
b. Une salle de classe : 150 $m^3$
c. Un verre de jus de fruits : 150 mL
d. Une perle en bois : 150 $mm^3$

### Calcul mental

**23** a. $24 \times 1\ cm^3 = 24\ cm^3$
b. $18 \times 1\ cm^3 = 18\ cm^3$
c. $11 \times 1\ cm^3 = 11\ cm^3$
d. $25 \times 1\ cm^3 = 25\ cm^3$

**24** $6 \times 3 \times 10 = 18 \times 10 = 180$
Il faut 180 cubes : le volume de ce pavé est 180 $cm^3$.

**25** $8 \times 8 \times 8 = 64 \times 8 = 512$
Il faut 512 cubes : le volume de ce pavé est 512 $cm^3$.

## Je m'entraîne

**26** a. 27 cubes. b. 9 pavés.

**27** a. Les dimensions de ce pavé sont :
5 cm, 3 cm et 4 cm.
b. $\mathcal{V} = 5\ cm \times 3\ cm \times 4\ cm = 60\ cm^3$.
Le volume de ce pavé est 60 $cm^3$.

**28** a. Pour former un cube de 10 cm d'arête, il faut 1 000 cubes d'arête 1 cm.
b. $1\ 000 \times 1\ cm^3 = 1\ 000\ cm^3$
Le volume du cube est 1 000 $cm^3$.

**29** a. $2 \times 3 \times 7 = 42$
Ce pavé est composé de 42 cubes.
$3 \times 3 \times 3 = 27$ et $4 \times 4 \times 4 = 64$
Le plus grand cube que l'on puisse former a pour côté 3 cm.
b. $42 - 27 = 15$
Il reste 15 cubes d'arête 1 cm.

**30** • Volume $V_1$ du pavé violet :
$V_1 = 2\ cm \times 2\ cm \times 3\ cm = 12\ cm^3$
• Volume $V_2$ du pavé vert :
$V_2 = 4\ cm \times 4\ cm \times 2\ cm = 32\ cm^3$
• Volume $V_3$ du pavé orange :
$V_3 = 6\ cm \times 6\ cm \times 1\ cm = 36\ cm^3$
$V = V_1 + V_2 + V_3 = 12 + 32 + 36 = 80\ cm^3$.
Cet empilement a pour volume 80 $cm^3$.

**31** a. $6\ mm \times 9\ mm \times 4\ mm = 216\ mm^3$
b. $13{,}25\ dm \times 2\ dm \times 10\ dm = 265\ dm^3$
c. $4{,}3\ cm \times 2\ cm \times 0{,}1\ cm = 0{,}86\ cm^3$
d. $25{,}1\ m \times 2\ m \times 3\ m = 150{,}6\ m^3$

**32** • Volume $V_1$ du vase A :
$V_1 = 12\ cm \times 12\ cm \times 12\ cm = 1\ 728\ cm^3$
• Volume $V_2$ du vase B :
$V_2 = 8\ cm \times 8\ cm \times 25\ cm = 1\ 600\ cm^3$
$1\ 600 < 1\ 728$ donc cela ne va pas déborder.

**33** • Volume $V_1$ du carton Standard :
$V_1 = 55\ cm \times 35\ cm \times 30\ cm = 57\ 750\ cm^3$
• Volume $V_2$ du carton Multi-usages :
$V_2 = 50\ cm \times 42\ cm \times 30\ cm = 63\ 000\ cm^3$
• Volume $V_3$ du carton Spécial livres :
$V_3 = 45\ cm \times 40\ cm \times 32\ cm = 57\ 600\ cm^3$
Donc : $V_3 < V_1 < V_2$

**34** $56\ cm = 7 \times 8\ cm$ ; $64\ cm = 8 \times 8\ cm$ ;
$72\ cm = 8 \times 9\ cm$.
On peut ranger $7 \times 8 \times 9$ cubes d'arête 8 cm dans cette boîte, c'est-à-dire 504 de ces cubes.

**35** $20 \text{ cm} = 5 \times 4 \text{ cm}$
On peut placer 5 rangées de 5 cubes sur le fond de la boîte et empiler 5 couches identiques.
$5 \times 5 \times 5 = 125$
On peut ranger 125 cubes d'arête 4 cm dans cette boîte.

**36** **a.** $\mathcal{V} = 3{,}6 \text{ m} \times 1{,}8 \text{ m} \times 1{,}5 \text{ m} = 9{,}72 \text{ m}^3$
Chaque pavé a pour volume $9{,}72 \text{ m}^3$.
**b.** 24 pavés de hauteur 1,5 m sont empilés :
$24 \times 1{,}5 \text{ m} = 36 \text{ m}$
La hauteur de cette tour est 36 m.
**c. Une méthode :**
$24 \times 2 = 48$
Il y a 48 pavés.
$\mathcal{V} = 48 \times 9{,}72 \text{ m}^3 = 466{,} 56 \text{ m}^3$
**Une autre méthode :**
La tour a pour dimensions 36 m, 3,6 m et 3,6 m.
$\mathcal{V} = 3{,}6 \text{ m} \times 3{,}6 \text{ m} \times 36 \text{ m} = 466{,} 56 \text{ m}^3$
Le volume de cette tour est $466{,} 56 \text{ m}^3$.

**37** **a.** • $V_1 = 50 \text{ cm} \times 40 \text{ cm} \times 40 \text{ cm} = 80\,000 \text{ cm}^3$
• $V_2 = 36 \text{ cm} \times 40 \text{ cm} \times 40 \text{ cm} = 57\,600 \text{ cm}^3$
• $V_3 = 24 \text{ cm} \times 40 \text{ cm} \times 40 \text{ cm} = 38\,400 \text{ cm}^3$
**b.** $V = V_1 + V_2 + V_3$
$V = 80\,000 + 57\,600 + 38\,400$
$V = 176\,000 \text{ cm}^3$
Ce podium a pour volume $176\,000 \text{ cm}^3$.

**38** Le solide est composé de deux pavés droits :
• $V_1 = 36 \text{ cm} \times 8 \text{ cm} \times 12 \text{ cm} = 3\,456 \text{ cm}^3$
• $50 - 12 = 38 \text{ cm}$
$V_2 = 38 \text{ cm} \times 8 \text{ cm} \times 12 \text{ cm} = 3\,648 \text{ cm}^3$
• $V = V_1 + V_2 = 3\,456 + 3\,648 = 7\,104 \text{ cm}^3$
La lettre a pour volume $7\,104 \text{ cm}^3$.

**39** **a.** $V_1 = 15 \text{ cm} \times 25 \text{ cm} \times 20 \text{ cm} = 7\,500 \text{ cm}^3$
Le volume de la pièce de bois est de $7\,500 \text{ cm}^3$.
**b.** $V_2 = 5 \text{ cm} \times 5 \text{ cm} \times 20 \text{ cm} = 500 \text{ cm}^3$
Le menuisier a enlevé $500 \text{ cm}^3$.
$V = V_1 - V_2 = 7\,500 - 500 = 7\,000 \text{ cm}^3$
La pièce de bois restante a pour volume $7\,000 \text{ cm}^3$.

**40** **a.** $\mathcal{V}(\mathcal{P}) = 9 \text{ cm} \times 9 \text{ cm} \times 12 \text{ cm} = 972 \text{ cm}^3$
Le volume du pavé $\mathcal{P}$ est de $972 \text{ cm}^3$.
**b.** $\mathcal{V}(\mathcal{P}') = 7 \text{ cm} \times 7 \text{ cm} \times 11 \text{ cm} = 539 \text{ cm}^3$
Le volume du pavé $\mathcal{P}'$ est de $539 \text{ cm}^3$.
**c.** $\mathcal{V} = \mathcal{V}(\mathcal{P}) - \mathcal{V}(\mathcal{P}') = 972 - 539 = 433 \text{ cm}^3$
La pièce de pot à crayon a pour volume $433 \text{ cm}^3$.

**41** **a.** $5{,}8 \text{ dm}^3 =$ **5 800 000** $\text{mm}^3$
**b.** $0{,}12 \text{ m}^3 =$ **120 000** $\text{cm}^3$
**c.** $36{,}5 \text{ cm}^3 =$ **0,000 036 5** $\text{m}^3$
**d.** $27\,000 \text{ mm}^3 =$ **0,000 027** $\text{m}^3$

**42** $45\,000 \text{ cm}^3 = 45 \text{ L} = 0{,}045 \text{ m}^3$
$45 \text{ cm}^3 = 0{,}045 \text{ dm}^3 = 45\,000 \text{ mm}^3$

**43** **1. a.** $43 \text{ dL} = 43 \times 1 \text{ dL} = 43 \times 0{,}1 \text{ L} = 4{,}3 \text{ L}$
**b.** $60 \text{ cL} = 60 \times 1 \text{ cL} = 60 \times 0{,}01 \text{ L} = 0{,}6 \text{ L}$
**c.** $50 \text{ hL} = 50 \times 1 \text{ hL} = 50 \times 100 \text{ L} = 5\,000 \text{ L}$
**2. a.** $7 \text{ L} = 7 \times 1 \text{ L} = 7 \times 100 \text{ cL} = 700 \text{ cL}$
**b.** $300 \text{ mL} = 300 \times 1 \text{ mL} = 300 \times 0{,}1 \text{ cL} = 30 \text{ cL}$
**c.** $0{,}45 \text{ hL} = 0{,}45 \times 1 \text{ hL} = 0{,}45 \times 10\,000 \text{ cL} = 4\,500 \text{ cL}$

**44** **a.** $0{,}5 \text{ dm}^3 = 0{,}5 \text{ L}$
**b.** $13{,}5 \text{ m}^3 = 13{,}5 \times 1 \text{ m}^3 = 13{,}5 \times 1\,000 \text{ L} = 13\,500 \text{ L}$
**c.** $850\,000 \text{ cm}^3 = 850 \text{ dm}^3 = 850 \text{ L}$

**45** **a.** $45 \text{ L} = 45 \text{ dm}^3$
**b.** $75 \text{ cL} = 0{,}75 \text{ L} = 0{,}75 \text{ dm}^3$
**c.** $120 \text{ mL} = 0{,}12 \text{ L} = 0{,}12 \text{ dm}^3$
**d.** $3{,}2 \text{ hL} = 320 \text{ L} = 320 \text{ dm}^3$

**46** **a.** $35 \text{ cm}^3 = 35$ **mL**
**b.** $4{,}8 \text{ dm}^3 = 480$ **cL**
**c.** $520 \text{ cm}^3 = 5{,}2$ **dL**
**d.** $6{,}5 \text{ dm}^3 = 0{,}65$ **daL**

**47** **a.** $45 \text{ cL} = 450 \text{ cm}^3$
**b.** $6{,}2 \text{ daL} = 0{,}062 \text{ m}^3$
**c.** $75 \text{ mL} = 75\,000 \text{ mm}^3$

**48** **a.** $840 \text{ cm}^3 = 0{,}84 \text{ dm}^3 = 8{,}4 \text{ dL}$
et $0{,}084 \text{ hL} = 8\,400 \text{ cm}^3$
Donc 0,084 hL n'est pas égal aux autres.

**49**

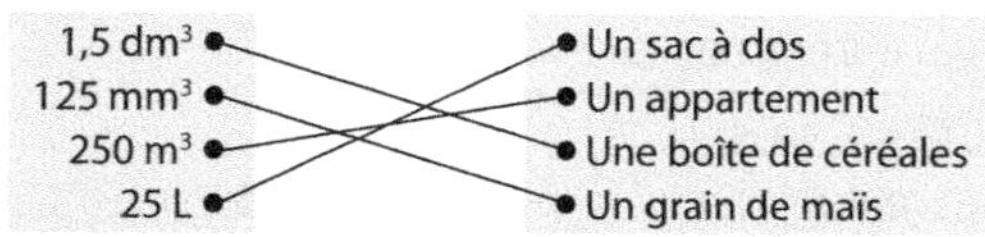


**50** **a.** Une goutte d'eau : $0{,}000\,05 \text{ dm}^3 = 50 \text{ mm}^3$
**b.** Une piscine : $42\,000\,000 \text{ cm}^3 = 42 \text{ m}^3$
**c.** Un seau : $1\,800 \text{ cL} = 18 \text{ L}$
**d.** Une brique de crème : $0{,}002\,5 \text{ hL} = 25 \text{ cL}$

**51** **a.** $1 \text{ dam}^3$ est le volume d'un cube d'arête **1 dam**.
**b.** $85 \text{ dam}^3 = 85\,000\,000 \text{ dm}^3$
**c.** $89 \text{ km}^3 = 89\,000\,000\,000 \text{ m}^3$
$89 \text{ km}^3 = 89\,000\,000\,000\,000 \text{ L}$

**52** **a.** $1{,}5 \text{ L} = 1\,500 \text{ mL}$
$\frac{1\,500}{200} = 7{,}5$. On peut remplir 7 verres et un demi verre.
**b.** $6{,}5 \text{ L} = 650 \text{ cL}$
$320 \times 2 = 640 \text{ cL}$
$640 \text{ cL} < 650 \text{ cL}$
Les deux bidons ne suffisent pas.

**53** • On exprime tous les volumes dans la même unité.
Par exemple :
$360 \text{ cL} = 3\,600 \text{ cm}^3$ ;
$200 \text{ cm}^3$ ;
$0{,}4 \text{ daL} = 4\,000 \text{ cm}^3$
• On ajoute les volumes :
$3\,600 + 200 + 4\,000 = 7\,800 \text{ cm}^3$
$7\,800 \text{ cm}^3 = 7{,}8 \text{ dm}^3 = 7{,}8 \text{ L}$

**54** On exprime tous les volumes dans la même unité.
Par exemple :
Flacon A : 100 mL = 100 cm$^3$ ;
Flacon B : 0,125 dm$^3$ = 125 cm$^3$ ;
Flacon C : 1,2 dL = 120 cm$^3$
$100 < 120 < 125$
C'est le flacon B qui contient le plus de parfum.

**55** • 1,2 m$^3$ = 1 200 dm$^3$ = 1 200 L
• $\frac{1\,200}{15} = 80$ L
Une brouette contient 80 L de gravier.
• $\frac{80}{5} = 16$ L
Un seau contient 16 L de gravier.

**56** **a.** $\mathscr{V}$ = 8,5 m × 6 cm × 4 cm = 204 cm$^3$
**b.** 204 cm$^3$ = 20,4 cL
La contenance de 20 cL est inférieure à celle obtenue par les dimensions extérieures de la brique.

**57** Valentin n'a pas exprimé les longueurs dans la même unité.
Une réponse possible :
50 mm = 0,5 dm et 10 cm = 1 dm
1 dm × 0,5 dm × 2 dm = 1 dm$^3$

**58** • On exprime les longueurs dans la même unité. Par exemple :
5 cm = 0,5 dm et 2 m = 20 dm
• 0,5 dm × 20 dm × 4,2 dm = 42 dm$^3$ = 0,042 m$^3$

**59** On exprime les dimensions dans la même unité :
**a.** 7,5 cm × 9 cm × 2 cm = 135 cm$^3$
**b.** 4 dm × 3 dm × 2,5 dm = 30 dm$^3$
**c.** 32 m × 5 m × 6 m = 960 m$^3$

**60** **a.** • On exprime les longueurs dans la même unité.
Par exemple : 20 cm = 0,2 m
• $\mathscr{V}$ = 1 m × 1,2 m × 0,2 m = 0,24 m$^3$
Ce bac a pour volume 0,24 m$^3$ ou 240 dm$^3$.
**b.** 240 dm$^3$ = 240 L
35 L × 6 = 210 L 6 sacs ne suffisent pas.
35 L × 7 = 245 L Il faut 7 sacs de sable.

**61** **a.** • On exprime les longueurs dans la même unité :
1,75 m = 175 cm
• $\mathscr{V}$ = 175 cm × 55 cm × 60 cm = 577 500 cm$^3$
**b.** Le volume utile correspond au volume intérieur du congélateur qui est utilisable.
Il ne correspond pas au volume calculé dans la question **a.** En effet :
577 500 cm$^3$ = 577,5 L
Le moteur et le système de refroidissement occupent une partie du volume du congélateur.

**62** **a.** 4 × 1 cm$^3$ + 8 × 0,5 cm$^3$ = 8 cm$^3$
**b.** 15 × 1 cm$^3$ + 3 × 0,5 cm$^3$ = 16,5 cm$^3$

**63** **a.** 5 m × 2 m × 7,5 m = 75 m$^3$
**b.** 12,5 cm × 8 dm × 9 cm = 900 cm$^3$

**64** **a.** 2 m × 2 m × 2 m = 8 m$^3$
Le côté du cube est 2 m.
**b.** 10 cm × 10 cm × 10 cm = 1 000 cm$^3$
Le côté du cube est 10 cm.

**65** 0,3 m$^3$ = 300 dm$^3$ et 15 L = 15 dm$^3$
20 × 15 dm$^3$ = 300 dm$^3$
Ce jardinier peut remplir 20 jardinières.

**66** 4 cm × 2,5 cm = 10 cm$^2$
10 cm$^2$ × 7 cm = 70 cm$^3$
La hauteur $h$ est 7 cm.

**67** 750 mL = 0,75 L et 4 × 0,75 L = 3 L
6 × 0,5 L = 3 L
Donc Robin a raison.

## Je m'évalue à mi-parcours

**68** a. **69** c. **70** c. **71** b. **72** c.
**73** a. **74** b.

## Avec un logiciel

**75** **1.** 3 cm × 3 cm × 10 cm = 90 cm$^3$
Le volume de la bougie bleue est 90 cm$^3$.
**2. a. b. c.**

| | A | B | C | D | E |
|---|---|---|---|---|---|
| 1 | Bougie | Largeur(en cm) | Longueur (en cm) | Hauteur (en cm) | Volume (en cm3) |
| 2 | Bleue | 3 | 3 | 10 | 90 |
| 3 | Verte | 4 | 3,5 | 8 | 112 |
| 4 | Orange | 5 | 5 | 5 | 125 |
| 5 | Blanche | 3 | 3 | 20 | 180 |
| 6 | Rose | 6 | 6 | 10 | 360 |
| 7 | Défi | | | | |

**3. a.** Les bougies bleue et blanche ont la même largeur et la même longueur.
La hauteur de la bougie blanche est le double de la hauteur de la bougie bleue.
Le volume de la bougie blanche est le double du volume de la bougie bleue.
**b.** Les bougies bleue et rose ont la même hauteur.
La largeur de la bougie rose est le double de la largeur de la bougie bleue.
La longueur de la bougie rose est le double de la longueur de la bougie bleue.
Le volume de la bougie rose est quatre fois plus grand que le volume de la bougie bleue.
**c.** Par exemple :

| | | | | | |
|---|---|---|---|---|---|
| 7 | Défi | 10 | 10 | 4 | 400 |
| 8 | Défi | 20 | 5 | 4 | 400 |
| 9 | Défi | 40 | 5 | 2 | 400 |

**76** Le volume affiché est 40 (il est exprimé en cm$^3$).

## J'utilise mes compétences

**77** Cyril prend 4 douches et 3 bains par semaine.
(4 × 80 L) + (3 × 150 L) = 320 L + 450 L = 770 L
Il utilise dans ce cas 770 L d'eau par semaine.

Cyril prend 6 douches et 1 bain par semaine et s'équipe d'un pommeau à débit réduit :
$(6 \times 40 \text{ L}) + (1 \times 150 \text{ L}) = 240 \text{ L} + 150 \text{ L} = 390 \text{ L}$
$770 \text{ L} - 390 \text{ L} = 380 \text{ L}$
Il économise alors 380 L d'eau par semaine.
$52 \times 380 \text{ L} = 19\,760 \text{ L}$
Cyril économiserait 19 760 L par an, c'est-à-dire 19,760 m$^3$ par an.

**78** • Volume d'un glaçon :
$2 \text{ cm} \times 2 \text{ cm} \times 2 \text{ cm} = 8 \text{ cm}^3$
• Volume des 25 glaçons :
$25 \times 8 = 200 \text{ cm}^3$
• Volume d'eau :
$\frac{90}{100} \times 200 = 180 \text{ cm}^3$ ou 18 cL

**79** • $250 \text{ cm} = 2{,}5 \text{ m}$
$10 \times 2{,}5 = 25 \text{ m}$
Le bâtiment a une hauteur de 25 m.
• Volume d'un bâtiment :
$20 \text{ m} \times 20 \text{ m} \times 25 \text{ m} = 10\,000 \text{ m}^3$
Donc la comparaison du journal est satisfaisante.

**80** • Volume d'un moule :
$3 \text{ cm} \times 5 \text{ cm} \times 10 \text{ cm} = 150 \text{ cm}^3$
$150 \div 2 = 75 \text{ cm}^3$
Benjamin a besoin de 75 cm$^3$ de pâte à cake par moule.
• $1{,}2 \text{ L} = 1\,200 \text{ cm}^3$
• $\frac{1\,200}{75} = 16$
Benjamin peut remplir 16 moules.

**81** • $40 \text{ cm} = 0{,}4 \text{ m}$
• Volume de neige :
$4 \text{ m} \times 6 \text{ m} \times 0{,}4 \text{ m} = 9{,}6 \text{ m}^3$
• $9{,}6 \times 50 = 480 \text{ kg}$
La neige pèse 480 kg.

**82** L'aire du carré du fond du vase est 25 cm$^2$.
En effet, $25 \text{ cm}^2 = 5 \text{ cm} \times 5 \text{ cm}$.
$250 \text{ cm}^3 \div 25 \text{ cm}^2 = 10 \text{ cm}$
La hauteur d'eau dans le vase est 10 cm.

**83** $119 \text{ L} = 119 \text{ dm}^3 = 119\,000 \text{ cm}^3$
$85 \text{ cm} \times 35 \text{ cm} = 2\,975 \text{ cm}^2$
La base rectangulaire de l'aquarium a une aire de 2 975 cm$^2$.
$119\,000 \text{ cm}^3 \div 2\,975 \text{ cm}^2 = 40 \text{ cm}$
La hauteur d'eau dans l'aquarium est 40 cm.

**84** On peut décomposer l'escalier en 3 pavés de même longueur 80 cm, de même largeur 20 cm et de hauteurs 15 cm, 30 cm et 45 cm.
• $V_1 = 20 \text{ cm} \times 80 \text{ cm} \times 15 \text{ cm} = 24\,000 \text{ cm}^3$
• $V_2 = 20 \text{ cm} \times 80 \text{ cm} \times 30 \text{ cm} = 48\,000 \text{ cm}^3$
• $V_3 = 20 \text{ cm} \times 80 \text{ cm} \times 45 \text{ cm} = 72\,000 \text{ cm}^3$
Le volume de l'escalier est :
$V = V_1 + V_2 + V_3$
$V = 24\,000 \text{ cm}^3 + 48\,000 \text{ cm}^3 + 72\,000 \text{ cm}^3$
$V = 144\,000 \text{ cm}^3$
$144\,000 \text{ cm}^3 = 0{,}144 \text{ m}^3$
Il faut 0,144 m$^3$ de béton.

**85** Longueur : $15 + 5 = 20 \text{ cm}$
Largeur : $10 + 5 = 15 \text{ cm}$
Hauteur : $8 + 5 = 13 \text{ cm}$
Les dimensions du pavé sont 20 cm, 15 cm et 13 cm.
$20 \text{ cm} \times 15 \text{ cm} \times 13 \text{ cm} = 3\,900 \text{ cm}^3$
Le volume du pavé est 3 900 cm$^3$.
$5 \text{ cm} \times 5 \text{ cm} \times 5 \text{ cm} = 125 \text{ cm}^3$
Le volume du cube que l'on a enlevé est 125 cm$^3$.
$3\,900 \text{ cm}^3 - 125 \text{ cm}^3 = 3\,775 \text{ cm}^3$
Le volume de ce solide est 3 775 cm$^3$.

**86** **Traduction :**
*Lauren partage 1,8 L de glace en 12 parts.*
*Chaque part est un pavé droit de 10 cm de longueur et 5 cm de hauteur.*
*Calculer la largeur d'une part.*
**Réponse :**
• $5 \text{ cm} \times 10 \text{ cm} = 50 \text{ cm}^2$
La base rectangulaire d'une part a une aire de 50 cm$^2$.
• $1{,}8 \text{ L} = 1\,800 \text{ cm}^3$
$1\,800 \text{ cm}^3 \div 50 \text{ cm}^2 = 36 \text{ cm}$
La longueur du pavé est 36 cm.
• Lauren a coupé la glace en 12 parts :
$36 \div 12 = 3 \text{ cm}$
Une part de glace a pour largeur (ou épaisseur) 3 cm.

**87** **a.** Raphaël n'a pas tenu compte du fait que l'on peut ranger seulement 3 cartons en hauteur dans le coffre de sa voiture. En effet :
$3 \times 30 \text{ cm} = 90 \text{ cm}$ et $4 \times 30 \text{ cm} = 120 \text{ cm}$
**b.** • $3 \times 30 \text{ cm} = 90 \text{ cm}$
On peut ranger 3 cartons dans la largeur.
• $4 \times 30 \text{ cm} = 120 \text{ cm}$
On peut ranger 4 cartons dans la longueur.
• $3 \times 3 \times 4 = 36$
Raphaël pourra transporter seulement 36 cartons.

**88** • $6 \times 6 \times 6 = 216$
Ce « grand » cube contient 216 cubes de 1 cm d'arête.
• $216 \div 3 = 72$
La base rectangulaire du pavé a une aire de 72 cm$^2$.
• Le pavé peut avoir comme dimensions :

| **Largeur** (en cm) | **Longueur** (en cm) | **Aire** (en cm$^2$) |
|---|---|---|
| 1 | 72 | 72 |
| 2 | 36 | 72 |
| 3 | 24 | 72 |
| 4 | 18 | 72 |
| 6 | 12 | 72 |
| 8 | 9 | 72 |

**89** Volume d'eau sans le caillou :
$12\text{ cm} \times 12\text{ cm} \times 8\text{ cm} = 1\,152\text{ cm}^3$
Volume d'eau avec le caillou :
$12\text{ cm} \times 12\text{ cm} \times 8{,}5\text{ cm} = 1\,224\text{ cm}^3$
Volume du caillou :
$1\,224\text{ cm}^3 - 1\,152\text{ cm}^3 = 72\text{ cm}^3$
Le volume du caillou est $72\text{ cm}^3$.

**90** • $2 \times 3 = 6$ cm
La hauteur de cette barre métallique est 6 cm.
$25\text{ cm} \times 9\text{ cm} \times 6\text{ cm} = 1\,350\text{ cm}^3$
Le volume du pavé est $1\,350\text{ cm}^3$.
• $2\text{ cm} \times 2\text{ cm} \times 25\text{ cm} = 100\text{ cm}^3$
Le volume de la partie creuse est $100\text{ cm}^3$.
• $1\,350\text{ cm}^3 - 100\text{ cm}^3 = 1\,250\text{ cm}^3$
Le solide a pour volume $1\,250\text{ cm}^3$.

**91** • On peut procéder par essais pour déterminer la longueur du côté de chaque cube.
Ainsi, les 6 cubes ont pour côtés :
6 cm, 8 cm, 10 cm, 12 cm, 14 cm et 16 cm.
• Volumes de chaque cube :
$6 \times 6 \times 6 = 216\text{ cm}^3$
$8 \times 8 \times 8 = 512\text{ cm}^3$
$10 \times 10 \times 10 = 1\,000\text{ cm}^3$
$12 \times 12 \times 12 = 1\,728\text{ cm}^3$
$14 \times 14 \times 14 = 2\,744\text{ cm}^3$
$16 \times 16 \times 16 = 4\,096\text{ cm}^3$
$4\,096 + 2\,744 + 1\,728 + 1\,000 + 512 + 216 = 10\,296\text{ cm}^3$
Le volume total est $10\,296\text{ cm}^3$.

**92** • Volume du 1er cube :
$10 \times 10 \times 10 = 1\,000\text{ cm}^3$
• Le 2e cube a pour volume $2\,000\text{ cm}^3$.
On peut s'aider du tableur pour trouver une valeur approchée de l'arête de ce 2e cube.

| A | B |
|---|---|
| côté (en cm) | volume (en cm3) |
| 12 | 1728 |
| 13 | 2197 |
| 12,5 | 1953,125 |
| 12,6 | 2000,376 |
| 12,55 | 1976,656375 |
| 12,57 | 1986,121593 |
| 12,59 | 1995,616979 |

L'arête du 2e cube est d'environ 12,6 cm.

**93** • Il y a 35 cubes empilés.
• $5 \times 5 \times 5 = 125$ cubes
Le « grand » cube a 125 cubes.
• $125 - 35 = 90$
Il faut ajouter au moins 90 cubes.

**94** • $5 \times 5 \times 5 = 125\text{ cm}^3$
Un moule cubique a pour volume $125\text{ cm}^3$.
• $2 \times 5 \times 10 = 100\text{ cm}^3$
Un moule en forme de pavé droit a pour volume $100\text{ cm}^3$.
• $1{,}5\text{ L} = 1\,500\text{ cm}^3$

Les différentes possibilités :

| Nombre de moules cubiques | Nombre de moules en forme de pavé droit | Somme des volumes |
|---|---|---|
| 12 | 0 | $12 \times 125 = 1\,500\text{ cm}^3$ |
| 8 | 5 | $8 \times 125 + 5 \times 100 = 1\,500\text{ cm}^3$ |
| 4 | 10 | $4 \times 125 + 10 \times 100 = 1\,500\text{ cm}^3$ |
| 0 | 15 | $15 \times 100 = 1\,500\text{ cm}^3$ |

## Accompagnement personnalisé

**95** **1 a.** Pour passer des $\text{dm}^3$ aux $\text{cm}^3$, on multiplie le volume par **1 000**.
**b.** Pour passer des $\text{m}^3$ aux $\text{cm}^3$, on multiplie le volume par **1 000 000**.
**c.** Pour passer des $\text{cm}^3$ aux $\text{dm}^3$, on multiplie le volume par **0,001**.
**d.** Pour passer des $\text{cm}^3$ aux $\text{m}^3$, on multiplie le volume par **0,000 001**.
**2. a.** $3{,}4\text{ dm}^3 = 3\,400\text{ cm}^3$
**b.** $3{,}4\text{ m}^3 = 3\,400\,000\text{ cm}^3$
**c.** $12\text{ cm}^3 = 0{,}012\text{ dm}^3$
**d.** $12\text{ cm}^3 = 0{,}000\,012\text{ m}^3$

**96** **a.** $500\text{ cm}^3$ **b.** $9\text{ dm}^3$ **c.** 35 L

**97** **a.** Il y a 40 cubes, donc le volume de ce pavé est $40\text{ cm}^3$.
**b.** On enlève 10 cubes : le volume du nouveau pavé est de $30\text{ cm}^3$.

**98** **a.** • $58\text{ cm} \times 16\text{ cm} \times 9\text{ cm} = 8\,352\text{ cm}^3$
La 1re jardinière a pour volume $8\,352\text{ cm}^3$.
• $21\text{ cm} \times 21\text{ cm} \times 21\text{ cm} = 9\,261\text{ cm}^3$
La 2e jardinière a pour volume $9\,261\text{ cm}^3$.
C'est la 2e jardinière qui contient le plus de terre.
**b.** $8\,352\text{ cm}^3 = 8{,}352$ L et $9\,261\text{ cm}^3 = 9{,}261$ L
$8{,}352\text{ L} + 9{,}261\text{ L} = 17{,}613$ L
Il faut 17,613 L de terre pour remplir les deux jardinières.

**99** **a.** $2\,000\,000 \times 159 = 318\,000\,000$ L
$318\,000\,000\text{ L} = 318\,000\text{ m}^3$
**b.** $31{,}8\text{ m}^3 = 31\,800$ L
$31\,800 \div 159 = 200$ barils

**100** **a.** En 1 minute : $10 \times 50 = 500\text{ mm}^3$
En 1 heure : $500 \times 60 = 30\,000\text{ mm}^3 = 30\text{ cm}^3$
**b.** En 1 journée : $24 \times 30\text{ cm}^3 = 720\text{ cm}^3$
**c.** En 1 an :
$365 \times 720\text{ cm}^3 = 262\,800\text{ cm}^3 = 262{,}8\text{ dm}^3$ ou L

**101** • $3 \times 5 \times 1{,}2 = 18\text{ m}^3$
La piscine a un volume $18\text{ m}^3$.
• $18\text{ m}^3 = 18\,000$ L
• $18\,000\text{ L} \div 25\text{ L} = 720$
Il faut 720 minutes pour remplir la piscine.
$720\text{ min} \div 60 = 12$
Il faut 12 heures pour remplir la piscine.

## Tâches complexes

**102** $4 \text{ m} \times 11 \text{ m} = 44 \text{ m}^2$
$11 \text{ m} - (2 \times 2 \text{ m}) = 11 \text{ m} - 4 \text{ m} = 7 \text{ m}$
$7 \text{ m} \times 3 \text{ m} = 21 \text{ m}^2$ et $44 \text{ m}^2 + 21 \text{ m}^2 = 65 \text{ m}^2$
Les toits-terrasses ont une superficie de $65 \text{ m}^2$.
Il tombe 15 mm de pluie en moyenne par mois :
$15 \text{ mm} \times 65 \text{ m}^2 = 0{,}015 \text{ m} \times 65 \text{ m}^2 = 0{,}975 \text{ m}^3 = 975 \text{ L}$
La citerne peut contenir 1 000 litres.

**103** Volume de la salle de classe :
$11 \text{ m} \times 6 \text{ m} \times 2{,}5 \text{ m} = 165 \text{ m}^3 = 165\,000 \text{ L}$
Seuil maximal acceptable de gaz carbonique dans la salle :
$0{,}6\,\% \times 165\,000 \text{ L} = \dfrac{0{,}6 \times 165\,000}{100} = 990 \text{ L}$
Le seuil de gaz carbonique acceptable dans la salle est donc de 990 litres.
On considère qu'un cycle respiratoire comprend une inspiration et une expiration.
Nombre de cycles respiratoires en 1 h pour les 21 personnes qui sont dans la salle :
$16 \times 60 \times 21 = 20\,160$
Quantité d'air inspiré (ou expiré) en 1 h :
$20\,160 \times 0{,}5 \text{ L} = 10\,080 \text{ L}$
Au cours de l'expiration, 4,5 % de gaz carbonique sont produits :
$4{,}5\,\% \times 10\,080 \text{ L} = \dfrac{4{,}5 \times 10\,080}{100} = 453{,}6 \text{ L}$
Donc en 1 h, les 21 personnes produisent 453,6 L de gaz carbonique :
$990 : 453{,}6 \approx 2{,}18$
Après conversion, on obtient environ 2 h 11 min.

# Géométrie dans l'espace

CHAPITRE 10

## INTENTIONS PÉDAGOGIQUES

### 1 Le point sur le cycle 3

Au cycle 3, l'élève apprend à :
– se repérer et se déplacer en utilisant des repères et des représentations ;
– situer des objets ou des personnes les uns par rapport aux autres ou par rapport à d'autres repères.

Pour cela, il utilise le vocabulaire permettant de définir des positions (gauche, droite, au-dessus, en dessous, devant, derrière…) et le vocabulaire permettant de définir des déplacements (avancer, reculer, tourner à droite/à gauche…).
L'élève apprend également à :
– coder et décoder pour prévoir, représenter et réaliser des déplacements dans des espaces familiers, sur un quadrillage, sur un écran ;
– étudier quelques modes de représentation de l'espace ;
– reconnaître, nommer, décrire, reproduire quelques solides ;
– fabriquer un cube à partir d'un patron fourni.

Il utilise le vocabulaire approprié pour nommer des solides (boule, cylindre, cône, cube, pavé droit, pyramide) et décrire des polyèdres (face, sommet, arête).
À la fin du cycle 3, l'élève doit savoir :
– reconnaître et trier les solides usuels parmi des solides variés ;
– décrire et comparer des solides en utilisant le vocabulaire approprié.

Enfin, il est initié à l'usage d'un logiciel permettant de représenter les solides et de les déplacer pour les voir sous différents angles.

### 2 Je découvre

**Activité 1**

L'activité 1 montre un déplacement sur un quadrillage en suggérant l'utilisation du logiciel Scratch. Afin de résoudre le problème, utiliser les coordonnées des cases est une nécessité. Après le repérage des cases, il reste au professeur à présenter les coordonnées des points, les nœuds des quadrillages.

**Activité 2**

Elle est consacrée au pavé droit. La première question demande la construction d'un patron de pavé droit ; avec les dessins et les données, les élèves n'auront pas de difficulté.
Une fois le patron découpé et plié, la deuxième question porte sur la représentation en perspective du pavé droit.

### 3 J'apprends et j'applique le cours

**J'apprends le cours**

- Au cours 1, trois paragraphes résument les connaissances visées en fin de cycle 3.
- Cours 2. Pavé droit : de sa description à ses propriétés de parallélisme et de perpendicularité, sans oublier sa représentation, sur cette page, les connaissances essentielles sur le pavé droit sont abordées.
- Cours 3. Autres solides : en trois paragraphes sont présentés tout d'abord le prisme droit, puis la pyramide régulière et enfin le cylindre, le cône et la boule.

**Exercice résolu 1**

Il s'agit d'un exercice où l'élève doit se repérer dans l'espace par rapport à un objet. Il est invité tour à tour à regarder ce dernier comme s'il se trouvait à sa gauche, à sa droite, au-dessus, etc.
Différentes vues sont représentées, l'élève doit associer une vue à une position d'observation.
Les différentes vues sont des projections sur un plan dans une direction orthogonale à ce dernier tout en choisissant celles qui représentent un rectangle par un rectangle.

**Exercice résolu 4**

C'est un exercice sur une représentation en perspective d'un pavé droit qui nécessite de connaître les propriétés de ce solide.

**Exercice résolu 7**

Cet exercice est semblable à l'exercice résolu 4 mais ici, il s'agit d'un prisme droit. Les propriétés utilisées sont essentiellement celles de parallélisme et de perpendicularité.

### 4 Compléments

**Repérer, se déplacer, représenter**

Ces exercices reprennent des situations semblables à celle de l'activité 1 et à celle de l'exercice résolu 1.

**Pavé droit**

Ces exercices mettent en jeu des patrons et des représentations en perspective, ainsi que des propriétés du pavé droit.
L'expression « en vraie grandeur », utilisée dans les exercices 26 et 31, n'est peut-être pas connue par tous les élèves, elle demandera alors une explication.

**Prismes droits. Pyramides régulières**

Les exercices proposés permettent d'acquérir des connaissances sur ces deux solides. Des exercices permettent de construire un patron de prisme droit (42 et 43) et un patron de pyramide (44).

## Avec un logiciel

Les deux logiciels retenus sont GéoTortue et GeoGebra. Les élèves réussissent d'autant mieux qu'ils connaissent ces logiciels pour la géométrie plane.
Les constructions demandées sont suffisamment guidées pour conduire les élèves jusqu'à la réussite.

## J'utilise mes compétences

De nombreuses situations concrètes sont proposées, avec très souvent une prise d'initiative.

## Accompagnement personnalisé

Quelques exercices reprennent les différents points abordés dans ce chapitre : se repérer dans l'espace, patrons et perspectives des solides.
L'approfondissement demande davantage de prises d'initiatives et entraînera l'élève dans une recherche plus longue.

# CORRIGÉS

## Vu au cycle 3

**1. a.**, **b.** et **c.** **2. a.** et **c.** **3. b.** **4. a.** et **b.**

## Je découvre

### Activité 1

**a.** La photo 1 est prise depuis la case H6.
La photo 2 est prise depuis la case H1.
La photo 3 est prise depuis la case C7.
La photo 4 est prise depuis la case B1.

**b.** av 100 ; td 90 ; av 200 ; td 90 ; av 50 ; tg 90 ; av 100 ; tg 90 ; av 300 ; tg 90 ; av 250 ; tg 90 ; av 50 ; td 90 ; av 50 ; td 90, av 50.

### Activité 2

**1** **a.** et **b.** *Échelle* : $\frac{1}{2}$

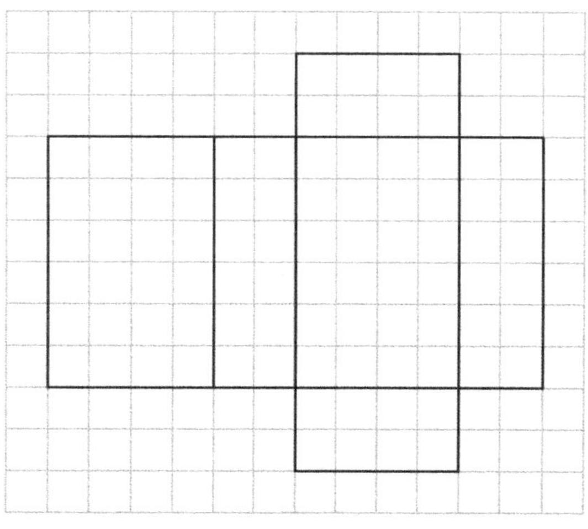

**a.** Les faces ABFE et DCGH sont représentées en vraie grandeur.
Les autres quadrilatères ont des côtés parallèles deux à deux mais pas d'angle droit.

**b.** Les arêtes qui sont représentées en pointillés représentent les arêtes cachées.

**c.** Les arêtes qui ont la même longueur sont aussi parallèles.

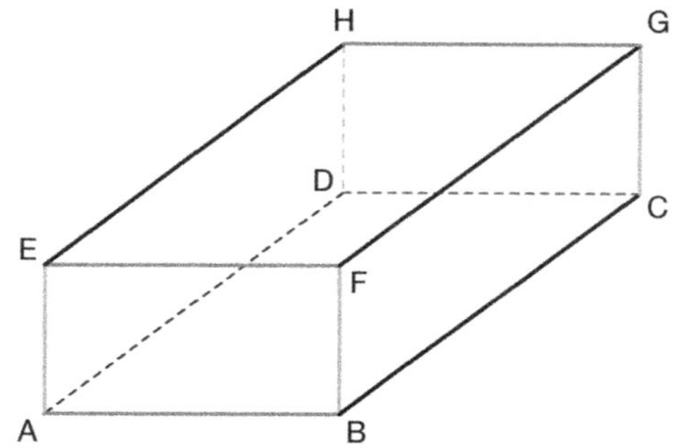


## J'applique le cours

**2** **a.** Ⓐ : vue ❷ Ⓑ : vue ❹ Ⓒ : vue ❺ Ⓓ : vue ❶

**b.** La vue non utilisée est la ❸, on regarde alors l'assemblage en ayant juste devant soi la petite pièce rouge. C'est la position opposée à la position Ⓑ.

**3** **a.** Ⓐ : vue ❺ Ⓑ : vue ❹ Ⓒ : vue ❶ Ⓓ : vue ❷

**b.** La vue ❸ correspond à l'observation faite à l'opposée de celle de Ⓓ, de l'autre côté de l'assemblage.

**5** **a.** Le sommet caché est le sommet H.

**b.** L'arête [GH] a la même longueur que l'arête [EF] (ou [AB] ou [DC]).
L'arête [AD] a la même longueur que l'arête [BC] (ou [FG] ou [EH]).
L'arête [CG] a la même longueur que l'arête [BF] (ou [AE] ou [DH]).

**c.** En réalité, on a $\widehat{EFG} = 90°$.

**d.** Les arêtes parallèles à l'arête [DH] sont : [EA], [FB] et [CG].

**e.** Les arêtes perpendiculaires à l'arête [AB] sont : [AD] et [AE], [FB] et [CB].

**6** **a.** Les faces représentées par des rectangles sont ABFE et DCGH.

**b.** La face ABCD est parallèle à la face EFGH.

**c.** Les faces perpendiculaires à la face ABFE sont : ABCD, BFGC, EFGH et AEHD.

**8** **a.** Les bases du prisme sont UST et RMN.

**b.** La face TURN est en réalité un rectangle et elle est représentée par un rectangle.
La face MRUS est en réalité un rectangle et elle est représentée par un parallélogramme.

**c.** Les arêtes perpendiculaires à l'arête [MS] sont [US], [ST], [RM] et [MN].

**d.** L'arête [RM] est parallèle à l'arête [US].

**e.** Trois arêtes de même longueur sont [UR], [SM] et [TN].

**9** **a.** Les bases sont ABC et DEF, ce sont des triangles rectangles.

**b.** Les faces BCFE et ACFD sont en réalité des rectangles et elles sont représentées par des parallélogrammes.

**c.** Les angles $\widehat{BEF}$ et $\widehat{CBE}$ mesurent en réalité 90°.

## À l'oral

**10** **a.** Pour repérer rapidement un monument ou une rue, on a tracé un quadrillage avec des colonnes dénommées A, B, C et D et des lignes numérotées 1, 2 et 3. Ce dispositif permet de repérer un monument à l'aide d'une lettre et d'un numéro.

**b.** La place Charles-de-Gaulle se situe en B1, le musée d'Orsay en D3.

**c.** En D2 se trouve la place de la Concorde, en D1 se trouve la gare Saint-Lazare.

**d.** Elle navigue en remontant la Seine, elle se dirige vers le palais de Tokyo, vers l'Assemblée Nationale.

**11** Ⓐ : vue ❶ Ⓑ : vue ❸ Ⓒ : vue ❹
Ⓓ : vue ❷ Ⓔ : vue ❹.

**12** Les faces perpendiculaires à la face ADHE sont : EHGF, EFBA, ABCD et DCGH.

**13** Les figures qui représentent un patron de cube sont : 1, 3 et 4.

**14** **a.** ❶ : un cône, ❷ : un pavé ou un parallélépipède rectangle, ❸ : un prisme, ❹ : un cylindre, ❺ : une pyramide, ❻ : un prisme, ❼ : un pavé, ❽ : une pyramide, ❾ : une boule.

**b.** Le ❷ a 8 sommets, 12 arêtes et 6 faces.
Le ❸ a 10 sommets, 15 arêtes et 7 faces.
Le ❺ a 4 sommets, 6 arêtes et 4 faces.
Le ❻ a 6 sommets, 9 arêtes et 5 faces.
Le ❼ a 8 sommets, 12 arêtes et 6 faces.
Le ❽ a 5 sommets, 8 arêtes et 5 faces.

**15** Les figures ❷ et ❹ représentent des pavés droits.

## Calcul mental

**16** **a.** 60 cm **b.** 240 cm **c.** 8,4 cm

**17** **a.** 4 cm **b.** 45 cm **c.** 0,35 m

**18** 5 × 2 cm + 2 × (2 cm + 3,5 cm + 1,5 cm + 3 cm + 1 cm) = 10 cm + 2 × 11 cm = 32 cm

## Je m'entraîne

**19**

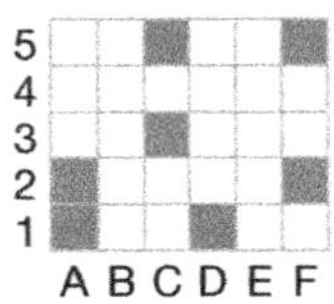


**20** **a.** Le point A est repéré par (1 ; 2).

**b.**

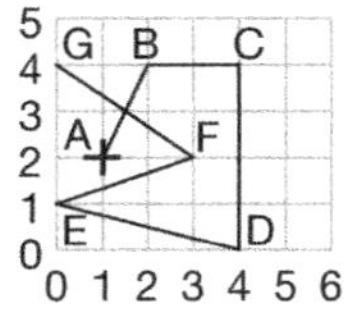


**21** av 50 ; td 90 ; av 100 ; tg 90 ; av 100 ; td 90 ; av 50 ; tg 90 ; av 50 ; td 90 ; av 100 ; td 90 ; av 150 ; td 90 ; av 50.

**22** Le trésor est caché dans la pyramide.

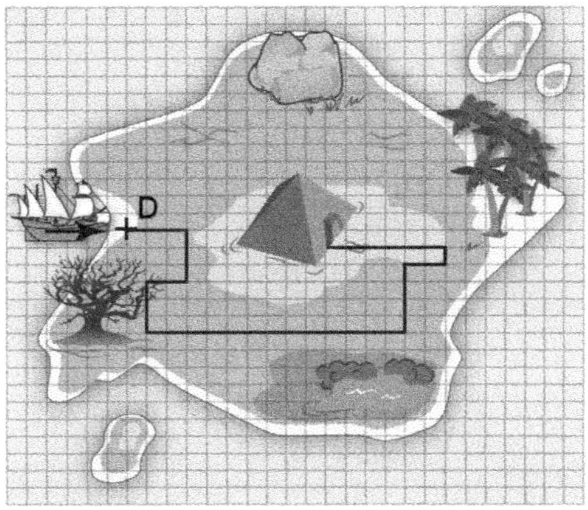


**23** **a.** C'est l'âne qui voit la vue ❶ et c'est l'éléphant qui voit la vue ❷.

**b.** Ce que voit le chat : Ce que voit le chien :

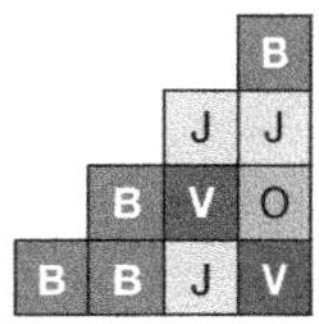


**c.** Vue de dessus :

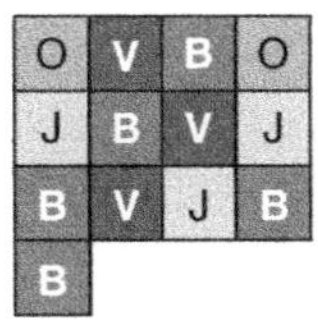


**24** La vue ❸.

**25** La vue ❷.

**26** *Échelle* : $\frac{1}{2}$

**a.**

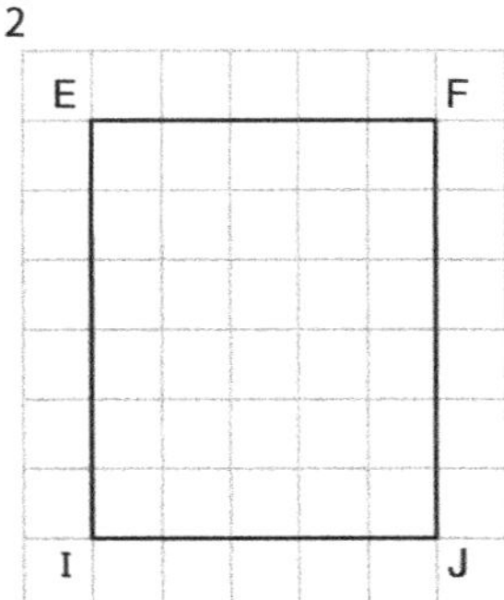

**b.**

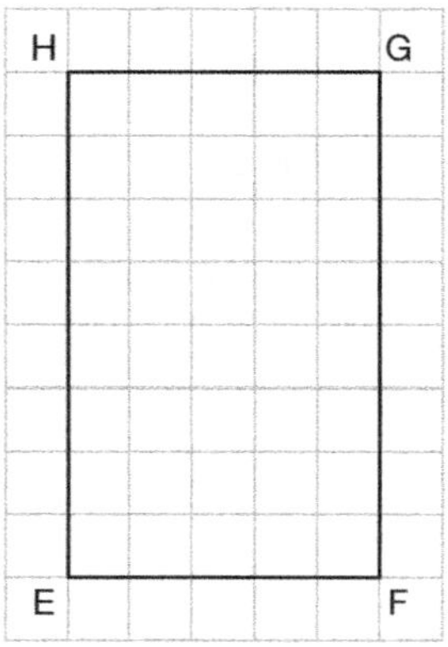


**c.**

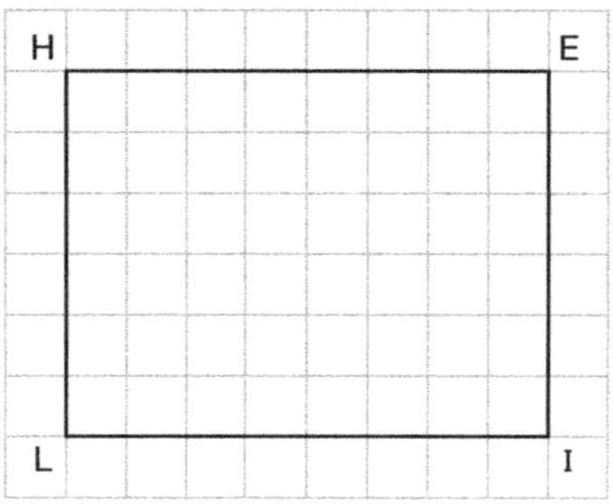


**27** Il y a 4 arêtes de 7 cm, 4 arêtes de 5 cm et 4 arêtes de 3 cm.

**28** **a.** Il y a deux faces qui ont pour dimensions 6 cm et 8 cm : ABCD et EFGH.

**b.** Il y a deux faces qui ont pour dimensions 3 cm et 8 cm. Ces deux faces sont parallèles.

**c.** ADHE a pour dimensions 3 cm et 6 cm, de même que BFGC.

**29** **a.** [FB], [FG], [FE]. Prises deux par deux, ces arêtes sont perpendiculaires.

**b.** Ce sont les faces EFBA et EFGH, elles sont perpendiculaires.

**30** **a.** Les faces perpendiculaires à la face ABCD sont : ABFE, BCGF, CDHG et ADHE.

**b.** Les arêtes parallèles à l'arête [AE] sont : [BF], [CG] et [DH]. Ces arêtes ont aussi la même longueur.

**31** *Échelle* : $\frac{1}{2}$

**a.**

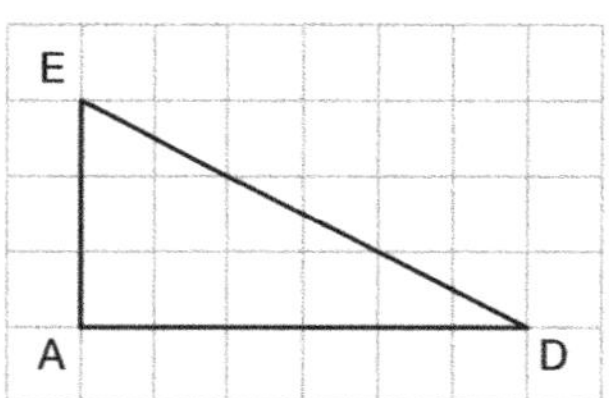


**b.**

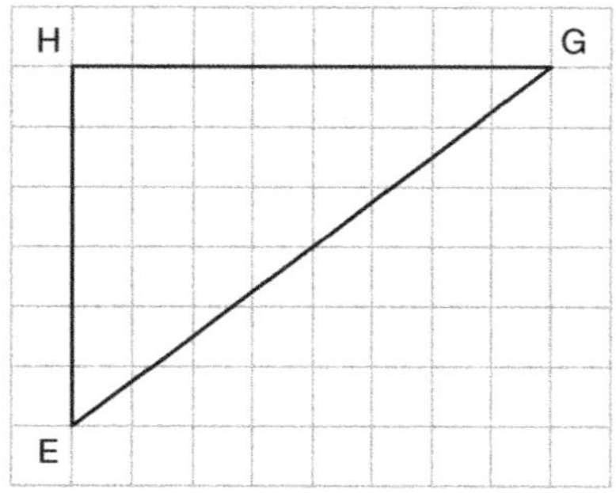


**c.**

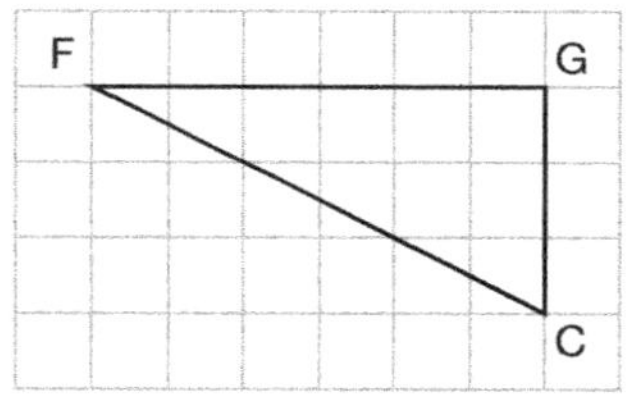


**32** **a.** Ces faces sont perpendiculaires deux à deux.
**b.** Il y aura 3 faces bleues.

**33**

**a.**

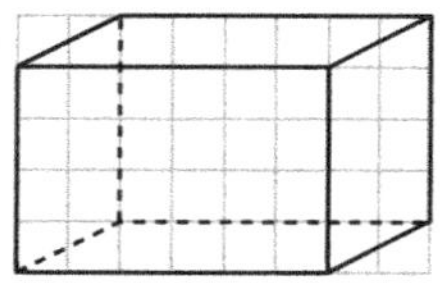

**b.**

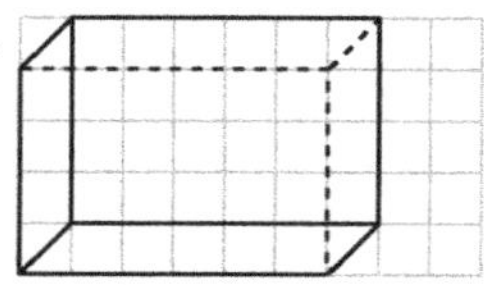

**34** **a.** et **b.** Ces figures ne sont pas en vraie grandeur.

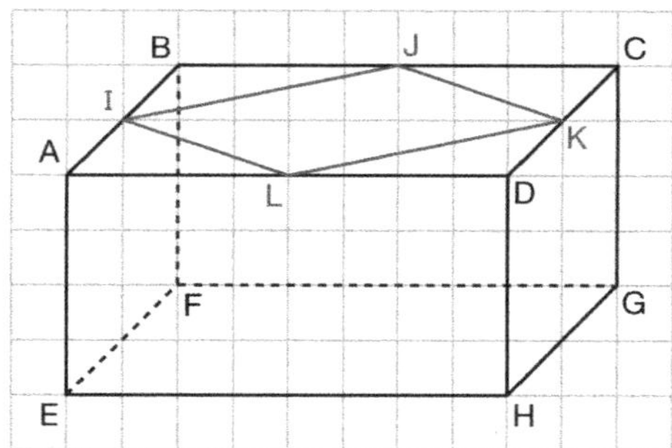


**c.**

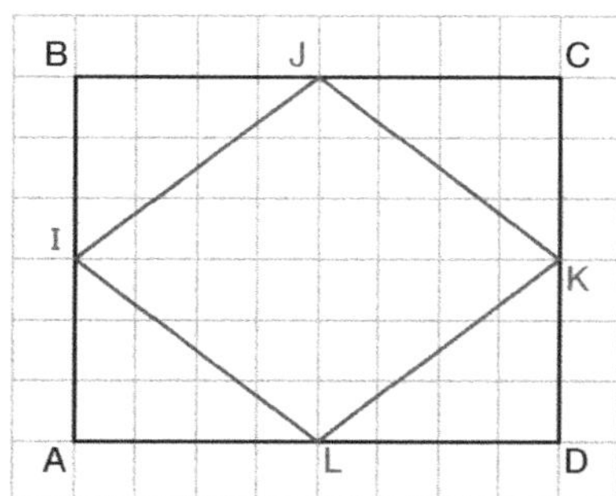

**35**

**a.**

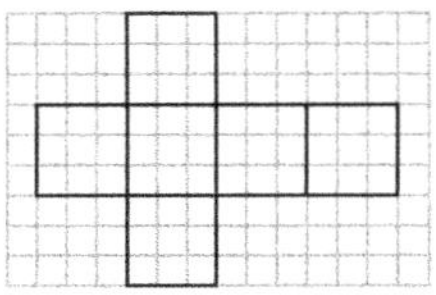

**b.**

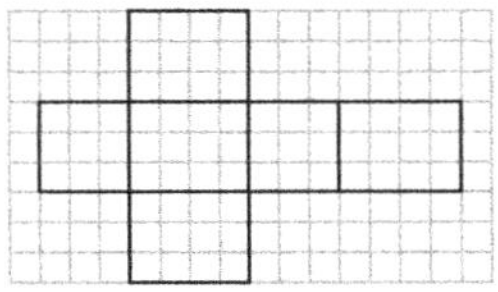

**36** **a.**

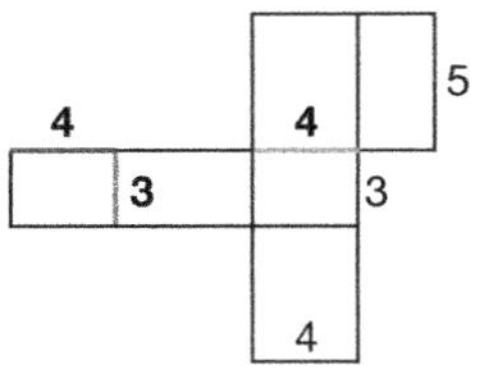


❶

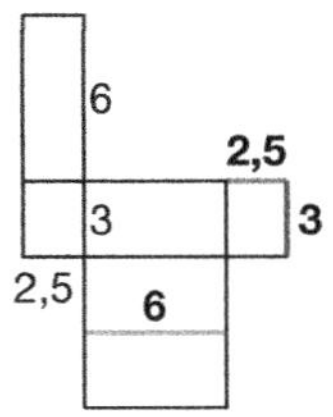


❷

**b.** et **c.** Patron du ❶ (*échelle* : $\frac{1}{2}$) :

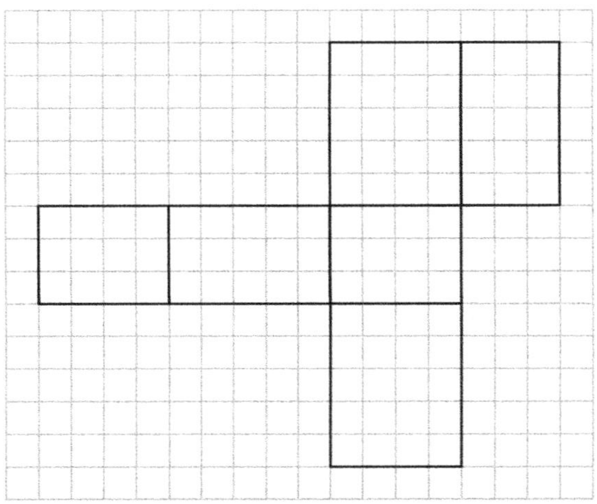

Patron du ❷ :

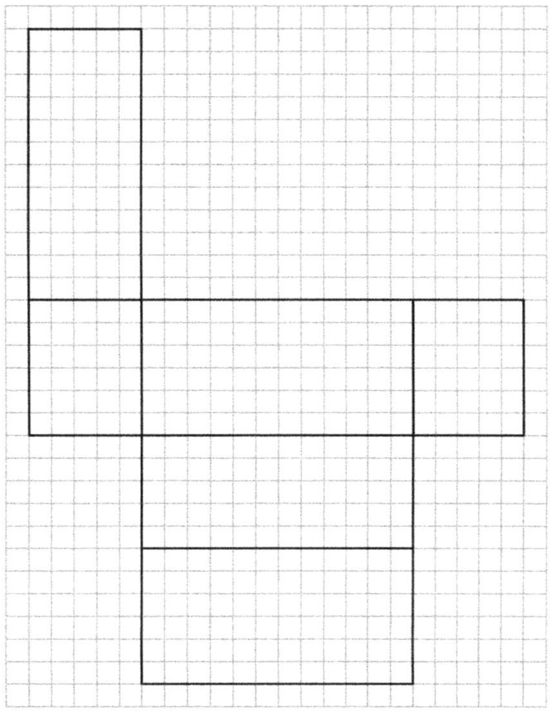

**37** Quand on va plier, les segments de dimensions 3 et 4 ne peuvent pas coïncider.

**38**

| | Nom | Nombre de faces | Forme des faces latérales | Nombre de sommets | Nombre d'arêtes |
|---|---|---|---|---|---|
| ❶ | pyramide | 4 | triangles | 4 | 6 |
| ❷ | prisme | 5 | rectangles | 6 | 9 |
| ❸ | pyramide | 5 | triangles | 5 | 8 |

**39**

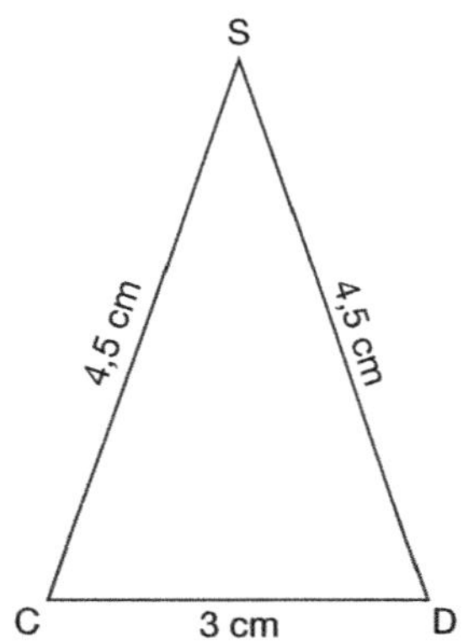


**40** **a.** Les quadrilatères sont des rectangles.

**b.** Les arêtes parallèles à l'arête [AF] sont : [BG], [CH], [DI], [EJ].

Ces arêtes sont de même longueur.

**41** **a.** L'arête de même longueur que [GH] est [BC]. Ces deux arêtes sont parallèles.
**b.** Les arêtes perpendiculaires à l'arête [ID] sont [IH], [IJ], [DE] et [DC].
**c.** Les faces perpendiculaires aux bases sont : ABGF, BCHG, CDIH, DEJI, AEJF.

**42**

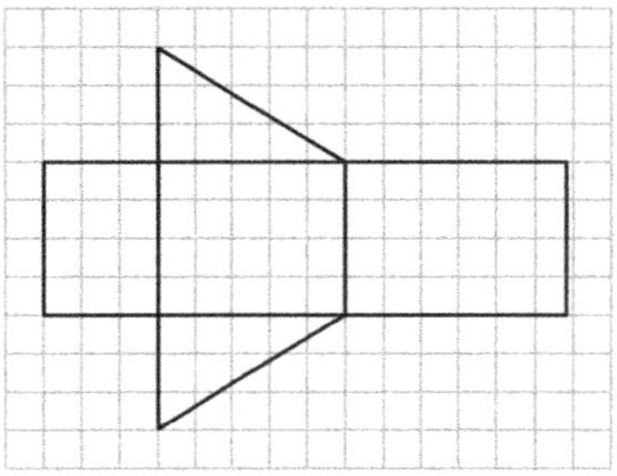

**43**

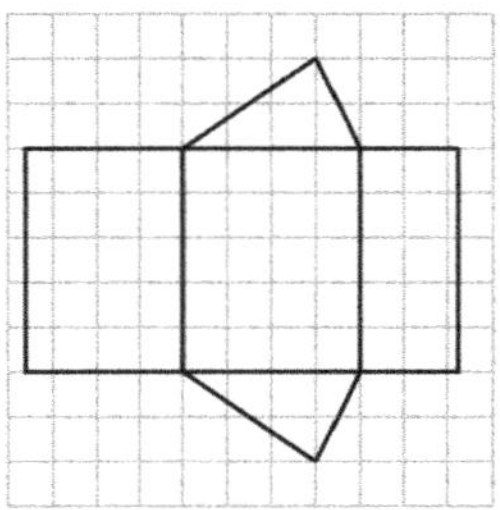

**44** En découpant la figure et en pliant, on obtient une pyramide régulière de sommet S et de base ABCD.

**45** La figure n'est pas en vraie grandeur.

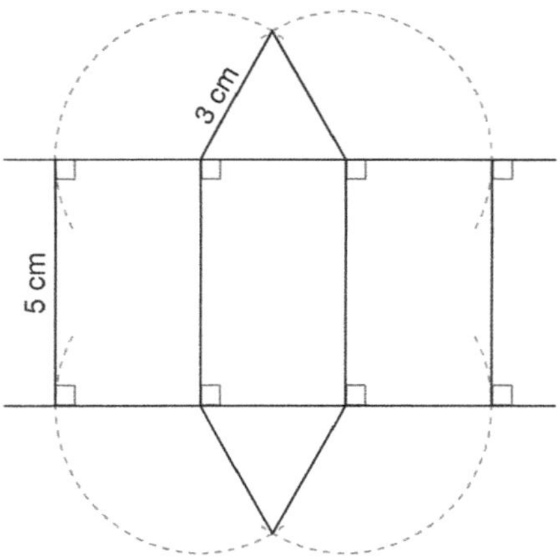


**46** **a.** Le solide Ⓑ n'a pas de patron, c'est une boule.
Ⓐ et Ⓒ sont des pyramides et Ⓓ est un prisme.
**b.** Le patron ❶ est celui de la pyramide Ⓒ, le patron ❷ est celui du prisme Ⓓ et le patron ❸ est celui de la pyramide Ⓐ.

**47** $2 \times (5 \times 8 + 5 \times 10 + 8 \times 10) = 2 \times 170 = 340$
340 cm$^2$

**48** 6 cm ; 0,8 m ; 70 mm

**49** La pyramide a 8 arêtes.
$7{,}2$ m : 8 = 0,9 m
$0{,}9^2 = 0{,}81$
L'aire de la base est 0,81 m$^2$.

**50** 50 cm : 5 cm = 10
Il y a 10 arêtes donc la base a 5 côtés.

## Je m'évalue à mi-parcours

**51** a. **52** b. **53** b. **54** a. **55** c.
**56** b. **57** b.

## Avec un logiciel

**58** Indication : la fenêtre de commande reste affichée après exécution des consignes. Cela permet de reprendre l'exécution pas à pas des consignes. Par exemple, en cas d'erreur pour les dernières consignes, il suffit de reprendre à vg.
Voici une solution :
vg ; crayon rouge
remplis carré 100
pvb 90 ; crayon bleu ; remplis carré 100
pvg 90 ; crayon vert ; remplis carré 100 ; av 100
pvb 90 ; crayon jaune ; remplis carré 100 ; av 100
pvb 90 ; crayon noir ; remplis carré 100
td 90 ; av 100 ; tg 90
tg 90 ; pvb 90 ; crayon bleu ; remplis carré 100

**59** L'exercice se fait entièrement sur GeoGebra.

## J'utilise mes compétences

**60** **a.**, **b.** et **c.**

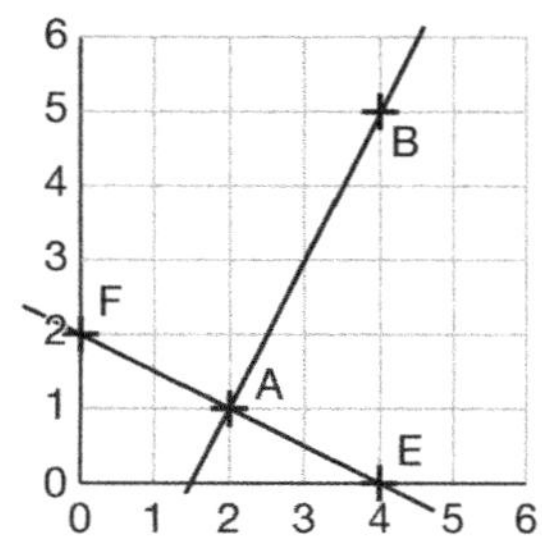


Les coordonnées du point E sont (4 ; 0).
Les coordonnées du point F sont (0 ; 2).

**61** **a. b. c.** Pour déterminer l'emplacement du point P, on construit la médiatrice du segment [BC]. Les points de cette médiatrice sont tous à égale distance des points B et C, il suffit de choisir celui qui est sur un nœud de quadrillage, à l'intérieur du triangle.

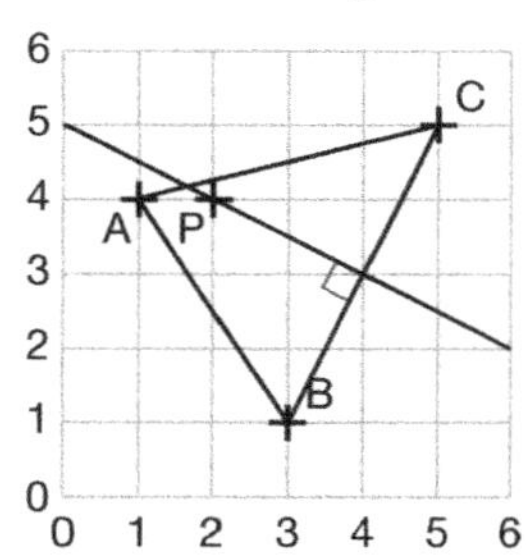

Les coordonnées du point P sont (2 ; 4).

**62**

| | | | |
|---|---|---|---|
| R | J | V | B |
| J | B | R | V |
| B | V | J | R |
| V | R | B | J |

**63** Ci-dessous une solution :

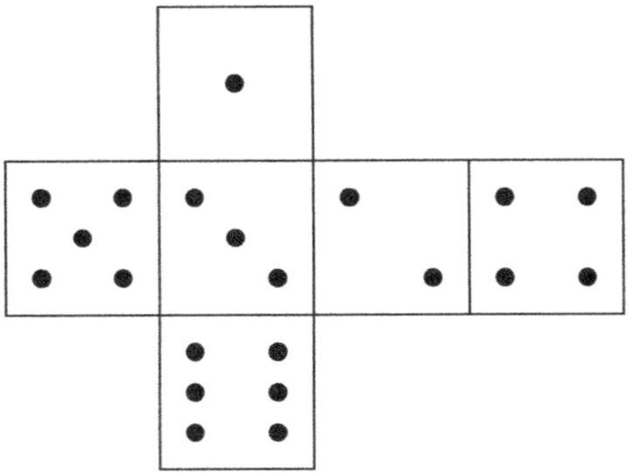

**64** **a.** Le périmètre du patron donné est 56 cm.

**b.** $2 \times 5{,}5 + 4 \times 4 + 8 \times 3 = 51$

Ci-dessous un patron de périmètre inférieur à 56 cm (*échelle* : $\frac{1}{2}$) :

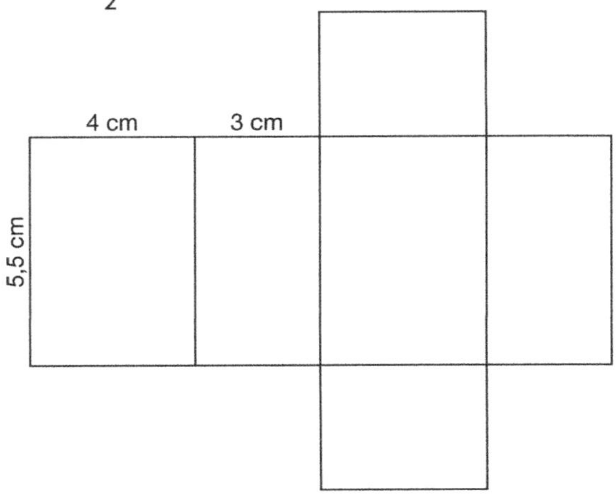


**65** Le 3e rectangle nécessaire est en gris sur le patron ci-dessous.

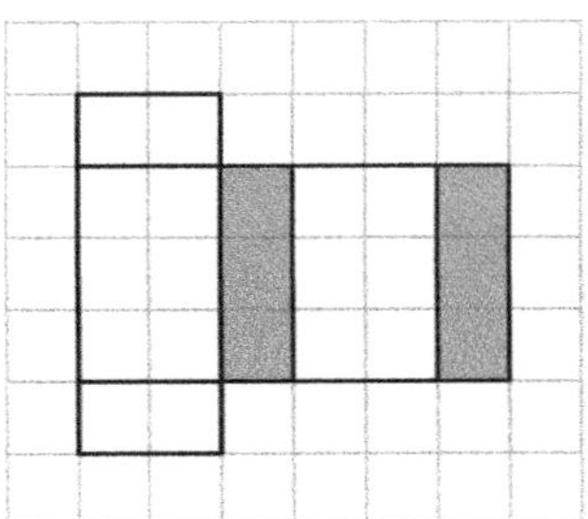

**66** **a.** La figure en vraie grandeur est telle que AB = 9 cm.

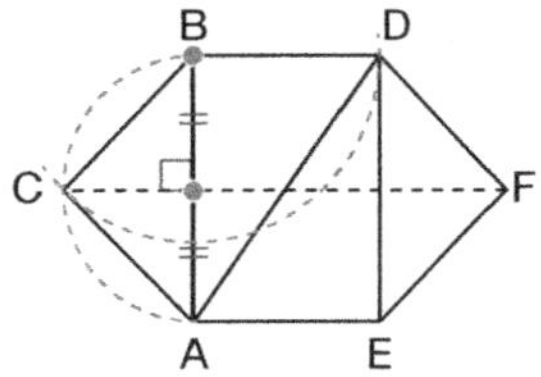


**b.** Le solide obtenu est une pyramide, non régulière. On peut la poser sur n'importe laquelle de ses faces triangulaires.

Chacune de ses faces est un triangle rectangle. Elle possède deux triangles rectangles isocèles (ABC et DEF) et deux triangles rectangles (les deux demi rectangles : ABD et ADE).

**67** **Traduction :**

*Alicia : « En reliant trois sommets d'un cube, je forme un triangle équilatéral. »*

*Cette affirmation est-elle vraie ou fausse ?*

*Illustrer avec une figure.*

**Réponse :**

C'est vrai.

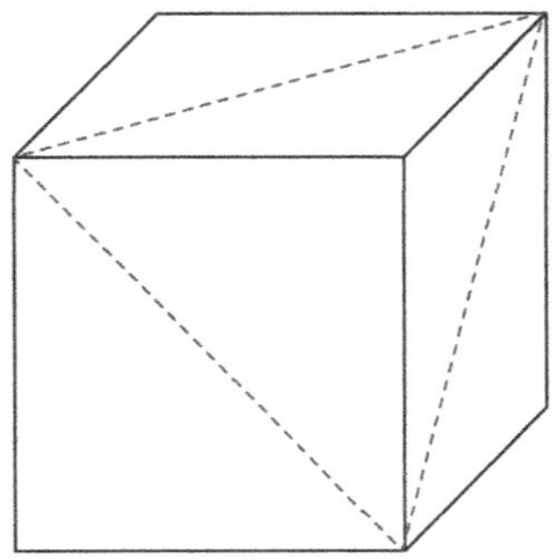

**68** Les 11 patrons du cube :

**69** **a.**

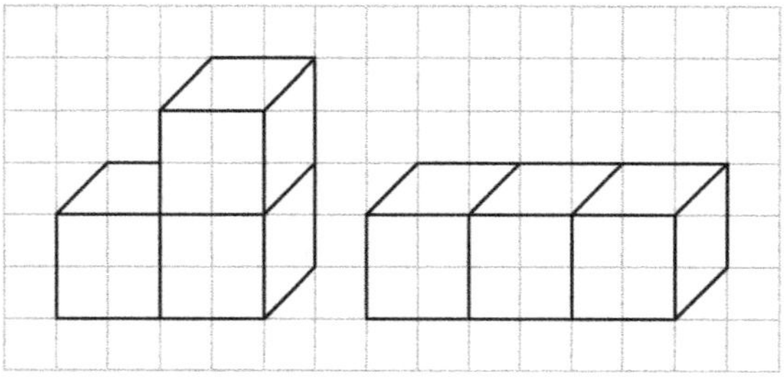

**b.**

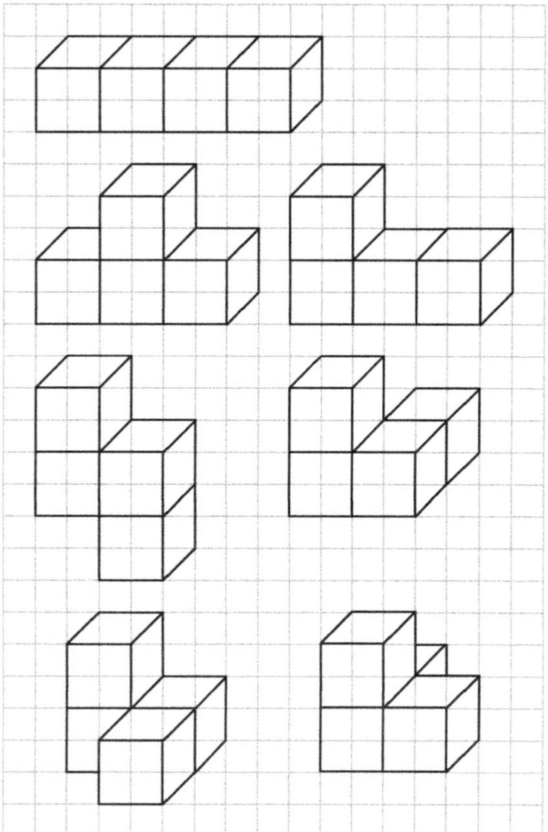

**70** **a.**

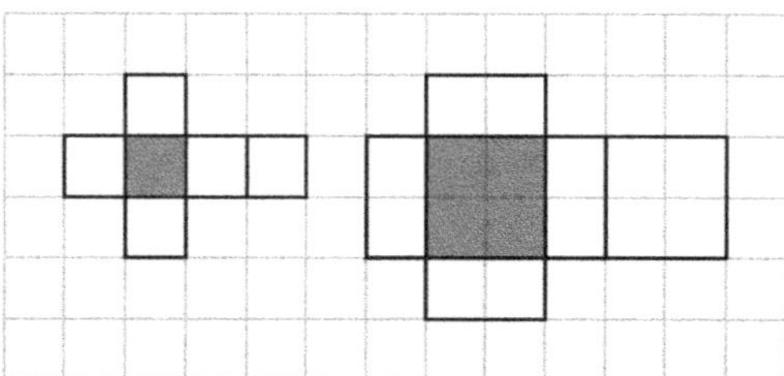

**b.** 3 petits cubes jaunes et 6 pavés bleus ont le même volume que 27 petits cubes.
Or, $27 = 3 \times 3 \times 3$, ce qui représente le volume d'un cube dont le côté mesure 3 petits cubes, soit 6 cm.

**c.** Assemblage des cubes et des pavés :

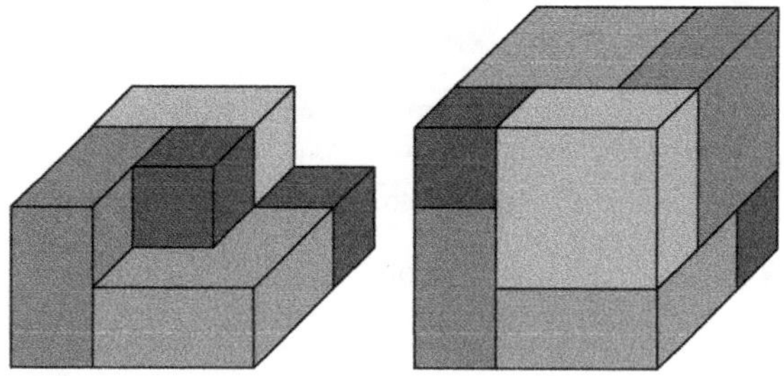

**71** **a.** On obtient 120 petits cubes : $6 \times 4 \times 5 = 120$.

**b.** 8 cubes ont trois faces peintes.

$16 + 8 + 12 = 36$

36 cubes ont deux faces peintes.

$12 \times 2 + 8 \times 2 + 6 \times 2 = 52$

52 cubes ont une face peinte.

$120 - 52 - 36 - 8 = 24$

24 cubes n'ont aucune face peinte.

**72**

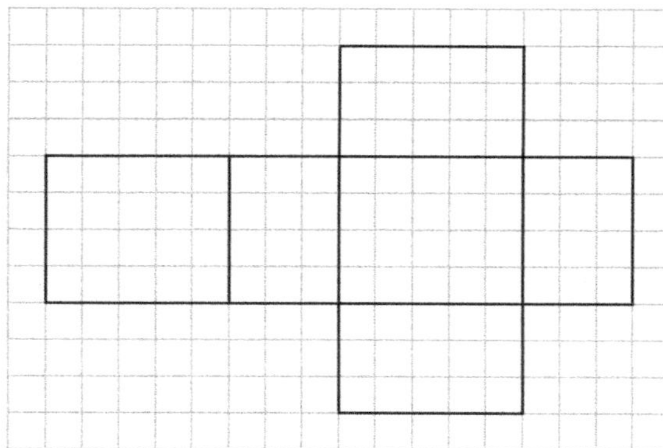

Les dimensions de la boîte sont : 5, 4 et 3.

**73** Afin de trouver le chemin le plus court, on construit le patron de la boîte que l'on met à plat pour tracer le chemin le plus court : c'est le segment [AM].

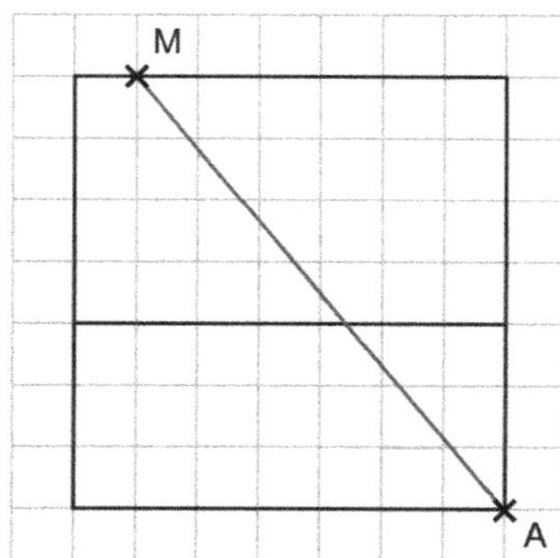

**74**

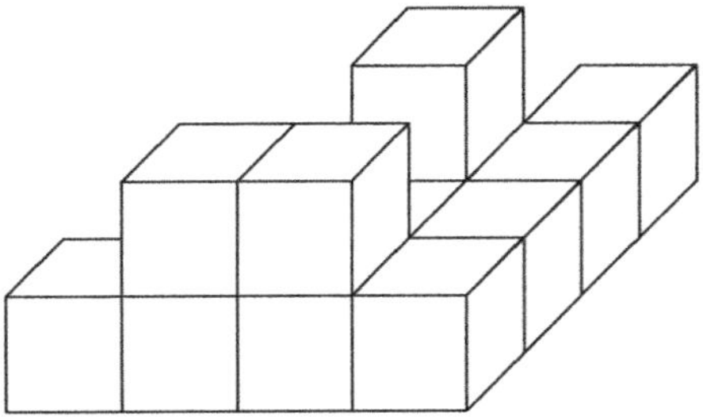

Cet assemblage compte 12 petits cubes.

**75** Le gros cube, avant les trous, est formé de 125 petits cubes.

Si Potter Mite commence à gauche, il va percer 4 trous, il enlève donc 4 fois 5 petits cubes.

125 – 20 = 105

Il reste alors 105 petits cubes.

Si Potter Mite passe à droite, il va encore percer 4 trous, mais pour chaque trou, il rencontre les 4 trous précédents, il manque donc 2 petits cubes, il n'enlève que 4 fois 3 petits cubes.

105 – 12 = 93

Il ne reste plus que 93 petits cubes.

Maintenant, Potter Mite va partir d'en haut. Pour chacun des trous, il n'y a plus que trois petits cubes, celui du haut, celui du milieu et celui du bas, donc :

93 – 12 = 81

Il reste 81 petits cubes après le passage de Potter Mite.

## Accompagnement personnalisé

**76** **a.** Vue de dessus :

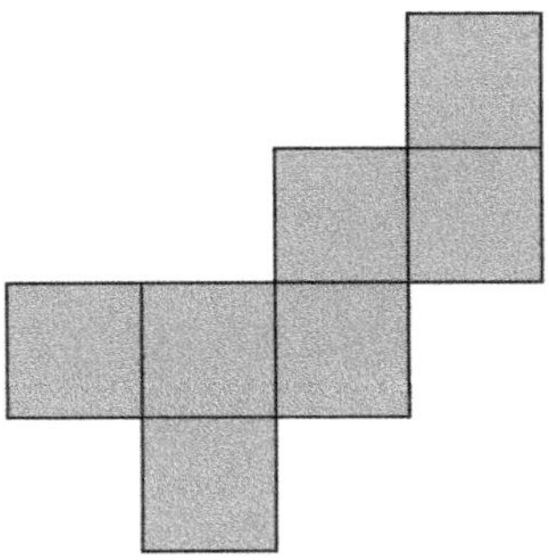

**b.** Vue de face :

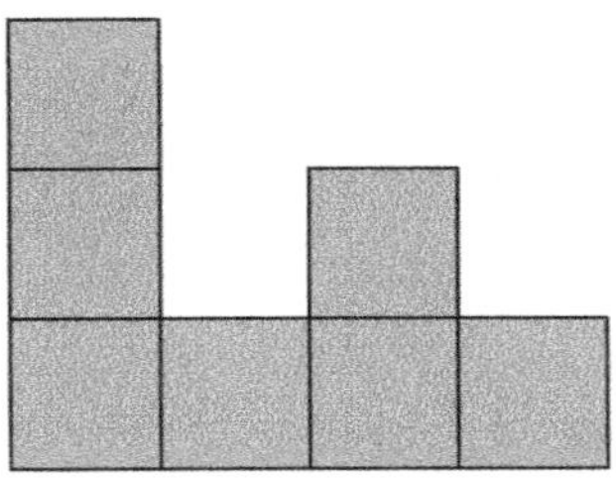

**77**

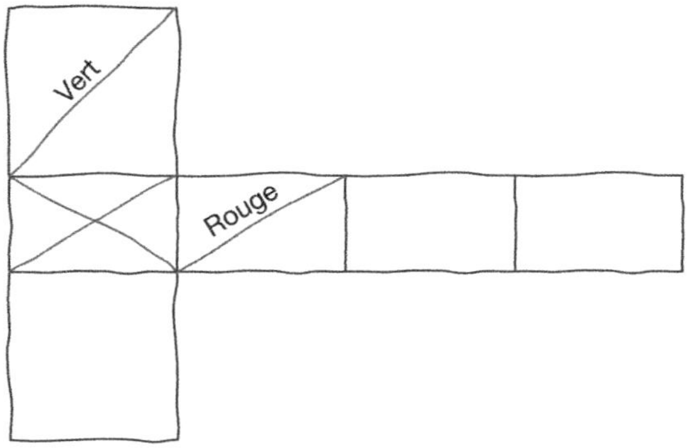


**78** Le cube ❹.

**79** Patron ❶ : une pyramide

Patron ❷ : une pyramide

Patron ❸ : un prisme

Patron ❹ : un prisme ou un pavé (parallélépipède rectangle)

**80** **a.**

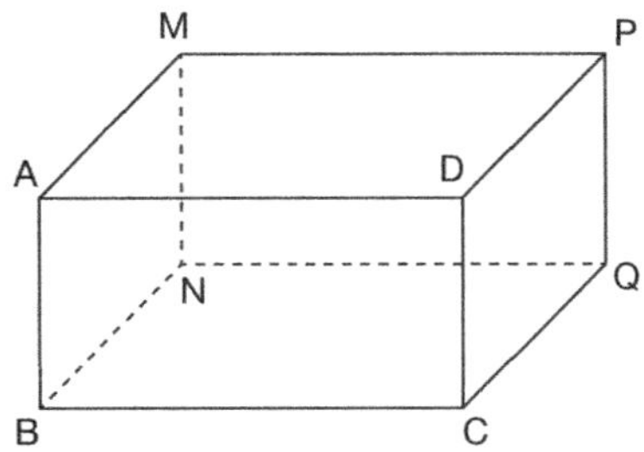


**b.** Les autres faces sont : ABNM, BCQN et ADPM.

**81** **a.** 4 × 7 m + 4 × 3 cm + 4 × 3 cm = 52 cm

La somme des longueurs des arêtes est 52 cm.

**b.** 52 cm : 4 = 13 cm

Il faut donc dessiner un carré de côté 13 cm.

**c.** En blanc restent les 3 « trous » carrés.

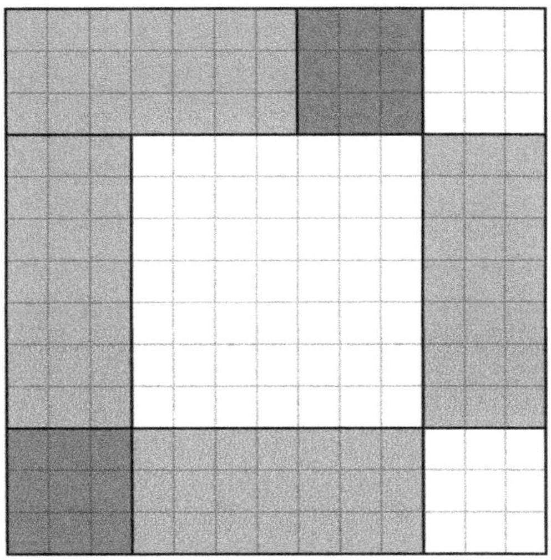

**82**

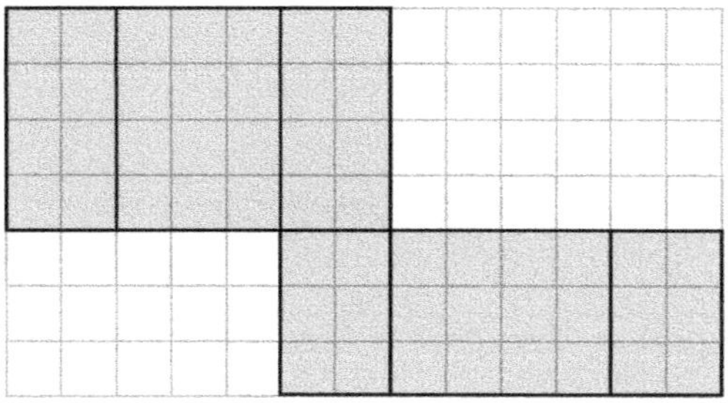

Si le patron est dessiné sur un papier quadrillé de 1 cm × 1 cm, on constate que la longueur est alors de 13 cm.

## Tâches complexes

**83** Quelques possibilités :

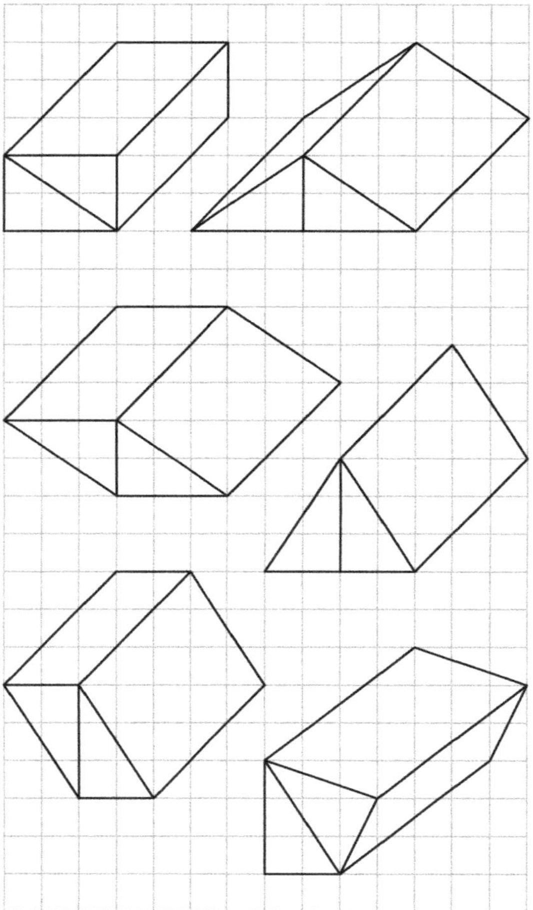

**84** Pour chacune des propositions, seules les aires des faces de la boîte sont calculées. Les languettes nécessaires pour la réalisation de la boîte ne sont pas prises en compte.

Les six canettes sont en une seule couche, ce qui donne une boîte de 5,8 cm de haut, 9,2 cm de large et 13,8 cm de long.

$(5{,}8 \times 9{,}2) \times 2 + (5{,}8 \times 13{,}8) \times 2 + (9{,}2 \times 13{,}8) \times 2 = 520{,}72$

Aire de carton : 520,72 cm$^2$

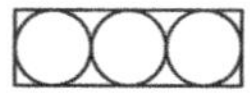

Les six canettes sont en deux couches de 3, ce qui donne une boîte de 11,6 cm de haut, 4,6 cm de large et 13,8 cm de long.

$(11{,}6 \times 4{,}6) \times 2 + (11{,}6 \times 13{,}8) \times 2 + (4{,}6 \times 13{,}8) \times 2 = 553{,}84$

Aire de carton : 553,84 cm$^2$

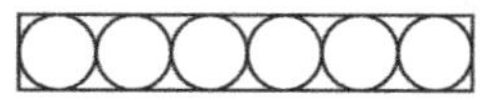

Les six canettes sont en une seule ligne, ce qui donne une boîte de 5,8 cm de haut, 4,6 cm de large et 27,6 cm de long.

$(5{,}8 \times 4{,}6) \times 2 + (5{,}8 \times 27{,}6) \times 2 + (4{,}6 \times 27{,}6) \times 2 = 627{,}44$

Aire de carton : 627,44 cm$^2$

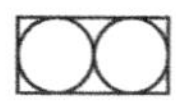

Les canettes sont en trois couches de 2 canettes, ce qui donne une boîte de 17,4 cm de haut, 4,6 cm de large et 9,2 cm de long.

$(17{,}4 \times 4{,}6) \times 2 + (17{,}4 \times 9{,}2) \times 2 + (4{,}6 \times 9{,}2) \times 2 = 564{,}88$

Aire de carton : 564,88 cm$^2$

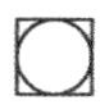

Les six canettes sont empilées, ce qui donne une boîte à base carrée de côté 4,6 cm et de 34,8 cm de haut.

$(4{,}6 \times 4{,}6) \times 2 + (4{,}6 \times 34{,}8) \times 4 = 682{,}64$

Aire de carton : 682,64 cm$^2$

D'après les calculs, c'est la première boîte qui utilise le moins de carton.

Pour se conforter dans ce choix, on peut remarquer que, très souvent, les canettes sont disposées par 6 de cette façon.

CHAPITRE 11

# Droites perpendiculaires, droites parallèles

## INTENTIONS PÉDAGOGIQUES

### ❶ Le point sur le cycle 3

● En CM1 et en CM2 :

– les élèves ont été familiarisés avec le vocabulaire : point, segment, droite, milieu, points alignés ; ce vocabulaire a été utilisé en situation.

Lorsque les points sont désignés par des lettres (ce peut être à partir du CM1), on aura veillé à toujours préciser explicitement l'objet dont on parle : « le point A », « le segment [AB] », « la droite (AB) », « le triangle ABC », etc. Mais aucune maîtrise n'est attendue, en particulier sur l'usage des crochets ou des parenthèses.

– Les élèves ont pu être habitués aux codages (longueurs égales, angle droit), dans le but de traduire et de communiquer des relations, des propriétés sur des tracés ;

– ils ont identifié des droites perpendiculaires, des droites parallèles au CM1, vérifié avec la règle et l'équerre que des droites sont perpendiculaires au CM1, vérifié avec la règle et l'équerre que des droites sont parallèles au CM2 ;

– ils ont appris à tracer une droite perpendiculaire à une droite donnée en CM1, une droite parallèle à une droite donnée en CM2 ;

– ils ont appris à prendre des informations sur un dessin à main levée, avec codages, ou dans un programme de construction ou dans une description.

● En 6e, on réinvestit toutes ces compétences, on les consolide et on les enrichit.

– Le vocabulaire et les notations ∈, [AB], (AB), AB sont introduits ou réactivés au fur et mesure de leur utilité. Les élèves découvrent ce qu'est une demi-droite ; ils utilisent une nouvelle dénomination pour une droite : droite (*d*).

– Les élèves apprennent à construire par un point donné, la perpendiculaire, la parallèle à une droite donnée ;

– Ils apprennent à faire le lien entre longueur d'un segment et distance entre deux points, à comprendre ce qu'est la distance d'un point à une droite, ce qu'est la distance entre deux droites parallèles ;

– Ils découvrent la médiatrice d'un segment, perpendiculaire à ce segment en son milieu.

### ❷ Je découvre

**Activité 1**

● Nous avons fait le choix de commencer cette activité par une situation en lien avec la réalité des élèves. Pour cela, nous avons choisi d'assimiler des joueurs de football à des points sur le terrain.

L'objectif de la question ❶ est de réactiver les objets géométriques « point », « droite », « points alignés ».

On peut faire remarquer – si on ne l'a pas fait lors du QCM « Vu au cycle 3 » – une représentation correcte d'un point (croix +) et sa notation.

Il est important qu'un élève prenne conscience que l'on ne peut se prononcer sur le fait que deux droites ont un point commun ou non qu'après avoir prolongé leur tracé. C'est à partir de ce type de questions que se forge l'idée qu'une droite est illimitée.

● Dans la question ❷, on réactive les objets géométriques « segment », « longueur d'un segment ».

L'objectif de cette question est d'introduire la notion de plus court chemin entre deux points et de faire le lien avec la longueur d'un segment.

On introduit à cette occasion la distance entre deux points.

● On peut profiter de cette activité pour revenir une nouvelle fois sur la différence entre les notations [MN] et (MN). On l'aura déjà fait lors du QCM « Vu au cycle 3 ». Il est clair qu'il faudra un certain nombre d'exercices associant vocabulaire et notations de ces objets pour que les élèves parviennent à les assimiler progressivement.

● Si l'on juge le moment venu, cette activité se prête bien à l'introduction des symboles ∈ (« appartient à ») et ∉ (« n'appartient pas à »).

**Activité 2**

Nous avons choisi de partager cette activité en quatre micro-activités. En effet, l'objectif est quadruple :

– réactiver la notion de « droites perpendiculaires » ;

– effectuer des tracés en utilisant règle et équerre ;

– introduire la distance d'un point à une droite ;

– découvrir l'objet géométrique « médiatrice d'un segment ».

● Dans la question ❶, les deux droites sont notées (*d*) et (*d'*) ; il faudra prendre le temps d'expliquer cette notation *a priori* nouvelle pour les élèves, si on n'a pas étudié le cours 1.

Il est vraisemblable, compte tenu de leurs acquis, que les élèves tracent les deux droites puis placent le point A. On pourra faire vérifier par un autre élève la figure faite par un élève afin de s'assurer de l'utilisation de l'équerre pour tracer et pour vérifier.

Cette question sera aussi l'occasion de réactiver le codage d'un angle droit.

Si l'on juge le moment venu, cette question se prête bien à l'introduction du symbole ⊥.

● Dans la question ❷, les deux droites sont notées ($d_1$) et ($d_2$) ; nouveau temps d'explication donc à prévoir.

Construire par un point donné la perpendiculaire à une droite donnée est théoriquement nouveau pour les élèves. Le tracé n'ira pas de soi. De nombreux élèves seront certainement maladroits dans la manipulation de leur équerre toute neuve, souvent bien grande... On sera amené à faire un travail utile sur les gestes à effectuer. On pourra à cette occasion utiliser le petit « film » présenté à l'exercice résolu 6 page 183 et conseiller, comme on invite les élèves à le faire, de commencer par repérer la position de la droite ($d_2$) en la matérialisant par un stylo.

• En question ❸, nous avons choisi de nous appuyer sur une situation concrète pour introduire la notion de plus court chemin entre un point et une droite.

Dans cette question, les élèves doivent comprendre que l'on matérialise un rocher, un cactus, un palmier ou un trésor par un point et que l'on propose un plan de la situation. Si l'emplacement du trésor n'est pas trouvé, on peut faire appel à ce que les élèves ont appris en éducation à la sécurité routière : si un piéton envisage de traverser une rue, il est recommandé de la traverser perpendiculairement au trottoir et non « en biais ».

La longueur de ce plus court chemin est appelée distance du point à la droite.

• Dans la question ❹, on commence par réactiver la notion de milieu d'un segment. Il sera sans doute opportun de laisser un peu de temps aux élèves pour mesurer la longueur de leur segment, calculer la moitié de cette longueur et placer le milieu. Le choix de la longueur du segment est volontairement laissé à l'élève, ce qui permet d'avoir un échantillon varié dans la classe.

On réinvestit le tracé de la perpendiculaire à une droite donnée passant par un point donné, ce point appartenant cette fois à la droite.

On définit alors la médiatrice du segment.

Il sera intéressant de faire coder la figure en utilisant le codage de l'angle droit et en réactivant les codages indiquant une égalité de longueurs.

### Activité 3

L'objectif de cette activité est double :

– réactiver la reconnaissance de droites parallèles ;

– construire par un point donné la parallèle à une droite donnée.

• Dans la question ❶, les élèves vont pouvoir identifier les droites (*d*) et (*d'*) comme étant parallèles.

On pourra établir la propriété : « Deux droites perpendiculaires à la même droite sont parallèles. »

• Construire par un point donné la parallèle à une droite donnée est l'objectif de la question ❷, construction *a priori* nouvelle pour les élèves. On pourra conseiller de commencer par repérer la position de la droite ($d_2$) en la matérialisant par un stylo puis faire utiliser les gestes de la question ❶.

Si l'on juge le moment venu, cette activité se prête bien à l'introduction du symbole //.

## ❸ J'apprends et j'applique le cours

### J'apprends le cours

• Suite à l'activité 1, on peut étudier le cours 1. Point, segment, droite, demi-droite.

Dans la partie A, on s'arrêtera en particulier sur :

– « deux points distincts », vocabulaire non connu des élèves ;

– la notation (*d*) pour une droite, *a priori* inconnue des élèves ;

– l'objet géométrique « demi-droite » également non connu des élèves.

On pourra revenir sur le rôle d'un crochet et sur celui d'une parenthèse.

Une illustration susceptible d'aider les élèves se trouve page 194, après l'exercice 85.

À noter que l'on n'introduit pas la notation [A*x*) pour une demi-droite dans ce chapitre. Ce sera fait au chapitre 7. En effet, ce n'est que pour désigner le côté de certains angles que cette notation trouve son utilité.

• Suite à l'activité 2, on peut étudier le cours 2. Droites perpendiculaires.

On en profitera pour introduire la notion de droites sécantes, le vocabulaire « point d'intersection » et l'expression « sécantes en... ».

• Suite à l'activité 3, on peut étudier le cours 3. Droites parallèles. On peut reporter l'étude de la 2e propriété (partie C) pour une séance ultérieure.

### Exercice résolu 1

Dans cet exercice, l'objectif est de comprendre le vocabulaire et les notations concernant les segments, les droites et les demi-droites et de travailler l'alignement et l'appartenance, conformément au programme.

C'est à travers des questions de ce type que l'idée de droite qui se prolonge indéfiniment va s'imprégner petit à petit dans l'esprit des élèves. C'est certainement l'un des réflexes les plus importants à acquérir en ce début d'année, en géométrie.

À noter que dans cet exercice, comme dans les exercices « Sur le même modèle » 2 à 5, on parle de « point commun » à deux droites, à deux segments, et pas de « point d'intersection ». Ainsi, ces exercices peuvent être proposés de très bonne heure dans ce chapitre, sans attendre d'avoir introduit la notion de droites sécantes.

### Exercice résolu 6

Dans cet exercice, l'objectif est de tracer la perpendiculaire à une droite donnée et passant par un point donné. On veillera à ce que l'équerre soit correctement placée ; en particulier, on insistera pour que le sommet de l'angle droit de l'équerre soit positionné sur la droite donnée.

Dans les exercices « Sur le même modèle » 7 à 10, le point donné appartient ou non à la droite donnée. Il est parfois nécessaire de prolonger le trait de cette droite donnée pour pouvoir poser l'équerre.

### Exercice résolu 11

Dans cet exercice, l'objectif est de tracer la parallèle à une droite donnée et passant par un point donné.

Conformément au programme, on établit le lien avec la propriété reliant droites parallèles et perpendiculaires.

À noter que la méthode décrite dans cet exercice résolu est la méthode experte. On pourra transitoirement adopter une méthode où figure la perpendiculaire commune aux deux droites parallèles. Un inconvénient de la présence de cette droite est l'abondance de droites sur la figure dès qu'on doit tracer plusieurs parallèles.

## 4 Compléments

### Point, segment, droite, demi-droite

Dans les exercices de la rubrique Je m'entraîne, on trouvera des exercices pour :
- ancrer la compréhension du vocabulaire et des notations ;
- utiliser ce vocabulaire ;
- affermir la compréhension et l'utilisation des symboles $\in$ et $\notin$ ;
- travailler sur des situations de la vie courante ;
- favoriser la mise en place de la notion de droite illimitée et la distinction entre droite et segment.

Les exercices 16 et 17 de la rubrique À l'oral permettent de réfléchir ensemble à des erreurs fréquentes.

Les quatre exercices de la rubrique Calcul mental portent sur des calculs de distances entre points, entre point et droite, entre droites parallèles.

Les exercices 26 à 28 de Je m'entraîne permettent de travailler sur les objets géométriques « segment », « droite » et « demi-droite ».

Les exercices 29 à 31 portent sur des situations d'alignement.

À partir de l'exercice 32 et jusqu'à l'exercice 38, on travaille sur la distance entre deux points (mesurage, longueur d'un segment, notation AB, milieu d'un segment).

### Droites perpendiculaires

L'exercice 20 de la rubrique À l'oral permet de faire passer le message qu'on est sûr de la perpendicularité de deux droites seulement dans le cas où un angle droit est codé.

Dans les exercices 40 à 42 de Je m'entraîne, les élèves sont amenés à tracer des segments ou des droites perpendiculaires à des droites données et passant par des points donnés.

Les exercices 43 à 45 portent sur la distance d'un point à une droite et les exercices 46 à 48 sur la médiatrice d'un segment.

### Droites parallèles

Dans les exercices 49 et 50 de Je m'entraîne, les élèves sont amenés à tracer des droites parallèles à des droites données et passant par un point donné.

Dans les exercices 51 et 52, les élèves construisent droites perpendiculaires et droites parallèles à des droites données et passant par des points donnés. La construction de ces deux types de droites sur la même figure nécessite lecture attentive de l'énoncé et réflexion.

### Avec un logiciel

*A priori*, les élèves ont été familiarisés à l'école primaire avec des logiciels de géométrie dynamique. Il s'agit ici de permettre aux élèves de réactiver leurs compétences tout en prenant le temps de passer en revue les fonctionnalités de base du logiciel GeoGebra (on allègera dans les chapitres suivants la description des boutons déjà utilisés).

On en profite pour aborder la notion de droites parallèles confondues.

### J'utilise mes compétences

En 6$^e$, les élèves sont encore impressionnés par ce qu'ils voient sur une figure. Il est donc nécessaire d'énoncer clairement les « règles du jeu géométrique » : on passe progressivement de « ce qu'on voit sur la figure » à une géométrie où les objets et leurs propriétés sont contrôlés par recours aux instruments, par l'explicitation de propriétés (CM1-CM2) puis à une géométrie où on utilise les données de l'énoncé et les définitions et propriétés énoncées en cours.

Ces nouvelles habitudes ne vont pas se mettre en place d'elles-mêmes du jour au lendemain. C'est un travail de longue haleine, qui va évidemment se poursuivre au cycle 4. Néanmoins, ce n'est qu'en faisant comprendre que les « règles du jeu » ont changé et en les explicitant que les élèves en prendront conscience.

Plusieurs exercices portent sur des programmes de construction : lire un programme et réaliser une figure (exercices 69 et 74), organiser un programme de construction (exercice 76), compléter un programme de construction (exercice 70).

Les exercices 75, 77, 79 à 81, 89 permettent d'utiliser les propriétés reliant droites parallèles et perpendiculaires, mais la plupart ne portent pas uniquement sur ces propriétés.

### Tâches complexes

- L'exercice 91 permet de s'appuyer sur une situation concrète pour travailler sur des problèmes d'alignement.

Pour répondre à la question posée, les élèves devront se souvenir de ce qu'est une vitesse constante (notion étudiée en CM2 dans le cadre de la proportionnalité). Ils seront amenés à reporter une longueur plusieurs fois sur une droite, ce qu'ils ont appris à faire au cours des premières années du cycle 3.

- L'exercice 92, si on le souhaite, peut être envisagé en travail de groupe pour permettre aux élèves d'échanger lors de la lecture et de la gestion des nombreuses informations fournies par le document 1.

On veillera cependant à ce que chaque membre du groupe effectue les tracés indiqués.

La mise en scène de cette tâche peut motiver les élèves différemment d'un programme de construction.

## CORRIGÉS

### Vu au cycle 3

**1. a.**, **b.** et **c.** **2. b.** **3. b.** et **c.** **4. b.** et **c.** **5. a.** et **c.**

## Je découvre

### Activité 1

**1** **a.** Pour que la position d'un joueur soit alignée avec A et D ainsi qu'avec B et C, il faut qu'elle appartienne aux deux droites (AD) et (BC).

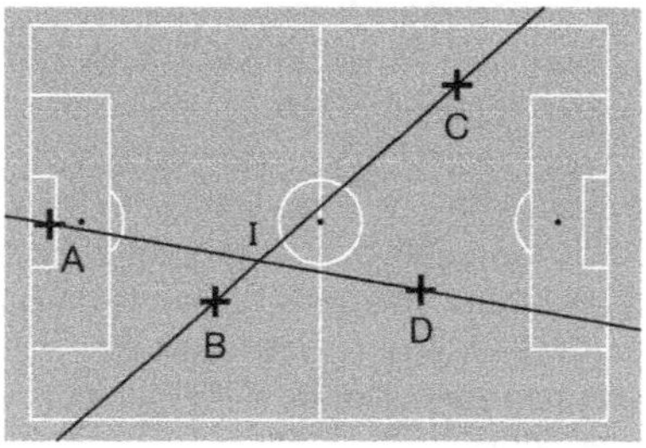


**b.** La position de ce joueur appartient aux droites (AB) et (CD).

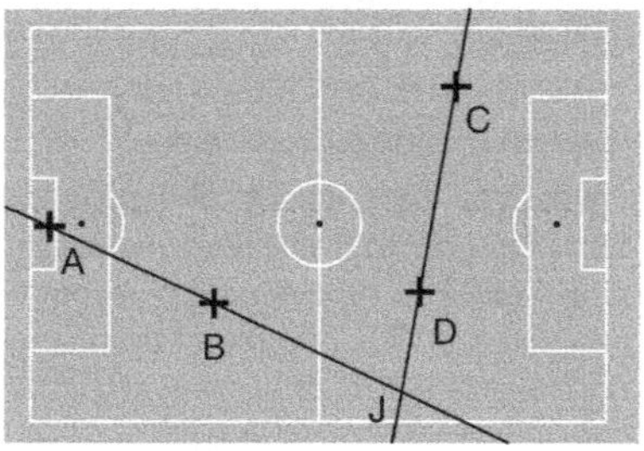


**2** **a. b.** Exemple de réponse :

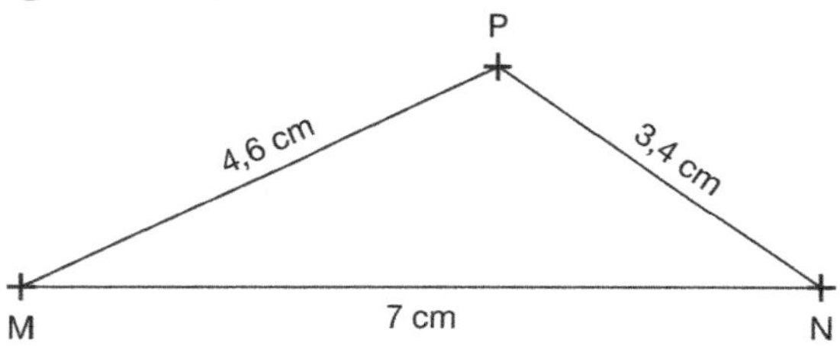


**c.** Exemple de réponse :
4,6 cm + 3,4 cm = 8 cm
Le trajet de M à N en passant par P mesure 8 cm.

**d.** La longueur du plus court chemin entre les points M et N, c'est-à-dire la distance entre les points M et N, est la longueur du segment [MN], c'est-à-dire 7 cm.

### Activité 2

**1** Les droites (*d*) et (*d'*) sont perpendiculaires.

**2**

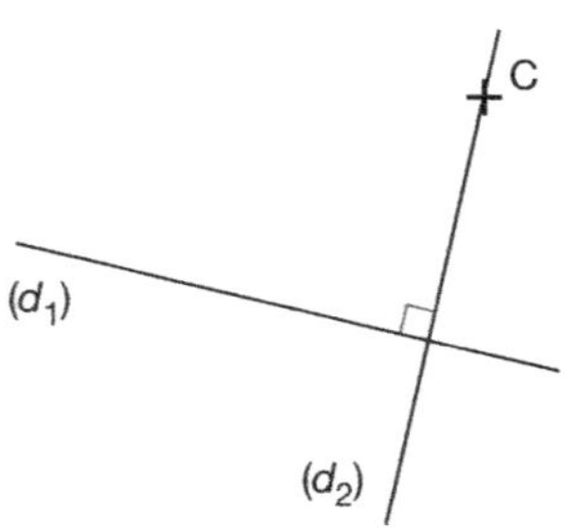


**3** **a.** D'après l'énoncé :
- « Le trésor T est aligné avec le cactus C et le palmier P », donc le trésor T appartient à la droite (CP).
- « Le chemin du rocher R au trésor est le plus court possible ». Par conséquent, on trace la droite perpendiculaire à la droite (CP) qui passe par R.

Conclusion : le trésor T est le point commun aux deux droites.

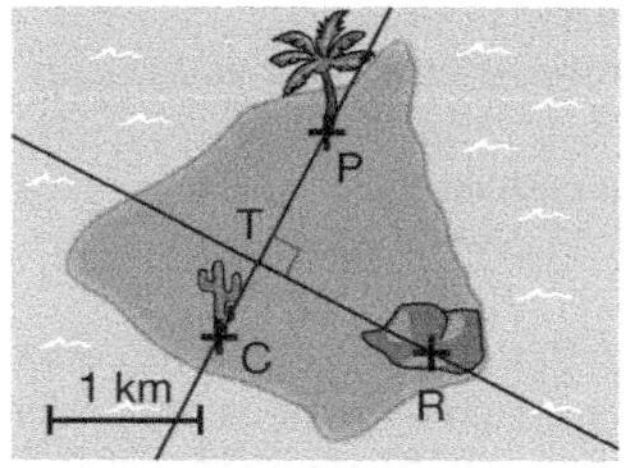


**b.** La distance du point R à la droite (CP) est la longueur du plus court chemin du point R à la droite (CP) ; c'est donc la distance du point R au point T.
Sur le manuel grand format, d'après l'échelle indiquée sur la carte, un segment de longueur 1 cm représente une distance de 1 km dans la réalité. On mesure le segment [RT] : sa longueur est proche de 1,2 cm, donc dans la réalité, la distance du point R à la droite (CP) est proche de 1,2 km.

**4** **a.** Voici un segment [AB] et son milieu M.

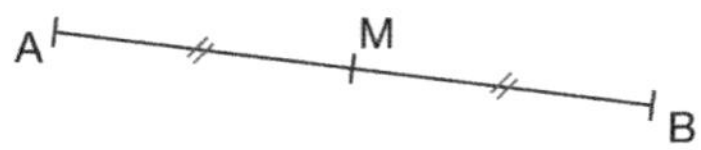


**b.** La droite *(d)* est la médiatrice du segment [AB].

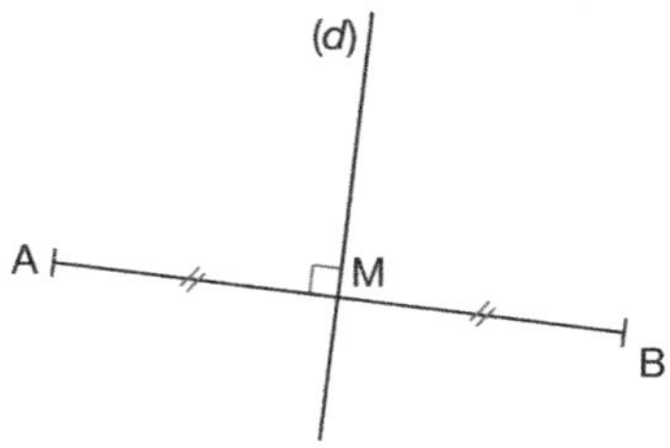


### Activité 3

**1** **a.** et **b.**

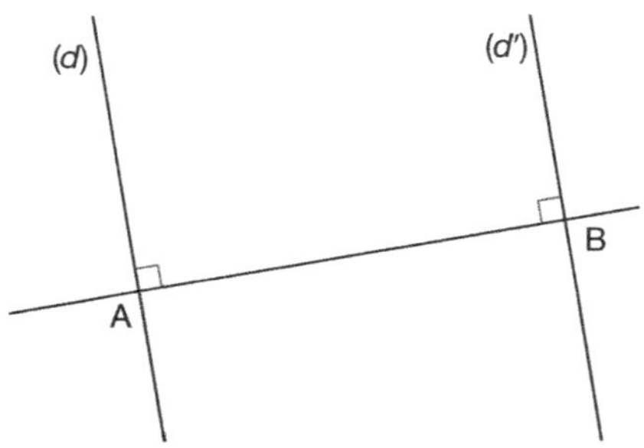


Les droites (*d*) et (*d'*) sont parallèles.

**2** **a.** et **b.** On peut tracer la droite perpendiculaire à la droite $(d_1)$ qui passe par le point M, puis la droite $(d_2)$ perpendiculaire à cette droite qui passe par le point M. Alors les droites ($d_1$) et ($d_2$) sont parallèles.

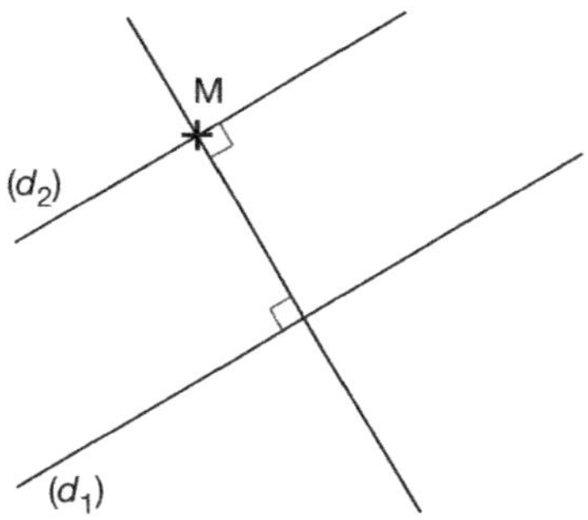


## J'applique le cours

**2** **b.** Les segments [MT] et [SN] se coupent au point P.
**c.** Les droites (MN) et (ST) se coupent au point R.

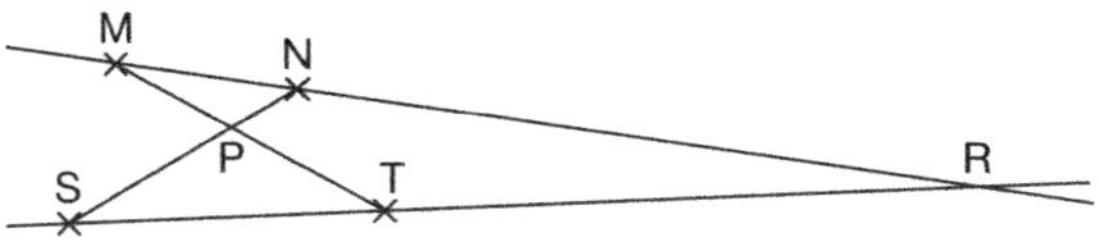


**3** **b.** Les segments [LO] et [PU] ne se coupent pas.
**c.** Les demi-droites [PL) et [UO) se coupent au point T.

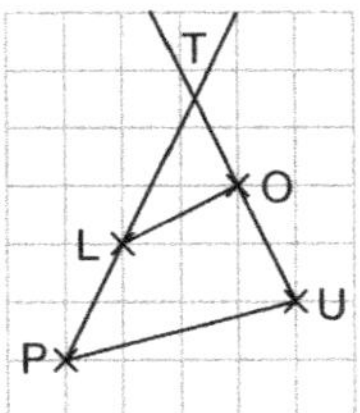


**4** **a.** Ilyes se trompe : les droites (UV) et (EF) se coupent en un point A. Elles ne semblent pas parallèles. On peut les prolonger.
**b.** Voici la figure obtenue.

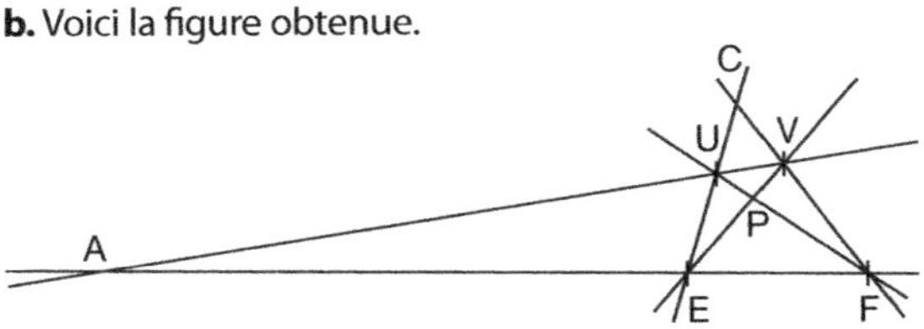


**5** Voici la figure obtenue.

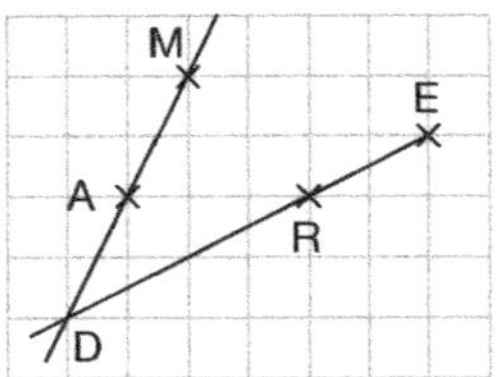


**7** **2.** Voici la figure obtenue.

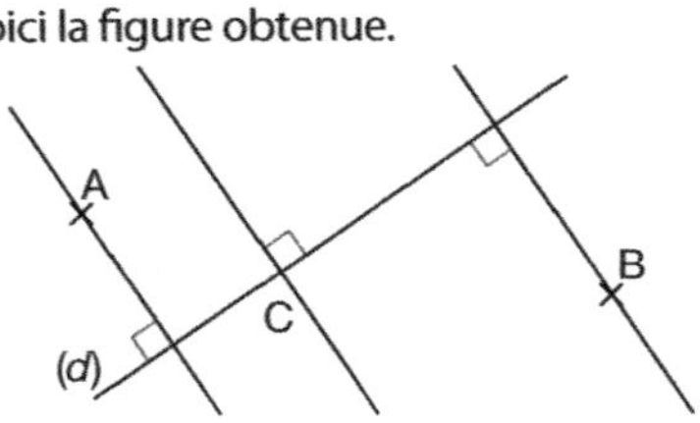


Remarque : Pour le tracé de la perpendiculaire à la droite (*d*) passant par B, on doit prolonger le tracé de la droite (*d*).

**8** **a.**

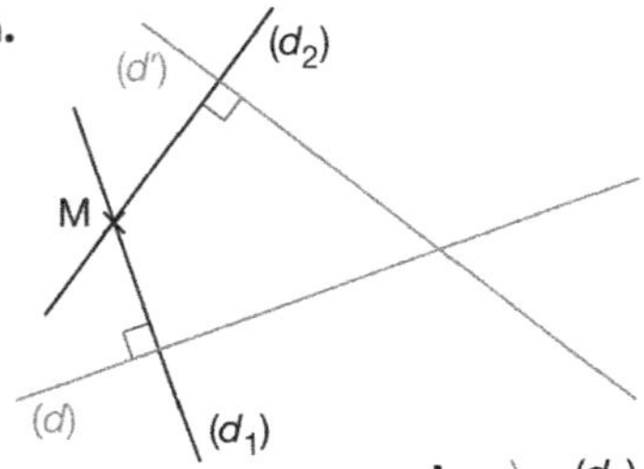


**b.**

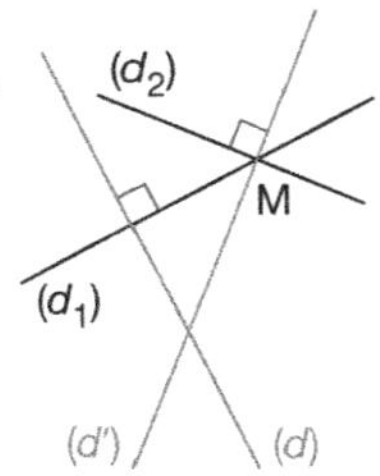


**9** Voici les trois passages.

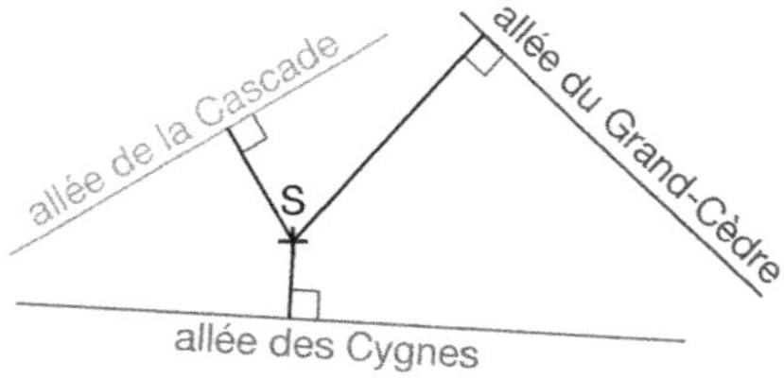


**10** **a.** et **b.** Voici la figure obtenue.

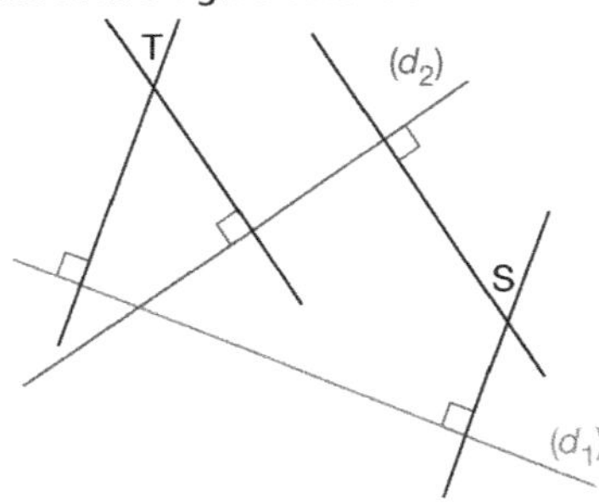


**12** **a.**

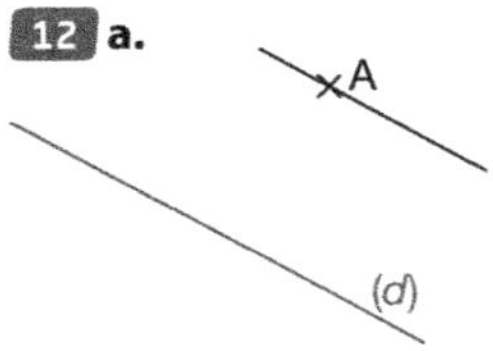


**b.**

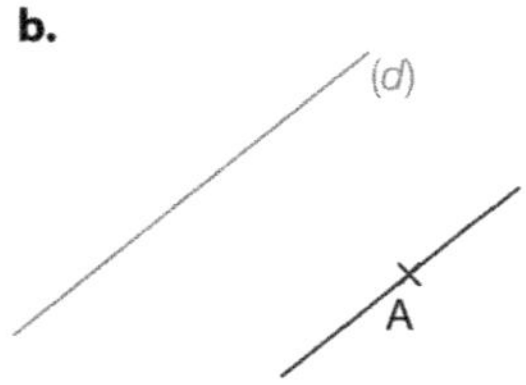


**13** **a.**

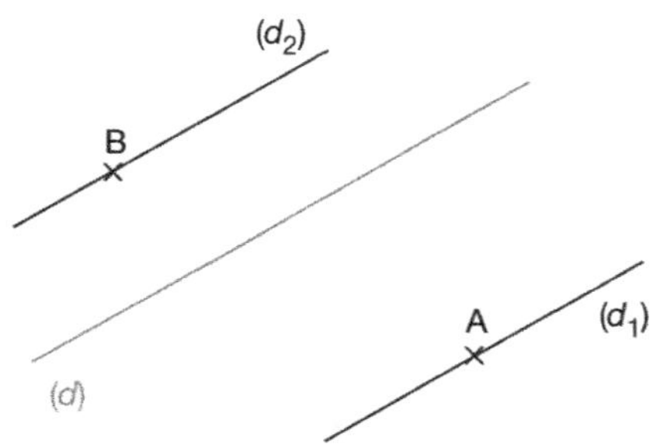

**b.** Les droites $(d_1)$ et $(d_2)$ sont parallèles.

**14**

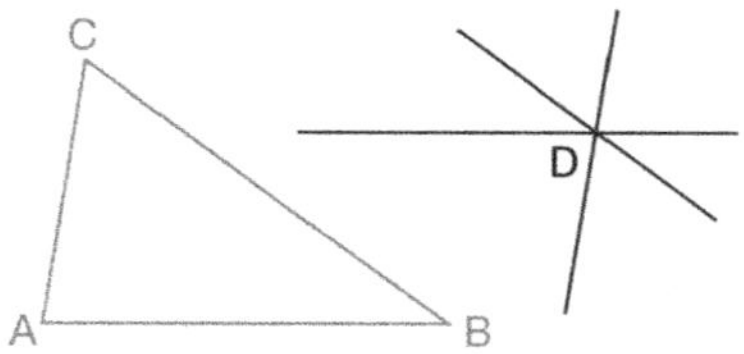


**15** Nour part de D, court sur le chemin [DI] puis sur le chemin [IA] ; elle arrive ainsi en A.

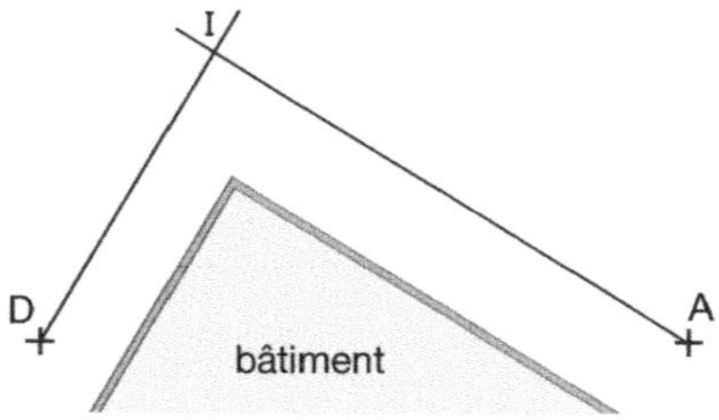


## À l'oral

**16** Alexia a placé deux points A sur sa figure. Or, sur une même figure, il ne peut y avoir deux points portant le même nom. Elle aurait dû utiliser le même point A pour tracer les segments [AB] et [AC]. Elle aurait alors obtenu la figure ci-dessous.

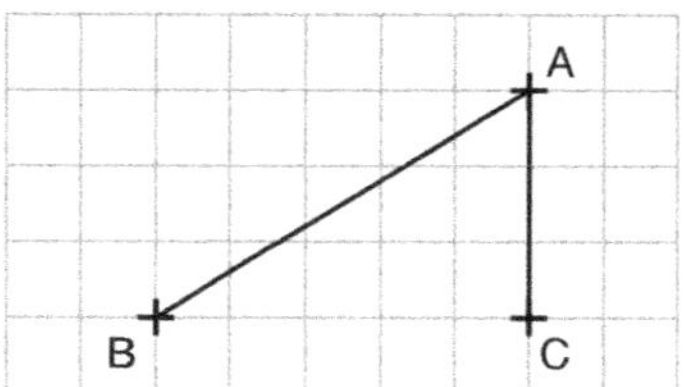


**17** Selma a raison car le point T appartient au segment [AH]. Les points A, T et H sont donc alignés.

**18** **a.** L'affirmation est fausse.

**b.** « Le point O appartient au segment d'extrémités A et B. » L'affirmation est vraie.

**c.** « Le point O appartient à la demi-droite d'origine D passant par le point C. »
L'affirmation est fausse.

**d.** L'affirmation est vraie.

**e.** L'affirmation est vraie.

**19** **a.** La droite (*d*) peut aussi être nommée (AD), (DA), (AB), (BA), (DB) ou (BD).

**b.** La droite (*d'*) peut être nommée (EC), (CE), (EB), (BE), (CB) ou (BC).

**20** C'est Arthur qui a raison, car pour la figure ❶, le codage de l'angle droit n'est pas marqué.

**21** **a.** La médiatrice (*d*) du segment [AB] est correctement tracée sur la figure ❷. En effet, la droite (*d*) passe par le milieu du segment [AB] et est perpendiculaire à (AB).

**b.** Sur la figure ❶, la droite (*d*) n'est pas perpendiculaire à la droite (AB).
Sur la figure ❸, la droite (*d*) ne passe pas par le milieu du segment [AB].

## Calcul mental

**22** **a.** La distance entre les points F et R est 2 cm.

**b.** La distance entre les points A et O est 1,5 cm.

**23** **1.** M est le milieu du segment [AB], donc :
AM = AB : 2
**a.** AM = 7 cm : 2 = 3,5 cm
**b.** AM = 8,4 cm : 2 = 4,2 cm
**c.** AM = 6,5 cm : 2 = 3,25 cm

**2.** M est le milieu du segment [AB], donc :
AB = AM × 2 = MB × 2
**a.** AB = 3,4 cm × 2 = 6,8 cm
**b.** AB = 7,5 cm × 2 = 15 cm
**c.** AB = 0,8 cm × 2 = 1,6 cm

**24** **a.** • La distance entre le point A et la droite (*d*) est la distance entre les points A et C, c'est-à-dire 1 cm.

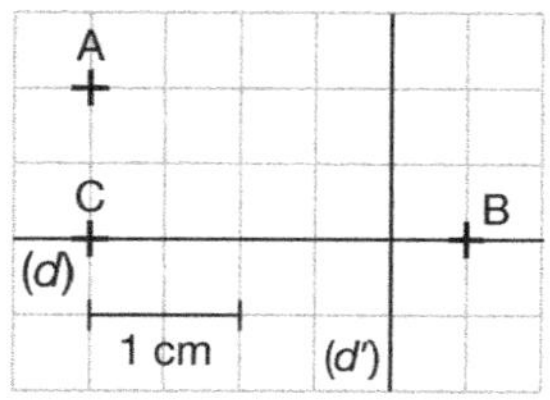


• La distance entre le point A et la droite (*d'*) est la distance entre les points A et D, c'est-à-dire 2 cm.

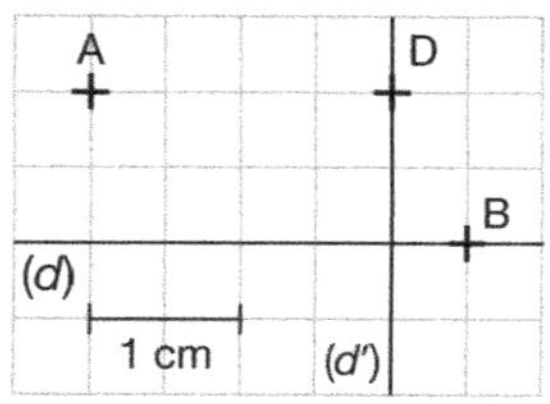


**b.** • La distance entre le point B et la droite (*d*) est 0 car le point B appartient à la droite (*d*).
• La distance entre le point B et la droite (*d'*) est la distance entre les points B et E, c'est-à-dire 0,5 cm.

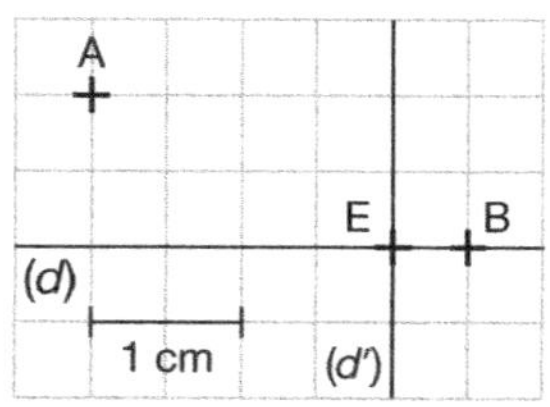


**25** **a.** La distance entre les droites parallèles (AB) et (CD) est la distance AD ou BC, c'est-à-dire 2 cm.

**b.** La distance entre les droites parallèles (AD) et (BC) est la distance AB ou DC, c'est-à-dire 1 cm.

## Je m'entraîne

**26** **2. a.** Le segment [AB].

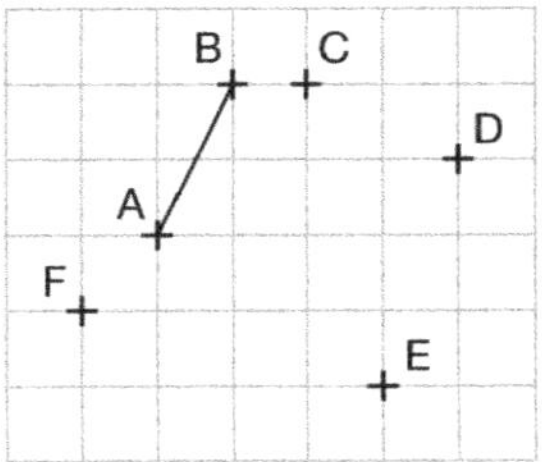


**b.** La droite (CD).

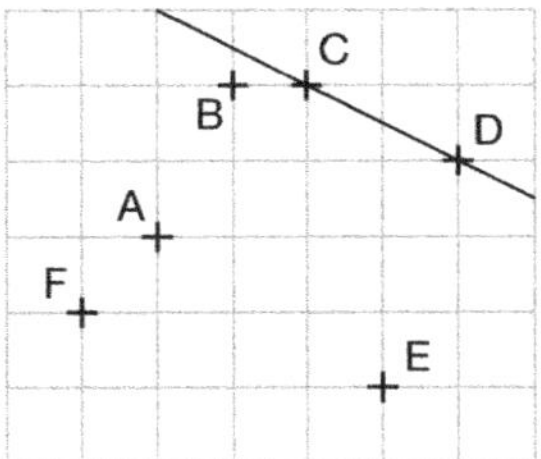


**c.** La demi-droite [BE).

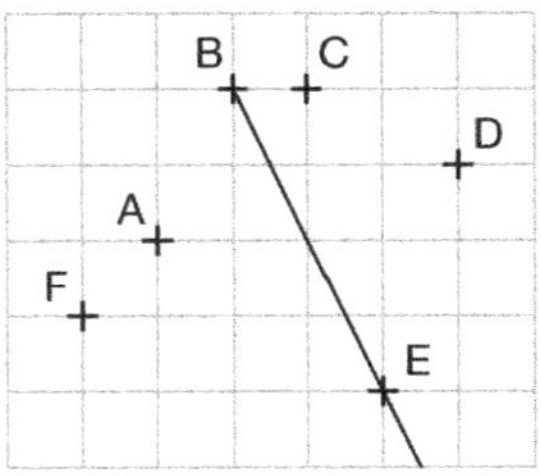


**d.** I ∈ (EF).

Exemple de réponse :

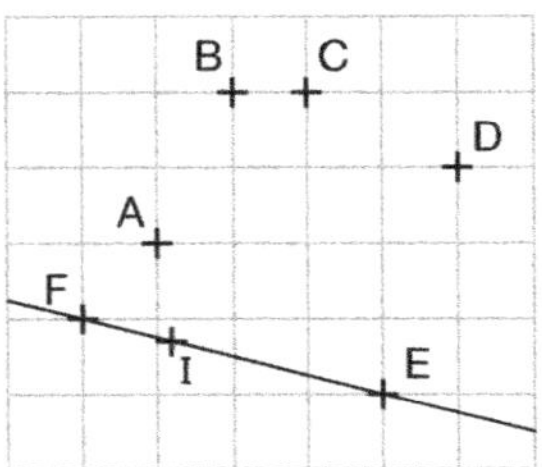


Figure entièrement complétée :

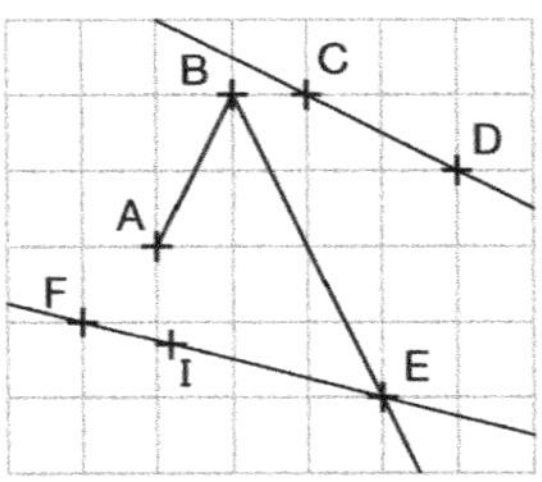


**27** **2. a.**

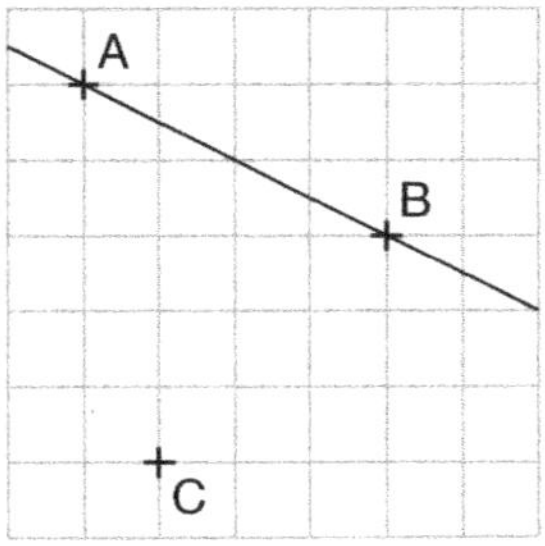


**b.**

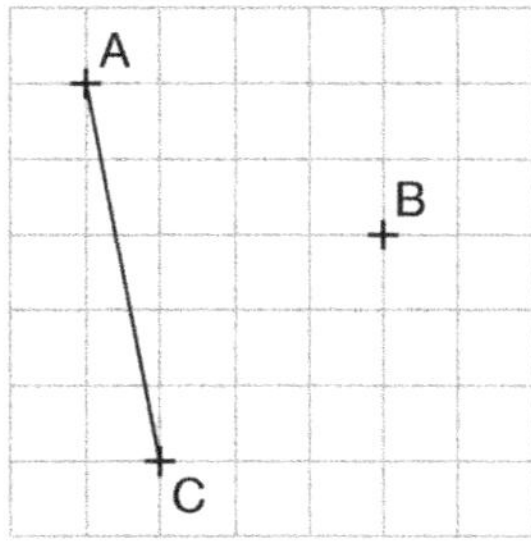


**c.**

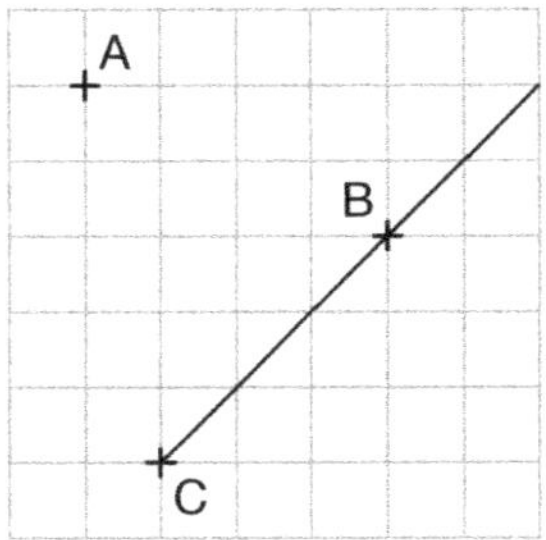


La figure complétée :

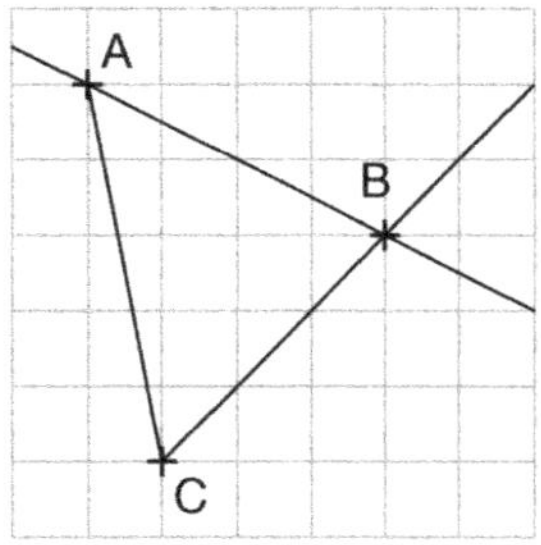


**3.** Exemple de réponse :

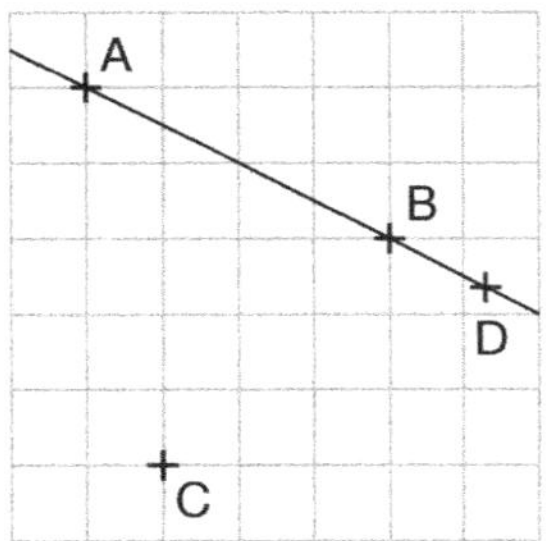


**28** Place trois points A, B et C **alignés**.
Trace en bleu la **droite (AB)**.
Place un point **D qui n'appartient pas à la droite (AB).**
**Trace la droite (AD) en noir.**
**Trace le segment [CD] en vert et le segment [BD] en rouge.**

**29** • Figure ❶

**a.** Le point M **appartient** à la droite (AB).
Le point M **appartient** au segment [AB].
**b.** M ∈ (AB)  M ∈ [AB]

• Figure ❷

**a.** Le point M **appartient** à la droite (AB).
Le point M n'**appartient pas** au segment [AB].
**b.** M ∈ (AB)  M ∉ [AB]

• Figure ❸

**a.** Le point M n'**appartient pas** à la droite (AB).
Le point M n'**appartient pas** au segment [AB].
**b.** M ∉ (AB)  M ∉ [AB]

**30** **a.** M **∈** [AB] : « Le point M appartient au segment [AB]. »
**b.** P **∉** [MN] : « Le point P n'appartient pas au segment [MN]. »

**c.** B ∈ (AN) : « Le point B appartient à la droite (AN). »
**d.** N ∈ (BP) : « Le point N appartient à la droite (BP). »
**e.** M ∈ [AN] : « Le point M appartient au segment [AN]. »
**f.** A ∉ [PM] : « Le point A n'appartient pas au segment [PM]. »

**31** **a.** Les droites ($d_1$) et ($d_2$) se coupent en **C**.
**b.** Le point commun aux droites ($d_3$) et ($d_4$) est **E**.
**c.** D est le point commun aux droites **($d_2$)** et **($d_4$)**.
**d.** Les droites ($d_2$) et ($d_3$) **se coupent** au point **F**.
**e.** A est le point **commun** aux **droites ($d_1$) et ($d_4$)**.

**32** **1. a.** La distance entre les points A et B est 6 cm.
**b.** La distance entre les points B et C est 2,5 cm.
**c.** La distance entre les points A et C est 4,5 cm.
**2.** AB = 6 cm ; BC = 2,5 cm ; AC = 4,5 cm.

**33** Sur le manuel grand format :
**a.** AB = 7 cm ; CD = 5,4 cm ; EF = 6,8 cm.
**b.** On place les points I, J et K milieux des segments [AB], [CD] et [EF] respectivement.
AI = IB = 7 cm : 2 = 3,5 cm
CJ = JD = 5,4 cm : 2 = 2,7 cm
EK = KF = 6,8 cm : 2 = 3,4 cm

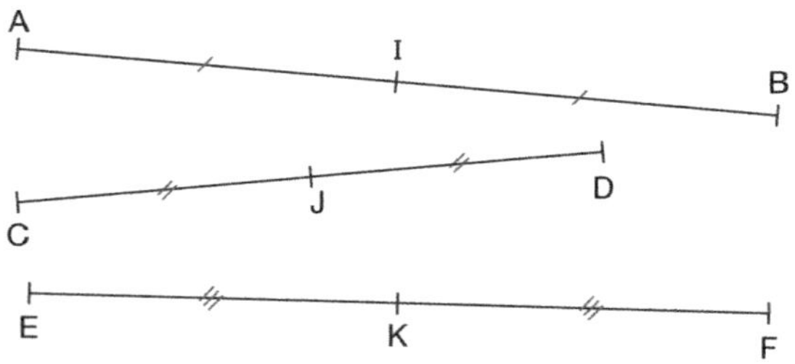


**34** **a.** Sur le manuel grand format, DE = 4,4 cm.
Le point B est le milieu du segment [DE], donc :
DB = BE = 4,4 cm : 2 = 2,2 cm
Le ballon B se trouve dans le camp de Denis.

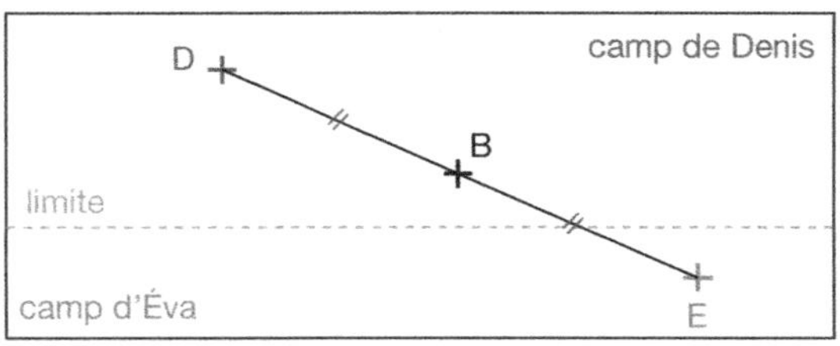


**b.** Le point B est le milieu du segment [FG], donc :
FB = BG = 6 cm : 2 = 3 cm
Exemple de réponse :

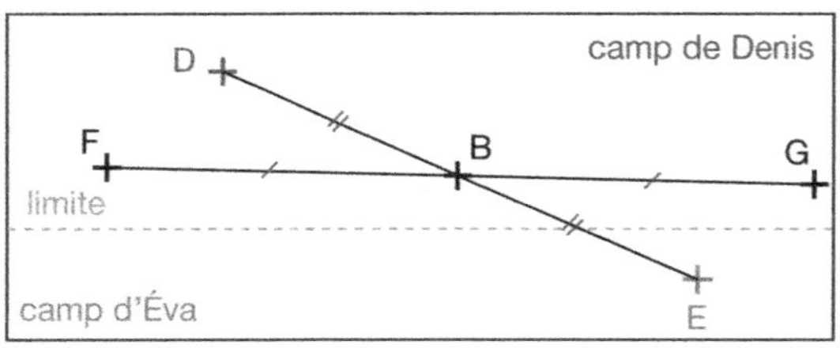


**35** **a.** et **b.** *Échelle* : $\frac{1}{2}$

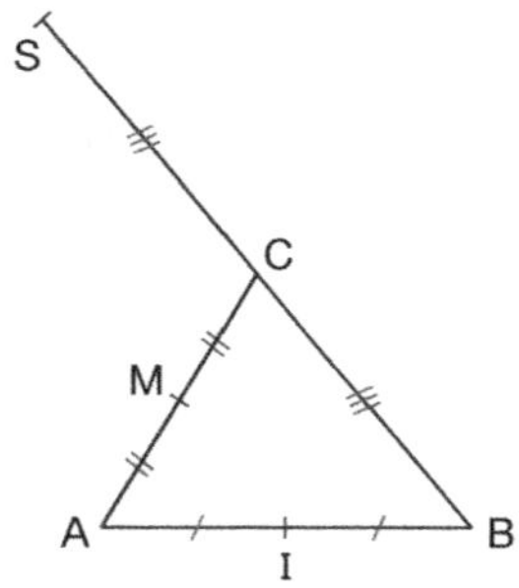


**c.** Le point I est le milieu du segment [AB] donc AI = IB.
Le point M est le milieu du segment [AC] donc AM = MC.
Le point C est le milieu du segment [BS] donc BC = CS.

**36** **a.** Tracer une droite ($d$).
Sur cette droite, placer trois points A, B et C tels que B est le milieu du segment [AC]. Sur la droite ($d$), placer ensuite deux points D et E tels que D est le milieu du segment [CE].
**b.** Pour placer le point D, il faut trouver la longueur CD :
CE = AE – AC = 9 cm – 4 cm = 5 cm.
Alors CD = 5 cm : 2 = 2,5 cm.

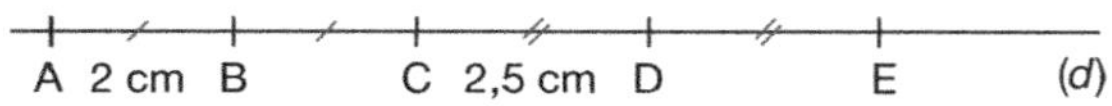


**37** **a.** et **b.** *Échelle* : $\frac{1}{2}$

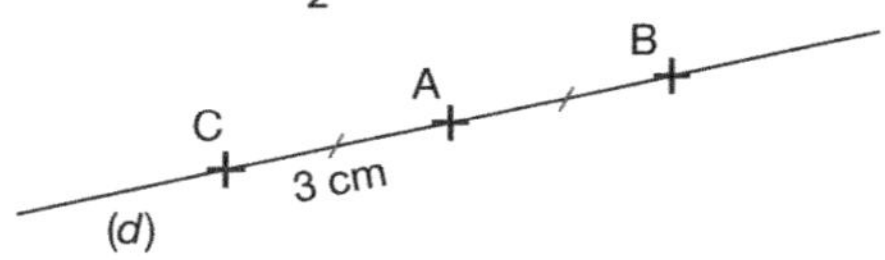


Les points A, B et C sont alignés sur la droite ($d$) et AB = AC = 3 cm donc le point A est le milieu du segment [BC].
**c.** *Échelle* : $\frac{1}{2}$

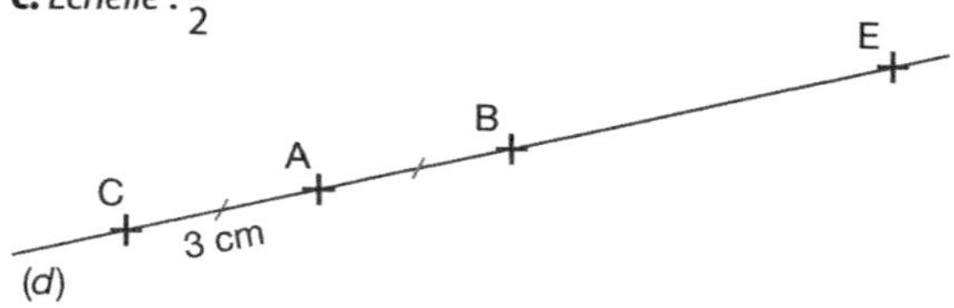


**d.** Il existe deux points de la droite ($d$) situés à 1 m du point A.

**38** **a.** et **b.**

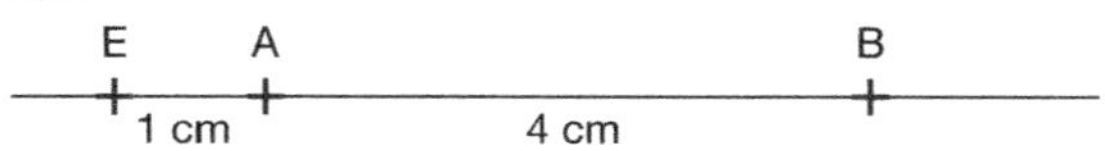


**c.** Il y a deux points C et D de la droite (AB) situés à la distance 6 cm du point B. Le point B est le milieu du segment [CD].
*Échelle* : $\frac{1}{2}$

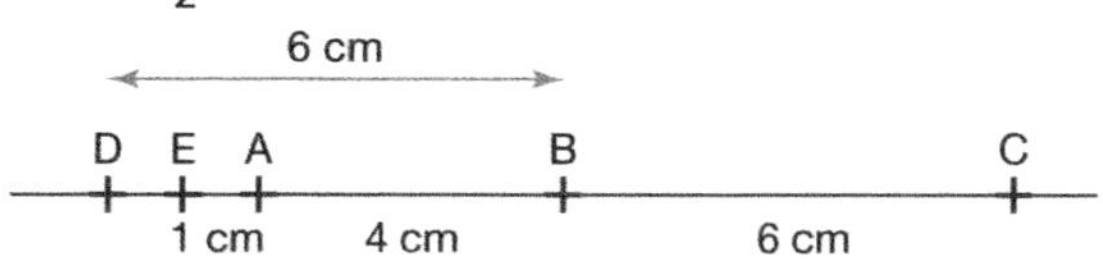


BC = BD = 6 cm
BE = BA + AE = 4 cm + 1 cm = 5 cm

Donc : EC = EA + AC = 5 cm + 6 cm = 11 cm
Et ED = BD – BE = 6 cm – 5 cm = 1 cm

**39** **a.** Les droites $(d_1)$ et $(d_2)$ sont sécantes en **D**.
**b.** Le point d'intersection des droites $(d_2)$ et $(d_3)$ est **A**.
**c.** B est **le point** d'intersection des droites $(\boldsymbol{d_1})$ et $(\boldsymbol{d_3})$.
**d.** C est le point **d'intersection** des droites $(\boldsymbol{d_1})$ et $(\boldsymbol{d_4})$.
**e.** Les droites $(d_3)$ et $(d_4)$ sont **sécantes**.
**f.** Les droites $(d_2)$ et $(d_4)$ sont **perpendiculaires** en **E**.

**40**

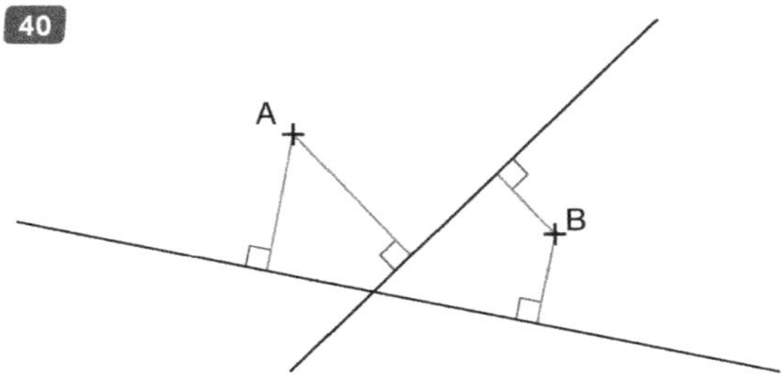


**41**

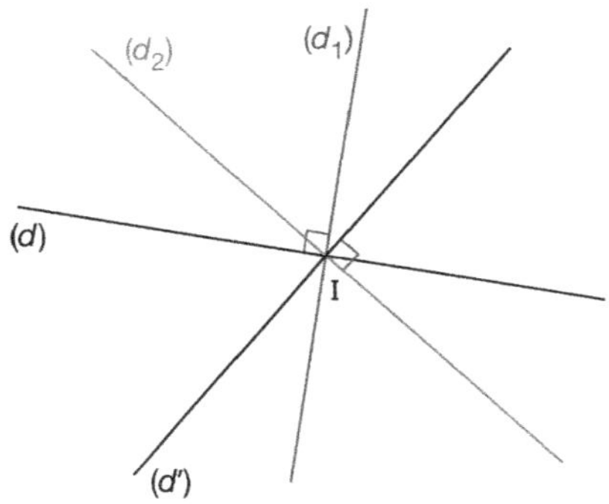


**42** **a.**

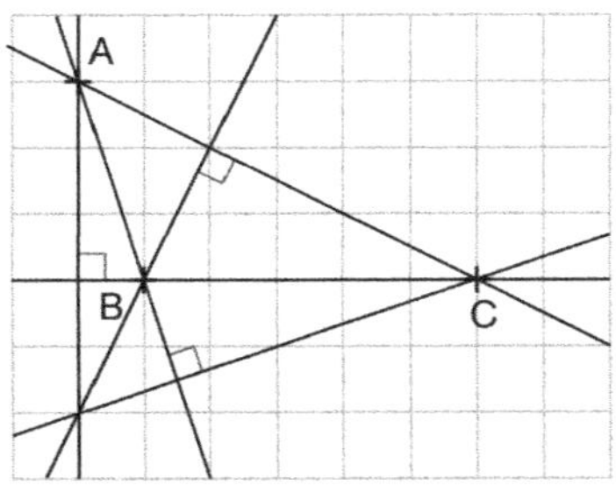


**b.** Les trois droites tracées semblent se couper en un seul point.

**43** C'est Brice qui est le plus proche de la porte P du tramway.
En effet, comme le point B est le pied de la perpendiculaire menée de P à la droite (AC), la longueur du plus court chemin du point P à la droite (AC) est la distance PB.

**44** D'après les codages des angles droits et certaines des distances indiquées sur la figure, on peut savoir qu'Anna est à 2 m du filet et que Bintou est à 2,1 m du filet.
$2 < 2{,}1$ donc c'est Anna qui est la plus proche du filet.

**45** **a.** Les droites (AB) et (CD) sont perpendiculaires en E donc la distance du point A à la droite (CD) est la distance du point A au point E, c'est-à-dire 1,7 cm.
**b.** De même, la distance du point D à la droite (AB) est la distance du point D au point E, c'est-à-dire 2 cm.

**46** **a.** et **b.** AM = MB = 6 cm : 2 = 3 cm
La droite ($d$) est la médiatrice du segment [AB].

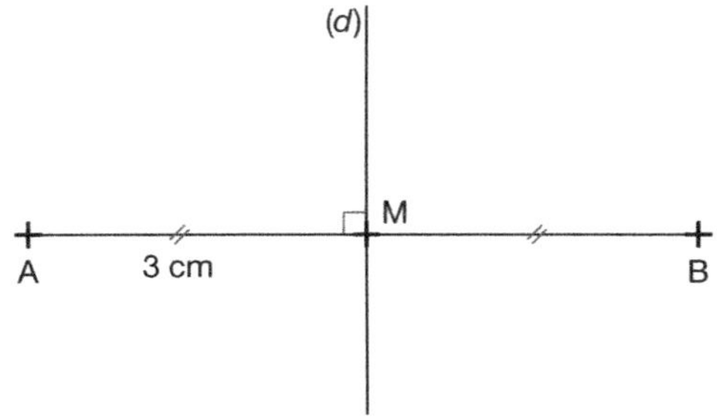


**47** On mesure la longueur du segment [MP].
Sur manuel grand format, MP = 5 cm.
5 cm : 2 = 2,5 cm

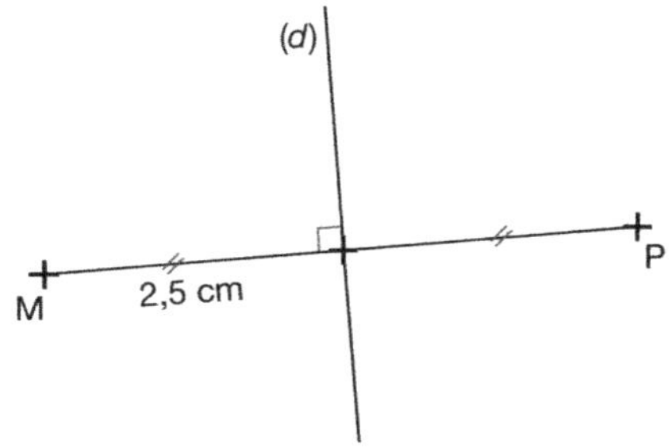


**48** D'après l'indice donné à Noé, l'œuf, représenté ci-dessous par le point O, est le point d'intersection de la droite (MP) et de la droite ($d$), la médiatrice du segment [AC].

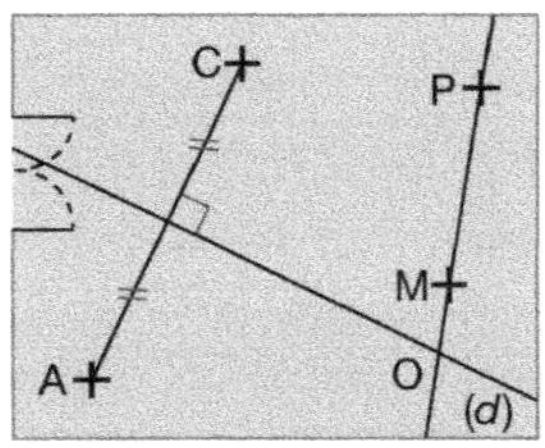


**49** **a.**

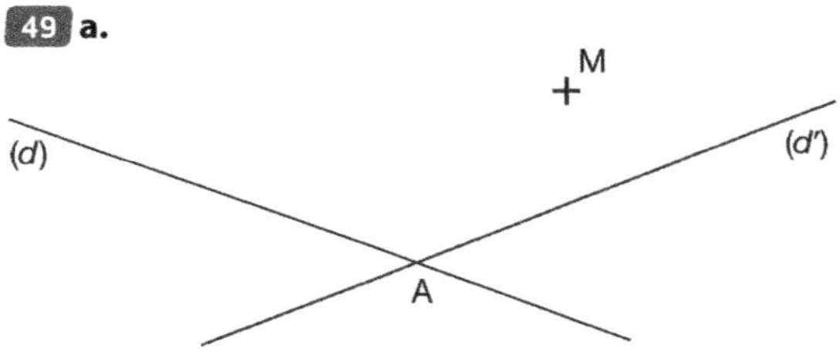


**b.**

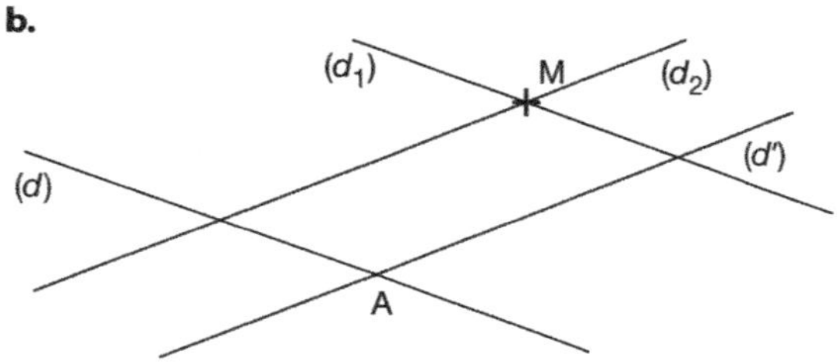

**50**

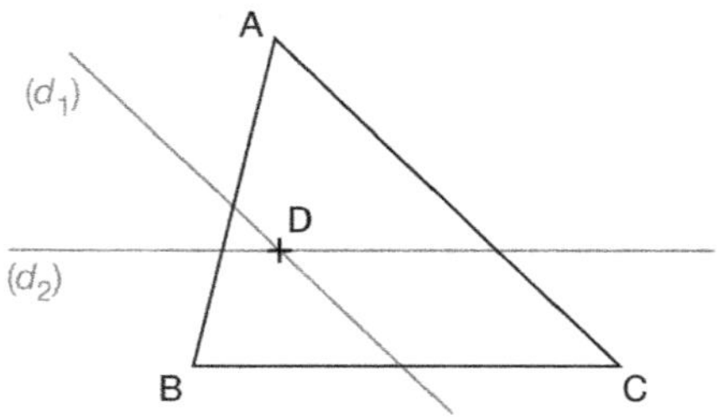


**51**

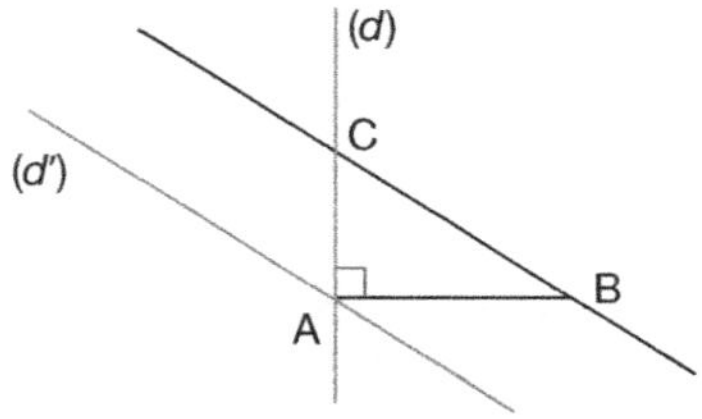


**52** **a.**

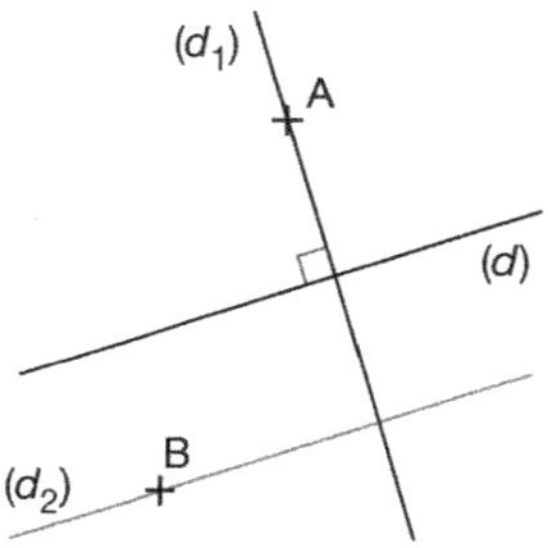


**b.**

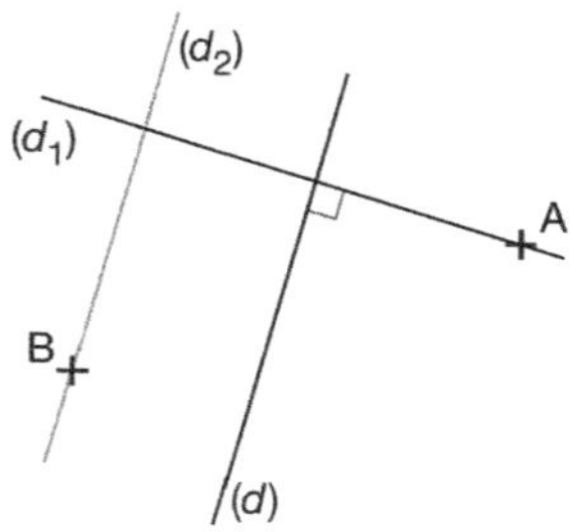


**53** **a.**

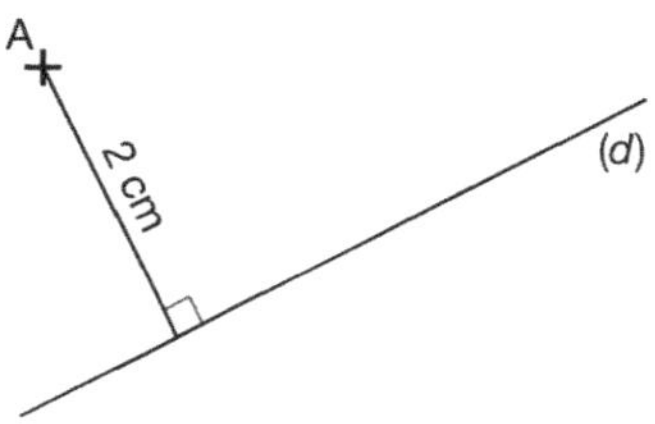


**b.**

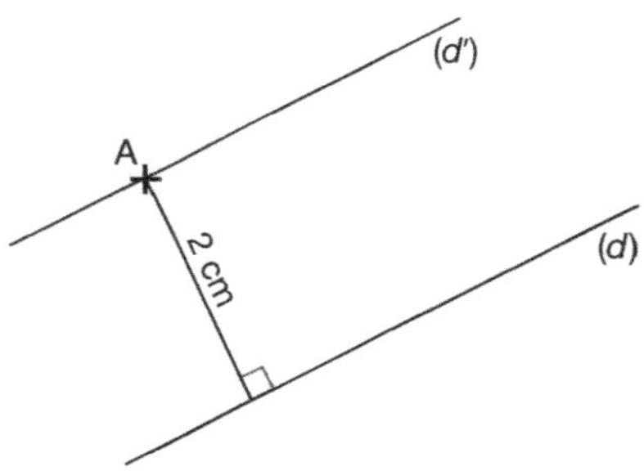


La distance entre les droites $(d)$ et $(d')$ est 2 cm.

**54** Emma a raison.
En effet, d'après les codages de la figure, on sait que les droites $(d_1)$ et $(d_2)$ sont toutes les deux perpendiculaires à la même droite $(d)$. Donc, d'après une propriété étudiée en cours, on peut affirmer que les droites $(d_1)$ et $(d_2)$ sont parallèles.

**55** *Échelle* : $\frac{1}{2}$

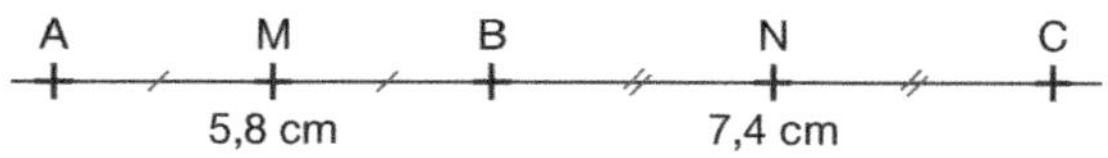


- Le point M est le milieu du segment [AB], donc :
AM = MB = 5,8 cm : 2 = 2,9 cm.
- Le point N est le milieu du segment [BC], donc :
BN = NC = 7,4 cm : 2 = 3,7 cm.
- La distance entre les points M et N est la longueur du segment [MN].
MN = MB + BN donc MN = 2,9 cm + 3,7 cm = 6,6 cm.

**56** Les droites $(d_1)$ et $(d_3)$ sont parallèles.
1,3 cm + 1 cm = 2,3 cm
La distance entre les droites $(d_1)$ et $(d_3)$ est 2,3 cm.

**57** **a.** Il n'y a pas de droites parallèles.
**b.** Il y a deux droites parallèles : $(d_2)$ et $(d_3)$.
En effet, elles sont toutes les deux perpendiculaires à la droite $(d_4)$.
**c.** Il y a deux fois deux droites parallèles :
- $(d_2)$ et $(d_4)$, toutes les deux perpendiculaires à $(d_3)$ ;
- $(d_1)$ et $(d_3)$, toutes les deux perpendiculaires à $(d_4)$.

**58** **a.** Il y a deux droites perpendiculaires : $(d_1)$ et $(d_3)$.
**b.** Il y a deux fois deux droites perpendiculaires :
- $(d_2)$ et $(d_4)$
- $(d_3)$ et $(d_4)$

**c.** Il y a quatre fois deux droites perpendiculaires :
- $(d_1)$ et $(d_4)$
- $(d_3)$ et $(d_4)$
- $(d_3)$ et $(d_2)$
- $(d_1)$ et $(d_2)$

En effet, comme $(d_2)$ et $(d_4)$ sont toutes les deux perpendiculaires à $(d_3)$, elles sont parallèles.
De plus, $(d_1)$ est perpendiculaire à $(d_4)$, donc elle est aussi perpendiculaire à $(d_2)$.

## Je m'évalue à mi-parcours

**59** **b.** **60** **c.** **61** **a.** **62** **b.** **63** **b.**
**64** **b.** **65** **a.**

## Avec un logiciel

**66** **1. a. b.** et **c.** On obtient une figure telle que celle qui est en copie d'écran dans le manuel page 191.
**d.** et **e.** On obtient une figure de ce type :

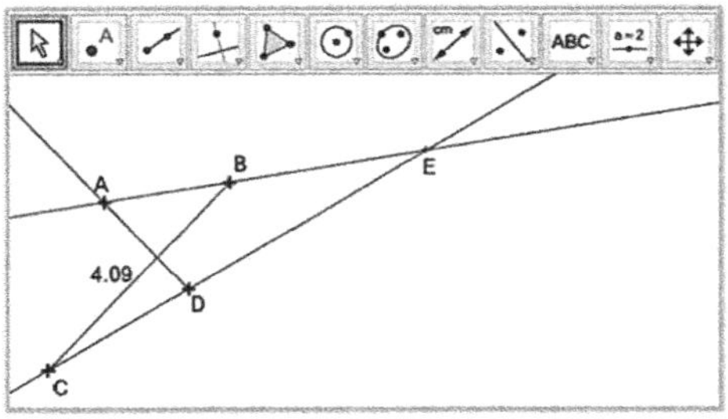


**2. a.** On déplace le point B.

On obtient une figure de ce type :

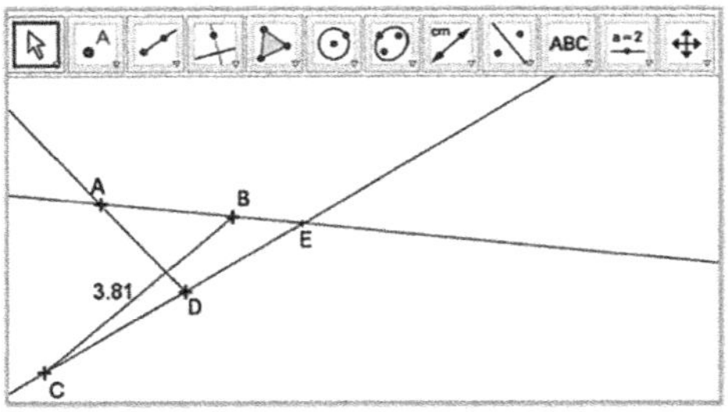


**b.** On déplace le point B de sorte que les segments [BC] et [AD] ne se coupent pas.

On obtient une figure de ce type :

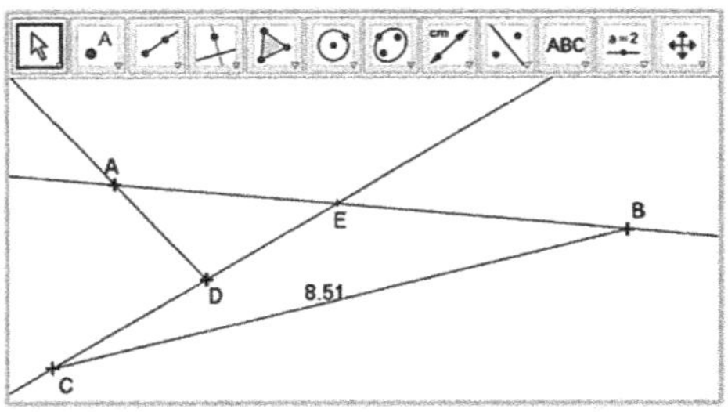


**c.** On déplace le point B pour qu'il soit confondu avec le point D.

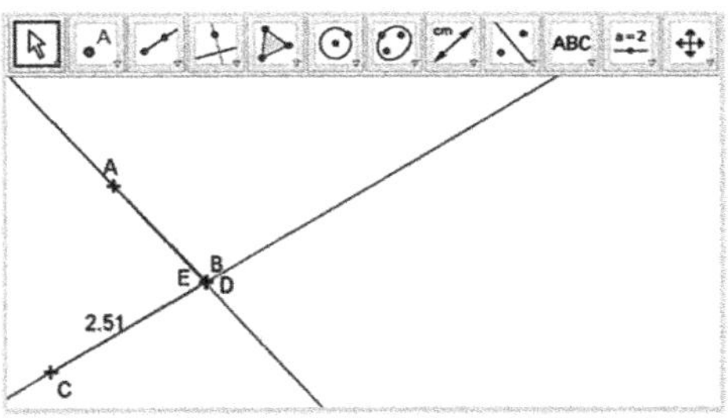


Dans ce cas, on constate que les trois points B, D et E sont confondus.

**67** **a. b.** et **c.** On obtient une figure telle que celle qui est en copie d'écran dans le manuel.

**d.** On obtient une figure de ce type :

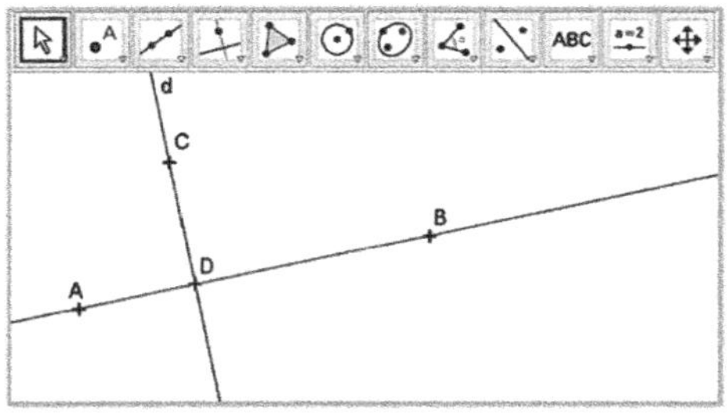


**68** **1.** On obtient une figure telle que celle qui est en copie d'écran dans le manuel.

**2. a.** En déplaçant A et B, on observe que les deux droites tracées restent parallèles.

**b.** En plaçant le point C sur la droite (AB), on observe que les deux droites tracées sont confondues.

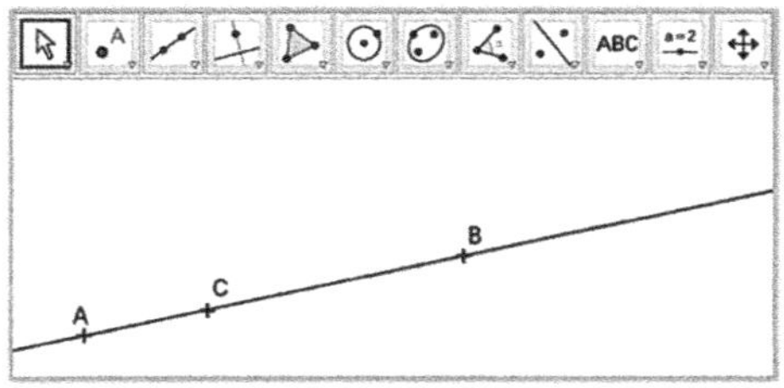


## J'utilise mes compétences

**69** **a. b. d.** *Échelle* : $\frac{1}{2}$

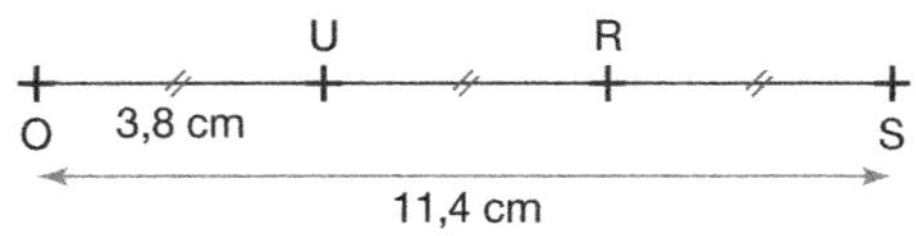


**c.** UR = OS – OU – RS
UR = 11,4 cm – 3,8 cm – 3,8 cm
UR = 7,6 cm – 3,8 cm soit UR = 3,8 cm.

**e.** Le point U est le milieu du segment [OR].
Le point R est le milieu du segment [US].

**70** « Tu traces deux droites (*d*) et (*d′*) qui se coupent en un point U.
Sur la droite (*d′*), tu places deux points L et I de sorte que U soit le milieu du segment [LI]. Tu codes les longueurs égales.
Sur la droite (*d*), tu places deux points O et P tels que O soit le milieu du segment [PU]. Tu codes les longueurs égales. »

**71** Il y a deux cas à envisager.

- Le point C appartient à la demi-droite [AB].

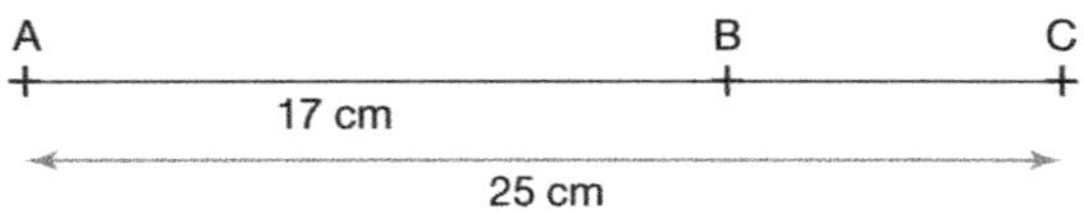


BC = AC – AB = 25 cm – 17 cm
BC = 8 cm

• Le point C appartient à la demi-droite [BA).

BC = BA + AC = 25 cm + 17 cm
BC = 42 cm

**72** L'éolienne (E) est le point d'intersection de la médiatrice du segment [BP] et de la médiatrice du segment [CT].

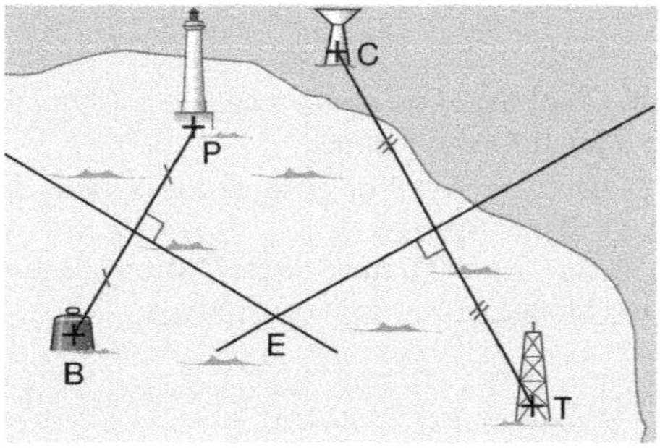


**73** Le point L est le point d'intersection de la droite parallèle à la droite (RV) passant par le point A et de la perpendiculaire à cette droite passant par le point V.

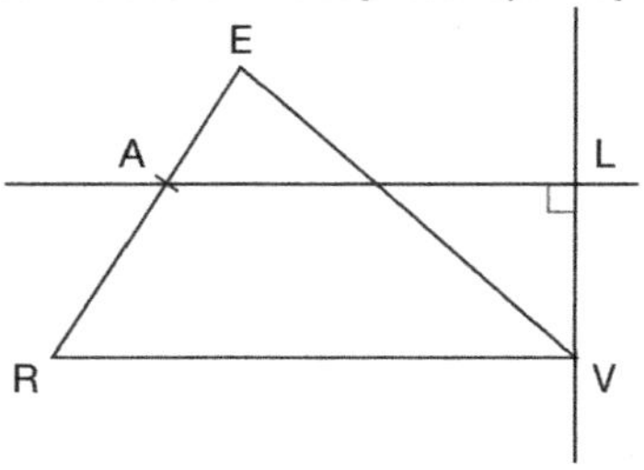


**74** La droite $(d_1)$ est la médiatrice du segment [AB] et la droite $(d_2)$ est la médiatrice du segment [AC].
Elles se coupent en I.

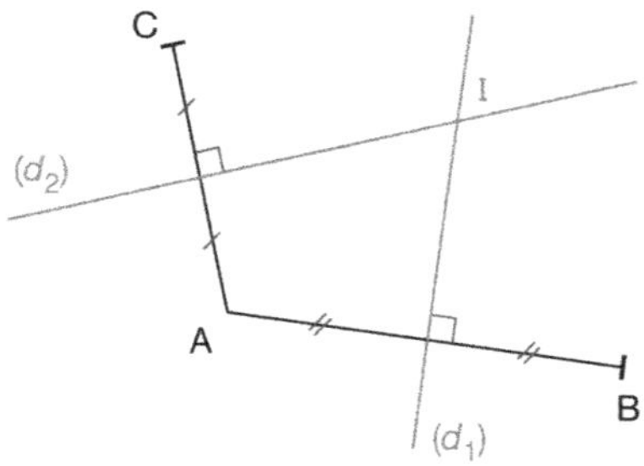


**75** C'est Inès qui a raison. En effet, la droite $(d_2)$ est perpendiculaire à la droite $(d')$ et la droite $(d')$ est parallèle à la droite $(d)$, donc, d'après une propriété, la droite $(d_2)$ est perpendiculaire à la droite $(d)$.

**76** • Les instructions dans un ordre correct :
❹ Tracer un segment [AB] de longueur 8 cm.
❸ Tracer la perpendiculaire $(d)$ en A à la droite (AB).
❶ Placer un point C sur la droite $(d)$ tel que AC = 6 cm.
❻ Tracer le segment [BC].
❷ Tracer la médiatrice $(d')$ du segment [BC].
❺ Elle coupe la droite (AB) en D et la droite $(d)$ en E.

• Figure à l'échelle $\frac{1}{2}$ :

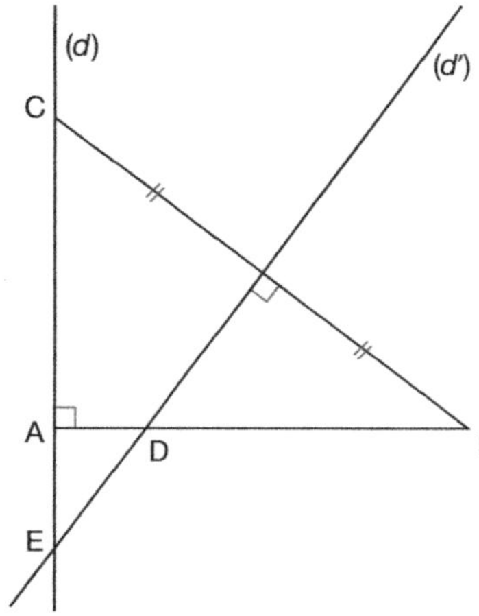


**77 Traduction :**
*Le métro de Mathville est composé de sept lignes représentées par les droites $(d_1)$, $(d_2)$, $(d_3)$, $(d_4)$, $(d_5)$, $(d_6)$, $(d_7)$ sur le plan ci-dessous.*
*Mark dit à Jane : « Pour s'y retrouver, c'est facile. On a :*
*$(d_1) \perp (d_3)$, $(d_1) // (d_5)$, $(d_4) // (d_6)$ et $(d_4) \perp (d_7)$. »*
*À l'aide des informations de Mark, associer chaque ligne de métro avec sa couleur sur le plan.*

**Réponse :**
• $(d_1) \perp (d_3)$ donc $(d_3)$ est la droite bleue.
• $(d_1) // (d_5)$ donc $(d_5)$ est la droite noire.
• $(d_4) // (d_6)$ et $(d_4) \perp (d_7)$ donc $(d_4)$ est la droite rouge, $(d_6)$ est la droite verte et $(d_7)$ est la droite violette.
• Il reste une seule droite, la droite turquoise, qui est donc la droite $(d_2)$.

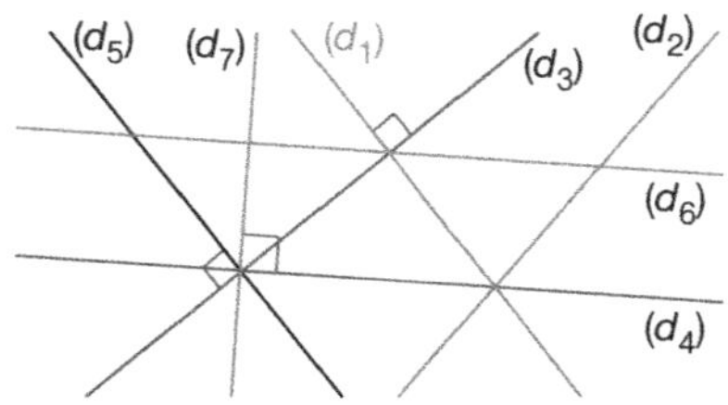


**78** • On trace la perpendiculaire à la droite $(d)$ passant par A. Elle coupe la droite $(d)$ en C.
• On reporte la longueur AC de l'autre côté de la droite $(d)$. On obtient le point B.

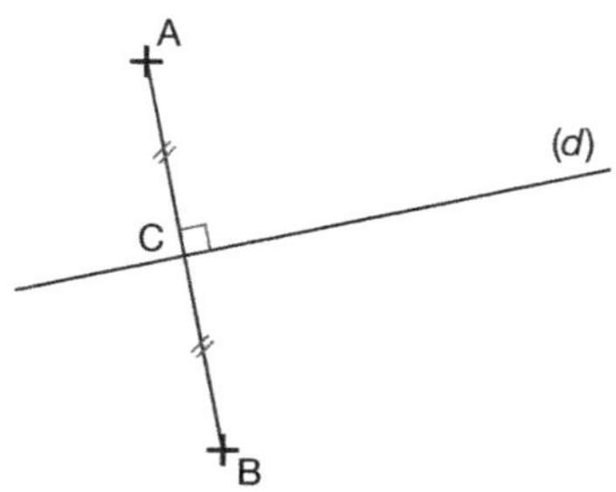

**79**

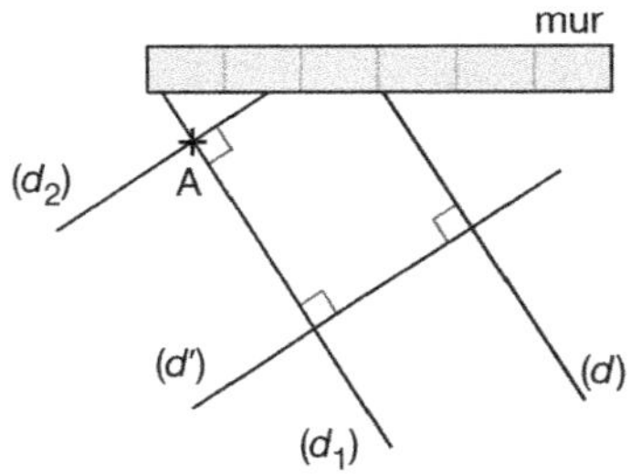


- On trace une droite $(d')$ perpendiculaire à la droite $(d)$.
- Ensuite, on trace la droite $(d_1)$ perpendiculaire à la droite $(d')$ passant par A.

Les droites $(d)$ et $(d_1)$ sont toutes les deux perpendiculaires à la droite $(d')$ donc elles sont parallèles.

- Enfin, on trace la droite $(d_2)$ perpendiculaire en A à la droite $(d_1)$.

Comme les droites $(d)$ et $(d_1)$ sont parallèles, la droite $(d_2)$ qui est perpendiculaire à la droite $(d_1)$ est aussi perpendiculaire à la droite $(d)$.

**80** On obtient une figure de ce type :

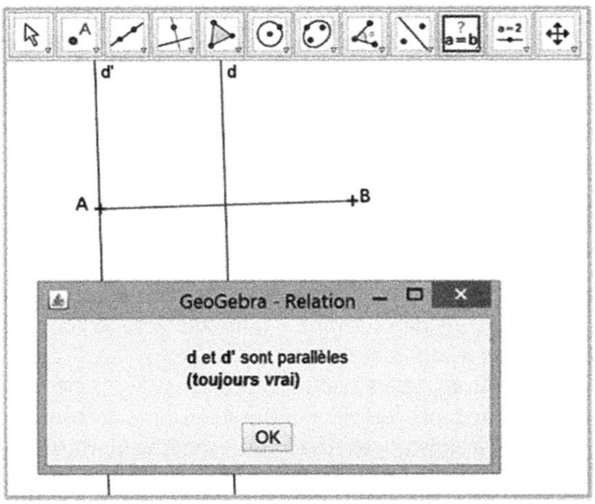


**d.** Ce message n'est pas surprenant. En effet, les deux droites $(d)$ et $(d')$ sont perpendiculaires à la droite (AB), donc elles sont parallèles.

**81** Voici les positions des huit points.

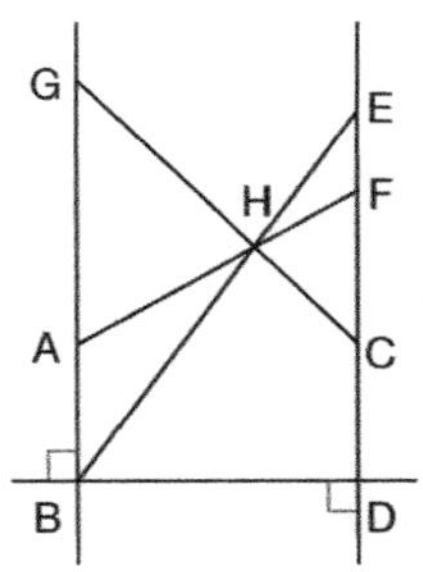


**82** Exemples de réponse :

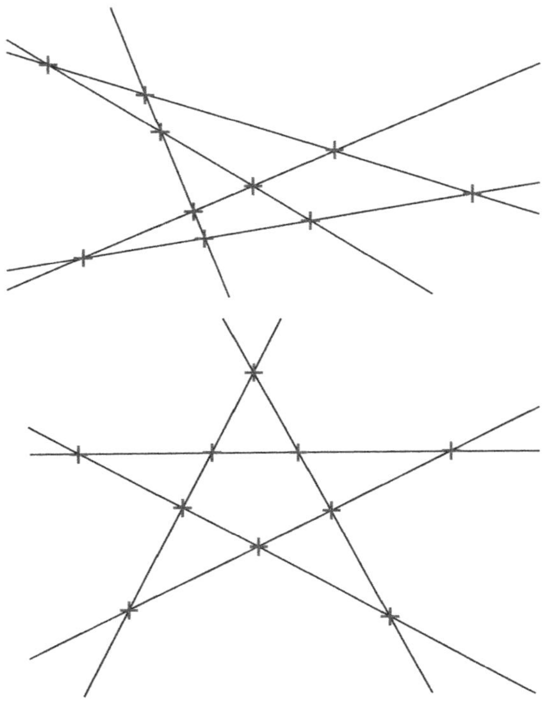

**83**

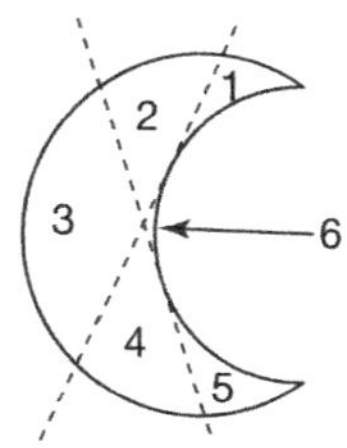


**84** On construit un hexagone régulier (tous ses côtés ont la même longueur) puis on trace à l'extérieur les demi-cercles dont les diamètres sont les côtés de l'hexagone.

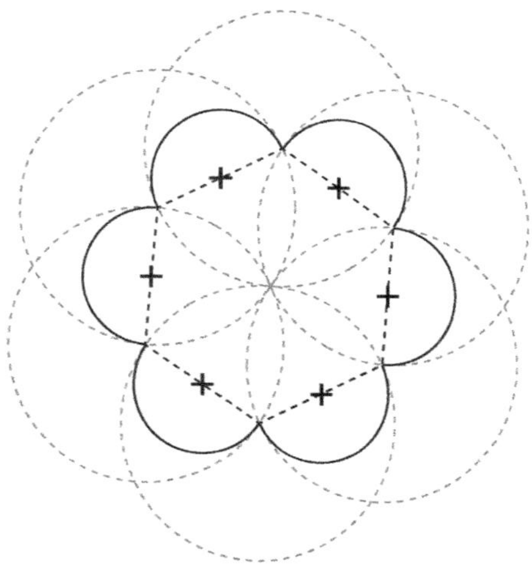

## Accompagnement personnalisé

**85**

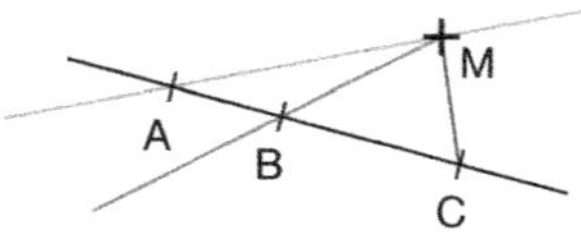


**86** **a.** En utilisant une règle, on constate que Sacha a raison, mais que Léo se trompe.

**b.** À l'aide d'une règle, on constate que les villes de Ponte Leccia, Olmeto et Propriano sont alignées avec Corte et Bocognano.

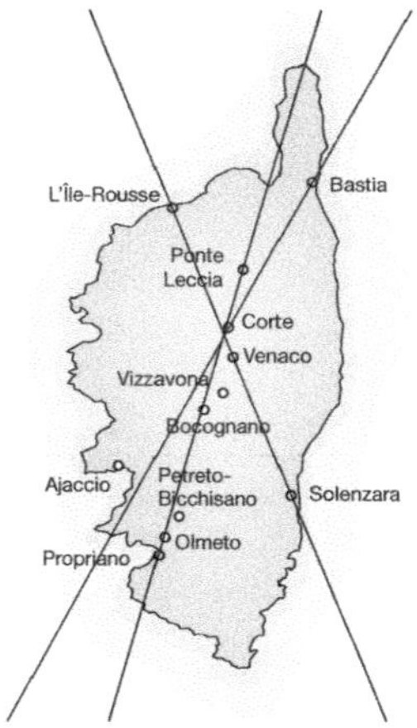


**87** C'est Anouk qui a placé correctement son équerre.

- Amel aurait dû mettre son équerre dans l'autre sens, de sorte que le 2e côté de l'angle droit passe par A.

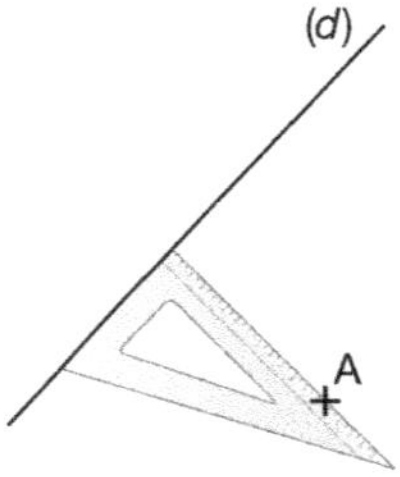


- Antoine a mal placé son équerre, un côté de l'angle droit doit être placé sur la droite (*d*), comme ceci :

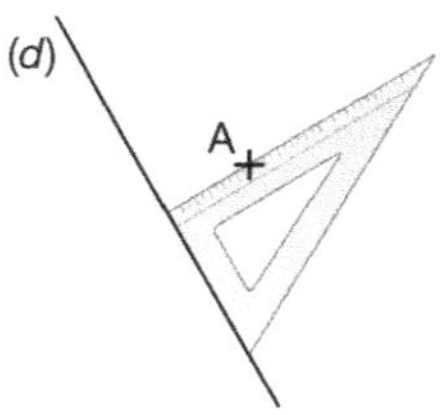


**88**

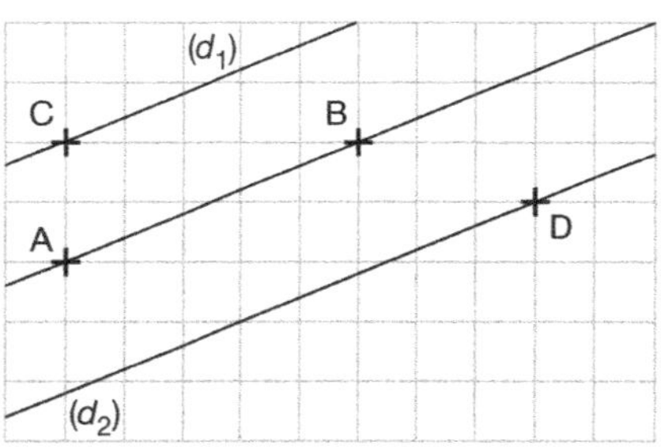


On pourra compter les carreaux.

**89** D'après les codages, les droites (AC) et (BD) sont perpendiculaires à la droite (AB), donc je peux affirmer qu'elles sont parallèles.

**90** **2. b.** On observe que les longueurs AD et AE sont les mêmes.

**c.** Si on déplace les points B et C, on observe que les longueurs AD et AE restent égales.
Le point A semble être le milieu du segment [DE].

**d.** On affiche les longueurs BD et BF, ainsi que les longueurs CE et CF.
On observe de même que BD = BF et que CE = CF.
Ainsi, le point B semble être le milieu de [DF] et le point C semble être le milieu de [EF].

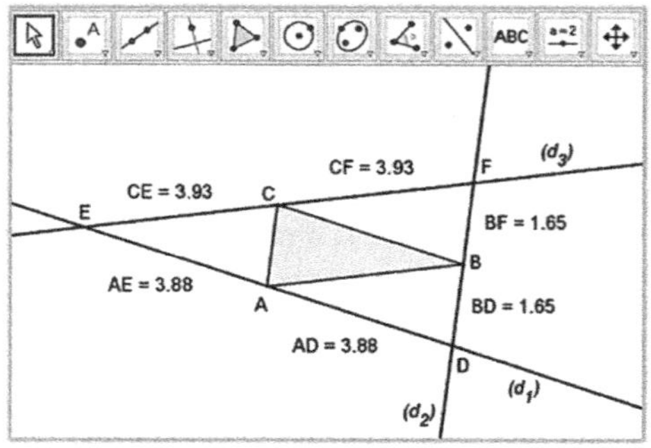


## Tâches complexes

**91** • On note A et B les positions du premier avion et C et D celles du deuxième avion, respectivement à 9 h 50 et 9 h 51.
On trace les demi-droites [AB) et [CD).

• Pour déterminer s'il y a effectivement un risque de collision entre les deux avions, il faut connaître la position de chaque avion, minute par minute.
Pour cela, comme les avions se déplacent avec une vitesse constante, on peut indiquer leur progression en reportant les distances AB et CD, respectivement sur les demi-droites [AB) et [CD).

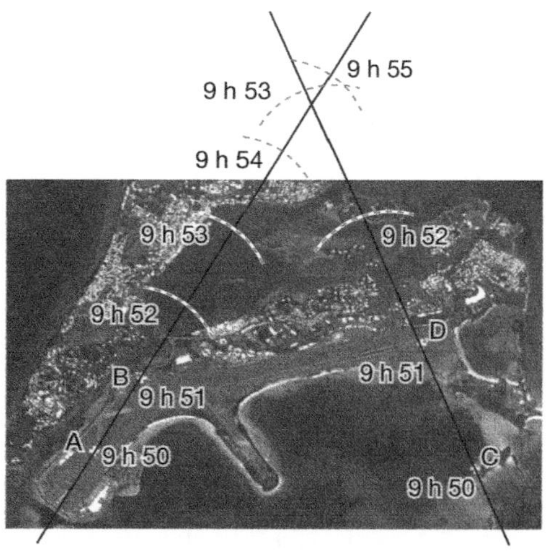

Il n'y a donc pas de risque de collision entre les deux avions. La contrôleuse aérienne n'a pas raison de s'inquiéter.

**92**

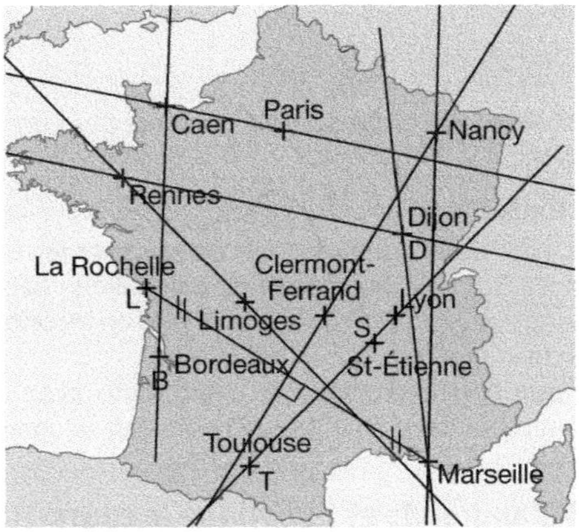


La 1re ville est Lyon.
La 2e ville est Rennes (X).
La 3e ville est Caen (Y).
La 4e ville est Marseille (Z).
La 5e ville est Clermont-Ferrand.

CHAPITRE 12

# Figures usuelles

## INTENTIONS PÉDAGOGIQUES

### ❶ Le point sur le cycle 3

• Au cycle 3, l'élève rencontre certaines figures planes et certains solides, avec leurs premières caractérisations. Il découvre notamment :
– les triangles, dont les triangles particuliers (triangle rectangle, triangle isocèle, triangle équilatéral) ;
– les quadrilatères, dont les quadrilatères particuliers (carré, rectangle, losange, première approche du parallélogramme) ;
– le cercle (comme ensemble des points situés à une distance donnée d'un point donné).

• À partir du CM2, on amène les élèves à dépasser la dimension perceptive et instrumentée pour raisonner uniquement sur les propriétés et les relations. Par exemple, l'usage de la règle et du compas pour tracer un triangle en connaissant la longueur de ses côtés mobilise la connaissance des propriétés du triangle et de la définition du cercle.

### ❷ Je découvre

**Activité 1**

• L'objectif de cette activité est d'introduire le cercle comme étant l'ensemble des points situés à une même distance d'un point donné.
Cette activité permet de travailler une nouvelle conception du cercle, illustrée par le passage d'une ligne tracée au compas à une figure constituée de points ayant une même caractéristique.

• Ici, on prend le parti de s'appuyer sur une situation concrète : un jeu de ballon à la plage. Le questionnement doit guider les élèves et leur permettre de réinvestir le vocabulaire introduit à l'école : cercle, compas, rayon, diamètre.
Dans ce travail, l'élève doit comprendre que l'on modélise un enfant par un point et que l'on propose un plan de la situation.
Au passage, on introduit le codage de longueurs égales sur une figure.

• Selon la classe, on peut compléter cette activité en changeant de contexte : on peut se placer cette fois sur l'écran d'ordinateur.
On peut par exemple tracer un segment [AB] de longueur 5 cm et activer la trace du point B que l'on déplace.

**Activité 2**

L'objectif de cette activité est de remettre à l'ordre du jour le vocabulaire introduit en primaire – triangle isocèle, triangle équilatéral, triangle rectangle – et de construire ces figures.
On utilise ici le cadre de la vie courante pour raviver ces notions.

**Activité 3**

L'objectif de la question 1 est de réactiver les connaissances sur les quadrilatères particuliers (rectangle, losange et carré) en construisant puis en reconnaissant ces quadrilatères.
La question 2 propose, en conformité avec le programme, une première approche du parallélogramme.

### ❸ J'apprends et j'applique le cours

**J'apprends le cours**

• Suite à l'activité 1, on peut étudier le cours 1. Le cercle.
• Suite à l'activité 2, on peut étudier le cours 2. Les triangles.
• Suite à l'activité 3, on peut étudier le cours 3. Les quadrilatères.

**Exercice résolu 1**

L'objectif est double, à savoir :
– réinvestir le vocabulaire du cercle ;
– utiliser la propriété vue en cours, « Tous les points du cercle de centre O sont à la même distance du point O. »

**Exercice résolu 7**

L'objectif est de construire un triangle en connaissant les longueurs de ses trois côtés.
Ce savoir-faire a déjà été travaillé à l'école, mais il est nécessaire de le réactiver, compte tenu de son importance.
On a pris le parti de décortiquer cette construction « image par image ». On insiste dans l'encadré Conseil sur le fait que, dans un problème de construction, il est souvent utile de dessiner une figure à main levée pour mieux la visualiser.
On peut faire remarquer que l'on choisit au départ la position du segment [AB] de longueur 3 cm : tout le monde n'obtient donc pas le même triangle ABC, mais tous les triangles obtenus sont superposables.
De même, on peut choisir de nommer C l'un ou l'autre des deux points d'intersection des arcs de cercle tracés.

**Exercice résolu 16**

L'objectif est de construire un parallélogramme en connaissant les longueurs de deux côtés consécutifs et d'une diagonale.

## 4 Compléments

### TICE

La page 209 est consacrée à l'utilisation d'un logiciel de géométrie.

Dans l'exercice 78, on montre les différents boutons qui permettent de tracer un cercle en fonction des données dont on dispose.

On justifie ensuite que le quadrilatère ACBD construit est un losange.

L'exercice 79 permet de réinvestir l'exercice résolu 16, en travaillant cette fois à l'aide d'un logiciel.

L'exercice 80 propose de construire un rectangle soit en connaissant la longueur des côtés, soit en connaissant la longueur d'un des côtés et d'une diagonale.

### Tâches complexes

L'exercice 101 demande à l'élève de construire l'écran radar d'un bateau en réinvestissant ses connaissances sur le cercle.

À l'exercice 102, l'élève doit construire le plan d'une ville à l'aide d'informations données par des SMS.

Cet exercice, qui fait intervenir les droites perpendiculaires et parallèles, la notion de points alignés, les triangles et les quadrilatères, peut servir à établir un premier bilan en géométrie.

## CORRIGÉS

### Vu au cycle 3

**1. a.** et **c.** **2. b.** et **c.** **3. b.** **4. a.**

### Je découvre

### Activité 1

**a.**

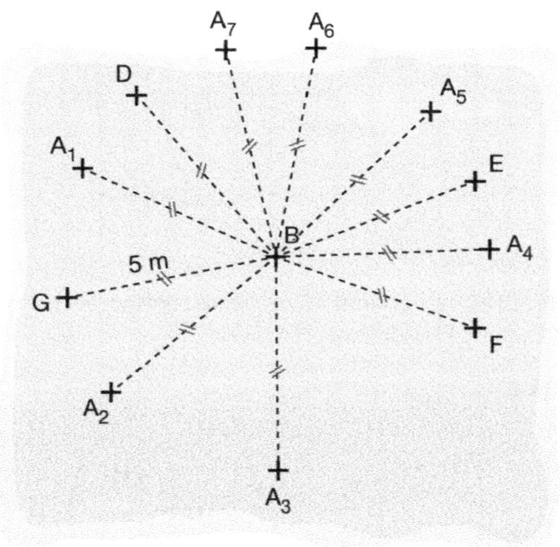


**b.** Si on plaçait tous les points situés à 5 m de B, on obtiendrait le cercle de centre B et de rayon 5 m.

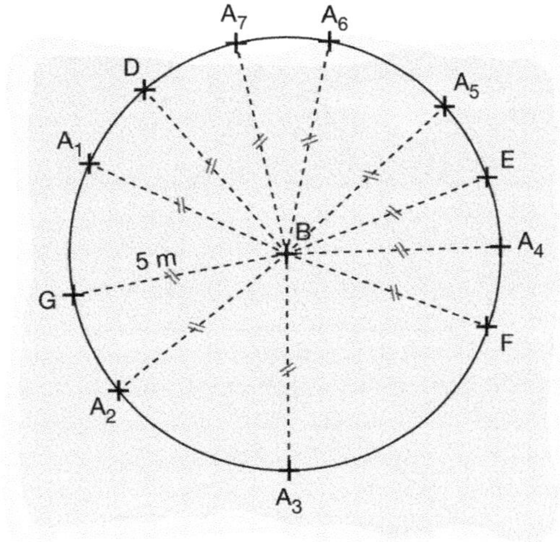


On peut tracer cette figure avec un compas.

**c.**

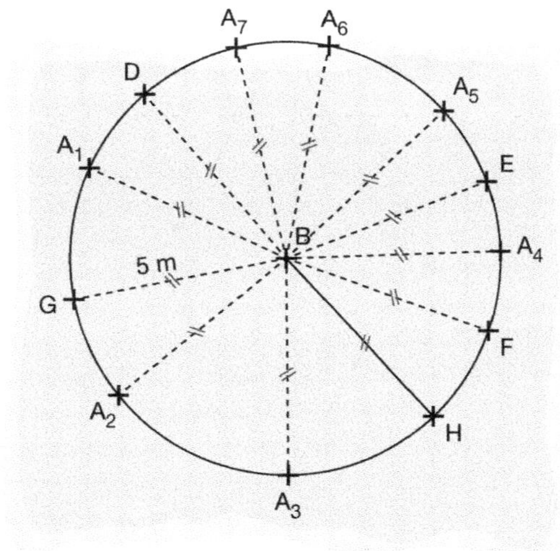


Le segment [DH] est un diamètre du cercle : il relie deux points du cercle en passant par le centre.

### Activité 2

**a.** ABC est un triangle rectangle en B.
DEF est un triangle isocèle en F.
GHI est un triangle équilatéral.
KLM est un triangle quelconque.

**b.** *Échelle* : $\frac{1}{2}$

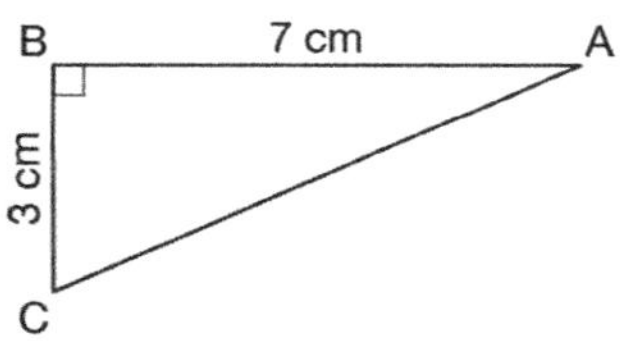


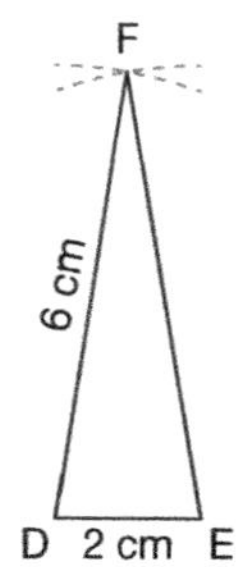

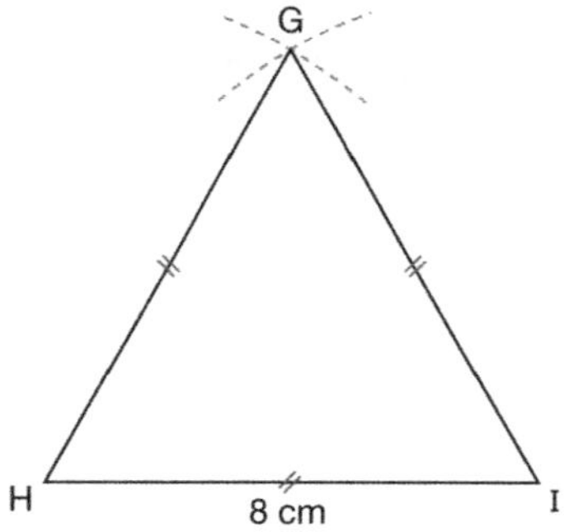


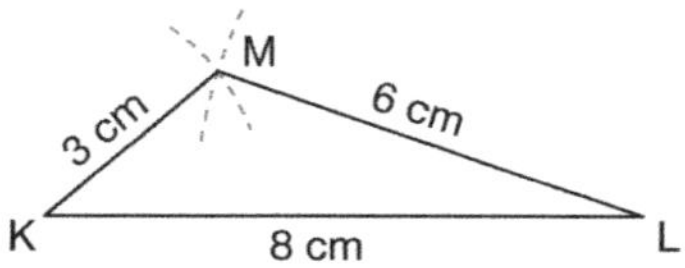


## Activité 3

**1** *Échelle* : $\frac{1}{2}$

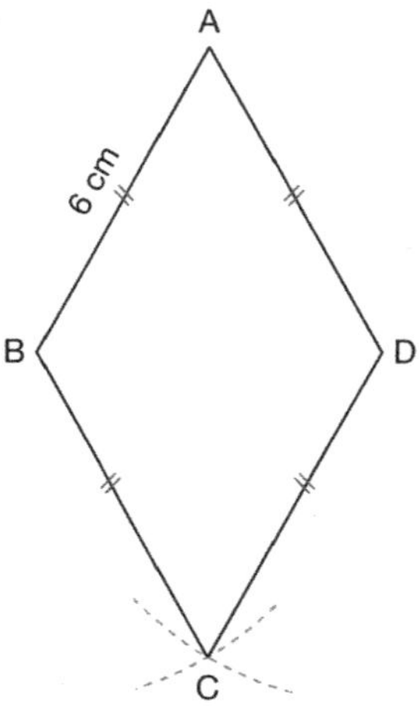


ABCD est un losange.

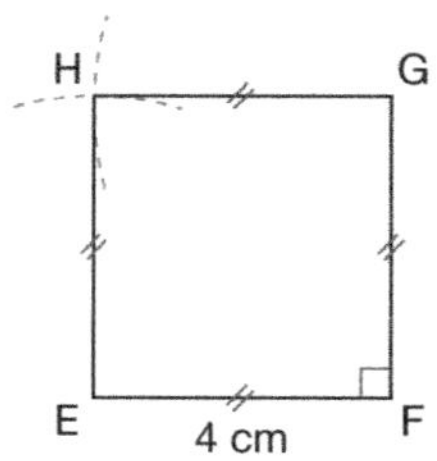


EFGH est un carré.

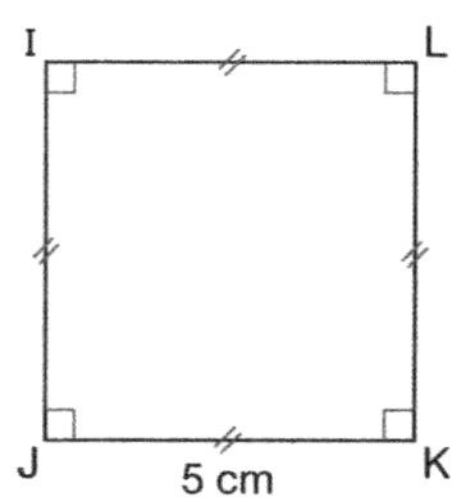


IJKL est un carré.

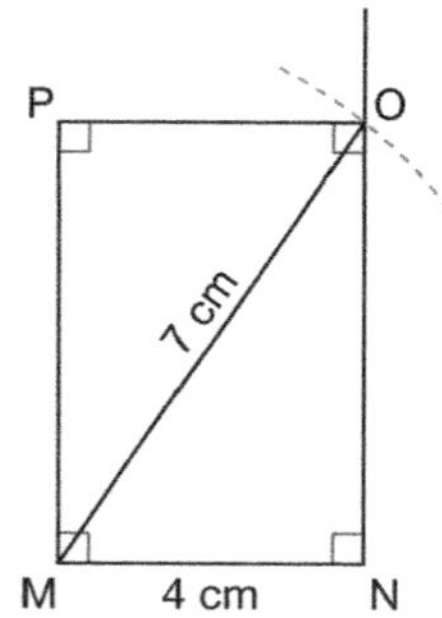


MNOP est un rectangle.

**2** **a.** et **b.**

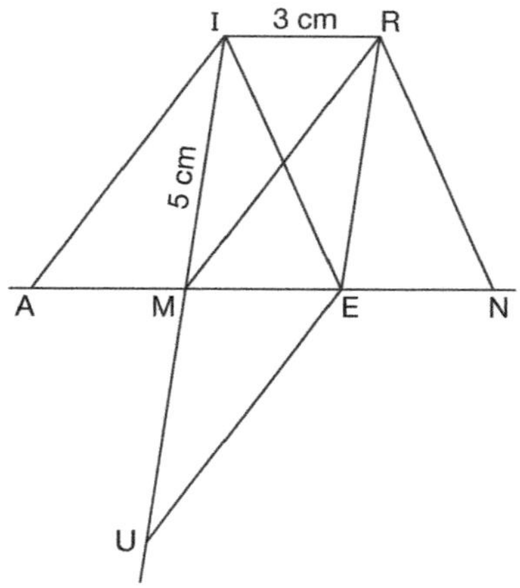


## J'applique le cours

**2** **a.** et **b.**

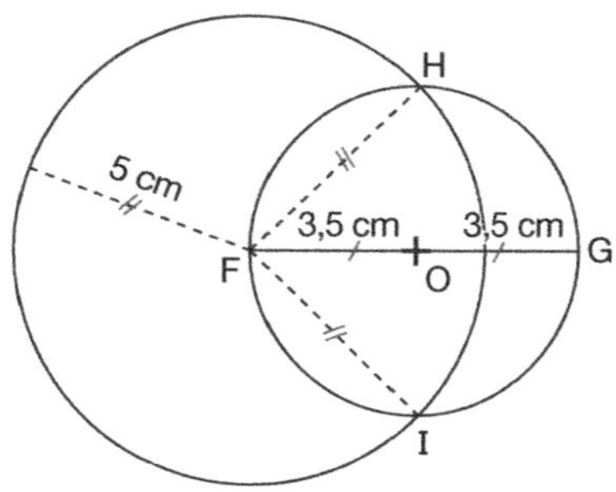


**c.** H et I appartiennent au cercle de centre F et de rayon 5 cm, donc FH = 5 cm et FI = 5 cm.

**3** **a.**

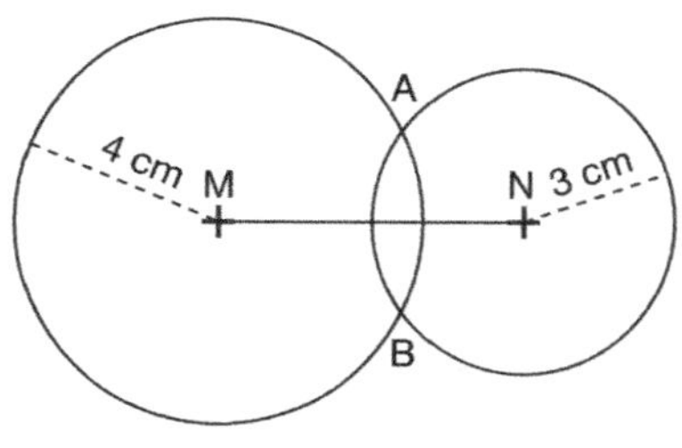

**b.** • A et B appartiennent au cercle de centre M et de rayon 4 cm donc AM = 4 cm et BM = 4 cm.
• A et B appartiennent au cercle de centre N et de rayon 3 cm donc AN = 3 cm et BN = 3 cm.

**4** **a.** et **b.**

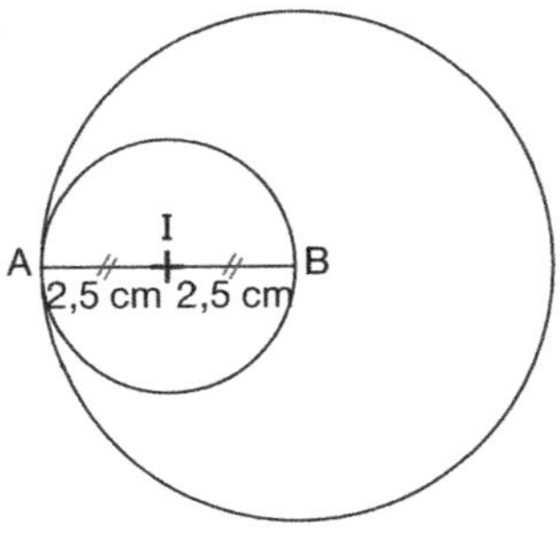


**5** **a.**, **b.**, **c.** et **d.**

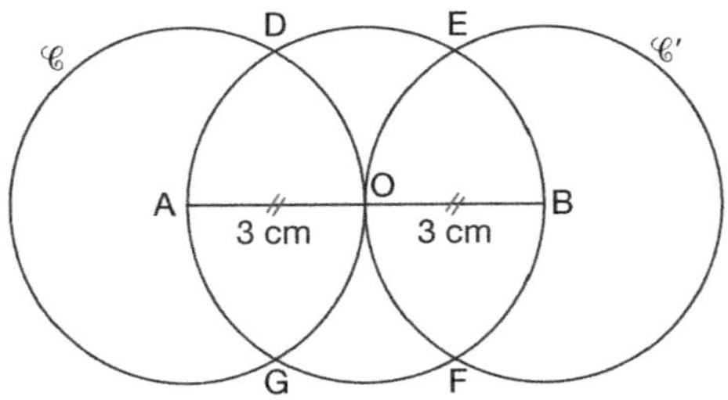


Pour placer tous les points des cercles 𝒞 et 𝒞' qui sont à 3 cm de O, on trace le cercle de centre O et de rayon 3 cm.
Les points D, E, F et G vérifient ces conditions.

**6** **a.**, **b.**, **c.**, **d.** et **e.**

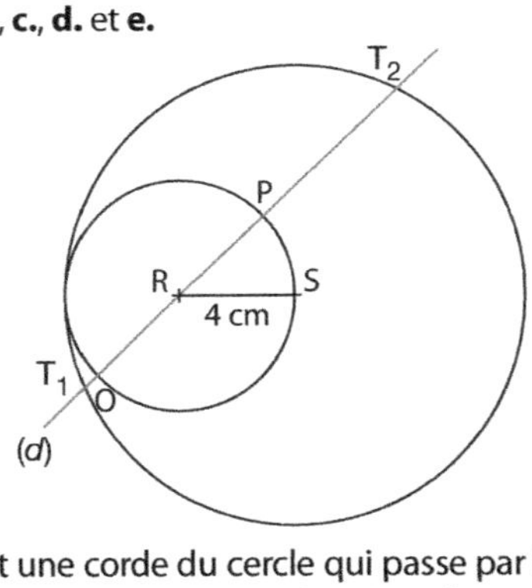


**d.** [OP] est une corde du cercle qui passe par le centre R de ce cercle, donc OP est un diamètre du cercle et alors OP = 2 × 4 cm.
Donc OP = 8 cm.

**e.** On trace le cercle de centre S et de rayon 8 m.
Ce cercle coupe la droite (*d*) en deux points $T_1$ et $T_2$ qui sont les deux positions possibles du point T.

**8**

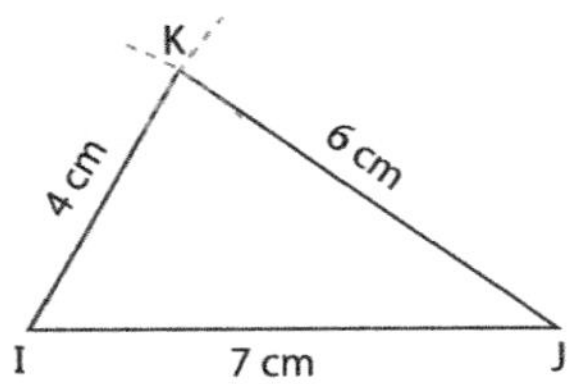


**9**

**a.**

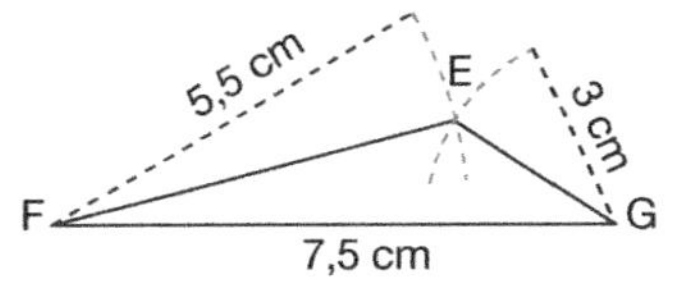


**b.**

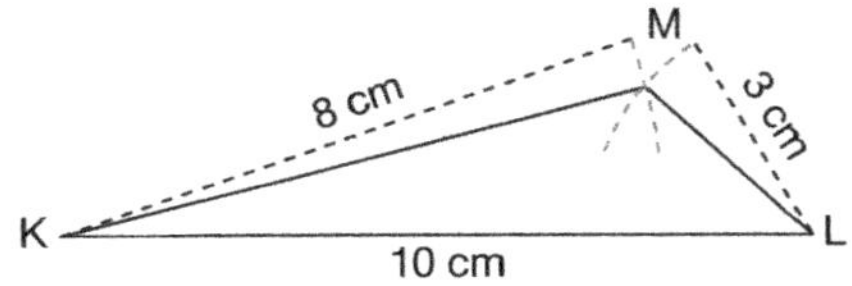


**10**

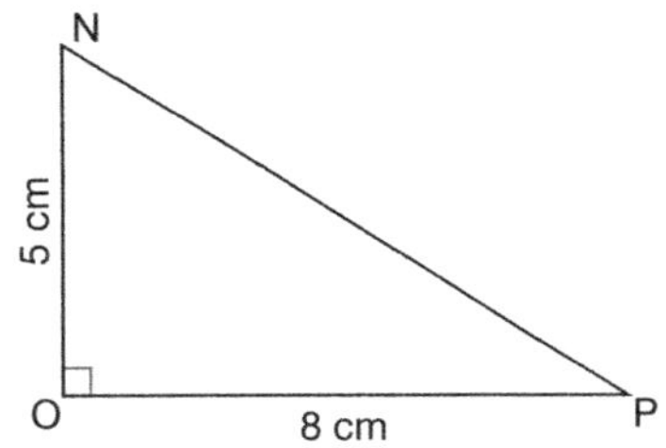


**11**

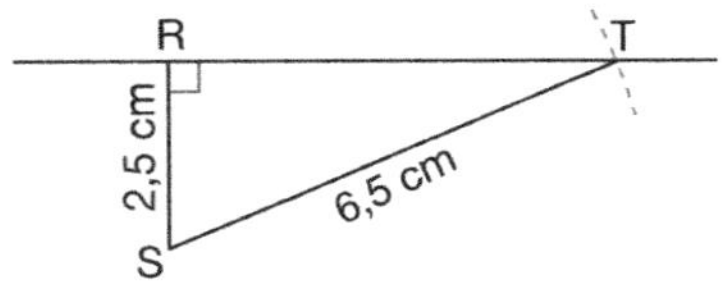


**12**

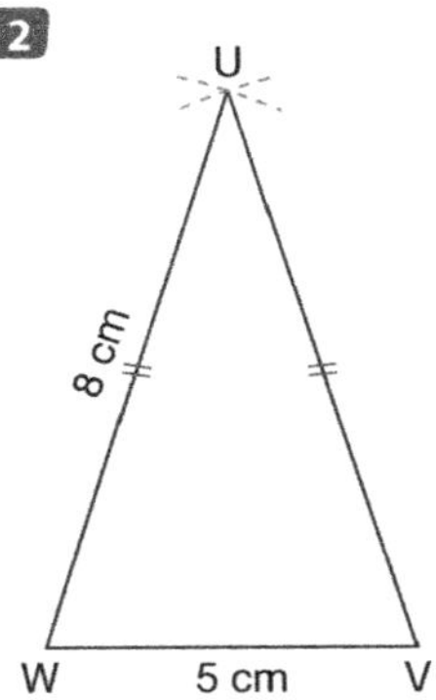


**13**

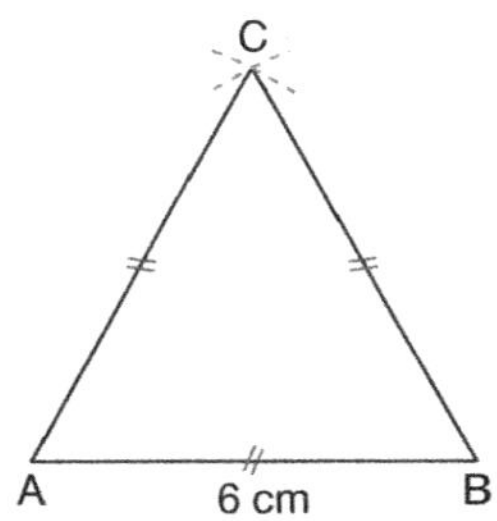


**14** **a.**

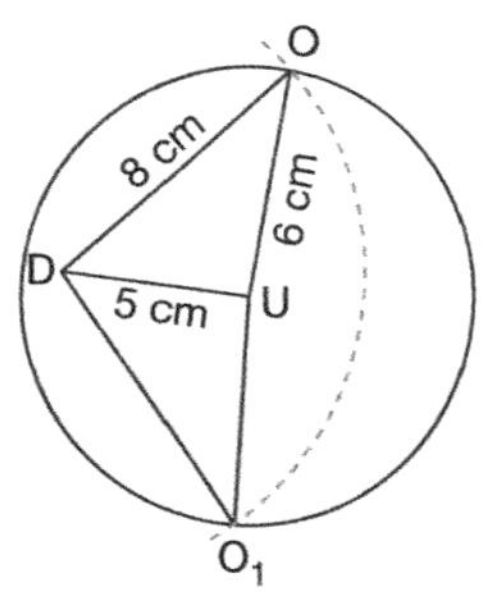


**b.** Les cercles tracés ont deux points d'intersection, situés de part et d'autre du segment [DU]. Hugo et Lisa ont ainsi placé leur point O à deux endroits différents.

**15** • **Triangle de Jenny** :

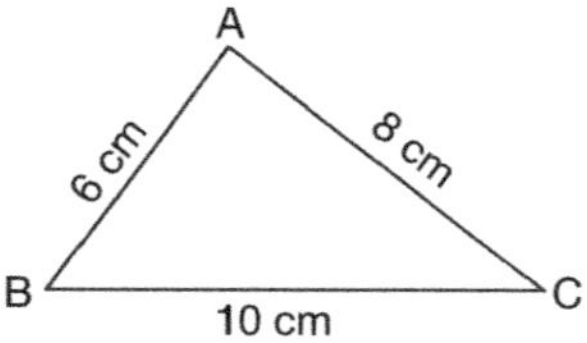


• **Triangle de Morgan** :

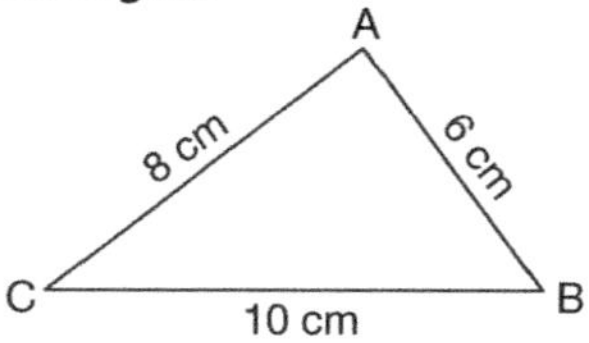


Morgan lit le mot anglais « CAB ».

**17**

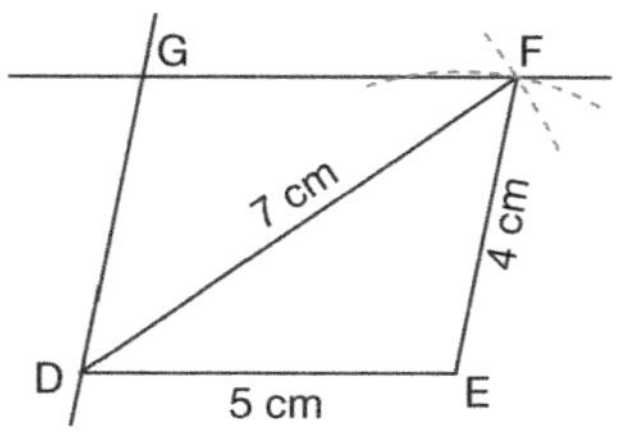


**18**

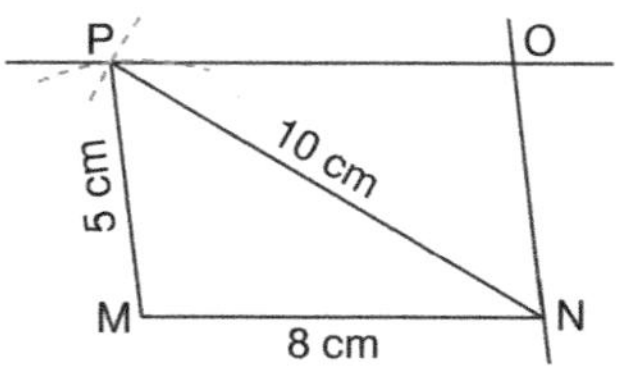


**19** **a.**

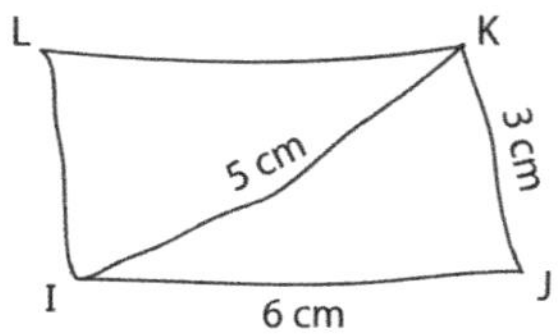


**b.**

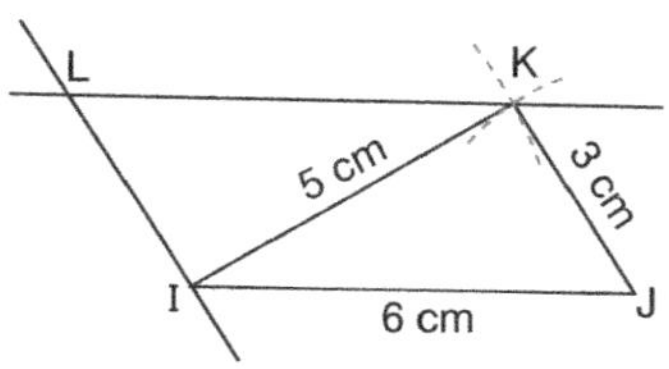


**20** **a.**

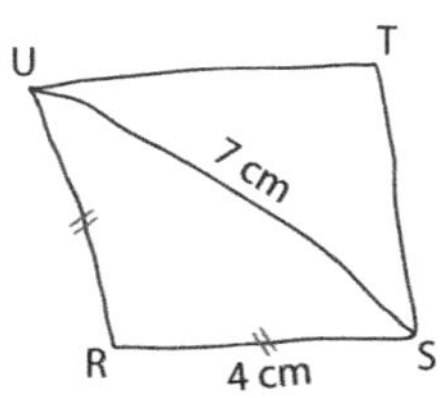


**b.**

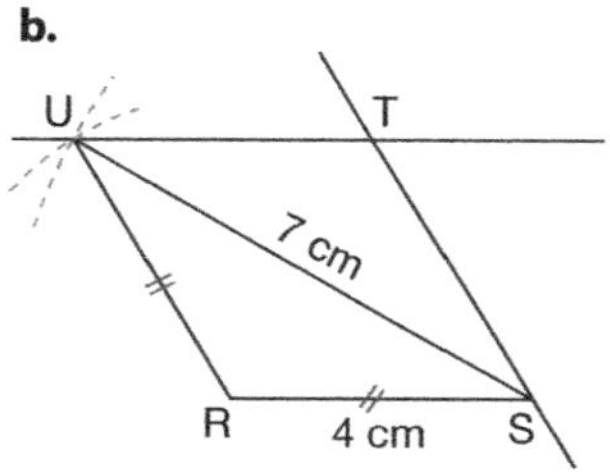


RSTU est un parallélogramme qui a deux côtés consécutifs de même longueur : c'est un losange.

**21** **a.** Sacha a construit le parallélogramme DEMN et non le parallélogramme DENM. Donc Léo a raison.

**b.**

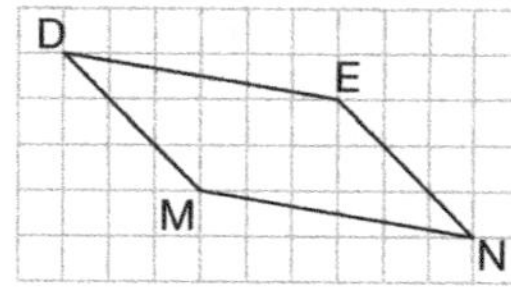


**22** **a.** et **b.** On peut construire les trois parallélogrammes ABCD, ABEC et AFBC.

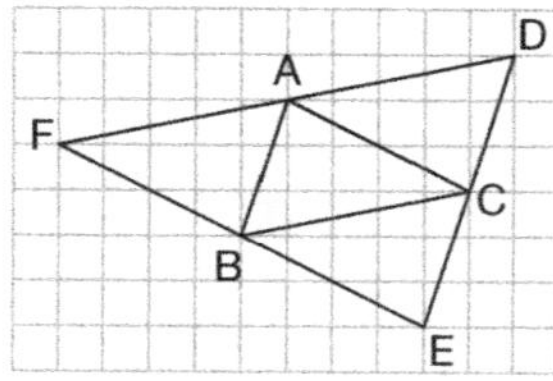


## À l'oral

**23** **a.** Centre : étiquette ③. Corde : étiquette ②.
Diamètre : étiquette ④. Rayon : étiquette ⑤.
Arc : étiquette ①.

**b.** [BC] est un diamètre du cercle de centre O passant par D.

Le centre O du cercle est le milieu du diamètre [BC].

Le segment [DC] est une corde du cercle de centre O passant par B.

La partie de cercle en rouge comprise entre C et D est l' arc de cercle $\overset{\frown}{CD}$.

Les segments [OB], [OC], [OD] et [OE] sont des rayons du cercle.

**24** **a.** Le triangle ABC est rectangle en C, car il a un angle droit en C.

**b.** Le triangle DEF est équilatéral, car il a ses trois côtés de la même longueur.

**c.** Le triangle GHI est isocèle en G, car ses côtés [GH] et [GI] ont la même longueur.

**25** **a.** Le triangle ABC n'est ni isocèle ni équilatéral.

**b.** Le triangle MNP est isocèle en N car MN = NP.

**c.** Le triangle RST n'est ni isocèle ni équilatéral.

**26** L'affirmation de Marwan est vraie. Il y a quatre triangles rectangles :

- le triangle CDE rectangle en E ;
- le triangle AEC rectangle en E ;
- le triangle BDC rectangle en C ;
- le triangle ACD rectangle en C.

**27** • Sur la figure ci-contre, AM = AN et A n'est pas le milieu du segment [MN], donc Zoé a tort.

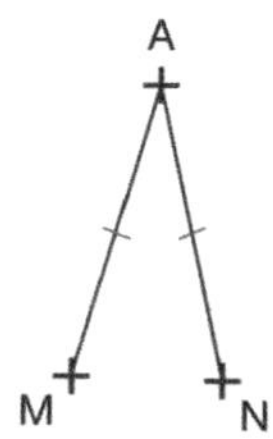


• On sait que AM = AN.
Or deux points situés à la même distance d'un point A appartiennent à un même cercle de centre A. Donc M et N appartiennent à un même cercle de centre A. Arthur a raison.

• Le triangle AMN est isocèle en M si AM = MN.
Ce n'est pas le cas ici, donc Léa a tort (le triangle AMN est isocèle en A).

**28** Les noms possibles de ce quadrilatère sont LION, NOIL, IONL.

**29** **a.** ABCD est un rectangle, car il a 4 angles droits.
**b.** EFGH est un losange, car il a ses quatre côtés de la même longueur.
**c.** IJKL est un carré, car il a 4 angles droits et ses côtés ont la même longueur.

**30** ABED, BDFE et BDEC.

## Calcul mental

**31** ❶ 18 ❷ 6 ❸ 13
❹ 18,5 ❺ 53,6 ❻ 13,4

**32** (5,8 cm + 7,4 cm) : 2 = 13,2 cm : 2 = 6,6 cm
Donc le rayon du cercle est 6,6 cm.

**33** **a.** AF = AB + BF = 4,3 cm + 2,6 cm = 6,9 cm
CE = CB – BE = 4,3 cm – 2,6 cm = 1,7 cm
Donc AF = 6,9 cm et CE = 1,7 cm.

**34** **a.** BC = 50 cm – 2 × 18 cm = 50 cm – 36 cm
Donc BC = 14 cm.
**b.** BC = 80 cm – 2 × 36,5 cm = 80 cm – 73 cm = 7 cm
Donc BC = 7 cm.
**c.** BC = 61 cm – 2 × 19 cm = 61 cm – 38 cm = 23 cm
Donc BC = 23 cm.

## Je m'entraîne

**35** **1. a.** AB < 1,5 cm **b.** AD > 1,5 cm
**c.** AE = 1,5 cm **d.** AF < 1,5 cm
**2.** Ryan a raison. En effet, AE = AG car les segments [AE] et [AG] sont deux rayons du cercle.

**36** Le centre du cercle est à la même distance des points A, B, C et D. Avec le compas, on peut comparer les distances FA, FB, FC et FD et constater qu'elles sont égales. F est donc le centre de ce cercle.

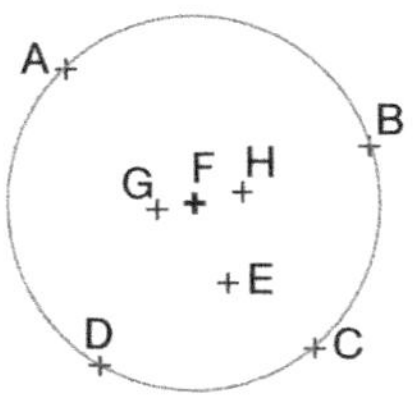


**37** • Étape ❶ : tracer un segment [RT].
• Étape ❷ : placer le milieu M du segment [RT] et coder la figure.
• Étape ❸ : tracer le cercle de diamètre [RT] (ou tracer le cercle de centre M qui passe par R).

**38** • Tracer un segment [AB] de longueur 12 cm.
Sur ce segment, placer les points C, D et E tels que :
AC = CD = DE = 3 cm.

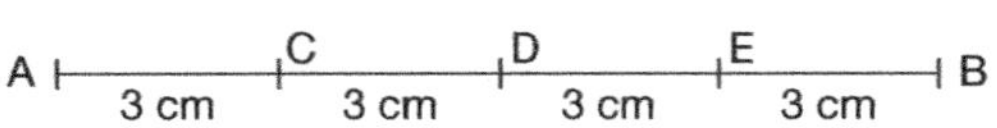


• Placer le milieu F du segment [AC]. Puis tracer le demi-cercle « supérieur » de diamètre [AC].

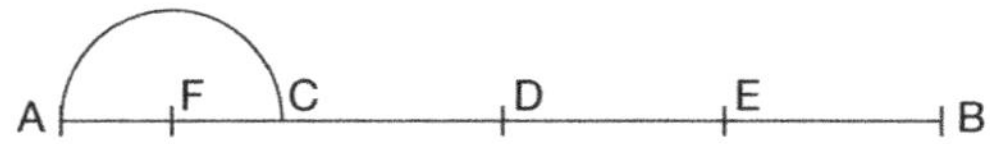


• Faire de même pour les segments [CD], [DE] et [EB].

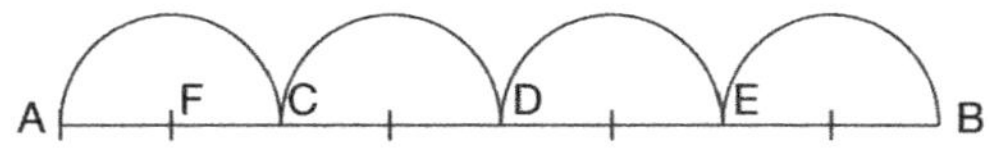


• Tracer le demi-cercle « supérieur » de diamètre [AD], puis celui de diamètre [DB].
Enfin, tracer le demi-cercle « supérieur » de diamètre [AB].

**39** **b.** On relève la longueur AB avec le compas.
On trace le cercle de centre C sans modifier l'ouverture du compas.
**d.** Les points E et F sont communs aux deux cercles de centres C et D et de rayon commun AB.

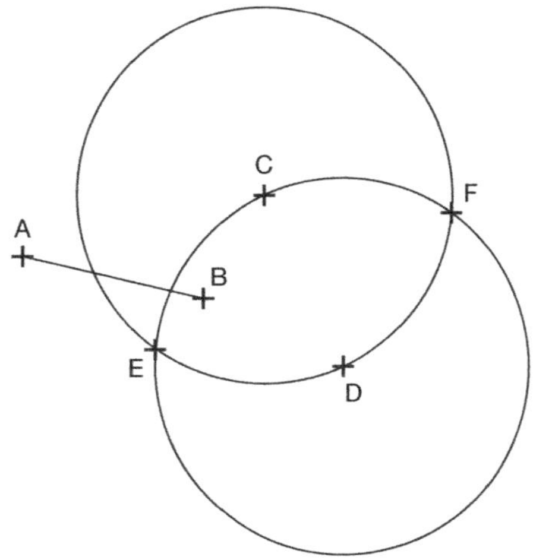


**40** **b.** Sur la figure, les positions possibles de Jules sont tous les points situés à 8 cm de M.
Ces positions forment donc le cercle de centre M et de rayon 8 cm.

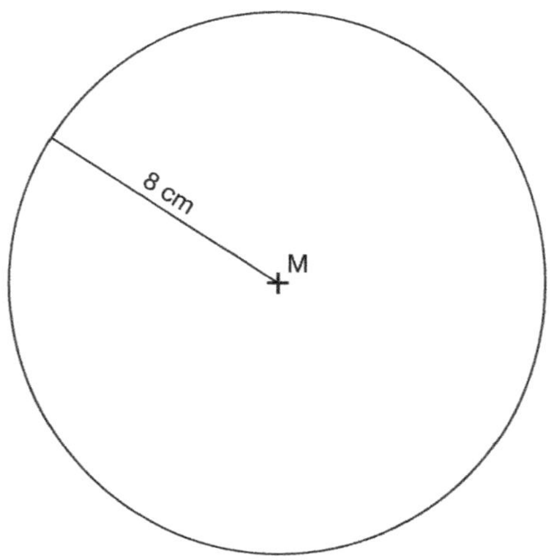

**41** **a.** et **b.** *Échelle* : $\frac{1}{2}$

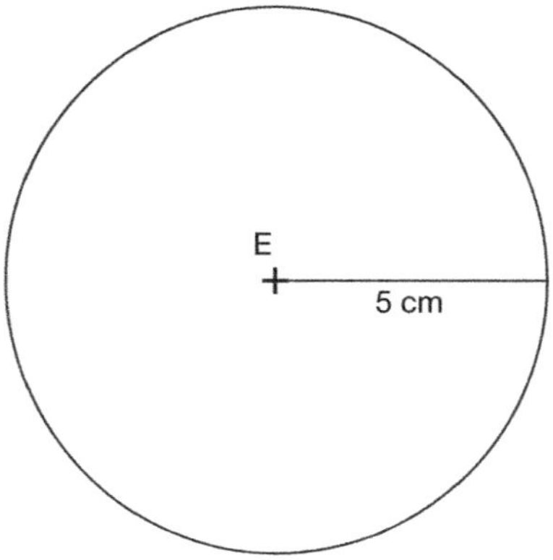


**c.**

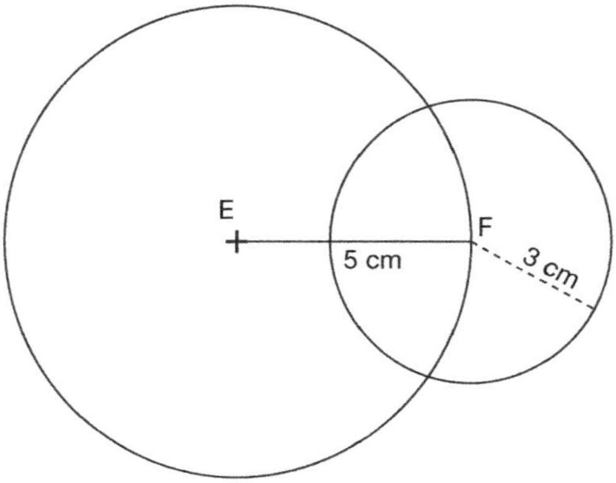


**42**

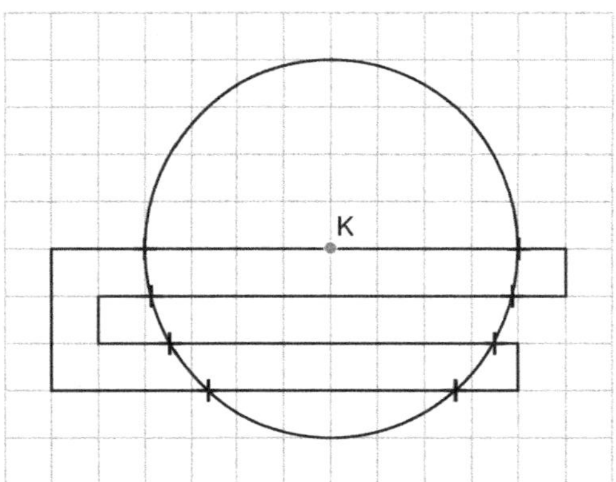


Il existe 8 points pour lesquels la voiture était située à 4 m de Karim.

**43** Les points que le chien peut atteindre sont à l'intérieur du cercle de centre P et de rayon 5 cm (*échelle* : $\frac{1}{2}$).

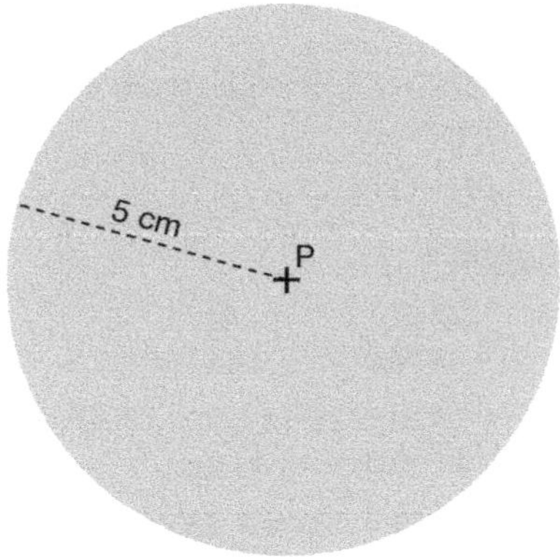


**44** **a.** • Pour qu'une ville soit dans cette zone, il faut qu'elle soit située à moins de 40 km de Tours. Sur la carte, cela veut dire que la ville doit être située à moins de 2 cm de Tours.

• Ainsi, Amboise, Chenonceaux et Azay-le-Rideau sont situées dans la zone de violents orages. En revanche, Blois, Chinon et Valençay sont situées en dehors de cette zone.

**b.** La zone cherchée est située à l'intérieur du cercle de centre Tours et de rayon 2 cm.

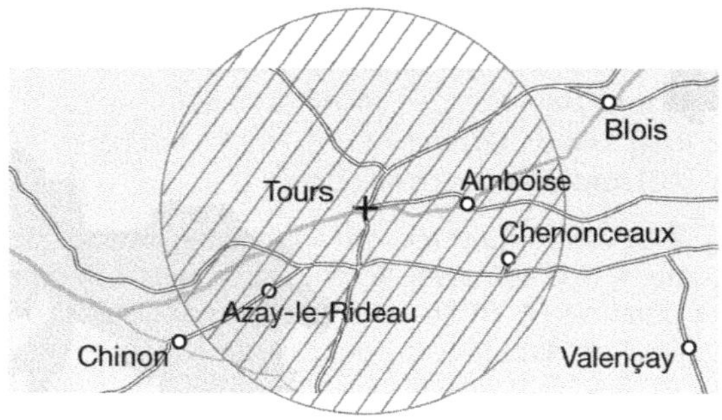


**45**

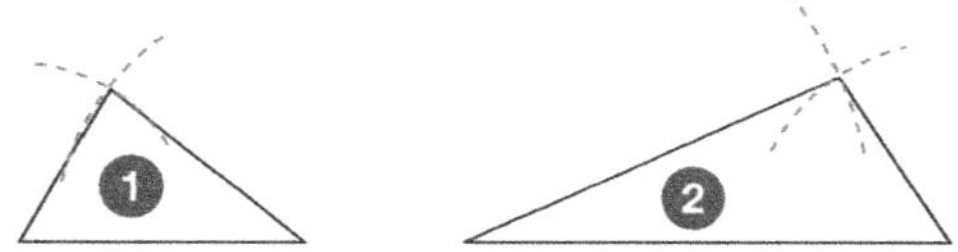


**46** **a.** ABC est un triangle équilatéral.
**b.** ACD est un triangle rectangle en D.
**c.** ABE est un triangle rectangle isocèle en A.
**d.** BCF est un triangle rectangle isocèle en F.

**47** **a.** Construire un triangle équilatéral ABC tel que AB = 5 cm.
**b.** Construire un triangle DEF rectangle en D tel que DF = 5 cm et FE = 9 cm.
**c.** Construire un triangle GHI isocèle en I tel que IG = 5 cm et HG = 8 cm.

**48** *Échelle* : $\frac{1}{2}$

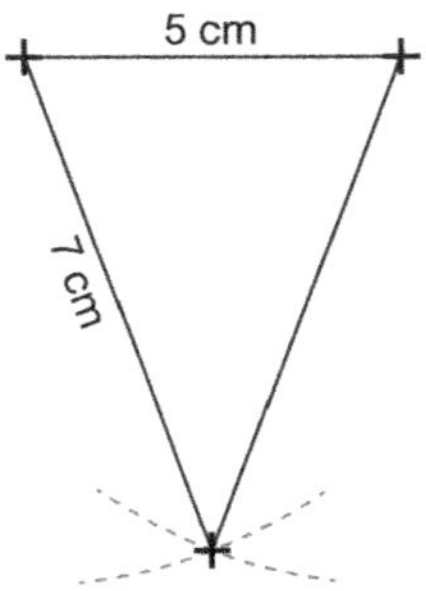


**49** *Échelle* : $\frac{1}{2}$

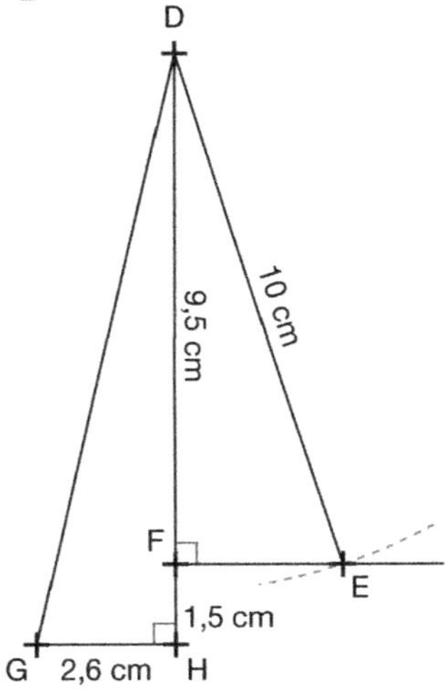


**50** *Échelle* : $\frac{1}{2}$

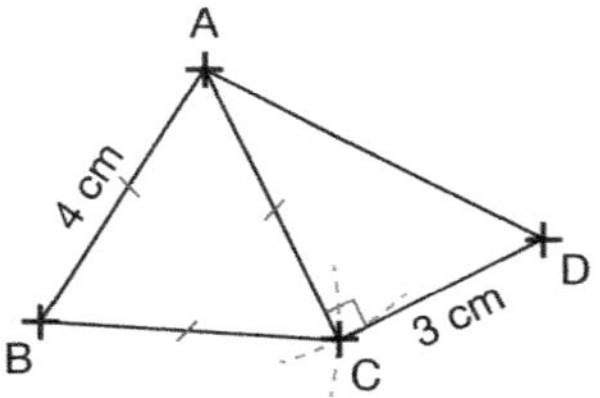


**51**

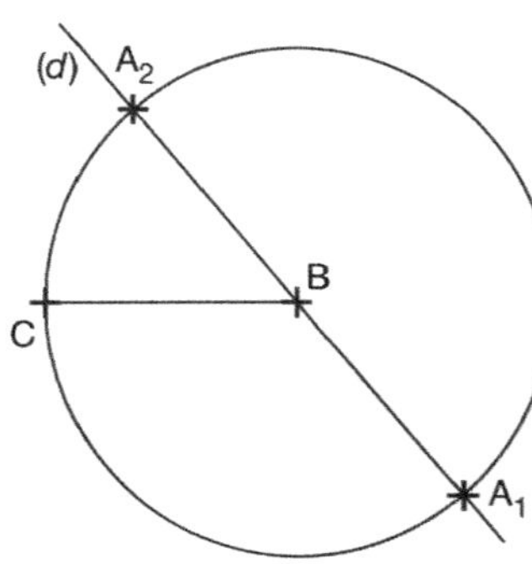


**52** **a.** et **b.** *Échelle* : $\frac{1}{2}$

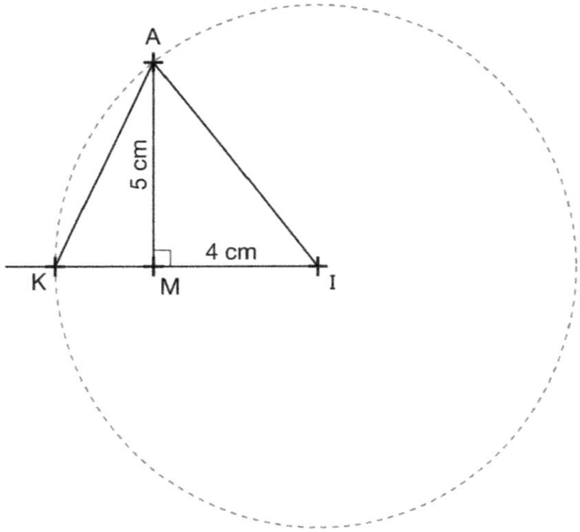


**c.** • KMA est un triangle rectangle en M.

• A et K appartiennent à un même cercle de centre I donc IA = IK. IA = IK donc le triangle KIA est isocèle en I.

**53** **a.** et **b.**

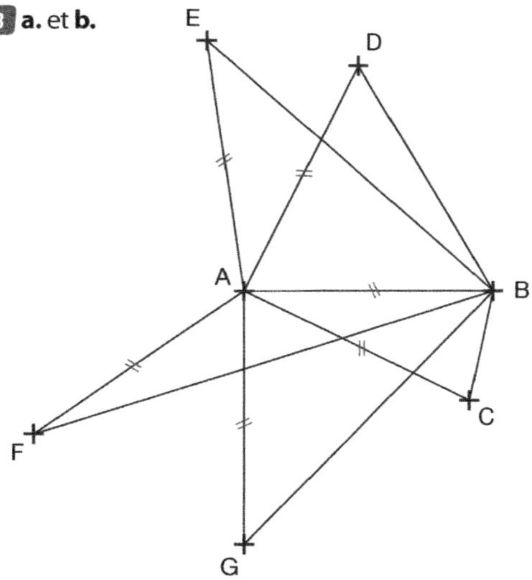


**c.**

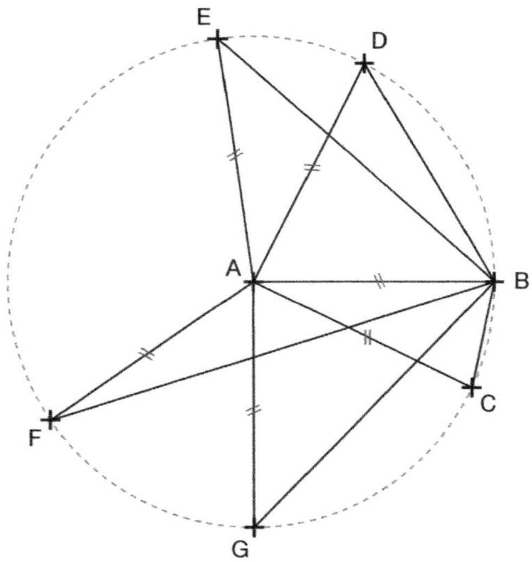

On constate que les points C, D, E, F et G sont sur le cercle de centre A qui passe par B.
En effet, ABC est un triangle isocèle en A donc AB = AC.
AB = AC donc B et C appartiennent à un même cercle de centre A.
On montre de même que les points D, E, F et G appartiennent au cercle de centre A qui passe par B.

**54** **a.** L'énoncé ne précise pas en quel point le triangle est isocèle.
Le triangle peut donc être isocèle en R ou en T, et deux constructions sont alors possibles.

**b.** *Échelle* : $\frac{1}{2}$

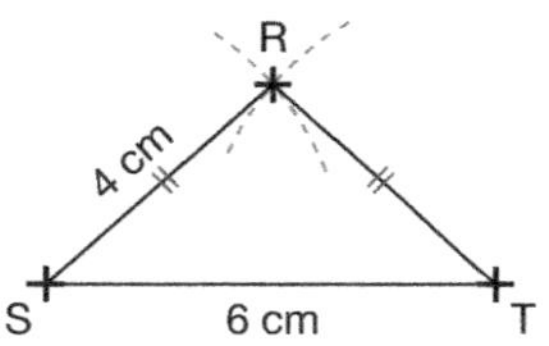


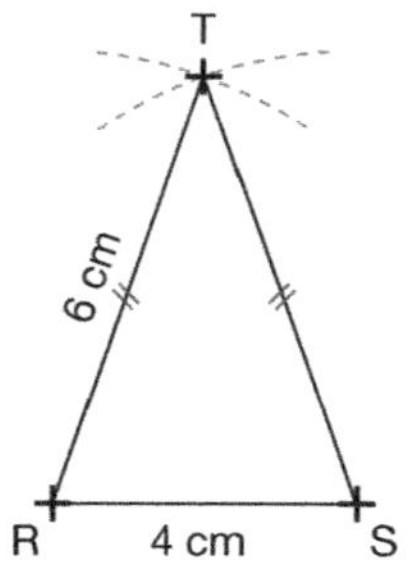


**55** **a.** C'est Lilou qui a raison ; elle peut construire le triangle BCD rectangle en B, avec BD = 4 cm et BC = 5 cm.
Agathe ne peut pas commencer par construire le triangle AEC car elle ne connaît que la longueur d'un seul côté de ce triangle.

**b.** *Échelle* : $\frac{1}{2}$

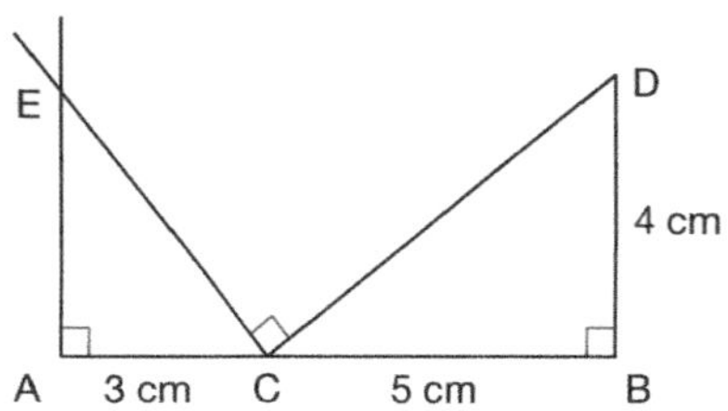


**c.** Programme de construction (exemple) :
- Construire un triangle BCD rectangle en B, tel que BD = 4 cm et BC = 5 cm.
- Placer le point A sur la demi-droite [BC) tel que BA = 8 cm.
- Tracer la perpendiculaire en A à la droite (AB).
- Tracer la perpendiculaire en C à la droite (CD).

Ces deux droites se coupent en E.
Remarque : on peut aussi commencer par tracer le segment [AB] et placer le point C. La suite se fait dans le même ordre.

**56** **a.** Commencer par construire le triangle ABC, puis placer le point D à 4 cm de A et de B, à l'extérieur du triangle déjà tracé.

*Échelle* : $\frac{1}{2}$

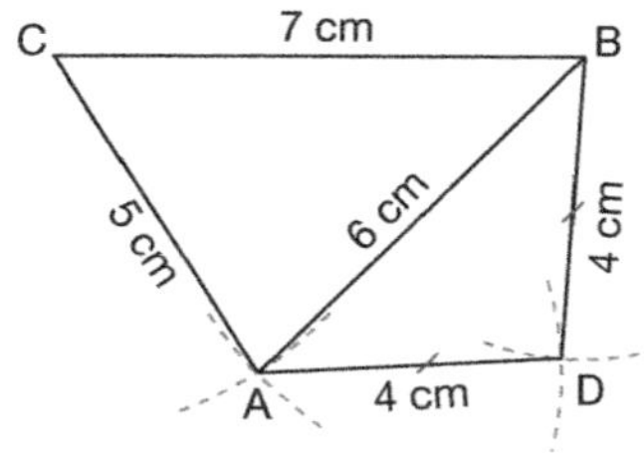


**b.** Victor se trompe. Le quadrilatère tracé ne se nomme pas ABCD mais, par exemple, ADBC ou ACBD.

**57** **a.** Les segments [NI] et [MA] ont la même longueur.
**b.** Le triangle MEA a un angle droit.

**58** **a.** DGFE est un rectangle.
**b.** KGLF est un losange.
**c.** MNDI est un carré.
**d.** DHEI est un parallélogramme.

**59** 2 × 3,5 cm = 7 cm et 2 × 4,5 cm = 9 cm.
Donc les quatre photos forment un rectangle de dimensions 7 cm et 9 cm.

*Échelle* : $\frac{1}{2}$

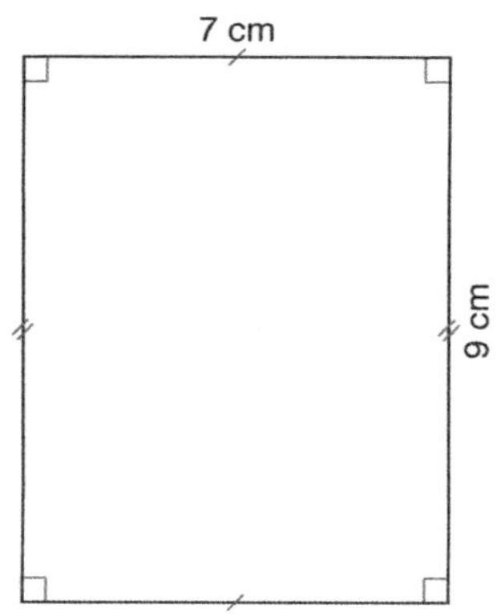


**60** **a.** et **b.** *Échelle* : $\frac{1}{2}$

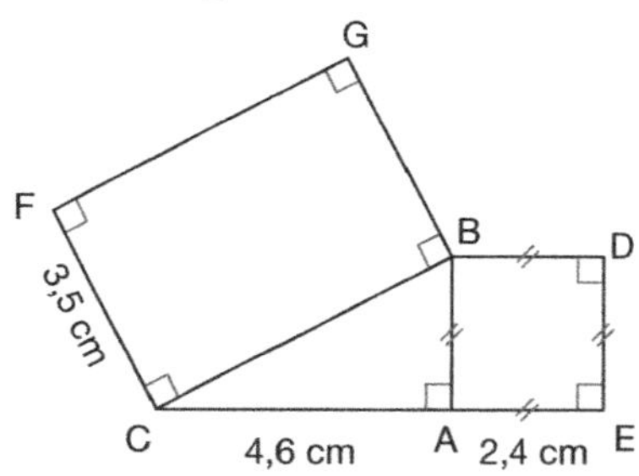

**61** **a. b.** La diagonale [MP] du rectangle MNPQ est un côté du rectangle MPKL.

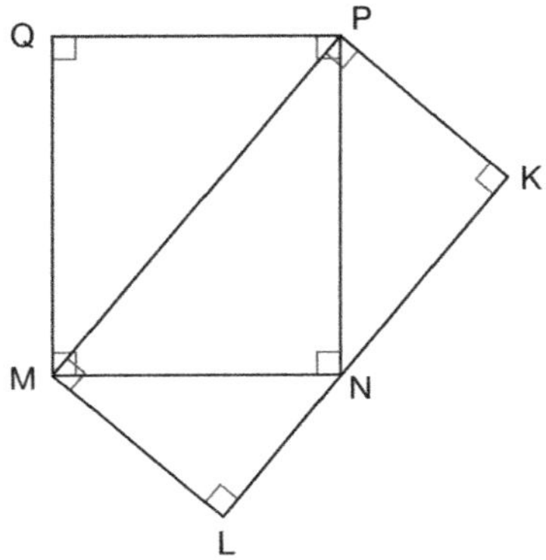


**62** **a.** et **b.** La perpendiculaire à la droite (AB) qui passe par B coupe la droite (*d*) en C.

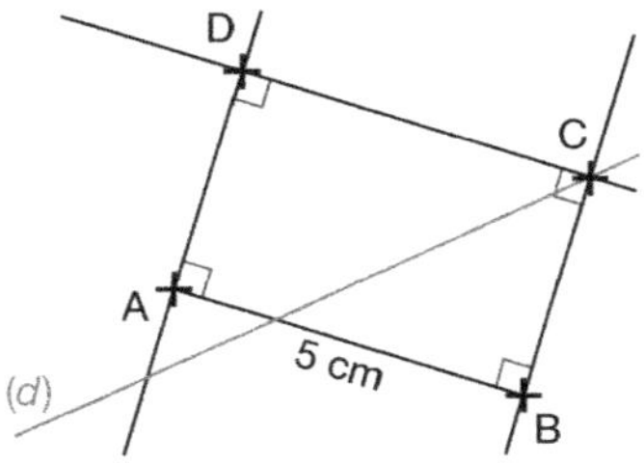


**63** On doit représenter 20 m par 1 cm.
202 : 20 = 10,1
Donc la piste est un rectangle de 10,1 cm sur 1 cm.

**64** **a.**

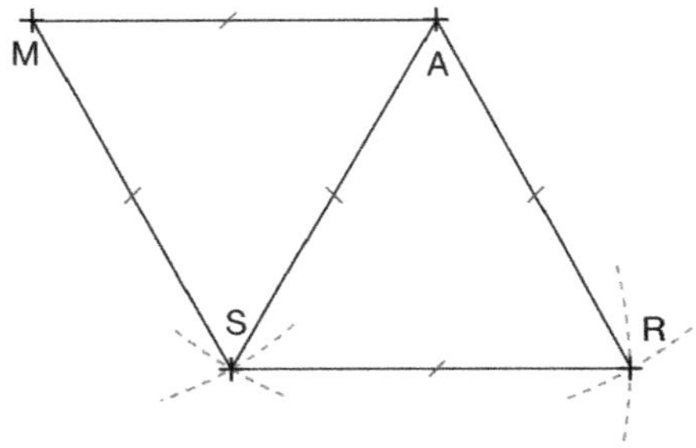


**b.** Le quadrilatère MARS est un losange car ses quatre côtés sont de la même longueur.

**65** 16 : 4 = 4 et 28 : 4 = 7. Donc LM = 4 cm et LC = 7 cm.

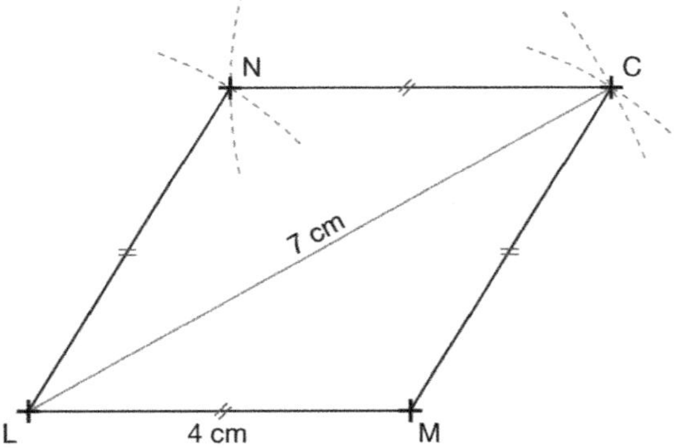


**66** **a.** et **b.**

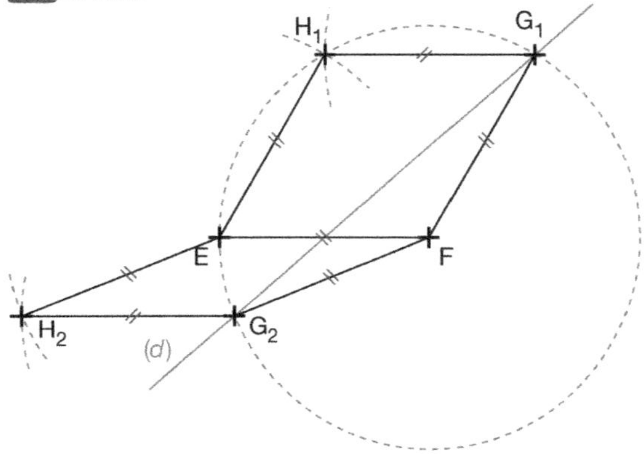


**c.** Le cercle de centre F qui passe par E coupe la droite (*d*) en deux points, donc il existe deux emplacements possibles pour le point G ($G_1$ et $G_2$ sur la figure).

**67** **a.** et **b.** *Échelle* : $\frac{1}{2}$

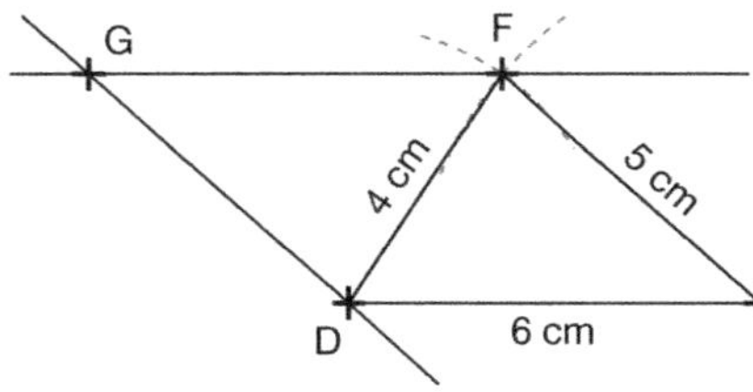


**68** **a.** et **b.**

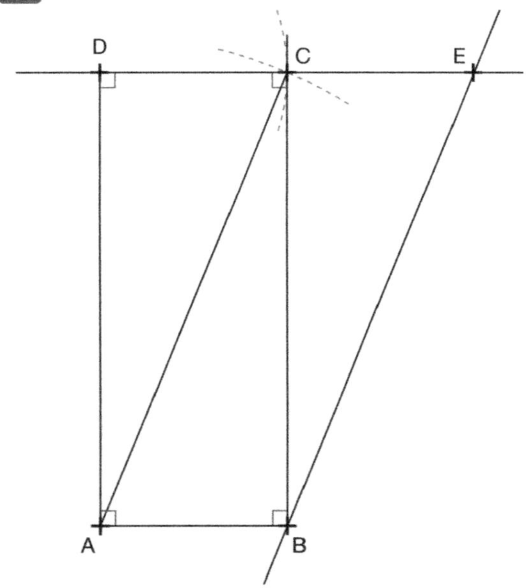


**69** **a.** On compte 8 carrés :
6 carrés unités et 2 carrés 2 × 2.

**b.** On compte 10 rectangles non carrés :
7 rectangles 1 × 2 ; 2 rectangles 1 × 3 et 1 rectangle 2 × 3.

**70** On compte 5 losanges.

**71** • AI = IB = AB : 2 = 7 cm : 2 = 3,5 cm
Donc AI = 3,5 cm.

• I et M appartiennent à un même cercle de centre B donc BM = BI et BM = 3,5 cm.
Conclusion : AI = BM.

**72** On note P le périmètre du polygone ABFCD.
$P = 2 \times 2 + 4 \times 1,5 = 4 + 6 = 10$
Donc le périmètre du polygone ABFCD est 10 cm.

## Je m'évalue à mi-parcours

**73** c. **74** b. **75** a. **76** b. **77** a.

## Avec un logiciel

**78** **2.** Les longueurs AC, CB, BD et AD semblent être toujours égales.
ACBD semble être un losange.

**3. a.** B, C et D appartiennent au cercle de centre A et de rayon 3 cm donc AB = AC = AD = 3 cm.
**b.** A, C et D appartiennent au cercle de centre B et de rayon 3 cm donc BA = BC = BD = 3 cm.
**c.** Finalement, AC = AD = BC = BD = 3 cm.
Le quadrilatère ACBD a ses côtés de même longueur, c'est donc un losange.

**79**

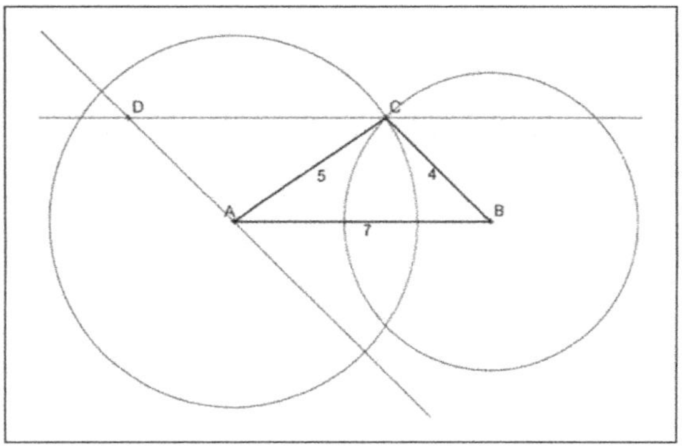


**80** ❶

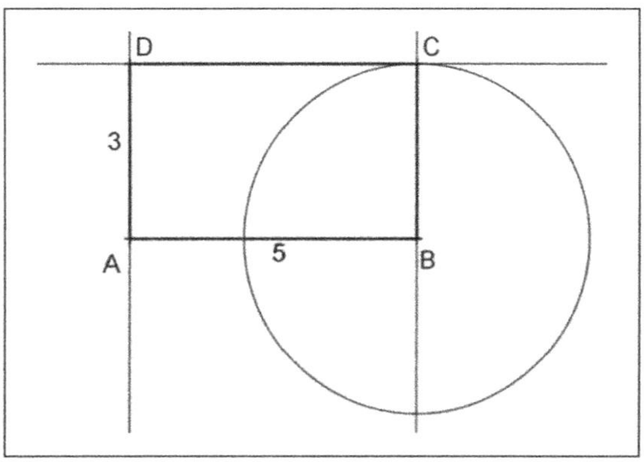


❷

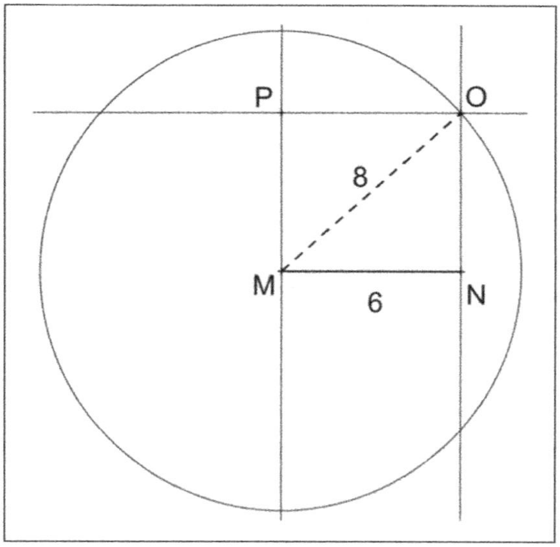


## J'utilise mes compétences

**81** **1.**

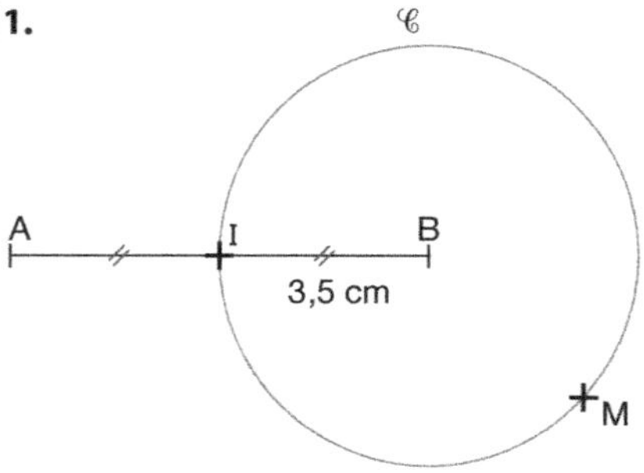


**2. a.** BI = 3,5 cm donc le point I appartient au cercle de centre B et de rayon 3,5 cm.
**b.** I est le milieu du segment [AB] donc la longueur AI est égale à la moitié de la longueur AB, soit AI = 3,5 cm. Mais le point M appartient au cercle 𝒞 de centre B et de rayon 3,5 cm, donc BM = 3,5 cm. Ainsi AI = BM.
**c.** IB = BM = 3,5 cm donc le triangle BMI est isocèle en B.

**82** **a.** • On commence par tracer le triangle équilatéral ABC de côté 6 cm.

• On trace ensuite le triangle isocèle BCD en plaçant le point D tel que BD = 2 cm et CD = CB = 6 cm.

• On trace ensuite la demi-droite [DB) sur laquelle on place le point E tel que BE = 6 cm.

• On termine enfin en construisant le point F tel que EF = AF = 6 cm.

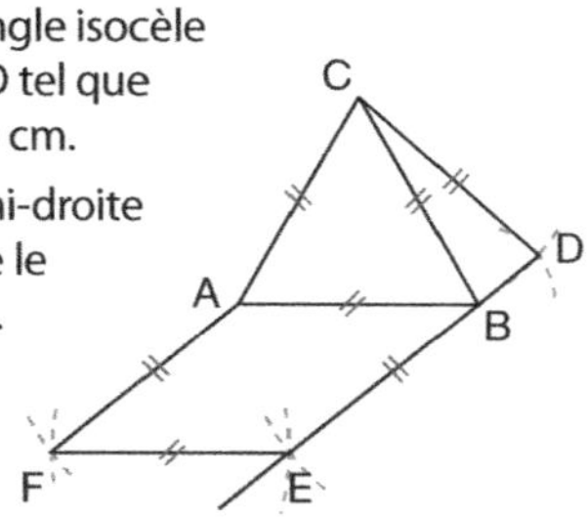


**b.** Le triangle ACD est isocèle en C car AC = CD = 6 cm. En effet, le triangle BCD est isocèle en C, donc BC = CD. De plus, le triangle ACB est équilatéral, donc AC = BC.
Ainsi, AC = CD.

**83** **a.** Le quadrilatère qui représente ce panneau est un carré.
**b.** 70 cm : 10 = 7 cm.

*Échelle* : $\frac{1}{2}$

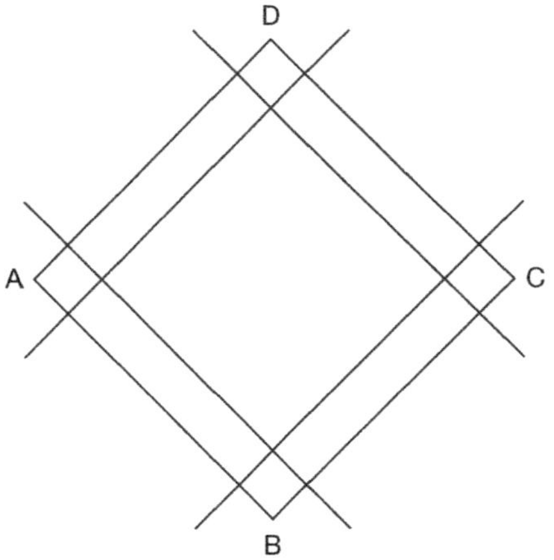


**c.** Ce panneau signifie que l'on roule sur une route prioritaire.

**84** Il s'agit de construire deux rectangles aux côtés parallèles.
Plusieurs démarches sont possibles. Par exemple :

- 130 : 10 = 13 et 42 : 10 = 4,2
On trace un rectangle EFGH tel que EH = 13 cm et EF = 4,2 cm.
- 10 : 10 = 1 et 5 : 10 = 0,5
0,5 cm = 5 mm
On trace deux droites parallèles à (EH), à 5 mm de (EH) et de (FG) et deux droites parallèles à (EF), à 1 cm de (EF) et de (HG). On obtient ainsi le rectangle ABCD.

**85** **a.**

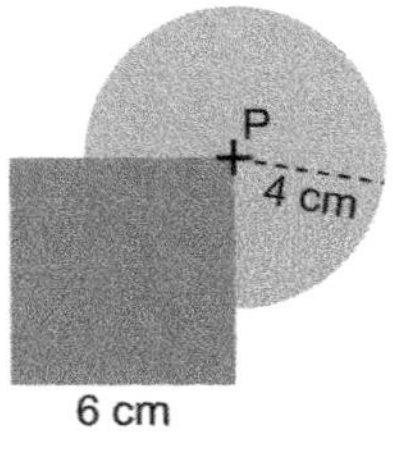


**b.**

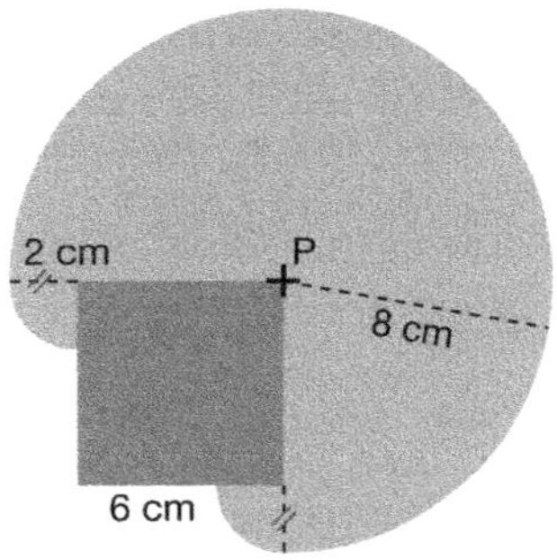


**c.**

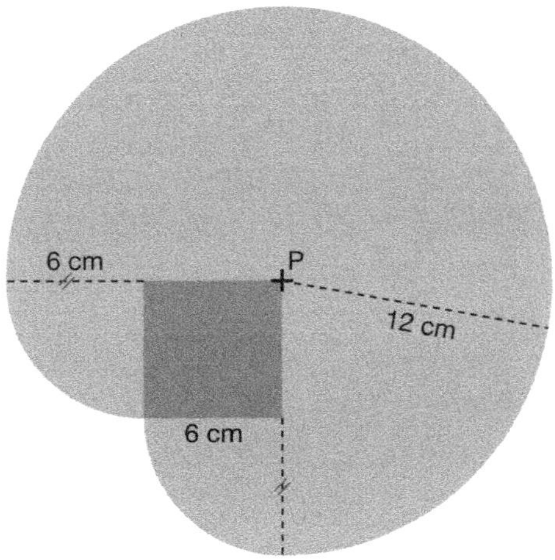


**86** • **Calcul des longueurs sur le plan :**
8 : 2 = 4 cm donc BK = 4 cm
12 : 2 = 6 donc BC = 6 cm
15 : 2 = 7,5 donc KC = 7,5 cm

• **Construction du plan à l'échelle $\frac{1}{2}$ :**

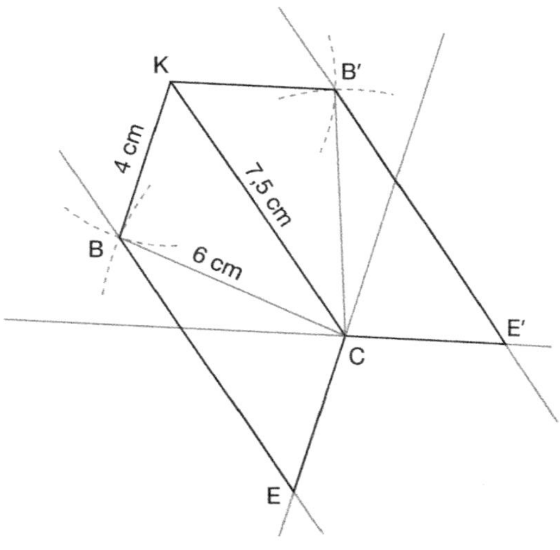


Il existe deux points (B et B′) pour le bateau et il existe donc deux emplacements possibles (E et E′) pour l'épave.

**87 Traduction :**

***a.*** *Construire un rectangle ABCD tel que AB = 4 cm et BC = 3 cm.*

***b.*** *Construire un point E tel que le triangle ACE soit équilatéral.*

**Réponse :**

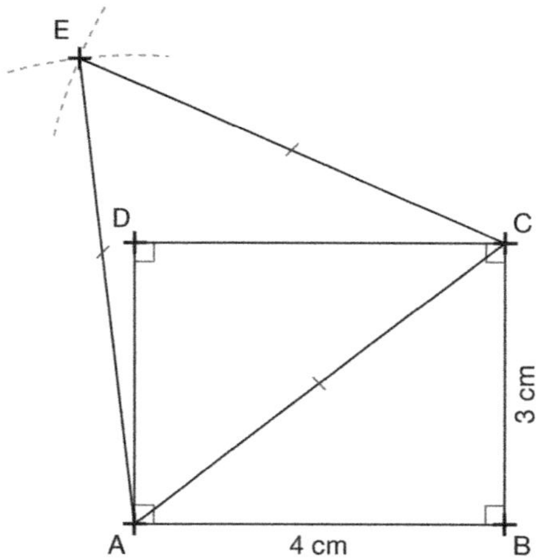


**88 a.** *Échelle :* $\frac{1}{2}$

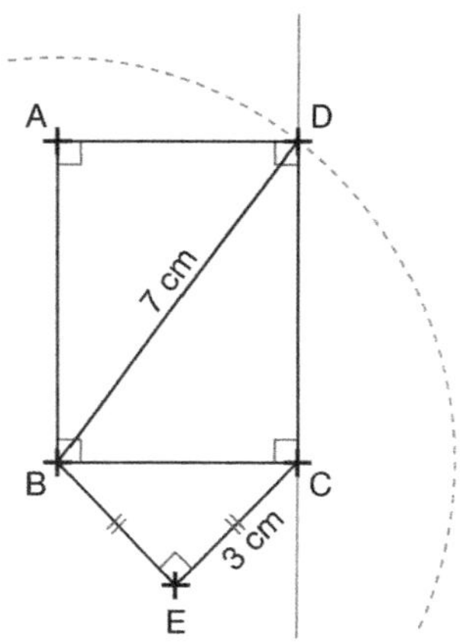


**b.** • Tracer un triangle BEC rectangle isocèle en E tel que EC = 3 cm.

• Tracer le cercle de centre B et de rayon 7 cm.

• Tracer la perpendiculaire à (BC) qui passe par C.
Cette droite coupe le cercle en deux points.
Noter D le point situé de l'autre côté de [BC] par rapport à E.

• Terminer la construction du rectangle ABCD.

**89** La réserve se trouve à l'intérieur de la zone délimitée par les trois cercles (en gras ci-dessous).

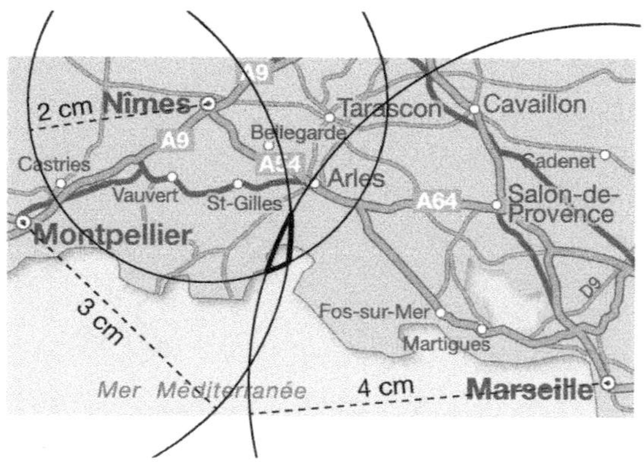


**90**

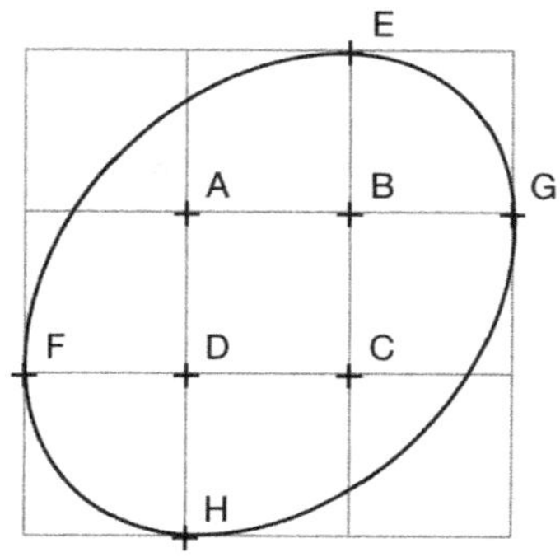


Pour construire cet ovale, on trace quatre arcs de cercle :
- l'arc de centre C, de rayon 2 carreaux, de E à F ;
- l'arc de centre D, de rayon 1 carreau, de F à H ;
- l'arc de centre A, de rayon 2 carreaux, de H à G ;
- l'arc de centre B, de rayon 1 carreau, de G à E.

**91** Point ❶ : B Point ❷ : A
Point ❸ : I Point ❹ : C
Point ❺ : E Point ❻ : F
Point ❼ : D

**92** • On réalise une figure à main levée sur laquelle on constate que :
- la droite (GF) est parallèle à la droite (*d′*) ;
- la droite (GH) est parallèle à la droite (*d*).

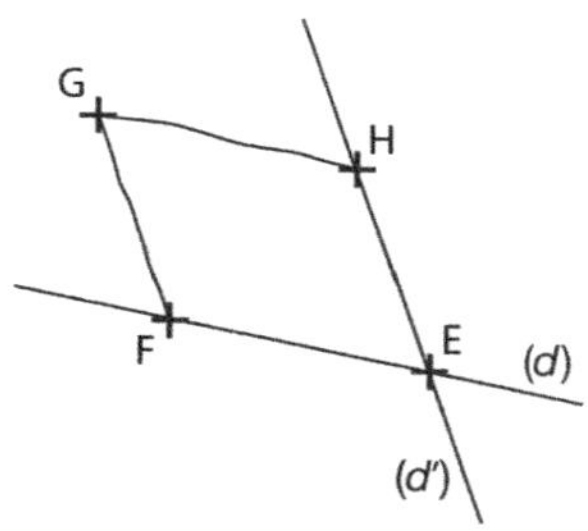


• Pour construire les points F et H, on doit tracer par le point G les parallèles aux droites (*d*) et (*d′*).

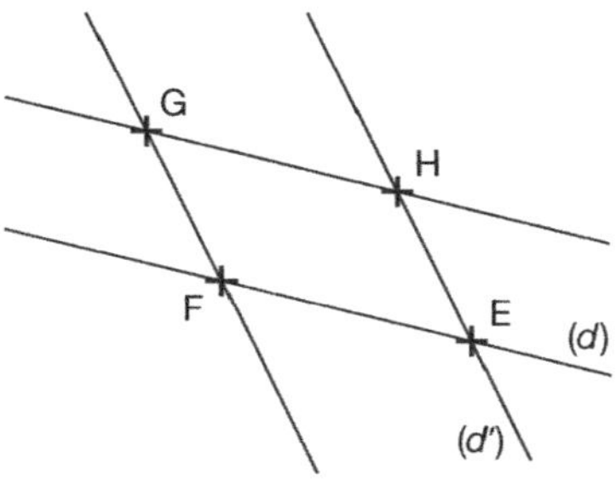


**93** On peut compter les allumettes par rangée.
1er carré : 4 allumettes
2e carré : 12 allumettes ($3 \times 2 \times 2 = 12$)
3e carré : 24 allumettes ($4 \times 3 \times 2 = 24$)
4e carré : 40 allumettes ($5 \times 4 \times 2 = 40$)
etc.
30e carré : 1 860 allumettes ($31 \times 30 \times 2 = 1\,860$)
Stacy utilisera 1 860 allumettes pour le 30e carré.

**94** L'idée est de tracer cinq droites telles que trois de ces droites ne se coupent jamais en un même point.
Les 10 points d'intersections de ces cinq droites forment cinq alignements de quatre points.

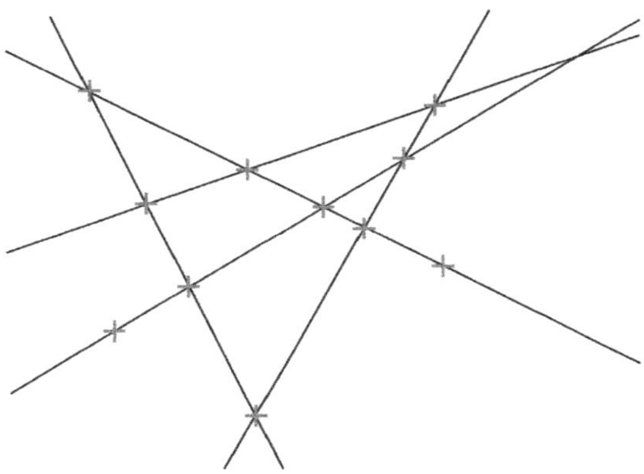

## Accompagnement personnalisé

**95** **a. et b.** *Échelle* : $\frac{1}{2}$

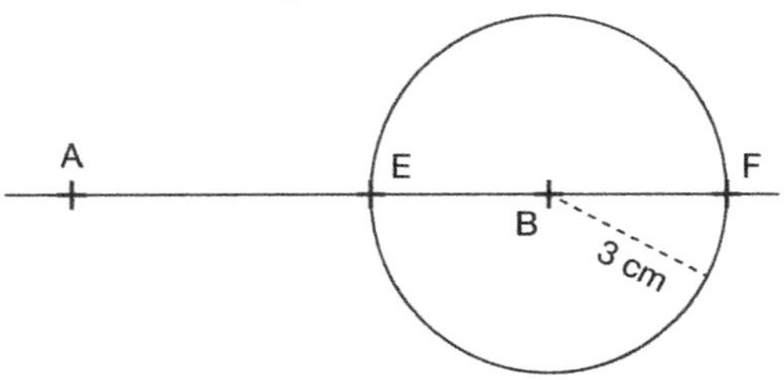


Le cercle de centre B et de rayon 3 cm coupe la droite (AB) en deux points E et F situés à 3 cm de B.

**c.**

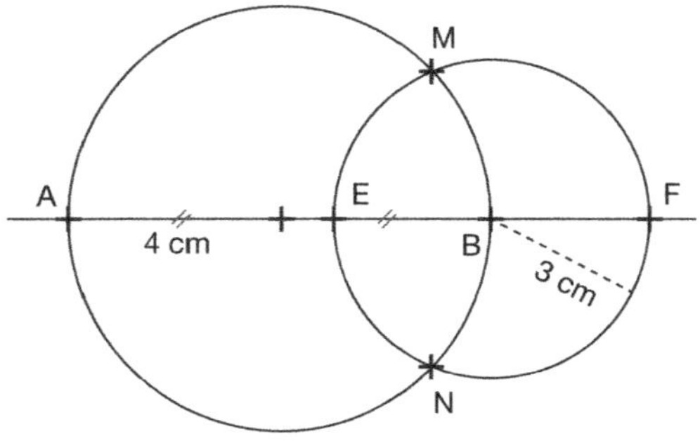


**d.** M et N appartiennent au cercle de centre B et de rayon 3 cm donc BM = BN = 3 cm.

**e.** Le cercle de centre A et de rayon 2,5 cm est formé de tous les points situés à 2,5 cm de A.

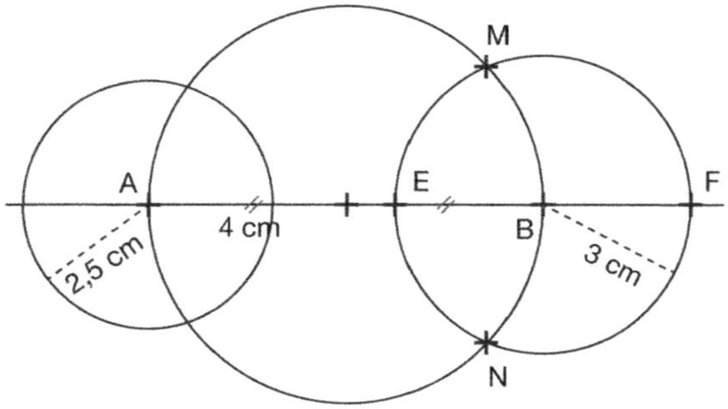


**96** **1.** et **2.**

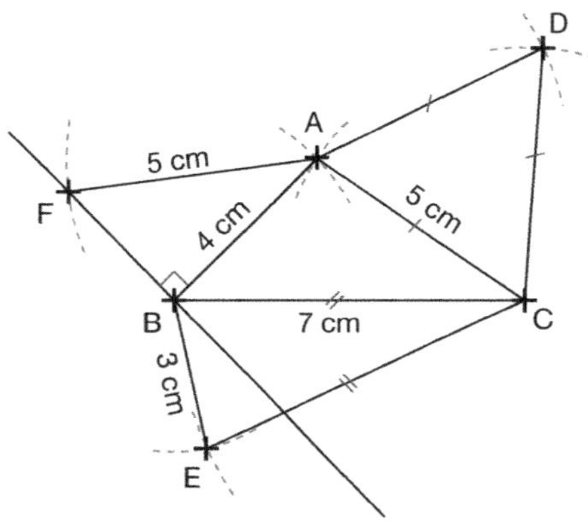


**3.** AC = AF = 5 cm donc ACF est un triangle isocèle en A.

**4.** Avec la règle, on mesure BF = 3 cm.

BF = BE donc le triangle BEF semble isocèle en B.

**97** **1. a.**

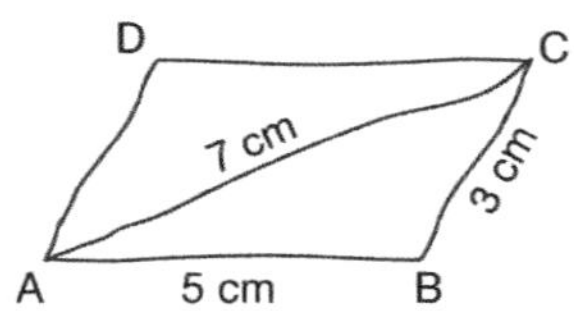

**1. b.** et **2.** *Échelle* : $\frac{1}{2}$

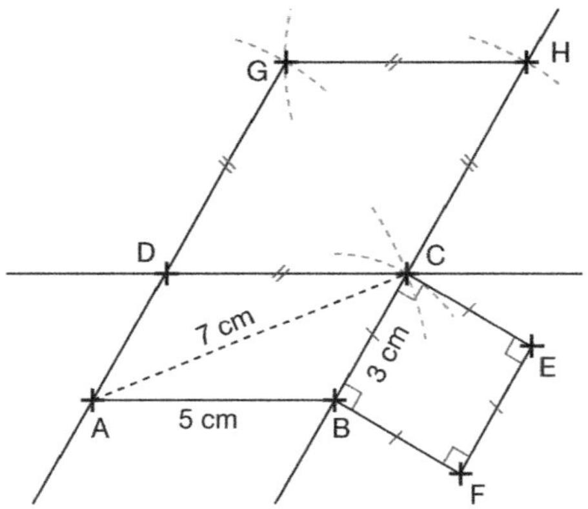


**3.** • ABCD est un parallélogramme.
Or les côtés opposés d'un parallélogramme sont deux à deux parallèles.
Donc les droites (BC) et (AD) sont parallèles.

• Les droites (BC) et (BF) sont perpendiculaires et les droites (BC) et (AD) sont parallèles, donc les droites (AD) et (BF) sont perpendiculaires.

**98** La station et les téléphones doivent être situés à la même distance de la caserne, donc les téléphones appartiennent au cercle de centre C et de rayon CS.
D'autre part, les téléphones sont placés le long de l'autoroute, donc ils appartiennent à la droite (*d*). On trouve ainsi deux emplacements possibles pour les téléphones : les points d'intersection de la droite (*d*) et du cercle de centre C passant par S.

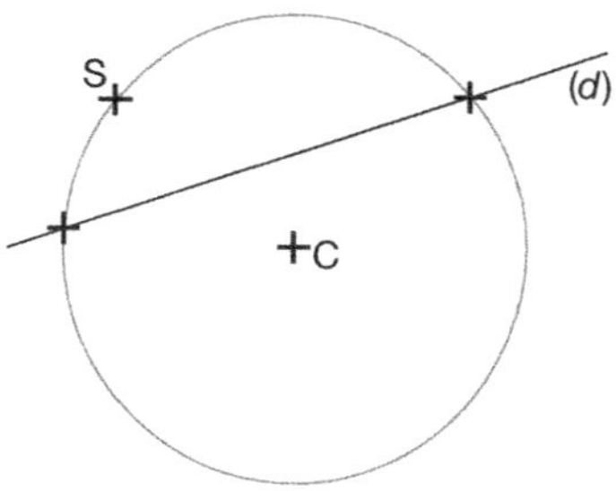


**99** • Il faut d'abord déterminer la position de la lanterne (L). Pour cela, on construit le triangle CLP tel que CP = 500 m, CL = 300 m, PL = 400 m et le point L est au Nord.

• Connaissant la position de la lanterne, on peut déterminer l'emplacement du trésor. Pour cela, on construit le point T tel que TP = 600 m, TL = 550 m et le point T est situé au Sud.

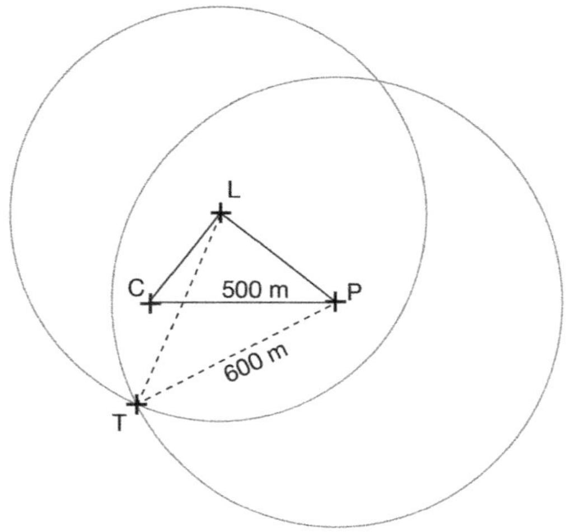


**100** **1.** *Échelle* : $\frac{1}{2}$

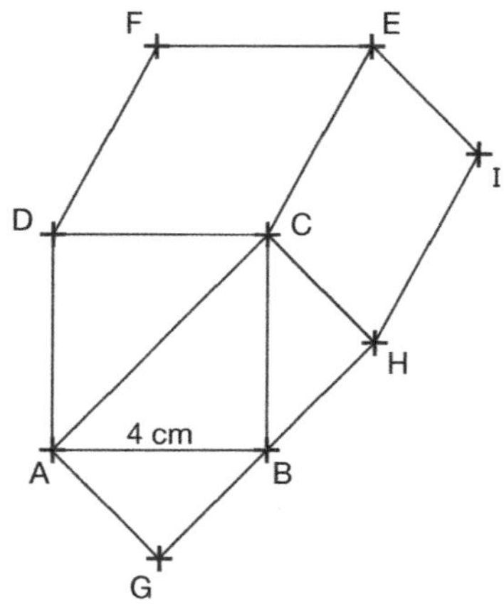


**2. a.** • ABCD est un carré donc ses quatre côtés ont la même longueur : AB = BC = CD = DA.

• DCEF est un losange donc ses quatre côtés ont la même longueur : CD = DF = FE = EC.

• Finalement : AB = BC = CD = DA = DF = FE = EC. Les segments [AB], [BC], [CD], [DA], [DF], [FE] et [EC] ont la même longueur.

**b.** • ABCD est un carré donc ses quatre angles sont droits. Alors ABC, BCD, CDA et DAB sont des triangles rectangles.

• AGHC est un rectangle donc ses quatre angles sont droits.
Alors AGH, GHC, HCA et CAG sont des triangles rectangles.

## Tâches complexes

**101** • Sur le document 1, les cercles sont régulièrement espacés, leurs rayons sont respectivement de 3 km, 6 km, 9 km et 12 km.
Ainsi AB = 6 km et AC = 9 km.

• Sur le document 2, les cercles sont régulièrement espacés, leurs rayons sont respectivement de 2 km, 4 km, 6 km, 8 km et 10 km.
Ainsi BA = 6 km et BC = 8 km.

• Le capitaine du bateau C doit ainsi représenter les points A et B tels que CA = 9 km et CB = 8 km. Il peut utiliser des cercles concentriques dont les rayons sont respectivement de 1 km, 2 km, …, 8 km et 9 km.

• D'autre part, le bateau B est situé à l'Est du bateau C. On peut ainsi commencer par placer le bateau B.

• Enfin, BA = 6 km, donc le point A est commun au cercle de centre B et de rayon 6 km et au cercle de centre C et de rayon 9 km. Ces deux cercles ont deux points communs, le point A est celui qui est situé au Sud du point C.

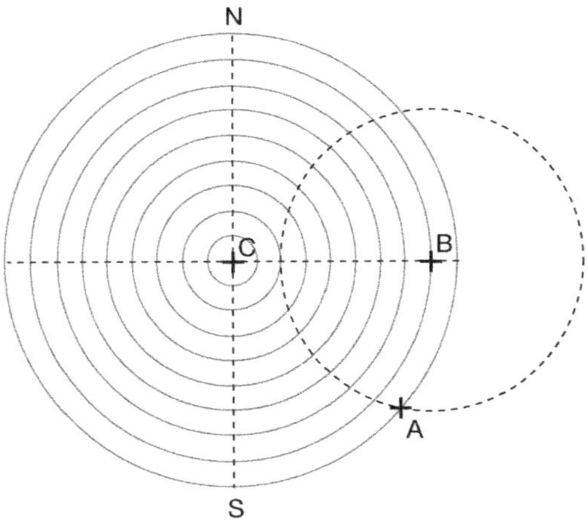


**102**

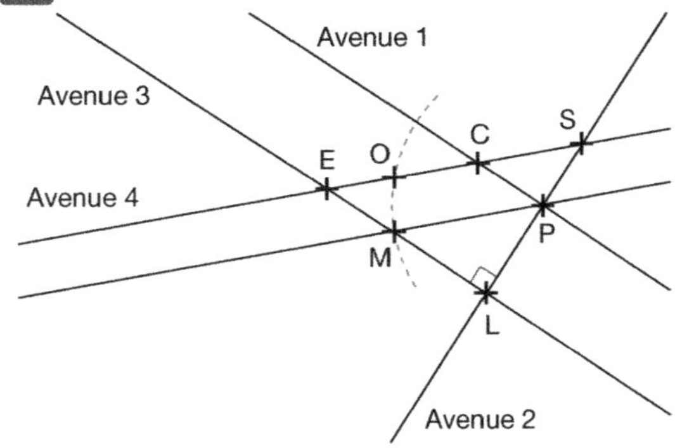

CHAPITRE 13

# Symétrie axiale

## INTENTIONS PÉDAGOGIQUES

### 1 Le point sur le cycle 3

Dès le début du cycle 3, l'élève doit pouvoir reconnaître qu'une figure plane possède un ou plusieurs axes de symétrie, sur papier quadrillé ou uni, par pliage ou à l'aide du papier calque.

Il doit également pouvoir tracer, sur papier quadrillé, la figure symétrique d'une figure donnée par rapport à une droite donnée.

Durant les deux premières années de cycle 3, un vocabulaire géométrique tel que : points alignés, droites perpendiculaires, axe de symétrie… est utilisé en situation.

Savoir compléter une figure par symétrie axiale est une capacité travaillée dans les premières années du cycle 3.

### 2 Je découvre

**Activité 1**

L'objectif de cette activité est de poursuivre le travail expérimental amorcé en début de cycle 3.

La question 1 permet d'obtenir un inventaire abondant de figures simples, à partir desquelles sont dégagées petit à petit les propriétés de « conservation » de la symétrie axiale (conservation des distances, des mesures d'angles et des aires).

Lors de la correction, il peut être pertinent d'utiliser un logiciel de géométrie dynamique pour montrer comment la figure obtenue grâce à l'outil *symétrie axiale* se déforme en même temps que la figure initiale. On pourra alors mettre en évidence les caractéristiques communes aux deux figures.

À la question 2, on fait dégager les propriétés de l'axe de symétrie pour un segment d'extrémités un point et son symétrique. En complément, on peut reprendre la figure précédente réalisée avec un logiciel de géométrie dynamique et faire les vérifications citées ci-dessus.

**Activité 2**

L'objectif de cette activité est de construire le symétrique d'un point par rapport à une droite avec, cette fois, les instruments de géométrie. Il n'est plus question ici de faire une expérimentation de type pliage, piquage… puisqu'une utilisation des instruments de géométrie est souhaitée.

C'est en réinvestissant les remarques établies dans l'activité 1 que l'élève va, dans un premier temps, élaborer une méthode de construction du symétrique d'un point par rapport à une droite.

À l'issue de cette première question, un débat dans la classe devrait permettre aux élèves de dégager un programme de construction. L'aide du professeur sera sans doute nécessaire.

Dans la question 2, l'axe de symétrie coupe la droite. D'autres configurations sont bien sûr proposées en exercices. Deux méthodes de construction du symétrique d'une droite (*d*) par rapport à une droite (*d'*) pourront être montrées en classe :

- l'une utilisant deux points quelconques de la droite (*d*),
- l'autre utilisant le point d'intersection des droites (*d*) et (*d'*) et un point quelconque de la droite (*d*).

Dans un troisième temps, afin de construire le symétrique d'un segment par rapport à une droite, l'élève mettra en œuvre, pour chaque extrémité du segment, la méthode précédemment vue. On s'attachera à faire le lien avec la propriété de conservation des longueurs.

**Activité 3**

L'objectif de cette activité est de mettre en place la caractérisation des points d'une médiatrice par la propriété d'équidistance. On a pris le parti de justifier que si un point appartient à la médiatrice d'un segment, alors il est à égale distance de ses extrémités.

Bien évidemment, on ne laisse pas l'élève établir seul cette propriété, on le guide par un questionnement qui marque les différentes étapes du raisonnement. Il nous semble important de mener ce raisonnement en classe afin de réinvestir les propriétés de la symétrie axiale mises en place, et parce qu'il nous semble à la portée de bon nombre d'élèves.

Le professeur pourra insister sur le caractère universel du résultat en soulignant que le point M est quelconque.

Enfin, on a pris le parti de parler dans un premier temps de « points à égale distance des extrémités » plutôt que de « points équidistants des extrémités ». En effet, le mot « équidistant » n'est pas « naturel » pour les élèves et son utilisation va demander du temps.

À la question 2, on a pris le parti de ne pas justifier le fait que si un point est à égale distance des extrémités d'un segment, alors il appartient à la médiatrice de ce segment. La démonstration dépasse le cadre de la classe de 6$^{e}$ ; en effet, on ne peut utiliser ici le fait que l'axe de symétrie d'un triangle isocèle est la médiatrice de sa base, puisqu'on établit ce résultat seulement au chapitre 14, en utilisant d'ailleurs la propriété qui nous occupe dans cette activité.

Le professeur fera ressortir que l'on admet cette fois cette propriété sans la justifier (mais que cela est possible à un autre niveau). On pourra également, si on le juge utile, parler de propriétés réciproques.

Pour la construction des points $C_1$ et $D_1$, les élèves peuvent, en traçant entièrement deux cercles de rayon 4 cm, de centres A et B, obtenir deux points qui conviennent. Le professeur rappellera la définition du cercle et suggérera, pour la lisibilité du dessin, de donner un coup de gomme sur les cercles afin de ne laisser que deux petits arcs à chacun des points. Les deux points obtenus sont symétriques par rapport à la droite (AB). La construction des points suivants est tout à fait semblable. À condition de faire repérer au fur et à mesure les différents points construits, la conclusion sera énoncée sans difficulté par les élèves. Ce sera également l'occasion d'énoncer la méthode de construction de la médiatrice à la règle et au compas.

## ❸ J'apprends et j'applique le cours

### J'apprends le cours

- Suite à l'activité 1, on peut étudier le cours 1. Symétrie axiale. Bien que la médiatrice soit introduite pour la construction du symétrique d'un point par rapport à une droite, l'étude de sa propriété caractéristique n'est pas située à ce stade des apprentissages.
- Suite à l'activité 2, on peut étudier le cours 2. Symétrique d'une droite, d'un segment. L'exemple 2 du paragraphe A présente le cas où la droite et l'axe de la symétrie sont parallèles.
- Suite à l'activité 3, on peut étudier le cours 3. Axes de symétrie de figures usuelles. L'étude de la propriété caractéristique de la médiatrice est présentée ici.

### Exercice résolu 1

L'objectif est de revenir sur la construction avec l'équerre et le compas du symétrique d'un point par rapport à une droite. Cette construction est à bien connaître car elle est à la base de la construction de nombreux autres symétriques.
Les trois étapes illustrées ici permettent aux élèves de mettre en images le programme de construction éventuellement rédigé. Cette construction est la conséquence directe de la définition donnée dans le cours pour le symétrique d'un point.
En remarque, il est proposé à tous les élèves de visualiser la position du point symétrique, avant de le construire. Pour les plus en difficulté, un usage du calque, une dernière fois, permet de préciser la tâche attendue.

### Exercice résolu 6

L'objectif est de construire la symétrique d'une figure en utilisant des propriétés conservées par symétrie. La réalisation du polygone symétrique via une construction du symétrique de chaque sommet est évidemment plus spontanée pour l'élève. Il est cependant important de montrer à l'élève qu'une construction utilisant les propriétés géométriques de la figure initiale et les propriétés de conservation de la symétrie est possible. Ce type de construction joue un rôle important dans l'initiation au raisonnement déductif.

### Exercice résolu 9

L'objectif est de mettre en place la construction de la médiatrice d'un segment à la règle et au compas. Jusqu'à présent, les élèves utilisaient l'équerre et le compas pour tracer la médiatrice d'un segment.
On a fait le choix de proposer la figure la plus simple possible afin de se concentrer sur l'essentiel. Compte tenu de l'importance de cette construction, on a pris le parti de la présenter « image par image ».

## ❹ Compléments

### Premiers exercices

Les exercices proposés dans les rubriques Figures symétriques et Axe de symétrie d'une figure sont des exercices de manipulation avec utilisation du papier calque, du pliage, des tracés à main levée… mis à part l'exercice 43 qui, lui, nécessite l'utilisation des instruments de géométrie.
On y propose également des tracés de symétriques sur papier quadrillé. Ce sont donc des exercices qui permettent de faire le lien avec les pratiques des deux premières années du cycle.

### TICE

Il est important de conduire les travaux géométriques dans différents espaces : ordinaire, feuille de papier (uni ou quadrillé) et, évidemment, écran d'ordinateur afin de susciter des interactions entre les différentes connaissances de l'élève et donner du sens aux concepts mis en œuvre.
Les exercices 64 et 65 sont consacrés à la construction de l'image d'un point, d'un segment par une symétrie axiale. Le caractère dynamique de ce logiciel est un véritable atout pour mettre en évidence les propriétés de conservation, en animant les objets. Les cas particuliers sont facilement observables.
L'exercice 66 nécessite de choisir des axes de symétrie afin de paver l'écran à partir d'un polygone donné.
L'exercice 67 permet de conjecturer. Il est l'occasion de préciser encore que des constatations, même nombreuses, ne suffisent pas à démontrer une propriété. Selon le niveau de la classe, un raisonnement déductif peut prolonger cet exercice.
Un exercice activant la fonction « trace » du logiciel peut également être proposé pour montrer, par exemple, que l'image d'un cercle est un cercle. Pour ce faire, il suffit de tracer un cercle, une droite (*d*), puis de placer un point M sur ce cercle et ensuite de construire le symétrique M' du point M par rapport à la droite (*d*). Enfin, il faut activer la trace de M' et déplacer M. La trace obtenue est un cercle.

### Tâches complexes

- L'exercice 90 repose sur la propriété d'équidistance des points de la médiatrice d'un segment. La compréhension du document 2 repose en grande partie sur le vocabulaire spécifique introduit dans la leçon. Les instruments de géométrie employés permettront de confronter les différentes méthodes de construction au sein de la classe.
- L'exercice 91 propose aux élèves de découvrir l'origami et ses codes. Pour parvenir au pliage demandé à

l'aide de la carte de plis présentée au document 3, l'élève devra repérer certains éléments de symétrie pour organiser les étapes de son pliage.

# CORRIGÉS

## Vu au cycle 3

**1. b.** et **c.** **2. b.** et **c.** **3. a.** et **c.** **4. b.**

## Je découvre

### Activité 1

**1 a. b.**

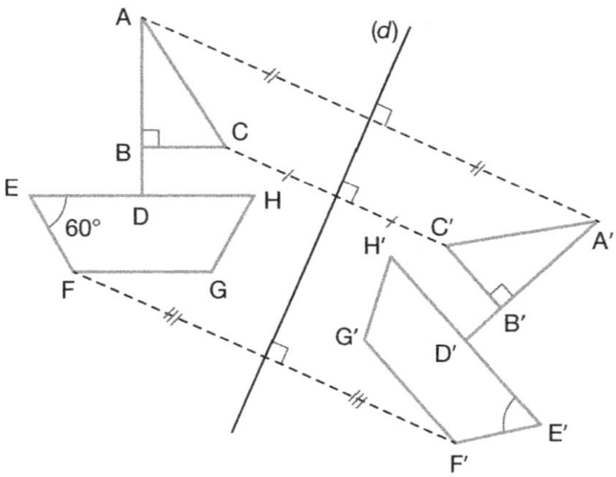


**c.** • $B'C' = 1$ cm

• $F'G' = 1{,}5$ cm

• $\widehat{A'B'C'} = 90°$ et $\widehat{D'E'F'} = 60°$

• Les points E', D' et H' sont alignés ; les points A', B' et D' sont également alignés.

**2 b.** On vérifie avec la règle graduée ou le compas que la droite (*d*) coupe le segment [AA'] en son milieu.
On vérifie avec l'équerre que la droite (*d*) est perpendiculaire au segment [AA'].

### Activité 2

**1** On place le point A' de façon que la droite (*d*) soit perpendiculaire au segment [AA'] et le coupe en son milieu.

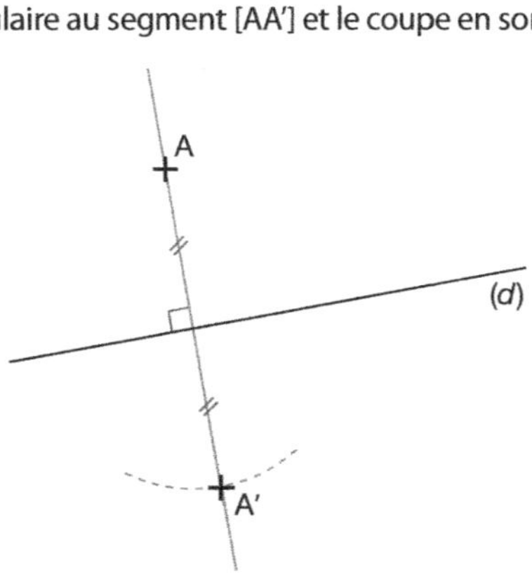


**2 a.**

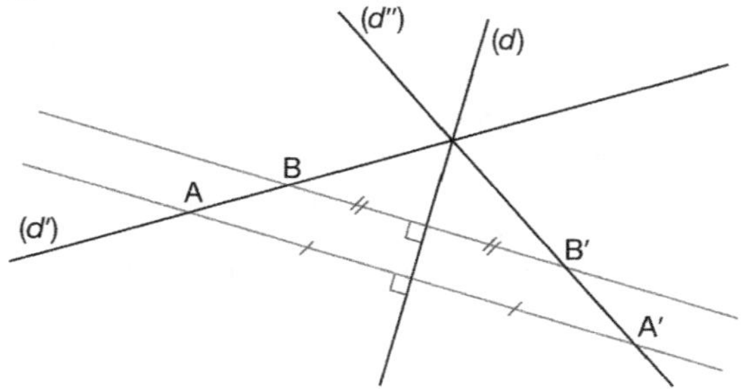


**b.**

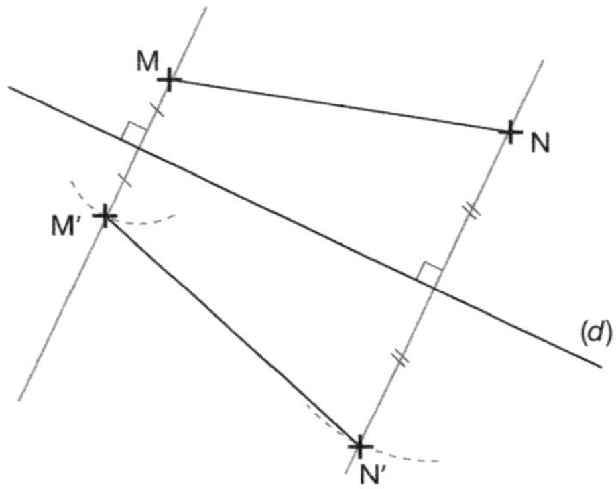


### Activité 3

**1 a.** • Le symétrique du point A par rapport à la droite (*d*) est le point B.

• Le symétrique du point M par rapport à la droite (*d*) est le point M lui-même.

• Le symétrique du segment [MA] par rapport à la droite (*d*) est le segment [MB].

**b.** Deux segments symétriques ont la même longueur donc les longueurs MA et MB sont égales : MA = MB.

**2 a. b.** *Le schéma n'est pas à l'échelle.*

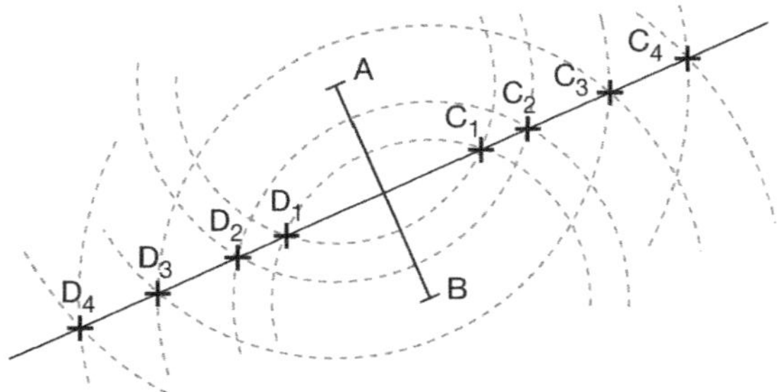


**c.** Les points $C_1$, $C_2$, $C_3$, … $D_1$, $D_2$, $D_3$, … semblent se situer sur la médiatrice du segment [AB].

## J'applique le cours

**2**

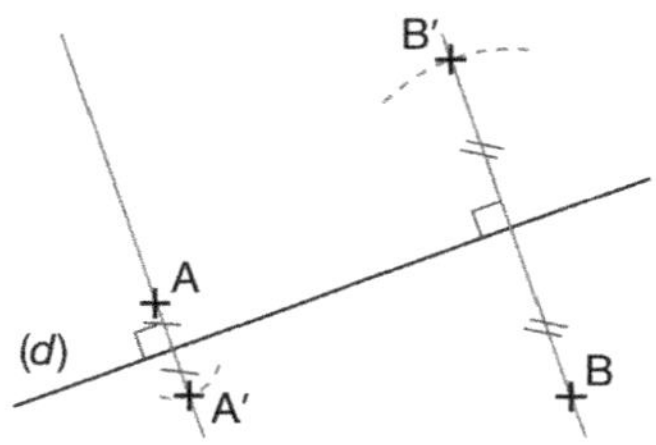


**3**

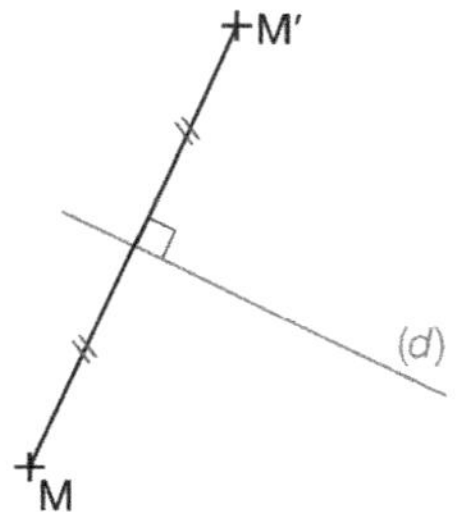


**4**

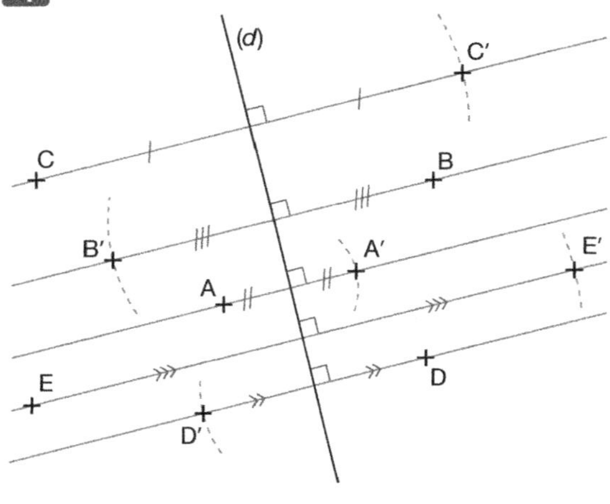


**5** Prolonger la droite (*d*) pour construire le symétrique $N_1$ du point N par rapport à (*d*).

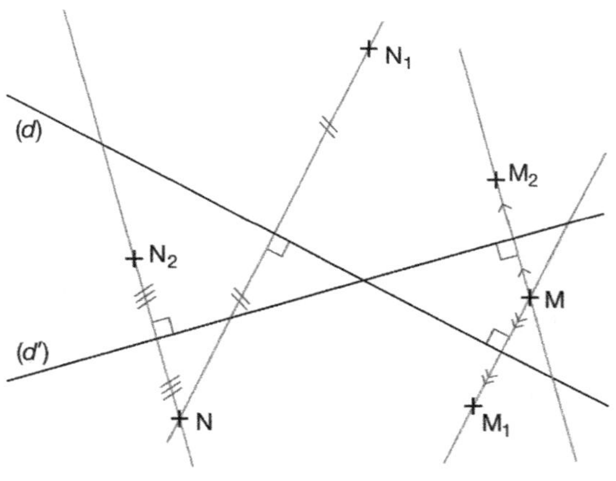


**7**

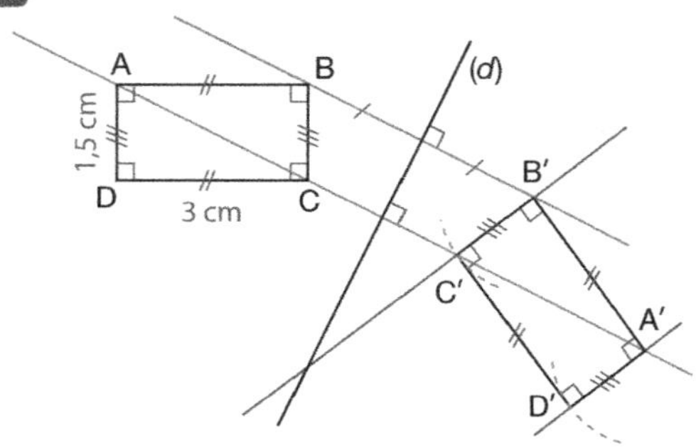


**8** On construit D' du bon côté, tel que :

$\widehat{B'A'D'} = 60°$ et $A'D' = 2{,}5$ cm.

Avec l'équerre et la règle, on construit C'.

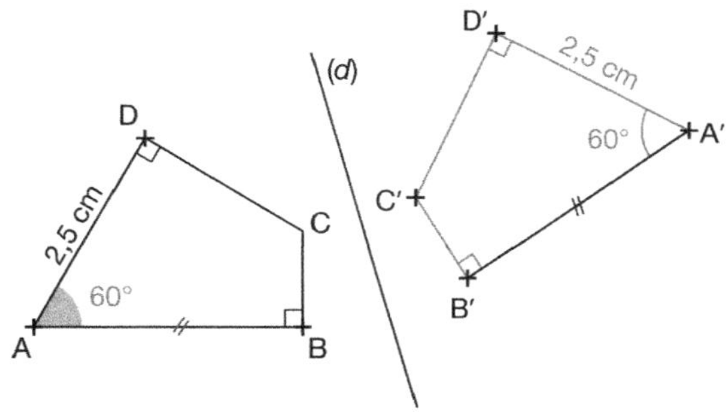


**10**

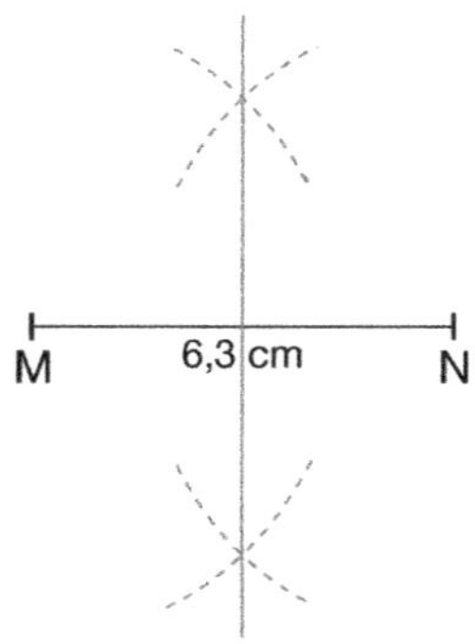


**11**

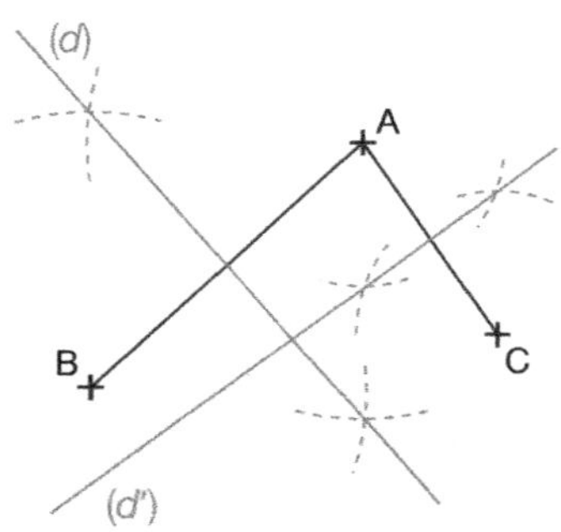


**12** **a.** M est équidistant de A et de B. De même pour N. (MN) est la médiatrice du segment [AB].

**b.** MA = MB = NA = NB donc AMBN est un losange.

**13** On remarque que les trois médiatrices se coupent en un même point.

## À l'oral

**14** **a.** Non. En effet, sur la figure de droite, l'étoile devrait être dans l'autre main et la cime du sapin tournée dans l'autre sens.

**b.** Oui.

**c.** Non. En effet, les deux parapluies ne sont pas de la même taille.

**15** **a.** Non.

**b.**

**c.** Non.

**d.**

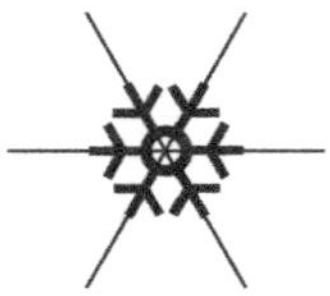

**16** **a.** M'(F ; 3) et N'(A ; 1).

**b.** M'(B ; 1) et N'(A ; 4).

**17** **a.** D est le **symétrique** de **C** par rapport à **la droite (*d*)**.
En effet, **(*d*) est la médiatrice du segment [CD]**.

**b.** G et H sont symétriques par rapport à (*d*).

**c.** La droite (*d*) ne passe pas par le milieu du segment [AB] et elle n'est pas perpendiculaire à la droite (EF).

**18** **a.** La droite (*d*) est la **médiatrice** du segment **[AB]**.

**b.** Le point C de la droite (*d*) est à **égale distance** des points A et B.

**c.** CA = **CB** et **DB** = DA.

**19** **a.** D'après le codage, $\widehat{tAx} = \widehat{tAy} = 20°$.

**b.** (A*t*) est la droite qui porte la bissectrice de l'angle $\widehat{xAy}$. (A*t*) est l'axe de symétrie de l'angle.

### Calcul mental

**20** **a.** M est équidistant de A et de B donc MB = MA = 4 cm.

**b.** 4 cm + 4 cm + 2,5 cm + 2,5 cm = 13 cm
Le périmètre est 13 cm.

**21** **a.** Le symétrique du point H par rapport à la droite (*d*) est le point C.

**b.** Le symétrique du point B par rapport à la droite (*d*) est le point B lui-même (car il appartient à la droite (*d*)).

**c.** Le symétrique de la droite (AE) par rapport à la droite (*d*) est la droite (AL).

**d.** Le symétrique du segment [DB] par rapport à la droite (*d*) est le segment [GB].

**e.** Le symétrique du segment [LH] par rapport à la droite (*d*) est le segment [EC].

**22** **a.** 1,7 cm × 10 = 17 cm
Le périmètre est 17 cm.

**b.** (2,3 cm × 6) + (3,1 cm × 4) = 26,2 cm
Le périmètre est 26,2 cm.

**23** **a.** 83 est un nombre symétrique car 8 et 3 admettent chacun au moins un axe de symétrie.
35 n'est pas symétrique car le chiffre 5 n'admet pas d'axe de symétrie.

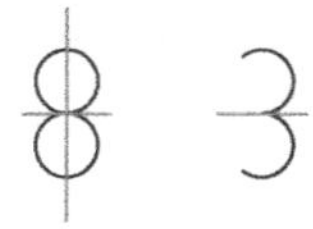

**b.** 3 et 30 sont deux nombres symétriques dont la somme 33 est un nombre symétrique.

## Je m'entraîne

**24** **a.**

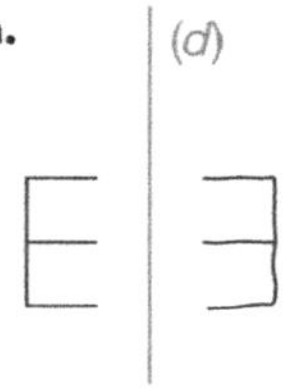


**b.**

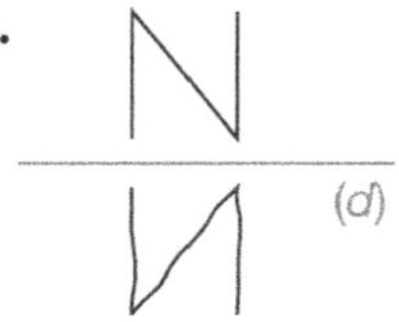


**25** **a.**

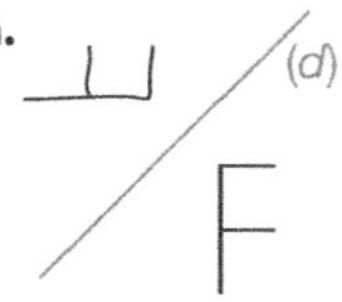


**b.**

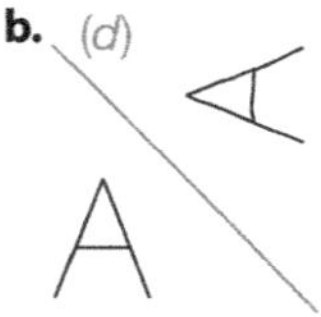


**26**

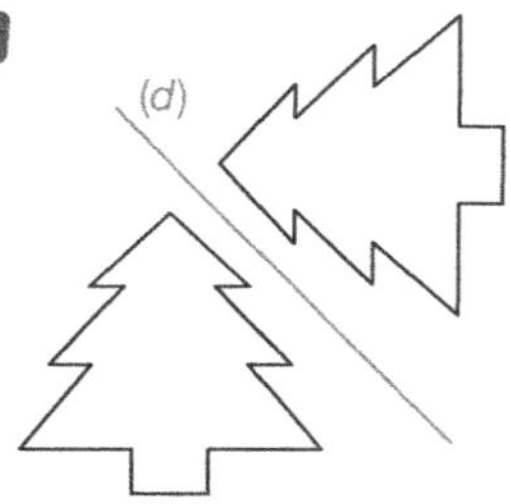


**27** Les angles $\widehat{MEB}$ et $\widehat{NAC}$ seraient symétriques l'un de l'autre et devraient donc avoir la même mesure. Ce n'est pas le cas, donc l'affirmation de Jade est fausse.

**28**

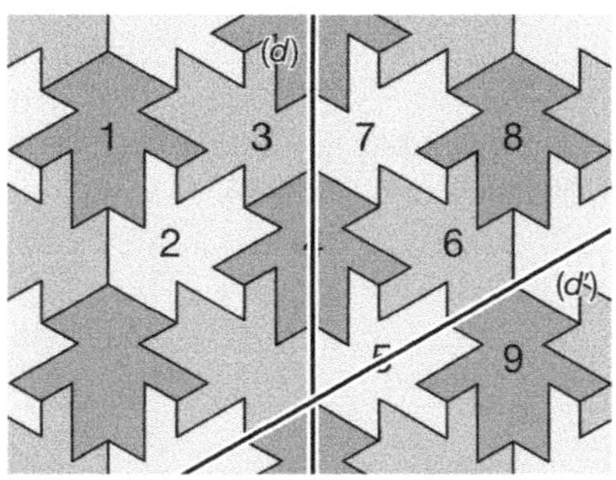


**a.** Les figures 1 et 8 sont symétriques par rapport à la droite (*d*).

**b.** Les figures 8 et 9 ne sont symétriques par rapport à aucune droite.

**c.** Les figures 3 et 7 sont symétriques par rapport à la droite (*d*).

**d.** Les figures 6 et 9 sont symétriques par rapport à la droite (*d'*).

**e.** Les figures 2 et 5 ne sont symétriques par rapport à aucune droite.

**f.** Les figures 5 et 9 ne sont symétriques par rapport à aucune droite.

**29** **a.**

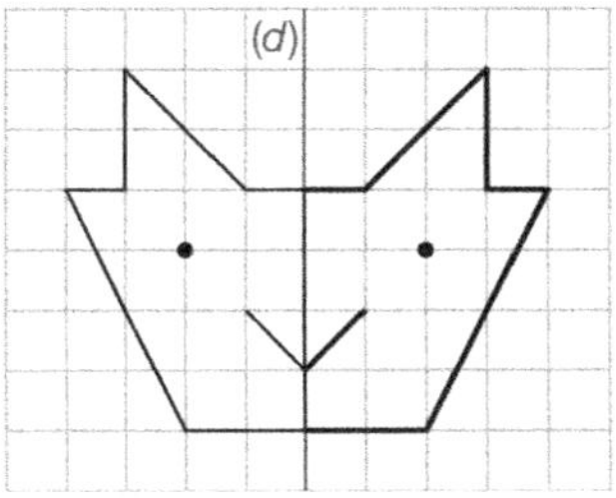


**b.**

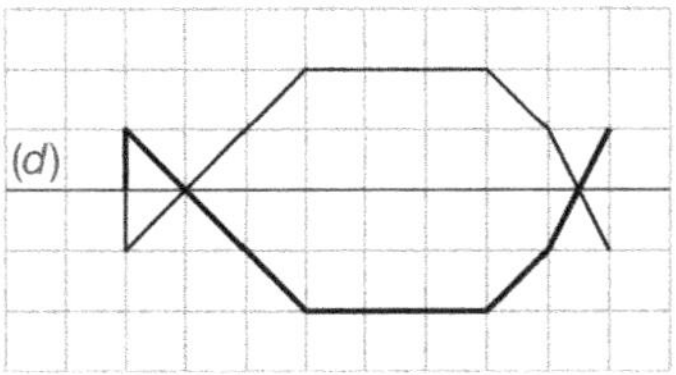


**30** **a.**

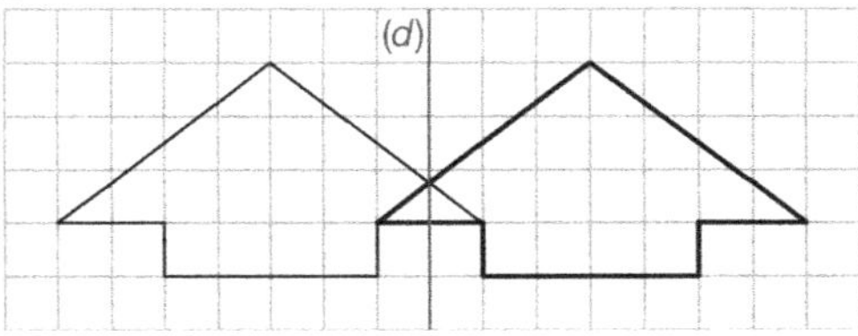


**b.**

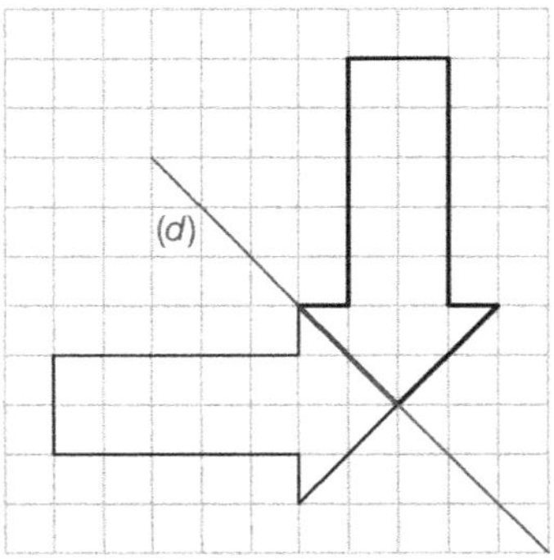


**31** **a.**

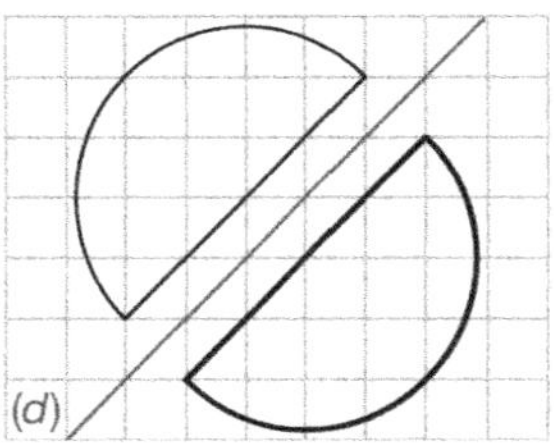


**b.**

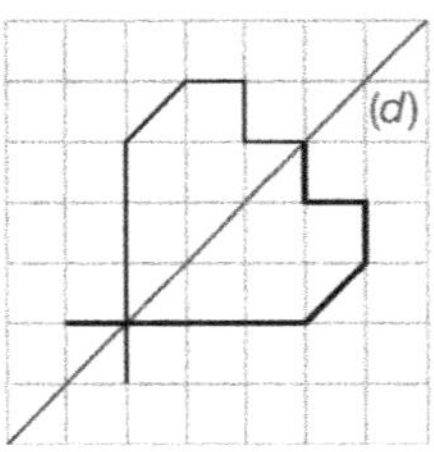


**32**

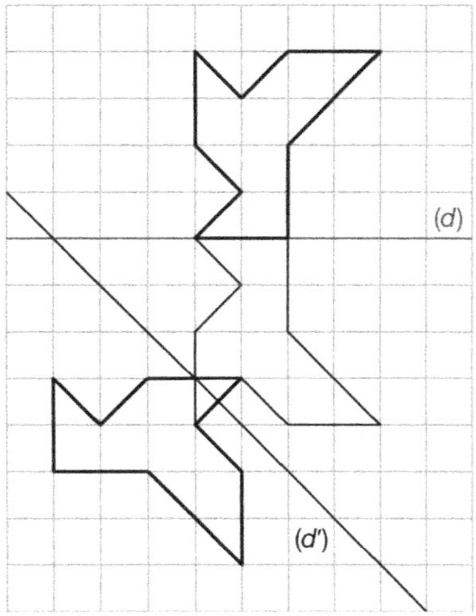


**33** **a.** Le périmètre de la figure $\mathcal{F}$ est 12 cm. Son aire est 7 cm$^2$.

**b.** $\mathcal{F}'$ est la symétrique de $\mathcal{F}$ par rapport à la droite (*d*) donc les deux figures ont le même périmètre et la même aire. Donc le périmètre de la figure $\mathcal{F}'$ est 12 cm et son aire est 7 cm$^2$.

**34** Le symétrique du segment [AD] devrait être le segment [BC]. Or le symétrique d'un segment est un segment de même longueur.
Ici, AD = 5 cm et BC = 4 cm donc les segments [AD] et [BC] ne sont pas symétriques par rapport à la droite (*d*).
Donc (*d*) ne peut être un axe de symétrie de cette figure.
L'affirmation de Gabriel est donc fausse.

**35**

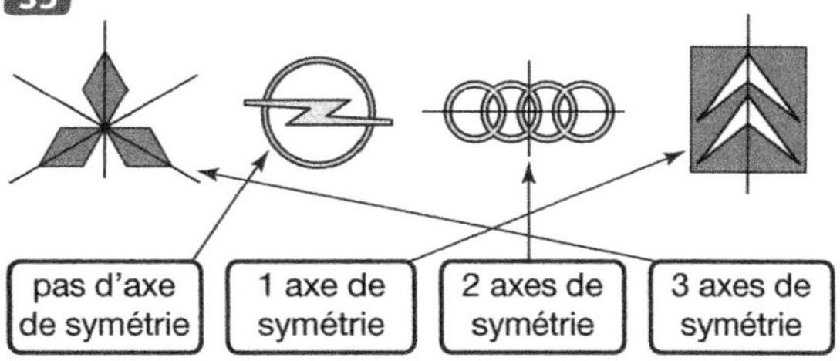


**36** Cette affirmation est fausse. La droite rouge n'est pas un axe de symétrie de la figure ❶.
Les figures ❷ et ❹ admettent d'autres axes de symétrie.
Voici les axes de ces figures.

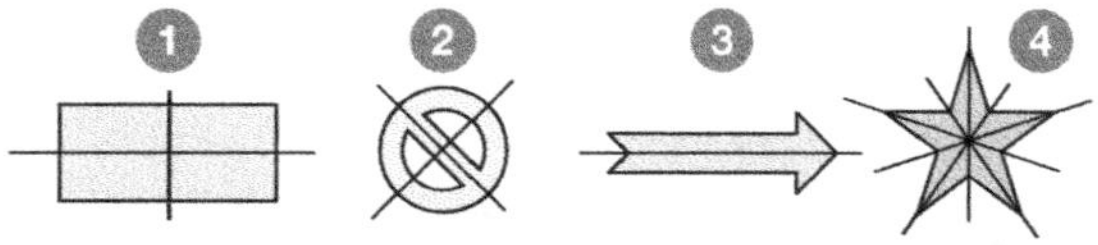


**37** **a.** Oui **b.** Non **c.** Non **d.** Oui

**38**

**a.** Non **b.** Oui **c.** Oui **d.** Non

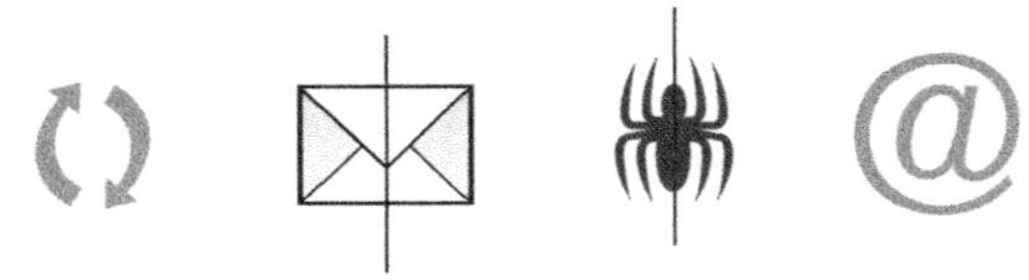

**39**

**a.** Non **b.** Non **c.** Oui **d.** Oui

**40**

| Aucun axe de symétrie | 1 axe de symétrie | 2 axes de symétrie |
|---|---|---|
| 2 4 5 6 7 9 | 3 | 0 1 8 |

**41** **a.**

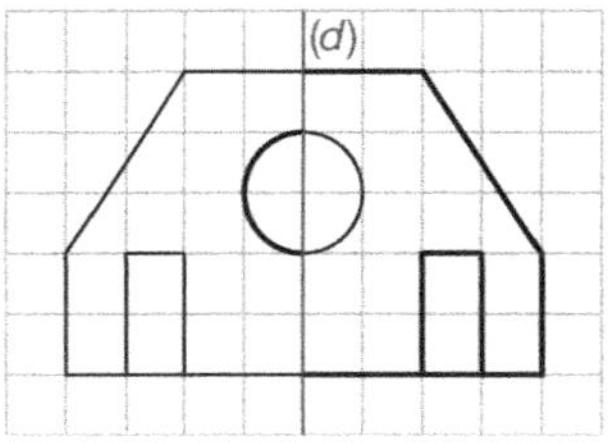


**b.**

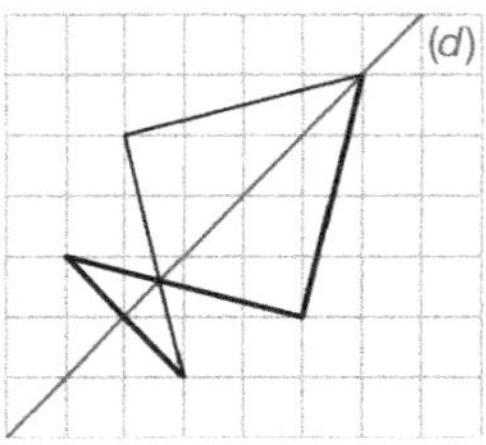


**42** **a.**

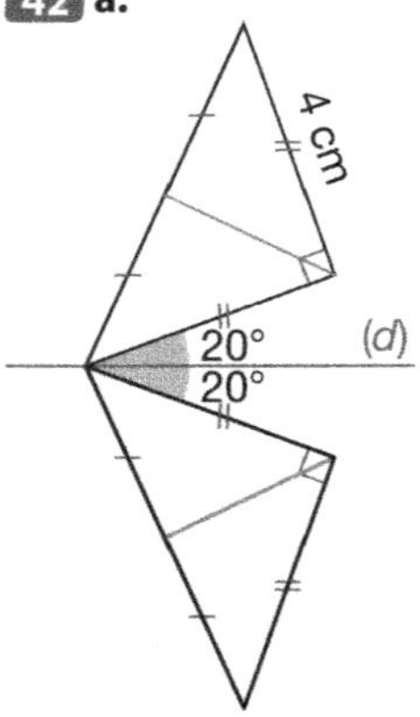


**b.**

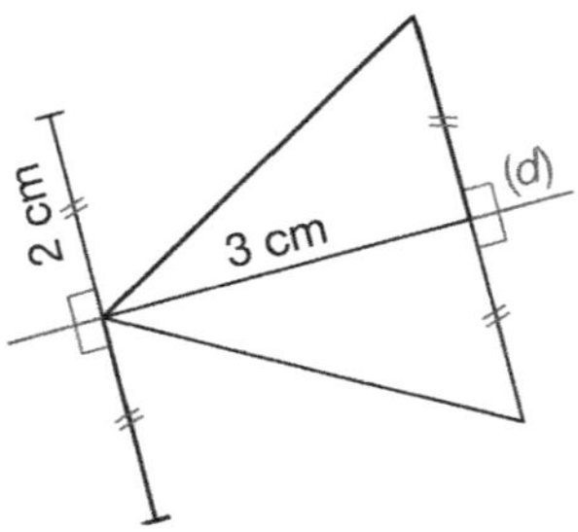


**43** Pour chaque figure, il faut choisir un point A et son symétrique A', puis tracer la médiatrice du segment [AA'].

**a.**

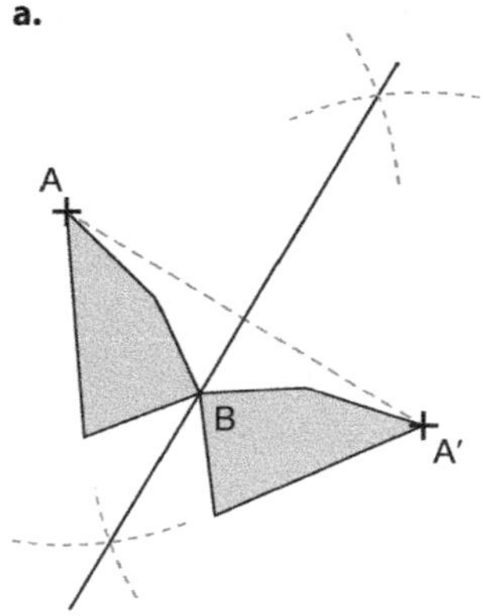


**b.**

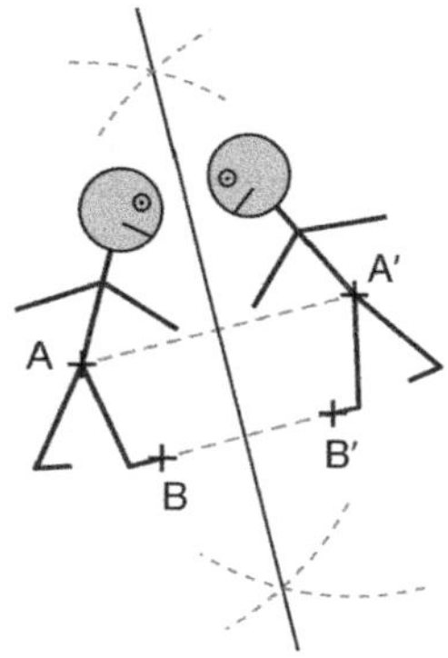


**44** **1. a.** F **b.** A **c.** D **d.** B
**2. a.** E **b.** I **c.** H **d.** B
**3.** (GE)

**45**

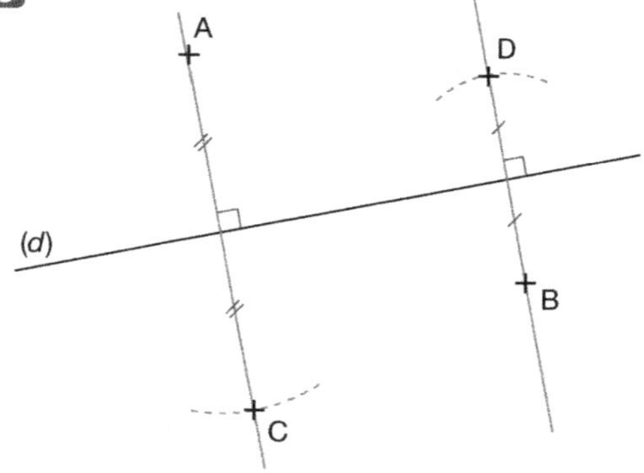


**46** On trace la médiatrice du segment [AB].

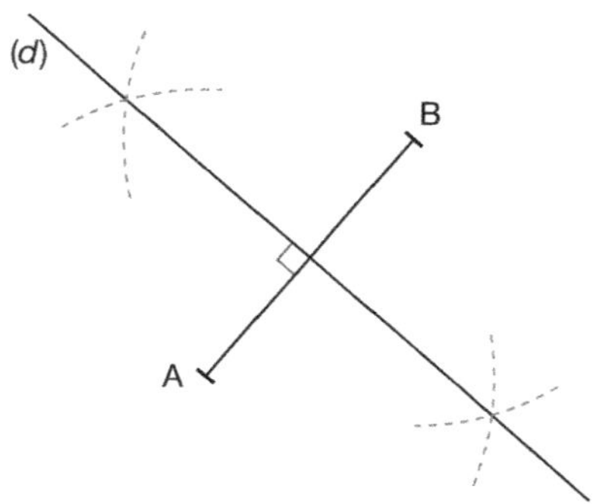


**47** **2.a.** Les points F et A sont symétriques par rapport à la droite (*d*).

**b.** Les segments [KL] et [HM] sont symétriques par rapport à la droite (*d*).

**c.** Les droites (EB) et (NO) sont symétriques par rapport à la droite (*d*).

**48** On prolonge les droites (AB) et (AC) pour construire B' et C'.

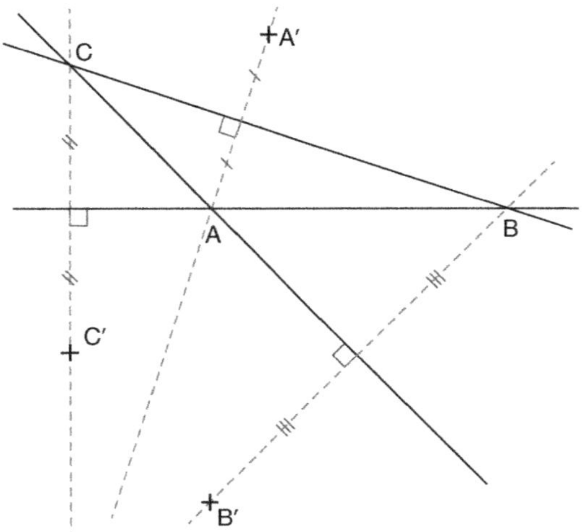


**49** **a.** Le symétrique du segment [AB] par rapport à la droite (*d*) se situe dans la zone (1).

**b.** Le symétrique du segment [AB] par rapport à la droite (*d*) se situe dans la zone (4).

**c.** Le symétrique du segment [AB] par rapport à la droite (*d*) se situe dans la zone (1).

**d.** Le symétrique du segment [AB] par rapport à la droite (*d*) se situe dans la zone (1).

**50** **a.**

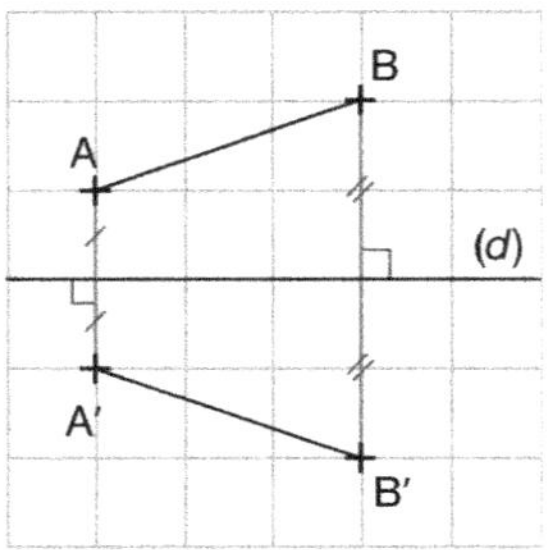


**b.**

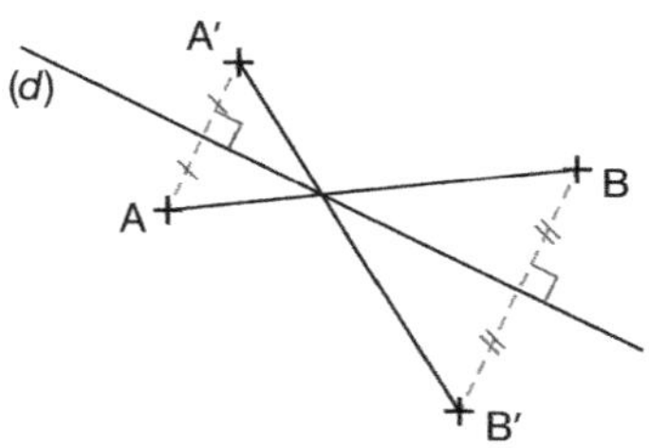


**51** **a.**

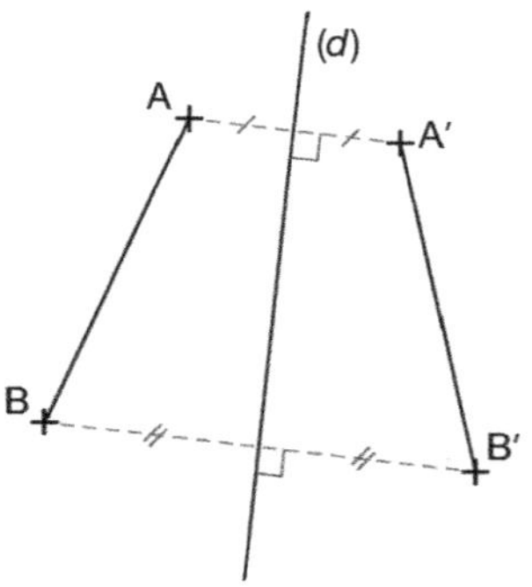


**b.**

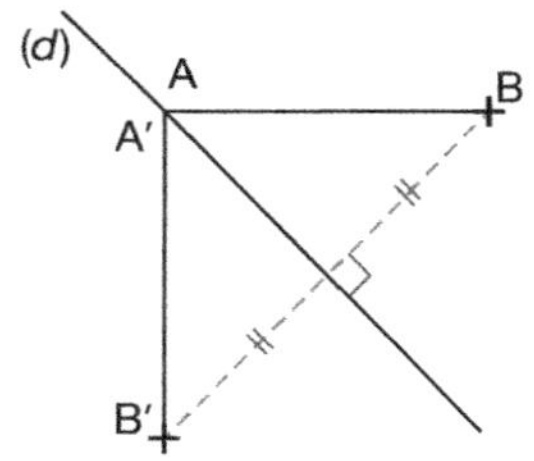


**52** **a.**

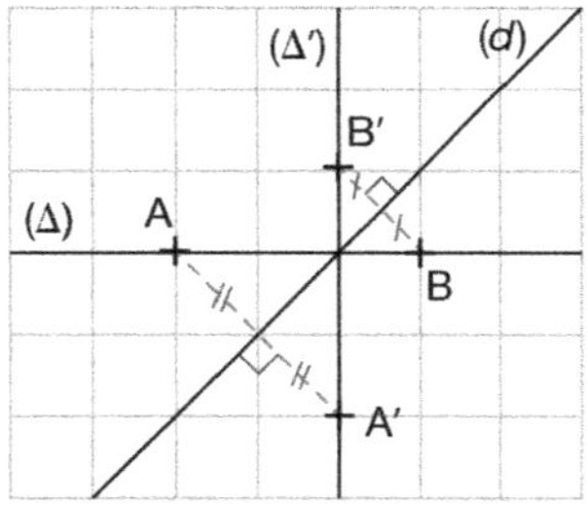


**b.**

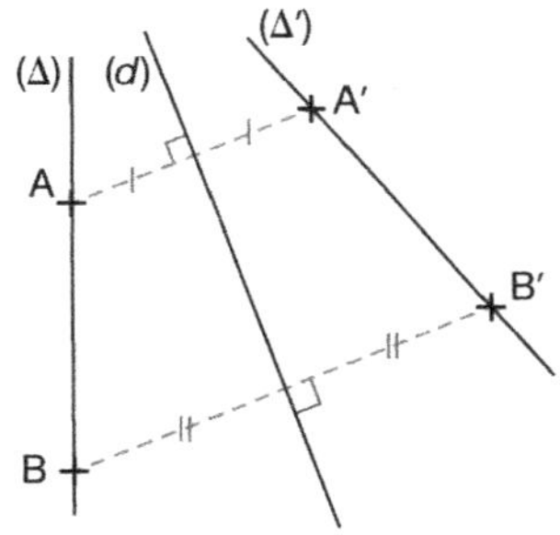


**53** **a.**

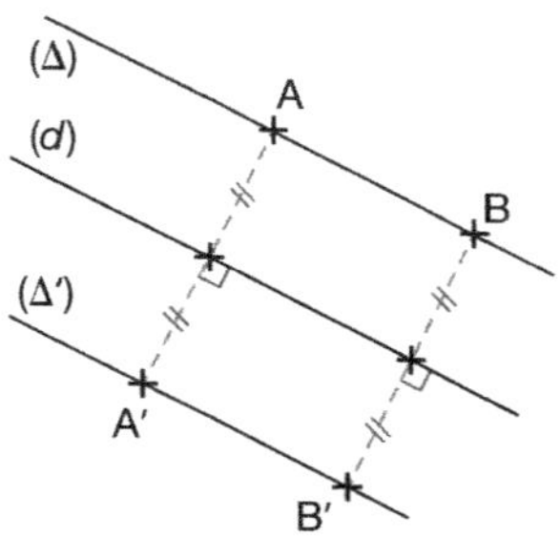


**b.** (Δ) et (Δ′) sont confondues.

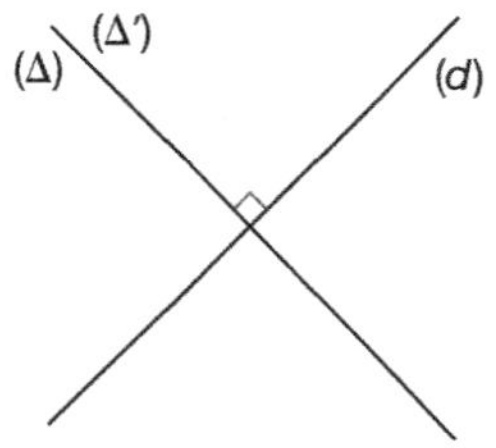


**54** M est équidistant de A et de B donc M appartient à la médiatrice (Δ) du segment [AB]. M est le point d'intersection de (*d*) et de (Δ).

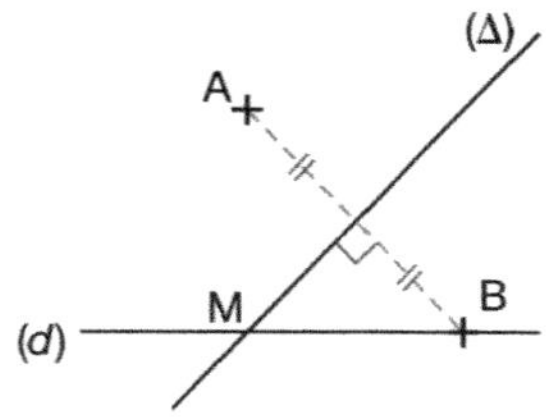

**55** Dire que Akim et Ben veulent parcourir la même distance pour se rendre au lieu de rendez-vous revient à dire que le lieu de rendez-vous est à égale distance du point A et du point B. Il faut donc construire la médiatrice du segment [AB], et noter les points d'intersection de cette droite et de la courbe symbolisant le chemin.
Il y a 5 lieux de rendez-vous possibles.

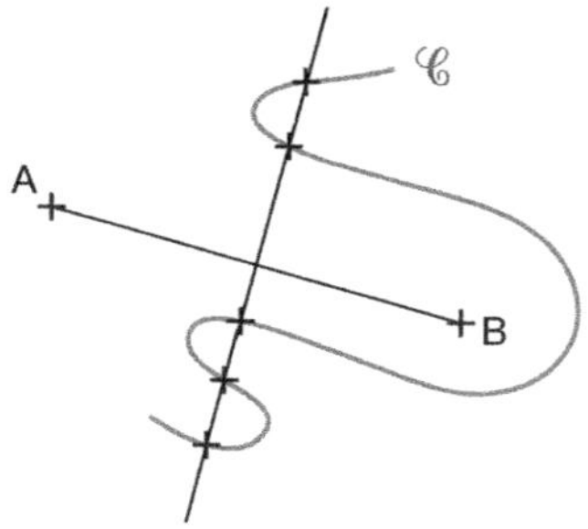


**56** Le périmètre de la figure $\mathcal{F}_2$ est (6 cm + 1,5 cm) × 2 = 15 cm. Son aire est 6 cm × 1,5 cm = 9 cm².

**57** La symétrie conserve les longueurs donc dans tous les cas EF = E'F'.

**a.** Si BC = 1,3 cm, alors
EF = 4 × BC = 4 × 1,3 cm = 5,2 cm donc E'F' = 5,2 cm.

**b.** Si E'F' = 13,5 cm, alors EF = 13,5 cm.
EC = EF : 2 = 13,5 cm : 2 = 6,75 cm

**c.** Si E'F' = 8 cm, alors EF = 8 cm.
EB = EF : 4 = 8 cm : 4 = 2 cm
ED = 3 × EB = 3 × 2 cm = 6 cm
Ou bien autre méthode :
$ED = \frac{3}{4} \times EF = \frac{3}{4} \times 8\text{ cm} = 3 \times (8\text{ cm} : 4)$
ED = 3 × 2 cm = 6 cm

**58** **a.** C est le milieu du segment [AB] donc
AB = 2 × AC = 2 × 3,8 cm = 7,6 cm.

**b.** B est le milieu du segment [AC] donc
AB = AC : 2 = 13,4 cm : 2 = 6,7 cm.

**c.** B est équidistant de A et de C donc AB = CB = 9 cm.

**d.** La droite (AC) est la médiatrice du segment [BD], donc CD = CB = 2,4 cm.
La droite (BD) est la médiatrice du segment [AC], donc AB = CB = 2,4 cm.

## Je m'évalue à mi-parcours

**59** c. **60** a. **61** c. **62** c. **63** b.

## Avec un logiciel

**64** **a. b.**

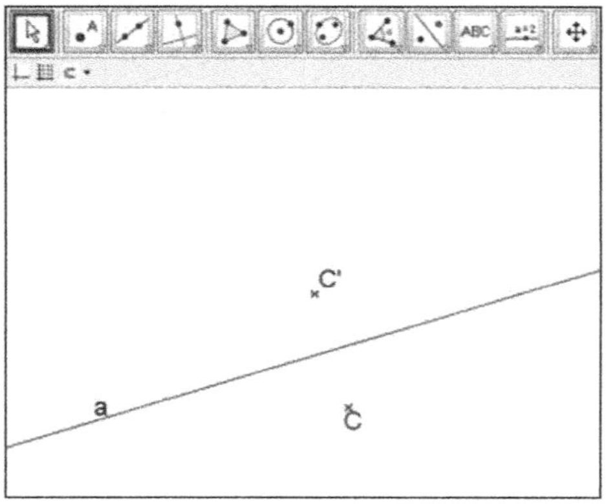


**c.**

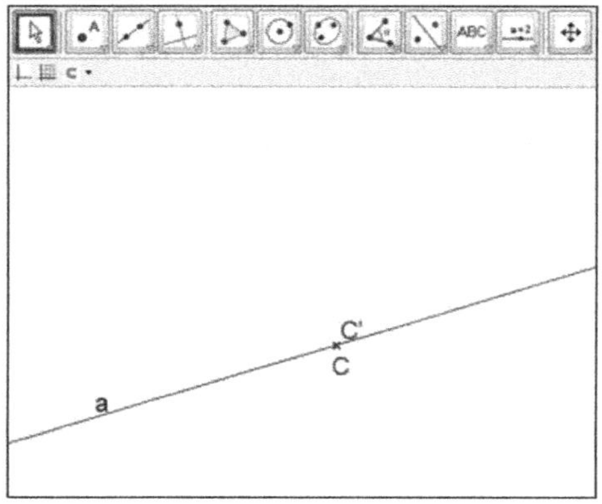


Si un point appartient à une droite, alors son symétrique par rapport à cette droite est le point lui-même (cours 1. c).

**65** **1. 2.**

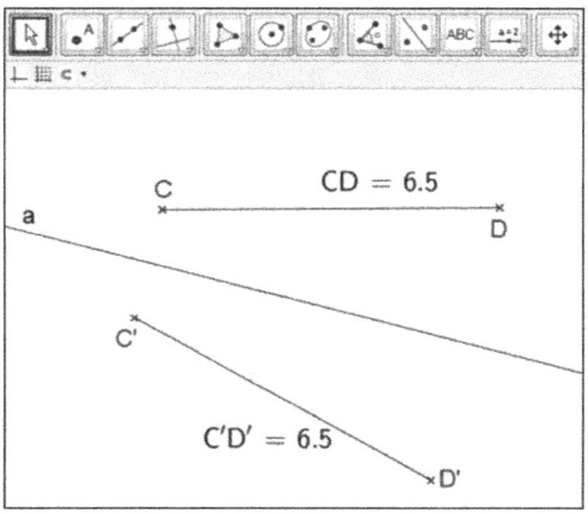


**b.** Le symétrique d'un segment par rapport à une droite est un segment de même longueur.

**3.**

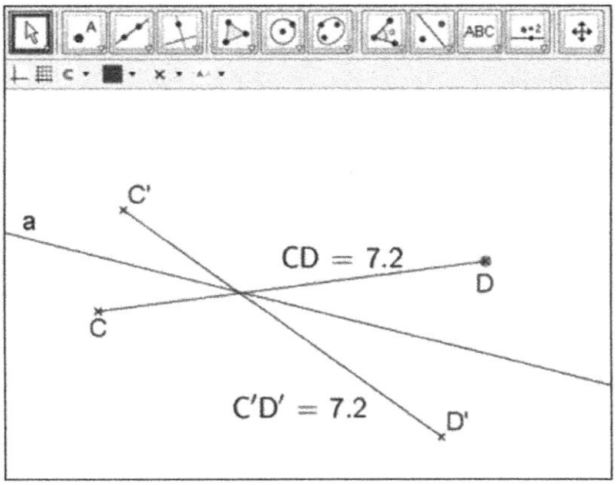


Le point d'intersection des segments [CD] et [C'D'] appartient à la droite a.

**66**

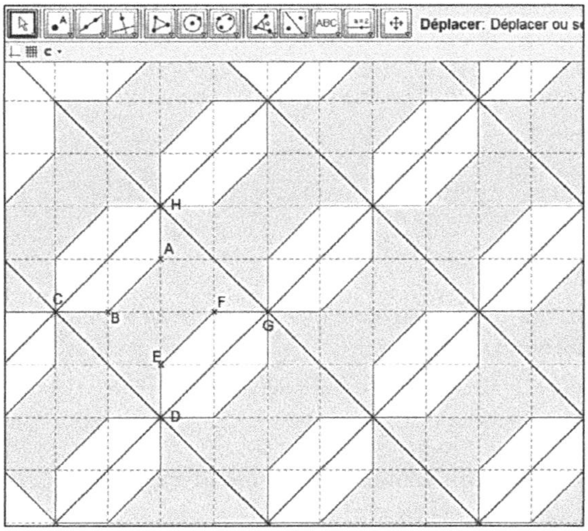


**67**

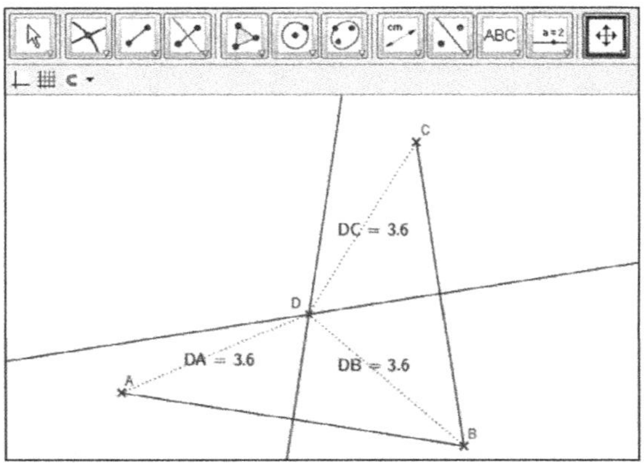


**d.** Lorsque A, B ou C sont déplacés, les longueurs des trois segments [DA], [DB] et [DC] restent égales entre elles.

## J'utilise mes compétences

**68 a.**

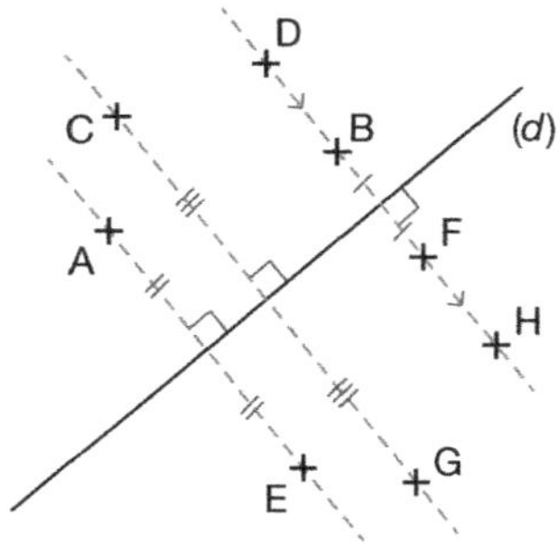


**b.** L'axe de symétrie du premier groupe de nageuses est la médiatrice des segments [AB] et [CD].
L'axe de symétrie du second groupe de nageuses est la médiatrice des segments [EF] et [GH].

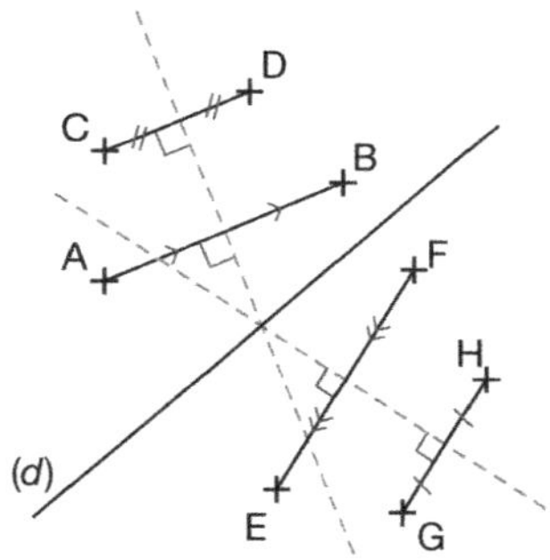


**69** On construit A' et B', puis avec l'équerre, le compas, la règle, on place C' et D'.
Enfin, avec le compas, on trace le demi-cercle de diamètre [C'D'] du bon côté.

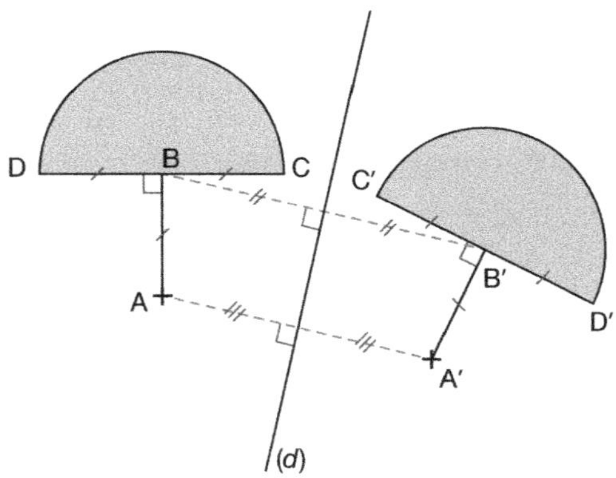


**70 1. a.**

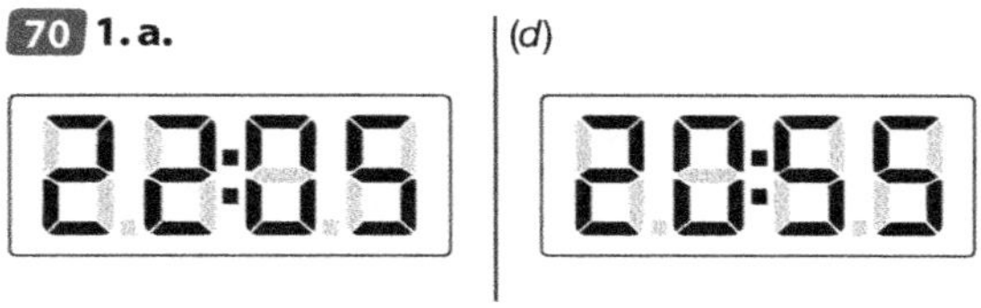


**b.** La durée qui sépare ces deux horaires est soit 1 h 10 min, soit 22 h 50 min.

**2.**

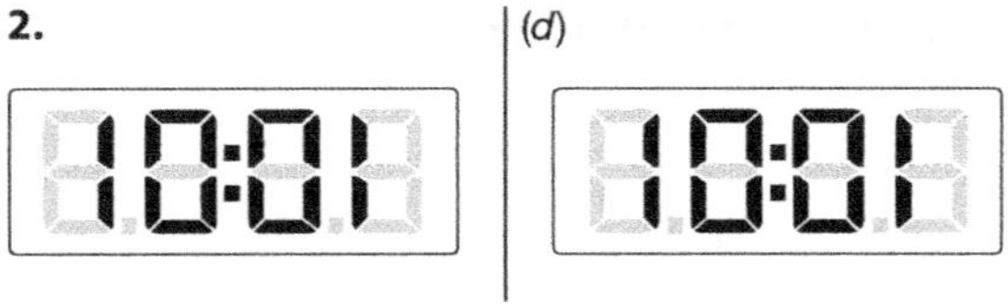


**71** **a.** J'ai conçu le premier parachute.

**b.** Léonard de Vinci écrivait de gauche à droite.

**c.** Pour décoder le message, il suffit de lire la phrase obtenue par symétrie par rapport à une droite verticale ou de lire dans un miroir.

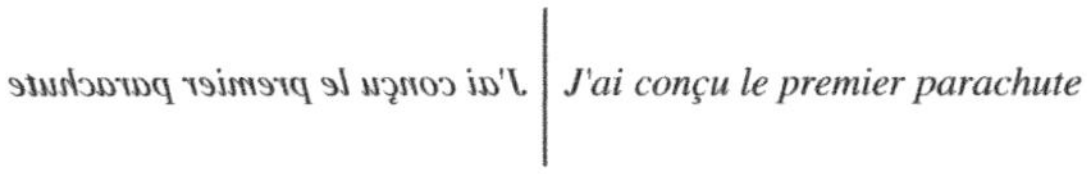


**72** Selma a raison :

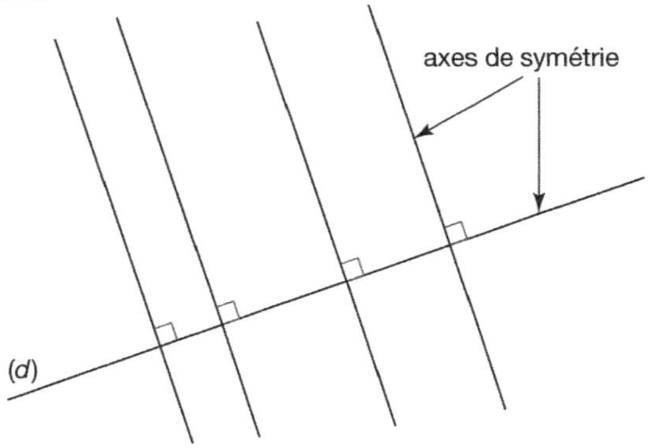


Une droite (*d*) admet une infinité d'axes de symétrie :
- la droite (*d*) elle-même,
- toutes les droites perpendiculaires à (*d*).

On ne peut pas dessiner toutes ces droites.

**73** La droite (EC) est la médiatrice du segment [HF] donc le point E est équidistant de H et de F, alors EH = EF. De plus, d'après le codage, EF = EG, donc EH = EG. Le triangle EGH est donc isocèle en E.

**74**

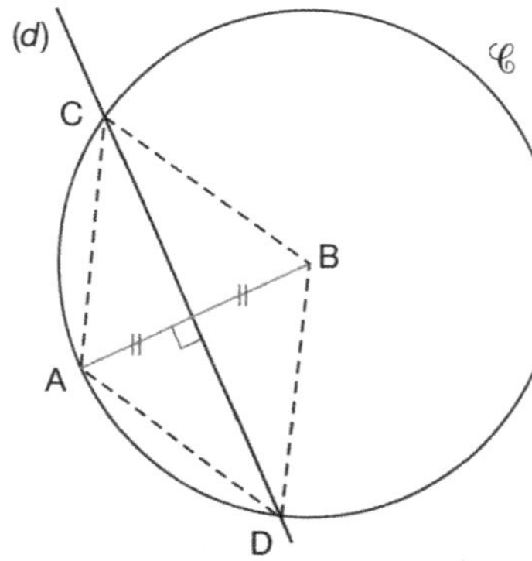


| | |
|---|---|
| **Conditions d'application** | D'après l'énoncé, on sait que (*d*) est la médiatrice du segment [AB] et que C et D sont deux points de (*d*). |
| **Énoncé de la propriété** | Or, si un point appartient à la médiatrice d'un segment, alors il est à égale distance des extrémités de ce segment. |
| **Conclusion intermédiaire** | Donc CA = CB et DA = DB. |
| **Autres données de l'exercice** | D'après l'énoncé, on sait que 𝒞 est un cercle de centre B qui passe par A et que C et D sont deux points de 𝒞. |
| **Définition** | Le cercle 𝒞 de centre B et de rayon AB contient les points à la distance AB du point B. |
| **Conclusion intermédiaire** | Donc BC = BD = BA. |
| **Conclusion** | Donc BA = BC = BD = CA = DA. |

**75** **a. b. c.**

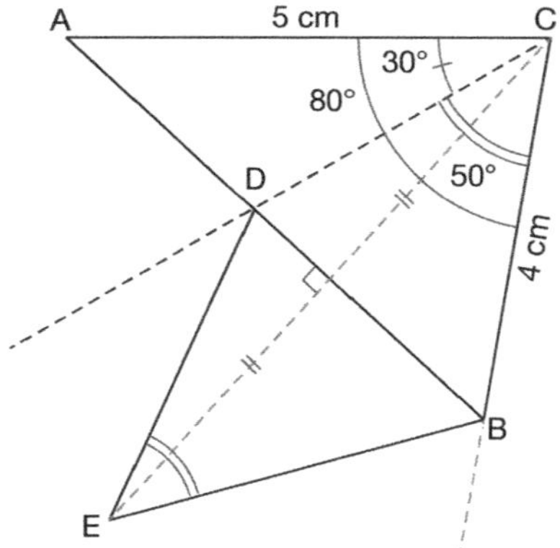


**d.** Une mesure ne prouve rien donc on ne peut être sûr de rien à ce stade.

**e.** $\widehat{BCD} = \widehat{BCA} - \widehat{DCA} = 80° - 30° = 50°$

De plus, l'angle $\widehat{BED}$ est le symétrique de l'angle $\widehat{BCD}$ par rapport à la droite (AB).

Or la symétrie conserve les mesures d'angles.

Donc $\widehat{BED} = \widehat{BCD} = 50°$.

C'est donc Ilyes qui avait raison.

**76** **Traduction :**

*Certains mots anglais écrits en majuscules possèdent un axe de symétrie. En voici deux exemples :*

*Trouver deux mots anglais possédant un axe de symétrie horizontal et deux autres mots possédant un axe vertical. Les écrire en majuscules et tracer les axes.*

**Réponse :**

*To hide* = cacher.

*A box* = une boîte.

*A bike* = un vélo.

*A hat* = un chapeau.
*Who* = qui.

**77**

Ce zellige possède 4 axes de symétrie.

**78** • (30 m × 4) + (50 m × 4) = 320 m
Le périmètre du terrain est 320 m.
• 4 triangles rectangles et 3 carrés composent le terrain.
(40 m × 30 m) : 2 = 1 200 m$^2$ : 2 = 600 m$^2$
L'aire de chaque triangle rectangle est 600 m$^2$.
30 m × 30 m = 900 m$^2$
L'aire de chaque carré est 900 m$^2$.
(600 m$^2$ × 4) + (900 m$^2$ × 3) = 2 400 m$^2$ + 2 700 m$^2$
= 5 100 m$^2$
L'aire totale du terrain est 5 100 m$^2$.

**79** La symétrie conserve les mesures d'angles et les longueurs.

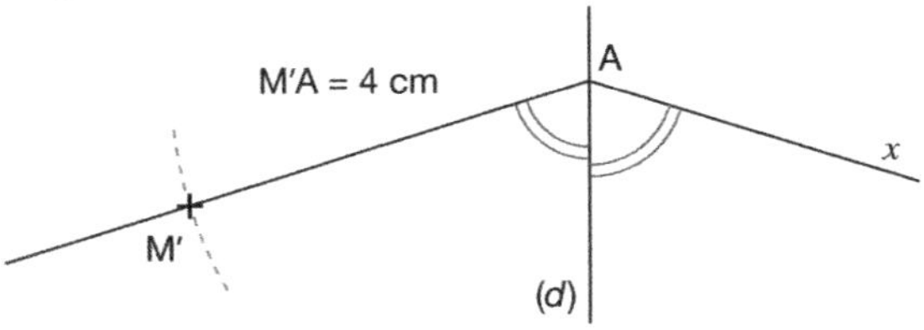


**80** D'après le codage de la figure, on sait que la droite qui est perpendiculaire à la droite (BC) et qui passe par le milieu de [BC] est la médiatrice du segment [BC].
Cette droite passe par le point M donc le point M est à égale distance des points B et C et donc BM = CM.
AB + BM + MA = AB + CM + MA
AB + BM + MA = AB + CA = 4 cm + 6 cm
AB + BM + MA = 10 cm
Le périmètre du triangle AMB est 10 cm.

**81** On schématise la situation, puis on fait plusieurs essais avec GeoGebra.

La droite (*d*) représente le mur et $M_1$, $M_2$, $M_3$… différentes positions possibles pour le point M.

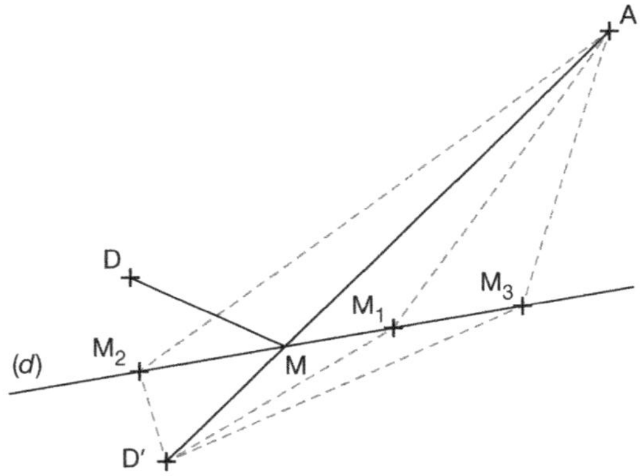


On construit D', le symétrique du point D par rapport à la droite (*d*).
On sait que le plus court chemin est la ligne droite, donc on choisit M de façon que les points D', M, A soient alignés. Pour ce faire, on trace le segment [D'A] et on note M le point d'intersection de la droite (*d*) et du segment [D'A].
Deux segments symétriques ont la même longueur donc DM = D'M.
En particulier, on a DM + MA = D'M + MA.

**82**

## Accompagnement personnalisé

**83** **a.** La droite (*d*) est la *médiatrice* du segment [MM'].
**b.** Les points M et M' sont *symétriques* par rapport à la droite (*d*).
**c.** La droite (*d*) coupe le segment [MM'] en son milieu en formant un angle droit.
Ou : La droite (*d*) est l'axe de symétrie du segment [MM'] (autre que la droite (MM')).

**84** **a.** A et B sont deux points symétriques par rapport à une droite (CD), donc la droite **(CD)** est la **médiatrice** du segment **[AB]**.
**b.** Une droite (EF) est la médiatrice d'un segment [GH]. Alors le **symétrique** de G **par rapport** à la droite **(EF)** est **H**.
**c.** Le symétrique d'un point M par rapport à une droite (MN) est **M**.

**85**

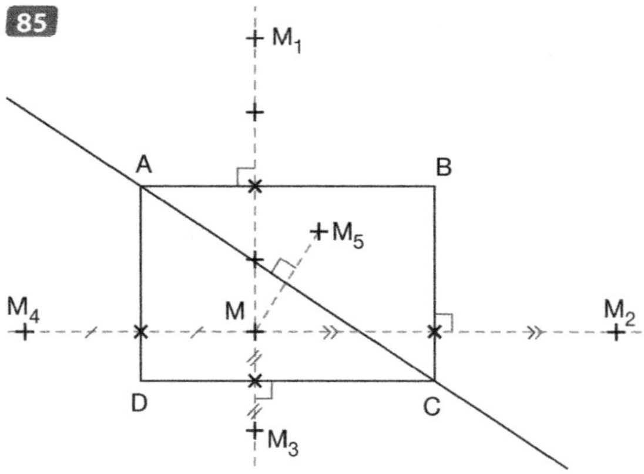


**86** **a.** *La figure n'est pas l'échelle.*

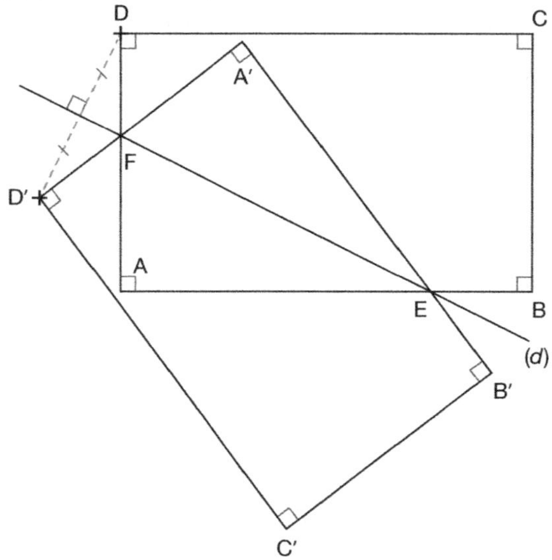


**87** Construire un triangle ABC rectangle en B tel que AB = 3 cm et BC = 2 cm.
Tracer une droite $(d)$ qui passe par A.
Construire le symétrique AB'C' du triangle ABC par rapport à la droite $(d)$.

**88** Les droites $(d_1)$ et $(d_2)$ ne peuvent être symétriques par rapport à la droite $(d)$. En effet, leur point d'intersection n'appartient pas à la droite $(d)$.

**89** **a. b.**

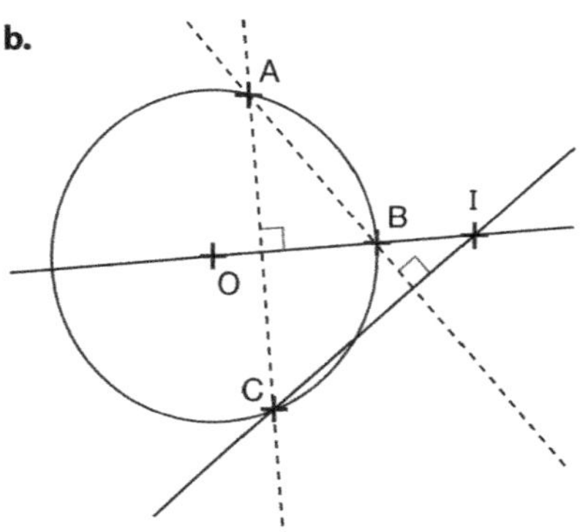


**c.**

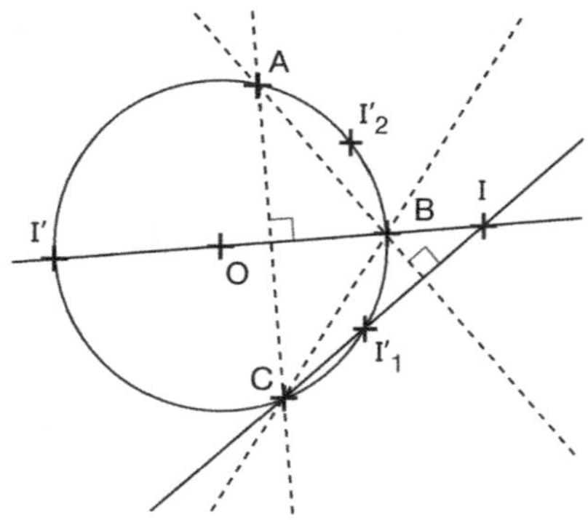


**d.** Les trois points obtenus semblent appartenir au cercle de centre O et de rayon 5 cm.

## Tâches complexes

**90**

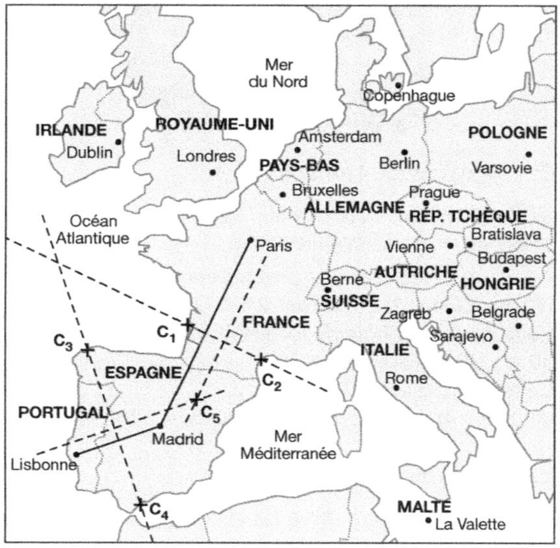


**91** Partir d'une feuille de papier carrée. On a représenté les traits bleus en noir et les traits rouges en gris.

- Étape 1 :

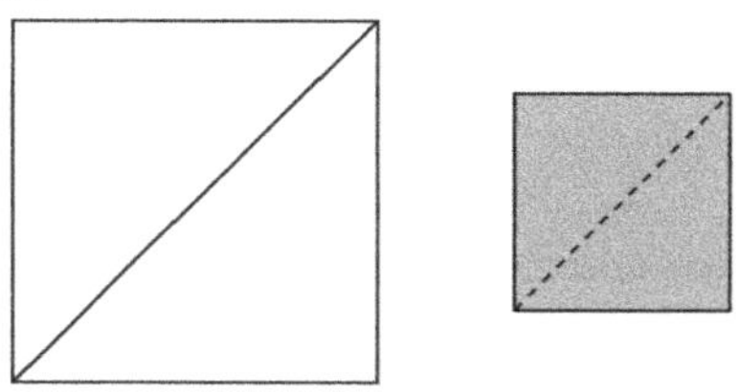

- Étape 2 :

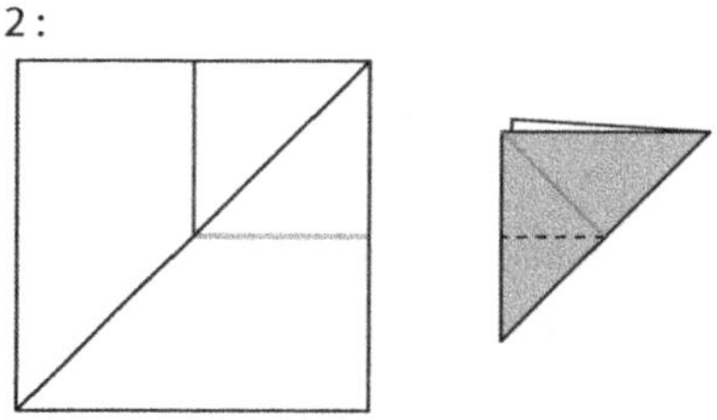

- Étape 3 :

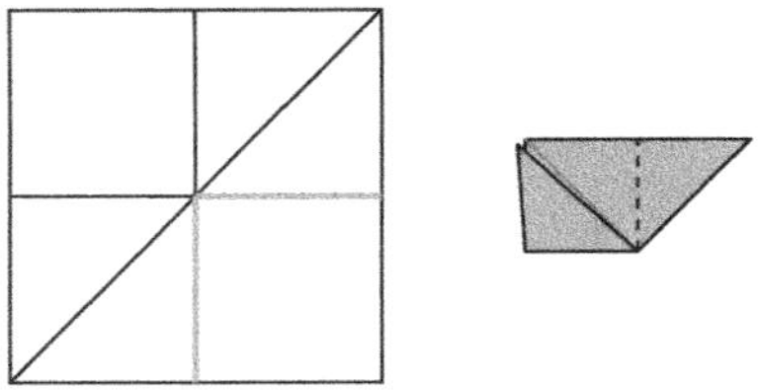

- Étape 4 :

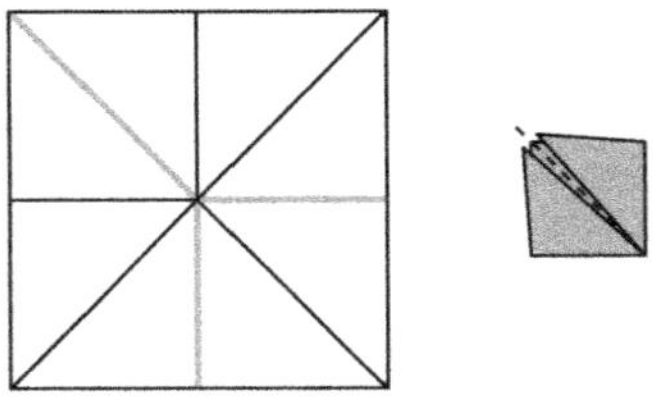

- Étape 5 :

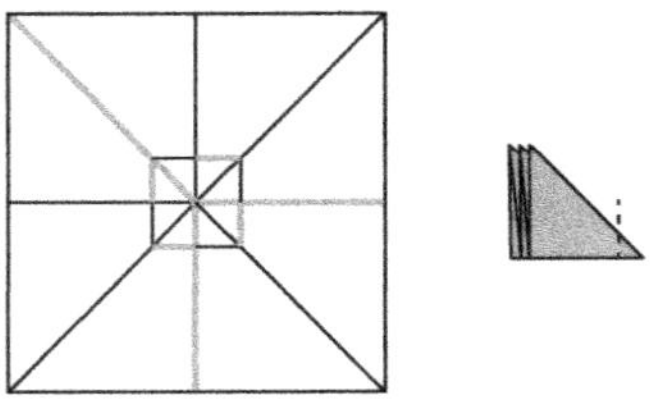

- Étape 6 :

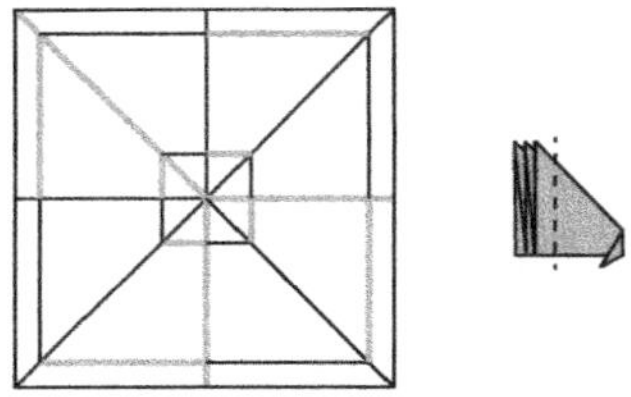

- Étape 7 :

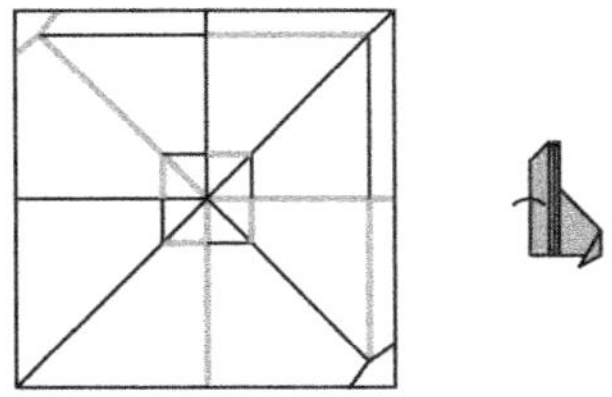

- Étape 8 :

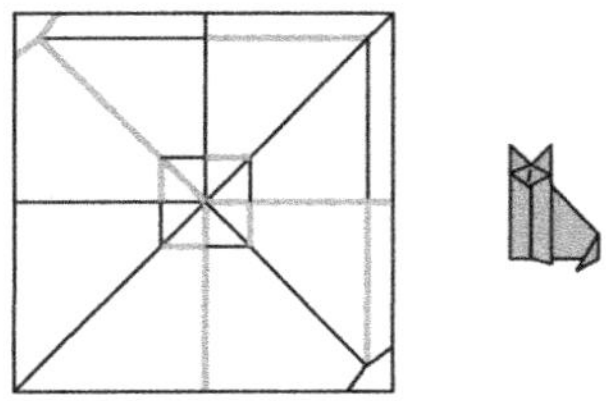

CHAPITRE 14

# Symétrie axiale et figures usuelles

## INTENTIONS PÉDAGOGIQUES

### 1 Le point sur le cycle 3

Au cycle 3, les élèves savent déjà :
- décrire, reproduire des figures ou des assemblages de figures planes sur papier quadrillé ou uni ;
- utiliser la règle, le compas ou l'équerre comme instruments de tracé ;
- reconnaître, nommer les figures usuelles ;
- reconnaître et décrire à partir des côtés et des angles droits un carré, un rectangle, un triangle rectangle ;
- les construire sur un support uni en connaissant la longueur des côtés ;
- construire un cercle en connaissant son centre et un point, ou son centre et son rayon.

On utilise le vocabulaire approprié pour décrire les figures planes usuelles :
- carré, rectangle, triangle rectangle, polygone, côté, sommet, angle droit ;
- cercle, disque, rayon, centre ;
- segment, milieu d'un segment, droite.

L'élève connaît les propriétés des angles et les égalités de longueur des côtés pour les carrés et les rectangles.

On fait le lien entre propriétés géométriques et instruments de tracé :
- droite, alignement et règle non graduée ;
- angle droit et équerre ;
- cercle et compas.

Enfin, les élèves savent reconnaître si une figure présente un axe de symétrie (à trouver) et compléter une figure pour qu'elle soit symétrique par rapport à un axe donné.

### 2 Je découvre

**Activité 1**

L'objectif de cette première activité est de permettre à l'élève de retrouver toutes les propriétés déjà rencontrées au cycle 2. Travailler avec du papier calque permet de plier la feuille pour retrouver les axes de symétrie, voire d'invalider des réponses erronées, en ce qui concerne les diagonales du rectangle par exemple.

**Activité 2**

Le triangle isocèle a été présenté lors de l'activité 1. L'objectif de cette activité est d'établir les propriétés des triangles isocèles.
Cette activité est conçue comme un mini débat. Dans la première question, l'élève doit dire ce qu'il pense de l'affirmation proposée. À ce stade, les élèves ne disposent que d'une vérification expérimentale avec le rapporteur. Dans la deuxième question, grâce au raisonnement, petite démonstration à la portée d'un élève de 6$^e$, l'élève est convaincu !
Les élèves sont mis dans une situation où ils peuvent apprécier le passage de la géométrie expérimentale à la géométrie déductive.

**Activité 3**

Cette activité est construite de façon semblable à l'activité 2. L'objectif est d'établir les propriétés des diagonales des losanges.
Là encore, les élèves peuvent d'abord vérifier avec leurs instruments avant d'être convaincus par le raisonnement.

### 3 J'apprends et j'applique le cours

**J'apprends le cours**

- Dans le cours 1. Axes de symétrie, tous les axes de symétrie des figures particulières sont présentés : d'abord ce sont les triangles isocèles et équilatéraux, puis le rectangle, le losange et le carré.
- Au cours 2. Propriétés des triangles particuliers, que ce soit pour les triangles isocèles ou équilatéraux, les propriétés sont d'abord énoncées en une phrase puis formulées selon un schéma qui distingue les données, la propriété puis la conclusion.
Grâce à cette formulation, on distingue la propriété de la propriété réciproque.
- Au cours 3, pour les quadrilatères, les propriétés sont énoncées avec une phrase puis selon le schéma données-propriété-conclusion.

**Exercice résolu 1**

L'objectif est de prendre appui sur une construction réalisée par l'élève. Ayant obtenu un triangle grâce à une symétrie, l'élève pourra penser à la propriété du triangle possédant un axe de symétrie et conclura que le triangle est isocèle.

**Exercice résolu 6**

La résolution de cet exercice a pour objectif de guider l'élève dans la construction d'un triangle isocèle, étape par étape.

**Exercice résolu 12**

Cet exercice reprend le même objectif que celui de l'exercice résolu 6, mais ici, il s'agit de la construction d'un losange.

### 4 Compléments

**Axes de symétrie**

Une page entière est consacrée à des exercices qui demandent des constructions tantôt de triangles, tantôt de quadrilatères.

## Triangles particuliers

Les exercices de cette rubrique demandent des constructions de triangles isocèles mais posent également des questions sur les propriétés des figures obtenues.

## Quadrilatères particuliers

De nombreux exercices sont proposés, des exercices de construction et des exercices de déduction.

## Avec un logiciel

Grâce aux logiciels de géométrie dynamique (ici, GeoGebra), les figures se déforment mais en conservant les propriétés géométriques données lors de leur construction. Les élèves, en déformant les figures, repèrent les invariants qui sont justement les propriétés de ces figures. Ils peuvent également voir un ou des cas particuliers qui feront l'objet d'une dernière question.

## Accompagnement personnalisé

Les exercices 99 et 100 reprennent les propriétés des triangles et des quadrilatères particuliers.
Les exercices d'approfondissement 102 et 103 demandent à l'élève des déductions, des prises d'initiatives.

# CORRIGÉS

## Vu au Cycle 3

**1.a.**, **b.** et **c.** **2.a.** et **c.** **3.a.** et **b.** **4.b.** **5.a.** et **c.**

## Je découvre

### Activité 1

**1**

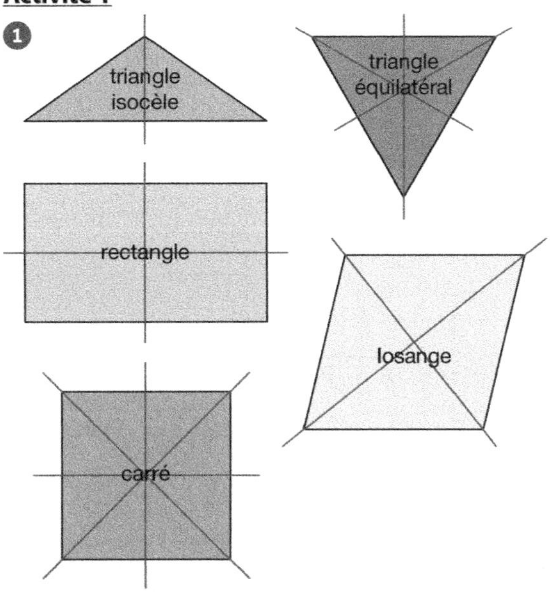


**2** **a.** Le rectangle et le carré semblent avoir des diagonales de même longueur.

**b.** Le losange et le carré semblent avoir des diagonales perpendiculaires.

**c.** Tous les quadrilatères semblent avoir des diagonales qui se coupent en leur milieu.

### Activité 2

**1** **a.** *Échelle* : $\frac{1}{2}$

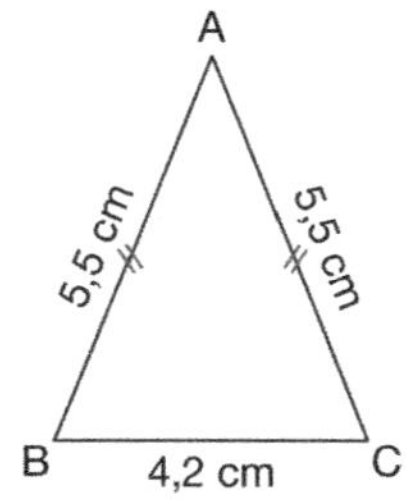


**b.** En fonction des mesures effectuées, on peut dire si Anaïs semble avoir raison ou non.

**2** **a.**

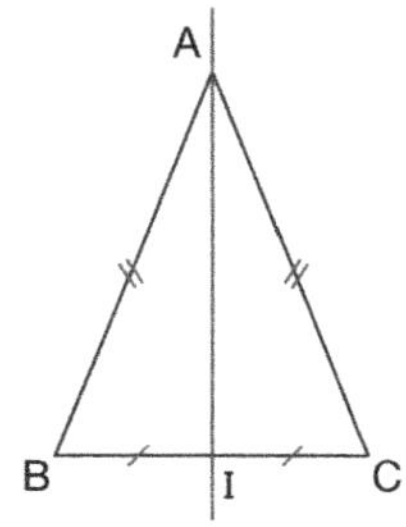


**b.** AB = AC = 5,5 cm
Le point A est équidistant de B et C, donc il est sur la médiatrice du segment [BC].
De plus, I est le milieu de [BC], donc la droite (AI) est la médiatrice du segment [BC].

**c.** Dans la symétrie d'axe (AI), le symétrique de $\widehat{ABC}$ est $\widehat{ACB}$. La symétrie conserve les angles donc les deux angles ont la même mesure.
Anaïs aurait dû trouver deux fois la même mesure, elle n'a donc pas raison.
Elle a cependant des mesures très voisines. Peut-être a-t-elle manqué de précision dans sa construction ou dans la lecture des mesures des angles.
On peut encore dire que mesurer un angle est difficile car les segments sont représentés par des segments qui ont une largeur, et la graduation d'un rapporteur n'est qu'en degrés alors que la mesure des angles de la figure n'est pas un nombre entier !

### Activité 3

**1**

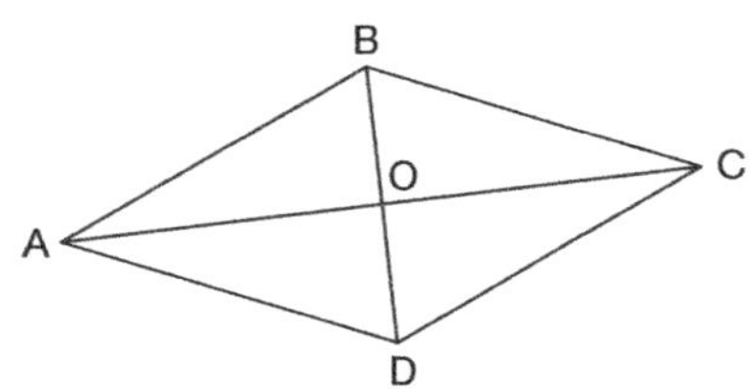


L'affirmation de Selma semble exacte.

**2** **a.** Les côtés du losange mesurent 5 cm, donc BA = BC = 5 cm, de même que DA = DC = 5 cm. Les points B et D sont à la même distance des extrémités du segment [AC], ils sont donc sur la médiatrice de ce segment, ce qui permet de dire que la droite (BD) est la médiatrice du segment [AC].

**b.** On sait qu'une médiatrice est perpendiculaire à son segment, donc Selma a raison.

**3** On vient de démontrer que la droite (BD) est la médiatrice du segment [AC], donc O est le milieu de [AC]. On peut démontrer de même que la droite (AC) est la médiatrice du segment [BD] et donc que O est aussi le milieu de [BD].
On peut dire que O est le centre de symétrie du losange.

**4** Les droites (AC) et (BD) sont les axes de symétrie du losange ABCD.
Dans la symétrie d'axe (BD), les angles $\widehat{BAD}$ et $\widehat{DCB}$ sont symétriques, donc $\widehat{BAD} = \widehat{DCB}$.
De même, dans la symétrie d'axe (AC), les angles $\widehat{ABC}$ et $\widehat{ADC}$ sont symétriques, donc $\widehat{ABC} = \widehat{ADC}$.

## J'applique le cours

**2 a.**

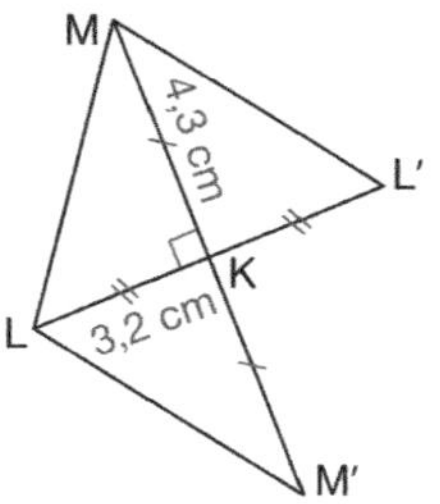


**b.** Le triangle MLM', qui admet la droite (LK) pour axe de symétrie, est isocèle en L.
Le triangle MLL', qui admet la droite (KM) pour axe de symétrie, est isocèle en M.

**3 a.**

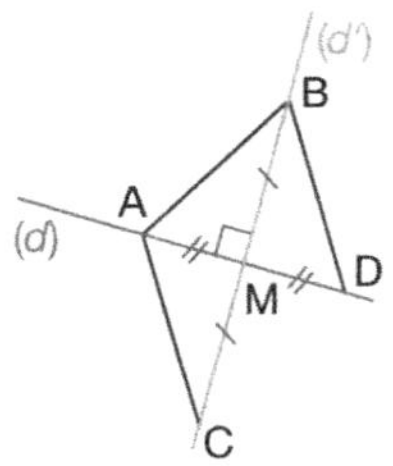


**b.** ABC qui admet la droite (*d*) pour axe de symétrie est isocèle en A.

**c.** ABD qui admet la droite (*d'*) pour axe de symétrie est isocèle en B.

**4 a.** et **b.**

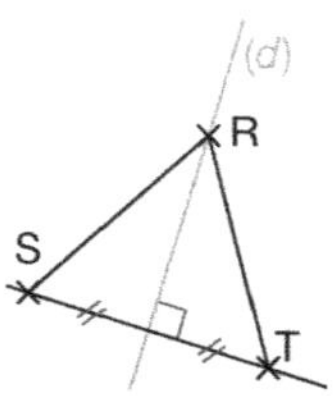


**c.** RST, qui admet la droite (*d*) pour axe de symétrie, est isocèle ; son sommet principal est R. On dit que RST est isocèle en R.

**5 a. b.**

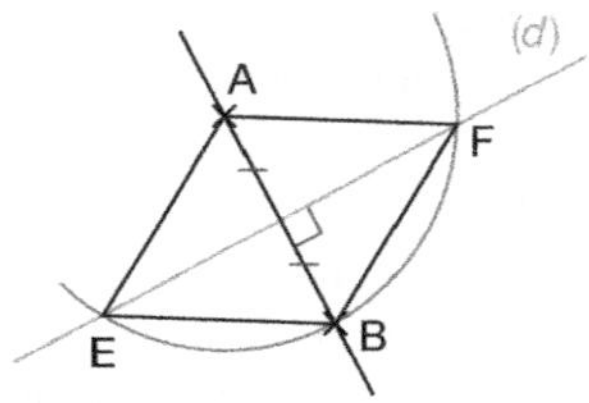


**c.** AEB est isocèle en E et ABF est isocèle en F.
AEBF est un losange.

**7**

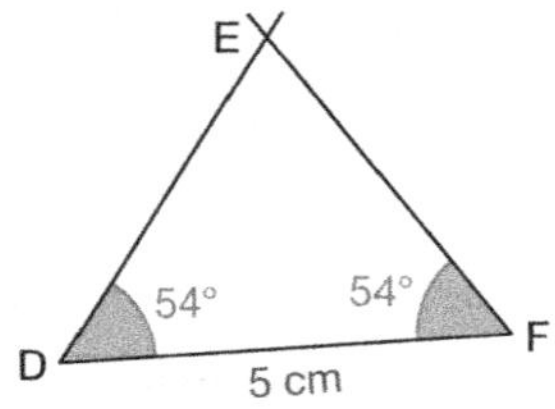


**8 a.** ABC est isocèle en B donc ses angles à la base ont la même mesure. $\widehat{BAC} = \widehat{BCA} = 67°$.

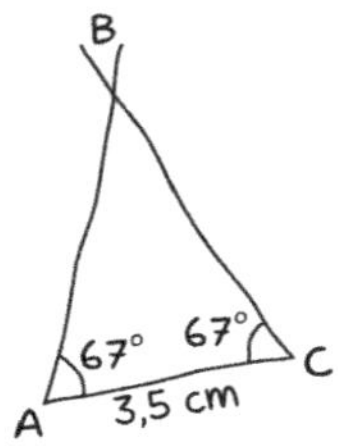


**b.**

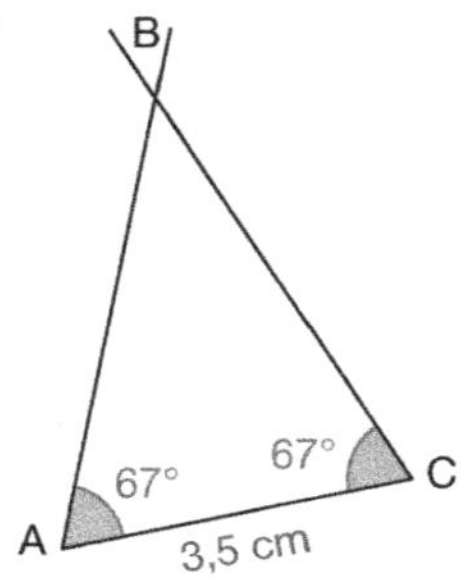


**9**

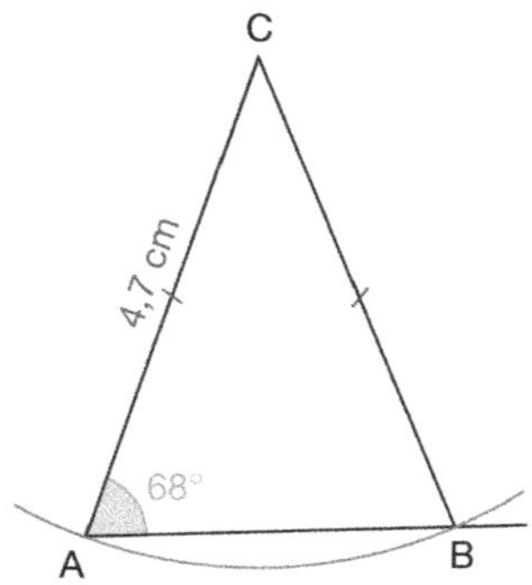


**10 a.**

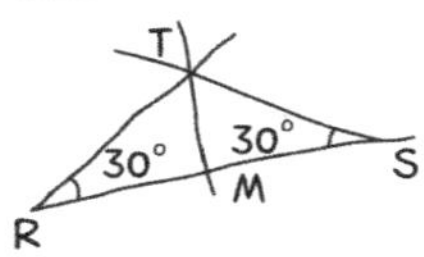


**b.** *En vraie grandeur, RS = 6,4 cm.*

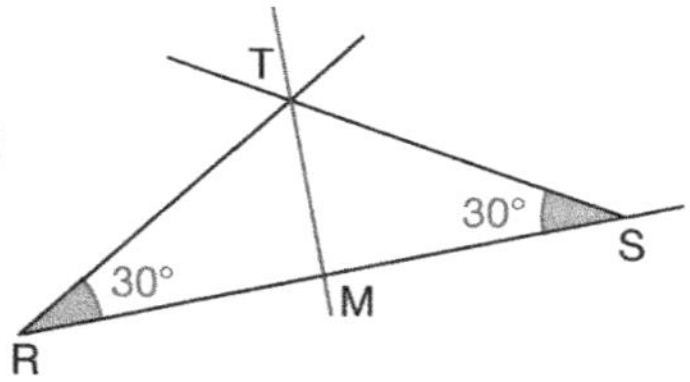


**c.** Pour construire l'axe de symétrie, il suffit de marquer le milieu du segment [RS] en calculant 6,4 cm : 2 = 3,2 cm. On nomme M ce milieu. La droite (TM) est l'axe de symétrie du triangle RST.

**11** **a** et **b.** L'axe de symétrie du triangle isocèle est la médiatrice de la base, donc $\widehat{AMB} = 90°$.

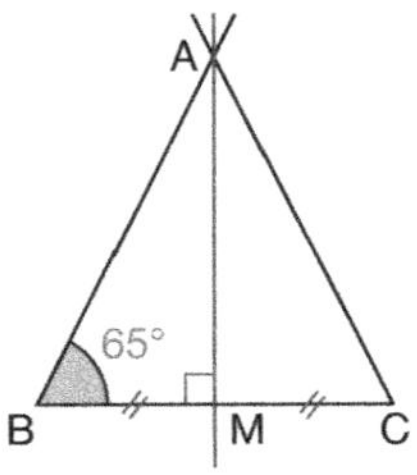


**13** **a.**

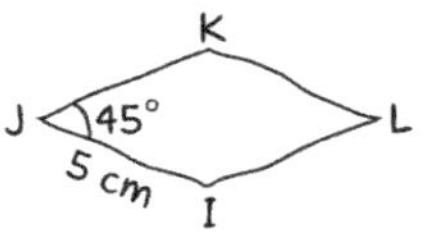


**b.**

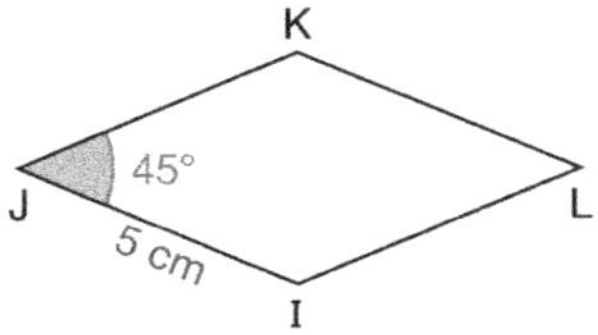


**14** **a.**

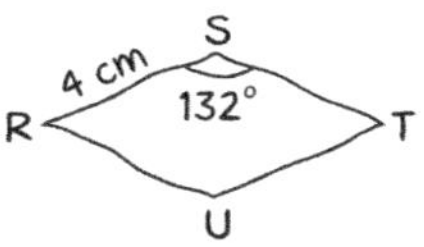


**b.**

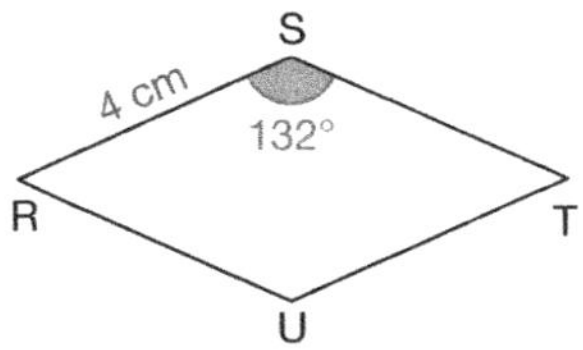


**15**

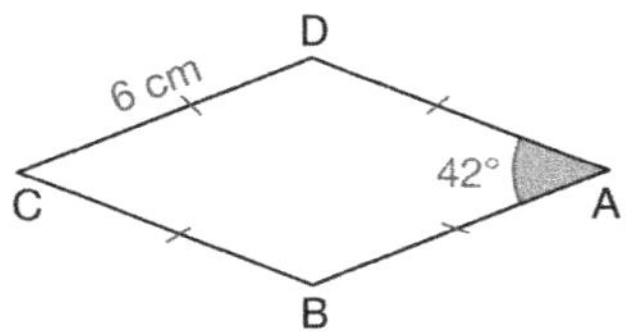


**16**

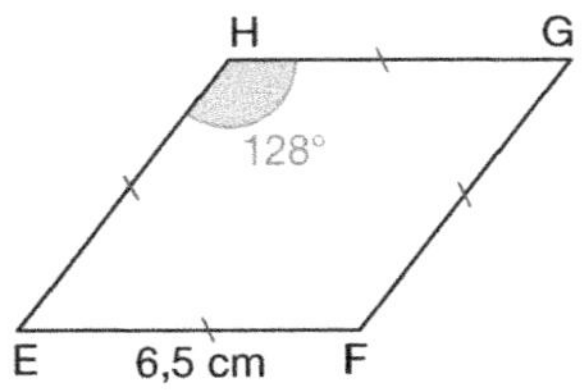


**17**

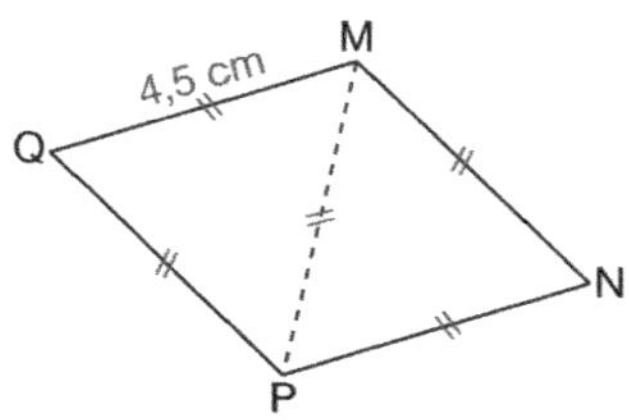


**18**

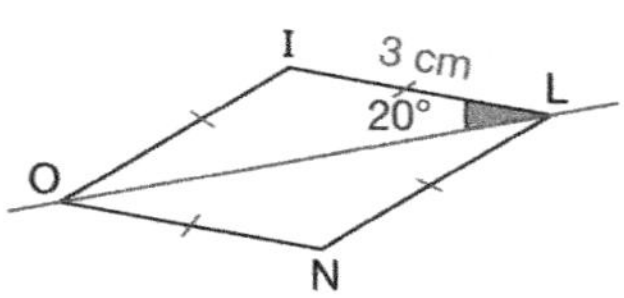


## À l'oral

**19** **a.** A est le sommet **principal** de ce triangle.

**b.** Le côté [BR] est la **base** de ce triangle.

**c.** Les angles à la base de ce triangle sont $\widehat{\mathbf{ABR}}$ et $\widehat{\mathbf{ARB}}$.

**d.** L'axe de symétrie de ce triangle est la **médiatrice** de sa **base**.

**20** **a.** [AC] est l'autre côté qui a pour longueur 7 cm.

**b.** Les droites (*d*) et (BC) sont perpendiculaires.
Le point I est le milieu du segment [BC].

**21** **a.** La droite (RS) représente l'axe de symétrie du triangle RUE, c'est la médiatrice du segment [UE].

**b.** L'angle $\widehat{REU}$ mesure aussi 52°.

**22** **a.** $\widehat{AIB} = 90°$

**b.** $\widehat{IAB} = 45°$

**23** (CF) est un des axes de symétrie donc F est le milieu du côté [AB].
AF = 3,5 cm donc AB = 3,5 cm × 2 = 7 cm.
Les côtés d'un triangle équilatéral ont la même longueur, donc AC = AB = 7 cm.
Gabriel avait raison.

**24** **a.** Les diagonales d'un losange se coupent en leur milieu. O est donc le milieu des segments [GE] et [HF].
OE = 9 cm : 2 = 4,5 cm
OF = 6,4 cm : 2 = 3,2 cm
OG = 9 cm : 2 = 4,5 cm
OH = 6,4 cm : 2 = 3,2 cm

**b.** Les diagonales d'un losange sont perpendiculaires donc les triangles GHO, EHO, EFO et FGO sont rectangles en O.

**25** **a.** Les diagonales d'un rectangle se coupent en leur milieu et ont la même longueur.
BD = AC = 10 cm IA = 10 cm : 2 = 5 cm
IB = IA = 5 cm IC = IA = 5 cm ID = IA = 5 cm

**b.** Les triangles AIB, BIC, CID et DIA, qui ont deux côtés de la même longueur, sont isocèles en I.

**26** **a.** Le carré RAMI a ses angles droits et ses diagonales perpendiculaires, donc $\widehat{RAM} = 90°$ et $\widehat{MOI} = 90°$.

**b.** Les diagonales d'un carré se coupent en leur milieu et ont la même longueur, donc :
AI = RM = 5 cm
OR = 5 cm : 2 = 2,5 cm
IO = OR = 2,5 cm

## Calcul mental

**27** **a.** 24 cm
**b.** 3,9 m
**c.** 0,75 mm

**28** **a.** 48 cm
**b.** 360 m
**c.** 14 m

**29** **a.** 18 cm
**b.** 24 m
**c.** 120 mm

**30** **a.** 0,9 m
**b.** 21 cm
**c.** 260 mm

## Je m'entraîne

**31**

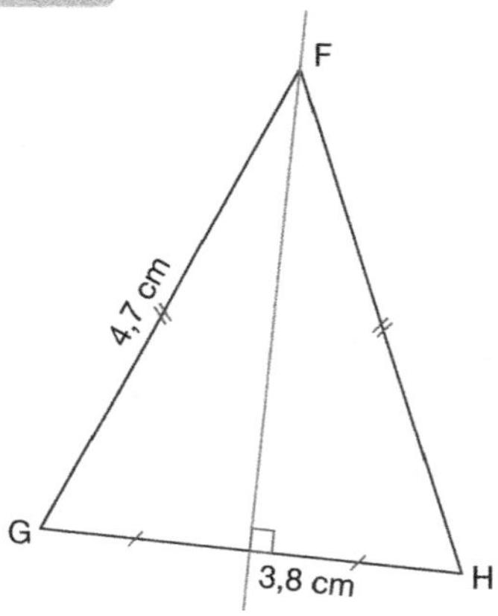


Le triangle FGH, qui a ses côtés [FG] et [FH] de la même longueur, est isocèle, donc il admet un axe de symétrie, la médiatrice de sa base.

**32** **a. b.** et **c.** *Échelle* : $\frac{1}{2}$

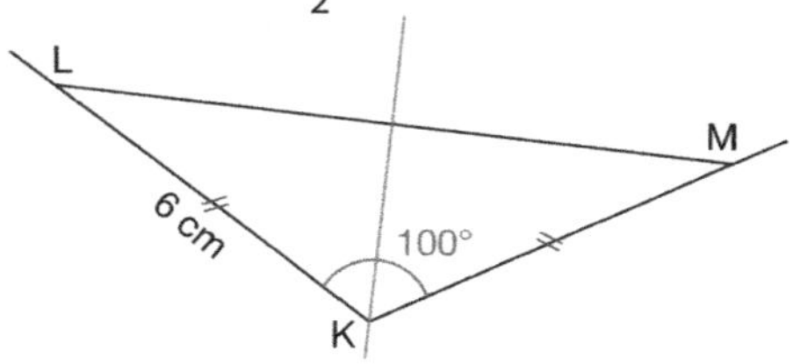


Ce triangle a deux côtés de la même longueur donc il est isocèle.
Il admet comme axe de symétrie la médiatrice de sa base.

**33** **a. b.** et **c.** *Échelle* : $\frac{1}{2}$

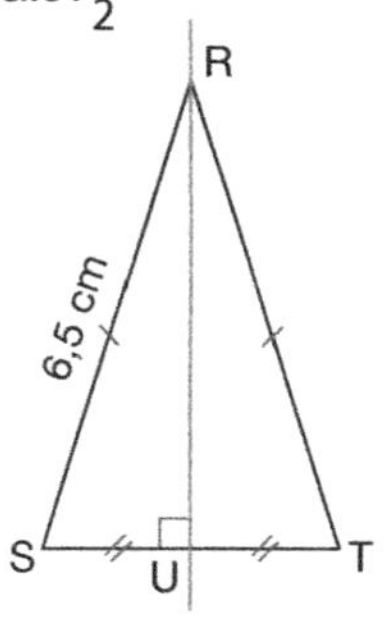


**34** **a** et **b.** *Échelle* : $\frac{1}{2}$

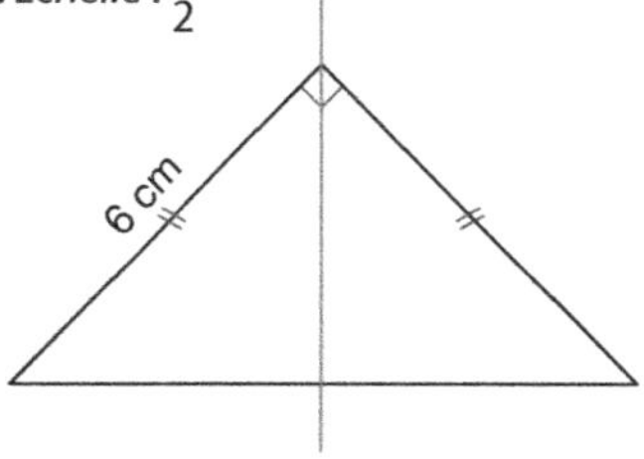


**35** **a.** Pour tracer l'axe de symétrie avec la règle graduée, il suffit de marquer le milieu M du segment [IE] puis de tracer la droite (OM) qui est l'axe de symétrie du triangle OIE.

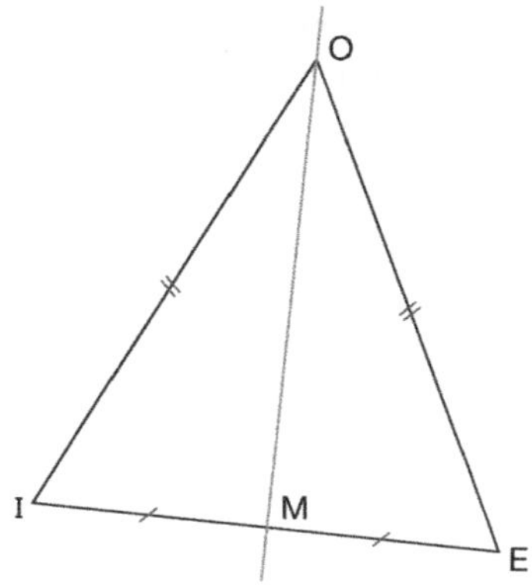


**b.** Pour construire l'axe de symétrie avec une équerre, on construit la perpendiculaire à la droite (I'E') passant par O', cette droite est l'axe de symétrie du triangle.

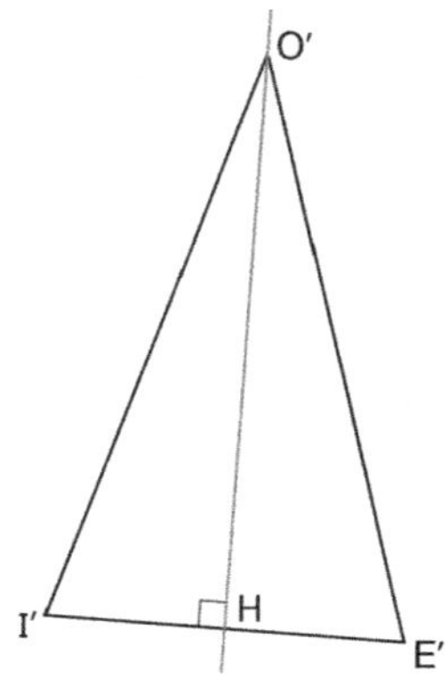


**36**

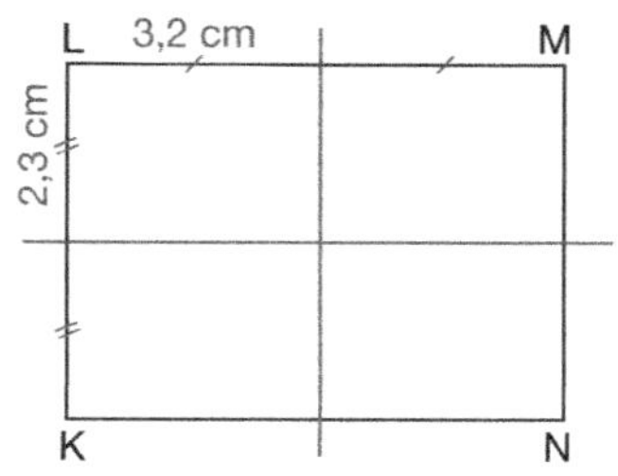


**37** **a. b.** et **c.**

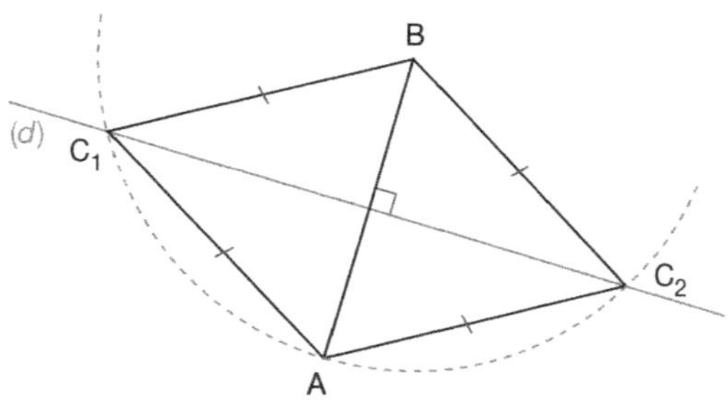


**38** On construit le point B, symétrique du point A par rapport à la droite (*d*).
Par le point A, on trace la perpendiculaire à (AB).
On nomme D l'un de ses points et on construit son symétrique C par rapport à la droite (*d*).

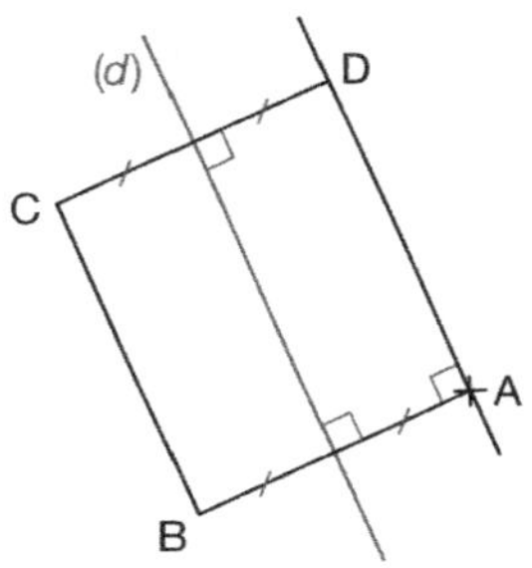


**39** Il existe deux façons de construire le rectangle ABCD.

1re façon :
On construit le point B, symétrique de A par rapport à la droite (*d*) puis le point D, symétrique de A par rapport à la droite (*d′*), et enfin C.

2e façon :
On construit le point B, symétrique de A par rapport à la droite (*d′*) puis le point D, symétrique de A par rapport à la droite (*d*), et enfin C.

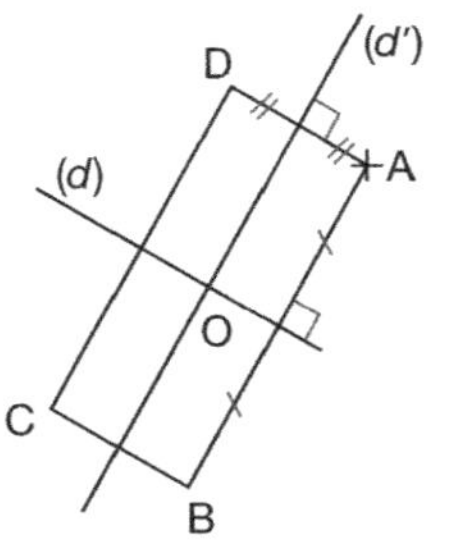


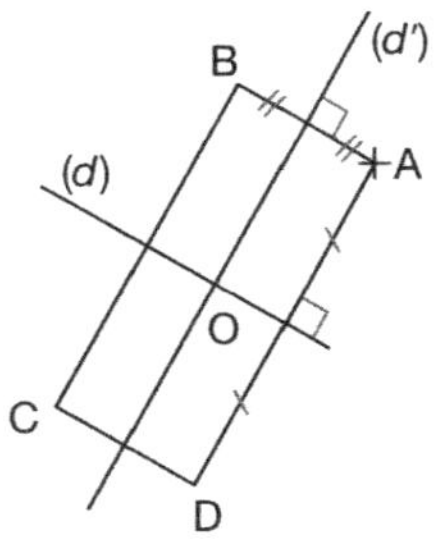


**40** **a.** et **b.** On construit d'abord le point O, symétrique du point A par rapport à la droite (*d*).

**1re façon avec le compas**
On trace :
- le cercle de centre A qui passe par L et qui recoupe (*d*) en S ;
- le cercle de centre L qui passe par A ;
- le cercle de centre S qui passe par A.

Ces deux derniers cercles se recoupent en O.

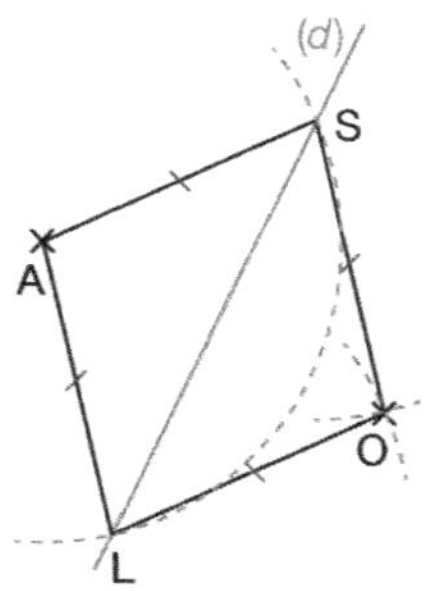


**2e façon avec l'équerre et la règle graduée**
On marque O sur la perpendiculaire à (*d*) passant par A.

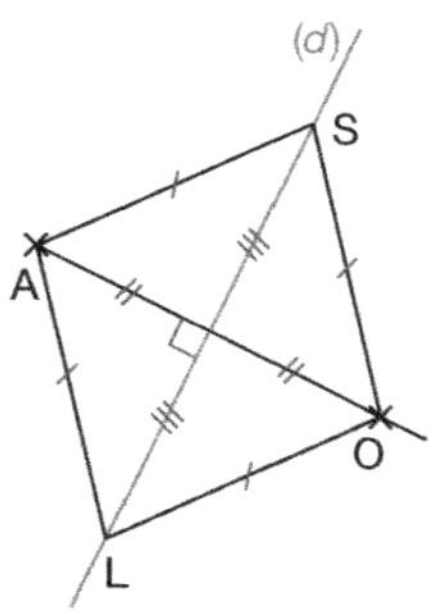


Puis on construit le point S, symétrique de L par rapport à la droite (AO).

**41** **1.**

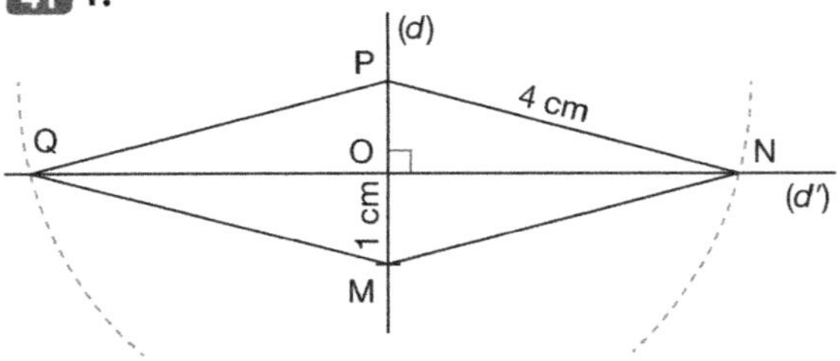


**2. a.** Le point P est le symétrique du point M par rapport à la droite (*d′*).
**b.** On trace le cercle de centre P (ou de centre M) et de rayon 4 cm qui coupe (*d′*) en Q et N.

**42** **a.** et **b.** On construit la médiatrice du segment [KI]. Avec le compas, on marque J et L, symétriques l'un de l'autre par rapport à la droite (KI) puis on trace les côtés du losange IJKL.

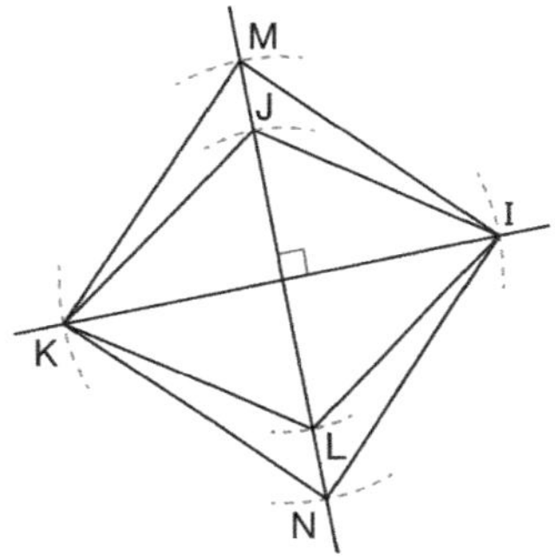


**c.** Avec le compas, on marque les points M et N, symétriques l'un de l'autre par rapport à la droite (KI) tel que [MN] soit de même longueur que [KI] puis on trace les côtés du carré IMKN.

**43** **a.**, **b.** et **c.**

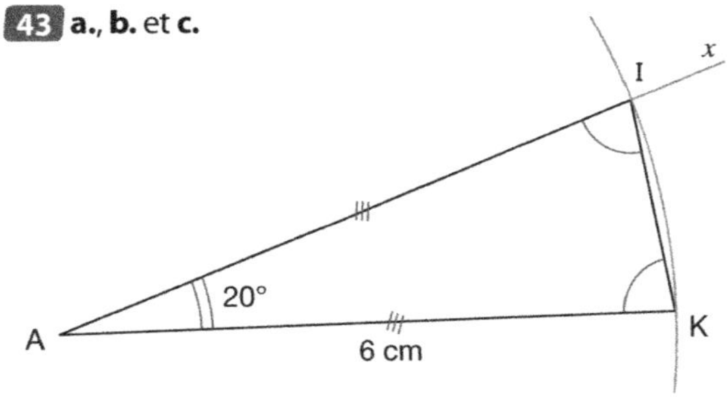


**44** **a. b.** *En vraie grandeur, MN = 3,5 cm.*
On trace le cercle de centre M qui coupe en P la demi-droite [Nt).

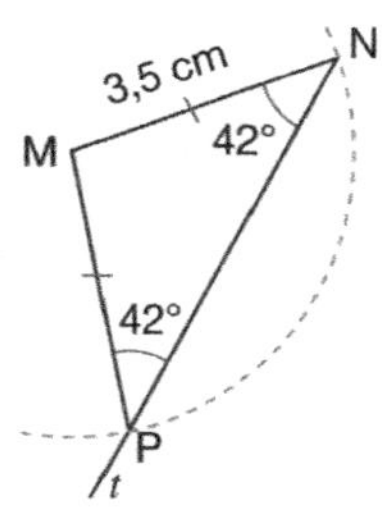

**c.** Le triangle MNP est isocèle en M, donc ses angles à la base ont la même mesure : $\widehat{MPN} = 42°$.

**45** **a.** et **b.**

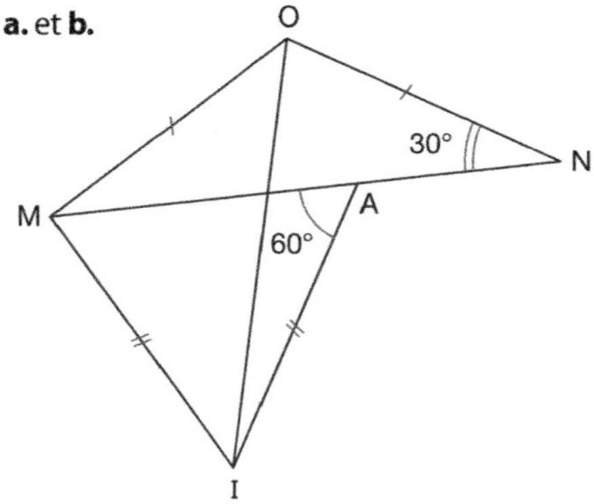


**c.** OMN est isocèle en O donc ses angles à la base ont la même mesure : $\widehat{OMN} = \widehat{ONM} = 30°$.

De même, MAI est isocèle en I, donc $\widehat{MAI} = \widehat{AMI} = 60°$.

**d.** $\widehat{IMO} = \widehat{IMA} + \widehat{AMO} = 60° + 30° = 90°$

**e.** Le triangle MOI qui a un angle droit est donc rectangle en M.

**46** **a.** et **b.**

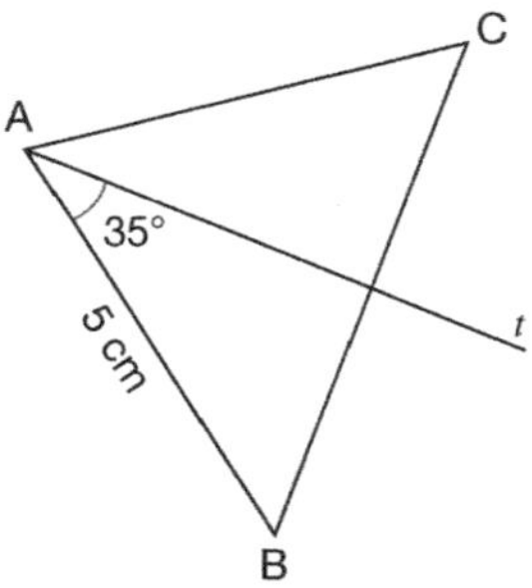


La demi-droite [At) est la bissectrice de l'angle $\widehat{BAC}$, elle définit l'axe de symétrie de cet angle.

**c.** Le triangle ABC est isocèle en A.

**47**

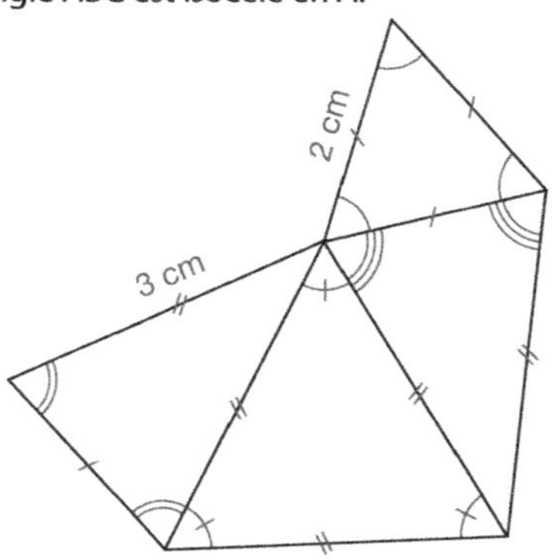


**48** *La figure n'est pas demandée.*

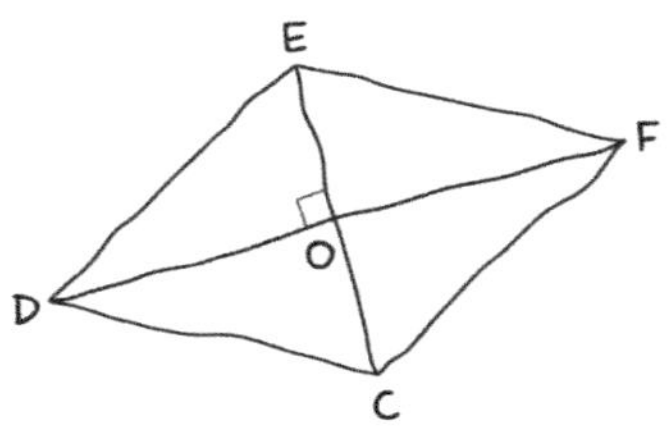


**a.** Les triangles EOF, FOC, COD et EOD sont rectangles car on sait que les diagonales d'un losange sont perpendiculaires.

**b.** On sait que les diagonales d'un losange se coupent en leur milieu, donc :

$OC = \frac{EC}{2} = \frac{3\text{ cm}}{2} = 1{,}5\text{ cm}$ $\quad$ $OD = \frac{FD}{2} = \frac{5\text{ cm}}{2} = 2{,}5\text{ cm}$

Les côtés de l'angle droit du triangle COD mesurent 1,5 cm et 2,5 cm.

**49** **a.**

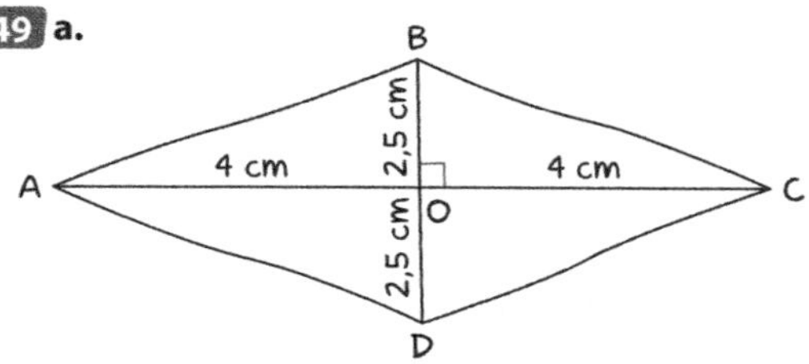


**b.**

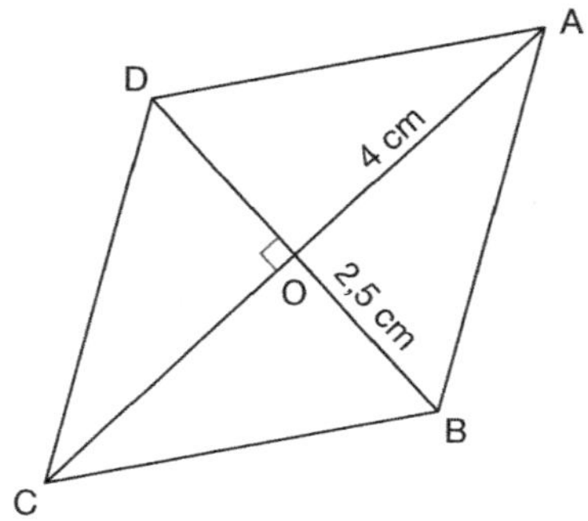


**50** **a. b.** On construit le point I, symétrique du point P par rapport à la droite (RX).

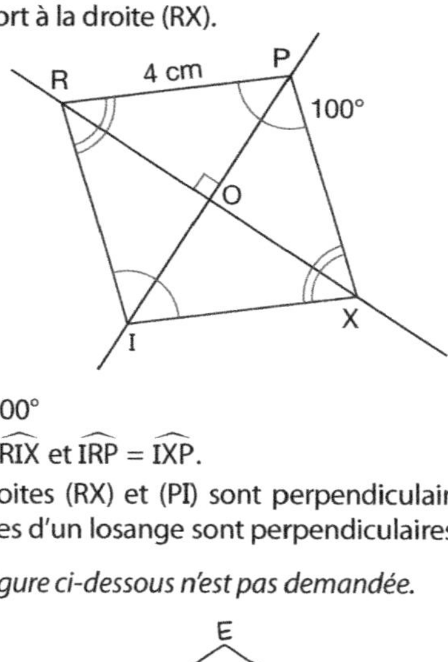


**c.** $\widehat{RIX} = 100°$

**d.** $\widehat{RPX} = \widehat{RIX}$ et $\widehat{IRP} = \widehat{IXP}$.

**e.** Les droites (RX) et (PI) sont perpendiculaires car les diagonales d'un losange sont perpendiculaires.

**51** *La figure ci-dessous n'est pas demandée.*

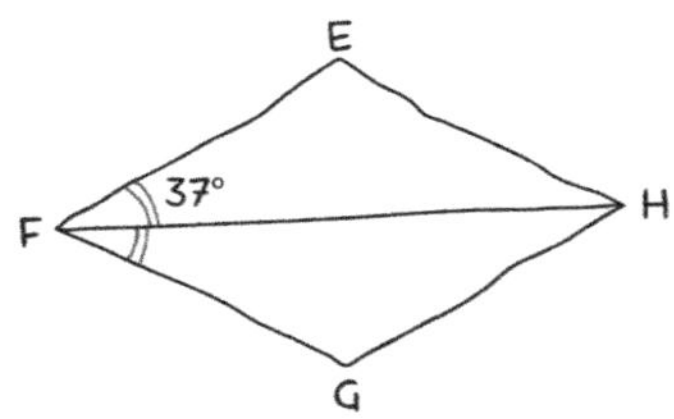


La droite (FH) est un axe de symétrie du losange, donc $\widehat{EFH}$ et $\widehat{HFG}$ ont la même mesure.

$\widehat{EFG} = 2 \times 37° = 74°$
La droite (EG) est l'autre axe de symétrie de ce losange, donc les angles $\widehat{EFG}$ et $\widehat{EHG}$ ont la même mesure, donc $\widehat{EHG} = 74°$.

**52** **a.**

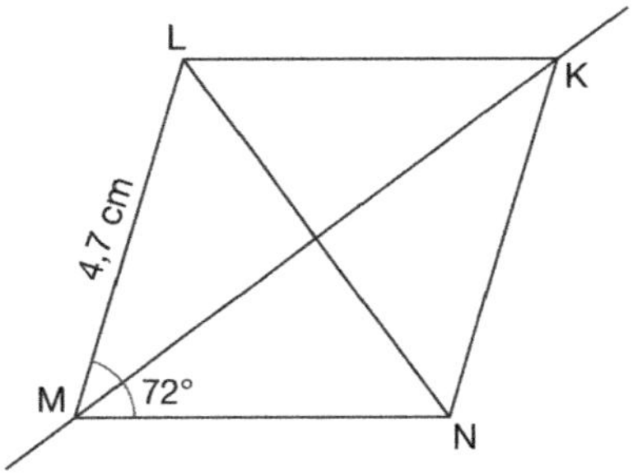


**b.** $\widehat{KML} = 72° : 2 = 36°$
$\widehat{KMN} = 72° : 2 = 36°$
Par symétrie, $\widehat{MKL} = \widehat{MKN} = 36°$.
**c.** La droite (LN) est un axe de symétrie du losange, donc pour les angles $\widehat{KLM}$ et $\widehat{KNM}$, elle porte les bissectrices de ces angles.

**53** *Échelle* : $\frac{1}{2}$

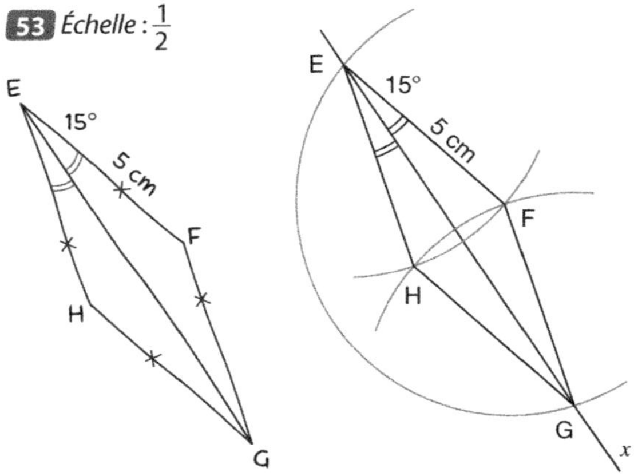


**54**

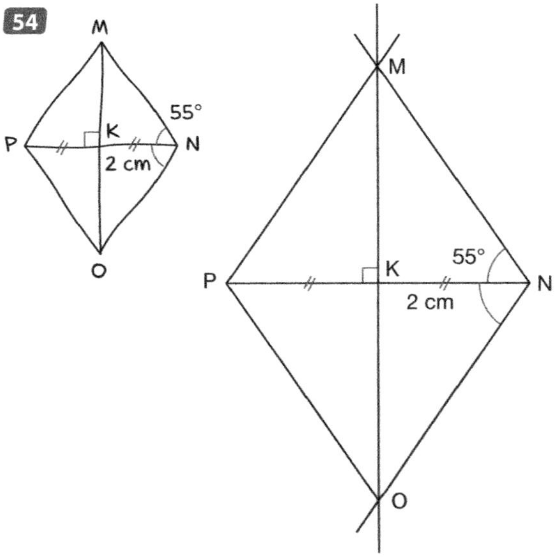


**55**

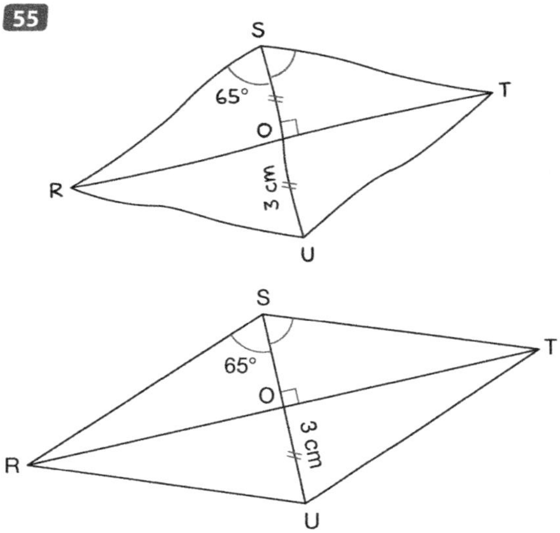


**56**

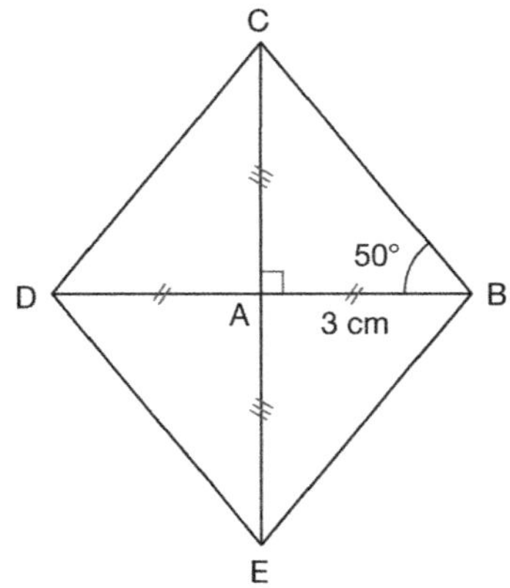


**57**

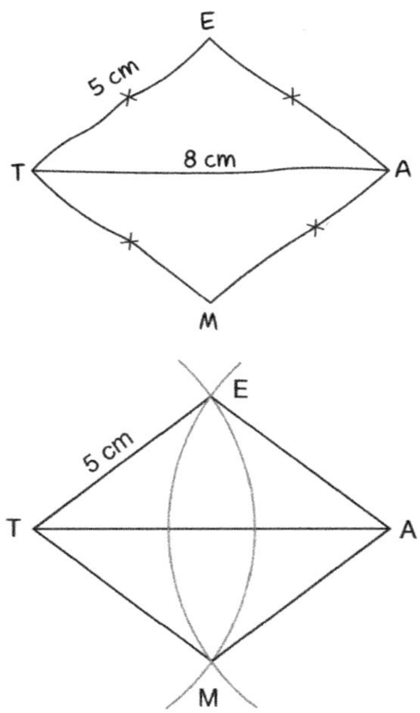

**58** **a.** Les diagonales d'un rectangle se coupent en leur milieu et ont la même longueur, donc les triangles AOB, BOC, COD et DOA sont isocèles en O.

**b.** Les angles à la base d'un triangle ont la même mesure, donc :

$\widehat{OAB} = \widehat{OBA} = 25°$

$\widehat{OAD} = 90° - 25° = 65°$

Par symétrie, $\widehat{ODC} = \widehat{OCD} = 25°$.

**59** **a.**

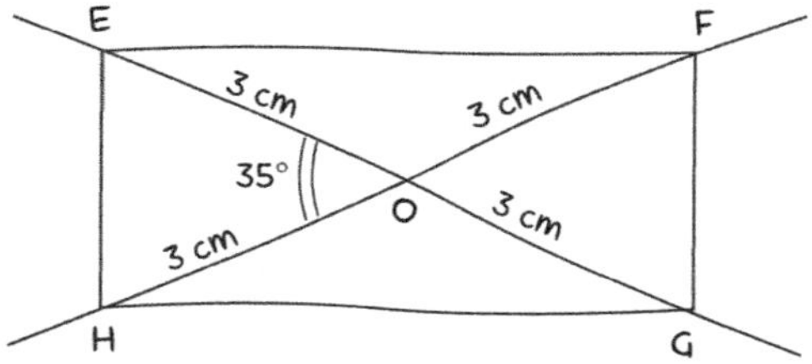


**b.** On trace le cercle de centre O et de rayon 3 cm.
On nomme G l'un de ses points. On construit un point F du cercle tel que $\widehat{FOG} = 35°$.
On prolonge [FO] et [GO] pour obtenir les diamètres [FH] et [GE].
On peut alors tracer les côtés du rectangle EFGH.

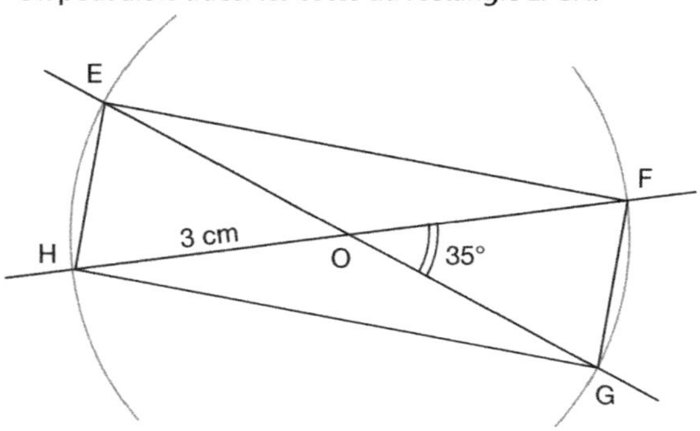


**c.** $\widehat{EOF} = 180° - 35° = 145°$

**60** *Échelle* : $\frac{1}{2}$

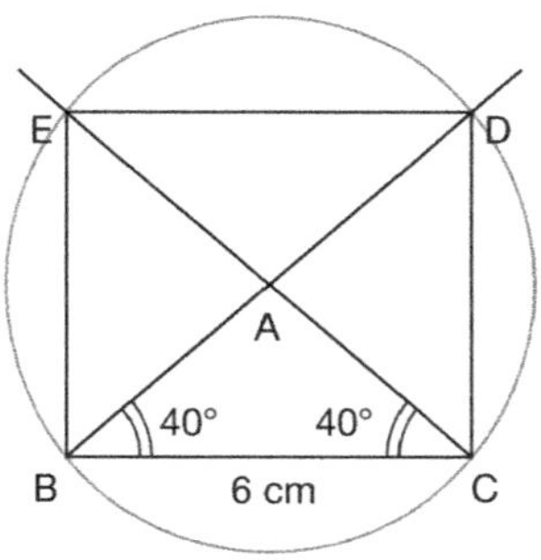


**61**

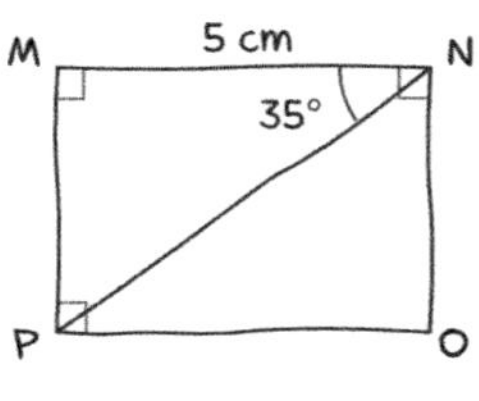


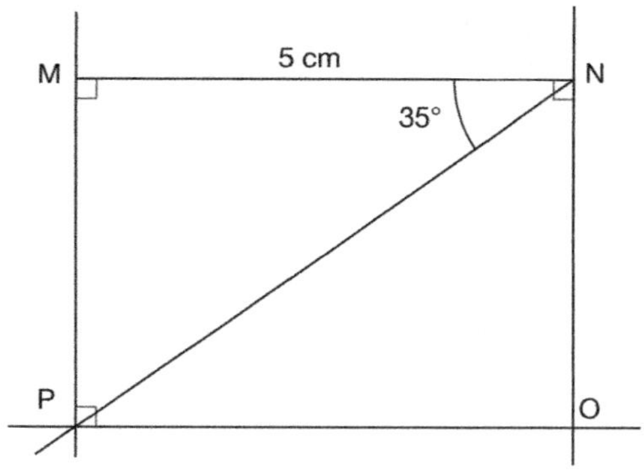


**62**

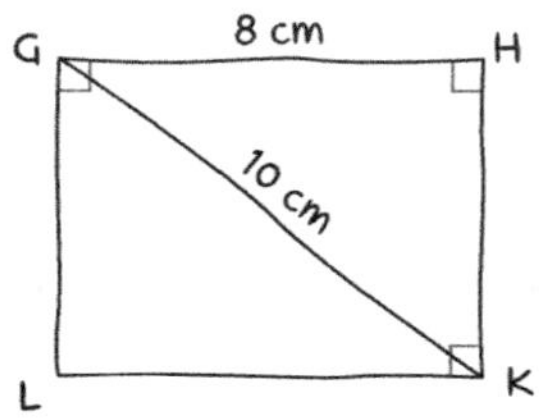


*Échelle* : $\frac{1}{2}$

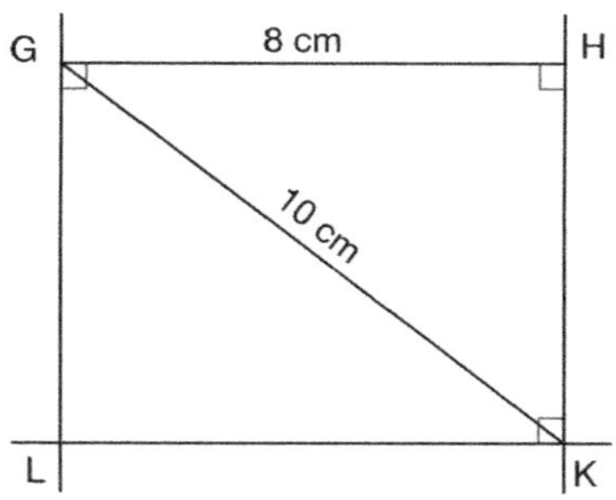


**63**

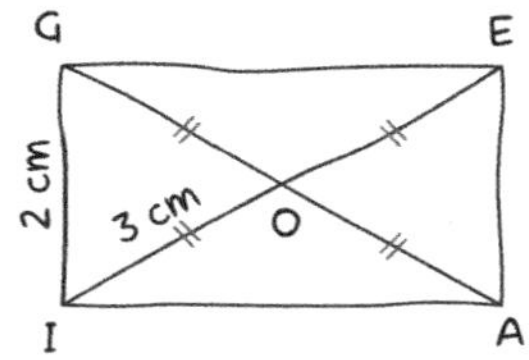


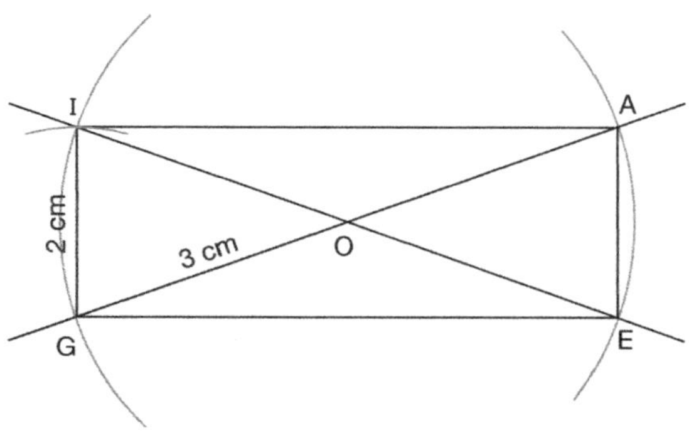

**64** **a.**

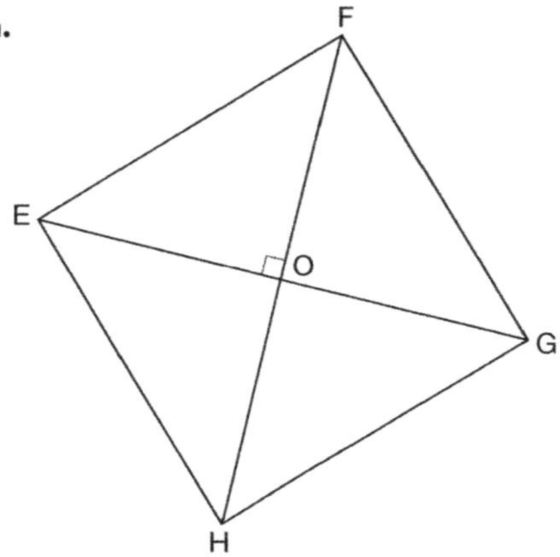


**b.** Les diagonales d'un carré sont perpendiculaires, se coupent en leur milieu et ont la même longueur, donc OE = EG : 2 = 5 cm : 2 = 2,5 cm.
Le rayon du cercle de centre O qui passe par E est 2,5 cm.

**65** **a.**

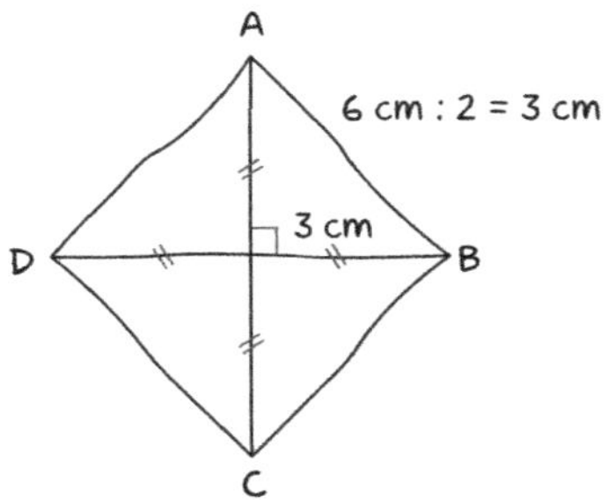


On trace deux droites perpendiculaires en O puis le cercle de centre O et de rayon 3 cm.

**b.**

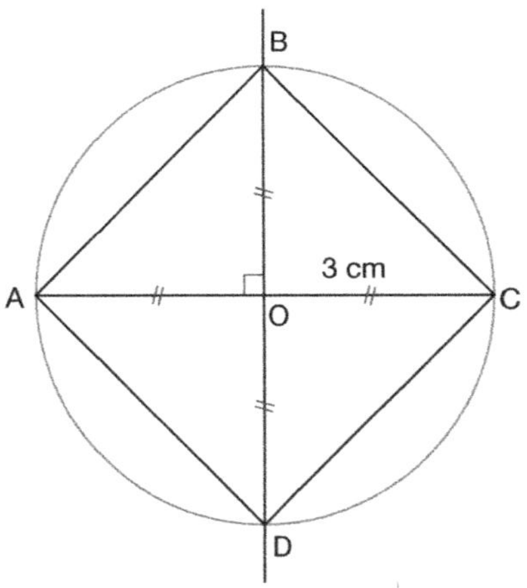


**Remarque** : On peut tracer avec l'équerre et la règle graduée deux segments perpendiculaires en leur milieu de longueur 6 cm.

**66** **a.** et **b.**

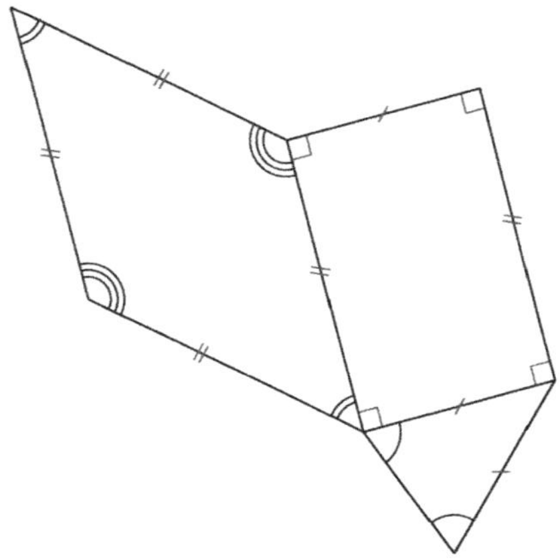

**67** On nomme O un point de la droite (*d*), distinct du point R.
On trace la perpendiculaire (*d'*) à (*d*) passant par O.
On trace le cercle de centre O qui passe par R.
On trace les côtés du carré RUSE.

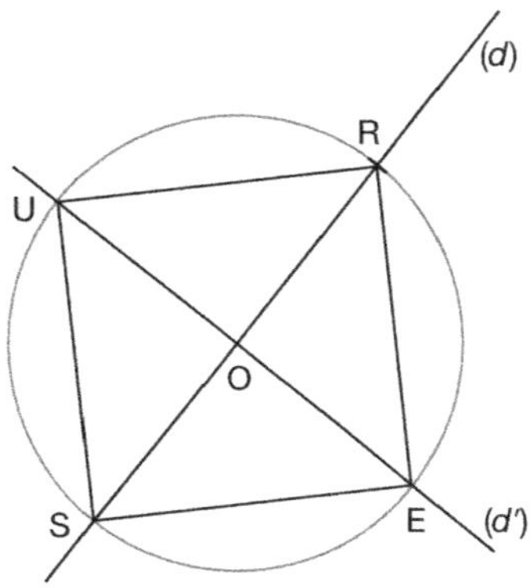


**68** **1.** Tracer un rectangle SECH dont les diagonales se coupent en O.
Construire ensuite le losange SOER dont les diagonales se coupent en I.

**2. a.** Les angles opposés d'un losange ont la même mesure, donc :
$\widehat{REO} = \widehat{RSO} = 32°$

**b.** [SE) est la bissectrice de l'angle $\widehat{OSR}$ dans le losange SOER, donc :
$\widehat{OSE} = 32° : 2 = 16°$ d'où $\widehat{OSH} = 90° - 16° = 74°$

**c.** Les angles à la base d'un triangle isocèle ont la même mesure, donc dans OSH, isocèle en O :
$\widehat{OSH} = \widehat{OHS} = 74°$
D'où :
$\widehat{OHC} = 90° - 74° = 16°$

**69** **a.** TUV est isocèle en T, donc les côtés [TU] et [TV] ont la même longueur.
La symétrie conserve les longueurs, donc les segments [SV] et [SU] ont la même longueur que les segments [TU] et [TV].

On en déduit que TVSU a ses 4 côtés de la même longueur, c'est donc un losange.

**b.** Pour que TVSU soit un carré, il faudrait que le triangle TUV soit isocèle et rectangle.

**70**

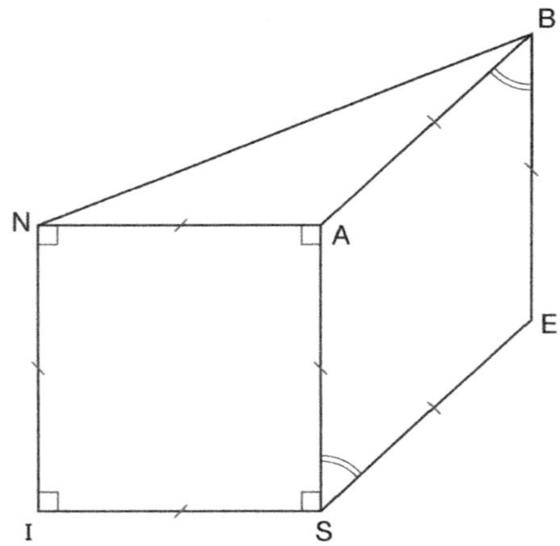


**71** Louise se trompe : si le triangle est isocèle, la droite perpendiculaire à (BC) passant par A est l'axe de symétrie et donc coupe le segment [BC] en son milieu, or ce n'est pas le cas.

**72** Ilyes a raison : la droite (BI) perpendiculaire à (CA) coupe le segment [CA] en son milieu, donc le triangle ABC qui admet un axe de symétrie est isocèle.
Ce triangle a deux côtés de la même longueur, donc BA = BC = 4 cm.

**73** **1. a.** $\widehat{ABC} = 2 \times 66° = 132°$ **b.** $\widehat{BCD} = 2 \times 24° = 48°$
**c.** $\widehat{BAD} = 48°$ **d.** $\widehat{AOD} = 90°$
**2. a.** AO = 9,2 cm : 2 = 4,6 cm **b.** OC = 4,6 cm

## Je m'évalue à mi-parcours

**74** c. **75** a. **76** c. **77** a.
**78** a. **79** b. **80** a. **81** c.

## Avec un logiciel

**82** **d.** On remarque que les longueurs DC et DC′ sont égales et donc que le triangle DCC′ est isocèle en D.
On pouvait prévoir le résultat.
En effet, on a construit C′, symétrique de C par rapport à la droite (AB) donc cette droite est la médiatrice de [CC′].
D qui se trouve sur la médiatrice de [CC′] est équidistant de C et de C′, DC = DC′ et donc le triangle DCC′ est isocèle en D.

**e.** Il est possible de trouver une position pour que le triangle DCC′ soit équilatéral. Il en existe une 2e qui est la symétrique de la 1re par rapport à la droite (CC′).

**f.** On trace le cercle de centre C qui passe par C′ avec :
Ce cercle coupe la droite notée **a** en deux points. On nomme E l'un de ces deux points.
On trace le triangle CC′E qui est équilatéral.

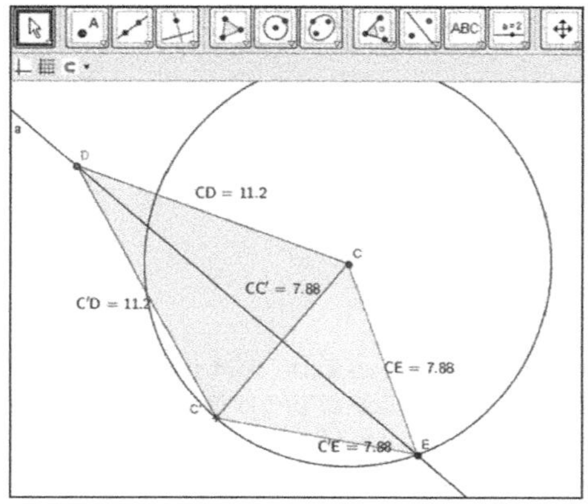


**83** **d.** Le quadrilatère CD′C′D est un losange car ses côtés ont la même longueur.
En effet, D appartient à la médiatrice de [CC′] donc DC = DC′ et D′ est le symétrique de D par rapport à la droite (CC′) donc CD = CD′ et C′D = C′D′. On déduit de ces égalités que DC = CD′ = D′C′ = C′D.

**f.** Il existe une position du point D pour que CD′C′D soit un carré, il en existe une 2e qui est la symétrique de la 1re par rapport à la droite (CC′).

**g.** On trace le cercle de centre E qui passe par le point C. Ce cercle coupe la droite notée **a** en deux points, les points F et F′.

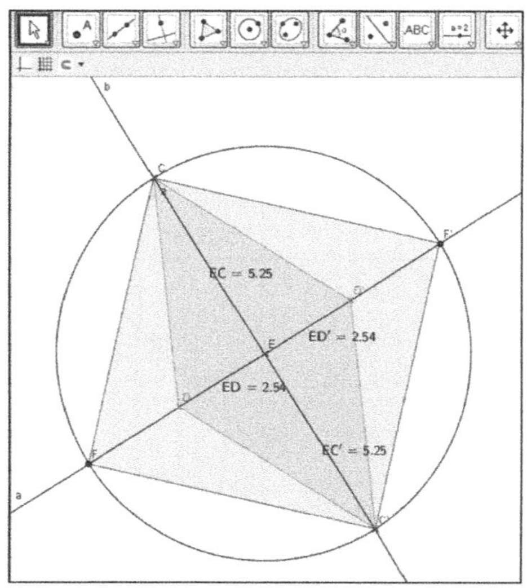


**84** On trace le cercle de centre C qui passe par C′. Il coupe la droite notée **b** en deux points, l'un est noté E.
F est le symétrique de E par rapport à la droite notée **a**.

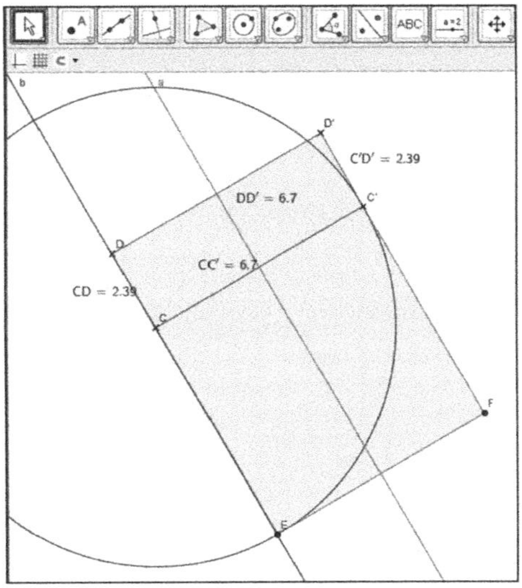


## J'utilise mes compétences

**85** **a. b.**

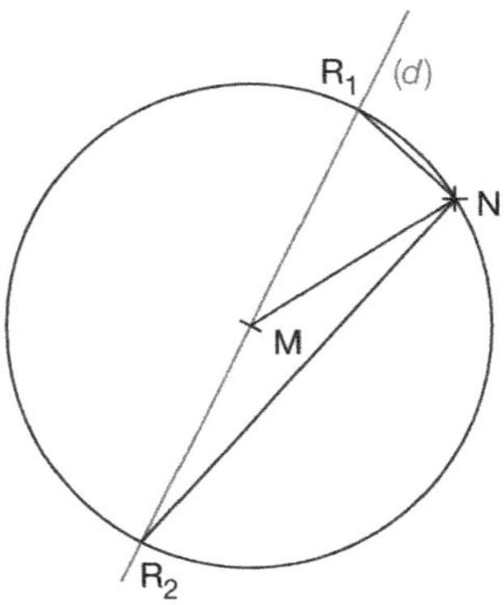


**86** **a.** On sait que l'axe de symétrie d'un triangle isocèle est la médiatrice de sa base.
Donc (*d*) coupe [PN] en son milieu que l'on nomme I.
Comme PN = 4 cm,
IP = IN = 2 cm.

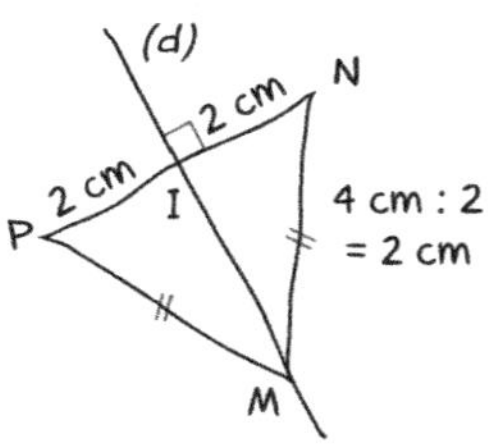


**b.** On place le point I, distinct du point M, n'importe où sur la droite (*d*).
Avec l'équerre et la règle graduée, on construit la perpendiculaire à (*d*) passant par I puis on place les points P et N à 2 cm de I. On trace les segments [MP] et [MN].

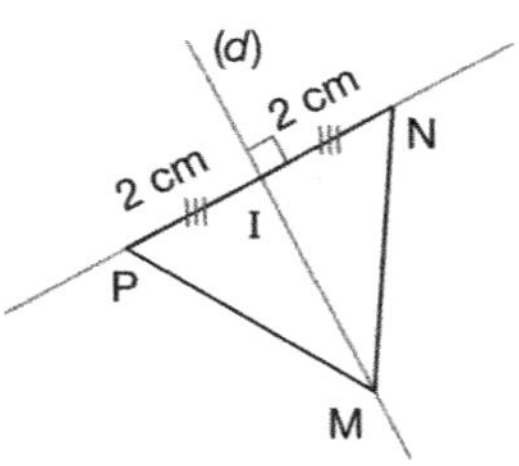


**Remarque** : il existe une infinité de solutions.

**87** **a. b.**

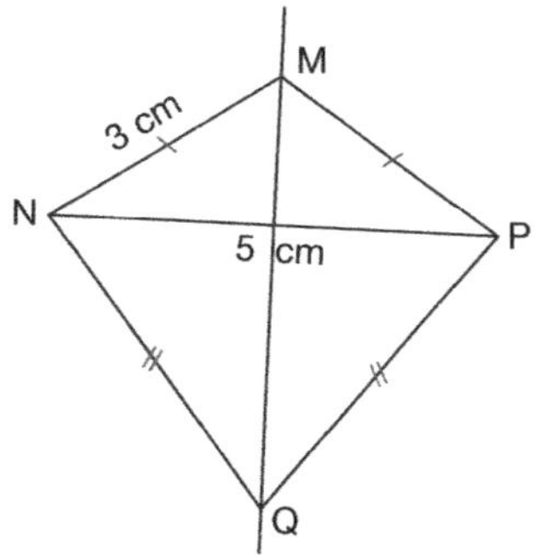


**c.** On sait que MN = MP car on a construit MNP isocèle en M ; de même, on sait que QN = QP car NPQ est isocèle en Q.

**d.** M et Q, équidistants de N et de P sont donc des points de la médiatrice de [NP].
La droite (MQ) est donc la médiatrice de [NP].

**e.** On sait que la médiatrice d'un segment est perpendiculaire à celui-ci, donc : (MQ) ⊥ (NP).

**88** **a.**

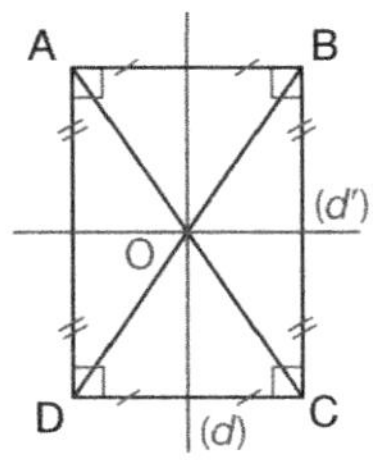


**b.** Le symétrique du segment [AC] par rapport à la droite (*d*) est le segment [BD], et son symétrique par rapport à la droite (*d'*) est le segment [BD].

**c.** Comme la symétrie conserve les longueurs, AC = BD. De plus, les segments [AC] et [BD] se coupent en O. Par symétrie, le point O est le milieu de ces deux segments.

**89** **1.** Le codage indique que les quatre côtés ont la même longueur, donc il s'agit d'un losange.
On sait que les diagonales se coupent en leur milieu.
On trace donc la diagonale [BD] puis on place son milieu O qui est le point d'intersection des diagonales.

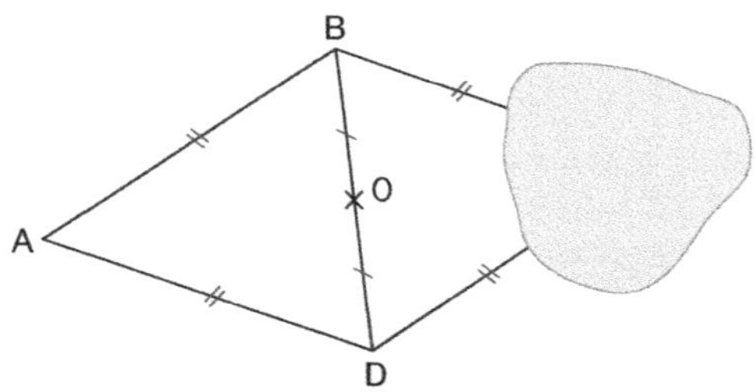


**2.** Le codage indique que le quadrilatère a trois angles droits, il en a donc forcément quatre et c'est donc un rectangle.
On sait que les diagonales d'un rectangle se coupent en leur milieu.

On trace donc la diagonale [AC] puis on place son milieu qui est le point d'intersection des diagonales.

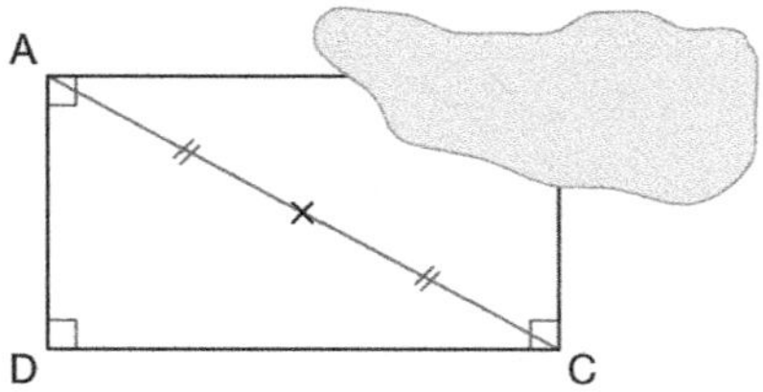


**90** **2.** On trace les cercles de centre D et de centre C qui ont leur rayon de même longueur que le côté du carré (7 cm).
Ces deux cercles se coupent en deux points dont l'un deux est le point E.

*Échelle* : $\frac{1}{2}$

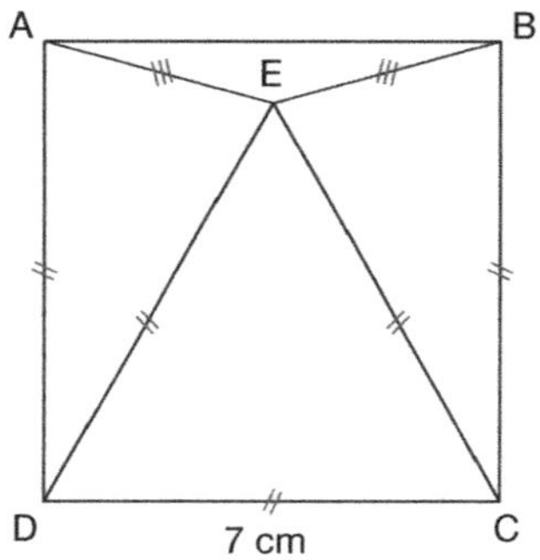


**91** **Traduction :**

***1. a.*** *Construire un carré ABCD avec AB = 3 cm.*
***b.*** *À l'extérieur de ce carré, construire le carré CDEF.*
***2.*** *Quelle est la nature…*
***a.*** *du quadrilatère ABFE ? Expliquer.*
***b.*** *du triangle BDF ? Expliquer.*

**Réponse :**

**1. a.** et **b.**

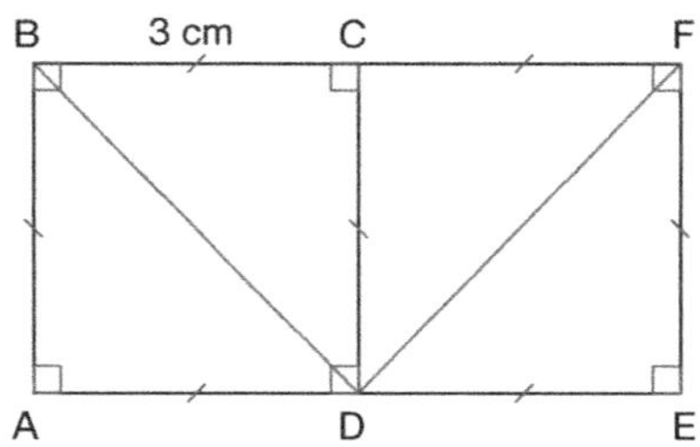


**2. a.** ABFE est un rectangle car ses angles sont droits.
**b.** BDF est isocèle en D car DB = DF.

**92** **a.** Les points E, F et G sont alignés dans cet ordre tel que :
EF = 3 cm et FG = 4 cm.
EFH est un triangle rectangle en E tel que EH = 2 cm.
La droite perpendiculaire en F à (FH) coupe en I la perpendiculaire en G à (EG).

**b.**

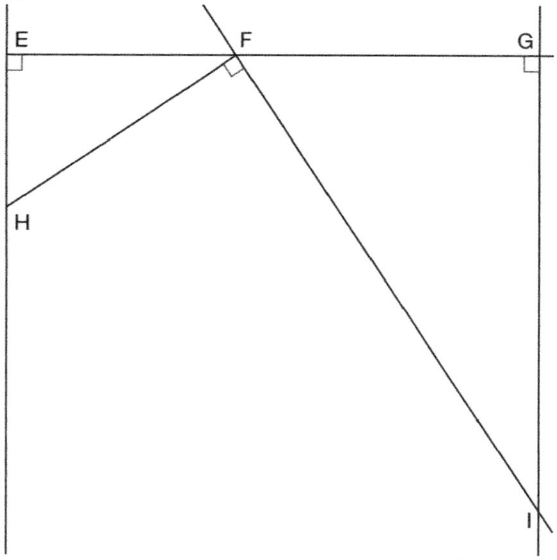


**93** **a.** et **b.**

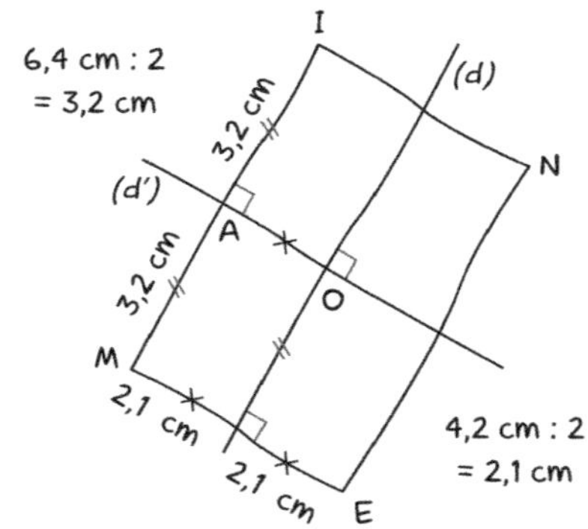


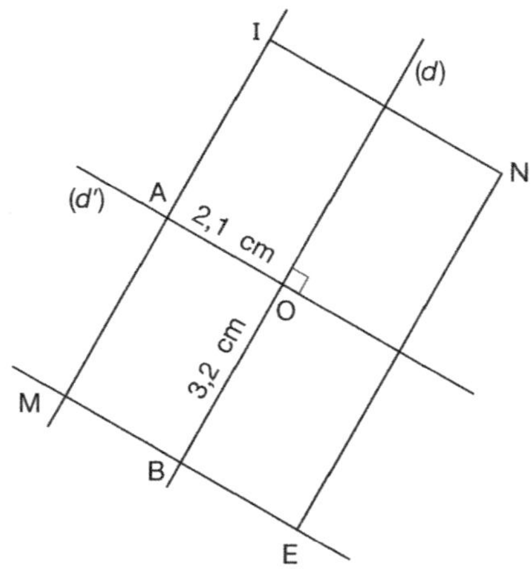


On construit d'abord le petit rectangle OAMB avec OA = 2,1 cm et OB = 3,2 cm.
Ensuite, on construit I, symétrique de M par rapport à la droite (*d'*) et E celui par rapport à la droite (*d*).
N est le symétrique de I par rapport à la droite (*d*) ou celui de E par rapport à la droite (*d'*).

**94**

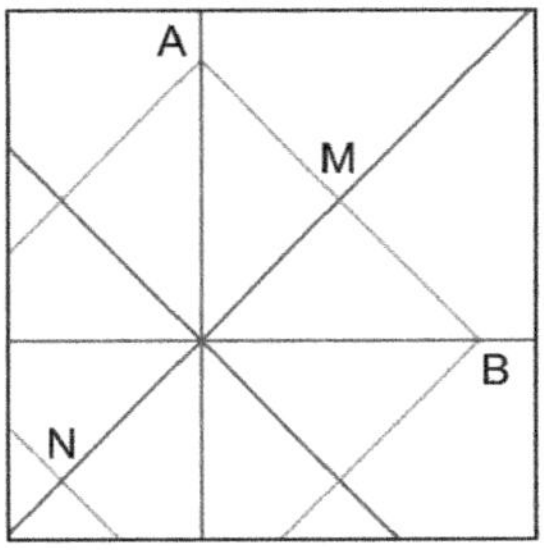


Les axes de symétrie d'un carré peuvent s'obtenir en traçant soit les médiatrices des côtés soit les bissectrices des angles.

On peut donc tracer les bissectrices des angles $\widehat{A}$ et $\widehat{B}$ ainsi que la médiatrice du segment [AB].

Pour le 4ᵉ axe de symétrie, plusieurs façons de faire :

– On peut construire la perpendiculaire au côté [BC] passant par le point d'intersection des autres axes.

– On peut reporter la moitié de la longueur du côté [AB] à partir de B sur le côté [BC] pour obtenir le milieu de [BC]. Le 4ᵉ axe passe par ce milieu et le point d'intersection des autres axes.

– Après avoir reporté à partir de B sur le côté [BC] la moitié de la longueur du côté du carré, on peut également reporter cette longueur, à partir de A sur le côté [AD]. On obtient ainsi les milieux de deux côtés opposés et le 4ᵉ axe passe par ces deux milieux.

– On peut construire la parallèle à (AB) passant par le point d'intersection des autres axes.

– …

**95** Comme le triangle ABC est isocèle en A, la bissectrice de l'angle $\widehat{BAC}$ est portée par la médiatrice de la base [BC].

Il suffit donc de construire la médiatrice du segment [BC].

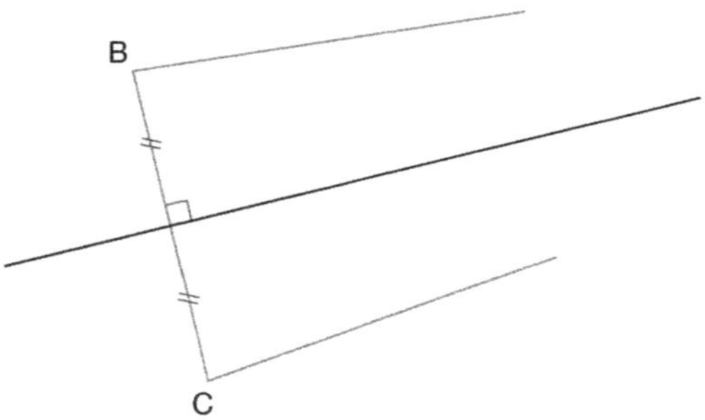


**96** Les diagonales d'un rectangle ont la même longueur, donc, avec le rectangle MORN, on a BM = ON, et avec le rectangle OKJI, on a IK = OJ.

Or ON = OJ car ce sont deux rayons d'un même cercle, donc on en déduit que IK = MR.

**97** Pour le trapèze, on plie deux fois, de façon quelconque.

Pour le rectangle, on plie en faisant apparaître un angle droit, les deux plis sont perpendiculaires.

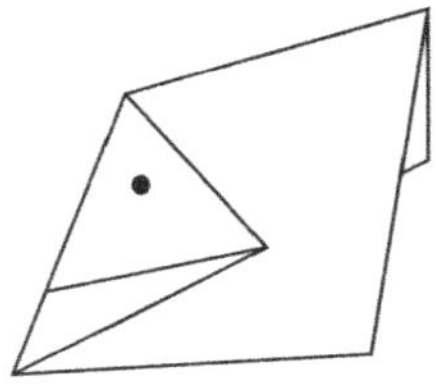

Pour le segment, on plie selon deux plis parallèles entre eux.

**98**

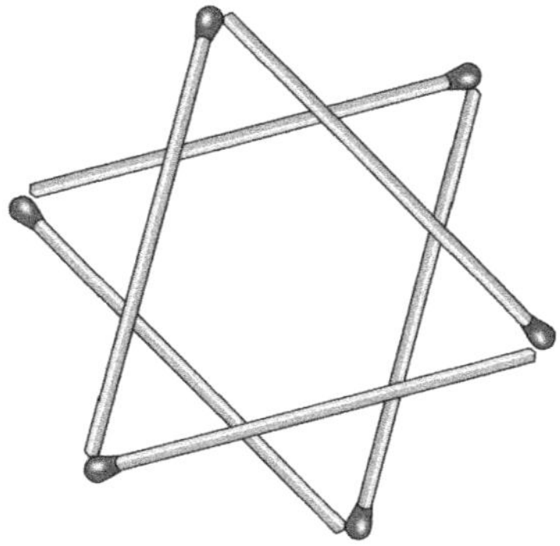

## Accompagnement personnalisé

**99** **a.** ❶ DEF ❷ ABC ❸ JKL ❹ GHI

**b.** ❶ et ❸ DEF et JKL.

**c.** ❷ et ❹ ABC et GHI.

**100** Tracer deux segments [AC] et [BD] de longueur 6 cm et qui se coupent en leur milieu O en faisant un angle de 30°.

Tracer le rectangle ABCD.

**101** **a.** ❶ MNOP et IJKH

❷ ADBE et MNOP

❸ ADBE, MNOP et IJKH

**b.** Losange : ❷ et ❸

Rectangle : ❶ et ❸

Carré : ❶, ❷ et ❸

**102** **1. a.**, **b.** et **c.**

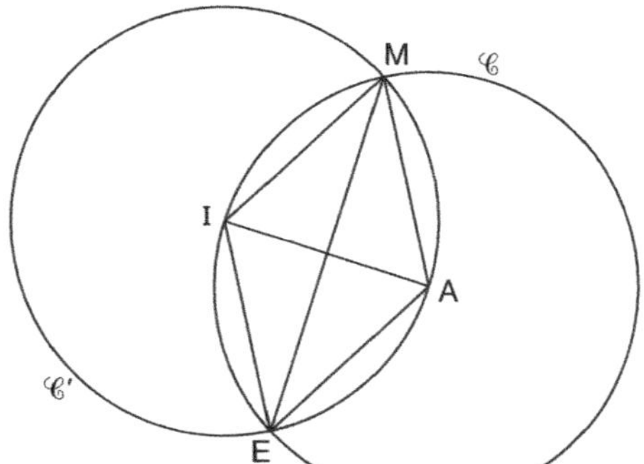


**2. a.** AME est isocèle car AM = AE = 5 cm.

**b.** AMI est isocèle car AM = IM = 5 cm.

**c.** MIE est isocèle car IM = IE = 5 cm.

**d.** AMIE est un losange car ses 4 côtés mesurent 5 cm.

**103**

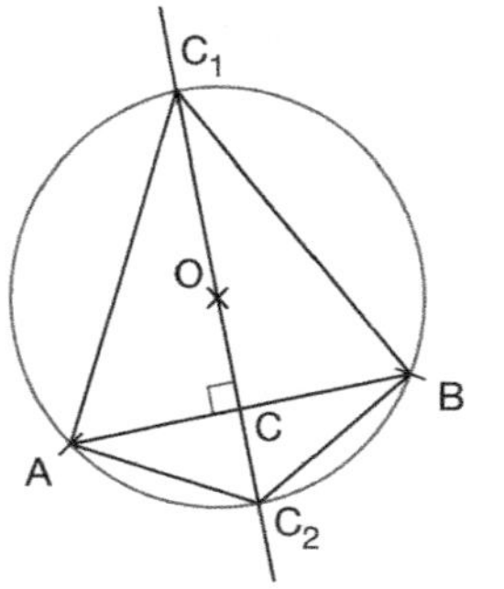


On construit, avec l'équerre, la perpendiculaire à (AB) passant par le point O.
Cette perpendiculaire coupe le cercle en deux points $C_1$ et $C_2$.
Les triangles $C_1AB$ et $C_2AB$ sont isocèles car ils admettent un axe de symétrie.

## Tâches complexes

**104**

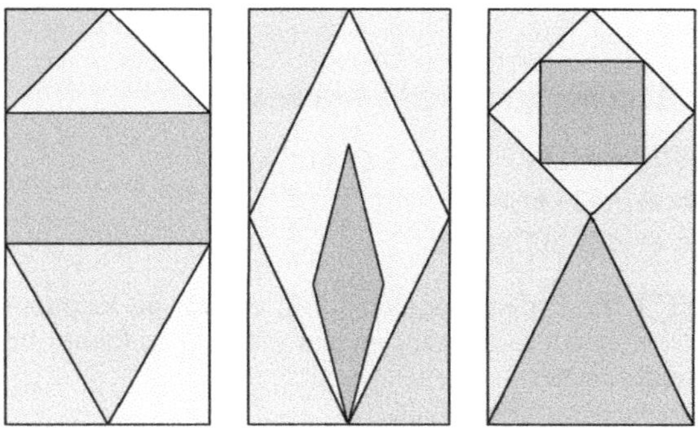

**105** Ci-dessous, deux solutions pour ce jardin à la française.

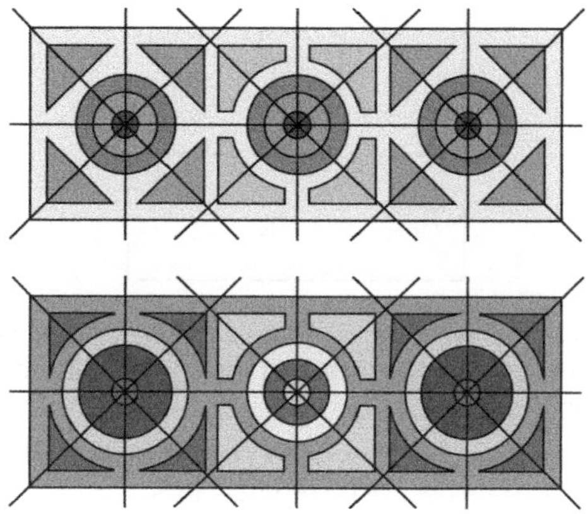

# Tâches complexes transversales

## CORRIGÉS

### 1 Le code César

Clé 15 : au rang de la lettre dans l'alphabet, on ajoute 15.

| Lettre | A | B | C | D | E | F | G | H | I | J | K | L | M | N | O | P | Q | R | S | T | U | V | W | X | Y | Z |
|---|---|---|---|---|---|---|---|---|---|---|---|---|---|---|---|---|---|---|---|---|---|---|---|---|---|---|
| | ↑ | | ↑ | ↑ | ↑ | | | | ↑ | | | | ↑ | ↑ | ↑ | | | | | | ↑ | ↑ | | | | |
| Codage | P | Q | R | S | T | U | V | W | X | Y | Z | A | B | C | D | E | F | G | H | I | J | K | L | M | N | O |

On a alors :

| S | T | B | P | X | C |
|---|---|---|---|---|---|
| D | E | M | A | I | N |

| D | C |
|---|---|
| O | N |

| K | P |
|---|---|
| V | A |

| P | J |
|---|---|
| A | U |

| R | X | C | T | B | P |
|---|---|---|---|---|---|
| C | I | N | E | M | A |

Le message est donc : « DEMAIN ON VA AU CINÉMA ».

### 2 En SVT

**• Apport des céréales**

60 g = 30 g + 30 g

116 kcal + 116 kcal = 232 kcal

Donc l'apport en calories des céréales est 232 kcal.

**• Apport du lait**

150 mL = 100 mL + (100 : 2) mL

46 kcal + (46 : 2) kcal = 46 kcal + 23 kcal = 69 kcal

Donc l'apport en calories du lait est 69 kcal.

• L'apport de 100 mL de jus d'orange est 48 kcal.

**• Bilan du petit-déjeuner**

232 kcal + 69 kcal + 48 kcal = 349 kcal

Donc l'apport en calories du petit déjeuner est 349 kcal.

**• Conclusion**

349 kcal < 440 kcal

Le petit déjeuner de Louis est insuffisant en ce qui concerne l'apport en kilocalories.

### 3 Le Multi-Sudoku

| | | | | | | | | | | | | | | | | |
|---|---|---|---|---|---|---|---|---|---|---|---|---|---|---|---|---|
| 2 | 14 | 7 | | 9 | 45 | 5 | | 4 | | 3 | 3 | 1 | 6 | 6 | | 8 |
| | | 56 | | | | | | | | | | | | | | |
| 3 | 24 | 8 | | 4 | | 2 | | 6 | | 1 | | 7 | | 9 | | 5 |
| 5 | 5 | 1 | | 6 | | 7 | 63 | 9 | | 8 | | 2 | 8 | 4 | 12 | 3 |
| 6 | 24 | 4 | | 3 | | 9 | | 2 | | 5 | | 8 | | 1 | | 7 |
| | | 20 | | | | | | 16 | | | | | | | | |
| 9 | | 5 | | 7 | | 1 | | 8 | | 4 | | 3 | | 2 | | 6 |
| 72 | | | | | | | | | | | | 12 | | | | |
| 8 | | 2 | | 1 | | 6 | | 3 | 21 | 7 | 28 | 4 | 20 | 5 | | 9 |
| 1 | 9 | 9 | 72 | 8 | | 3 | | 5 | | 2 | | 6 | 42 | 7 | | 4 |
| | | | | 16 | | | | 35 | | | | | | | | |
| 4 | | 6 | | 2 | | 8 | | 7 | | 9 | | 5 | 15 | 3 | | 1 |
| | | | | 10 | | | | 7 | | | | 45 | | | | |
| 7 | | 3 | | 5 | 20 | 4 | | 1 | | 6 | | 9 | | 8 | | 2 |

### 4 Le glacier

**• Étude de la météo**

30 + 31 + 31 + 30 + 1 = 123

Thomas va travailler pendant 123 jours.

$\frac{2}{3} \times 123 = \frac{2 \times 123}{3} = \frac{246}{3} = 82$ et $123 - 82 = 41$

Il y aura environ 82 jours de soleil et 41 jours avec des nuages.

**• Calcul des bénéfices prévisionnels**

Le Kiosque :

82 × 400 € + 41 × 200 € – 12 000 €
= 32 800 € + 8 200 € – 12 000 €
= 29 000 €

La Paillote :

82 × 500 + 41 × 50 € – 14 000 €
= 41 000 € + 2 050 € – 14 000 €
= 29 050 €

La Brasserie :

123 × 300 € – 9 000 € = 36 900 € – 9 000 € = 27 900 €

Donc Thomas a intérêt à choisir La Paillote.

### 5 La sortie à la patinoire

**• Les horaires de bus**

Pour être à Megève à 14 h, la famille doit prendre le bus à 12 h à Sallanches (arrivée à 12 h 25).

Pour être rentrée à 18 h à Sallanches, la famille doit prendre le bus à 17 h à Megève (arrivée à 17 h 25).

**• Calcul du coût de la journée**

2 × 5,50 + 3 × 4,20 = 11 + 12,60 = 23,60

Donc l'entrée à la patinoire va coûter 23,60 €.

5 × 3,50 = 17,50

Donc la location des patins va coûter 17,50 €.

Les trajets en bus sont en zone 2.

3 × 3,50 + 2 × 1,75 = 10,50 + 3,50 = 14

Donc un aller coûte 14 €.

2 × 14 = 28

Donc les trajets en bus vont coûter 28 €.

23,60 + 17,50 + 28 = 69,10

Donc le coût de la journée sera de 69,10 €.

### 6 Le marcheur

*Ce corrigé s'appuie sur les mesures du manuel grand format.*

80 cm = 0,8 m et 120 × 0,80 m = 96 m donc Hugo parcourt 96 m en 1 min.

Sur la carte, le tour du parc mesure 19,8 cm et 1,2 cm représentent 100 m dans la réalité.

$\frac{19,8}{1,2} \times 100 \text{ m} = 1\,650 \text{ m}$

Donc le tour du parc fait 1 650 m.

$\frac{1\,650}{96} = 17{,}187\,5$

Donc Jean-Claude mettra environ 17 min pour faire le tour du parc Montsouris.

## 7 Les roues

*Ce corrigé s'appuie sur les mesures du manuel grand format.*

Sur le document 1, la largeur de la voiture est environ 1,2 cm et on lit sur le document 2 que la largeur réelle est 1,81 m.

Donc 1 cm sur la photo représente 1,81 : 1,2 m soit environ 1,5 m dans la réalité.

Sur le document 1, le diamètre d'une roue mesure environ 3,5 cm (mesure effectuée avec la roue du dessus).

$3{,}5 \times 1{,}5 = 5{,}25$

Donc le diamètre d'une de ces roues semble être environ 5,25 m.

## 8 Les tablettes

**• Étude du collège Victor-Hugo**

$16 + 13 + 15 + 14 + 18 + 20 = 96$

$10 + 13 + 12 + 11 + 8 + 5 = 59$

$96 + 59 = 155$

Donc au collège Victor-Hugo, 96 des 155 élèves de 6$^e$ sont équipés et 59 élèves ne sont pas équipés.

**• Étude du collège Marcel-Pagnol**

$15 + 20 + 14 + 13 + 16 = 78$

$9 + 6 + 11 + 12 + 9 = 47$

$78 + 47 = 125$

Donc au collège Marcel-Pagnol, 78 des 125 élèves de 6$^e$ sont équipés et 47 élèves ne sont pas équipés.

**• Étude du collège Alphonse-Daudet**

$\frac{55}{100} \times 120 = 0{,}55 \times 120 = 66$

$120 - 66 = 54$

Donc au collège Alphonse-Daudet, 66 des 120 élèves de 6° sont équipés et 54 élèves ne sont pas équipés.

**• Bilan des trois collèges**

$96 + 78 + 66 = 240$

$59 + 47 + 54 = 160$

$240 + 160 = 400$

Donc 240 des 400 élèves de 6° de ces trois collèges sont équipés et 160 élèves ne sont pas équipés.

**• Construction du diagramme semi-circulaire**

On peut construire ce tableau de proportionnalité.

| | Équipés | Non équipés | Total |
|---|---|---|---|
| **Nombre d'élèves** | 240 | 160 | 400 |
| **Angle** (en degrés) | 108 | 72 | 180 |

× 0,45

Explication : 180 : 400 = 0,45

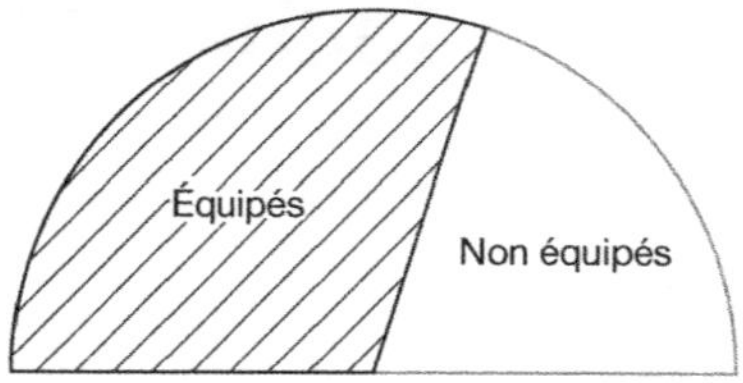


## 9 La salle de classe

**• Calcul de l'aire de la surface à peindre**

$2 \times 9 \times 3 - (9 + 4) = 54 - 13 = 41$

L'aire de la surface à peindre sur les deux grands murs est 41 m$^2$.

$2 \times 7 \times 3 = 42$

L'aire de la surface à peindre sur les deux petits murs est 42 m$^2$.

Le plafond est un rectangle de dimensions 9 m et 7 m.

$9 \times 7 = 63$

L'aire du plafond est 63 m$^2$.

$41 + 42 + 63 = 146$

Donc l'aire de la surface à peindre est 146 m$^2$.

**• Calcul du coût de la peinture**

```
  1 4 6 | 4 0
- 1 2 0 | 3
    2 6 |
```

Donc on doit prévoir 4 pots de peinture.

$4 \times 103{,}45 = 413{,}8$

Donc les pots de peinture coûteront 413,80 €.

**• Calcul de la durée des travaux**

146 : 8 = 18,25

Donc il faudra 18,25 h soit 18 h 15 min au peintre pour peindre 146 m$^2$.

18 h 15 min + 4 h = 22 h 15 min

Le peintre doit travailler pendant 22 h 15 min.

3 × (7 h 30 min) = 21 h 90 min = 22 h 30 min

Donc les travaux dureront 3 jours et il faudra attendre le lendemain matin de la fin des travaux pour que la salle soit prête (à cause du temps de séchage qui est de 8 h).

## 10 Le concert

*Ce corrigé s'appuie sur les mesures du manuel grand format.*

• Sur le document 1, un côté du triangle mesure 5 cm et la hauteur relative à ce côté mesure 3 cm.

• 2 cm sur le plan représentent 50 m.
Donc :
1 cm représente 50 m : 2 soit 25 m ;
3 cm représentent 3 × 25 m soit 75 m ;
5 cm représentent 5 × 25 m soit 125 m ;

• Dans la réalité, un côté du triangle mesure 125 m et la hauteur relative à ce côté mesure 75 m.
$(125 \times 75) : 2 = 4\,687,5$
Donc l'aire de la place est 4 687,5 m$^2$.
$25 \times 8 = 200$
Donc l'aire de la scène est 200 m$^2$.

• $4\,687,5 \text{ m}^2 - 200 \text{ m}^2 = 4\,487,5 \text{ m}^2$
Les spectateurs seront répartis sur 4 487,5 m$^2$.
$4\,487,5 \times 2,5 = 11\,218,75$
Donc au maximum 11 218 personnes pourront assister au concert.

## 11 Le wi-fi

Le plan du document 1 est à l'échelle $\frac{1}{800}$ donc 1 cm sur le plan représente 800 cm soit 8 m dans la réalité.
40 m = 5 × 8 m donc 40 m sont représentés par 5 cm.
20 m = 40 m : 2 et 5 cm : 2 = 2,5 cm donc 20 m sont représentés par 2,5 cm.
L'amplificateur doit être placé dans la zone délimitée par les trois cercles de rayon 5 cm et 2,5 cm en écartant les points pour lesquels les murs empêcheront le signal wi-fi de passer.

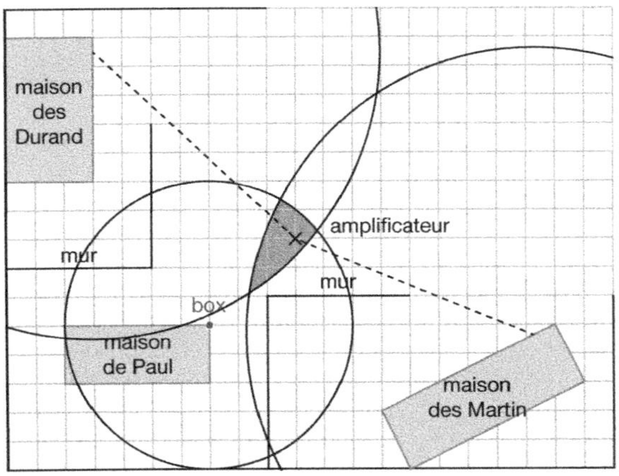


## 12 L'avion

*Les productions sont à comparer au sein de la classe.*

## 13 Le pisciniste

• $8 \times 3,5 \times 1,5 = 42$
Donc la piscine contient 42 m$^3$ soit 42 000 L.

• $\frac{2}{5} \times 42\,000 \text{ L} = 0,4 \times 42\,000 \text{ L} = 16\,800 \text{ L}$
Donc Aurélien doit changer 16 800 L d'eau.

• $16\,800 : 6\,000 = 2,8$ et $2 \times 2,8 = 5,6$
Le changement de l'eau va prendre 5,6 h soit 5 h 36 min. En effet :
5,6 h = 5 h + 0,6 h = 5 h + 0,6 × 60 min = 5 h 36 min

• $42 : 10 = 4,2$ et $4,2 \times 100 = 420$
Donc Aurélien devra ajouter 420 g de chlore.

## 14 Un moulin à vent

Voici le script complété :

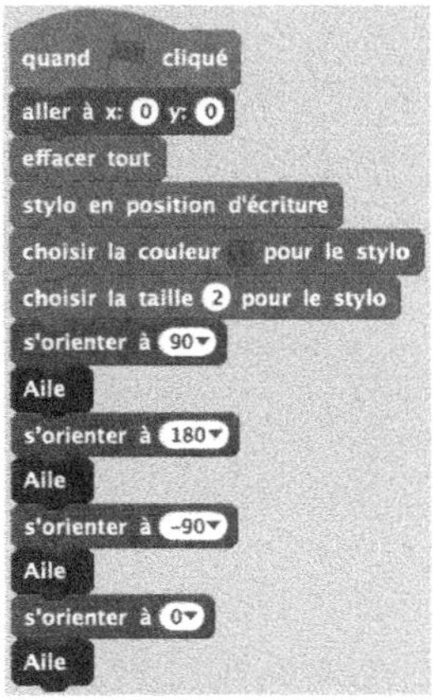


## 15 Des carrés

Un script possible pour le domino :

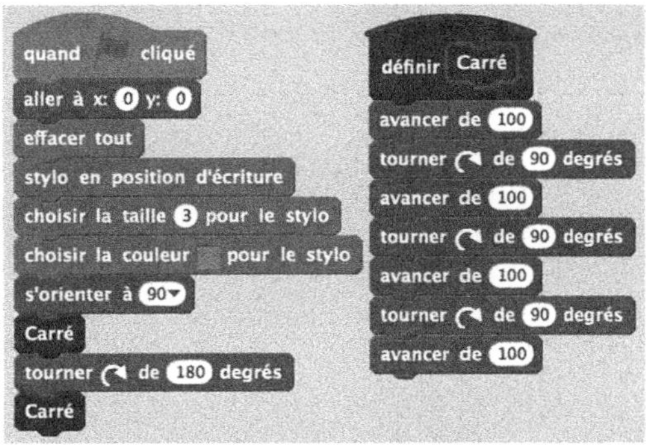


Un script possible pour le cerf-volant :

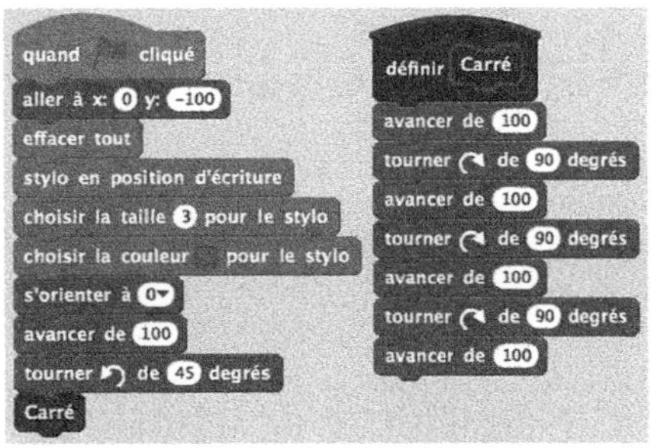


Un script possible pour le double carré :

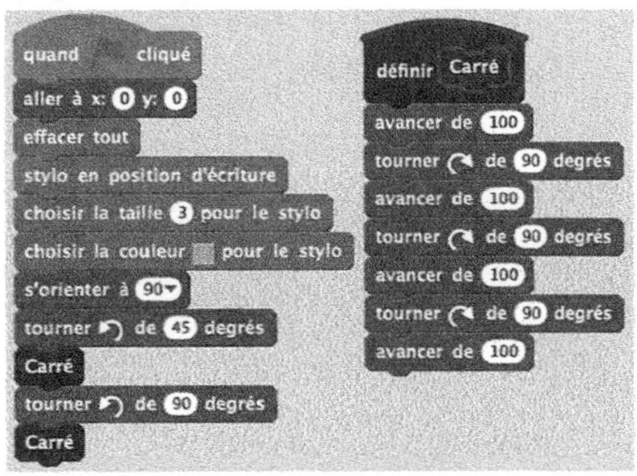

N° d'éditeur : 10276360

Achevé d'imprimer en juillet 2021
sur les presses numériques de l'Imprimerie Maury S.A.S.
Z.I. des Ondes – 12100 Millau
N° d'impression : G21/61000N

*Imprimé en France*